2002

中国县(市)社会经济统计年鉴

国家统计局农村社会经济调查总队

中国统计出版社
China Statistics Press

（京）新登字041号

图书在版编目（CIP）数据

中国县（市）社会经济统计年鉴. 2002
/国家统计局农村社会经济调查总队编.
-北京：中国统计出版社，2002.11
ISBN 7-5037-3972-X

Ⅰ.中…
Ⅱ.国…
Ⅲ.县-社会经济统计-统计资料-中国-2002-年鉴
Ⅳ.F832-54

中国版本图书馆CIP数据核字(2002)第092742号

中国县（市）社会经济统计年鉴—2002

作　　者/ 国家统计局农村社会经济调查总队编
责任编辑/ 徐　颖
E-mail / cbsebs@stats.gov.cn
封面设计/ 张建民
出版发行/ 中国统计出版社
通信地址/ 北京市西城区月坛南街75号
邮政编码/ 100826
办公地址/ 北京市丰台区西三环南路甲6号
电　　话/（010）63459084　63266600-22500(发行部)
印　　刷/ 科伦克三莱印务（北京）有限公司
经　　销/ 新华书店总经销
开　　本/ 880×1230毫米　1/16
字　　数/ 950千字
印　　张/ 39.875
印　　数/ 1-4000册
版　　别/ 2002年12月第1版
版　　次/ 2002年12月第1次印刷
书　　号/ ISBN 7-5037-3972-X/F·1528
定　　价/ 188.00元

前言

《中国县（市）社会经济统计年鉴》又与大家见面了，作为全国唯一一本全面反映我国县级社会经济发展现状的统计资料，自2000年重新出版以来，受到了读者的广泛好评。该书从县（市）的基本情况、县域综合经济、农业、工业、基本建设、教育、卫生、社会保障等多个方面来全面反映各县（市）的社会经济发展水平和发展状况，以期为读者全面了解、系统研究我国的县域经济发展提供翔实、可靠的统计数据。

2002年的《中国县（市）社会经济统计年鉴》在编排方式和指标设置上与2001年基本保持一致，以便于读者进行年度之间的比较和查阅。同时，为了读者能了解我国的各类型区域的分布，进行各类型区域的分析研究，增加了主要类型区域的县名单，包括山区、丘陵、平原、老区、民族地区、陆地边境县、牧区、半牧区、九大农区、粮棉生产大县、扶贫工作重点县等。另外，还增加了按农民人均纯收入和按粮食总产量分组的资料。

本书的主要内容包括四个部分：一是2001年县（市）社会经济主要指标；二是分区域社会经济基本情况；三是按主要经济指标分组资料；四是主要类型区域县（市）名单。最后在附录中为读者提供了该书的使用说明和主要指标解释，供读者参阅。

由于我们人力有限，时间仓促，本书难免会有错误和不妥之处，敬请读者谅解并不吝指正。

编　者

2002年11月

目录

一、2001年县（市）社会经济主要指标

二、分区域社会经济基本情况

三、按主要经济指标分组资料

四、主要类型区域县（市）名单

附　录

1

2001年县（市）社会经济主要指标

2001年县(市)社会经济主要指标

北京市

指　　标	单　位	大兴县	平谷县	怀柔县	密云县
一、基本情况					
行政区域土地面积	平方公里	1030	950	2129	2227
乡(镇)个数	个	14	17	15	19
村民委员会个数	个	544	275	287	344
年末总户数	户	175791	133325	103391	157013
其中:乡村户数	户	117951	95576	69716	113668
年末总人口	万人	67	40	27	42
其中:乡村人口	万人	38	31	18	32
年末单位从业人员数	人	168605	40429	35297	51712
乡村从业人员数	人	196153	150660	80357	151533
其中:农林牧渔业	人	109509	78828	36030	74797
农业机械总动力	万千瓦特	53	32	21	34
本地电话用户	户	156482	95528	78930	96740
二、综合经济					
第一产业增加值	万元	122649	84772	42059	78132
第二产业增加值	万元	258970	143926	235256	210430
地方财政预算内收入	万元	52220	35613	41772	35761
财政支出	万元	114466	106077	128316	109947
城乡居民储蓄存款余额	万元	781313	428932	370624	379006
年末金融机构各项贷款余额	万元	755676	469433	493511	408529
三、农业、工业及基本建设					
粮食产量	吨	171310	62358	62525	61608
棉花产量	吨	368	362	9	2
油料产量	吨	15486	813	4812	1199
肉类总产量	吨	83409	39052	28982	63056
规模以上工业企业数	个	365	146	220	84
规模以上工业总产值(现价)	万元	743089	102949	847168	302336
基本建设投资完成额	万元	31730	39522	31292	225098
四、教育、卫生和社会保障					
普通中学在校学生数	人	37055	38583	13979	28196
小学在校学生数	人	44448	35697	21684	32722
医院、卫生院床位数	床	2265	1082	1070	1100
社会福利院数	个	22	19	16	19
社会福利院床位数	床	1377	737	511	746

2001年县(市)社会经济主要指标

北京市、天津市

指　　标	单　位	延庆县	宁河县	静海县	宝坻县
一、基本情况					
行政区域土地面积	平方公里	1995	1031	1415	1450
乡(镇)个数	个	15	14	18	22
村民委员会个数	个	373	283	384	765
年末总户数	户	103473	106190	161149	180301
其中:乡村户数	户	75252	76447	129225	150152
年末总人口	万人	27	36	51	65
其中:乡村人口	万人	21	28	43	56
年末单位从业人员数	人	42598	23575	32570	372254
乡村从业人员数	人	92532	112944	155145	254278
其中:农林牧渔业	人	52261	64738	74813	138102
农业机械总动力	万千瓦特	24	51	67	59
本地电话用户	户	68669	75651	93052	99182
二、综合经济					
第一产业增加值	万元	80855	86013	93626	101303
第二产业增加值	万元	89816	276586	397770	400110
地方财政预算内收入	万元	21575	21659	21305	22841
财政支出	万元	87766	27927	29626	36336
城乡居民储蓄存款余额	万元	287679	268177	496373	438893
年末金融机构各项贷款余额	万元	263086	247973	586103	348310
三、农业、工业及基本建设					
粮食产量	吨	147979	57465	176231	315569
棉花产量	吨		20925	5324	15259
油料产量	吨		2577	9495	4165
肉类总产量	吨	27864	28690	36874	77700
规模以上工业企业数	个	47	154	276	374
规模以上工业总产值(现价)	万元	52672	463115	1475094	532749
基本建设投资完成额	万元	59893	10220	96783	4511
四、教育、卫生和社会保障					
普通中学在校学生数	人	21300	29784	28701	54774
小学在校学生数	人	22836	35760	44638	69542
医院、卫生院床位数	床	710	569	797	955
社会福利院数	个	16	18	19	21
社会福利院床位数	床	711	205	653	100

2001年县(市)社会经济主要指标

天津市、河北省

指标	单位	蓟县	井陉县	正定县	栾城县
一、基本情况					
行政区域土地面积	平方公里	1470	1381	468	322
乡(镇)个数	个	68	17	9	8
村民委员会个数	个	949	318	174	182
年末总户数	户	216608	101993	122407	85574
其中:乡村户数	户	184992	81151	96180	73811
年末总人口	万人	80	33	44	32
其中:乡村人口	万人	70	29	38	30
年末单位从业人员数	人	54172	22524	26113	16485
乡村从业人员数	人	315628	144459	216668	163059
其中:农林牧渔业	人	170093	76039	72745	106026
农业机械总动力	万千瓦特	66	37	145	58
本地电话用户	户	102203	51849	104613	54748
二、综合经济					
第一产业增加值	万元	129266	36518	129034	117018
第二产业增加值	万元	431520	159520	188564	161269
地方财政预算内收入	万元	21510	9795	13090	8264
财政支出	万元	32600	13996	21282	13654
城乡居民储蓄存款余额	万元	584481	217003	462232	205000
年末金融机构各项贷款余额	万元	364174	103071	279662	159000
三、农业、工业及基本建设					
粮食产量	吨	325260	84110	301009	254002
棉花产量	吨	1114	22	131	240
油料产量	吨	3882	2246	27372	3839
肉类总产量	吨	109301	24799	78526	57982
规模以上工业企业数	个	272	55	89	45
规模以上工业总产值(现价)	万元	770437	96316	378025	137383
基本建设投资完成额	万元	186816	27300	46291	33534
四、教育、卫生和社会保障					
普通中学在校学生数	人	68128	25808	55822	31447
小学在校学生数	人	86221	37723	50266	47043
医院、卫生院床位数	床	1490	734	1211	631
社会福利院数	个	45	17	8	8
社会福利院床位数	床	960	242	197	338

2001年县（市）社会经济主要指标

河北省

指　　标	单　位	行唐县	灵寿县	高邑县	深泽县
一、基本情况					
行政区域土地面积	平方公里	961	1069	222	301
乡（镇）个数	个	15	15	5	6
村民委员会个数	个	330	279	107	125
年末总户数	户	116835	90075	47867	71766
其中：乡村户数	户	99274	70734	38879	59230
年末总人口	万人	41	31	18	25
其中：乡村人口	万人	38	27	16	22
年末单位从业人员数	人	15088	12702	10785	7572
乡村从业人员数	人	183717	131391	86228	121502
其中：农林牧渔业	人	102544	94348	48330	69872
农业机械总动力	万千瓦特	70	23	28	63
本地电话用户	户	36870	27785	17077	28600
二、综合经济					
第一产业增加值	万元	60177	47577	49850	47834
第二产业增加值	万元	109454	88664	71893	66357
地方财政预算内收入	万元	6782	5768	5045	5593
财政支出	万元	12856	12198	7915	8664
城乡居民储蓄存款余额	万元	161878	138582	83704	209919
年末金融机构各项贷款余额	万元	102511	92792	91504	102129
三、农业、工业及基本建设					
粮食产量	吨	276370	136299	104693	164704
棉花产量	吨	480	82	289	437
油料产量	吨	29634	5864	8708	7945
肉类总产量	吨	35580	32369	17253	14019
规模以上工业企业数	个	70	35	55	28
规模以上工业总产值（现价）	万元	162951	89791	140727	78825
基本建设投资完成额	万元	13628	31413	12511	10395
四、教育、卫生和社会保障					
普通中学在校学生数	人	33339	32122	18880	17507
小学在校学生数	人	51191	44174	26491	27962
医院、卫生院床位数	床	545	366	297	445
社会福利院数	个	15	15	5	7
社会福利院床位数	床	120	130	150	116

2001年县(市)社会经济主要指标

河北省

指　　标	单　位	赞皇县	无极县	平山县	元氏县
一、基本情况					
行政区域土地面积	平方公里	832	500	2613	681
乡(镇)个数	个	11	11	23	15
村民委员会个数	个	212	213	717	208
年末总户数	户	64182	134755	140937	89970
其中:乡村户数	户	55388	114403	115189	89970
年末总人口	万人	23	48	45	39
其中:乡村人口	万人	21	45	42	36
年末单位从业人员数	人	13780	20845	20665	16405
乡村从业人员数	人	109715	245722	202399	184745
其中:农林牧渔业	人	60176	120826	139487	131760
农业机械总动力	万千瓦特	29	73	44	49
本地电话用户	户	14340	62651	42866	34687
二、综合经济					
第一产业增加值	万元	39007	87903	74237	70778
第二产业增加值	万元	44071	161881	143033	152802
地方财政预算内收入	万元	3098	8463	9667	7819
财政支出	万元	9871	13973	23592	12556
城乡居民储蓄存款余额	万元	97763	288318	107500	169936
年末金融机构各项贷款余额	万元	79181	175680	149900	174140
三、农业、工业及基本建设					
粮食产量	吨	83380	362212	187180	244269
棉花产量	吨	35	240	456	1120
油料产量	吨	7309	19940	7355	10057
肉类总产量	吨	18268	62228	59823	43507
规模以上工业企业数	个	36	39	60	37
规模以上工业总产值(现价)	万元	58875	234276	207781	150974
基本建设投资完成额	万元	6437	10170	31000	16635
四、教育、卫生和社会保障					
普通中学在校学生数	人	24085	42275	33886	30935
小学在校学生数	人	30551	56788	52878	56296
医院、卫生院床位数	床	380	450	829	355
社会福利院数	个	11	14	23	15
社会福利院床位数	床	270	255	380	150

2001年县(市)社会经济主要指标

河北省

指　　标	单　位	赵　县	辛集市	藁城市	晋州市
一、基本情况					
行政区域土地面积	平方公里	675	951	813	619
乡(镇)个数	个	11	15	14	10
村民委员会个数	个	281	341	239	224
年末总户数	户	146054	181176	201174	146499
其中:乡村户数	户	135601	149073	173293	130260
年末总人口	万人	55	62	75	51
其中:乡村人口	万人	51	55	69	47
年末单位从业人员数	人	21884	32669	32532	25153
乡村从业人员数	人	273089	292945	386982	256470
其中:农林牧渔业	人	131767	121157	96342	122148
农业机械总动力	万千瓦特	231	231	208	121
本地电话用户	户	55606	119121	120693	81513
二、综合经济					
第一产业增加值	万元	102381	216311	192059	114350
第二产业增加值	万元	150143	281702	368660	243184
地方财政预算内收入	万元	7625	17598	22186	13670
财政支出	万元	13058	25678	31236	18063
城乡居民储蓄存款余额	万元	188439	550769	417770	391399
年末金融机构各项贷款余额	万元	209752	283339	317394	212452
三、农业、工业及基本建设					
粮食产量	吨	437731	549554	511751	393490
棉花产量	吨	1337	7585	226	457
油料产量	吨	15842	40195	14815	11872
肉类总产量	吨	36093	74135	115119	51502
规模以上工业企业数	个	53	53	153	117
规模以上工业总产值(现价)	万元	239916	621866	560352	265513
基本建设投资完成额	万元	20814	70070	73108	25055
四、教育、卫生和社会保障					
普通中学在校学生数	人	47560	67946	69769	42455
小学在校学生数	人	87050	66912	106710	64045
医院、卫生院床位数	床	760	1366	1090	1225
社会福利院数	个	11	18	34	16
社会福利院床位数	床	270	420	500	300

2001 年县(市)社会经济主要指标

河北省

指标	单位	新乐市	鹿泉市	丰润县	滦县
一、基本情况					
行政区域土地面积	平方公里	525	614	1216	999
乡(镇)个数	个	11	12	25	20
村民委员会个数	个	160	208	543	504
年末总户数	户	119395	110668	217329	151998
其中:乡村户数	户	98142	85438	181247	137798
年末总人口	万人	44	36	71	53
其中:乡村人口	万人	40	31	62	47
年末单位从业人员数	人	17721	24160	37121	24208
乡村从业人员数	人	180086	149207	325300	269144
其中:农林牧渔业	人	49583	74374	216256	157817
农业机械总动力	万千瓦特	164	60	70	72
本地电话用户	户	57457	66113	137157	68476
二、综合经济					
第一产业增加值	万元	117619	88600	194573	124757
第二产业增加值	万元	217146	412382	285765	218310
地方财政预算内收入	万元	11753	20121	15074	10168
财政支出	万元	15705	24810	24298	18745
城乡居民储蓄存款余额	万元	192288	346422	454938	218812
年末金融机构各项贷款余额	万元	148669	236676	225493	162298
三、农业、工业及基本建设					
粮食产量	吨	282262	197770	403205	270685
棉花产量	吨	336	151	963	295
油料产量	吨	45584	6422	24167	51649
肉类总产量	吨	84761	49000	74128	54414
规模以上工业企业数	个	54	116	77	57
规模以上工业总产值(现价)	万元	210858	300268	208084	139156
基本建设投资完成额	万元	18741	72251	9760	11631
四、教育、卫生和社会保障					
普通中学在校学生数	人	30820	38241	58962	38707
小学在校学生数	人	56571	40520	66014	51092
医院、卫生院床位数	床	951	606	1118	1000
社会福利院数	个	13	12	31	21
社会福利院床位数	床	146	286	870	1053

2001年县(市)社会经济主要指标

河北省

指　　标	单　位	滦南县	乐亭县	迁西县	玉田县
一、基本情况					
行政区域土地面积	平方公里	1270	1308	1439	1165
乡(镇)个数	个	15	14	17	20
村民委员会个数	个	594	680	417	750
年末总户数	户	170375	159154	108924	191599
其中:乡村户数	户	151644	143787	94358	163790
年末总人口	万人	57	49	36	65
其中:乡村人口	万人	52	44	31	59
年末单位从业人员数	人	27654	31813	23153	39815
乡村从业人员数	人	265777	254250	158627	302043
其中:农林牧渔业	人	209871	137380	91292	138234
农业机械总动力	万千瓦特	68	95	23	84
本地电话用户	户	75717	77478	39016	110000
二、综合经济					
第一产业增加值	万元	203157	284012	66900	222336
第二产业增加值	万元	333764	170243	177872	266894
地方财政预算内收入	万元	14424	10912	13519	13394
财政支出	万元	23750	22709	21482	25860
城乡居民储蓄存款余额	万元	233336	320576	217162	476425
年末金融机构各项贷款余额	万元	172978	155601	138411	251688
三、农业、工业及基本建设					
粮食产量	吨	307690	284436	70664	420415
棉花产量	吨	958	2581	183	1328
油料产量	吨	50073	16662	3016	6187
肉类总产量	吨	71150	34402	22818	78884
规模以上工业企业数	个	60	48	41	100
规模以上工业总产值(现价)	万元	231916	205623	201651	208064
基本建设投资完成额	万元	23708	3251	29369	10721
四、教育、卫生和社会保障					
普通中学在校学生数	人	32927	32173	30784	56817
小学在校学生数	人	52578	41782	34603	62474
医院、卫生院床位数	床	882	1119	801	1266
社会福利院数	个	25	14	1	21
社会福利院床位数	床	1370	550	60	568

2001 年县(市)社会经济主要指标

河北省

指　　标	单　位	唐海县	遵化市	丰南市	迁安市
一、基本情况					
行政区域土地面积	平方公里	700	1509	1568	1208
乡(镇)个数	个	1	25	17	19
村民委员会个数	个		648	486	534
年末总户数	户	46381	210367	156291	198741
其中:乡村户数	户	35669	173311	134693	164856
年末总人口	万人	14	68	52	67
其中:乡村人口	万人	11	62	46	58
年末单位从业人员数	人	41277	34154	35885	49789
乡村从业人员数	人	67130	284303	240844	293710
其中:农林牧渔业	人	48208	146075	150923	152105
农业机械总动力	万千瓦特	16	99	47	68
本地电话用户	户	36264	119439	122162	101311
二、综合经济					
第一产业增加值	万元	50615	154208	254511	137326
第二产业增加值	万元	41197	439499	452292	522390
地方财政预算内收入	万元	4773	30049	28578	26526
财政支出	万元	9684	44623	39625	34862
城乡居民储蓄存款余额	万元	118903	428445	273785	423765
年末金融机构各项贷款余额	万元	89658	244869	290780	339488
三、农业、工业及基本建设					
粮食产量	吨	71837	252635	275074	230707
棉花产量	吨	506	131	6286	
油料产量	吨	860	38742	10008	35792
肉类总产量	吨	15870	81694	66903	80132
规模以上工业企业数	个	62	96	146	134
规模以上工业总产值(现价)	万元	182806	492931	1106445	450930
基本建设投资完成额	万元	7782	10001	9387	11298
四、教育、卫生和社会保障					
普通中学在校学生数	人	8055	51205	38942	55470
小学在校学生数	人	14195	56860	58953	75672
医院、卫生院床位数	床	544	919	1223	950
社会福利院数	个	9	25	20	19
社会福利院床位数	床	532	922	1055	727

2001年县(市)社会经济主要指标

河北省

指　　标	单　位	青龙自治县	昌黎县	抚宁县	卢龙县
一、基本情况					
行政区域土地面积	平方公里	3310	1184	1646	945
乡(镇)个数	个	25	16	11	12
村民委员会个数	个	396	445	620	548
年末总户数	户	144039	181193	162700	130887
其中:乡村户数	户	128752	151111	136120	116676
年末总人口	万人	50	55	51	42
其中:乡村人口	万人	47	49	46	39
年末单位从业人员数	人	19126	26462	33688	16715
乡村从业人员数	人	228443	263204	238374	221493
其中:农林牧渔业	人	181877	163520	167292	158526
农业机械总动力	万千瓦特	11	70	49	66
本地电话用户	户	22629	75448	71242	38814
二、综合经济					
第一产业增加值	万元	42298	135874	86086	96801
第二产业增加值	万元	54084	117975	171106	83160
地方财政预算内收入	万元	6307	11415	14257	4199
财政支出	万元	14172	19500	23528	12068
城乡居民储蓄存款余额	万元	113171	326002	328527	179104
年末金融机构各项贷款余额	万元	72986	203072	259150	94790
三、农业、工业及基本建设					
粮食产量	吨	108867	276508	184683	242513
棉花产量	吨	12	174	248	392
油料产量	吨	629	46286	17588	14880
肉类总产量	吨	30428	42535	66676	50509
规模以上工业企业数	个	19	52	52	35
规模以上工业总产值(现价)	万元	15731	112531	226369	35376
基本建设投资完成额	万元	9182	16898	16022	13023
四、教育、卫生和社会保障					
普通中学在校学生数	人	36796	30211	35201	28633
小学在校学生数	人	53393	47626	50941	38880
医院、卫生院床位数	床	800	1405	874	566
社会福利院数	个	25	21	16	14
社会福利院床位数	床	520	697	346	490

2001年县(市)社会经济主要指标

河北省

指　　标	单　位	邯郸县	临漳县	成安县	大名县
一、基本情况					
行政区域土地面积	平方公里	522	744	485	1052
乡(镇)个数	个	11	14	9	20
村民委员会个数	个	258	425	234	651
年末总户数	户	95894	132037	87723	172721
其中:乡村户数	户	89001	126430	82036	147811
年末总人口	万人	39	58	36	74
其中:乡村人口	万人	37	53	34	66
年末单位从业人员数	人	14467	15867	15218	17483
乡村从业人员数	人	163859	250997	178568	290634
其中:农林牧渔业	人	97447	176997	102890	256084
农业机械总动力	万千瓦特	68	68	53	78
本地电话用户	户	27568	29136	23021	39655
二、综合经济					
第一产业增加值	万元	41707	95868	64808	88499
第二产业增加值	万元	199420	66195	60140	90840
地方财政预算内收入	万元	12491	5426	4522	6199
财政支出	万元	17177	12672	8984	14447
城乡居民储蓄存款余额	万元	239063	134114	74928	92503
年末金融机构各项贷款余额	万元	219942	109082	100808	135234
三、农业、工业及基本建设					
粮食产量	吨	160397	439208	213731	433036
棉花产量	吨	1170	7896	19792	1691
油料产量	吨	2812	7607	4633	120920
肉类总产量	吨	30335	39733	27054	58559
规模以上工业企业数	个	19	12	21	15
规模以上工业总产值(现价)	万元	61501	25068	45337	54487
基本建设投资完成额	万元	22061	16677	10643	8463
四、教育、卫生和社会保障					
普通中学在校学生数	人	37315	50157	36659	59946
小学在校学生数	人	55113	84185	34171	93200
医院、卫生院床位数	床	586	789	580	781
社会福利院数	个	11	14	10	20
社会福利院床位数	床	119	170	135	376

2001年县(市)社会经济主要指标

河北省

指　　　标	单　位	涉　县	磁　县	肥乡县	永年县
一、基本情况					
行政区域土地面积	平方公里	1509	1035	496	898
乡(镇)个数	个	17	19	9	20
村民委员会个数	个	308	383	263	450
年末总户数	户	126830	148246	74398	200979
其中:乡村户数	户	104311	140275	68606	185360
年末总人口	万人	38	63	31	83
其中:乡村人口	万人	34	58	29	77
年末单位从业人员数	人	21504	29822	11567	28630
乡村从业人员数	人	173747	297814	145314	391561
其中:农林牧渔业	人	117449	184877	118109	205727
农业机械总动力	万千瓦特	13	60	42	65
本地电话用户	户	46364	48923	18544	78910
二、综合经济					
第一产业增加值	万元	25778	71344	62030	135717
第二产业增加值	万元	136330	186571	50889	208798
地方财政预算内收入	万元	14308	12617	3321	11325
财政支出	万元	21496	16740	7930	16248
城乡居民储蓄存款余额	万元	194849	198581	65477	278529
年末金融机构各项贷款余额	万元	115179	152142	114816	252174
三、农业、工业及基本建设					
粮食产量	吨	101241	230688	244457	411330
棉花产量	吨	77	2364	13403	2017
油料产量	吨	852	4050	3866	7926
肉类总产量	吨	8751	25138	31840	43396
规模以上工业企业数	个	24	24	16	33
规模以上工业总产值(现价)	万元	126344	55609	32858	68876
基本建设投资完成额	万元	22214	27507	10763	25942
四、教育、卫生和社会保障					
普通中学在校学生数	人	31136	55608	21472	62598
小学在校学生数	人	53327	98392	37740	122264
医院、卫生院床位数	床	1204	767	350	917
社会福利院数	个	17	19	9	20
社会福利院床位数	床	200	280	190	451

2001年县(市)社会经济主要指标

河北省

指　　标	单　位	丘　县	鸡泽县	广平县	馆陶县
一、基本情况					
行政区域土地面积	平方公里	448	337	320	456
乡(镇)个数	个	7	7	7	8
村民委员会个数	个	218	169	169	277
年末总户数	户	51310	56876	57758	68798
其中:乡村户数	户	44933	53106	50930	63432
年末总人口	万人	20	25	25	29
其中:乡村人口	万人	19	25	22	26
年末单位从业人员数	人	11309	8129	10718	9641
乡村从业人员数	人	93676	98665	103695	133977
其中:农林牧渔业	人	50940	63736	70616	76861
农业机械总动力	万千瓦特	22	27	22	46
本地电话用户	户	14606	14426	20539	19266
二、综合经济					
第一产业增加值	万元	47057	37855	32778	65305
第二产业增加值	万元	68700	63902	71397	55648
地方财政预算内收入	万元	3903	3391	6093	4639
财政支出	万元	5901	6655	8913	8177
城乡居民储蓄存款余额	万元	68455	54119	58711	72507
年末金融机构各项贷款余额	万元	103857	67108	85571	75767
三、农业、工业及基本建设					
粮食产量	吨	139418	140854	142324	214455
棉花产量	吨	20304	5912	4691	6739
油料产量	吨	12621	1240	4631	14256
肉类总产量	吨	18309	15760	14083	41373
规模以上工业企业数	个	16	13	9	17
规模以上工业总产值(现价)	万元	59757	43568	79817	44407
基本建设投资完成额	万元	9355	13778	7435	6414
四、教育、卫生和社会保障					
普通中学在校学生数	人	12039	18923	16868	23453
小学在校学生数	人	23678	39264	29574	31330
医院、卫生院床位数	床	360	218	387	476
社会福利院数	个	9	6	7	18
社会福利院床位数	床	185	125	195	672

2001年县(市)社会经济主要指标

河北省

指　　标	单　位	魏　县	曲周县	武安市	邢台县
一、基本情况					
行政区域土地面积	平方公里	862	667	1806	1983
乡(镇)个数	个	21	10	22	19
村民委员会个数	个	561	342	502	615
年末总户数	户	234467	101822	207914	122713
其中:乡村户数	户	165405	86212	184345	111775
年末总人口	万人	79	40	71	45
其中:乡村人口	万人	75	37	64	43
年末单位从业人员数	人	17452	12983	33794	18682
乡村从业人员数	人	324330	159674	326663	223510
其中:农林牧渔业	人	248587	96822	169054	120976
农业机械总动力	万千瓦特	52	71	84	30
本地电话用户	户	37257	21753	86689	28866
二、综合经济					
第一产业增加值	万元	84970	71698	48520	71083
第二产业增加值	万元	78120	71833	492835	134849
地方财政预算内收入	万元	5927	4733	23700	9209
财政支出	万元	15843	9597	29783	16903
城乡居民储蓄存款余额	万元	112182	95285	693168	168574
年末金融机构各项贷款余额	万元	150267	133004	567035	214531
三、农业、工业及基本建设					
粮食产量	吨	419827	294144	219391	211087
棉花产量	吨	4907	10217	1069	513
油料产量	吨	8657	4391	3168	9049
肉类总产量	吨	52178	36691	24156	23431
规模以上工业企业数	个	8	16	47	36
规模以上工业总产值(现价)	万元	29844	32624	255081	183798
基本建设投资完成额	万元	16495	6900	30111	13006
四、教育、卫生和社会保障					
普通中学在校学生数	人	56479	32318	53269	35484
小学在校学生数	人	106852	42845	100896	55309
医院、卫生院床位数	床	637	482	1311	684
社会福利院数	个	23	10	22	19
社会福利院床位数	床	512	310	508	208

2001年县(市)社会经济主要指标

河北省

指标	单位	临城县	内丘县	柏乡县	隆尧县
一、基本情况					
行政区域土地面积	平方公里	797	775	268	749
乡(镇)个数	个	8	9	6	12
村民委员会个数	个	220	309	121	276
年末总户数	户	48898	65503	49953	120660
其中:乡村户数	户	46843	58522	41591	106164
年末总人口	万人	19	25	18	48
其中:乡村人口	万人	18	24	17	44
年末单位从业人员数	人	7432	12769	8200	17409
乡村从业人员数	人	84020	107311	82128	195947
其中:农林牧渔业	人	56322	81168	45795	79443
农业机械总动力	万千瓦特	21	14	26	71
本地电话用户	户	12310	18000	15373	40663
二、综合经济					
第一产业增加值	万元	20292	26515	32701	78818
第二产业增加值	万元	60779	105804	57756	165840
地方财政预算内收入	万元	3083	5669	3084	7889
财政支出	万元	8513	10510	6962	11851
城乡居民储蓄存款余额	万元	90571	101350	47684	122969
年末金融机构各项贷款余额	万元	74073	101423	79690	163120
三、农业、工业及基本建设					
粮食产量	吨	55748	125324	172470	452961
棉花产量	吨	650	284	534	3033
油料产量	吨	4114	9946	5225	12690
肉类总产量	吨	13502	18380	13301	44507
规模以上工业企业数	个	19	32	33	21
规模以上工业总产值(现价)	万元	37077	71280	34989	151524
基本建设投资完成额	万元	6750	9837	8569	14027
四、教育、卫生和社会保障					
普通中学在校学生数	人	17185	21328	14278	38599
小学在校学生数	人	19414	30621	20974	63073
医院、卫生院床位数	床	409	425	170	472
社会福利院数	个	8	10	6	12
社会福利院床位数	床	153	242	196	185

2001年县(市)社会经济主要指标

河北省

指　　标	单　位	任　县	南和县	宁晋县	巨鹿县
一、基本情况					
行政区域土地面积	平方公里	431	418	1107	623
乡(镇)个数	个	8	8	16	10
村民委员会个数	个	195	216	364	291
年末总户数	户	73035	78215	175910	92145
其中:乡村户数	户	67094	69143	162605	79035
年末总人口	万人	30	32	72	36
其中:乡村人口	万人	29	30	67	33
年末单位从业人员数	人	10014	7159	23720	9556
乡村从业人员数	人	124690	139210	330808	184827
其中:农林牧渔业	人	65326	97510	213503	124327
农业机械总动力	万千瓦特	45	40	78	28
本地电话用户	户	24708	20383	68391	23847
二、综合经济					
第一产业增加值	万元	36074	50321	102664	29719
第二产业增加值	万元	36595	44590	199093	94352
地方财政预算内收入	万元	2084	2368	10325	4993
财政支出	万元	5740	5940	16120	11880
城乡居民储蓄存款余额	万元	68344	93878	267231	127278
年末金融机构各项贷款余额	万元	76414	73858	232632	137112
三、农业、工业及基本建设					
粮食产量	吨	255170	232132	621470	132629
棉花产量	吨	1302	155	4211	5966
油料产量	吨	814	3264	10911	14102
肉类总产量	吨	10832	18608	19401	11547
规模以上工业企业数	个	6	7	82	24
规模以上工业总产值(现价)	万元	11398	13534	312692	51482
基本建设投资完成额	万元	5600	3574	13775	5329
四、教育、卫生和社会保障					
普通中学在校学生数	人	29486	18308	64874	28131
小学在校学生数	人	36955	38710	77853	42785
医院、卫生院床位数	床	386	272	954	290
社会福利院数	个	8	8	14	10
社会福利院床位数	床	71	86	223	201

2001年县(市)社会经济主要指标

河北省

指　　标	单　位	新河县	广宗县	平乡县	威　县
一、基本情况					
行政区域土地面积	平方公里	366	493	406	994
乡(镇)个数	个	6	8	7	16
村民委员会个数	个	169	213	253	522
年末总户数	户	49401	69870	61743	123065
其中:乡村户数	户	40662	66010	60853	122434
年末总人口	万人	17	27	28	53
其中:乡村人口	万人	15	26	27	50
年末单位从业人员数	人	6586	8191	9018	14336
乡村从业人员数	人	70663	125635	111002	247268
其中:农林牧渔业	人	51045	86582	64692	156257
农业机械总动力	万千瓦特	19	17	29	66
本地电话用户	户	7962	13673	26255	29760
二、综合经济					
第一产业增加值	万元	21338	27350	23974	84312
第二产业增加值	万元	31470	29901	65502	57065
地方财政预算内收入	万元	1703	1982	3491	6581
财政支出	万元	4920	6816	7210	14239
城乡居民储蓄存款余额	万元	56931	35064	116885	114637
年末金融机构各项贷款余额	万元	50322	60919	80356	99192
三、农业、工业及基本建设					
粮食产量	吨	100204	98004	146241	249320
棉花产量	吨	5048	8611	865	40163
油料产量	吨	6500	20360	2969	22491
肉类总产量	吨	9353	12001	7960	41971
规模以上工业企业数	个	20	13	16	30
规模以上工业总产值(现价)	万元	19755	26447	20436	44760
基本建设投资完成额	万元	1840	3549	7993	11342
四、教育、卫生和社会保障					
普通中学在校学生数	人	9497	16595	34143	36124
小学在校学生数	人	19253	35643	35686	68145
医院、卫生院床位数	床	339	247	405	812
社会福利院数	个	6	8	7	16
社会福利院床位数	床	210	150	40	210

2001年县(市)社会经济主要指标

河北省

指　　标	单　位	清河县	临西县	南宫市	沙河市
一、基本情况					
行政区域土地面积	平方公里	501	542	854	999
乡(镇)个数	个	6	9	11	10
村民委员会个数	个	320	295	440	290
年末总户数	户	85517	78046	114164	129241
其中:乡村户数	户	76763	71885	103286	124803
年末总人口	万人	35	32	46	47
其中:乡村人口	万人	32	29	41	40
年末单位从业人员数	人	13925	11657	16379	22790
乡村从业人员数	人	139584	131050	149485	178375
其中:农林牧渔业	人	62374	78107	98108	82306
农业机械总动力	万千瓦特	24	49	55	60
本地电话用户	户	45789	18551	38560	56491
二、综合经济					
第一产业增加值	万元	27273	51783	63302	50020
第二产业增加值	万元	269248	83059	127943	246040
地方财政预算内收入	万元	11645	5173	4267	12641
财政支出	万元	16890	10356	11609	17911
城乡居民储蓄存款余额	万元	265715	104806	216810	296138
年末金融机构各项贷款余额	万元	166071	100048	157347	209454
三、农业、工业及基本建设					
粮食产量	吨	179354	191177	222073	151311
棉花产量	吨	4173	14400	25460	122
油料产量	吨	5400	5168	12552	6187
肉类总产量	吨	15854	28111	35123	25913
规模以上工业企业数	个	98	36	44	67
规模以上工业总产值(现价)	万元	342890	94739	88938	255757
基本建设投资完成额	万元	10575	9055	6144	13934
四、教育、卫生和社会保障					
普通中学在校学生数	人	34859	22830	34817	48114
小学在校学生数	人	52059	48334	53222	77775
医院、卫生院床位数	床	747	466	631	884
社会福利院数	个	7	9	12	11
社会福利院床位数	床	72	210	206	268

2001年县(市)社会经济主要指标

河北省

指　　标	单　位	满城县	清苑县	涞水县	阜平县
一、基本情况					
行政区域土地面积	平方公里	643	866	1666	2496
乡(镇)个数	个	12	18	15	13
村民委员会个数	个	204	266	284	209
年末总户数	户	105676	168271	93787	60156
其中:乡村户数	户	87218	142825	83109	52458
年末总人口	万人	38	61	34	21
其中:乡村人口	万人	34	57	30	18
年末单位从业人员数	人	18074	22301	12994	9470
乡村从业人员数	人	191851	330719	168204	79049
其中:农林牧渔业	人	124631	210281	129006	60556
农业机械总动力	万千瓦特	40	71	24	11
本地电话用户	户	46470	61998	36528	18174
二、综合经济					
第一产业增加值	万元	65353	112715	33643	21006
第二产业增加值	万元	128941	81550	23227	24188
地方财政预算内收入	万元	7429	7229	2944	2745
财政支出	万元	14437	18225	10070	11734
城乡居民储蓄存款余额	万元	214945	214202	102075	84356
年末金融机构各项贷款余额	万元	176944	171125	68121	81077
三、农业、工业及基本建设					
粮食产量	吨	185090	467293	120134	49506
棉花产量	吨	492	528	35	
油料产量	吨	3060	27487	8095	600
肉类总产量	吨	24489	23731	21066	6805
规模以上工业企业数	个	51	31	17	4
规模以上工业总产值(现价)	万元	163537	111910	31034	4524
基本建设投资完成额	万元	16170	27626	5598	14800
四、教育、卫生和社会保障					
普通中学在校学生数	人	30147	52806	25355	13664
小学在校学生数	人	46000	82232	34370	18960
医院、卫生院床位数	床	882	566	334	483
社会福利院数	个	12	9	15	
社会福利院床位数	床	200	112	200	

2001年县(市)社会经济主要指标

河北省

指　　标	单　位	徐水县	定兴县	唐　县	高阳县
一、基本情况					
行政区域土地面积	平方公里	730	714	1417	497
乡(镇)个数	个	14	16	20	9
村民委员会个数	个	304	274	345	180
年末总户数	户	147659	136897	143973	80866
其中:乡村户数	户	125696	122297	125208	68014
年末总人口	万人	56	56	52	31
其中:乡村人口	万人	50	51	49	27
年末单位从业人员数	人	20264	22704	27177	13409
乡村从业人员数	人	273439	263099	255032	153794
其中:农林牧渔业	人	173333	174833	180552	90051
农业机械总动力	万千瓦特	77	48	41	17
本地电话用户	户	75629	20430	35673	39990
二、综合经济					
第一产业增加值	万元	74875	105763	52558	41198
第二产业增加值	万元	231056	120655	54387	119135
地方财政预算内收入	万元	10525	10707	5723	6678
财政支出	万元	16185	16471	13846	10294
城乡居民储蓄存款余额	万元	315203	180759	181132	170052
年末金融机构各项贷款余额	万元	180925	116243	134422	112789
三、农业、工业及基本建设					
粮食产量	吨	354350	372899	151117	155819
棉花产量	吨	91	490	502	1260
油料产量	吨	7516	23774	2769	7845
肉类总产量	吨	41520	41796	24222	8484
规模以上工业企业数	个	40	24	25	23
规模以上工业总产值(现价)	万元	165017	71183	36382	87774
基本建设投资完成额	万元	9296	11961	15417	9114
四、教育、卫生和社会保障					
普通中学在校学生数	人	48195	39258	33461	19592
小学在校学生数	人	64714	67682	58886	31541
医院、卫生院床位数	床	920	340	614	479
社会福利院数	个	1	13	1	9
社会福利院床位数	床	40	155	145	136

2001年县(市)社会经济主要指标

河北省

指　　标	单　位	容城县	涞源县	望都县	安新县
一、基本情况					
行政区域土地面积	平方公里	311	2430	357	724
乡(镇)个数	个	8	17	8	12
村民委员会个数	个	127	283	147	210
年末总户数	户	63656	85222	69142	119007
其中:乡村户数	户	57262	66139	58171	106770
年末总人口	万人	25	26	26	41
其中:乡村人口	万人	23	22	23	38
年末单位从业人员数	人	9403	12913	17636	12527
乡村从业人员数	人	133480	121758	125771	219707
其中:农林牧渔业	人	58292	95510	92008	151054
农业机械总动力	万千瓦特	29	14	35	36
本地电话用户	户	36273	21857	29862	60665
二、综合经济					
第一产业增加值	万元	41740	12867	47843	57705
第二产业增加值	万元	94361	50290	41789	120412
地方财政预算内收入	万元	5860	5502	3025	5965
财政支出	万元	8975	11890	8004	10209
城乡居民储蓄存款余额	万元	140886	83955	124659	145614
年末金融机构各项贷款余额	万元	83775	73328	71657	132830
三、农业、工业及基本建设					
粮食产量	吨	184837	58704	181836	182411
棉花产量	吨	90		305	403
油料产量	吨	8439	625	10245	668
肉类总产量	吨	21409	4825	24293	6347
规模以上工业企业数	个	31	25	15	38
规模以上工业总产值(现价)	万元	51348	35476	20315	148351
基本建设投资完成额	万元	18649	7586	10350	12048
四、教育、卫生和社会保障					
普通中学在校学生数	人	29692	12497	21541	20282
小学在校学生数	人	41168	26618	25999	45415
医院、卫生院床位数	床	393	539	559	380
社会福利院数	个	8		1	12
社会福利院床位数	床	202		30	400

2001年县(市)社会经济主要指标

河北省

指　　标	单　位	易　县	曲阳县	蠡县	顺平县
一、基本情况					
行政区域土地面积	平方公里	2537	1064	652	714
乡(镇)个数	个	27	18	13	10
村民委员会个数	个	469	367	232	237
年末总户数	户	159802	131894	119322	79502
其中:乡村户数	户	132276	122093	106288	72926
年末总人口	万人	55	52	48	29
其中:乡村人口	万人	49	49	45	27
年末单位从业人员数	人	17102	22699	14686	13082
乡村从业人员数	人	245157	240160	247657	146673
其中:农林牧渔业	人	176147	167433	138489	109437
农业机械总动力	万千瓦特	23	41	57	38
本地电话用户	户	51458	37815	70099	21969
二、综合经济					
第一产业增加值	万元	77927	44208	43958	43939
第二产业增加值	万元	73424	85687	288946	24410
地方财政预算内收入	万元	7185	4587	11684	2746
财政支出	万元	16933	12063	16296	8716
城乡居民储蓄存款余额	万元	180080	159741	282147	96538
年末金融机构各项贷款余额	万元	122700	93923	188496	80149
三、农业、工业及基本建设					
粮食产量	吨	224943	135628	219258	119639
棉花产量	吨	601	20	4088	
油料产量	吨	10421	3372	13514	4020
肉类总产量	吨	48969	26976	10340	12026
规模以上工业企业数	个	55	26	78	16
规模以上工业总产值(现价)	万元	58827	27328	285928	22372
基本建设投资完成额	万元	18849	13218	10192	5571
四、教育、卫生和社会保障					
普通中学在校学生数	人	38357	29896	39147	18678
小学在校学生数	人	59599	64007	61509	29600
医院、卫生院床位数	床	635	671	390	418
社会福利院数	个	13	5	13	10
社会福利院床位数	床	108	87	237	198

2001年县(市)社会经济主要指标

河北省

指标	单位	博野县	雄县	涿州市	定州市
一、基本情况					
行政区域土地面积	平方公里	331	513	752	1290
乡(镇)个数	个	7	9	11	22
村民委员会个数	个	133	223	410	506
年末总户数	户	65383	84951	178993	300649
其中:乡村户数	户	62921	77008	106133	252989
年末总人口	万人	25	33	58	112
其中:乡村人口	万人	24	30	42	102
年末单位从业人员数	人	7550	10972	47004	35119
乡村从业人员数	人	135407	181085	240869	583269
其中:农林牧渔业	人	71515	123073	167464	366328
农业机械总动力	万千瓦特	26	27	48	101
本地电话用户	户	21909	44471	124700	103954
二、综合经济					
第一产业增加值	万元	39500	41018	75530	256646
第二产业增加值	万元	22660	112970	248763	196638
地方财政预算内收入	万元	2247	6353	17885	18326
财政支出	万元	6527	9753	21867	30535
城乡居民储蓄存款余额	万元	84890	137947	401996	538123
年末金融机构各项贷款余额	万元	53613	73208	265171	211039
三、农业、工业及基本建设					
粮食产量	吨	144991	199682	274573	558624
棉花产量	吨	618	12	48	474
油料产量	吨	11338	11722	9669	59207
肉类总产量	吨	12660	15600	35318	103588
规模以上工业企业数	个	19	22	72	46
规模以上工业总产值(现价)	万元	26184	42528	264679	83408
基本建设投资完成额	万元	5719	11042	105354	41733
四、教育、卫生和社会保障					
普通中学在校学生数	人	17066	17666	45859	76832
小学在校学生数	人	25832	41945	47196	123482
医院、卫生院床位数	床	317	335	1146	1154
社会福利院数	个	7	9	12	27
社会福利院床位数	床	128	180	297	900

2001年县(市)社会经济主要指标

河北省

指　　标	单　位	安国市	高碑店市	宣化县	张北县
一、基本情况					
行政区域土地面积	平方公里	485	676	2095	4232
乡(镇)个数	个	10	10	14	20
村民委员会个数	个	198	442	318	387
年末总户数	户	106020	157062	108995	136371
其中:乡村户数	户	90071	107028	87855	110487
年末总人口	万人	39	55	30	37
其中:乡村人口	万人	35	45	27	33
年末单位从业人员数	人	15016	38691	16733	14263
乡村从业人员数	人	156473	254016	141425	188069
其中:农林牧渔业	人	83596	157197	95398	128443
农业机械总动力	万千瓦特	65	39	15	10
本地电话用户	户	56188	110927	95063	20766
二、综合经济					
第一产业增加值	万元	80680	78599	29173	33630
第二产业增加值	万元	110426	261561	78907	25398
地方财政预算内收入	万元	8164	13760	6140	2189
财政支出	万元	13208	17835	11877	11297
城乡居民储蓄存款余额	万元	257075	419553	109894	72184
年末金融机构各项贷款余额	万元	86111	200002	86930	99245
三、农业、工业及基本建设					
粮食产量	吨	235202	299329	66106	17334
棉花产量	吨	237	235		
油料产量	吨	20913	29100	2519	904
肉类总产量	吨	28649	34608	22640	25683
规模以上工业企业数	个	41	88	24	22
规模以上工业总产值(现价)	万元	94811	250450	43386	26418
基本建设投资完成额	万元	23583	56234	5962	4683
四、教育、卫生和社会保障					
普通中学在校学生数	人	24392	31575	16930	16944
小学在校学生数	人	40555	68572	30085	32327
医院、卫生院床位数	床	674	699	603	623
社会福利院数	个	11	9	14	20
社会福利院床位数	床	250	129	228	613

2001 年县(市)社会经济主要指标

河北省

指　　标	单　位	康保县	沽源县	尚义县	蔚　县
一、基本情况					
行政区域土地面积	平方公里	3365	3599	2621	3216
乡(镇)个数	个	15	14	14	22
村民委员会个数	个	327	233	172	560
年末总户数	户	94472	72898	66622	145523
其中:乡村户数	户	80647	57753	53131	133451
年末总人口	万人	28	23	19	46
其中:乡村人口	万人	26	20	17	42
年末单位从业人员数	人	10495	10041	9156	23073
乡村从业人员数	人	136278	110430	99126	170593
其中:农林牧渔业	人	106189	85134	69796	118943
农业机械总动力	万千瓦特	14	9	6	14
本地电话用户	户	10521	10249	7598	36324
二、综合经济					
第一产业增加值	万元	19109	17123	12523	19705
第二产业增加值	万元	19227	11071	7362	68468
地方财政预算内收入	万元	912	796	1157	5791
财政支出	万元	9385	7977	7963	12662
城乡居民储蓄存款余额	万元	42517	25104	34873	211368
年末金融机构各项贷款余额	万元	48644	46579	40692	159488
三、农业、工业及基本建设					
粮食产量	吨	14409	6796	7000	24536
棉花产量	吨				
油料产量	吨	1955	110	151	471
肉类总产量	吨	18439	11036	10740	21555
规模以上工业企业数	个	5	3	11	21
规模以上工业总产值(现价)	万元	9984	720	947	18488
基本建设投资完成额	万元	10380	2569	5106	8714
四、教育、卫生和社会保障					
普通中学在校学生数	人	12910	11522	8443	23380
小学在校学生数	人	22368	19858	17704	50366
医院、卫生院床位数	床	292	366	299	708
社会福利院数	个	15	14	15	23
社会福利院床位数	床	350	143	270	213

2001年县(市)社会经济主要指标

河北省

指　　标	单　位	阳原县	怀安县	万全县	怀来县
一、基本情况					
行政区域土地面积	平方公里	1833	1706	1158	1793
乡(镇)个数	个	14	11	11	17
村民委员会个数	个	301	273	172	279
年末总户数	户	90533	83082	75312	109930
其中:乡村户数	户	75539	66496	64228	84280
年末总人口	万人	28	25	22	33
其中:乡村人口	万人	25	21	19	27
年末单位从业人员数	人	17366	14407	10122	22346
乡村从业人员数	人	110005	106614	95327	146260
其中:农林牧渔业	人	75061	75120	57706	101322
农业机械总动力	万千瓦特	10	7	9	20
本地电话用户	户	23063	29721	27345	49054
二、综合经济					
第一产业增加值	万元	15417	14295	8426	31163
第二产业增加值	万元	43911	21908	25700	89278
地方财政预算内收入	万元	3471	1830	2926	7851
财政支出	万元	9513	8197	9539	11892
城乡居民储蓄存款余额	万元	80472	82419	64002	200080
年末金融机构各项贷款余额	万元	83879	84033	86057	185951
三、农业、工业及基本建设					
粮食产量	吨	14239	29333	23210	48855
棉花产量	吨				
油料产量	吨	266	379	391	528
肉类总产量	吨	10561	11206	6290	10612
规模以上工业企业数	个	16	7	21	17
规模以上工业总产值(现价)	万元	15620	7831	20104	17312
基本建设投资完成额	万元	9811	4814	5453	20615
四、教育、卫生和社会保障					
普通中学在校学生数	人	19991	13823	14630	19272
小学在校学生数	人	25990	23983	20814	34229
医院、卫生院床位数	床	339	414	329	600
社会福利院数	个	15	13	11	18
社会福利院床位数	床	261	215	115	226

2001年县(市)社会经济主要指标

河北省

指　　标	单　位	涿鹿县	赤城县	崇礼县	承德县
一、基本情况					
行政区域土地面积	平方公里	2798	5288	2324	3990
乡(镇)个数	个	17	18	10	25
村民委员会个数	个	373	440	213	421
年末总户数	户	106486	85303	40396	146430
其中:乡村户数	户	89636	76477	33928	119410
年末总人口	万人	33	28	12	47
其中:乡村人口	万人	28	26	11	42
年末单位从业人员数	人	22908	12557	9970	21034
乡村从业人员数	人	141815	106876	54755	222276
其中:农林牧渔业	人	93023	78147	40579	160308
农业机械总动力	万千瓦特	15	22	6	25
本地电话用户	户	34394	15538	11007	34554
二、综合经济					
第一产业增加值	万元	45423	24100	6885	50388
第二产业增加值	万元	46352	30478	24542	77022
地方财政预算内收入	万元	3434	3499	1389	7684
财政支出	万元	12015	10143	5419	19553
城乡居民储蓄存款余额	万元	102069	80512	39670	131036
年末金融机构各项贷款余额	万元	108576	66823	48823	136090
三、农业、工业及基本建设					
粮食产量	吨	71750	32250	9321	145977
棉花产量	吨				
油料产量	吨	661	1847	233	923
肉类总产量	吨	24002	20430	5934	38012
规模以上工业企业数	个	16	28	6	30
规模以上工业总产值(现价)	万元	33439	24701	10100	156954
基本建设投资完成额	万元	28361	5673	3802	24425
四、教育、卫生和社会保障					
普通中学在校学生数	人	21988	10708	4215	36957
小学在校学生数	人	31602	20045	11026	40807
医院、卫生院床位数	床	424	461	300	779
社会福利院数	个	18	18	10	26
社会福利院床位数	床	209	135	93	310

2001 年县(市)社会经济主要指标

河北省

指标	单位	兴隆县	平泉县	滦平县	隆化县
一、基本情况					
行政区域土地面积	平方公里	3117	3296	3195	5475
乡(镇)个数	个	20	20	22	25
村民委员会个数	个	297	334	225	363
年末总户数	户	98752	127202	102884	121461
其中:乡村户数	户	77385	111387	83214	103302
年末总人口	万人	32	46	33	41
其中:乡村人口	万人	28	40	30	37
年末单位从业人员数	人	20647	25149	11552	16596
乡村从业人员数	人	143424	209418	143738	198581
其中:农林牧渔业	人	96921	149507	92822	154133
农业机械总动力	万千瓦特	17	28	10	17
本地电话用户	户	31793	33971	25967	26095
二、综合经济					
第一产业增加值	万元	38920	54103	39527	44189
第二产业增加值	万元	59065	51328	36976	31529
地方财政预算内收入	万元	5436	4527	3363	3727
财政支出	万元	16017	18677	17278	17861
城乡居民储蓄存款余额	万元	125517	145054	82788	89407
年末金融机构各项贷款余额	万元	107433	172858	71302	80457
三、农业、工业及基本建设					
粮食产量	吨	82247	191354	100690	127940
棉花产量	吨				
油料产量	吨	311	201	106	602
肉类总产量	吨	18040	27370	31209	31074
规模以上工业企业数	个	35	37	20	36
规模以上工业总产值(现价)	万元	64734	62408	14872	23037
基本建设投资完成额	万元	17749	34215	10877	16050
四、教育、卫生和社会保障					
普通中学在校学生数	人	23402	25746	25342	34470
小学在校学生数	人	22707	39314	20690	30349
医院、卫生院床位数	床	736	956	521	829
社会福利院数	个	20	20	22	23
社会福利院床位数	床	117	614	930	520

2001年县(市)社会经济主要指标

河北省

指标	单位	丰宁自治县	宽城自治县	围场自治县	沧县
一、基本情况					
行政区域土地面积	平方公里	8738	1932	9062	1527
乡(镇)个数	个	26	18	37	19
村民委员会个数	个	310	205	312	517
年末总户数	户	117499	70327	148830	172409
其中:乡村户数	户	94890	57467	117350	160683
年末总人口	万人	38	23	52	65
其中:乡村人口	万人	33	20	45	62
年末单位从业人员数	人	17537	14714	41209	28998
乡村从业人员数	人	167998	99832	211995	331529
其中:农林牧渔业	人	130362	74688	166440	149101
农业机械总动力	万千瓦特	15	3	23	96
本地电话用户	户	30719	18904	32199	59000
二、综合经济					
第一产业增加值	万元	44246	26088	47584	118072
第二产业增加值	万元	49824	36509	50982	277769
地方财政预算内收入	万元	4313	4013	4578	14904
财政支出	万元	21121	14431	23375	22860
城乡居民储蓄存款余额	万元	90108	104052	98576	303106
年末金融机构各项贷款余额	万元	98746	76777	77910	189708
三、农业、工业及基本建设					
粮食产量	吨	55116	66412	98743	365394
棉花产量	吨				962
油料产量	吨	141	163	1193	2874
肉类总产量	吨	52376	10680	33542	31092
规模以上工业企业数	个	36	38	28	84
规模以上工业总产值(现价)	万元	44175	48009	24260	313758
基本建设投资完成额	万元	39836	12712	39926	7824
四、教育、卫生和社会保障					
普通中学在校学生数	人	30154	15775	30761	39509
小学在校学生数	人	24431	23422	41011	80022
医院、卫生院床位数	床	715	430	978	810
社会福利院数	个	26	19	37	19
社会福利院床位数	床	640	343	1011	460

2001年县(市)社会经济主要指标

河北省

指　　标	单　位	青　县	东光县	海兴县	盐山县
一、基本情况					
行政区域土地面积	平方公里	968	701	836	795
乡(镇)个数	个	10	9	7	12
村民委员会个数	个	344	447	197	450
年末总户数	户	110793	106466	58870	104010
其中:乡村户数	户	88441	85840	46694	90437
年末总人口	万人	39	34	21	40
其中:乡村人口	万人	33	30	18	38
年末单位从业人员数	人	18733	16783	10162	15166
乡村从业人员数	人	168373	138856	88115	193070
其中:农林牧渔业	人	113190	114799	65714	165169
农业机械总动力	万千瓦特	80	42	22	37
本地电话用户	户	60250	24866	21615	28359
二、综合经济					
第一产业增加值	万元	59160	48158	17032	37623
第二产业增加值	万元	191426	107515	38722	72232
地方财政预算内收入	万元	8915	7319	2510	4432
财政支出	万元	13680	15837	10441	14468
城乡居民储蓄存款余额	万元	226294	196885	65411	121500
年末金融机构各项贷款余额	万元	137047	145888	66101	92969
三、农业、工业及基本建设					
粮食产量	吨	186668	205788	43256	194811
棉花产量	吨	3654	20066	155	4190
油料产量	吨	6543	4125	3690	2654
肉类总产量	吨	15041	15939	7541	18727
规模以上工业企业数	个	55	31	18	18
规模以上工业总产值(现价)	万元	191605	78173	29719	23447
基本建设投资完成额	万元	16365	9636	4492	4918
四、教育、卫生和社会保障					
普通中学在校学生数	人	23992	18566	13908	22111
小学在校学生数	人	50507	43719	26774	58967
医院、卫生院床位数	床	540	395	249	377
社会福利院数	个	10	9		12
社会福利院床位数	床	300	586		229

2001 年县(市)社会经济主要指标

河北省

指　　标	单　位	肃宁县	南皮县	吴桥县	献　县
一、基本情况					
行政区域土地面积	平方公里	497	794	603	1191
乡(镇)个数	个	9	9	10	17
村民委员会个数	个	253	312	473	500
年末总户数	户	88873	96263	79727	139098
其中:乡村户数	户	75412	79546	68774	127217
年末总人口	万人	32	35	28	56
其中:乡村人口	万人	30	31	24	51
年末单位从业人员数	人	13999	14428	13223	17983
乡村从业人员数	人	169551	139036	143686	253932
其中:农林牧渔业	人	146160	112037	114227	214229
农业机械总动力	万千瓦特	41	44	31	48
本地电话用户	户	36275	32957	34000	48354
二、综合经济					
第一产业增加值	万元	52019	52388	59009	79623
第二产业增加值	万元	88525	69491	63796	130984
地方财政预算内收入	万元	4220	5141	3444	6053
财政支出	万元	10424	13693	9946	15536
城乡居民储蓄存款余额	万元	180751	157123	161135	219403
年末金融机构各项贷款余额	万元	129744	100524	96630	121129
三、农业、工业及基本建设					
粮食产量	吨	200624	220040	197222	284639
棉花产量	吨	6545	13697	18798	8765
油料产量	吨	8923	3296	1660	16917
肉类总产量	吨	16520	26257	21747	21624
规模以上工业企业数	个	28	20	22	26
规模以上工业总产值(现价)	万元	98744	46487	41338	30715
基本建设投资完成额	万元	7200	5338	6960	7882
四、教育、卫生和社会保障					
普通中学在校学生数	人	23214	23214	18403	34530
小学在校学生数	人	43970	45112	26805	73861
医院、卫生院床位数	床	522	407	471	610
社会福利院数	个	8	9	10	18
社会福利院床位数	床	63	260	420	340

2001年县(市)社会经济主要指标

河北省

指　　标	单　位	孟村自治县	泊头市	任丘市	黄骅市
一、基本情况					
行政区域土地面积	平方公里	393	1007	1012	2202
乡(镇)个数	个	6	12	15	9
村民委员会个数	个	126	657	413	327
年末总户数	户	46119	154957	161350	118991
其中:乡村户数	户	40604	113091	148784	91869
年末总人口	万人	19	55	61	41
其中:乡村人口	万人	17	43	55	34
年末单位从业人员数	人	10488	36952	29527	29023
乡村从业人员数	人	78737	199762	270483	140092
其中:农林牧渔业	人	54116	141036	74782	59552
农业机械总动力	万千瓦特	19	107	94	67
本地电话用户	户	20326	49864	121312	91428
二、综合经济					
第一产业增加值	万元	13978	67317	69318	48067
第二产业增加值	万元	49779	139393	479076	305522
地方财政预算内收入	万元	2449	10194	28596	12371
财政支出	万元	8919	18795	33615	17711
城乡居民储蓄存款余额	万元	73679	322939	869521	347348
年末金融机构各项贷款余额	万元	59885	216215	322123	204071
三、农业、工业及基本建设					
粮食产量	吨	72842	312127	368633	127246
棉花产量	吨	297	2336	1563	593
油料产量	吨	3382	3581	7289	3433
肉类总产量	吨	11673	28191	38994	10694
规模以上工业企业数	个	24	61	45	46
规模以上工业总产值(现价)	万元	16084	111544	217049	144109
基本建设投资完成额	万元	4168	9351	8060	21496
四、教育、卫生和社会保障					
普通中学在校学生数	人	11855	33105	46092	31959
小学在校学生数	人	26287	59864	85000	64013
医院、卫生院床位数	床	165	781	2495	940
社会福利院数	个	13	13	18	11
社会福利院床位数	床	149	331	437	197

2001年县(市)社会经济主要指标

河北省

指标	单位	河间市	固安县	永清县	香河县
一、基本情况					
行政区域土地面积	平方公里	1324	697	774	458
乡(镇)个数	个	19	9	10	9
村民委员会个数	个	615	421	386	300
年末总户数	户	193693	107093	96627	90706
其中:乡村户数	户	171840	84968	84395	72348
年末总人口	万人	76	39	37	31
其中:乡村人口	万人	70	36	34	27
年末单位从业人员数	人	26347	15327	13065	20690
乡村从业人员数	人	346441	173852	176877	134427
其中:农林牧渔业	人	165684	134926	121174	71772
农业机械总动力	万千瓦特	111	64	85	37
本地电话用户	户	94656	37835	31527	51338
二、综合经济					
第一产业增加值	万元	91205	104018	90555	71891
第二产业增加值	万元	329281	119561	74073	261052
地方财政预算内收入	万元	12200	6150	4009	11563
财政支出	万元	19135	12062	10656	20236
城乡居民储蓄存款余额	万元	458730	174097	112245	253340
年末金融机构各项贷款余额	万元	260168	121694	103793	203845
三、农业、工业及基本建设					
粮食产量	吨	340994	239569	153566	179584
棉花产量	吨	12658		1452	156
油料产量	吨	9303	12822	20853	2164
肉类总产量	吨	38716	52082	25106	36280
规模以上工业企业数	个	63	20	37	68
规模以上工业总产值(现价)	万元	275712	35980	56805	195822
基本建设投资完成额	万元	10283	21772	24050	84610
四、教育、卫生和社会保障					
普通中学在校学生数	人	51339	30360	25198	28333
小学在校学生数	人	94097	51700	45179	33991
医院、卫生院床位数	床	772	696	469	635
社会福利院数	个	19	10	10	10
社会福利院床位数	床	252	362	240	317

2001年县(市)社会经济主要指标

河北省

指　　标	单　位	大城县	文安县	大厂自治县	霸州市
一、基本情况					
行政区域土地面积	平方公里	910	980	176	784
乡(镇)个数	个	10	13	5	12
村民委员会个数	个	394	383	105	383
年末总户数	户	118323	121127	34890	159861
其中:乡村户数	户	97497	108076	24329	118833
年末总人口	万人	45	45	11	56
其中:乡村人口	万人	41	41	9	48
年末单位从业人员数	人	18257	19935	8781	21229
乡村从业人员数	人	191030	197156	41787	222609
其中:农林牧渔业	人	111951	101134	20463	101502
农业机械总动力	万千瓦特	55	68	21	99
本地电话用户	户	59670	76811	25172	117094
二、综合经济					
第一产业增加值	万元	46541	55848	23055	70505
第二产业增加值	万元	133078	256075	110786	383761
地方财政预算内收入	万元	6383	9906	6299	16037
财政支出	万元	13921	15427	10902	21818
城乡居民储蓄存款余额	万元	312881	276165	95456	436384
年末金融机构各项贷款余额	万元	153006	179867	78261	253149
三、农业、工业及基本建设					
粮食产量	吨	174150	170001	87496	195359
棉花产量	吨	2369	7398	58	2257
油料产量	吨	3110	3276	788	12105
肉类总产量	吨	26529	26647	35358	23581
规模以上工业企业数	个	38	42	22	70
规模以上工业总产值(现价)	万元	81398	103196	138547	244234
基本建设投资完成额	万元	37476	46455	29147	94796
四、教育、卫生和社会保障					
普通中学在校学生数	人	39080	37714	9966	35601
小学在校学生数	人	66940	67718	12781	78362
医院、卫生院床位数	床	559	742	346	990
社会福利院数	个	10	13	5	12
社会福利院床位数	床	190	367	121	390

2001年县(市)社会经济主要指标

河北省

指标	单位	三河市	枣强县	武邑县	武强县
一、基本情况					
行政区域土地面积	平方公里	643	903	830	442
乡(镇)个数	个	10	11	9	6
村民委员会个数	个	395	553	545	238
年末总户数	户	138552	109204	81427	55273
其中:乡村户数	户	85883	83917	71155	48514
年末总人口	万人	46	38	30	21
其中:乡村人口	万人	34	34	30	20
年末单位从业人员数	人	30006	13195	10494	7980
乡村从业人员数	人	129442	147091	142452	88668
其中:农林牧渔业	人	54791	92616	80241	62693
农业机械总动力	万千瓦特	62	31	36	40
本地电话用户	户	85663	48836	26717	23496
二、综合经济					
第一产业增加值	万元	117407	57791	48995	20321
第二产业增加值	万元	425086	201786	83733	78892
地方财政预算内收入	万元	21965	6878	4198	3096
财政支出	万元	30785	13449	9860	7634
城乡居民储蓄存款余额	万元	377224	251700	150494	106221
年末金融机构各项贷款余额	万元	355430	167012	134632	65618
三、农业、工业及基本建设					
粮食产量	吨	250373	274446	244701	147878
棉花产量	吨	127	18392	3255	2288
油料产量	吨	780	11504	11620	4473
肉类总产量	吨	86377	18685	27618	7291
规模以上工业企业数	个	87	29	35	30
规模以上工业总产值(现价)	万元	507862	364395	77688	55485
基本建设投资完成额	万元	103601	20285	13464	11198
四、教育、卫生和社会保障					
普通中学在校学生数	人	39200	24823	20985	15816
小学在校学生数	人	49377	37360	35524	24985
医院、卫生院床位数	床	939	539	345	334
社会福利院数	个	10	13	9	7
社会福利院床位数	床	125	476	650	152

2001年县(市)社会经济主要指标

河北省

指　　标	单　位	饶阳县	安平县	故城县	景　县
一、基本情况					
行政区域土地面积	平方公里	573	493	941	1183
乡(镇)个数	个	7	8	13	16
村民委员会个数	个	197	230	538	848
年末总户数	户	75239	90125	127292	134462
其中:乡村户数	户	67006	62832	100509	113527
年末总人口	万人	28	31	46	49
其中:乡村人口	万人	26	23	41	45
年末单位从业人员数	人	10116	11737	17886	17560
乡村从业人员数	人	133385	118352	186914	213246
其中:农林牧渔业	人	105383	41642	128390	163999
农业机械总动力	万千瓦特	42	44	60	70
本地电话用户	户	32214	40842	50103	41154
二、综合经济					
第一产业增加值	万元	52519	35866	95775	73026
第二产业增加值	万元	60411	157874	100037	141401
地方财政预算内收入	万元	3843	7004	6992	7620
财政支出	万元	8224	11788	11585	12631
城乡居民储蓄存款余额	万元	122615	178407	254849	304352
年末金融机构各项贷款余额	万元	106370	144657	223862	167092
三、农业、工业及基本建设					
粮食产量	吨	166362	205658	324433	466437
棉花产量	吨	4371	1054	20700	14066
油料产量	吨	22539	10965	11999	15604
肉类总产量	吨	20760	19227	29076	29203
规模以上工业企业数	个	41	53	43	67
规模以上工业总产值(现价)	万元	46969	102256	70542	203557
基本建设投资完成额	万元	8160	20089	10296	14960
四、教育、卫生和社会保障					
普通中学在校学生数	人	22884	20709	37586	41610
小学在校学生数	人	33454	32876	54177	64658
医院、卫生院床位数	床	442	340	668	575
社会福利院数	个	8	8	14	19
社会福利院床位数	床	256	352	320	665

2001年县(市)社会经济主要指标

河北省、山西省

指　　标	单　位	阜城县	冀州市	深州市	清徐县
一、基本情况					
行政区域土地面积	平方公里	698	918	1252	610
乡(镇)个数	个	10	11	17	8
村民委员会个数	个	610	412	469	193
年末总户数	户	91693	116703	152070	84601
其中:乡村户数	户	80252	91440	132801	69688
年末总人口	万人	33	36	56	30
其中:乡村人口	万人	30	32	52	26
年末单位从业人员数	人	12705	18721	22030	12071
乡村从业人员数	人	120377	140225	256395	106485
其中:农林牧渔业	人	76551	81552	118643	70883
农业机械总动力	万千瓦特	31	56	149	34
本地电话用户	户	29036	47244	47573	37111
二、综合经济					
第一产业增加值	万元	43336	57924	75706	55319
第二产业增加值	万元	100793	188873	213156	111287
地方财政预算内收入	万元	4662	13091	9703	9763
财政支出	万元	9901	19490	16501	15806
城乡居民储蓄存款余额	万元	157683	248219	283162	231012
年末金融机构各项贷款余额	万元	95279	239442	152504	187475
三、农业、工业及基本建设					
粮食产量	吨	291960	210614	403669	93030
棉花产量	吨	9725	18584	9070	770
油料产量	吨	4717	15413	34083	2058
肉类总产量	吨	13169	17645	40820	19845
规模以上工业企业数	个	41	50	73	24
规模以上工业总产值(现价)	万元	50941	485223	261329	174019
基本建设投资完成额	万元	12988	9642	16529	6257
四、教育、卫生和社会保障					
普通中学在校学生数	人	21268	32519	38805	17664
小学在校学生数	人	40278	40414	66427	37690
医院、卫生院床位数	床	362	617	703	592
社会福利院数	个	12	11	17	9
社会福利院床位数	床	450	363	227	95

2001 年县(市)社会经济主要指标

山西省

指　　标	单　位	阳曲县	娄烦县	古交市	阳高县
一、基本情况					
行政区域土地面积	平方公里	2059	1276	1584	1678
乡(镇)个数	个	9	7	14	12
村民委员会个数	个	245	217	200	291
年末总户数	户	45333	31399	67488	130911
其中:乡村户数	户	36249	23108	29524	70559
年末总人口	万人	14	11	21	29
其中:乡村人口	万人	12	10	10	25
年末单位从业人员数	人	6307	5354	12241	13687
乡村从业人员数	人	50397	46408	40783	83207
其中:农林牧渔业	人	35129	32530	21645	62014
农业机械总动力	万千瓦特	11	4	11	10
本地电话用户	户	11102	7142	32092	19715
二、综合经济					
第一产业增加值	万元	8795	1612	8317	6539
第二产业增加值	万元	29987	12180	154238	13452
地方财政预算内收入	万元	3447	1424	8686	2060
财政支出	万元	8261	7966	10833	10652
城乡居民储蓄存款余额	万元	61131	28161	169114	69116
年末金融机构各项贷款余额	万元	46737	19088	68198	53755
三、农业、工业及基本建设					
粮食产量	吨	11786	4019	7462	24040
棉花产量	吨				
油料产量	吨	747	496	466	800
肉类总产量	吨	8203	1811	3723	9721
规模以上工业企业数	个	16	12	41	22
规模以上工业总产值(现价)	万元	22814	6813	76355	25243
基本建设投资完成额	万元	8903	3021	64377	982
四、教育、卫生和社会保障					
普通中学在校学生数	人	8101	5766	11941	10340
小学在校学生数	人	12394	13920	15847	36889
医院、卫生院床位数	床	743	210	1162	401
社会福利院数	个	15	5	11	13
社会福利院床位数	床	230	28	88	290

2001年县(市)社会经济主要指标

山西省

指　　标	单　位	天镇县	广灵县	灵丘县	浑源县
一、基本情况					
行政区域土地面积	平方公里	1653	1283	2720	1966
乡(镇)个数	个	10	8	12	17
村民委员会个数	个	267	185	333	358
年末总户数	户	67138	56051	70971	98765
其中:乡村户数	户	51432	43634	55547	79384
年末总人口	万人	20	18	22	34
其中:乡村人口	万人	18	16	20	29
年末单位从业人员数	人	9244	10798	12524	15368
乡村从业人员数	人	65083	52734	76289	120104
其中:农林牧渔业	人	49962	41170	55376	86152
农业机械总动力	万千瓦特	10	7	14	10
本地电话用户	户	14239	11744	16697	19081
二、综合经济					
第一产业增加值	万元	3956	1831	346	6907
第二产业增加值	万元	11490	14972	16340	26000
地方财政预算内收入	万元	1857	2187	2737	3571
财政支出	万元	9218	8436	9677	11793
城乡居民储蓄存款余额	万元	46353	45787	61529	79041
年末金融机构各项贷款余额	万元	29245	39827	38383	49599
三、农业、工业及基本建设					
粮食产量	吨	17326	10589	13468	23565
棉花产量	吨				
油料产量	吨	206	195	371	200
肉类总产量	吨	11202	4823	3770	9348
规模以上工业企业数	个	21	21	29	19
规模以上工业总产值(现价)	万元	12244	28634	21938	31733
基本建设投资完成额	万元	1447	7981	5977	7786
四、教育、卫生和社会保障					
普通中学在校学生数	人	14103	9838	12935	25251
小学在校学生数	人	24166	20049	28678	37938
医院、卫生院床位数	床	357	387	384	644
社会福利院数	个	1	9	21	30
社会福利院床位数	床	10	170	315	151

2001年县(市)社会经济主要指标

山西省

指标	单位	左云县	大同县	平定县	盂县
一、基本情况					
行政区域土地面积	平方公里	1314	1501	1350	2440
乡(镇)个数	个	8	9	9	13
村民委员会个数	个	266	189	322	452
年末总户数	户	45716	54994	108752	92480
其中:乡村户数	户	26903	38980	87960	77855
年末总人口	万人	14	16	32	29
其中:乡村人口	万人	10	13	27	26
年末单位从业人员数	人	12943	12445	21130	23428
乡村从业人员数	人	41058	47423	116243	106526
其中:农林牧渔业	人	24541	33614	50228	68714
农业机械总动力	万千瓦特	10	9	37	36
本地电话用户	户	15373	14444	35008	35766
二、综合经济					
第一产业增加值	万元	2162	6251	12468	9532
第二产业增加值	万元	37176	23000	74124	61197
地方财政预算内收入	万元	7367	4947	8675	7951
财政支出	万元	11036	8918	14268	13592
城乡居民储蓄存款余额	万元	108524	42740	171045	185001
年末金融机构各项贷款余额	万元	55388	90634	122041	110761
三、农业、工业及基本建设					
粮食产量	吨	4881	12620	54461	70306
棉花产量	吨				
油料产量	吨	505	90	1778	1647
肉类总产量	吨	3135	6350	3753	4273
规模以上工业企业数	个	30	34	32	27
规模以上工业总产值(现价)	万元	24889	28621	68630	101470
基本建设投资完成额	万元	4653	2630	24310	3163
四、教育、卫生和社会保障					
普通中学在校学生数	人	9187	8739	24223	20104
小学在校学生数	人	18227	19101	27045	32562
医院、卫生院床位数	床	471	285	505	789
社会福利院数	个	11	17	15	17
社会福利院床位数	床	260	586	630	798

2001年县(市)社会经济主要指标

山西省

指　　标	单　位	长治县	襄垣县	屯留县	平顺县
一、基本情况					
行政区域土地面积	平方公里	483	1179	1042	1550
乡(镇)个数	个	10	10	10	11
村民委员会个数	个	254	328	294	263
年末总户数	户	85039	63455	62374	46221
其中:乡村户数	户	79042	51580	57304	41865
年末总人口	万人	32	24	24	16
其中:乡村人口	万人	29	20	22	15
年末单位从业人员数	人	15661	14240	10036	8337
乡村从业人员数	人	132698	83634	93491	66798
其中:农林牧渔业	人	65963	53615	65276	51086
农业机械总动力	万千瓦特	16	12	9	8
本地电话用户	户	30882	27659	16427	11276
二、综合经济					
第一产业增加值	万元	27391	43912	36642	13747
第二产业增加值	万元	56576	62656	24413	13175
地方财政预算内收入	万元	6524	8872	3760	1622
财政支出	万元	11576	12935	9808	8715
城乡居民储蓄存款余额	万元	101257	151935	40928	41072
年末金融机构各项贷款余额	万元	78693	106002	38977	36584
三、农业、工业及基本建设					
粮食产量	吨	138265	186751	195862	45245
棉花产量	吨				8
油料产量	吨	351	6539	1599	947
肉类总产量	吨	6963	10838	14774	3482
规模以上工业企业数	个	41	29	12	28
规模以上工业总产值(现价)	万元	48138	31144	14182	6911
基本建设投资完成额	万元	2721	4784	5616	3038
四、教育、卫生和社会保障					
普通中学在校学生数	人	18231	13782	16870	7799
小学在校学生数	人	27761	18986	23502	16753
医院、卫生院床位数	床	557	425	475	401
社会福利院数	个	2	17	5	5
社会福利院床位数	床	40	90	75	42

2001年县(市)社会经济主要指标

山西省

指　　标	单　位	黎城县	壶关县	长子县	武乡县
一、基本情况					
行政区域土地面积	平方公里	1166	990	1060	1571
乡(镇)个数	个	8	11	11	13
村民委员会个数	个	251	390	399	393
年末总户数	户	46605	70589	85871	49869
其中:乡村户数	户	40771	68506	78764	45867
年末总人口	万人	16	28	34	21
其中:乡村人口	万人	14	26	31	18
年末单位从业人员数	人	11662	11210	13982	11221
乡村从业人员数	人	69260	105578	139679	92557
其中:农林牧渔业	人	50544	58742	106518	69604
农业机械总动力	万千瓦特	7	9	11	9
本地电话用户	户	14403	16515	23717	14592
二、综合经济					
第一产业增加值	万元	16946	16535	51090	17831
第二产业增加值	万元	40929	32646	22961	17497
地方财政预算内收入	万元	6140	3566	3586	2743
财政支出	万元	9953	11020	9944	8449
城乡居民储蓄存款余额	万元	67792	72406	91208	49120
年末金融机构各项贷款余额	万元	55346	39037	68763	37268
三、农业、工业及基本建设					
粮食产量	吨	75973	100229	199387	100860
棉花产量	吨	104			
油料产量	吨	9614	1330	559	1725
肉类总产量	吨	1603	3968	14427	5223
规模以上工业企业数	个	14	14	23	20
规模以上工业总产值(现价)	万元	40002	48253	13433	18956
基本建设投资完成额	万元	3076	796	4016	3239
四、教育、卫生和社会保障					
普通中学在校学生数	人	9443	17217	21783	12127
小学在校学生数	人	14409	30150	32867	20433
医院、卫生院床位数	床	447	485	448	307
社会福利院数	个	11	7	5	26
社会福利院床位数	床	100	60	60	201

2001年县(市)社会经济主要指标

山西省

指　　标	单　位	沁　县	沁源县	潞城市	沁水县
一、基本情况					
行政区域土地面积	平方公里	1297	2594	630	2655
乡(镇)个数	个	12	13	9	13
村民委员会个数	个	319	259	206	341
年末总户数	户	48616	42178	59398	65721
其中:乡村户数	户	37227	34985	43296	51990
年末总人口	万人	17	16	21	21
其中:乡村人口	万人	14	14	17	19
年末单位从业人员数	人	8892	13453	19054	15623
乡村从业人员数	人	49087	45963	67234	79217
其中:农林牧渔业	人	36073	29437	40282	48374
农业机械总动力	万千瓦特	4	5	10	15
本地电话用户	户	12090	15257	29840	25966
二、综合经济					
第一产业增加值	万元	15472	6576	15344	12906
第二产业增加值	万元	14241	21958	90400	41351
地方财政预算内收入	万元	2427	3240	9398	5904
财政支出	万元	8949	9118	11078	11503
城乡居民储蓄存款余额	万元	45996	28470	104621	68208
年末金融机构各项贷款余额	万元	35012	39459	131305	60530
三、农业、工业及基本建设					
粮食产量	吨	106935	53799	109860	55959
棉花产量	吨			53	415
油料产量	吨	614	701	711	3552
肉类总产量	吨	5272	2978	3323	5109
规模以上工业企业数	个	12	19	29	22
规模以上工业总产值(现价)	万元	10381	16189	152763	26028
基本建设投资完成额	万元	1035	705	2827	4484
四、教育、卫生和社会保障					
普通中学在校学生数	人	11134	9584	12635	14488
小学在校学生数	人	20077	19827	20207	17391
医院、卫生院床位数	床	367	498	518	572
社会福利院数	个	6	11	2	
社会福利院床位数	床	87	130	22	

2001 年县(市)社会经济主要指标

山西省

指　　标	单　位	阳城县	陵川县	泽州县	高平市
一、基本情况					
行政区域土地面积	平方公里	1968	1751	2023	946
乡(镇)个数	个	17	11	17	16
村民委员会个数	个	495	410	640	461
年末总户数	户	119032	66522	141514	126134
其中:乡村户数	户	107810	60513	126262	110858
年末总人口	万人	39	25	52	48
其中:乡村人口	万人	35	23	48	42
年末单位从业人员数	人	32482	14054	21516	26178
乡村从业人员数	人	140250	93969	201128	203732
其中:农林牧渔业	人	77974	59465	121860	111163
农业机械总动力	万千瓦特	29	14	60	34
本地电话用户	户	51736	21491	32945	51204
二、综合经济					
第一产业增加值	万元	16724	11830	22145	25573
第二产业增加值	万元	172895	48033	215787	108161
地方财政预算内收入	万元	14453	3514	15494	10429
财政支出	万元	21536	9862	21195	17704
城乡居民储蓄存款余额	万元	216444	71460	189727	263084
年末金融机构各项贷款余额	万元	181971	50646	132922	171319
三、农业、工业及基本建设					
粮食产量	吨	73100	74412	134973	181624
棉花产量	吨	893		133	
油料产量	吨	3760	1127	2646	1651
肉类总产量	吨	5143	6333	7376	15005
规模以上工业企业数	个	57	23	32	34
规模以上工业总产值(现价)	万元	100374	36045	68448	62747
基本建设投资完成额	万元	8492	1388	6185	6122
四、教育、卫生和社会保障					
普通中学在校学生数	人	25953	15706	26785	29517
小学在校学生数	人	38554	21905	47836	43663
医院、卫生院床位数	床	872	625	421	1296
社会福利院数	个				
社会福利院床位数	床				

2001 年县(市)社会经济主要指标

山西省

指　　标	单　位	山阴县	应　县	右玉县	怀仁县
一、基本情况					
行政区域土地面积	平方公里	1651	1708	1968	1230
乡(镇)个数	个	13	11	9	9
村民委员会个数	个	262	321	327	162
年末总户数	户	66752	76891	28539	81246
其中:乡村户数	户	46503	65054	21709	49767
年末总人口	万人	22	27	10	25
其中:乡村人口	万人	16	24	8	17
年末单位从业人员数	人	14716	13066	6352	20416
乡村从业人员数	人	53862	96415	42039	72506
其中:农林牧渔业	人	42414	76806	34129	47006
农业机械总动力	万千瓦特	19	14	10	22
本地电话用户	户	12285	20909	7114	31268
二、综合经济					
第一产业增加值	万元	27064	12514	1659	10319
第二产业增加值	万元	41642	22126	9548	103303
地方财政预算内收入	万元	4899	3359	1162	8665
财政支出	万元	10256	10365	6225	10882
城乡居民储蓄存款余额	万元	98051	82724	29817	136816
年末金融机构各项贷款余额	万元	75842	51358	18324	114006
三、农业、工业及基本建设					
粮食产量	吨	30904	33753	2459	20729
棉花产量	吨				
油料产量	吨	1128	2271	207	206
肉类总产量	吨	6504	7535	5978	8636
规模以上工业企业数	个	14	14	10	18
规模以上工业总产值(现价)	万元	37414	33823	7296	76439
基本建设投资完成额	万元	1200	1544	2230	1817
四、教育、卫生和社会保障					
普通中学在校学生数	人	10634	16172	4082	16062
小学在校学生数	人	30067	34508	11507	33215
医院、卫生院床位数	床	880	532	328	928
社会福利院数	个	1	5		1
社会福利院床位数	床	11	100		72

2001年县(市)社会经济主要指标

山西省

指　　标	单　位	榆社县	左权县	和顺县	昔阳县
一、基本情况					
行政区域土地面积	平方公里	1650	2028	2250	1944
乡(镇)个数	个	8	9	9	11
村民委员会个数	个	318	376	329	421
年末总户数	户	38582	46344	38975	80867
其中:乡村户数	户	32802	39799	31458	67896
年末总人口	万人	13	16	14	24
其中:乡村人口	万人	12	14	11	21
年末单位从业人员数	人	10305	12482	12412	14573
乡村从业人员数	人	45747	58187	38690	97341
其中:农林牧渔业	人	32451	39748	28583	67513
农业机械总动力	万千瓦特	8	9	10	16
本地电话用户	户	12023	14179	11863	18710
二、综合经济					
第一产业增加值	万元	9202	13774	10829	13275
第二产业增加值	万元	30242	23615	17401	28657
地方财政预算内收入	万元	3624	3260	2784	3894
财政支出	万元	8801	8463	7650	9556
城乡居民储蓄存款余额	万元	31710	63351	44472	91266
年末金融机构各项贷款余额	万元	53666	33228	21785	65778
三、农业、工业及基本建设					
粮食产量	吨	34677	51294	53000	100402
棉花产量	吨				
油料产量	吨	518	1348	666	1525
肉类总产量	吨	6529	4106	5414	4014
规模以上工业企业数	个	8	15	13	17
规模以上工业总产值(现价)	万元	56726	29764	17745	16748
基本建设投资完成额	万元	4318	24431	10141	12103
四、教育、卫生和社会保障					
普通中学在校学生数	人	9875	9680	8394	12540
小学在校学生数	人	13255	12714	12070	16973
医院、卫生院床位数	床	241	400	425	643
社会福利院数	个	1	5	16	5
社会福利院床位数	床	18	28	190	30

2001 年县(市)社会经济主要指标

山西省

指　　标	单　位	寿阳县	太谷县	祁县	平遥县
一、基本情况					
行政区域土地面积	平方公里	2110	1034	854	1260
乡(镇)个数	个	13	8	7	13
村民委员会个数	个	508	232	184	349
年末总户数	户	71230	81789	79123	145492
其中:乡村户数	户	56715	62813	62499	119867
年末总人口	万人	21	28	26	49
其中:乡村人口	万人	18	21	21	42
年末单位从业人员数	人	16076	26380	15012	21956
乡村从业人员数	人	73013	98887	94957	175874
其中:农林牧渔业	人	57288	65697	63407	114922
农业机械总动力	万千瓦特	17	25	29	20
本地电话用户	户	20915	34774	25930	38500
二、综合经济					
第一产业增加值	万元	22773	35709	33694	25667
第二产业增加值	万元	22345	54889	47835	75982
地方财政预算内收入	万元	5102	6489	6336	7338
财政支出	万元	10225	11339	11600	15320
城乡居民储蓄存款余额	万元	94171	214559	159719	157297
年末金融机构各项贷款余额	万元	61631	118169	101716	86789
三、农业、工业及基本建设					
粮食产量	吨	105898	108633	100672	97233
棉花产量	吨		209	281	475
油料产量	吨	2174	467	4589	15691
肉类总产量	吨	6960	18164	13592	14834
规模以上工业企业数	个	20	38	25	34
规模以上工业总产值(现价)	万元	19764	119490	51155	73102
基本建设投资完成额	万元	5908	19686	10471	14182
四、教育、卫生和社会保障					
普通中学在校学生数	人	11716	16738	16284	34749
小学在校学生数	人	17380	19101	22351	52113
医院、卫生院床位数	床	693	1309	504	756
社会福利院数	个		7	8	31
社会福利院床位数	床		70	61	223

2001年县(市)社会经济主要指标

山西省

指　　标	单　位	灵石县	介休市	临猗县	万荣县
一、基本情况					
行政区域土地面积	平方公里	1206	757	1350	1037
乡(镇)个数	个	11	9	15	13
村民委员会个数	个	319	251	375	281
年末总户数	户	74414	119293	148235	99785
其中:乡村户数	户	46062	81751	119465	93241
年末总人口	万人	24	37	53	43
其中:乡村人口	万人	16	28	49	40
年末单位从业人员数	人	17665	63894	24510	13250
乡村从业人员数	人	76743	116187	209465	148487
其中:农林牧渔业	人	41059	58667	171616	110717
农业机械总动力	万千瓦特	24	20	49	30
本地电话用户	户	24159	48024	66674	54028
二、综合经济					
第一产业增加值	万元	5999	14546	86401	23899
第二产业增加值	万元	99307	167782	59155	31509
地方财政预算内收入	万元	7897	12683	8394	4270
财政支出	万元	10816	16185	16315	13446
城乡居民储蓄存款余额	万元	117191	223359	145803	134196
年末金融机构各项贷款余额	万元	69321	248079	162629	106940
三、农业、工业及基本建设					
粮食产量	吨	29106	60684	138543	80175
棉花产量	吨		18	20734	790
油料产量	吨	479	1365	2839	3693
肉类总产量	吨	1848	8220	4472	4688
规模以上工业企业数	个	33	36	38	38
规模以上工业总产值(现价)	万元	93529	329287	87813	48038
基本建设投资完成额	万元	16046	26137	5252	1227
四、教育、卫生和社会保障					
普通中学在校学生数	人	16606	26154	38841	25279
小学在校学生数	人	25672	36474	55386	43079
医院、卫生院床位数	床	738	1675	759	608
社会福利院数	个	5	39	20	
社会福利院床位数	床	20	282	250	

2001 年县(市)社会经济主要指标

山西省

指　　标	单　位	闻喜县	稷山县	新绛县	绛　县
一、基本情况					
行政区域土地面积	平方公里	1160	680	600	986
乡(镇)个数	个	12	6	7	9
村民委员会个数	个	342	200	220	212
年末总户数	户	97411	78517	75998	70787
其中:乡村户数	户	79351	69536	63429	53386
年末总人口	万人	38	33	32	27
其中:乡村人口	万人	33	30	27	22
年末单位从业人员数	人	22934	12222	15491	21842
乡村从业人员数	人	149363	154050	140491	119870
其中:农林牧渔业	人	110807	112445	113392	88628
农业机械总动力	万千瓦特	22	20	22	13
本地电话用户	户	57284	41925	56325	40944
二、综合经济					
第一产业增加值	万元	21107	14028	28196	12183
第二产业增加值	万元	149590	35000	41794	52000
地方财政预算内收入	万元	7875	4284	4395	4476
财政支出	万元	14855	9586	9221	10945
城乡居民储蓄存款余额	万元	151475	91591	90072	87206
年末金融机构各项贷款余额	万元	213964	95220	95738	95386
三、农业、工业及基本建设					
粮食产量	吨	96938	88675	108393	65548
棉花产量	吨	1279	1749	3533	363
油料产量	吨	2473	2577	1155	929
肉类总产量	吨	6031	3271	3516	3797
规模以上工业企业数	个	46	26	20	32
规模以上工业总产值(现价)	万元	409517	43768	43232	122581
基本建设投资完成额	万元	56365	2838	6521	1568
四、教育、卫生和社会保障					
普通中学在校学生数	人	22680	19482	17135	14325
小学在校学生数	人	35848	38470	32995	21840
医院、卫生院床位数	床	686	1783	631	425
社会福利院数	个	3		9	3
社会福利院床位数	床	30		89	30

2001年县(市)社会经济主要指标

山西省

指标	单位	垣曲县	夏县	平陆县	芮城县
一、基本情况					
行政区域土地面积	平方公里	1620	1328	1151	1161
乡(镇)个数	个	10	10	9	9
村民委员会个数	个	191	256	229	310
年末总户数	户	64481	78096	66354	102344
其中:乡村户数	户	39377	71839	54313	89466
年末总人口	万人	22	35	24	38
其中:乡村人口	万人	15	31	21	34
年末单位从业人员数	人	29813	14933	12685	20585
乡村从业人员数	人	70810	170881	103604	174465
其中:农林牧渔业	人	59068	139862	85387	145879
农业机械总动力	万千瓦特	11	20	13	30
本地电话用户	户	37164	24731	26113	42718
二、综合经济					
第一产业增加值	万元	10915	20595	11238	35503
第二产业增加值	万元	44343	18141	15548	39698
地方财政预算内收入	万元	4771	3615	3335	6163
财政支出	万元	11169	10752	10390	15579
城乡居民储蓄存款余额	万元	108181	72553	68881	91761
年末金融机构各项贷款余额	万元	84508	100536	47012	112649
三、农业、工业及基本建设					
粮食产量	吨	40997	69877	35474	93552
棉花产量	吨	528	4119	191	3317
油料产量	吨	741	2071	1387	2534
肉类总产量	吨	6651	4203	4429	7731
规模以上工业企业数	个	23	12	20	36
规模以上工业总产值(现价)	万元	72869	18454	37497	56555
基本建设投资完成额	万元	13609	3390	4219	5820
四、教育、卫生和社会保障					
普通中学在校学生数	人	12866	21888	13680	24763
小学在校学生数	人	23274	36109	22798	39349
医院、卫生院床位数	床	1320	854	463	590
社会福利院数	个	6	3	6	2
社会福利院床位数	床	160	43	90	63

2001年县(市)社会经济主要指标

山西省

指标	单位	永济市	河津市	定襄县	五台县
一、基本情况					
行政区域土地面积	平方公里	1120	575	865	2871
乡(镇)个数	个	10	8	8	18
村民委员会个数	个	262	148	155	575
年末总户数	户	112943	97018	67549	91238
其中:乡村户数	户	85228	66374	55572	79811
年末总人口	万人	43	36	21	31
其中:乡村人口	万人	35	28	18	28
年末单位从业人员数	人	32416	36994	12074	15397
乡村从业人员数	人	173347	124315	65965	83924
其中:农林牧渔业	人	135563	72612	40805	54572
农业机械总动力	万千瓦特	29	26	10	9
本地电话用户	户	62900	64448	27646	22166
二、综合经济					
第一产业增加值	万元	43483	10380	8747	10723
第二产业增加值	万元	98581	224581	53515	13000
地方财政预算内收入	万元	8730	17289	4185	3592
财政支出	万元	13847	19098	9631	14028
城乡居民储蓄存款余额	万元	159206	230051	133279	139875
年末金融机构各项贷款余额	万元	206231	327504	76743	75987
三、农业、工业及基本建设					
粮食产量	吨	105299	79725	70644	61370
棉花产量	吨	25678	896	138	
油料产量	吨	2784	1358	2060	1307
肉类总产量	吨	7723	3376	2511	9437
规模以上工业企业数	个	38	54	22	9
规模以上工业总产值(现价)	万元	218786	515743	35195	20560
基本建设投资完成额	万元	11720	55199	3719	2501
四、教育、卫生和社会保障					
普通中学在校学生数	人	29148	27265	12991	23748
小学在校学生数	人	45098	42542	17199	32725
医院、卫生院床位数	床	1300	1100	298	556
社会福利院数	个	9	4	11	
社会福利院床位数	床	94	110	100	

2001年县(市)社会经济主要指标

山西省

指　　标	单　位	代　县	繁峙县	宁武县	静乐县
一、基本情况					
行政区域土地面积	平方公里	1722	2371	1969	2065
乡(镇)个数	个	10	12	13	13
村民委员会个数	个	384	401	475	381
年末总户数	户	63839	73374	40037	40355
其中:乡村户数	户	51170	60112	28864	33307
年末总人口	万人	20	24	16	16
其中:乡村人口	万人	16	21	11	14
年末单位从业人员数	人	10615	13243	17179	9334
乡村从业人员数	人	61586	70154	41913	55115
其中:农林牧渔业	人	50187	52796	29687	39569
农业机械总动力	万千瓦特	12	7	5	3
本地电话用户	户	19124	17845	12847	4235
二、综合经济					
第一产业增加值	万元	5631	7513	1051	2885
第二产业增加值	万元	16213	24651	16662	9970
地方财政预算内收入	万元	3317	2793	3911	1107
财政支出	万元	11247	9727	8878	8518
城乡居民储蓄存款余额	万元	82537	84264	62043	25799
年末金融机构各项贷款余额	万元	42688	41584	32234	14786
三、农业、工业及基本建设					
粮食产量	吨	12163	12074	4767	3782
棉花产量	吨				
油料产量	吨	904	191	480	322
肉类总产量	吨	4153	5795	1995	6078
规模以上工业企业数	个	26	18	13	11
规模以上工业总产值(现价)	万元	16812	19280	10542	6365
基本建设投资完成额	万元	1010	3039	3538	1824
四、教育、卫生和社会保障					
普通中学在校学生数	人	13721	16782	10016	6180
小学在校学生数	人	17109	31220	17452	24010
医院、卫生院床位数	床	555	596	290	414
社会福利院数	个	6	15	3	
社会福利院床位数	床	60	143	28	

2001 年县(市)社会经济主要指标

山西省

指标	单位	神池县	五寨县	岢岚县	河曲县
一、基本情况					
行政区域土地面积	平方公里	1457	1380	1984	1328
乡(镇)个数	个	9	11	11	12
村民委员会个数	个	246	257	250	340
年末总户数	户	29868	30749	24009	39894
其中:乡村户数	户	22178	25026	17315	32810
年末总人口	万人	10	10	8	14
其中:乡村人口	万人	8	9	6	11
年末单位从业人员数	人	6602	6801	6088	12316
乡村从业人员数	人	28274	32237	21411	38469
其中:农林牧渔业	人	23024	23108	18132	28236
农业机械总动力	万千瓦特	7	8	6	5
本地电话用户	户	7293	11106	5576	11709
二、综合经济					
第一产业增加值	万元	4605	3586	3886	3477
第二产业增加值	万元	8228	3510	3146	14742
地方财政预算内收入	万元	3886	1335	876	2801
财政支出	万元	6906	7508	7172	9567
城乡居民储蓄存款余额	万元	37941	48123	33512	72607
年末金融机构各项贷款余额	万元	22015	23394	19814	61895
三、农业、工业及基本建设					
粮食产量	吨	6500	3780	6048	2782
棉花产量	吨				
油料产量	吨	3500	386	2030	1047
肉类总产量	吨	5133	6600	5635	2694
规模以上工业企业数	个	4	9	7	13
规模以上工业总产值(现价)	万元	2720	3061	3195	21545
基本建设投资完成额	万元	4368	3451	1626	3111
四、教育、卫生和社会保障					
普通中学在校学生数	人	7031	9708	5782	9980
小学在校学生数	人	9885	11480	7929	14314
医院、卫生院床位数	床	268	380	212	536
社会福利院数	个	1		4	7
社会福利院床位数	床	20		30	31

2001年县(市)社会经济主要指标

山西省

指　　标	单　位	保德县	偏关县	原平市	曲沃县
一、基本情况					
行政区域土地面积	平方公里	982	1683	2560	437
乡(镇)个数	个	12	9	18	6
村民委员会个数	个	343	249	520	158
年末总户数	户	36202	32128	146068	55954
其中:乡村户数	户	31328	24179	109076	46485
年末总人口	万人	15	11	47	23
其中:乡村人口	万人	13	9	35	19
年末单位从业人员数	人	10381	8008	45760	12228
乡村从业人员数	人	34701	34519	121663	97930
其中:农林牧渔业	人	21078	25768	80745	65409
农业机械总动力	万千瓦特	7	5	25	17
本地电话用户	户	9531	8410	45777	20011
二、综合经济					
第一产业增加值	万元	-940	4862	20438	22751
第二产业增加值	万元	24090	7330	67028	63606
地方财政预算内收入	万元	2664	2851	7923	3635
财政支出	万元	9412	8608	17034	10673
城乡居民储蓄存款余额	万元	50952	56350	256129	77228
年末金融机构各项贷款余额	万元	48436	21859	196680	62498
三、农业、工业及基本建设					
粮食产量	吨	3700	2374	125060	77964
棉花产量	吨			1	2251
油料产量	吨		531	1667	1784
肉类总产量	吨	3016	4913	11119	2554
规模以上工业企业数	个	20	15	33	40
规模以上工业总产值(现价)	万元	19212	11509	84991	78137
基本建设投资完成额	万元	24821	6306	16460	16542
四、教育、卫生和社会保障					
普通中学在校学生数	人	10300	8030	23800	15934
小学在校学生数	人	20120	12252	39400	24851
医院、卫生院床位数	床	110	285	1187	380
社会福利院数	个	2		11	4
社会福利院床位数	床	24		91	38

2001年县(市)社会经济主要指标

山西省

指　　标	单　位	翼城县	襄汾县	洪洞县	古　县
一、基本情况					
行政区域土地面积	平方公里	1149	1028	1494	1191
乡(镇)个数	个	9	12	15	6
村民委员会个数	个	299	349	463	111
年末总户数	户	87494	122294	172406	25577
其中:乡村户数	户	63597	104316	143416	17517
年末总人口	万人	30	48	72	9
其中:乡村人口	万人	25	42	61	7
年末单位从业人员数	人	16635	18513	37437	6740
乡村从业人员数	人	99838	208382	285274	22670
其中:农林牧渔业	人	52173	145386	166426	14818
农业机械总动力	万千瓦特	28	35	41	5
本地电话用户	户	27416	32590	39273	6059
二、综合经济					
第一产业增加值	万元	13488	34721	41147	6559
第二产业增加值	万元	75833	124787	175373	31961
地方财政预算内收入	万元	7032	8908	12560	1990
财政支出	万元	13328	15459	20258	5988
城乡居民储蓄存款余额	万元	117110	144125	186321	19681
年末金融机构各项贷款余额	万元	86771	105248	295399	12376
三、农业、工业及基本建设					
粮食产量	吨	87124	187060	239094	35419
棉花产量	吨	197	3032	30	2
油料产量	吨	1177	4611	2367	1188
肉类总产量	吨	6735	7523	17800	1728
规模以上工业企业数	个	54	52	47	24
规模以上工业总产值(现价)	万元	171070	102543	272249	35396
基本建设投资完成额	万元	12569	2636	3774	1907
四、教育、卫生和社会保障					
普通中学在校学生数	人	18122	29209	49070	4900
小学在校学生数	人	26720	50458	70175	10098
医院、卫生院床位数	床	784	1081	1094	240
社会福利院数	个	3	11	20	10
社会福利院床位数	床	100	139	260	61

2001 年县(市)社会经济主要指标

山西省

指　　标	单　位	安泽县	浮山县	吉　县	乡宁县
一、基本情况					
行政区域土地面积	平方公里	1959	938	1780	2025
乡(镇)个数	个	6	8	7	9
村民委员会个数	个	105	265	109	186
年末总户数	户	23837	34487	25988	50846
其中:乡村户数	户	17745	27239	21058	41091
年末总人口	万人	8	12	10	22
其中:乡村人口	万人	6	11	9	18
年末单位从业人员数	人	6909	7335	6058	14335
乡村从业人员数	人	22806	38246	30223	64260
其中:农林牧渔业	人	16023	21197	22971	48102
农业机械总动力	万千瓦特	5	6	4	18
本地电话用户	户	4905	7248	5034	12863
二、综合经济					
第一产业增加值	万元	12806	10492	6678	9813
第二产业增加值	万元	11686	17071	6867	67802
地方财政预算内收入	万元	1623	4006	805	7193
财政支出	万元	6259	8709	7095	11713
城乡居民储蓄存款余额	万元	21912	31384	14705	63998
年末金融机构各项贷款余额	万元	23663	22955	11708	34977
三、农业、工业及基本建设					
粮食产量	吨	65610	53945	27165	75913
棉花产量	吨	2	132	22	
油料产量	吨	1900	1058	1163	2963
肉类总产量	吨	5845	3796	2976	6860
规模以上工业企业数	个	5	12	4	36
规模以上工业总产值(现价)	万元	10536	21182	4342	71127
基本建设投资完成额	万元	3107	3150	3394	6812
四、教育、卫生和社会保障					
普通中学在校学生数	人	4369	8487	8254	15024
小学在校学生数	人	7368	12552	12006	26201
医院、卫生院床位数	床	264	298	351	418
社会福利院数	个	12	5	1	8
社会福利院床位数	床	72	20	8	110

2001 年县(市)社会经济主要指标

山西省

指　　标	单　位	大宁县	隰　县	永和县	蒲县
一、基本情况					
行政区域土地面积	平方公里	963	1413	1213	1509
乡(镇)个数	个	5	7	6	8
村民委员会个数	个	101	135	80	103
年末总户数	户	14879	25766	15283	22622
其中:乡村户数	户	10734	18106	12451	16599
年末总人口	万人	6	10	6	10
其中:乡村人口	万人	5	8	5	8
年末单位从业人员数	人	6450	7475	4129	11720
乡村从业人员数	人	16658	29251	16385	29791
其中:农林牧渔业	人	13885	21943	13600	19963
农业机械总动力	万千瓦特	2	3	1	3
本地电话用户	户	3676	5630	3350	8097
二、综合经济					
第一产业增加值	万元	2542	8442	2847	3770
第二产业增加值	万元	3698	4815	2225	39589
地方财政预算内收入	万元	502	941	350	3703
财政支出	万元	6066	8627	5969	9103
城乡居民储蓄存款余额	万元	8248	22003	9814	30964
年末金融机构各项贷款余额	万元	12001	16907	13723	32830
三、农业、工业及基本建设					
粮食产量	吨	11310	38169	8663	24237
棉花产量	吨	152		9	
油料产量	吨	871	2829	1142	1561
肉类总产量	吨	1452	3922	2109	2749
规模以上工业企业数	个	3	8	2	20
规模以上工业总产值(现价)	万元	4749	7641	993	25086
基本建设投资完成额	万元	2232	3056	2068	2016
四、教育、卫生和社会保障					
普通中学在校学生数	人	3823	6828	3979	6317
小学在校学生数	人	8089	10744	7821	12742
医院、卫生院床位数	床	235	280	240	362
社会福利院数	个	1	2	1	3
社会福利院床位数	床	36	15	5	28

2001年县(市)社会经济主要指标

山西省

指　　标	单　位	汾西县	侯马市	霍州市	孝义市
一、基本情况					
行政区域土地面积	平方公里	875	221	764	937
乡(镇)个数	个	7	5	12	15
村民委员会个数	个	225	81	220	379
年末总户数	户	33309	70970	74760	116034
其中:乡村户数	户	27384	27865	46997	75943
年末总人口	万人	14	23	28	42
其中:乡村人口	万人	12	11	19	30
年末单位从业人员数	人	7310	37207	40801	26771
乡村从业人员数	人	52958	53110	81948	124472
其中:农林牧渔业	人	39614	32319	49511	71967
农业机械总动力	万千瓦特	4	11	12	29
本地电话用户	户	5455	55411	24147	37076
二、综合经济					
第一产业增加值	万元	5526	12552	11234	13159
第二产业增加值	万元	15757	72068	96491	125715
地方财政预算内收入	万元	1564	9915	7942	11375
财政支出	万元	8336	12333	10141	16457
城乡居民储蓄存款余额	万元	16487	217218	120345	235980
年末金融机构各项贷款余额	万元	9881	178782	74343	154226
三、农业、工业及基本建设					
粮食产量	吨	28897	51338	60557	48783
棉花产量	吨	10	850	86	
油料产量	吨	316	2251	475	386
肉类总产量	吨	2368	1141	3081	6895
规模以上工业企业数	个	19	24	24	35
规模以上工业总产值(现价)	万元	12007	141205	148561	71858
基本建设投资完成额	万元	5019	32004	8226	5742
四、教育、卫生和社会保障					
普通中学在校学生数	人	14982	15229	24621	34490
小学在校学生数	人	17124	20493	32184	50611
医院、卫生院床位数	床	279	912	1285	1046
社会福利院数	个	15	1	11	10
社会福利院床位数	床	64	12	151	70

2001 年县(市)社会经济主要指标

山西省

指　　标	单　位	离石市	汾阳市	文水县	交城县
一、基本情况					
行政区域土地面积	平方公里	1323	1176	1064	1822
乡(镇)个数	个	10	14	11	9
村民委员会个数	个	254	318	211	266
年末总户数	户	74127	105417	109711	57916
其中:乡村户数	户	37368	87135	95454	47200
年末总人口	万人	23	40	41	21
其中:乡村人口	万人	14	32	38	18
年末单位从业人员数	人	36550	27902	17874	14135
乡村从业人员数	人	53221	134262	161230	71329
其中:农林牧渔业	人	27530	86353	112657	40681
农业机械总动力	万千瓦特	10	26	23	13
本地电话用户	户	30830	31058	27771	17471
二、综合经济					
第一产业增加值	万元	2431	13979	43327	7386
第二产业增加值	万元	50480	78710	55772	35751
地方财政预算内收入	万元	7006	8892	5610	4171
财政支出	万元	12905	15000	13597	9960
城乡居民储蓄存款余额	万元	86143	155362	133535	112784
年末金融机构各项贷款余额	万元	79150	131126	113921	77225
三、农业、工业及基本建设					
粮食产量	吨	7581	41156	146899	23244
棉花产量	吨		26	471	26
油料产量	吨	459	2810	6973	471
肉类总产量	吨	1952	10360	9321	3232
规模以上工业企业数	个	25	34	30	28
规模以上工业总产值(现价)	万元	61418	105895	102423	67009
基本建设投资完成额	万元	68643	5534	3815	5799
四、教育、卫生和社会保障					
普通中学在校学生数	人	15633	22502	32186	15148
小学在校学生数	人	28000	50768	46210	23587
医院、卫生院床位数	床	967	1026	564	406
社会福利院数	个	7	22	28	27
社会福利院床位数	床	110	452	210	174

2001 年县(市)社会经济主要指标

山西省

指　　标	单　位	兴　县	临　县	柳林县	石楼县
一、基本情况					
行政区域土地面积	平方公里	3166	2980	1288	1736
乡(镇)个数	个	16	22	14	8
村民委员会个数	个	498	1027	573	143
年末总户数	户	67028	147837	77799	23318
其中:乡村户数	户	59123	133463	60569	20996
年末总人口	万人	27	57	29	10
其中:乡村人口	万人	24	52	24	9
年末单位从业人员数	人	10826	19634	17839	4957
乡村从业人员数	人	87253	197491	83205	29522
其中:农林牧渔业	人	67882	153783	53924	25175
农业机械总动力	万千瓦特	11	7	7	3
本地电话用户	户	9682	17750	16304	4285
二、综合经济					
第一产业增加值	万元	5687	11161	1836	3423
第二产业增加值	万元	10447	8455	62526	1252
地方财政预算内收入	万元	1272	1750	8925	367
财政支出	万元	11904	19290	14500	6731
城乡居民储蓄存款余额	万元	43118	72498	51017	14912
年末金融机构各项贷款余额	万元	16930	60969	44609	12655
三、农业、工业及基本建设					
粮食产量	吨	15992	22913	5436	4068
棉花产量	吨		7	7	1
油料产量	吨	1972	3439	697	382
肉类总产量	吨	4033	7134	1509	2738
规模以上工业企业数	个	7	8	29	11
规模以上工业总产值(现价)	万元	4509	5618	82179	805
基本建设投资完成额	万元	3638	4503	9781	4452
四、教育、卫生和社会保障					
普通中学在校学生数	人	18158	34581	25926	5793
小学在校学生数	人	35588	83592	42118	15773
医院、卫生院床位数	床	484	657	498	197
社会福利院数	个	3	5	5	5
社会福利院床位数	床	23	66	25	50

2001年县(市)社会经济主要指标

山西省

指　　标	单　位	岚　县	方山县	中阳县	交口县
一、基本情况					
行政区域土地面积	平方公里	1509	1433	1441	1258
乡(镇)个数	个	11	6	6	6
村民委员会个数	个	325	169	271	113
年末总户数	户	44904	36129	37241	23071
其中:乡村户数	户	36640	30799	27536	20799
年末总人口	万人	17	14	13	11
其中:乡村人口	万人	15	12	10	9
年末单位从业人员数	人	8681	8716	10272	8082
乡村从业人员数	人	64256	40429	35074	31998
其中:农林牧渔业	人	49109	33020	20847	21138
农业机械总动力	万千瓦特	3	5	6	4
本地电话用户	户	6424	6210	7947	9927
二、综合经济					
第一产业增加值	万元	3409	3393	1332	2045
第二产业增加值	万元	7058	5001	39003	33431
地方财政预算内收入	万元	1049	841	4301	2732
财政支出	万元	8061	8585	9343	7133
城乡居民储蓄存款余额	万元	27179	16989	38046	48364
年末金融机构各项贷款余额	万元	14950	15932	50697	33647
三、农业、工业及基本建设					
粮食产量	吨	15895	10456	7791	3233
棉花产量	吨			3	
油料产量	吨	1463	783	196	224
肉类总产量	吨	4512	1882	1063	1582
规模以上工业企业数	个	15	9	19	24
规模以上工业总产值(现价)	万元	9324	6211	78296	48389
基本建设投资完成额	万元	1073	536	3938	3885
四、教育、卫生和社会保障					
普通中学在校学生数	人	10170	8102	10024	7117
小学在校学生数	人	19778	17175	19178	14059
医院、卫生院床位数	床	303	325	393	365
社会福利院数	个	9	4	1	9
社会福利院床位数	床	120	43	10	60

2001年县(市)社会经济主要指标

内蒙古自治区

指　　标	单　位	土默特左旗	托克托县	和林格尔县	清水河县
一、基本情况					
行政区域土地面积	平方公里	2712	1417	3401	2823
乡(镇)个数	个	16	9	12	10
村民委员会个数	个	321	120	146	124
年末总户数	户	96396	53754	50840	36742
其中:乡村户数	户	73524	39749	40771	31403
年末总人口	万人	35	19	19	14
其中:乡村人口	万人	29	16	17	12
年末单位从业人员数	人	14736	8796	10162	8593
乡村从业人员数	人	136010	88859	73098	49732
其中:农林牧渔业	人	110856	74010	65338	39748
农业机械总动力	万千瓦特	32	13	15	6
本地电话用户	户	21928	12405	11220	11357
二、综合经济					
第一产业增加值	万元	87096	36815	34808	20443
第二产业增加值	万元	114592	68350	51053	26787
地方财政预算内收入	万元	7509	8308	7278	2182
财政支出	万元	18968	15042	14226	10705
城乡居民储蓄存款余额	万元	51086	30567	25356	31895
年末金融机构各项贷款余额	万元	23094	81415	28149	26608
三、农业、工业及基本建设					
粮食产量	吨	218665	97014	72430	16805
棉花产量	吨	60			
油料产量	吨	18710	1054	3597	1760
肉类总产量	吨	28169	15924	13244	13043
规模以上工业企业数	个	11	8	8	5
规模以上工业总产值(现价)	万元	30542	55084	97770	11025
基本建设投资完成额	万元	17570	20866	19758	11164
四、教育、卫生和社会保障					
普通中学在校学生数	人	12854	12934	7067	5899
小学在校学生数	人	34857	18450	13418	14474
医院、卫生院床位数	床	319	257	170	200
社会福利院数	个	18	1	15	12
社会福利院床位数	床	180	30	78	180

2001年县(市)社会经济主要指标

内蒙古自治区

指　　标	单　位	武川县	土默特右旗	固阳县	达茂联合旗
一、基本情况					
行政区域土地面积	平方公里	4708	2368	5021	17410
乡(镇)个数	个	16	17	11	16
村民委员会个数	个	105	298	139	74
年末总户数	户	49790	97302	63017	31537
其中:乡村户数	户	34301	76576	42124	19456
年末总人口	万人	17	35	22	11
其中:乡村人口	万人	14	29	17	8
年末单位从业人员数	人	7176	10847	7060	7114
乡村从业人员数	人	72930	152295	84662	41724
其中:农林牧渔业	人	65177	121957	69991	37547
农业机械总动力	万千瓦特	19	25	22	12
本地电话用户	户	12444	17915	9516	8136
二、综合经济					
第一产业增加值	万元	21211	89887	18123	20840
第二产业增加值	万元	34473	48800	51740	30668
地方财政预算内收入	万元	2673	5042	2164	4137
财政支出	万元	11998	14076	12827	14154
城乡居民储蓄存款余额	万元	27124	70636	28544	23645
年末金融机构各项贷款余额	万元	42325	35900	31626	14245
三、农业、工业及基本建设					
粮食产量	吨	77002	297500	30686	18298
棉花产量	吨				
油料产量	吨	5363	56211	2587	820
肉类总产量	吨	8350	20109	10275	10576
规模以上工业企业数	个	7	5	4	8
规模以上工业总产值(现价)	万元	5827	7757	2037	23514
基本建设投资完成额	万元	10781	6291	7233	7282
四、教育、卫生和社会保障					
普通中学在校学生数	人	7416	18650	9756	5065
小学在校学生数	人	11743	25352	12172	6936
医院、卫生院床位数	床	289	666	462	238
社会福利院数	个	10	12	8	7
社会福利院床位数	床	240	183	115	113

2001年县(市)社会经济主要指标

内蒙古自治区

指标	单位	阿鲁科尔沁旗	巴林左旗	巴林右旗	林西县
一、基本情况					
行政区域土地面积	平方公里	14277	6713	10221	3933
乡(镇)个数	个	22	19	16	15
村民委员会个数	个	387	268	158	137
年末总户数	户	91799	101678	57104	74736
其中:乡村户数	户	68274	76840	30338	48647
年末总人口	万人	29	36	18	24
其中:乡村人口	万人	25	30	11	17
年末单位从业人员数	人	20872	19185	13890	95756
乡村从业人员数	人	102337	151919	40492	69876
其中:农林牧渔业	人	84700	124449	38567	53817
农业机械总动力	万千瓦特	18	15	8	14
本地电话用户	户	17895	18406	15764	16043
二、综合经济					
第一产业增加值	万元	27843	46780	26712	33771
第二产业增加值	万元	21767	24842	11962	34729
地方财政预算内收入	万元	4718	5290	2013	3910
财政支出	万元	19611	17636	20707	15128
城乡居民储蓄存款余额	万元	36683	48003	33511	40480
年末金融机构各项贷款余额	万元	35991	61745	48297	52874
三、农业、工业及基本建设					
粮食产量	吨	174925	254032	93295	150001
棉花产量	吨				
油料产量	吨	1065	1688	399	5938
肉类总产量	吨	17914	19132	14306	12230
规模以上工业企业数	个	5	7	6	8
规模以上工业总产值(现价)	万元	4173	24447	5978	16561
基本建设投资完成额	万元	19025	28373	17353	10531
四、教育、卫生和社会保障					
普通中学在校学生数	人	19923	18710	19800	10292
小学在校学生数	人	22856	25371	20700	16205
医院、卫生院床位数	床	587	633	513	487
社会福利院数	个	17	19	9	17
社会福利院床位数	床	290	524	180	430

2001 年县(市)社会经济主要指标

内蒙古自治区

指　　标	单　位	克什克腾旗	翁牛特旗	喀喇沁旗	宁城县
一、基本情况					
行政区域土地面积	平方公里	20673	11886	3071	4305
乡(镇)个数	个	20	26	17	28
村民委员会个数	个	167	343	172	342
年末总户数	户	73276	126194	94871	163448
其中:乡村户数	户	52511	101651	83680	136107
年末总人口	万人	24	46	37	59
其中:乡村人口	万人	19	41	33	52
年末单位从业人员数	人	15212	21556	16371	31478
乡村从业人员数	人	94064	161687	129483	209243
其中:农林牧渔业	人	71092	131358	87684	156129
农业机械总动力	万千瓦特	13	25	17	24
本地电话用户	户	15671	24194	22667	39282
二、综合经济					
第一产业增加值	万元	31002	74340	22479	74808
第二产业增加值	万元	13365	34920	25232	67995
地方财政预算内收入	万元	3139	5290	3407	7040
财政支出	万元	24406	24736	16783	24060
城乡居民储蓄存款余额	万元	35490	50890	62639	118224
年末金融机构各项贷款余额	万元	50102	75474	66758	144693
三、农业、工业及基本建设					
粮食产量	吨	85690	360636	122919	336761
棉花产量	吨				
油料产量	吨	3076	12477	795	4085
肉类总产量	吨	20699	30596	14058	16430
规模以上工业企业数	个	6	8	10	8
规模以上工业总产值(现价)	万元	7488	18230	20215	57050
基本建设投资完成额	万元	11569	19686	21759	8528
四、教育、卫生和社会保障					
普通中学在校学生数	人	15585	29806	23459	44693
小学在校学生数	人	17992	38318	24777	48686
医院、卫生院床位数	床	502	677	800	1266
社会福利院数	个	21	31	19	1
社会福利院床位数	床	382	803	500	23

2001年县(市)社会经济主要指标

内蒙古自治区

指　　标	单　位	敖汉旗	科尔沁左中旗	科尔沁左后旗	开鲁县
一、基本情况					
行政区域土地面积	平方公里	8294	9811	11576	4488
乡(镇)个数	个	29	25	22	17
村民委员会个数	个	321	494	529	327
年末总户数	户	157177	127853	106314	110191
其中:乡村户数	户	129682	99743	70926	81930
年末总人口	万人	58	53	39	38
其中:乡村人口	万人	52	43	29	31
年末单位从业人员数	人	27467	30482	24993	32985
乡村从业人员数	人	219595	124915	81805	156708
其中:农林牧渔业	人	164029	110764	78216	145758
农业机械总动力	万千瓦特	19	32	22	28
本地电话用户	户	31535	24716	25015	25209
二、综合经济					
第一产业增加值	万元	74153	81000	101420	119292
第二产业增加值	万元	31388	24000	40015	41412
地方财政预算内收入	万元	3794	6672	6620	5334
财政支出	万元	19597	15563	17347	15508
城乡居民储蓄存款余额	万元	67422	37211	35448	54837
年末金融机构各项贷款余额	万元	83655	164589	168523	121349
三、农业、工业及基本建设					
粮食产量	吨	230117	597276	432089	548815
棉花产量	吨				
油料产量	吨	2256	41569	6946	5855
肉类总产量	吨	45107	32704	23124	36487
规模以上工业企业数	个	12	5	6	6
规模以上工业总产值(现价)	万元	16710	17541	20518	5478
基本建设投资完成额	万元	25726	17985	22148	42575
四、教育、卫生和社会保障					
普通中学在校学生数	人	32957	20697	21554	22413
小学在校学生数	人	48621	48713	32063	33182
医院、卫生院床位数	床	821	526	727	421
社会福利院数	个	30	17	17	19
社会福利院床位数	床	980	185	230	260

2001年县(市)社会经济主要指标

内蒙古自治区

指　　标	单　位	库伦旗	奈曼旗	扎鲁特旗	霍林郭勒市
一、基本情况					
行政区域土地面积	平方公里	4744	8120	17141	585
乡(镇)个数	个	9	20	18	2
村民委员会个数	个	184	529	245	12
年末总户数	户	43730	115128	78909	22043
其中:乡村户数	户	31953	92536	56385	2082
年末总人口	万人	17	42	30	7
其中:乡村人口	万人	13	37	23	1
年末单位从业人员数	人	12030	19712	19512	11960
乡村从业人员数	人	53193	157668	97686	4001
其中:农林牧渔业	人	50840	140375	87222	3788
农业机械总动力	万千瓦特	10	29	25	3
本地电话用户	户	15472	10709	19429	14525
二、综合经济					
第一产业增加值	万元	24292	69359	80171	6413
第二产业增加值	万元	13517	52023	32516	40255
地方财政预算内收入	万元	2979	6169	6277	5490
财政支出	万元	12282	21521	16985	7749
城乡居民储蓄存款余额	万元	16602	45111	38959	47486
年末金融机构各项贷款余额	万元	37255	100150	86510	57043
三、农业、工业及基本建设					
粮食产量	吨	120000	320809	327310	19653
棉花产量	吨				
油料产量	吨	5261	5676	4258	1966
肉类总产量	吨	8996	39670	31484	1743
规模以上工业企业数	个	4	6	6	7
规模以上工业总产值(现价)	万元	6524	10079	14787	71476
基本建设投资完成额	万元	13140	34515	14723	8991
四、教育、卫生和社会保障					
普通中学在校学生数	人	9639	24043	9938	5408
小学在校学生数	人	14496	39354	25455	4882
医院、卫生院床位数	床	249	557	343	252
社会福利院数	个	11	15	17	1
社会福利院床位数	床	170	126	407	60

2001年县(市)社会经济主要指标

内蒙古自治区

指　　标	单　位	海拉尔市	满州里市	扎兰屯市	牙克石市
一、基本情况					
行政区域土地面积	平方公里	1440	732	16800	27590
乡(镇)个数	个	3	1	15	
村民委员会个数	个	17		169	6
年末总户数	户	70973	55246	121694	133674
其中:乡村户数	户	4240		74150	989
年末总人口	万人	24	15	43	41
其中:乡村人口	万人	1		30	
年末单位从业人员数	人	57503	36658	27457	33798
乡村从业人员数	人	7612		58680	2070
其中:农林牧渔业	人	5889		52969	1800
农业机械总动力	万千瓦特	5	2	20	21
本地电话用户	户	63027	40739	36000	62915
二、综合经济					
第一产业增加值	万元	20771	9874	46518	24816
第二产业增加值	万元	64605	46097	40531	66428
地方财政预算内收入	万元	20834	18196	6793	8867
财政支出	万元	27624	27797	21248	18833
城乡居民储蓄存款余额	万元	255864	226983	121031	268000
年末金融机构各项贷款余额	万元	304710	120451	147140	180000
三、农业、工业及基本建设					
粮食产量	吨	6914	1013	102331	49153
棉花产量	吨				
油料产量	吨	2557		3967	23996
肉类总产量	吨	4558	1926	23582	9005
规模以上工业企业数	个	20	13	17	10
规模以上工业总产值(现价)	万元	59386	44709	44639	32542
基本建设投资完成额	万元	37137	23926	35551	20984
四、教育、卫生和社会保障					
普通中学在校学生数	人	14187	12382	18680	25879
小学在校学生数	人	17656	14410	32375	28751
医院、卫生院床位数	床	1497	888	1584	1997
社会福利院数	个	3	4	17	6
社会福利院床位数	床	320	80	350	188

2001年县(市)社会经济主要指标

内蒙古自治区

指　　标	单　位	根河市	额尔古纳市	阿荣旗	莫力达瓦旗
一、基本情况					
行政区域土地面积	平方公里	20012	28035	13641	11000
乡(镇)个数	个	1	4	14	16
村民委员会个数	个		4	152	220
年末总户数	户	53099	26464	81146	78907
其中:乡村户数	户		461	51174	55850
年末总人口	万人	17	8	31	30
其中:乡村人口	万人			22	24
年末单位从业人员数	人	6606	17590	21327	25344
乡村从业人员数	人		901	79145	62959
其中:农林牧渔业	人		841	76722	59058
农业机械总动力	万千瓦特	1	13	24	36
本地电话用户	户	27601	16651	19477	20257
二、综合经济					
第一产业增加值	万元	9026	13479	80136	67419
第二产业增加值	万元	54200	20014	14668	24014
地方财政预算内收入	万元	6189	3839	8791	8440
财政支出	万元	11536	10401	19796	19716
城乡居民储蓄存款余额	万元	118939	57661	51618	39816
年末金融机构各项贷款余额	万元	57845	85839	102702	125725
三、农业、工业及基本建设					
粮食产量	吨	1952	31388	431874	411009
棉花产量	吨				
油料产量	吨	831	47952	9637	612
肉类总产量	吨	2661	2695	18310	7726
规模以上工业企业数	个	1	5	4	3
规模以上工业总产值(现价)	万元	1273	9353	5466	11603
基本建设投资完成额	万元	8241	3727	17963	31957
四、教育、卫生和社会保障					
普通中学在校学生数	人	11348	4866	17078	17171
小学在校学生数	人	11323	6730	29496	30461
医院、卫生院床位数	床	770	422	449	536
社会福利院数	个	1	1		12
社会福利院床位数	床	20	36		156

2001 年县(市)社会经济主要指标

内蒙古自治区

指　　标	单　位	鄂伦春自治旗	鄂温克自治旗	新巴尔右旗	新巴尔左旗
一、基本情况					
行政区域土地面积	平方公里	54658	19111	20380	21631
乡(镇)个数	个	5	6	9	7
村民委员会个数	个	88	44	51	55
年末总户数	户	85343	43379	8994	12816
其中:乡村户数	户	15228	5002	4063	4727
年末总人口	万人	28	14	3	4
其中:乡村人口	万人	6	2	2	2
年末单位从业人员数	人	20277	25672	3480	6320
乡村从业人员数	人	28420	10715	8316	10927
其中:农林牧渔业	人	27219	9963	7084	10136
农业机械总动力	万千瓦特	15	7	3	5
本地电话用户	户	37438	22970	3394	5550
二、综合经济					
第一产业增加值	万元	37730	25660	19233	22804
第二产业增加值	万元	19176	56986	2318	4160
地方财政预算内收入	万元	7018	13384	808	1113
财政支出	万元	18049	20662	2739	8266
城乡居民储蓄存款余额	万元	126112	75731	8820	6250
年末金融机构各项贷款余额	万元	80122	494066	5716	7991
三、农业、工业及基本建设					
粮食产量	吨	194321	24250	1604	8816
棉花产量	吨				
油料产量	吨	1720	9349	1	4825
肉类总产量	吨	6996	7040	16183	10803
规模以上工业企业数	个	4	8	2	1
规模以上工业总产值(现价)	万元	5829	16001	1877	158
基本建设投资完成额	万元	10116	22177	5097	14241
四、教育、卫生和社会保障					
普通中学在校学生数	人	17665	11756	1602	1721
小学在校学生数	人	29114	11238	2949	3623
医院、卫生院床位数	床	1206	693	124	140
社会福利院数	个	1	1	1	1
社会福利院床位数	床	80	36	36	35

2001年县(市)社会经济主要指标

内蒙古自治区

指标	单位	陈巴尔旗	乌兰浩特市	阿尔山市	科尔沁右翼前旗
一、基本情况					
行政区域土地面积	平方公里	21192	781	7409	20433
乡(镇)个数	个	6	4	3	20
村民委员会个数	个	30	56	3	241
年末总户数	户	17396	86985	15947	95000
其中:乡村户数	户	2380	15930	2760	87768
年末总人口	万人	6	28	5	36
其中:乡村人口	万人	1	6		29
年末单位从业人员数	人	13784	40351	5435	23207
乡村从业人员数	人	5429	28802	407	105787
其中:农林牧渔业	人	5017	24066	377	97450
农业机械总动力	万千瓦特	1	7	6	32
本地电话用户	户	11853	59090	7282	13056
二、综合经济					
第一产业增加值	万元	18374	16033	5222	38600
第二产业增加值	万元	13720	76292	8551	29228
地方财政预算内收入	万元	2189	7542	1476	4277
财政支出	万元	8666	23653	5752	17110
城乡居民储蓄存款余额	万元	23294	168301	20320	25000
年末金融机构各项贷款余额	万元	20496	252201	28406	37527
三、农业、工业及基本建设					
粮食产量	吨	22165	40030	20240	198793
棉花产量	吨				
油料产量	吨	15780	86	1532	5008
肉类总产量	吨	9556	12335	1113	39822
规模以上工业企业数	个	5	22	4	8
规模以上工业总产值(现价)	万元	15294	111899	2278	13024
基本建设投资完成额	万元	6670	51673	5718	5899
四、教育、卫生和社会保障					
普通中学在校学生数	人	3212	21702	1953	20097
小学在校学生数	人	4791	20568	3753	33112
医院、卫生院床位数	床	285	1119	152	1577
社会福利院数	个	1	2	2	20
社会福利院床位数	床	40	148	14	85

2001年县(市)社会经济主要指标

内蒙古自治区

指　　标	单　位	科尔沁右翼中旗	扎赉特旗	突泉县	二连浩特市
一、基本情况					
行政区域土地面积	平方公里	15613	11155	4890	162
乡(镇)个数	个	14	19	12	
村民委员会个数	个	244	192	188	
年末总户数	户	59223	104325	80077	6271
其中:乡村户数	户	38116	69104	59384	
年末总人口	万人	24	39	30	2
其中:乡村人口	万人	17	30	24	
年末单位从业人员数	人	18638	22049	13394	3644
乡村从业人员数	人	51474	117974	119226	
其中:农林牧渔业	人	47393	109125	110436	
农业机械总动力	万千瓦特	213	33	17	1
本地电话用户	户	15794	17205	16585	8799
二、综合经济					
第一产业增加值	万元	25010	36551	47657	83
第二产业增加值	万元	18652	16700	24058	11272
地方财政预算内收入	万元	2556	3586	3603	6733
财政支出	万元	15936	16456	15366	11124
城乡居民储蓄存款余额	万元	19033	40474	40691	51341
年末金融机构各项贷款余额	万元	98583	109477	95204	17544
三、农业、工业及基本建设					
粮食产量	吨	132668	170435	235031	
棉花产量	吨				
油料产量	吨	2551	558	2642	
肉类总产量	吨	21106	23167	19286	352
规模以上工业企业数	个	6	2	10	2
规模以上工业总产值(现价)	万元	8262	302	8908	2064
基本建设投资完成额	万元	4346	5266	14820	31610
四、教育、卫生和社会保障					
普通中学在校学生数	人	12500	21184	15219	2394
小学在校学生数	人	26072	32405	25257	5461
医院、卫生院床位数	床	505	683	409	70
社会福利院数	个	2	20	12	
社会福利院床位数	床	46	278	450	

2001 年县(市)社会经济主要指标

内蒙古自治区

指标	单位	锡林浩特市	阿巴嘎旗	苏尼特左旗	苏尼特右旗
一、基本情况					
行政区域土地面积	平方公里	14592	27495	34251	26700
乡(镇)个数	个	6	11	10	13
村民委员会个数	个	22	71	49	70
年末总户数	户	41038	12942	9496	21742
其中:乡村户数	户	2448	6213	4556	8371
年末总人口	万人	13	4	3	7
其中:乡村人口	万人	1	2	2	3
年末单位从业人员数	人	40373	3519	2980	8192
乡村从业人员数	人	5861	13935	9767	19314
其中:农林牧渔业	人	5803	13145	9616	17391
农业机械总动力	万千瓦特	3	5	2	6
本地电话用户	户	40853	5585	8249	11465
二、综合经济					
第一产业增加值	万元	23702	19491	14934	10222
第二产业增加值	万元	164420	4579	5445	29652
地方财政预算内收入	万元	7410	1358	496	1662
财政支出	万元	13204	6116	5078	8195
城乡居民储蓄存款余额	万元	113130	17277	10945	35298
年末金融机构各项贷款余额	万元	102619	12386	12423	31684
三、农业、工业及基本建设					
粮食产量	吨	1790			325
棉花产量	吨				
油料产量	吨	430			
肉类总产量	吨	16108	22526	21927	11818
规模以上工业企业数	个	38	5	8	11
规模以上工业总产值(现价)	万元	148161	2829	5084	36890
基本建设投资完成额	万元	57736	3607	3659	12708
四、教育、卫生和社会保障					
普通中学在校学生数	人	16872	2006	1247	3713
小学在校学生数	人	13748	3862	2814	5834
医院、卫生院床位数	床	130	145	121	192
社会福利院数	个	1	1	1	1
社会福利院床位数	床	50	35	10	15

2001年县(市)社会经济主要指标

内蒙古自治区

指　　标	单　位	东乌珠穆沁旗	西乌珠穆沁旗	太仆寺旗	镶黄旗
一、基本情况					
行政区域土地面积	平方公里	52338	22435	3479	5146
乡(镇)个数	个	14	14	11	3
村民委员会个数	个	66	80	174	60
年末总户数	户	19416	18941	61149	8459
其中:乡村户数	户	6566	8349	46680	3968
年末总人口	万人	7	7	21	3
其中:乡村人口	万人	3	3	17	2
年末单位从业人员数	人	7553	5709	8348	2910
乡村从业人员数	人	17691	17405	86252	7138
其中:农林牧渔业	人	17071	17324	70869	6928
农业机械总动力	万千瓦特	11	3	11	2
本地电话用户	户	13010	9570	13103	4160
二、综合经济					
第一产业增加值	万元	37218	36006	24081	5054
第二产业增加值	万元	27784	10949	19988	1683
地方财政预算内收入	万元	2060	1358	1181	254
财政支出	万元	10182	7270	11490	4408
城乡居民储蓄存款余额	万元	24334	14906	27304	6373
年末金融机构各项贷款余额	万元	28644	17591	31825	6263
三、农业、工业及基本建设					
粮食产量	吨	13788	1093	10235	
棉花产量	吨				
油料产量	吨	2534	827	469	
肉类总产量	吨	34338	26420	7164	9243
规模以上工业企业数	个	22	20	10	2
规模以上工业总产值(现价)	万元	24574	11116	7691	147
基本建设投资完成额	万元	31610	5762	9505	1335
四、教育、卫生和社会保障					
普通中学在校学生数	人	3428	3817	8191	1823
小学在校学生数	人	7465	6103	12488	1842
医院、卫生院床位数	床	199	209	182	107
社会福利院数	个	2	1	1	1
社会福利院床位数	床	35	30	46	10

2001年县(市)社会经济主要指标

内蒙古自治区

指　　标	单　位	正镶白旗	正蓝旗	多伦县	集宁市
一、基本情况					
行政区域土地面积	平方公里	6229	10182	3870	114
乡(镇)个数	个	7	11	7	1
村民委员会个数	个	122	102	71	7
年末总户数	户	20903	21939	28972	79024
其中:乡村户数	户	14290	12437	18512	5147
年末总人口	万人	7	8	10	25
其中:乡村人口	万人	6	5	7	2
年末单位从业人员数	人	3953	7052	5457	33733
乡村从业人员数	人	28451	25771	36741	9372
其中:农林牧渔业	人	26880	24478	31934	4948
农业机械总动力	万千瓦特	6	8	6	4
本地电话用户	户	7094	7759	7820	50871
二、综合经济					
第一产业增加值	万元	10610	17254	21168	7826
第二产业增加值	万元	6636	9681	9720	58000
地方财政预算内收入	万元	834	1292	939	12584
财政支出	万元	6329	5999	7746	54482
城乡居民储蓄存款余额	万元	14396	5320	10189	291216
年末金融机构各项贷款余额	万元	12402	12970	29573	204966
三、农业、工业及基本建设					
粮食产量	吨	6140	1740	19835	431
棉花产量	吨				
油料产量	吨		90	743	18
肉类总产量	吨	10760	14661	10027	3044
规模以上工业企业数	个	5	5	6	20
规模以上工业总产值(现价)	万元	3136	3273	3416	44759
基本建设投资完成额	万元	5342	8984	13136	61514
四、教育、卫生和社会保障					
普通中学在校学生数	人	3000	2368	5612	20893
小学在校学生数	人	4519	5930	8702	24846
医院、卫生院床位数	床	211	256	135	1362
社会福利院数	个	1	1	1	3
社会福利院床位数	床	20	20	30	400

2001年县(市)社会经济主要指标

内蒙古自治区

指　　标	单　位	丰镇市	卓资县	化德县	商都县
一、基本情况					
行政区域土地面积	平方公里	2704	3119	2527	4304
乡(镇)个数	个	12	13	9	14
村民委员会个数	个	91	110	129	216
年末总户数	户	90107	68639	51086	110668
其中:乡村户数	户	47589	37688	28311	60393
年末总人口	万人	31	23	16	33
其中:乡村人口	万人	18	15	9	20
年末单位从业人员数	人	15585	5875	6648	9773
乡村从业人员数	人	99288	73795	65572	139069
其中:农林牧渔业	人	53002	47254	56022	100114
农业机械总动力	万千瓦特	8	8	7	11
本地电话用户	户	19292	9466	8388	11539
二、综合经济					
第一产业增加值	万元	31305	26325	21551	38662
第二产业增加值	万元	81495	22771	11180	25382
地方财政预算内收入	万元	8481	3029	1947	3679
财政支出	万元	21425	11031	11878	17536
城乡居民储蓄存款余额	万元	75545	40446	23831	34307
年末金融机构各项贷款余额	万元	46698	17372	24762	29915
三、农业、工业及基本建设					
粮食产量	吨	65000	72822	37325	55204
棉花产量	吨				
油料产量	吨	250	451	200	578
肉类总产量	吨	16685	14375	18470	23702
规模以上工业企业数	个	8	9	10	7
规模以上工业总产值(现价)	万元	119676	9429	10875	38876
基本建设投资完成额	万元	8709	7080	5170	6727
四、教育、卫生和社会保障					
普通中学在校学生数	人	11965	11006	6734	11831
小学在校学生数	人	22909	12327	10492	20135
医院、卫生院床位数	床	342	221	155	291
社会福利院数	个	13	17		15
社会福利院床位数	床	305	339		285

2001 年县(市)社会经济主要指标

内蒙古自治区

指　　　标	单　位	兴和县	凉城县	察哈尔右前旗	察哈尔右中旗
一、基本情况					
行政区域土地面积	平方公里	3520	3451	2734	4200
乡(镇)个数	个	13	14	13	18
村民委员会个数	个	161	143	155	180
年末总户数	户	76982	70325	77629	60934
其中:乡村户数	户	53663	41865	45567	39498
年末总人口	万人	30	24	26	22
其中:乡村人口	万人	22	17	17	15
年末单位从业人员数	人	8791	8861	9864	6890
乡村从业人员数	人	121890	91253	98173	81533
其中:农林牧渔业	人	86425	72039	72996	61561
农业机械总动力	万千瓦特	9	13	11	11
本地电话用户	户	9695	9874	10349	8901
二、综合经济					
第一产业增加值	万元	33970	30962	43870	46870
第二产业增加值	万元	20100	15344	23000	15510
地方财政预算内收入	万元	3629	4324	4406	3732
财政支出	万元	13676	13419	14626	14892
城乡居民储蓄存款余额	万元	30540	36112	30394	22463
年末金融机构各项贷款余额	万元	21811	30326	39673	28961
三、农业、工业及基本建设					
粮食产量	吨	55705	97739	84010	85092
棉花产量	吨				
油料产量	吨	413	504	250	1598
肉类总产量	吨	18805	17187	28727	13799
规模以上工业企业数	个	7	5	14	10
规模以上工业总产值(现价)	万元	8472	19788	24436	13123
基本建设投资完成额	万元	7532	8765	5737	2965
四、教育、卫生和社会保障					
普通中学在校学生数	人	7730	8475	8928	6738
小学在校学生数	人	20458	15175	13922	12901
医院、卫生院床位数	床	195	236	280	282
社会福利院数	个	21	1	13	18
社会福利院床位数	床	299	28	251	420

2001年县(市)社会经济主要指标

内蒙古自治区

指　　标	单　位	察哈尔右后旗	四子王旗	东胜市	达拉特旗
一、基本情况					
行政区域土地面积	平方公里	3803	24016	2137	8192
乡(镇)个数	个	13	21	6	19
村民委员会个数	个	121	129	56	224
年末总户数	户	63212	60811	55940	101405
其中:乡村户数	户	33126	32991	17328	69576
年末总人口	万人	21	20	20	33
其中:乡村人口	万人	13	14	6	27
年末单位从业人员数	人	8415	7969	40373	18541
乡村从业人员数	人	64535	82591	37786	160019
其中:农林牧渔业	人	52300	72959	24820	145424
农业机械总动力	万千瓦特	7	22	9	31
本地电话用户	户	10050	10050	53935	28203
二、综合经济					
第一产业增加值	万元	26007	41572	7121	81327
第二产业增加值	万元	25557	18709	271000	194000
地方财政预算内收入	万元	3649	3803	34425	16172
财政支出	万元	14123	20558	29434	26629
城乡居民储蓄存款余额	万元	30869	30866	293024	84111
年末金融机构各项贷款余额	万元	26815	32136	213	14562
三、农业、工业及基本建设					
粮食产量	吨	63413	58205	6687	250458
棉花产量	吨				
油料产量	吨	66	1015	79	53689
肉类总产量	吨	16415	26825	3634	21053
规模以上工业企业数	个	6	6	48	9
规模以上工业总产值(现价)	万元	31359	12601	409053	180331
基本建设投资完成额	万元	4136	8247	64334	96897
四、教育、卫生和社会保障					
普通中学在校学生数	人	5420	7595	17008	16040
小学在校学生数	人	12014	15466	21871	23981
医院、卫生院床位数	床	215	249	1272	609
社会福利院数	个	14	15	9	8
社会福利院床位数	床	200	249	170	65

2001年县(市)社会经济主要指标

内蒙古自治区

指标	单位	准格尔旗	鄂托克前旗	鄂托克旗	杭锦旗
一、基本情况					
行政区域土地面积	平方公里	7535	12318	20064	18903
乡(镇)个数	个	19	8	10	11
村民委员会个数	个	259	69	75	137
年末总户数	户	85189	23020	30118	39822
其中:乡村户数	户	61911	14302	16231	27709
年末总人口	万人	27	7	9	13
其中:乡村人口	万人	21	5	5	10
年末单位从业人员数	人	23163	4861	8429	10418
乡村从业人员数	人	109365	29390	24117	58879
其中:农林牧渔业	人	74951	26175	21637	45906
农业机械总动力	万千瓦特	30	10	9	21
本地电话用户	户	23756	9269	15661	12707
二、综合经济					
第一产业增加值	万元	16064	27808	18164	36030
第二产业增加值	万元	207000	19948	97200	39609
地方财政预算内收入	万元	20622	2496	6377	6314
财政支出	万元	33788	15874	18630	15958
城乡居民储蓄存款余额	万元	96335	12725	40695	27835
年末金融机构各项贷款余额	万元	213956	17467	60045	51318
三、农业、工业及基本建设					
粮食产量	吨	21242	42110	34621	86475
棉花产量	吨				
油料产量	吨	389	862	607	30574
肉类总产量	吨	8138	12354	7061	11764
规模以上工业企业数	个	19	6	21	19
规模以上工业总产值(现价)	万元	108442	10229	99548	28992
基本建设投资完成额	万元	184282	27555	18715	30596
四、教育、卫生和社会保障					
普通中学在校学生数	人	10840	4326	4461	4796
小学在校学生数	人	21546	5765	7352	9412
医院、卫生院床位数	床	537	152	249	310
社会福利院数	个	2	4	5	4
社会福利院床位数	床	26	50	55	30

2001年县(市)社会经济主要指标

内蒙古自治区

指标	单位	乌审旗	伊金霍洛旗	临河市	五原县
一、基本情况					
行政区域土地面积	平方公里	11645	5958	2354	2493
乡(镇)个数	个	12	15	14	14
村民委员会个数	个	73	146	159	120
年末总户数	户	27791	47706	132624	76147
其中:乡村户数	户	20002	30881	62704	49615
年末总人口	万人	9	15	50	29
其中:乡村人口	万人	8	12	27	21
年末单位从业人员数	人	7305	14463	58262	12032
乡村从业人员数	人	50396	75423	143334	102736
其中:农林牧渔业	人	43271	54294	131669	90750
农业机械总动力	万千瓦特	18	14	30	48
本地电话用户	户	9939	13151	60903	19642
二、综合经济					
第一产业增加值	万元	33523	23715	110541	81795
第二产业增加值	万元	48700	107000	90088	30394
地方财政预算内收入	万元	4051	11553	14619	8229
财政支出	万元	19123	18951	29682	15581
城乡居民储蓄存款余额	万元	17775	71233	327377	74976
年末金融机构各项贷款余额	万元	34906	54838	374005	71113
三、农业、工业及基本建设					
粮食产量	吨	91233	55367	391233	294061
棉花产量	吨				
油料产量	吨	3400	2306	62630	93214
肉类总产量	吨	12027	8405	31332	17633
规模以上工业企业数	个	10	11	38	17
规模以上工业总产值(现价)	万元	66198	94793	145429	21159
基本建设投资完成额	万元	9834	36260	53681	10831
四、教育、卫生和社会保障					
普通中学在校学生数	人	6751	7060	24884	14854
小学在校学生数	人	7596	10460	42433	26961
医院、卫生院床位数	床	295	383	1874	517
社会福利院数	个	7	4	13	4
社会福利院床位数	床	45	52	410	50

2001 年县(市)社会经济主要指标

内蒙古自治区

指　　标	单　位	磴口县	乌拉特前旗	乌拉特中旗	乌拉特后旗
一、基本情况					
行政区域土地面积	平方公里	4167	7444	23096	24500
乡(镇)个数	个	8	18	15	8
村民委员会个数	个	48	176	120	48
年末总户数	户	35247	94844	40300	18353
其中:乡村户数	户	14244	54986	23958	5210
年末总人口	万人	12	33	14	6
其中:乡村人口	万人	6	24	10	2
年末单位从业人员数	人	13789	30668	9198	6506
乡村从业人员数	人	33275	109698	48771	11581
其中:农林牧渔业	人	30007	95638	46874	11144
农业机械总动力	万千瓦特	13	42	20	6
本地电话用户	户	12893	32300	11908	5689
二、综合经济					
第一产业增加值	万元	31487	84817	44951	7688
第二产业增加值	万元	33771	65634	15366	18629
地方财政预算内收入	万元	3372	12824	3543	2048
财政支出	万元	9586	21720	17192	9989
城乡居民储蓄存款余额	万元	54128	102452	36468	15573
年末金融机构各项贷款余额	万元	49106	135859	33243	11587
三、农业、工业及基本建设					
粮食产量	吨	72625	265679	111122	14266
棉花产量	吨				
油料产量	吨	13298	86357	19328	1216
肉类总产量	吨	6003	18243	14330	4939
规模以上工业企业数	个	10	19	13	9
规模以上工业总产值(现价)	万元	27496	80165	12962	13481
基本建设投资完成额	万元	19310	16783	10023	12739
四、教育、卫生和社会保障					
普通中学在校学生数	人	6467	24187	6638	2103
小学在校学生数	人	9843	25174	11074	3414
医院、卫生院床位数	床	332	660	290	161
社会福利院数	个	3	12	3	1
社会福利院床位数	床	70	158	80	26

2001年县(市)社会经济主要指标

内蒙古自治区

指　　标	单　位	杭锦后旗	阿拉善左旗	阿拉善右旗	额济纳旗
一、基本情况					
行政区域土地面积	平方公里	1767	80412	73443	114611
乡(镇)个数	个	15	22	9	7
村民委员会个数	个	143	141	36	25
年末总户数	户	79214	49433	8261	5917
其中:乡村户数	户	52530	12373	2829	1069
年末总人口	万人	30	14	2	2
其中:乡村人口	万人	23	4	1	1
年末单位从业人员数	人	13932	22355	4451	3416
乡村从业人员数	人	114236	29786	4944	2261
其中:农林牧渔业	人	100975	27198	4712	2227
农业机械总动力	万千瓦特	27	14		1
本地电话用户	户	22000	30564	5220	3891
二、综合经济					
第一产业增加值	万元	97719	28360	7480	4368
第二产业增加值	万元	41338	31335	10491	5878
地方财政预算内收入	万元	9150	7774	1389	1260
财政支出	万元	22908	26181	7954	8072
城乡居民储蓄存款余额	万元	91147	29010	17515	10873
年末金融机构各项贷款余额	万元	93376	41495	15200	5435
三、农业、工业及基本建设					
粮食产量	吨	321450	66777	3728	1002
棉花产量	吨		2		3094
油料产量	吨	64945	4646	21	
肉类总产量	吨	30969	6599	1942	1553
规模以上工业企业数	个	8	18	5	2
规模以上工业总产值(现价)	万元	38950	26846	3022	5727
基本建设投资完成额	万元	40450	21444	2598	7136
四、教育、卫生和社会保障					
普通中学在校学生数	人	20373	10209	1418	1109
小学在校学生数	人	23986	10409	1598	1227
医院、卫生院床位数	床	561	520	113	142
社会福利院数	个	7	1	1	2
社会福利院床位数	床	72	30	35	26

2001年县(市)社会经济主要指标

辽宁省

指　　标	单　位	辽中县	康平县	法库县	新民市
一、基本情况					
行政区域土地面积	平方公里	1645	2175	2290	3353
乡(镇)个数	个	21	16	20	30
村民委员会个数	个	264	180	309	419
年末总户数	户	177391	103483	136271	218557
其中:乡村户数	户	126549	73695	112574	159344
年末总人口	万人	52	34	46	69
其中:乡村人口	万人	43	28	39	57
年末单位从业人员数	人	21298	21444	19726	28204
乡村从业人员数	人	161235	97537	187484	208170
其中:农林牧渔业	人	105394	70030	137285	155493
农业机械总动力	万千瓦特	23	18	22	51
本地电话用户	户	94697	38804	53422	117532
二、综合经济					
第一产业增加值	万元	124054	70216	80230	200255
第二产业增加值	万元	161008	35386	77000	309360
地方财政预算内收入	万元	6235	3445	3850	7723
财政支出	万元	15518	14994	14347	18831
城乡居民储蓄存款余额	万元	242240	84227	110340	295389
年末金融机构各项贷款余额	万元	248763	222004	297186	357268
三、农业、工业及基本建设					
粮食产量	吨	407529	238697	397510	569914
棉花产量	吨		203	19	1147
油料产量	吨	24161	14231	14964	22407
肉类总产量	吨	90844	37812	47696	92806
规模以上工业企业数	个	29	25	29	39
规模以上工业总产值(现价)	万元	73814	34333	26487	103580
基本建设投资完成额	万元	3949	5585	7966	8687
四、教育、卫生和社会保障					
普通中学在校学生数	人	22709	17175	17724	24851
小学在校学生数	人	41827	34838	39915	49713
医院、卫生院床位数	床	1045	970	1095	1578
社会福利院数	个	21	17	20	27
社会福利院床位数	床	1159	682	708	1120

2001年县(市)社会经济主要指标

辽宁省

指　　标	单　位	长海县	瓦房店市	普兰店市	庄河市
一、基本情况					
行政区域土地面积	平方公里	152	3794	2931	4039
乡(镇)个数	个	7	25	17	22
村民委员会个数	个	45	388	194	356
年末总户数	户	28923	346154	270150	271293
其中:乡村户数	户	22203	224274	213710	213378
年末总人口	万人	9	103	83	90
其中:乡村人口	万人	7	73	65	73
年末单位从业人员数	人	4903	34329	25506	32419
乡村从业人员数	人	30547	304438	293340	275998
其中:农林牧渔业	人	21897	205763	202744	183868
农业机械总动力	万千瓦特	1	59	42	34
本地电话用户	户	24895	172976	133234	138895
二、综合经济					
第一产业增加值	万元	84662	191036	204970	221342
第二产业增加值	万元	7585	535257	561013	451522
地方财政预算内收入	万元	12148	33531	38369	30008
财政支出	万元	15949	52380	52352	47927
城乡居民储蓄存款余额	万元	106072	653479	612115	566129
年末金融机构各项贷款余额	万元	56758	538195	425248	382658
三、农业、工业及基本建设					
粮食产量	吨	9141	350103	300166	406193
棉花产量	吨		21		
油料产量	吨	3	1440	13131	2582
肉类总产量	吨	1290	51792	81001	69500
规模以上工业企业数	个	11	93	62	48
规模以上工业总产值(现价)	万元	7759	325536	387244	191240
基本建设投资完成额	万元	16277	29742	128839	78332
四、教育、卫生和社会保障					
普通中学在校学生数	人	5889	50824	39661	50277
小学在校学生数	人	8322	80008	64727	70565
医院、卫生院床位数	床	258	3098	2930	2096
社会福利院数	个	5	27	23	23
社会福利院床位数	床	156	1145	1240	1850

2001年县(市)社会经济主要指标

辽宁省

指标	单位	台安县	岫岩自治县	海城市	抚顺县
一、基本情况					
行政区域土地面积	平方公里	1388	4502	2732	2350
乡(镇)个数	个	15	23	27	12
村民委员会个数	个	204	254	572	273
年末总户数	户	117117	136836	355215	71558
其中:乡村户数	户	86722	109418	257459	55665
年末总人口	万人	37	50	111	22
其中:乡村人口	万人	30	41	88	18
年末单位从业人员数	人	22350	24152	41082	12386
乡村从业人员数	人	128558	164176	267501	100341
其中:农林牧渔业	人	94390	104783	141868	71322
农业机械总动力	万千瓦特	17	15	41	10
本地电话用户	户	52128	63467	187239	23256
二、综合经济					
第一产业增加值	万元	139403	72763	213009	52103
第二产业增加值	万元	175060	219367	975000	147673
地方财政预算内收入	万元	8243	8670	47032	8286
财政支出	万元	18495	24995	64847	14879
城乡居民储蓄存款余额	万元	159427	232249	918581	60954
年末金融机构各项贷款余额	万元	180482	154880	673843	24792
三、农业、工业及基本建设					
粮食产量	吨	394650	231509	504734	112864
棉花产量	吨			5	
油料产量	吨	9757	5723	1200	4130
肉类总产量	吨	99840	39741	117130	39885
规模以上工业企业数	个	82	81	197	15
规模以上工业总产值(现价)	万元	255178	160446	1510439	146230
基本建设投资完成额	万元	15751	9203	18575	7443
四、教育、卫生和社会保障					
普通中学在校学生数	人	19439	19888	53691	10466
小学在校学生数	人	31704	49822	92925	15861
医院、卫生院床位数	床	1143	1222	3113	561
社会福利院数	个	15	24	31	15
社会福利院床位数	床	842	1040	1500	431

2001年县(市)社会经济主要指标

辽宁省

指　　标	单　位	新宾自治县	清原自治县	本溪自治县	桓仁自治县
一、基本情况					
行政区域土地面积	平方公里	4288	3921	3343	3551
乡(镇)个数	个	15	14	14	17
村民委员会个数	个	255	281	130	150
年末总户数	户	91043	112364	98256	94454
其中:乡村户数	户	65581	75922	54376	61666
年末总人口	万人	31	34	30	30
其中:乡村人口	万人	23	26	19	23
年末单位从业人员数	人	16862	18082	13549	18085
乡村从业人员数	人	114219	120635	83937	103085
其中:农林牧渔业	人	87440	84941	46750	68428
农业机械总动力	万千瓦特	12	10	13	10
本地电话用户	户	48254	53347	51905	35600
二、综合经济					
第一产业增加值	万元	49800	48300	46746	53077
第二产业增加值	万元	106560	119865	127000	88510
地方财政预算内收入	万元	5552	6224	12377	9516
财政支出	万元	16712	15965	19830	22439
城乡居民储蓄存款余额	万元	144628	148300	200395	148932
年末金融机构各项贷款余额	万元	93203	85121	141950	101378
三、农业、工业及基本建设					
粮食产量	吨	131500	110198	92321	126313
棉花产量	吨				
油料产量	吨	406	662	477	1087
肉类总产量	吨	26144	28147	14581	14537
规模以上工业企业数	个	34	40	42	32
规模以上工业总产值(现价)	万元	62240	50670	102020	52404
基本建设投资完成额	万元	24240	16040	5698	38630
四、教育、卫生和社会保障					
普通中学在校学生数	人	16620	16433	20196	20366
小学在校学生数	人	26384	28051	28215	26283
医院、卫生院床位数	床	821	696	999	941
社会福利院数	个	15	16	16	22
社会福利院床位数	床	640	567	250	586

2001 年县(市)社会经济主要指标

辽宁省

指标	单位	宽甸自治县	东港市	凤城市	黑山县
一、基本情况					
行政区域土地面积	平方公里	6115	2445	5513	2487
乡(镇)个数	个	21	21	19	28
村民委员会个数	个	251	249	256	419
年末总户数	户	121718	189984	175807	201747
其中:乡村户数	户	89645	161640	116350	149221
年末总人口	万人	43	64	58	63
其中:乡村人口	万人	33	53	41	51
年末单位从业人员数	人	17988	28982	33662	20163
乡村从业人员数	人	134853	249991	174054	214050
其中:农林牧渔业	人	97083	174447	117058	168007
农业机械总动力	万千瓦特	24	26	25	23
本地电话用户	户	62415	112220	109664	73087
二、综合经济					
第一产业增加值	万元	61092	180481	85464	152021
第二产业增加值	万元	131216	295000	215000	97148
地方财政预算内收入	万元	10468	24609	20355	10345
财政支出	万元	22670	34999	31342	18942
城乡居民储蓄存款余额	万元	243753	469556	344000	240343
年末金融机构各项贷款余额	万元	172112	334785	245902	254041
三、农业、工业及基本建设					
粮食产量	吨	129467	460441	225034	500367
棉花产量	吨				957
油料产量	吨	937	5834	5105	47287
肉类总产量	吨	20522	30361	37033	117093
规模以上工业企业数	个	41	83	82	18
规模以上工业总产值(现价)	万元	77782	164041	110532	73719
基本建设投资完成额	万元	21902	115307	10732	12923
四、教育、卫生和社会保障					
普通中学在校学生数	人	20673	36209	29729	25238
小学在校学生数	人	33152	52043	42946	48465
医院、卫生院床位数	床	1482	1535	1515	1342
社会福利院数	个	22	21	25	28
社会福利院床位数	床	956	1285	1049	1000

2001年县(市)社会经济主要指标

辽宁省

指　　标	单　位	义　县	凌海市	北宁市	盖州市
一、基本情况					
行政区域土地面积	平方公里	2476	2876	1694	3053
乡(镇)个数	个	23	27	23	24
村民委员会个数	个	361	460	337	490
年末总户数	户	127635	193359	162041	271210
其中:乡村户数	户	105968	157908	132636	212115
年末总人口	万人	44	60	53	88
其中:乡村人口	万人	38	52	45	72
年末单位从业人员数	人	15065	23675	17290	24367
乡村从业人员数	人	161620	229575	170322	287394
其中:农林牧渔业	人	126698	150014	138119	188890
农业机械总动力	万千瓦特	13	34	25	33
本地电话用户	户	32985	73159	68660	124161
二、综合经济					
第一产业增加值	万元	50819	119091	198087	117488
第二产业增加值	万元	77014	106159	70283	188193
地方财政预算内收入	万元	6045	18883	9589	16196
财政支出	万元	14845	29105	16729	26714
城乡居民储蓄存款余额	万元	124980	254755	268416	365012
年末金融机构各项贷款余额	万元	158541	256853	157668	324254
三、农业、工业及基本建设					
粮食产量	吨	111671	474636	333828	161451
棉花产量	吨	19	31		8
油料产量	吨	19243	14185	32427	1411
肉类总产量	吨	60868	57534	138688	36418
规模以上工业企业数	个	24	33	19	135
规模以上工业总产值(现价)	万元	57126	76517	40391	231663
基本建设投资完成额	万元	8671	10185	16437	9247
四、教育、卫生和社会保障					
普通中学在校学生数	人	18905	27162	31000	49451
小学在校学生数	人	37585	48414	41912	81495
医院、卫生院床位数	床	674	1508	1120	2061
社会福利院数	个	23	28	23	25
社会福利院床位数	床	768	702	550	618

2001年县(市)社会经济主要指标

辽宁省

指　　标	单　位	大石桥市	阜新自治县	彰武县	辽阳县
一、基本情况					
行政区域土地面积	平方公里	1598	6246	3641	2853
乡(镇)个数	个	15	36	24	21
村民委员会个数	个	342	523	246	341
年末总户数	户	220465	209632	123531	192876
其中:乡村户数	户	154554	189311	99964	154327
年末总人口	万人	72	73	41	59
其中:乡村人口	万人	54	68	34	50
年末单位从业人员数	人	26045	34845	20785	15498
乡村从业人员数	人	236607	323935	155013	189455
其中:农林牧渔业	人	127368	271477	132477	114983
农业机械总动力	万千瓦特	27	50	24	18
本地电话用户	户	128373	78677	50886	74908
二、综合经济					
第一产业增加值	万元	84284	56903	39693	105300
第二产业增加值	万元	445041	26250	8500	151600
地方财政预算内收入	万元	28942	6114	3196	11045
财政支出	万元	45047	17575	11625	18576
城乡居民储蓄存款余额	万元	459008	135749	97829	211440
年末金融机构各项贷款余额	万元	406777	248402	188290	213824
三、农业、工业及基本建设					
粮食产量	吨	300428	410320	300509	342644
棉花产量	吨		185	98	1
油料产量	吨	650	21869	23468	11850
肉类总产量	吨	42406	65506	42762	46768
规模以上工业企业数	个	129	40	28	63
规模以上工业总产值(现价)	万元	431954	51466	16326	342211
基本建设投资完成额	万元	14827	12547	12958	16278
四、教育、卫生和社会保障					
普通中学在校学生数	人	46615	39350	19843	28907
小学在校学生数	人	65380	64691	33005	41147
医院、卫生院床位数	床	1436	1044	990	1086
社会福利院数	个	20	37	23	20
社会福利院床位数	床	680	820	519	750

2001 年县(市)社会经济主要指标

辽宁省

指　　标	单　位	灯塔市	大洼县	盘山县	铁岭县
一、基本情况					
行政区域土地面积	平方公里	1333	1683	2145	2249
乡(镇)个数	个	17	18	17	16
村民委员会个数	个	296	175	170	268
年末总户数	户	168696	135879	89843	116899
其中:乡村户数	户	134446	100653	86203	107764
年末总人口	万人	51	39	28	38
其中:乡村人口	万人	41	33	27	36
年末单位从业人员数	人	15260	112760	115398	18803
乡村从业人员数	人	177767	132022	70943	130404
其中:农林牧渔业	人	114003	92566	52091	96402
农业机械总动力	万千瓦特	20	18	20	20
本地电话用户	户	83395	71725	58781	33765
二、综合经济					
第一产业增加值	万元	97441	158708	121474	104206
第二产业增加值	万元	161321	75521	95457	38728
地方财政预算内收入	万元	16059	12938	10539	8777
财政支出	万元	22515	24172	19865	17311
城乡居民储蓄存款余额	万元	241915	202860	183761	82108
年末金融机构各项贷款余额	万元	269616	220076	117369	71480
三、农业、工业及基本建设					
粮食产量	吨	332446	400006	292347	248347
棉花产量	吨	1			
油料产量	吨	2266		431	1711
肉类总产量	吨	36223	23749	22654	54535
规模以上工业企业数	个	49	20	62	38
规模以上工业总产值(现价)	万元	112339	164162	163887	38832
基本建设投资完成额	万元	23858	35669	29672	870
四、教育、卫生和社会保障					
普通中学在校学生数	人	18926	21684	14363	12715
小学在校学生数	人	35287	34906	24535	29300
医院、卫生院床位数	床	858	726	653	611
社会福利院数	个	19	17	17	16
社会福利院床位数	床	677	800	1200	720

2001 年县(市)社会经济主要指标

辽宁省

指　　标	单　位	西丰县	昌图县	铁法市	开原市
一、基本情况					
行政区域土地面积	平方公里	2685	4317	263	2828
乡(镇)个数	个	20	38	7	23
村民委员会个数	个	229	544	46	351
年末总户数	户	103004	307557	76724	182989
其中:乡村户数	户	75999	235157	20855	127612
年末总人口	万人	34	102	24	58
其中:乡村人口	万人	27	84	6	45
年末单位从业人员数	人	14737	40840	20976	27713
乡村从业人员数	人	91433	257511	22995	161264
其中:农林牧渔业	人	68735	180492	13880	117130
农业机械总动力	万千瓦特	15	34	3	25
本地电话用户	户	34104	71647	30442	70050
二、综合经济					
第一产业增加值	万元	31701	135762	10156	104277
第二产业增加值	万元	21495	51267	20886	60527
地方财政预算内收入	万元	4143	17342	7199	11902
财政支出	万元	12594	23444	13911	21439
城乡居民储蓄存款余额	万元	92107	220640	182079	210513
年末金融机构各项贷款余额	万元	26491	510809	109340	260487
三、农业、工业及基本建设					
粮食产量	吨	133387	1108938	15894	315000
棉花产量	吨				
油料产量	吨	1121	56649	38	1938
肉类总产量	吨	35632	170184	19034	74398
规模以上工业企业数	个	10	38	13	20
规模以上工业总产值(现价)	万元	9425	34772	17827	45691
基本建设投资完成额	万元	1399	14837	16988	7171
四、教育、卫生和社会保障					
普通中学在校学生数	人	16296	36900	10881	29854
小学在校学生数	人	27330	81000	21083	49217
医院、卫生院床位数	床	643	860	1100	2044
社会福利院数	个	20	38	1	23
社会福利院床位数	床	850	1331	50	610

2001年县(市)社会经济主要指标

辽宁省

指　　标	单　位	朝阳县	建平县	喀喇沁左翼县	北票市
一、基本情况					
行政区域土地面积	平方公里	4215	4865	2238	4545
乡(镇)个数	个	27	28	21	23
村民委员会个数	个	420	342	242	340
年末总户数	户	171706	180149	125863	198001
其中:乡村户数	户	165419	139629	106018	123031
年末总人口	万人	62	58	42	62
其中:乡村人口	万人	59	49	37	41
年末单位从业人员数	人	29029	30478	23711	23610
乡村从业人员数	人	308947	247708	194233	203720
其中:农林牧渔业	人	222303	183665	138655	149628
农业机械总动力	万千瓦特	14	24	12	19
本地电话用户	户	32289	84492	34952	68851
二、综合经济					
第一产业增加值	万元	39026	46951	28763	45358
第二产业增加值	万元	19921	32853	16215	25172
地方财政预算内收入	万元	5831	6610	4198	6943
财政支出	万元	19083	17531	18654	27008
城乡居民储蓄存款余额	万元	82359	158465	90825	197606
年末金融机构各项贷款余额	万元	74559	286579	146554	193462
三、农业、工业及基本建设					
粮食产量	吨	148500	248036	142884	158147
棉花产量	吨	2403		587	498
油料产量	吨	6218	9105	3676	6008
肉类总产量	吨	13415	19390	9334	23005
规模以上工业企业数	个	26	19	85	36
规模以上工业总产值(现价)	万元	26693	44089	24894	32479
基本建设投资完成额	万元	1423	8072	5921	31443
四、教育、卫生和社会保障					
普通中学在校学生数	人	21835	31351	22896	32406
小学在校学生数	人	61312	56832	42563	52771
医院、卫生院床位数	床	1140	1271	775	1820
社会福利院数	个	27	30	21	22
社会福利院床位数	床	794	380	401	1384

2001年县(市)社会经济主要指标

辽宁省

指　　标	单　位	凌源市	绥中县	建昌县	兴城市
一、基本情况					
行政区域土地面积	平方公里	3278	2765	3191	2147
乡(镇)个数	个	26	29	32	25
村民委员会个数	个	262	376	356	339
年末总户数	户	184153	193762	162467	177036
其中:乡村户数	户	142035	156415	140435	127197
年末总人口	万人	64	62	61	55
其中:乡村人口	万人	50	55	55	43
年末单位从业人员数	人	30828	18121	23087	24220
乡村从业人员数	人	260106	237153	253836	184575
其中:农林牧渔业	人	172249	187757	173742	136250
农业机械总动力	万千瓦特	11	22	12	11
本地电话用户	户	70287	63962	40538	73000
二、综合经济					
第一产业增加值	万元	45216	113011	54708	63630
第二产业增加值	万元	86200	66800	27315	130932
地方财政预算内收入	万元	7144	14488	5526	15335
财政支出	万元	22099	21075	16841	21683
城乡居民储蓄存款余额	万元	236818	262216	118381	294808
年末金融机构各项贷款余额	万元	249577	301056	122169	217861
三、农业、工业及基本建设					
粮食产量	吨	157100	255020	265615	203267
棉花产量	吨	7	49	1559	106
油料产量	吨	233	13331	322	30725
肉类总产量	吨	25471	66163	41152	30505
规模以上工业企业数	个	23	18	11	20
规模以上工业总产值(现价)	万元	30384	23990	20827	36948
基本建设投资完成额	万元	3613	15437	5875	28600
四、教育、卫生和社会保障					
普通中学在校学生数	人	38841	31916	35985	24898
小学在校学生数	人	60828	57404	73301	46603
医院、卫生院床位数	床	2945	1605	1414	1370
社会福利院数	个	20		20	24
社会福利院床位数	床	440		512	550

2001年县(市)社会经济主要指标

吉林省

指　　标	单　位	农安县	九台市	榆树市	德惠市
一、基本情况					
行政区域土地面积	平方公里	5400	3100	4705	3459
乡(镇)个数	个	26	15	30	19
村民委员会个数	个	378	310	388	308
年末总户数	户	283689	242434	350224	241710
其中:乡村户数	户	226972	167218	280306	191537
年末总人口	万人	111	83	122	91
其中:乡村人口	万人	97	65	109	80
年末单位从业人员数	人	49741	40634	49236	56700
乡村从业人员数	人	373123	299169	441940	342320
其中:农林牧渔业	人	302959	252126	317408	287165
农业机械总动力	万千瓦特	58	24	60	42
本地电话用户	户	87271	69742	86355	79355
二、综合经济					
第一产业增加值	万元	356938	145466	351248	292398
第二产业增加值	万元	205086	100184	155462	224561
地方财政预算内收入	万元	12839	11170	10197	16037
财政支出	万元	29990	30833	36260	34828
城乡居民储蓄存款余额	万元	321690	215549	249948	286622
年末金融机构各项贷款余额	万元	652564	388442	700258	599226
三、农业、工业及基本建设					
粮食产量	吨	1670344	848519	2054828	1249596
棉花产量	吨				
油料产量	吨	35296	486	6784	5135
肉类总产量	吨	378833	89365	248087	339631
规模以上工业企业数	个	25	23	31	38
规模以上工业总产值(现价)	万元	99287	79748	55620	344765
基本建设投资完成额	万元	16175	65042	8648	98096
四、教育、卫生和社会保障					
普通中学在校学生数	人	70330	40561	49517	52952
小学在校学生数	人	116950	70269	107609	94890
医院、卫生院床位数	床	1542	1397	1228	849
社会福利院数	个	27	21	39	1
社会福利院床位数	床	1476	1380	1579	35

2001 年县(市)社会经济主要指标

吉林省

指　　标	单　位	永吉县	蛟河市	桦甸市	舒兰市
一、基本情况					
行政区域土地面积	平方公里	2625	6364	6542	4557
乡(镇)个数	个	14	15	16	19
村民委员会个数	个	215	257	179	321
年末总户数	户	113955	138081	134669	191036
其中:乡村户数	户	78174	70909	54362	110382
年末总人口	万人	41	47	45	67
其中:乡村人口	万人	30	26	21	42
年末单位从业人员数	人	23225	29731	38560	54133
乡村从业人员数	人	134825	124733	111082	192262
其中:农林牧渔业	人	116867	97948	96678	159148
农业机械总动力	万千瓦特	11	16	12	31
本地电话用户	户	83652	63896	63669	79008
二、综合经济					
第一产业增加值	万元	59627	95404	114038	158874
第二产业增加值	万元	90749	95489	210990	141382
地方财政预算内收入	万元	3800	9135	7463	6443
财政支出	万元	13539	22353	19548	20149
城乡居民储蓄存款余额	万元	157585	192352	235976	207455
年末金融机构各项贷款余额	万元	192297	167241	249795	328311
三、农业、工业及基本建设					
粮食产量	吨	206102	296653	300081	600301
棉花产量	吨				
油料产量	吨	1179	1889	8822	3014
肉类总产量	吨	33886	38914	79422	105596
规模以上工业企业数	个	27	36	65	37
规模以上工业总产值(现价)	万元	25713	60488	152692	75832
基本建设投资完成额	万元	23927	14880	32355	41542
四、教育、卫生和社会保障					
普通中学在校学生数	人	19441	28424	30524	38831
小学在校学生数	人	33243	37893	43544	52930
医院、卫生院床位数	床	875	1311	1327	2057
社会福利院数	个	14	18	18	1
社会福利院床位数	床	764	620	910	30

2001年县(市)社会经济主要指标

吉林省

指　　标	单　位	磐石市	梨树县	伊通自治县	公主岭市
一、基本情况					
行政区域土地面积	平方公里	3867	4209	2532	4058
乡(镇)个数	个	14	26	15	28
村民委员会个数	个	268	336	190	414
年末总户数	户	144802	253887	133166	290422
其中:乡村户数	户	76783	159385	96361	182815
年末总人口	万人	53	86	47	104
其中:乡村人口	万人	33	60	38	73
年末单位从业人员数	人	45681	53225	28006	70970
乡村从业人员数	人	132105	286893	158688	289683
其中:农林牧渔业	人	107222	254205	131161	227800
农业机械总动力	万千瓦特	15	34	16	41
本地电话用户	户	70411	62340	41185	91568
二、综合经济					
第一产业增加值	万元	140278	214076	96743	322073
第二产业增加值	万元	149000	73049	55614	106427
地方财政预算内收入	万元	6458	8459	6756	15089
财政支出	万元	21164	23698	18780	29817
城乡居民储蓄存款余额	万元	184493	148529	73970	301001
年末金融机构各项贷款余额	万元	293929	468841	169435	531042
三、农业、工业及基本建设					
粮食产量	吨	468224	1565200	328528	1661155
棉花产量	吨				
油料产量	吨	964	3405	7	300
肉类总产量	吨	99876	201289	90736	309660
规模以上工业企业数	个	35	52	33	75
规模以上工业总产值(现价)	万元	144800	93300	28812	217250
基本建设投资完成额	万元	46374	9342	14285	23253
四、教育、卫生和社会保障					
普通中学在校学生数	人	32215	35451	18188	55976
小学在校学生数	人	46948	66432	35145	102843
医院、卫生院床位数	床	1226	1268	899	2266
社会福利院数	个	15	26	19	30
社会福利院床位数	床	774	1962	270	1490

2001年县(市)社会经济主要指标

吉林省

指　　标	单　位	双辽市	东丰县	东辽县	通化县
一、基本情况					
行政区域土地面积	平方公里	3121	2522	2396	3725
乡(镇)个数	个	14	23	19	21
村民委员会个数	个	189	229	284	161
年末总户数	户	125800	116187	116100	74691
其中:乡村户数	户	67038	76334	82261	44858
年末总人口	万人	40	41	39	24
其中:乡村人口	万人	25	29	31	16
年末单位从业人员数	人	41300	25688	18355	23925
乡村从业人员数	人	101700	138496	123935	80068
其中:农林牧渔业	人	91106	109660	93867	61189
农业机械总动力	万千瓦特	31	17	15	11
本地电话用户	户	49000	40054	20853	37407
二、综合经济					
第一产业增加值	万元	94265	61340	64628	33524
第二产业增加值	万元	73485	54016	23389	82196
地方财政预算内收入	万元	11181	4097	2886	9831
财政支出	万元	20565	16541	14418	16325
城乡居民储蓄存款余额	万元	97629	120449	63480	117086
年末金融机构各项贷款余额	万元	389005	225721	163720	183743
三、农业、工业及基本建设					
粮食产量	吨	536630	300300	266823	114021
棉花产量	吨				
油料产量	吨	14660	388	29	990
肉类总产量	吨	68475	57398	62747	15986
规模以上工业企业数	个	24	35	33	46
规模以上工业总产值(现价)	万元	117264	57974	24953	107348
基本建设投资完成额	万元	16378	9150	2058	22762
四、教育、卫生和社会保障					
普通中学在校学生数	人	15000	21895	16329	13734
小学在校学生数	人	31000	33393	32761	20703
医院、卫生院床位数	床	605	1285	1050	515
社会福利院数	个	16	22	19	21
社会福利院床位数	床	688	1150	1081	520

2001年县(市)社会经济主要指标

吉林省

指　　标	单　位	辉南县	柳河县	梅河口市	集安市
一、基本情况					
行政区域土地面积	平方公里	2274	3348	2174	3217
乡(镇)个数	个	17	22	27	11
村民委员会个数	个	163	230	303	126
年末总户数	户	104750	103285	186330	70720
其中:乡村户数	户	52126	65682	92311	40348
年末总人口	万人	35	36	62	23
其中:乡村人口	万人	21	26	37	14
年末单位从业人员数	人	28135	25649	37304	20780
乡村从业人员数	人	111258	120149	146413	81967
其中:农林牧渔业	人	90838	91856	115550	60908
农业机械总动力	万千瓦特	14	14	14	8
本地电话用户	户	52556	51029	98333	46071
二、综合经济					
第一产业增加值	万元	42700	76510	125790	34664
第二产业增加值	万元	55767	48724	140462	56172
地方财政预算内收入	万元	13092	9785	11641	8715
财政支出	万元	18182	18787	27886	14420
城乡居民储蓄存款余额	万元	167566	13033	29278	144000
年末金融机构各项贷款余额	万元	173914	151356	219158	93223
三、农业、工业及基本建设					
粮食产量	吨	340000	360000	473258	55552
棉花产量	吨				
油料产量	吨	893	1300	294	1044
肉类总产量	吨	38807	68075	154711	11894
规模以上工业企业数	个	34	28	56	34
规模以上工业总产值(现价)	万元	167600	70226	109801	59772
基本建设投资完成额	万元	18392	5701	28587	8065
四、教育、卫生和社会保障					
普通中学在校学生数	人	21527	24573	40307	12318
小学在校学生数	人	26483	41028	53929	16566
医院、卫生院床位数	床	1310	755	982	592
社会福利院数	个	17	24	1	2
社会福利院床位数	床	710	203	360	114

2001年县(市)社会经济主要指标

吉林省

指　　标	单　位	抚松县	靖宇县	长白自治县	江源县
一、基本情况					
行政区域土地面积	平方公里	6530	3094	2498	1348
乡(镇)个数	个	18	11	9	8
村民委员会个数	个	155	111	77	60
年末总户数	户	101381	46256	26773	92449
其中:乡村户数	户	85819	15304	8837	14239
年末总人口	万人	31	14	9	27
其中:乡村人口	万人	10	6	3	5
年末单位从业人员数	人	55728	14095	12764	47141
乡村从业人员数	人	36735	26065	14937	21590
其中:农林牧渔业	人	29129	21271	11429	13869
农业机械总动力	万千瓦特	10	3	4	4
本地电话用户	户	56000	26228	19486	42348
二、综合经济					
第一产业增加值	万元	54199	15192	20384	25751
第二产业增加值	万元	105339	22924	30313	126716
地方财政预算内收入	万元	8722	3981	3102	5133
财政支出	万元	20284	13181	9747	11786
城乡居民储蓄存款余额	万元	219955	66844	61325	143099
年末金融机构各项贷款余额	万元	105120	84004	30861	71688
三、农业、工业及基本建设					
粮食产量	吨	63002	39133	24715	26963
棉花产量	吨				
油料产量	吨	801	536	451	317
肉类总产量	吨	10252	9209	6765	13553
规模以上工业企业数	个	20	10	16	22
规模以上工业总产值(现价)	万元	128792	36060	46402	114000
基本建设投资完成额	万元	38771	34867	8475	8891
四、教育、卫生和社会保障					
普通中学在校学生数	人	20015	8319	3760	9163
小学在校学生数	人	26598	12074	6778	14386
医院、卫生院床位数	床	2335	284	388	1009
社会福利院数	个	12	8	8	9
社会福利院床位数	床	395	110	98	235

2001年县(市)社会经济主要指标

吉林省

指标	单位	临江市	前郭尔罗斯县	长岭县	乾安县
一、基本情况					
行政区域土地面积	平方公里	3008	7103	5728	3617
乡(镇)个数	个	11	25	31	15
村民委员会个数	个	70	235	251	163
年末总户数	户	63025	152845	154992	88972
其中:乡村户数	户	17482	93265	118951	50885
年末总人口	万人	19	57	64	30
其中:乡村人口	万人	6	39	49	20
年末单位从业人员数	人	27272	50239	30203	22899
乡村从业人员数	人	36306	141790	214812	126108
其中:农林牧渔业	人	26778	125172	192615	116750
农业机械总动力	万千瓦特	4	54	27	35
本地电话用户	户	35413		33548	16302
二、综合经济					
第一产业增加值	万元	30828	176585	153192	44281
第二产业增加值	万元	113869	214520	30915	48273
地方财政预算内收入	万元	3737	9701	4022	5020
财政支出	万元	10861	28188	20553	16451
城乡居民储蓄存款余额	万元	110218	229836	90128	70180
年末金融机构各项贷款余额	万元	111099	443571	327763	259217
三、农业、工业及基本建设					
粮食产量	吨	50898	1261250	1260201	650000
棉花产量	吨				
油料产量	吨	892	18720	42627	9628
肉类总产量	吨	12076	106690	64734	20311
规模以上工业企业数	个	20	36	11	26
规模以上工业总产值(现价)	万元	95445	100443	11713	19282
基本建设投资完成额	万元	13598	20280	10919	11159
四、教育、卫生和社会保障					
普通中学在校学生数	人	9505	42145	32865	16643
小学在校学生数	人	14482	68140	72397	25721
医院、卫生院床位数	床	804	902	1245	632
社会福利院数	个	12	10	31	15
社会福利院床位数	床	261	400	500	300

2001 年县(市)社会经济主要指标

吉林省

指　　标	单　位	扶余县	镇赉县	通榆县	洮南市
一、基本情况					
行政区域土地面积	平方公里	4933	5371	8496	5086
乡(镇)个数	个	26	16	20	21
村民委员会个数	个	398	147	172	221
年末总户数	户	193833	92982	98127	142289
其中:乡村户数	户	165359	40465	57690	68666
年末总人口	万人	75	29	35	43
其中:乡村人口	万人	65	17	22	26
年末单位从业人员数	人	28470	30121	27609	30860
乡村从业人员数	人	308686	72829	105287	103015
其中:农林牧渔业	人	264119	63016	92448	87648
农业机械总动力	万千瓦特	56	32	34	62
本地电话用户	户	55599	34105	30450	30000
二、综合经济					
第一产业增加值	万元	188602	67536	64765	39777
第二产业增加值	万元	26430	25922	28000	5103
地方财政预算内收入	万元	6754	3841	4022	4096
财政支出	万元	19519	21289	21055	21336
城乡居民储蓄存款余额	万元	108906	61498	54251	83631
年末金融机构各项贷款余额	万元	423905	196466	182357	227650
三、农业、工业及基本建设					
粮食产量	吨	1100324	200064	273562	205000
棉花产量	吨				125
油料产量	吨	79916	1542	36548	15750
肉类总产量	吨	83666	38547	40973	43142
规模以上工业企业数	个	20	28	24	36
规模以上工业总产值(现价)	万元	11301	23589	26904	48446
基本建设投资完成额	万元	26638	31432	15672	30500
四、教育、卫生和社会保障					
普通中学在校学生数	人	28227	11649	17029	22565
小学在校学生数	人	69692	21546	34749	36040
医院、卫生院床位数	床	889	709	894	1256
社会福利院数	个	26	16	20	1
社会福利院床位数	床	1016	640	490	58

2001年县(市)社会经济主要指标

吉林省

指　　　标	单　位	大安市	延吉市	图们市	敦化市
一、基本情况					
行政区域土地面积	平方公里	4879	1350	1142	11545
乡(镇)个数	个	22	3	5	16
村民委员会个数	个	224	66	47	386
年末总户数	户	132300	116946	42985	152028
其中:乡村户数	户	66638	12184	9726	55658
年末总人口	万人	43	39	14	48
其中:乡村人口	万人	26	4	3	19
年末单位从业人员数	人	41434	84372	19974	64216
乡村从业人员数	人	109783	22132	18146	100930
其中:农林牧渔业	人	92514	16281	12925	79977
农业机械总动力	万千瓦特	22	6	3	25
本地电话用户	户	48226	174818	41343	88735
二、综合经济					
第一产业增加值	万元	71486	12345	6309	84831
第二产业增加值	万元	68571	215700	46514	167048
地方财政预算内收入	万元	6836	50849	4873	14223
财政支出	万元	25927	121664	12257	29747
城乡居民储蓄存款余额	万元	104182	523613	101475	334006
年末金融机构各项贷款余额	万元	218449	757687	159889	330289
三、农业、工业及基本建设					
粮食产量	吨	245000	23397	22095	217000
棉花产量	吨	140			
油料产量	吨	8955	530	361	2359
肉类总产量	吨	35571	4186	1919	25614
规模以上工业企业数	个	48	74	31	76
规模以上工业总产值(现价)	万元	53555	307326	119413	274545
基本建设投资完成额	万元	17677	90739	5283	41000
四、教育、卫生和社会保障					
普通中学在校学生数	人	19745	31606	9197	29096
小学在校学生数	人	34050	29996	10246	40272
医院、卫生院床位数	床	1622	3146	716	1634
社会福利院数	个	21	1		
社会福利院床位数	床	579	488		

2001年县(市)社会经济主要指标

吉林省

指　　标	单　位	珲春市	龙井市	和龙市	汪清县
一、基本情况					
行政区域土地面积	平方公里	5145	2591	5069	8994
乡(镇)个数	个	9	8	9	11
村民委员会个数	个	120	171	157	221
年末总户数	户	65499	86131	74038	85060
其中:乡村户数	户	20722	31255	22955	32378
年末总人口	万人	21	26	22	26
其中:乡村人口	万人	7	10	8	11
年末单位从业人员数	人	30242	23721	27631	33559
乡村从业人员数	人	39063	53561	39171	65142
其中:农林牧渔业	人	29318	43413	31732	55846
农业机械总动力	万千瓦特	6	12	5	11
本地电话用户	户	46632	61927	44753	58182
二、综合经济					
第一产业增加值	万元	22528	25885	20281	25742
第二产业增加值	万元	66305	36847	33650	41143
地方财政预算内收入	万元	5285	3854	4321	4234
财政支出	万元	15588	16926	17571	18950
城乡居民储蓄存款余额	万元	154534	129004	116748	121423
年末金融机构各项贷款余额	万元	203220	220656	134379	149850
三、农业、工业及基本建设					
粮食产量	吨	95275	136301	83107	75783
棉花产量	吨				
油料产量	吨	1131	952	1519	2949
肉类总产量	吨	4851	8241	7282	6544
规模以上工业企业数	个	31	55	26	33
规模以上工业总产值(现价)	万元	118179	78667	63308	79162
基本建设投资完成额	万元	19449	11325	24555	28270
四、教育、卫生和社会保障					
普通中学在校学生数	人	15104	12240	12621	14874
小学在校学生数	人	17917	16531	15847	18985
医院、卫生院床位数	床	674	676	924	786
社会福利院数	个				
社会福利院床位数	床				

2001年县(市)社会经济主要指标

吉林省、黑龙江省

指　　标	单　位	安图县	呼兰县	依兰县	方正县
一、基本情况					
行政区域土地面积	平方公里	7438	2601	4616	2969
乡(镇)个数	个	12	16	9	8
村民委员会个数	个	209	194	132	67
年末总户数	户	68158	189400	105378	64930
其中:乡村户数	户	25900	132509	59943	30301
年末总人口	万人	22	68	36	23
其中:乡村人口	万人	9	52	25	13
年末单位从业人员数	人	28460	35566	25347	28680
乡村从业人员数	人	46484	259250	124790	66163
其中:农林牧渔业	人	35384	190454	109736	54197
农业机械总动力	万千瓦特	6	27	23	14
本地电话用户	户	45662	67712	43181	7640
二、综合经济					
第一产业增加值	万元	30025	158010	62675	36848
第二产业增加值	万元	44232	220000	32876	34162
地方财政预算内收入	万元	4109	5193	7231	4694
财政支出	万元	16369	37676	17440	10735
城乡居民储蓄存款余额	万元	146864	198828	116384	144856
年末金融机构各项贷款余额	万元	160428	412230	177535	138458
三、农业、工业及基本建设					
粮食产量	吨	67400	810000	487013	176140
棉花产量	吨				
油料产量	吨	1209	237	560	55
肉类总产量	吨	9340	109303	16515	11795
规模以上工业企业数	个	44	32	12	18
规模以上工业总产值(现价)	万元	80950	205076	44959	20013
基本建设投资完成额	万元	18264	5542	18500	6156
四、教育、卫生和社会保障					
普通中学在校学生数	人	12615	52913	31429	16397
小学在校学生数	人	18770	36821	25530	16963
医院、卫生院床位数	床	540	1849	611	530
社会福利院数	个		20	4	8
社会福利院床位数	床		1474	75	386

2001年县(市)社会经济主要指标

黑龙江省

指　　标	单　位	宾　县	巴彦县	木兰县	通河县
一、基本情况					
行政区域土地面积	平方公里	3845	3135	3162	5673
乡(镇)个数	个	17	18	8	8
村民委员会个数	个	143	116	84	81
年末总户数	户	171641	157380	75883	69293
其中:乡村户数	户	120820	124314	50690	34379
年末总人口	万人	61	68	26	23
其中:乡村人口	万人	47	55	20	13
年末单位从业人员数	人	27012	238160	17246	21952
乡村从业人员数	人	243064	205532	101315	55964
其中:农林牧渔业	人	217537	150770	81844	48824
农业机械总动力	万千瓦特	25	23	13	21
本地电话用户	户	44368	49210	28108	24165
二、综合经济					
第一产业增加值	万元	170520	193204	29253	35118
第二产业增加值	万元	124297	210473	46970	40687
地方财政预算内收入	万元	10457	9516	3975	3878
财政支出	万元	23981	24174	14566	14104
城乡居民储蓄存款余额	万元	4557	116460	68970	64569
年末金融机构各项贷款余额	万元	158718	135649	128434	112012
三、农业、工业及基本建设					
粮食产量	吨	396730	969026	148777	158600
棉花产量	吨				
油料产量	吨	1563	164	705	219
肉类总产量	吨	34409	95146	5662	3757
规模以上工业企业数	个	21	30	11	15
规模以上工业总产值(现价)	万元	49933	63592	24942	28883
基本建设投资完成额	万元	32512	10478	3945	10343
四、教育、卫生和社会保障					
普通中学在校学生数	人	28798	52620	18401	14109
小学在校学生数	人	41176	53160	19706	16607
医院、卫生院床位数	床	758	685	463	514
社会福利院数	个	18	1	8	8
社会福利院床位数	床	410	96	485	170

2001年县(市)社会经济主要指标

黑龙江省

指标	单位	延寿县	阿城市	双城市	尚志市
一、基本情况					
行政区域土地面积	平方公里	3156	2814	3112	8825
乡(镇)个数	个	9	16	24	17
村民委员会个数	个	106	126	246	161
年末总户数	户	72015	201167	225300	176095
其中:乡村户数	户	41657	115525	152122	84141
年末总人口	万人	25	66	81	61
其中:乡村人口	万人	17	44	65	36
年末单位从业人员数	人	95791	91309	28901	47653
乡村从业人员数	人	73286	202125	292396	157657
其中:农林牧渔业	人	62878	133126	213261	101544
农业机械总动力	万千瓦特	12	28	29	16
本地电话用户	户	35974	79651	74360	79842
二、综合经济					
第一产业增加值	万元	28157	132770	280358	118513
第二产业增加值	万元	33373	372381	218013	342312
地方财政预算内收入	万元	5418	27974	18209	11655
财政支出	万元	10657	40395	32932	23110
城乡居民储蓄存款余额	万元	75955	269129	16892	297213
年末金融机构各项贷款余额	万元	157295	418129	280435	221110
三、农业、工业及基本建设					
粮食产量	吨	246959	332170	1353061	384032
棉花产量	吨				
油料产量	吨	449	14	1021	3176
肉类总产量	吨	3799	36572	47232	36259
规模以上工业企业数	个	15	55	42	21
规模以上工业总产值(现价)	万元	18456	371827	653644	107749
基本建设投资完成额	万元	4309	45921	14388	26206
四、教育、卫生和社会保障					
普通中学在校学生数	人	17607	48352	58815	41009
小学在校学生数	人	18178	36822	57630	44903
医院、卫生院床位数	床	518	1494	767	1084
社会福利院数	个	11	20	28	21
社会福利院床位数	床	246	667	256	315

2001 年县(市)社会经济主要指标

黑龙江省

指　　标	单　位	五常市	龙江县	依安县	泰来县
一、基本情况					
行政区域土地面积	平方公里	7501	6200	3685	3922
乡(镇)个数	个	24	20	15	13
村民委员会个数	个	261	192	148	100
年末总户数	户	259058	176394	137367	94215
其中:乡村户数	户	175322	112952	95935	58200
年末总人口	万人	95	60	49	33
其中:乡村人口	万人	70	46	39	23
年末单位从业人员数	人	50800	29416	21425	16704
乡村从业人员数	人	319346	229352	213876	116400
其中:农林牧渔业	人	274810	194506	167705	98260
农业机械总动力	万千瓦特	28	38	19	18
本地电话用户	户	93580	37908	23751	23059
二、综合经济					
第一产业增加值	万元	234201	18441	85790	22397
第二产业增加值	万元	105185	36126	45819	14247
地方财政预算内收入	万元	14277	4217	6019	3292
财政支出	万元	30632	17880	14483	17650
城乡居民储蓄存款余额	万元	226528	85921	84336	53985
年末金融机构各项贷款余额	万元	314470	190527	122469	111973
三、农业、工业及基本建设					
粮食产量	吨	1184372	208038	354888	220024
棉花产量	吨				
油料产量	吨	3877	2053	16679	14300
肉类总产量	吨	50571	27617	46633	14793
规模以上工业企业数	个	29	10	10	11
规模以上工业总产值(现价)	万元	80401	16776	33089	9847
基本建设投资完成额	万元	108110	18789	8909	18422
四、教育、卫生和社会保障					
普通中学在校学生数	人	16693	32083	31206	16516
小学在校学生数	人	44353	34601	28477	19576
医院、卫生院床位数	床	938	795	576	323
社会福利院数	个	25	20	15	3
社会福利院床位数	床	1232	615	735	275

2001 年县(市)社会经济主要指标

黑龙江省

指　　标	单　位	甘南县	富裕县	克山县	克东县
一、基本情况					
行政区域土地面积	平方公里	4792	4060	3320	2083
乡(镇)个数	个	10	10	16	10
村民委员会个数	个	95	90	135	105
年末总户数	户	88208	93999	141333	78855
其中:乡村户数	户	59432	46643	95397	53488
年末总人口	万人	31	30	49	28
其中:乡村人口	万人	23	19	45	21
年末单位从业人员数	人	11995	19274	22856	15017
乡村从业人员数	人	129593	99751	195249	119000
其中:农林牧渔业	人	117539	85683	152914	102914
农业机械总动力	万千瓦特	24	19	18	12
本地电话用户	户	22977	22758	32261	18700
二、综合经济					
第一产业增加值	万元	26459	39457	85364	41026
第二产业增加值	万元	10098	41161	33057	12990
地方财政预算内收入	万元	5839	4440	6006	3294
财政支出	万元	16148	13884	17902	14987
城乡居民储蓄存款余额	万元	91324	73183	118197	51421
年末金融机构各项贷款余额	万元	128280	118480	162049	89607
三、农业、工业及基本建设					
粮食产量	吨	116379	167546	265668	222023
棉花产量	吨				
油料产量	吨	14849	10164	1980	1834
肉类总产量	吨	10388	22602	29229	13852
规模以上工业企业数	个	13	10	17	16
规模以上工业总产值(现价)	万元	24296	67635	29217	11287
基本建设投资完成额	万元	11580	8222	4064	4023
四、教育、卫生和社会保障					
普通中学在校学生数	人	19373	20105	32181	19799
小学在校学生数	人	20415	20336	31826	17973
医院、卫生院床位数	床	564	938	730	312
社会福利院数	个	10	9	16	6
社会福利院床位数	床	560	255	1070	408

2001年县(市)社会经济主要指标

黑龙江省

指　　标	单　位	拜泉县	讷河市	鸡东县	虎林市
一、基本情况					
行政区域土地面积	平方公里	3599	6648	3229	9329
乡(镇)个数	个	22	22	11	12
村民委员会个数	个	188	206	125	89
年末总户数	户	147042	142420	92361	101069
其中:乡村户数	户	100095	139476	54476	24520
年末总人口	万人	57	73	30	30
其中:乡村人口	万人	45	57	21	9
年末单位从业人员数	人	22120	33129	20984	32280
乡村从业人员数	人	176187	256709	109768	50826
其中:农林牧渔业	人	159497	224458	99051	44969
农业机械总动力	万千瓦特	20	38	13	18
本地电话用户	户	26128	69887	39157	47374
二、综合经济					
第一产业增加值	万元	65592	195910	81181	42686
第二产业增加值	万元	40013	70957	127400	63235
地方财政预算内收入	万元	8022	11431	6428	10600
财政支出	万元	21122	19864	17222	19373
城乡居民储蓄存款余额	万元	79902	151081	105000	238553
年末金融机构各项贷款余额	万元	123375	204753	195500	413352
三、农业、工业及基本建设					
粮食产量	吨	545896	958904	345510	336989
棉花产量	吨				
油料产量	吨	12309	15663	2178	3766
肉类总产量	吨	26127	85868	19220	9967
规模以上工业企业数	个	8	12	34	13
规模以上工业总产值(现价)	万元	11074	34919	78372	41989
基本建设投资完成额	万元	9394	7724	14037	11113
四、教育、卫生和社会保障					
普通中学在校学生数	人	25893	50029	18695	22302
小学在校学生数	人	39537	39063	21563	22522
医院、卫生院床位数	床	560	645	718	1267
社会福利院数	个	23	21	10	8
社会福利院床位数	床	851	600	350	132

2001年县(市)社会经济主要指标

黑龙江省

指标	单位	密山市	萝北县	绥滨县	集贤县
一、基本情况					
行政区域土地面积	平方公里	7722	2167	3335	2006
乡(镇)个数	个	16	8	9	8
村民委员会个数	个	180	62	109	159
年末总户数	户	135332	28173	36412	97754
其中:乡村户数	户	70388	13552	25399	50420
年末总人口	万人	44	23	13	31
其中:乡村人口	万人	25	5	9	19
年末单位从业人员数	人	23057	18310	62133	24961
乡村从业人员数	人	126454	30515	48122	96842
其中:农林牧渔业	人	106862	27641	43771	83509
农业机械总动力	万千瓦特	25	11	13	17
本地电话用户	户	50032	22454	18630	33100
二、综合经济					
第一产业增加值	万元	65238	19657	26461	29868
第二产业增加值	万元	65065	13360	10676	36193
地方财政预算内收入	万元	10326	5332	3222	3959
财政支出	万元	15928	8188	11862	14401
城乡居民储蓄存款余额	万元	276223	102557	55374	131469
年末金融机构各项贷款余额	万元	426009	182382	262956	201906
三、农业、工业及基本建设					
粮食产量	吨	446078	150104	230045	272778
棉花产量	吨				
油料产量	吨	12018	146	472	3894
肉类总产量	吨	23775	4780	8515	10418
规模以上工业企业数	个	29	4	4	21
规模以上工业总产值(现价)	万元	44044	6836	6800	37703
基本建设投资完成额	万元	13363	3942	6092	26826
四、教育、卫生和社会保障					
普通中学在校学生数	人	34271	6243	11774	17798
小学在校学生数	人	29424	6887	14042	22998
医院、卫生院床位数	床	1727	202	348	505
社会福利院数	个	16	3	5	12
社会福利院床位数	床	367	70	60	296

2001年县(市)社会经济主要指标

黑龙江省

指　　标	单　位	友谊县	宝清县	饶河县	肇州县
一、基本情况					
行政区域土地面积	平方公里	1647	10001	6765	2445
乡(镇)个数	个		10	9	12
村民委员会个数	个		146	79	104
年末总户数	户	7032	83999	25065	114804
其中:乡村户数	户		54421	12097	81629
年末总人口	万人	2	30	7	43
其中:乡村人口	万人		21	4	35
年末单位从业人员数	人	5236	20736	8673	26615
乡村从业人员数	人		101946	26317	178763
其中:农林牧渔业	人		88778	23780	147762
农业机械总动力	万千瓦特		23	8	18
本地电话用户	户	2001	35087	15196	28134
二、综合经济					
第一产业增加值	万元	180	35437	11854	39665
第二产业增加值	万元	20459	28412	6211	41493
地方财政预算内收入	万元	1606	5707	2269	7038
财政支出	万元	6464	17613	9639	14801
城乡居民储蓄存款余额	万元	53865	122372	57092	95805
年末金融机构各项贷款余额	万元	124207	288643	178786	174675
三、农业、工业及基本建设					
粮食产量	吨	471	197577	107218	388070
棉花产量	吨				
油料产量	吨	14	19763	2113	2192
肉类总产量	吨	227	6223	1545	18709
规模以上工业企业数	个		17	5	11
规模以上工业总产值(现价)	万元		15093	7298	23276
基本建设投资完成额	万元	9534	29586	11374	7075
四、教育、卫生和社会保障					
普通中学在校学生数	人	4358	21639	4570	29235
小学在校学生数	人	7320	31340	5528	32974
医院、卫生院床位数	床	220	659	516	655
社会福利院数	个		9	3	12
社会福利院床位数	床		270	30	579

2001年县(市)社会经济主要指标

黑龙江省

指　　标	单　位	肇源县	林甸县	杜尔伯特县	嘉荫县
一、基本情况					
行政区域土地面积	平方公里	4120	3493	6054	6739
乡(镇)个数	个	16	8	11	9
村民委员会个数	个	135	83	82	73
年末总户数	户	126597	81135	75683	25150
其中:乡村户数	户	80382	52470	42598	13122
年末总人口	万人	44	27	25	8
其中:乡村人口	万人	34	19	17	5
年末单位从业人员数	人	21593	12220	16543	7929
乡村从业人员数	人	170147	105233	86262	22511
其中:农林牧渔业	人	137275	90886	65803	20345
农业机械总动力	万千瓦特	21	18	18	8
本地电话用户	户	39503	25565	23266	16546
二、综合经济					
第一产业增加值	万元	57996	28279	40058	19239
第二产业增加值	万元	37850	18966	28051	15797
地方财政预算内收入	万元	7328	4597	6336	5665
财政支出	万元	17017	15103	20002	8816
城乡居民储蓄存款余额	万元	85639	64363	53459	44005
年末金融机构各项贷款余额	万元	158671	110714	95136	35371
三、农业、工业及基本建设					
粮食产量	吨	403018	153821	103092	63935
棉花产量	吨				
油料产量	吨	17198	2751	3700	190
肉类总产量	吨	20453	10061	11863	1186
规模以上工业企业数	个	12	7	8	4
规模以上工业总产值(现价)	万元	22837	21196	19838	16608
基本建设投资完成额	万元	36663	10427	13845	7123
四、教育、卫生和社会保障					
普通中学在校学生数	人	34799	16575	13080	5014
小学在校学生数	人	28743	24826	20347	6383
医院、卫生院床位数	床	529	391	241	336
社会福利院数	个	16	10	11	
社会福利院床位数	床	716	520	247	

2001年县(市)社会经济主要指标

黑龙江省

指　　标	单　位	铁力市	桦南县	桦川县	汤原县
一、基本情况					
行政区域土地面积	平方公里	6444	2522	2268	3416
乡(镇)个数	个	7	10	9	10
村民委员会个数	个	85	192	126	134
年末总户数	户	107774	122107	57659	81717
其中:乡村户数	户	23765	73947	38225	45963
年末总人口	万人	40	42	20	27
其中:乡村人口	万人	9	30	15	17
年末单位从业人员数	人	52552	28198	12241	21506
乡村从业人员数	人	45806	154149	78697	93656
其中:农林牧渔业	人	36054	125793	70218	71583
农业机械总动力	万千瓦特	11	19	15	19
本地电话用户	户	64935	51921	25246	36613
二、综合经济					
第一产业增加值	万元	45921	68647	18374	39938
第二产业增加值	万元	109955	34576	6670	19106
地方财政预算内收入	万元	5236	4215	2361	3845
财政支出	万元	14112	17739	11667	13676
城乡居民储蓄存款余额	万元	250438	116910	55310	88367
年末金融机构各项贷款余额	万元	168119	174951	44728	145698
三、农业、工业及基本建设					
粮食产量	吨	214800	489829	342679	279826
棉花产量	吨				
油料产量	吨	694	9149		668
肉类总产量	吨	15603	20366	5025	17818
规模以上工业企业数	个	20	22	18	22
规模以上工业总产值(现价)	万元	65938	56231	17205	26133
基本建设投资完成额	万元	12287	14106	5356	10203
四、教育、卫生和社会保障					
普通中学在校学生数	人	24422	22962	10753	10260
小学在校学生数	人	29337	41215	16658	15920
医院、卫生院床位数	床	1265	692	349	384
社会福利院数	个	5	19		13
社会福利院床位数	床	191	610		698

2001年县(市)社会经济主要指标

黑龙江省

指　　标	单　位	抚远县	同江市	富锦市	勃利县
一、基本情况					
行政区域土地面积	平方公里	3058	2339	4907	4455
乡(镇)个数	个	9	12	11	11
村民委员会个数	个	48	85	266	145
年末总户数	户	15000	31017	98509	112855
其中:乡村户数	户	7274	16140	59278	57518
年末总人口	万人	5	10	36	37
其中:乡村人口	万人	3	6	25	23
年末单位从业人员数	人	31541	8901	27172	29232
乡村从业人员数	人	16441	33290	119530	113407
其中:农林牧渔业	人	15234	30051	106408	98621
农业机械总动力	万千瓦特	7	11	33	19
本地电话用户	户	14888	21108	53874	43197
二、综合经济					
第一产业增加值	万元	11650	27146	104446	48768
第二产业增加值	万元	1539	13548	37724	30104
地方财政预算内收入	万元	2964	4382	6523	7263
财政支出	万元	11810	16599	21827	16868
城乡居民储蓄存款余额	万元	33258	42707	152239	112431
年末金融机构各项贷款余额	万元	65048	242974	501736	166117
三、农业、工业及基本建设					
粮食产量	吨	107024	196619	950019	276776
棉花产量	吨				
油料产量	吨	21	1002	5193	5104
肉类总产量	吨	673	4782	21304	16184
规模以上工业企业数	个	5	6	26	26
规模以上工业总产值(现价)	万元	3494	5335	50898	34501
基本建设投资完成额	万元	4159	10130	14879	3859
四、教育、卫生和社会保障					
普通中学在校学生数	人	5254	7751	22176	15833
小学在校学生数	人	10630	12864	32135	26937
医院、卫生院床位数	床	130	183	789	707
社会福利院数	个	1	1	13	12
社会福利院床位数	床	17	36	336	349

2001年县(市)社会经济主要指标

黑龙江省

指　　标	单　位	东宁县	林口县	绥芬河市	海林市
一、基本情况					
行政区域土地面积	平方公里	7371	7185	422	9836
乡(镇)个数	个	6	12	2	9
村民委员会个数	个	102	211	11	123
年末总户数	户	66355	128462	18396	139344
其中:乡村户数	户	27926	72203	2332	41448
年末总人口	万人	21	44	5	44
其中:乡村人口	万人	10	30	1	16
年末单位从业人员数	人	19534	24786	9270	45557
乡村从业人员数	人	63334	165020	5608	87320
其中:农林牧渔业	人	51654	132633	2361	64477
农业机械总动力	万千瓦特	12	18	2	14
本地电话用户	户	40978	43706	20548	62045
二、综合经济					
第一产业增加值	万元	38146	69784	3084	37963
第二产业增加值	万元	51292	69103	15210	146957
地方财政预算内收入	万元	6771	6617	8443	8795
财政支出	万元	15125	16425	14055	23266
城乡居民储蓄存款余额	万元	166454	135241	172167	238111
年末金融机构各项贷款余额	万元	101955	132220	51611	143690
三、农业、工业及基本建设					
粮食产量	吨	151417	344984	5534	180552
棉花产量	吨				
油料产量	吨	4249	10521	41	5450
肉类总产量	吨	4271	17136	2028	8245
规模以上工业企业数	个	12	29	6	60
规模以上工业总产值(现价)	万元	34324	43433	3917	155554
基本建设投资完成额	万元	26275	37367	18429	14384
四、教育、卫生和社会保障					
普通中学在校学生数	人	12491	20703	4077	24215
小学在校学生数	人	18524	33441	7232	30007
医院、卫生院床位数	床	464	636	240	1016
社会福利院数	个	6	7		9
社会福利院床位数	床	114	266		346

2001年县(市)社会经济主要指标

黑龙江省

指　　标	单　位	宁安市	穆棱市	嫩江县
一、基本情况				
行政区域土地面积	平方公里	7924	6492	15107
乡(镇)个数	个	12	9	13
村民委员会个数	个	294	169	164
年末总户数	户	137954	97433	153145
其中:乡村户数	户	75468	48291	61473
年末总人口	万人	44	32	49
其中:乡村人口	万人	28	19	24
年末单位从业人员数	人	34931	33238	23007
乡村从业人员数	人	167739	103996	111288
其中:农林牧渔业	人	137193	86133	103066
农业机械总动力	万千瓦特	33	11	28
本地电话用户	户	69074	38049	28016
二、综合经济				
第一产业增加值	万元	88390	49415	93310
第二产业增加值	万元	100007	147772	45021
地方财政预算内收入	万元	8250	6751	11003
财政支出	万元	19011	20117	18162
城乡居民储蓄存款余额	万元	201332	155382	152032
年末金融机构各项贷款余额	万元	169264	103244	288914
三、农业、工业及基本建设				
粮食产量	吨	355693	253492	276773
棉花产量	吨			
油料产量	吨	2431	12919	5290
肉类总产量	吨	17972	15713	11004
规模以上工业企业数	个	40	30	25
规模以上工业总产值(现价)	万元	75958	148419	44502
基本建设投资完成额	万元	26303	16837	7527
四、教育、卫生和社会保障				
普通中学在校学生数	人	29812	17907	30555
小学在校学生数	人	30951	26933	30254
医院、卫生院床位数	床	961	597	432
社会福利院数	个	6	9	4
社会福利院床位数	床	195	218	215

2001年县(市)社会经济主要指标

黑龙江省

指　　标	单　位	逊克县	孙吴县	北安市	五大连池市
一、基本情况					
行政区域土地面积	平方公里	17344	4319	7194	8844
乡(镇)个数	个	9	11	9	11
村民委员会个数	个	90	93	110	121
年末总户数	户	31659	31353	153097	60244
其中:乡村户数	户	14727	13958	46017	38642
年末总人口	万人	8	10	48	20
其中:乡村人口	万人	5	5	18	14
年末单位从业人员数	人	7663	9544	34755	12335
乡村从业人员数	人	26248	26299	87432	75425
其中:农林牧渔业	人	24798	22731	78047	66672
农业机械总动力	万千瓦特	16	11	17	14
本地电话用户	户	8900	10486	69730	31334
二、综合经济					
第一产业增加值	万元	15414	13205	55920	26921
第二产业增加值	万元	10488	4338	29335	5648
地方财政预算内收入	万元	1898	1737	8284	4104
财政支出	万元	9834	9624	12639	13440
城乡居民储蓄存款余额	万元	43922	38380	221052	119518
年末金融机构各项贷款余额	万元	112277	54968	178601	219444
三、农业、工业及基本建设					
粮食产量	吨	119422	70878	229976	168852
棉花产量	吨				
油料产量	吨	658	1485	1050	286
肉类总产量	吨	1585	1877	4353	6339
规模以上工业企业数	个	15	17	32	10
规模以上工业总产值(现价)	万元	6744	4081	39873	3485
基本建设投资完成额	万元	8494	2263	9130	4531
四、教育、卫生和社会保障					
普通中学在校学生数	人	6063	8124	30936	19044
小学在校学生数	人	6403	7945	30108	26545
医院、卫生院床位数	床	146	114	2720	212
社会福利院数	个	2	1	8	14
社会福利院床位数	床	60	18	264	72

2001年县(市)社会经济主要指标

黑龙江省

指　　标	单　位	望奎县	兰西县	青冈县	庆安县
一、基本情况					
行政区域土地面积	平方公里	2314	2499	2685	5469
乡(镇)个数	个	15	15	15	14
村民委员会个数	个	108	105	165	93
年末总户数	户	121132	108019	102760	110103
其中:乡村户数	户	80464	84088	77532	67722
年末总人口	万人	47	47	42	38
其中:乡村人口	万人	36	39	34	30
年末单位从业人员数	人	18682	17970	17338	20031
乡村从业人员数	人	161132	180039	155064	132355
其中:农林牧渔业	人	131328	147762	124806	114905
农业机械总动力	万千瓦特	15	16	13	16
本地电话用户	户	27329	22650	24874	32000
二、综合经济					
第一产业增加值	万元	88021	45212	60729	90215
第二产业增加值	万元	41451	13401	18471	128621
地方财政预算内收入	万元	4435	3843	4820	7982
财政支出	万元	16866	13280	17161	14660
城乡居民储蓄存款余额	万元	82832	74583	76386	100363
年末金融机构各项贷款余额	万元	178929	182357	147863	228295
三、农业、工业及基本建设					
粮食产量	吨	380308	295985	406839	530006
棉花产量	吨				
油料产量	吨	1823	3431	10330	172
肉类总产量	吨	64565	23967	26473	27889
规模以上工业企业数	个	9	6	7	22
规模以上工业总产值(现价)	万元	20433	2003	29354	63552
基本建设投资完成额	万元	7555	7356	11027	16386
四、教育、卫生和社会保障					
普通中学在校学生数	人	34085	33664	30624	25528
小学在校学生数	人	33137	32532	34753	28700
医院、卫生院床位数	床	487	351	966	418
社会福利院数	个	15	14	15	17
社会福利院床位数	床	620	780	640	266

2001年县(市)社会经济主要指标

黑龙江省

指　　标	单　位	明水县	绥棱县	安达市	肇东市
一、基本情况					
行政区域土地面积	平方公里	2306	4350	3586	4332
乡(镇)个数	个	12	11	14	21
村民委员会个数	个	113	76	111	186
年末总户数	户	91252	98832	161877	256604
其中:乡村户数	户	49796	51393	70001	146743
年末总人口	万人	34	32	51	91
其中:乡村人口	万人	25	19	28	65
年末单位从业人员数	人	17183	40500	26207	50049
乡村从业人员数	人	102303	99895	143841	297820
其中:农林牧渔业	人	87306	87925	104062	231495
农业机械总动力	万千瓦特	10	13	19	27
本地电话用户	户	19627	14920	52561	79882
二、综合经济					
第一产业增加值	万元	26805	58100	94216	220417
第二产业增加值	万元	13330	76519	122934	291333
地方财政预算内收入	万元	5755	6819	14688	16309
财政支出	万元	15104	13030	25105	35097
城乡居民储蓄存款余额	万元	60669	90600	213181	243168
年末金融机构各项贷款余额	万元	135135	162400	191240	554617
三、农业、工业及基本建设					
粮食产量	吨	260052	292300	281983	750014
棉花产量	吨				
油料产量	吨	7484	250	2643	3863
肉类总产量	吨	11868	14757	30061	63516
规模以上工业企业数	个	13	11	22	31
规模以上工业总产值(现价)	万元	23704	31120	81551	206398
基本建设投资完成额	万元	4221	14515	28267	52588
四、教育、卫生和社会保障					
普通中学在校学生数	人	23596	14900	39148	72783
小学在校学生数	人	28380	20278	34624	75814
医院、卫生院床位数	床	816	636	975	1061
社会福利院数	个	15	11	15	30
社会福利院床位数	床	210	64	805	838

2001年县(市)社会经济主要指标

黑龙江省

指　　标	单　位	海伦市	呼玛县	塔河县	漠河县
一、基本情况					
行政区域土地面积	平方公里	4667	14262	14059	18233
乡(镇)个数	个	23	8	3	2
村民委员会个数	个	363	64	15	7
年末总户数	户	174837	19109	32587	28347
其中:乡村户数	户	135765	6678	2602	1400
年末总人口	万人	80	6	10	9
其中:乡村人口	万人	61	2	1	1
年末单位从业人员数	人	35745	8024	20315	34736
乡村从业人员数	人	283699	12496	5467	2924
其中:农林牧渔业	人	233509	10589	4380	2410
农业机械总动力	万千瓦特	25	8	1	1
本地电话用户	户	52830	11000	20950	16523
二、综合经济					
第一产业增加值	万元	125092	9394	7435	9801
第二产业增加值	万元	65455	12616	35312	50074
地方财政预算内收入	万元	10102	818	3264	3492
财政支出	万元	26199	7713	3260	1973
城乡居民储蓄存款余额	万元	132100	52761	114246	94611
年末金融机构各项贷款余额	万元	298632	31267	34111	41985
三、农业、工业及基本建设					
粮食产量	吨	600886	47100	10881	5846
棉花产量	吨				
油料产量	吨	842	925		
肉类总产量	吨	36837	1969	2162	1253
规模以上工业企业数	个	13	3	3	4
规模以上工业总产值(现价)	万元	45951	9689	34980	57627
基本建设投资完成额	万元	23066	13699	30661	27610
四、教育、卫生和社会保障					
普通中学在校学生数	人	55213	2737	4875	4182
小学在校学生数	人	56298	4567	8752	7204
医院、卫生院床位数	床	1098	199	430	316
社会福利院数	个	25			
社会福利院床位数	床	942			

2001年县(市)社会经济主要指标

上海市、江苏省

指　　标	单　位	南汇县	奉贤县	崇明县	江浦县
一、基本情况					
行政区域土地面积	平方公里	688	687	1200	746
乡(镇)个数	个	24	21	14	7
村民委员会个数	个	341	296	450	91
年末总户数	户	266035	202500	235606	98543
其中:乡村户数	户	224442	149690	199391	62200
年末总人口	万人	69	51	61	30
其中:乡村人口	万人	50	38	50	22
年末单位从业人员数	人	44365	48527	30687	19050
乡村从业人员数	人	366056	220859	297564	105100
其中:农林牧渔业	人	166749	68611	187728	48800
农业机械总动力	万千瓦特	12	15	24	14
本地电话用户	户	237075	184097	179558	51152
二、综合经济					
第一产业增加值	万元	126079	85200	138344	68900
第二产业增加值	万元	756333	561706	220913	100034
地方财政预算内收入	万元	100311	91986	58918	40859
财政支出	万元	124508	114673	108106	44565
城乡居民储蓄存款余额	万元	1151518	955600	687218	135931
年末金融机构各项贷款余额	万元	1083139	869900	666155	158509
三、农业、工业及基本建设					
粮食产量	吨	148203	155164	278015	108116
棉花产量	吨	392	276	503	266
油料产量	吨	7410	14152	31555	17881
肉类总产量	吨	103436	74430	32000	27195
规模以上工业企业数	个	632	524	204	101
规模以上工业总产值(现价)	万元	1764370	1450200	469723	320731
基本建设投资完成额	万元	180000	307500	65000	24899
四、教育、卫生和社会保障					
普通中学在校学生数	人	39746	25860	35612	19248
小学在校学生数	人	43083	30074	36495	31941
医院、卫生院床位数	床	2937	2050	2821	469
社会福利院数	个	27	23	32	12
社会福利院床位数	床	1406	1234	2080	490

2001年县(市)社会经济主要指标

江苏省

指　　标	单　位	南汇县	奉贤县	崇明县	江浦县
一、基本情况					
行政区域土地面积	平方公里	688	687	1200	746
乡(镇)个数	个	24	21	14	7
村民委员会个数	个	341	296	450	91
年末总户数	户	266035	202500	235606	98543
其中:乡村户数	户	224442	149690	199391	62200
年末总人口	万人	69	51	61	30
其中:乡村人口	万人	50	38	50	22
年末单位从业人员数	人	44365	48527	30687	19050
乡村从业人员数	人	366056	220859	297564	105100
其中:农林牧渔业	人	166749	68611	187728	48800
农业机械总动力	万千瓦特	12	15	24	14
本地电话用户	户	237075	184097	179558	51152
二、综合经济					
第一产业增加值	万元	126079	85200	138344	68900
第二产业增加值	万元	756333	561706	220913	100034
地方财政预算内收入	万元	100311	91986	58918	40859
财政支出	万元	124508	114673	108106	44565
城乡居民储蓄存款余额	万元	1151518	955600	687218	135931
年末金融机构各项贷款余额	万元	1083139	869900	666155	158509
三、农业、工业及基本建设					
粮食产量	吨	148203	155164	278015	108116
棉花产量	吨	392	276	503	266
油料产量	吨	7410	14152	31555	17881
肉类总产量	吨	103436	74430	32000	27195
规模以上工业企业数	个	632	524	204	101
规模以上工业总产值(现价)	万元	1764370	1450200	469723	320731
基本建设投资完成额	万元	180000	307500	65000	24899
四、教育、卫生和社会保障					
普通中学在校学生数	人	39746	25860	35612	19248
小学在校学生数	人	43083	30074	36495	31941
医院、卫生院床位数	床	2937	2050	2821	469
社会福利院数	个	27	23	32	12
社会福利院床位数	床	1406	1234	2080	490

2001 年县(市)社会经济主要指标

江苏省

指　　标	单　位	六合县	溧水县	高淳县	江阴市
一、基本情况					
行政区域土地面积	平方公里	1384	1067	802	980
乡(镇)个数	个	14	8	9	20
村民委员会个数	个	231	98	166	526
年末总户数	户	209825	131032	140122	371424
其中:乡村户数	户	143611	105278	112870	298800
年末总人口	万人	68	40	43	115
其中:乡村人口	万人	53	33	37	94
年末单位从业人员数	人	30428	23683	20592	87523
乡村从业人员数	人	287000	161200	233200	516200
其中:农林牧渔业	人	145800	85100	142800	134100
农业机械总动力	万千瓦特	40	21	40	50
本地电话用户	户	107678	63721	60438	330993
二、综合经济					
第一产业增加值	万元	134542	74097	100719	152458
第二产业增加值	万元	207294	217758	187461	2165852
地方财政预算内收入	万元	21354	22574	25207	187391
财政支出	万元	36436	34383	33008	172570
城乡居民储蓄存款余额	万元	235432	158936	157028	1297634
年末金融机构各项贷款余额	万元	191165	177174	158775	1851784
三、农业、工业及基本建设					
粮食产量	吨	328562	202074	222561	324757
棉花产量	吨	4029	372	179	
油料产量	吨	44311	47116	53126	8892
肉类总产量	吨	39775	22040	26548	51434
规模以上工业企业数	个	112	121	65	724
规模以上工业总产值(现价)	万元	383422	780320	459065	6781333
基本建设投资完成额	万元	29736	31791	15769	64667
四、教育、卫生和社会保障					
普通中学在校学生数	人	39610	21543	20846	79098
小学在校学生数	人	62715	40214	39310	112299
医院、卫生院床位数	床	1049	655	946	2922
社会福利院数	个	24	13	14	29
社会福利院床位数	床	688	698	1001	1431

2001年县(市)社会经济主要指标

江苏省

指　　标	单　位	宜兴市	丰　县	沛县	铜山县
一、基本情况					
行政区域土地面积	平方公里	2039	1446	1349	1999
乡(镇)个数	个	28	14	15	22
村民委员会个数	个	499	360	360	525
年末总户数	户	375642	315207	367296	409168
其中:乡村户数	户	277900	242700	249752	297019
年末总人口	万人	107	110	119	129
其中:乡村人口	万人	83	96	99	108
年末单位从业人员数	人	56776	36004	49152	61894
乡村从业人员数	人	435200	496800	486000	487000
其中:农林牧渔业	人	212600	405500	328300	320000
农业机械总动力	万千瓦特	64	58	67	71
本地电话用户	户	297645	94810	106240	
二、综合经济					
第一产业增加值	万元	171959	173327	199912	231407
第二产业增加值	万元	1147094	140090	269947	516394
地方财政预算内收入	万元	75574	15597	22209	36297
财政支出	万元	75880	35393	36889	44391
城乡居民储蓄存款余额	万元	1147583	229579	416814	
年末金融机构各项贷款余额	万元	986721	186201	302386	
三、农业、工业及基本建设					
粮食产量	吨	415236	382475	444329	541733
棉花产量	吨		16628	4700	14307
油料产量	吨	28399	35019	14552	13122
肉类总产量	吨	36686	50893	66599	59895
规模以上工业企业数	个	496	61	73	117
规模以上工业总产值(现价)	万元	2177270	193587	238522	1200019
基本建设投资完成额	万元	62512	23957	21045	29153
四、教育、卫生和社会保障					
普通中学在校学生数	人	66503	75888	85088	82139
小学在校学生数	人	91269	148957	176766	171594
医院、卫生院床位数	床	2850	966	1973	1390
社会福利院数	个	39	31	28	138
社会福利院床位数	床	2000	335	1627	2405

2001 年县(市)社会经济主要指标

江苏省

指　　标	单　位	睢宁县	新沂市	邳州市	溧阳市
一、基本情况					
行政区域土地面积	平方公里	1767	1571	2088	1535
乡(镇)个数	个	16	16	24	18
村民委员会个数	个	394	257	468	291
年末总户数	户	370672	326097	464123	260849
其中:乡村户数	户	272728	206445	344100	215222
年末总人口	万人	129	97	156	79
其中:乡村人口	万人	113	80	139	64
年末单位从业人员数	人	40974	51573	63485	53265
乡村从业人员数	人	604000	393000	695400	344400
其中:农林牧渔业	人	422000	268900	412000	184000
农业机械总动力	万千瓦特	49	44	65	43
本地电话用户	户	106927	98699	134368	146644
二、综合经济					
第一产业增加值	万元	155428	181281	274172	126209
第二产业增加值	万元	125732	185677	244517	466733
地方财政预算内收入	万元	14287	16925	24750	37396
财政支出	万元	33568	34858	42889	45696
城乡居民储蓄存款余额	万元	227229	186972	313571	596000
年末金融机构各项贷款余额	万元	158528	200594	358097	400800
三、农业、工业及基本建设					
粮食产量	吨	515316	375500	652997	418870
棉花产量	吨	10191		18012	348
油料产量	吨	48273	87760	25350	52238
肉类总产量	吨	43571	68926	78044	18471
规模以上工业企业数	个	37	43	74	235
规模以上工业总产值(现价)	万元	101931	236411	215733	990805
基本建设投资完成额	万元	19588	24149	46391	70562
四、教育、卫生和社会保障					
普通中学在校学生数	人	89361	77212	121458	44503
小学在校学生数	人	193168	128864	222476	71164
医院、卫生院床位数	床	1145	1391	1502	1842
社会福利院数	个	17	47	48	26
社会福利院床位数	床	787	968	1996	1180

2001年县(市)社会经济主要指标

江苏省

指　　标	单　　位	金坛市	武进市	常熟市	张家港市
一、基本情况					
行政区域土地面积	平方公里	976	1584	1094	772
乡(镇)个数	个	16	30	24	20
村民委员会个数	个	157	515	410	359
年末总户数	户	213277	421092	338528	324632
其中:乡村户数	户	153918	343533	275400	209300
年末总人口	万人	54	119	104	85
其中:乡村人口	万人	41	106	84	60
年末单位从业人员数	人	44520	64052	103051	82319
乡村从业人员数	人	224400	550600	494700	301600
其中:农林牧渔业	人	104100	176500	153000	74300
农业机械总动力	万千瓦特	31	87	41	39
本地电话用户	户	124444		358928	271316
二、综合经济					
第一产业增加值	万元	108000	195052	154428	103065
第二产业增加值	万元	364010	1518057	1659494	1823229
地方财政预算内收入	万元	32951	126361	163340	180245
财政支出	万元	37536	129706	158178	178492
城乡居民储蓄存款余额	万元	430900	1373700	1920292	1447239
年末金融机构各项贷款余额	万元	281400	1311500	1410696	1554632
三、农业、工业及基本建设					
粮食产量	吨	269375	508494	370011	257998
棉花产量	吨	360		5590	5725
油料产量	吨	19729	13181	14179	16202
肉类总产量	吨	24381	47998	27863	27433
规模以上工业企业数	个	198	948	635	426
规模以上工业总产值(现价)	万元	640993	3730814	3724183	5003145
基本建设投资完成额	万元	25465	68442	76577	110022
四、教育、卫生和社会保障					
普通中学在校学生数	人	36359	73570	54169	58037
小学在校学生数	人	45639	105357	73680	65427
医院、卫生院床位数	床	1284	3199	3232	2707
社会福利院数	个	17	39	33	34
社会福利院床位数	床	818	1452	1491	972

2001年县(市)社会经济主要指标

江苏省

指标	单位	昆山市	吴江市	太仓市	海安县
一、基本情况					
行政区域土地面积	平方公里	865	1093	620	1108
乡(镇)个数	个	15	18	12	22
村民委员会个数	个	219	397	225	217
年末总户数	户	216285	248182	151290	315901
其中:乡村户数	户	120513	167970	93549	253887
年末总人口	万人	60	77	45	98
其中:乡村人口	万人	37	56	27	80
年末单位从业人员数	人	115772	72299	54283	55834
乡村从业人员数	人	215200	321300	155700	445000
其中:农林牧渔业	人	61700	109900	62100	256000
农业机械总动力	万千瓦特	35	52	26	44
本地电话用户	户	235124	253997	148002	198757
二、综合经济					
第一产业增加值	万元	114960	144099	144056	192777
第二产业增加值	万元	1388071	1125457	839610	287135
地方财政预算内收入	万元	127446	85469	60340	26050
财政支出	万元	125668	75501	57809	39970
城乡居民储蓄存款余额	万元	923303	915158	700772	774292
年末金融机构各项贷款余额	万元	1008888	930096	563570	346973
三、农业、工业及基本建设					
粮食产量	吨	210373	216884	213544	534814
棉花产量	吨			1661	2586
油料产量	吨	14744	28166	11557	33193
肉类总产量	吨	16685	29005	30805	66226
规模以上工业企业数	个	614	426	378	193
规模以上工业总产值(现价)	万元	4345031	2765148	1614233	551627
基本建设投资完成额	万元	50927	35418	72776	21849
四、教育、卫生和社会保障					
普通中学在校学生数	人	35128	42567	22647	58170
小学在校学生数	人	47332	60057	27665	67484
医院、卫生院床位数	床	1739	1825	1454	2298
社会福利院数	个	21	31	21	38
社会福利院床位数	床	825	1081	575	2016

2001年县(市)社会经济主要指标

江苏省

指　　标	单　位	如东县	启东市	如皋市	通州市
一、基本情况					
行政区域土地面积	平方公里	1733	1208	1492	1166
乡(镇)个数	个	20	24	23	23
村民委员会个数	个	324	344	304	376
年末总户数	户	383015	462526	444999	473842
其中:乡村户数	户	320182	401628	358900	393478
年末总人口	万人	111	116	145	130
其中:乡村人口	万人	97	101	123	113
年末单位从业人员数	人	61632	70833	64339	60122
乡村从业人员数	人	544000	684000	640000	617000
其中:农林牧渔业	人	265000	380000	351000	341000
农业机械总动力	万千瓦特	64	34	49	32
本地电话用户	户	184325	231460	185883	210917
二、综合经济					
第一产业增加值	万元	268721	282743	178008	205537
第二产业增加值	万元	290534	555320	310214	610508
地方财政预算内收入	万元	31146	35641	29199	44115
财政支出	万元	48175	45422	42103	53728
城乡居民储蓄存款余额	万元	633939	954103	676461	890654
年末金融机构各项贷款余额	万元	350482	515380	382090	463985
三、农业、工业及基本建设					
粮食产量	吨	783855	339243	673377	544774
棉花产量	吨	16208	9200	2485	8728
油料产量	吨	43669	81440	39523	62235
肉类总产量	吨	63333	28054	73728	39902
规模以上工业企业数	个	222	245	210	210
规模以上工业总产值(现价)	万元	591950	982054	519164	1133358
基本建设投资完成额	万元	29448	49846	30956	53856
四、教育、卫生和社会保障					
普通中学在校学生数	人	55953	59475	85336	65677
小学在校学生数	人	76891	83027	117118	101431
医院、卫生院床位数	床	2140	2440	2678	2419
社会福利院数	个	33	25	27	44
社会福利院床位数	床	2130	780	1164	1544

2001年县(市)社会经济主要指标

江苏省

指　　标	单　位	海门市	赣榆县	东海县	灌云县
一、基本情况					
行政区域土地面积	平方公里	939	1408	2250	1877
乡(镇)个数	个	22	18	22	21
村民委员会个数	个	239	436	366	341
年末总户数	户	367352	304433	308062	285015
其中:乡村户数	户	309335	229708	249000	203561
年末总人口	万人	103	106	113	105
其中:乡村人口	万人	87	89	99	84
年末单位从业人员数	人	58954	37633	45707	47912
乡村从业人员数	人	562000	411300	498700	375500
其中:农林牧渔业	人	273000	258100	340300	285900
农业机械总动力	万千瓦特	19	55	59	41
本地电话用户	户	214928	112106	99596	83167
二、综合经济					
第一产业增加值	万元	184785	216775	226450	169340
第二产业增加值	万元	644339	279316	226680	138785
地方财政预算内收入	万元	38062	14927	15937	10567
财政支出	万元	47858	33928	28073	24118
城乡居民储蓄存款余额	万元	903645	210418	211021	136131
年末金融机构各项贷款余额	万元	447729	178196	218669	189767
三、农业、工业及基本建设					
粮食产量	吨	238035	309834	854754	551772
棉花产量	吨	5343	1792	1262	34890
油料产量	吨	86859	82779	79044	3069
肉类总产量	吨	29045	41612	59800	43869
规模以上工业企业数	个	219	129	164	105
规模以上工业总产值(现价)	万元	1054864	444773	437289	301591
基本建设投资完成额	万元	51890	29369	24436	17179
四、教育、卫生和社会保障					
普通中学在校学生数	人	49667	66695	66854	48476
小学在校学生数	人	80317	150651	166958	138925
医院、卫生院床位数	床	2271	1015	1153	1209
社会福利院数	个	26	89	83	23
社会福利院床位数	床	1248	1404	1522	684

2001年县(市)社会经济主要指标

江苏省

指　　标	单　位	灌南县	涟水县	洪泽县	盱眙县
一、基本情况					
行政区域土地面积	平方公里	1027	1670	1394	2493
乡(镇)个数	个	20	20	12	19
村民委员会个数	个	239	384	94	252
年末总户数	户	196987	249164	131614	205672
其中:乡村户数	户	151003	205001	77053	141005
年末总人口	万人	72	103	38	73
其中:乡村人口	万人	63	92	30	58
年末单位从业人员数	人	29305	49808	22372	47447
乡村从业人员数	人	309000	508100	172100	332200
其中:农林牧渔业	人	222200	368900	118900	217900
农业机械总动力	万千瓦特	33	41	36	39
本地电话用户	户	60773	93531	67255	89444
二、综合经济					
第一产业增加值	万元	102416	180460	80140	161230
第二产业增加值	万元	73851	133485	71337	141797
地方财政预算内收入	万元	7630	12423	9636	15631
财政支出	万元	22409	30815	17141	26145
城乡居民储蓄存款余额	万元	83568	140433	105280	114729
年末金融机构各项贷款余额	万元	112758	153320	99440	152797
三、农业、工业及基本建设					
粮食产量	吨	451620	645457	247474	591068
棉花产量	吨	7114	1650		139
油料产量	吨	2874	61213	5565	91354
肉类总产量	吨	68800	72527	17561	43467
规模以上工业企业数	个	59	81	58	50
规模以上工业总产值(现价)	万元	139504	188818	171984	177259
基本建设投资完成额	万元	23540	31355	12055	26700
四、教育、卫生和社会保障					
普通中学在校学生数	人	35779	50226	16635	36936
小学在校学生数	人	90514	137290	34436	84398
医院、卫生院床位数	床	815	975	584	925
社会福利院数	个	26	24	13	11
社会福利院床位数	床	362	1327	492	600

2001年县(市)社会经济主要指标

江苏省

指　　标	单　位	金湖县	响水县	滨海县
一、基本情况				
行政区域土地面积	平方公里	1344	1363	1880
乡(镇)个数	个	11	12	15
村民委员会个数	个	118	149	269
年末总户数	户	123878	151396	303337
其中:乡村户数	户	77598	112524	233469
年末总人口	万人	36	57	107
其中:乡村人口	万人	27	43	90
年末单位从业人员数	人	29283	34423	35284
乡村从业人员数	人	146700	188000	364800
其中:农林牧渔业	人	96000	126000	256000
农业机械总动力	万千瓦特	35	27	45
本地电话用户	户	75953	59706	88746
二、综合经济				
第一产业增加值	万元	103594	99700	163012
第二产业增加值	万元	130233	60833	122957
地方财政预算内收入	万元	11888	7782	11534
财政支出	万元	19543	16548	31608
城乡居民储蓄存款余额	万元	127574	106812	194060
年末金融机构各项贷款余额	万元	146762	135013	171446
三、农业、工业及基本建设				
粮食产量	吨	292823	281047	575366
棉花产量	吨	4406	18744	11699
油料产量	吨	12465	24042	25130
肉类总产量	吨	14271	36051	73855
规模以上工业企业数	个	87	53	45
规模以上工业总产值(现价)	万元	204905	144308	114706
基本建设投资完成额	万元	22577	19848	16970
四、教育、卫生和社会保障				
普通中学在校学生数	人	21299	33086	61427
小学在校学生数	人	29932	65365	108292
医院、卫生院床位数	床	667	689	1008
社会福利院数	个	11	34	24
社会福利院床位数	床	400	330	507

2001年县(市)社会经济主要指标

江苏省

指　　标	单　位	阜宁县	射阳县	建湖县	盐都县
一、基本情况					
行政区域土地面积	平方公里	1443	2795	1140	1305
乡(镇)个数	个	20	19	15	16
村民委员会个数	个	334	258	200	288
年末总户数	户	304008	358658	294056	316773
其中:乡村户数	户	212545	257100	190781	218986
年末总人口	万人	106	105	80	86
其中:乡村人口	万人	80	86	66	75
年末单位从业人员数	人	45735	78415	58024	46716
乡村从业人员数	人	350100	333700	291400	316900
其中:农林牧渔业	人	241100	227900	165300	186100
农业机械总动力	万千瓦特	45	62	33	40
本地电话用户	户	96571	135937	113694	121818
二、综合经济					
第一产业增加值	万元	174644	255209	148506	228361
第二产业增加值	万元	220147	301555	310119	298620
地方财政预算内收入	万元	16059	24304	21159	19935
财政支出	万元	30403	35320	34296	31479
城乡居民储蓄存款余额	万元	282281	330942	336894	
年末金融机构各项贷款余额	万元	187570	436781	309195	
三、农业、工业及基本建设					
粮食产量	吨	597828	754185	517315	567632
棉花产量	吨	6450	70031	7436	16542
油料产量	吨	27034	30326	13458	17302
肉类总产量	吨	132952	59136	33326	73568
规模以上工业企业数	个	138	97	129	153
规模以上工业总产值(现价)	万元	642096	607139	749872	740530
基本建设投资完成额	万元	12732	12977	23388	22731
四、教育、卫生和社会保障					
普通中学在校学生数	人	64078	64078	50384	63487
小学在校学生数	人	94393	87977	72393	70216
医院、卫生院床位数	床	1010	1515	1508	1197
社会福利院数	个	48	67	63	68
社会福利院床位数	床	525	788	1390	668

2001 年县(市)社会经济主要指标

江苏省

指　　　标	单　位	东台市	大丰市	宝应县	仪征市
一、基本情况					
行政区域土地面积	平方公里	2267	2367	1456	910
乡(镇)个数	个	23	17	16	11
村民委员会个数	个	409	215	238	193
年末总户数	户	425308	296797	306187	208490
其中:乡村户数	户	341119	211623	211400	141632
年末总人口	万人	117	74	92	60
其中:乡村人口	万人	98	57	73	43
年末单位从业人员数	人	61949	58298	48264	71352
乡村从业人员数	人	462100	313900	408000	203600
其中:农林牧渔业	人	271200	213800	233200	85100
农业机械总动力	万千瓦特	63	41	32	26
本地电话用户	户	147267	167892	174366	145082
二、综合经济					
第一产业增加值	万元	352368	258010	179007	61397
第二产业增加值	万元	376757	326103	187425	329447
地方财政预算内收入	万元	31631	25355	18289	30946
财政支出	万元	41683	34625	37384	35131
城乡居民储蓄存款余额	万元	638747	386494	343683	314344
年末金融机构各项贷款余额	万元	369358	354013	277690	355522
三、农业、工业及基本建设					
粮食产量	吨	777858	562468	577901	252344
棉花产量	吨	34858	53295	3097	34
油料产量	吨	103108	54375	26061	14284
肉类总产量	吨	118314	65686	44225	24850
规模以上工业企业数	个	258	164	109	128
规模以上工业总产值(现价)	万元	827271	794260	412289	1053678
基本建设投资完成额	万元	18307	33070	18563	46578
四、教育、卫生和社会保障					
普通中学在校学生数	人	68032	44584	40410	28463
小学在校学生数	人	91715	52241	79727	54322
医院、卫生院床位数	床	2474	1797	1294	1407
社会福利院数	个	123	29	40	25
社会福利院床位数	床	1450	1300	1225	455

2001年县(市)社会经济主要指标

江苏省

指　　标	单　位	高邮市	江都市	丹徒县	丹阳市
一、基本情况					
行政区域土地面积	平方公里	1967	1332	750	1043
乡(镇)个数	个	20	23	14	23
村民委员会个数	个	283	312	162	302
年末总户数	户	262952	367397	134634	295319
其中:乡村户数	户	171800	257167	118783	205296
年末总人口	万人	83	108	37	80
其中:乡村人口	万人	62	80	36	62
年末单位从业人员数	人	50972	62272	30082	62927
乡村从业人员数	人	333000	387000	211200	353700
其中:农林牧渔业	人	178500	157400	88000	155600
农业机械总动力	万千瓦特	32	45	20	41
本地电话用户	户	181333	263308		233984
二、综合经济					
第一产业增加值	万元	170659	147209	59083	132508
第二产业增加值	万元	190918	505741	311779	829746
地方财政预算内收入	万元	19226	37881	18977	51095
财政支出	万元	29774	48101	24483	52632
城乡居民储蓄存款余额	万元	362879	907901		697968
年末金融机构各项贷款余额	万元	274895	509992		638663
三、农业、工业及基本建设					
粮食产量	吨	539353	431454	203577	442586
棉花产量	吨	9767	2890	82	126
油料产量	吨	42273	42492	16259	19295
肉类总产量	吨	55066	57417	11947	26151
规模以上工业企业数	个	157	353	149	383
规模以上工业总产值(现价)	万元	457281	1078717	560458	1710474
基本建设投资完成额	万元	30130	35844	31724	49005
四、教育、卫生和社会保障					
普通中学在校学生数	人	38465	54270	22594	50345
小学在校学生数	人	65594	78299	26672	71978
医院、卫生院床位数	床	1520	2245	751	1700
社会福利院数	个	27	39	38	57
社会福利院床位数	床	915	1036	640	1810

2001 年县(市)社会经济主要指标

江苏省

指　　标	单　位	扬中市	句容市	兴化市	靖江市
一、基本情况					
行政区域土地面积	平方公里	332	1385	2393	665
乡(镇)个数	个	6	17	34	12
村民委员会个数	个	129	256	614	194
年末总户数	户	101129	208343	510841	224532
其中:乡村户数	户	74184	151000	384800	150052
年末总人口	万人	27	59	155	67
其中:乡村人口	万人	22	48	130	47
年末单位从业人员数	人	29805	35884	49768	67214
乡村从业人员数	人	127200	249100	672000	234000
其中:农林牧渔业	人	41400	144400	423000	96000
农业机械总动力	万千瓦特	12	35	76	28
本地电话用户	户	88368	134299	229864	164325
二、综合经济					
第一产业增加值	万元	37823	88693	286300	70445
第二产业增加值	万元	365583	365475	241018	350346
地方财政预算内收入	万元	25801	20274	24694	31947
财政支出	万元	28140	29970	47813	41582
城乡居民储蓄存款余额	万元	385746	255003	579190	560372
年末金融机构各项贷款余额	万元	298303	193000	484750	425200
三、农业、工业及基本建设					
粮食产量	吨	108387	303283	1039757	281140
棉花产量	吨		1635	21549	16
油料产量	吨	1956	43659	38570	15189
肉类总产量	吨	8025	15500	47165	32317
规模以上工业企业数	个	229	237	166	201
规模以上工业总产值(现价)	万元	695263	890245	482997	998483
基本建设投资完成额	万元	26039	48403	34935	31120
四、教育、卫生和社会保障					
普通中学在校学生数	人	17592	33751	77994	36461
小学在校学生数	人	22933	49620	143477	51791
医院、卫生院床位数	床	671	1089	2438	2225
社会福利院数	个	20	34	173	25
社会福利院床位数	床	910	1380	4520	285

2001年县(市)社会经济主要指标

江苏省

指　　标	单　位	泰兴市	姜堰市	宿豫县	沭阳县
一、基本情况					
行政区域土地面积	平方公里	1253	1051	1583	2300
乡(镇)个数	个	24	18	23	37
村民委员会个数	个	387	300	238	456
年末总户数	户	400400	340274	244918	455905
其中:乡村户数	户	313568	224187	201349	350838
年末总人口	万人	129	92	96	171
其中:乡村人口	万人	105	74	88	153
年末单位从业人员数	人	82305	55487	30877	38629
乡村从业人员数	人	537000	404000	464100	825200
其中:农林牧渔业	人	273000	191000	270200	528300
农业机械总动力	万千瓦特	47	34	50	89
本地电话用户	户	277873	205536		139418
二、综合经济					
第一产业增加值	万元	170516	117438	141580	263200
第二产业增加值	万元	444287	310621	185253	230200
地方财政预算内收入	万元	33889	27032	12816	22004
财政支出	万元	51063	39207	27396	44050
城乡居民储蓄存款余额	万元	594807	584524		199750
年末金融机构各项贷款余额	万元	414763	368214		216323
三、农业、工业及基本建设					
粮食产量	吨	576678	497033	509754	893864
棉花产量	吨		3935	4067	9185
油料产量	吨	39054	34713	10514	56318
肉类总产量	吨	70827	51771	51772	85518
规模以上工业企业数	个	236	180	94	145
规模以上工业总产值(现价)	万元	915006	714046	266891	241172
基本建设投资完成额	万元	54166	37902	33100	54784
四、教育、卫生和社会保障					
普通中学在校学生数	人	75820	50928	67928	116989
小学在校学生数	人	111579	67895	118463	231517
医院、卫生院床位数	床	2462	1923	967	1777
社会福利院数	个	24	34	24	39
社会福利院床位数	床	770	1510	1687	1100

2001年县(市)社会经济主要指标

江苏省、浙江省

指　　标	单　位	泗阳县	泗洪县	桐庐县	淳安县
一、基本情况					
行政区域土地面积	平方公里	1726	2810	1780	4452
乡(镇)个数	个	23	26	23	30
村民委员会个数	个	256	282	408	899
年末总户数	户	309447	279694	137500	138900
其中:乡村户数	户	233400	202329	102500	118400
年末总人口	万人	116	102	40	45
其中:乡村人口	万人	101	84	33	39
年末单位从业人员数	人	42162	50813	14200	21500
乡村从业人员数	人	502800	440600	205000	247700
其中:农林牧渔业	人	299700	342800	97300	149800
农业机械总动力	万千瓦特	37	71	15	17
本地电话用户	户	110956	85388	77400	57700
二、综合经济					
第一产业增加值	万元	177691	211000	78099	92029
第二产业增加值	万元	131111	138000	361461	144264
地方财政预算内收入	万元	16439	17734	24721	17761
财政支出	万元	33327	33057	30651	36017
城乡居民储蓄存款余额	万元	156571	157273	266100	157200
年末金融机构各项贷款余额	万元	159141	155213	251100	152600
三、农业、工业及基本建设					
粮食产量	吨	530868	844302	114028	120621
棉花产量	吨	7030	4651	3	93
油料产量	吨	48326	59366	15654	12146
肉类总产量	吨	46064	48349	16397	15407
规模以上工业企业数	个	93	70	175	41
规模以上工业总产值(现价)	万元	205460	225623	438341	130812
基本建设投资完成额	万元	25816	43360	27532	25363
四、教育、卫生和社会保障					
普通中学在校学生数	人	65118	59133	25400	26200
小学在校学生数	人	159389	137022	32300	36600
医院、卫生院床位数	床	1321	1221	941	796
社会福利院数	个	23	40	26	27
社会福利院床位数	床	750	820	558	388

2001年县(市)社会经济主要指标

浙江省

指　　标	单　位	萧山市	建德市	富阳市	余杭市
一、基本情况					
行政区域土地面积	平方公里	1163	2364	1808	1222
乡(镇)个数	个	22	23	22	15
村民委员会个数	个	739	518	612	505
年末总户数	户	364100	167000	193400	231700
其中:乡村户数	户	299600	117500	157400	175100
年末总人口	万人	115	51	62	80
其中:乡村人口	万人	95	42	54	62
年末单位从业人员数	人	74200	30200	46700	58100
乡村从业人员数	人	558300	244000	333100	400000
其中:农林牧渔业	人	178100	144300	136100	168300
农业机械总动力	万千瓦特	65	17	37	37
本地电话用户	户	354100	85700	133600	200600
二、综合经济					
第一产业增加值	万元	245241	112345	128789	191592
第二产业增加值	万元	1595125	420732	699606	830833
地方财政预算内收入	万元	132899	26176	60484	73333
财政支出	万元	138257	34684	61689	78555
城乡居民储蓄存款余额	万元	1440000	301200	431200	835700
年末金融机构各项贷款余额	万元	1685400	280200	542700	936800
三、农业、工业及基本建设					
粮食产量	吨	366534	125039	178696	245985
棉花产量	吨	1602	34		31
油料产量	吨	10193	9720	13071	13731
肉类总产量	吨	75332	19093	29904	46271
规模以上工业企业数	个	958	156	382	507
规模以上工业总产值(现价)	万元	5567119	389547	1410178	1574575
基本建设投资完成额	万元	278658	36615	36734	89447
四、教育、卫生和社会保障					
普通中学在校学生数	人	66000	33600	38100	43800
小学在校学生数	人	90900	45100	51100	53700
医院、卫生院床位数	床	2658	1286	1558	1585
社会福利院数	个	37	34	26	30
社会福利院床位数	床	817	480	649	680

2001年县(市)社会经济主要指标

浙江省

指　　　标	单　位	临安市	象山县	宁海县	鄞　县
一、基本情况					
行政区域土地面积	平方公里	3124	1172	1880	1527
乡(镇)个数	个	22	15	17	23
村民委员会个数	个	662	712	832	659
年末总户数	户	160700	182800	192700	278800
其中:乡村户数	户	140700	139500	153800	249500
年末总人口	万人	52	53	58	73
其中:乡村人口	万人	46	42	50	66
年末单位从业人员数	人	24400	73000	21700	42900
乡村从业人员数	人	275600	278200	305600	407000
其中:农林牧渔业	人	164000	147400	127000	124700
农业机械总动力	万千瓦特	30	62	23	34
本地电话用户	户	120600	117100	123600	224300
二、综合经济					
第一产业增加值	万元	120815	194780	116889	124207
第二产业增加值	万元	478798	410411	382872	1158688
地方财政预算内收入	万元	28909	35473	39279	95752
财政支出	万元	36810	45982	51338	104677
城乡居民储蓄存款余额	万元	286300	241962	229265	1175277
年末金融机构各项贷款余额	万元	412600	354884	388480	1202726
三、农业、工业及基本建设					
粮食产量	吨	141637	84880	114216	249827
棉花产量	吨		154	1951	109
油料产量	吨	8513	3573	6908	5542
肉类总产量	吨	19015	13511	12475	22618
规模以上工业企业数	个	181	250	298	684
规模以上工业总产值(现价)	万元	670010	722126	778679	2848467
基本建设投资完成额	万元	44480	57592	97884	118406
四、教育、卫生和社会保障					
普通中学在校学生数	人	34600	25400	35000	38900
小学在校学生数	人	42300	34200	38800	64200
医院、卫生院床位数	床	1169	875	912	1355
社会福利院数	个	27	24	20	31
社会福利院床位数	床	563	672	810	1600

2001年县(市)社会经济主要指标

浙江省

指　　标	单　位	余姚市	慈溪市	奉化市	洞头县
一、基本情况					
行政区域土地面积	平方公里	1346	1154	1253	100
乡(镇)个数	个	19	17	9	11
村民委员会个数	个	269	328	590	91
年末总户数	户	281700	368700	173200	35000
其中:乡村户数	户	228800	364000	137300	26500
年末总人口	万人	83	101	49	13
其中:乡村人口	万人	70	97	39	9
年末单位从业人员数	人	44000	47500	24700	7400
乡村从业人员数	人	428200	613500	245900	53900
其中:农林牧渔业	人	140400	188100	121900	21900
农业机械总动力	万千瓦特	39	38	27	16
本地电话用户	户	227500	277900	130200	21800
二、综合经济					
第一产业增加值	万元	193096	152288	91386	29896
第二产业增加值	万元	936742	1082385	328251	24899
地方财政预算内收入	万元	81062	99675	34395	8170
财政支出	万元	76556	106692	46602	9372
城乡居民储蓄存款余额	万元	830899	1207668	370414	32715
年末金融机构各项贷款余额	万元	934522	1130817	395926	35113
三、农业、工业及基本建设					
粮食产量	吨	235744	140101	109637	3640
棉花产量	吨	3740	5643		
油料产量	吨	8635	25149	906	188
肉类总产量	吨	27286	14560	9846	1023
规模以上工业企业数	个	574	653	181	29
规模以上工业总产值(现价)	万元	1641007	2005511	785018	41376
基本建设投资完成额	万元	88328	142326	28256	11101
四、教育、卫生和社会保障					
普通中学在校学生数	人	45900	54700	26200	6900
小学在校学生数	人	67900	83000	33700	6200
医院、卫生院床位数	床	1451	1672	1259	153
社会福利院数	个	31	27	17	10
社会福利院床位数	床	1190	1709	1006	161

2001年县(市)社会经济主要指标

浙江省

指　　标	单　位	永嘉县	平阳县	苍南县	文成县
一、基本情况					
行政区域土地面积	平方公里	2674	1051	1272	1293
乡(镇)个数	个	41	31	36	33
村民委员会个数	个	906	870	824	549
年末总户数	户	250100	222600	323500	114400
其中:乡村户数	户	200400	188500	304600	92200
年末总人口	万人	90	84	122	37
其中:乡村人口	万人	76	76	114	33
年末单位从业人员数	人	30900	65800	59600	14100
乡村从业人员数	人	438100	411600	625100	185800
其中:农林牧渔业	人	191600	166000	232000	89800
农业机械总动力	万千瓦特	13	21	42	6
本地电话用户	户	121500	137200	204700	43200
二、综合经济					
第一产业增加值	万元	46769	62332	97958	29082
第二产业增加值	万元	457809	441459	481273	40410
地方财政预算内收入	万元	34128	34881	36702	6976
财政支出	万元	40832	41693	46408	25039
城乡居民储蓄存款余额	万元	368026	292027	314134	88187
年末金融机构各项贷款余额	万元	342183	300645	383739	93080
三、农业、工业及基本建设					
粮食产量	吨	133870	166250	207999	65592
棉花产量	吨	26			
油料产量	吨	1799	930	470	445
肉类总产量	吨	17267	14390	11602	6995
规模以上工业企业数	个	239	196	233	25
规模以上工业总产值(现价)	万元	584768	614259	483564	22297
基本建设投资完成额	万元	32777	45081	94238	13287
四、教育、卫生和社会保障					
普通中学在校学生数	人	47900	51300	75900	18200
小学在校学生数	人	66300	74700	126400	25000
医院、卫生院床位数	床	669	1035	829	411
社会福利院数	个	42	49	56	35
社会福利院床位数	床	616	1541	3358	372

2001年县(市)社会经济主要指标

浙江省

指　　标	单　位	泰顺县	瑞安市	乐清市	嘉善县
一、基本情况					
行政区域土地面积	平方公里	1762	1271	1174	507
乡(镇)个数	个	36	32	31	11
村民委员会个数	个	517	910	910	164
年末总户数	户	102400	290300	339100	118300
其中:乡村户数	户	82600	242200	302000	101500
年末总人口	万人	35	112	116	38
其中:乡村人口	万人	28	97	108	33
年末单位从业人员数	人	13800	59900	43400	30400
乡村从业人员数	人	164300	579900	617300	206700
其中:农林牧渔业	人	93300	225000	206900	93100
农业机械总动力	万千瓦特	8	38	27	46
本地电话用户	户	39100	299200	253400	106600
二、综合经济					
第一产业增加值	万元	26951	100759	114700	98212
第二产业增加值	万元	45039	846489	963226	443645
地方财政预算内收入	万元	7063	70978	80008	27820
财政支出	万元	23127	73026	81889	27661
城乡居民储蓄存款余额	万元	94158	795449	605202	398920
年末金融机构各项贷款余额	万元	72942	692668	753099	346188
三、农业、工业及基本建设					
粮食产量	吨	66578	189321	193562	214528
棉花产量	吨	24	6	50	
油料产量	吨	1259	1515	543	9524
肉类总产量	吨	6528	11105	10227	38933
规模以上工业企业数	个	22	554	474	155
规模以上工业总产值(现价)	万元	23720	1133219	1612745	513901
基本建设投资完成额	万元	23599	110573	103668	53646
四、教育、卫生和社会保障					
普通中学在校学生数	人	15700	68700	82900	21500
小学在校学生数	人	30400	85900	113000	31642
医院、卫生院床位数	床	441	1680	1882	1101
社会福利院数	个	36	87	28	18
社会福利院床位数	床	440	6782	753	560

2001年县(市)社会经济主要指标

浙江省

指　　标	单　位	海盐县	海宁市	平湖市	桐乡市
一、基本情况					
行政区域土地面积	平方公里	508	684	537	723
乡(镇)个数	个	8	13	10	10
村民委员会个数	个	102	244	138	179
年末总户数	户	113900	178200	139100	175500
其中:乡村户数	户	84400	135900	104000	136600
年末总人口	万人	37	64	48	66
其中:乡村人口	万人	30	52	39	54
年末单位从业人员数	人	34800	37800	28000	44600
乡村从业人员数	人	180100	304300	234800	310100
其中:农林牧渔业	人	73900	110500	71000	118500
农业机械总动力	万千瓦特	20	24	28	35
本地电话用户	户	102400	175900	137100	159900
二、综合经济					
第一产业增加值	万元	84233	115746	91521	114203
第二产业增加值	万元	402697	804367	544881	741865
地方财政预算内收入	万元	25670	61173	36620	57943
财政支出	万元	27623	62133	38045	53732
城乡居民储蓄存款余额	万元	412312	726719	495338	697247
年末金融机构各项贷款余额	万元	558884	698585	420384	628315
三、农业、工业及基本建设					
粮食产量	吨	180541	217215	244406	192495
棉花产量	吨	1149	111	945	
油料产量	吨	28988	24585	45311	18699
肉类总产量	吨	29028	31100	27057	36964
规模以上工业企业数	个	127	338	182	189
规模以上工业总产值(现价)	万元	807396	1154392	1319225	1214133
基本建设投资完成额	万元	44351	99578	37482	80944
四、教育、卫生和社会保障					
普通中学在校学生数	人	20200	35000	26100	35300
小学在校学生数	人	29404	50603	40168	54621
医院、卫生院床位数	床	967	1457	1010	1619
社会福利院数	个	13	22	11	24
社会福利院床位数	床	372	785	611	732

2001年县(市)社会经济主要指标

浙江省

指　　标	单　位	德清县	长兴县	安吉县	绍兴县
一、基本情况					
行政区域土地面积	平方公里	936	1428	1886	1203
乡(镇)个数	个	16	16	17	15
村民委员会个数	个	176	424	247	775
年末总户数	户	128600	210200	147400	238000
其中:乡村户数	户	87900	148000	115000	224600
年末总人口	万人	42	62	45	72
其中:乡村人口	万人	33	50	38	70
年末单位从业人员数	人	28600	39100	24500	32400
乡村从业人员数	人	197400	315200	228000	357700
其中:农林牧渔业	人	95800	170600	138500	105200
农业机械总动力	万千瓦特	39	37	22	41
本地电话用户	户	101800	127100	84700	217400
二、综合经济					
第一产业增加值	万元	83526	121267	89100	130838
第二产业增加值	万元	370809	427536	282724	1311890
地方财政预算内收入	万元	33241	28756	19823	98019
财政支出	万元	40965	31575	29804	92134
城乡居民储蓄存款余额	万元	340203	321457	210275	1138451
年末金融机构各项贷款余额	万元	315394	334361	208863	1189706
三、农业、工业及基本建设					
粮食产量	吨	82037	259871	136337	181945
棉花产量	吨		9	2	225
油料产量	吨	8847	44709	12914	4928
肉类总产量	吨	21047	20548	12897	31956
规模以上工业企业数	个	185	159	217	551
规模以上工业总产值(现价)	万元	885186	521419	481335	4487689
基本建设投资完成额	万元	53901	89866	76847	111344
四、教育、卫生和社会保障					
普通中学在校学生数	人	25300	31800	25900	43000
小学在校学生数	人	33800	51400	35400	66900
医院、卫生院床位数	床	1248	1577	1199	2026
社会福利院数	个	21	16	21	20
社会福利院床位数	床	475	269	500	775

2001年县(市)社会经济主要指标

浙江省

指　　标	单　位	新昌县	诸暨市	上虞市	嵊州市
一、基本情况					
行政区域土地面积	平方公里	1213	2311	1403	1790
乡(镇)个数	个	16	25	18	17
村民委员会个数	个	777	1301	786	1146
年末总户数	户	159800	373100	263900	261500
其中:乡村户数	户	140800	320500	222600	228500
年末总人口	万人	44	106	78	74
其中:乡村人口	万人	41	94	68	65
年末单位从业人员数	人	36100	103400	47300	38500
乡村从业人员数	人	256800	576600	386900	363300
其中:农林牧渔业	人	134300	188600	171700	204600
农业机械总动力	万千瓦特	13	62	43	25
本地电话用户	户	122000	265300	196900	157600
二、综合经济					
第一产业增加值	万元	76589	204095	176604	122524
第二产业增加值	万元	423285	1009809	868635	423496
地方财政预算内收入	万元	28539	64802	41774	29053
财政支出	万元	34681	66164	48170	35628
城乡居民储蓄存款余额	万元	284683	662454	767330	446898
年末金融机构各项贷款余额	万元	284898	703139	696538	407058
三、农业、工业及基本建设					
粮食产量	吨	94264	332094	246113	188778
棉花产量	吨	172	59	5147	108
油料产量	吨	7981	6587	17923	4832
肉类总产量	吨	10163	39646	29054	15243
规模以上工业企业数	个	99	418	322	234
规模以上工业总产值(现价)	万元	733124	1985584	2552035	644699
基本建设投资完成额	万元	52583	31575	53007	78943
四、教育、卫生和社会保障					
普通中学在校学生数	人	26100	68300	43600	37000
小学在校学生数	人	29100	82700	62300	52000
医院、卫生院床位数	床	998	1932	1189	1572
社会福利院数	个	19	39	32	31
社会福利院床位数	床	385	536	574	458

2001年县(市)社会经济主要指标

浙江省

指　　标	单　位	武义县	浦江县	磐安县	兰溪市
一、基本情况					
行政区域土地面积	平方公里	1577	900	1196	1310
乡(镇)个数	个	15	16	20	25
村民委员会个数	个	544	418	369	646
年末总户数	户	117100	131800	72800	216100
其中:乡村户数	户	92700	113600	62700	177100
年末总人口	万人	33	38	21	66
其中:乡村人口	万人	28	36	18	55
年末单位从业人员数	人	11200	14600	6900	35100
乡村从业人员数	人	170900	207500	109700	328600
其中:农林牧渔业	人	93700	116100	77000	200100
农业机械总动力	万千瓦特	11	10	6	20
本地电话用户	户	60500	76400	38200	101300
二、综合经济					
第一产业增加值	万元	50921	39050	33639	70844
第二产业增加值	万元	161273	213268	59957	415867
地方财政预算内收入	万元	15835	17688	7581	28878
财政支出	万元	25207	23766	19472	35823
城乡居民储蓄存款余额	万元	146307	189000	65961	246644
年末金融机构各项贷款余额	万元	144856	161259	70183	275906
三、农业、工业及基本建设					
粮食产量	吨	116633	105902	38783	182926
棉花产量	吨	21	309	3	2235
油料产量	吨	4530	3639	1608	14267
肉类总产量	吨	12921	13657	4781	23109
规模以上工业企业数	个	82	57	38	111
规模以上工业总产值(现价)	万元	165716	182401	62895	490493
基本建设投资完成额	万元	41919	37688	19713	33257
四、教育、卫生和社会保障					
普通中学在校学生数	人	19900	22100	10100	38700
小学在校学生数	人	25000	34000	13200	57300
医院、卫生院床位数	床	772	545	377	969
社会福利院数	个	19	18	10	29
社会福利院床位数	床	250	263	133	686

2001 年县(市)社会经济主要指标

浙江省

指　　标	单　位	义乌市	东阳市	永康市	衢　县
一、基本情况					
行政区域土地面积	平方公里	1103	1739	1049	2117
乡(镇)个数	个	8	21	5	30
村民委员会个数	个	754	1219	715	642
年末总户数	户	230500	275000	180300	159300
其中:乡村户数	户	230600	248000	161800	144400
年末总人口	万人	67	79	53	52
其中:乡村人口	万人	68	71	50	49
年末单位从业人员数	人	37300	58200	19200	10900
乡村从业人员数	人	420500	418800	280700	267100
其中:农林牧渔业	人	166600	210200	158200	190700
农业机械总动力	万千瓦特	25	36	25	13
本地电话用户	户	200000	182900	134100	
二、综合经济					
第一产业增加值	万元	75277	78521	43618	88824
第二产业增加值	万元	690595	727252	564190	99876
地方财政预算内收入	万元	74766	32499	43970	9248
财政支出	万元	65524	37670	41489	21511
城乡居民储蓄存款余额	万元	1023230	620248	575277	114491
年末金融机构各项贷款余额	万元	1198164	667968	610881	117052
三、农业、工业及基本建设					
粮食产量	吨	135527	185935	108653	171863
棉花产量	吨	91	116	12	73
油料产量	吨	6017	3597	2403	8507
肉类总产量	吨	20421	15616	12686	41569
规模以上工业企业数	个	162	134	130	55
规模以上工业总产值(现价)	万元	399943	648677	731468	100968
基本建设投资完成额	万元	221522	101208	97663	17353
四、教育、卫生和社会保障					
普通中学在校学生数	人	39900	46800	39200	26800
小学在校学生数	人	58900	58700	39400	36000
医院、卫生院床位数	床	1758	1697	1008	517
社会福利院数	个	21	22	15	30
社会福利院床位数	床	626	476	367	355

2001年县(市)社会经济主要指标

浙江省

指　　　标	单　位	常山县	开化县	龙游县	江山市
一、基本情况					
行政区域土地面积	平方公里	1099	2223	1139	2018
乡(镇)个数	个	24	26	21	29
村民委员会个数	个	341	449	432	562
年末总户数	户	97700	104700	133700	179200
其中:乡村户数	户	80700	83500	103400	143500
年末总人口	万人	32	34	41	57
其中:乡村人口	万人	28	29	34	49
年末单位从业人员数	人	12700	11300	15600	19300
乡村从业人员数	人	163400	191000	205300	263700
其中:农林牧渔业	人	90900	105200	129100	141300
农业机械总动力	万千瓦特	6	7	12	14
本地电话用户	户	41400	54000	61300	76000
二、综合经济					
第一产业增加值	万元	40293	59141	55883	92385
第二产业增加值	万元	76516	75273	122429	169841
地方财政预算内收入	万元	9327	9200	13955	18595
财政支出	万元	23330	23941	25157	29403
城乡居民储蓄存款余额	万元	102358	113517	180525	249114
年末金融机构各项贷款余额	万元	82777	104663	170683	235853
三、农业、工业及基本建设					
粮食产量	吨	93622	104395	173204	230300
棉花产量	吨	60	105	956	1011
油料产量	吨	3148	8487	10425	11221
肉类总产量	吨	6686	10779	25778	34117
规模以上工业企业数	个	52	36	66	92
规模以上工业总产值(现价)	万元	99233	70971	153533	248699
基本建设投资完成额	万元	18950	22303	43569	36270
四、教育、卫生和社会保障					
普通中学在校学生数	人	17000	16700	21200	31700
小学在校学生数	人	22400	22600	29500	42900
医院、卫生院床位数	床	571	610	694	1015
社会福利院数	个	25	31	22	26
社会福利院床位数	床	289	470	252	359

2001 年县(市)社会经济主要指标

浙江省

指　　标	单　位	岱山县	嵊泗县	玉环县	三门县
一、基本情况					
行政区域土地面积	平方公里	326	86	378	1072
乡(镇)个数	个	8	7	9	14
村民委员会个数	个	167	54	300	511
年末总户数	户	83500	29900	125700	120700
其中:乡村户数	户	63400	22000	112200	106500
年末总人口	万人	21	8	39	40
其中:乡村人口	万人	16	6	36	37
年末单位从业人员数	人	12100	8400	20200	12400
乡村从业人员数	人	90300	35400	236800	230700
其中:农林牧渔业	人	50900	15700	64100	148600
农业机械总动力	万千瓦特	49	25	29	14
本地电话用户	户	52600	25500	109500	57500
二、综合经济					
第一产业增加值	万元	96950	55991	147067	82238
第二产业增加值	万元	64017	35814	489355	97803
地方财政预算内收入	万元	9821	6109	42738	15803
财政支出	万元	24291	17282	45883	27509
城乡居民储蓄存款余额	万元	159152	73166	246400	102453
年末金融机构各项贷款余额	万元	99689	76641	287508	118032
三、农业、工业及基本建设					
粮食产量	吨	12229	138	36880	100552
棉花产量	吨			133	819
油料产量	吨	1201		230	1266
肉类总产量	吨	2516	417	5833	7941
规模以上工业企业数	个	35	17	350	59
规模以上工业总产值(现价)	万元	105596	60958	678374	160742
基本建设投资完成额	万元	10186	45885	65505	23846
四、教育、卫生和社会保障					
普通中学在校学生数	人	12600	4100	25900	25100
小学在校学生数	人	12600	5800	22400	24900
医院、卫生院床位数	床	776	398	616	527
社会福利院数	个	10	7	22	15
社会福利院床位数	床	112	143	550	88

2001年县(市)社会经济主要指标

浙江省

指　　标	单　位	天台县	仙居县	温岭市	临海市
一、基本情况					
行政区域土地面积	平方公里	1426	1992	836	2171
乡(镇)个数	个	13	18	11	15
村民委员会个数	个	996	722	848	1053
年末总户数	户	182700	144100	389800	346300
其中:乡村户数	户	161300	130600	334800	285200
年末总人口	万人	56	46	114	110
其中:乡村人口	万人	50	42	104	92
年末单位从业人员数	人	21100	20300	54500	57100
乡村从业人员数	人	304000	254900	649600	597800
其中:农林牧渔业	人	165200	129700	208100	302300
农业机械总动力	万千瓦特	14	11	103	36
本地电话用户	户	89500	78600	262500	202800
二、综合经济					
第一产业增加值	万元	62104	54202	261638	142993
第二产业增加值	万元	158725	127806	1014463	479418
地方财政预算内收入	万元	18053	18005	77538	44345
财政支出	万元	28464	25763	71737	52226
城乡居民储蓄存款余额	万元	196850	188459	842660	438412
年末金融机构各项贷款余额	万元	191952	188832	706307	565514
三、农业、工业及基本建设					
粮食产量	吨	152355	125968	233901	240021
棉花产量	吨	39	9	400	109
油料产量	吨	1321	2644	501	284
肉类总产量	吨	14359	12375	31757	23967
规模以上工业企业数	个	104	124	723	251
规模以上工业总产值(现价)	万元	219737	227216	1590955	756354
基本建设投资完成额	万元	60564	25666	69357	174621
四、教育、卫生和社会保障					
普通中学在校学生数	人	34000	20400	80000	65600
小学在校学生数	人	36400	34200	69700	69100
医院、卫生院床位数	床	948	668	2297	2074
社会福利院数	个	19	39	44	32
社会福利院床位数	床	610	540	1284	310

2001 年县(市)社会经济主要指标

浙江省

指　　标	单　位	青田县	缙云县	遂昌县	松阳县
一、基本情况					
行政区域土地面积	平方公里	2484	1482	2539	1406
乡(镇)个数	个	33	24	20	20
村民委员会个数	个	622	642	390	401
年末总户数	户	138400	148400	70200	74300
其中:乡村户数	户	109200	129600	57600	64300
年末总人口	万人	48	44	23	23
其中:乡村人口	万人	38	40	19	21
年末单位从业人员数	人	12900	15700	14400	10900
乡村从业人员数	人	226800	231700	116000	130100
其中:农林牧渔业	人	136700	148100	87000	92200
农业机械总动力	万千瓦特	7	9	7	6
本地电话用户	户	58200	55500	32900	32000
二、综合经济					
第一产业增加值	万元	34990	45910	37100	51210
第二产业增加值	万元	85939	100714	65456	39712
地方财政预算内收入	万元	13764	14151	12976	7284
财政支出	万元	29575	26004	21197	16996
城乡居民储蓄存款余额	万元	185288	162687	83048	77266
年末金融机构各项贷款余额	万元	158204	133839	81410	71594
三、农业、工业及基本建设					
粮食产量	吨	70576	77655	80149	81888
棉花产量	吨	10	37	8	15
油料产量	吨	588	2866	2437	2760
肉类总产量	吨	7888	12085	10933	11060
规模以上工业企业数	个	48	55	35	21
规模以上工业总产值(现价)	万元	111127	123714	145302	43213
基本建设投资完成额	万元	36388	48664	29285	20252
四、教育、卫生和社会保障					
普通中学在校学生数	人	25300	27500	12200	13400
小学在校学生数	人	35400	27400	13400	14200
医院、卫生院床位数	床	523	593	653	419
社会福利院数	个	31	26	21	21
社会福利院床位数	床	191	242	168	159

2001年县(市)社会经济主要指标

浙江省

指　　标	单　位	云和县	庆元县	景宁畲族自治县	龙泉市
一、基本情况					
行政区域土地面积	平方公里	978	1898	1950	3059
乡(镇)个数	个	15	20	24	17
村民委员会个数	个	170	345	283	442
年末总户数	户	32400	60700	50000	82200
其中:乡村户数	户	23900	40300	38500	62700
年末总人口	万人	11	20	18	28
其中:乡村人口	万人	9	15	15	23
年末单位从业人员数	人	7200	8700	8100	13100
乡村从业人员数	人	56800	86700	79400	131100
其中:农林牧渔业	人	37400	65900	55300	95100
农业机械总动力	万千瓦特	4	10	4	10
本地电话用户	户	18000	26000	22000	37300
二、综合经济					
第一产业增加值	万元	20373	30663	27996	49056
第二产业增加值	万元	41405	28044	33849	71988
地方财政预算内收入	万元	6941	4855	6436	8768
财政支出	万元	17507	17012	18973	20303
城乡居民储蓄存款余额	万元	48128	62192	44364	108370
年末金融机构各项贷款余额	万元	52540	42992	46387	101781
三、农业、工业及基本建设					
粮食产量	吨	26629	58089	50634	103824
棉花产量	吨			14	
油料产量	吨	365	6	334	863
肉类总产量	吨	2567	3384	4009	8427
规模以上工业企业数	个	27	27	33	50
规模以上工业总产值(现价)	万元	50073	30555	41094	73817
基本建设投资完成额	万元	24851	17799	27546	37553
四、教育、卫生和社会保障					
普通中学在校学生数	人	5900	10000	8400	14000
小学在校学生数	人	7000	12600	9300	18500
医院、卫生院床位数	床	241	379	319	551
社会福利院数	个	16	22	24	18
社会福利院床位数	床	88	220	127	175

2001年县(市)社会经济主要指标

安徽省

指　　标	单　位	长丰县	肥东县	肥西县	芜湖县
一、基本情况					
行政区域土地面积	平方公里	2400	2222	2186	943
乡(镇)个数	个	29	36	30	24
村民委员会个数	个	553	563	564	171
年末总户数	户	249489	286064	254288	151487
其中:乡村户数	户	217298	241499	205268	129861
年末总人口	万人	98	110	96	54
其中:乡村人口	万人	91	98	84	49
年末单位从业人员数	人	30000	32000	30000	20000
乡村从业人员数	人	507735	553361	488330	280610
其中:农林牧渔业	人	407238	338687	346295	167672
农业机械总动力	万千瓦特	49	42	33	28
本地电话用户	户	85561	133208	122598	62078
二、综合经济					
第一产业增加值	万元	105691	130277	96969	81244
第二产业增加值	万元	53199	75665	58094	45958
地方财政预算内收入	万元	12781	17367	16248	11525
财政支出	万元	25676	30270	29303	19396
城乡居民储蓄存款余额	万元	86066	193533	116380	94138
年末金融机构各项贷款余额	万元	147044	179665	163650	130793
三、农业、工业及基本建设					
粮食产量	吨	390980	418804	468293	247533
棉花产量	吨	4907	4260	5053	3543
油料产量	吨	75216	135850	96982	42264
肉类总产量	吨	60919	73603	69421	23322
规模以上工业企业数	个	22	33	23	21
规模以上工业总产值(现价)	万元	60152	106856	84915	55511
基本建设投资完成额	万元	24509	30838	12108	8211
四、教育、卫生和社会保障					
普通中学在校学生数	人	64963	65974	69734	29324
小学在校学生数	人	115012	113630	80523	53472
医院、卫生院床位数	床	800	1278	1004	904
社会福利院数	个	32	39	46	29
社会福利院床位数	床	900	885	1678	564

2001年县(市)社会经济主要指标

安徽省

指　　标	单　位	繁昌县	南陵县	怀远县	五河县
一、基本情况					
行政区域土地面积	平方公里	880	1264	2443	1595
乡(镇)个数	个	20	21	28	14
村民委员会个数	个	215	159	689	230
年末总户数	户	143420	163601	315190	174390
其中:乡村户数	户	120256	143065	271770	149676
年末总人口	万人	46	55	130	70
其中:乡村人口	万人	41	49	115	62
年末单位从业人员数	人	20000	10000	40000	30000
乡村从业人员数	人	245399	298310	620046	355515
其中:农林牧渔业	人	108936	186270	483609	292423
农业机械总动力	万千瓦特	21	25	156	70
本地电话用户	户	62528	64596	96522	63683
二、综合经济					
第一产业增加值	万元	55788	62189	145937	123139
第二产业增加值	万元	97281	54663	124760	57186
地方财政预算内收入	万元	13423	10589	15290	11327
财政支出	万元	19856	18604	27498	19220
城乡居民储蓄存款余额	万元	144645	112501	151409	90612
年末金融机构各项贷款余额	万元	111248	108173	250660	133264
三、农业、工业及基本建设					
粮食产量	吨	127560	272020	687059	475825
棉花产量	吨	2979	2093	16779	4271
油料产量	吨	24512	21058	68794	89356
肉类总产量	吨	11706	26972	62857	48487
规模以上工业企业数	个	48	19	19	22
规模以上工业总产值(现价)	万元	110685	36610	55328	31773
基本建设投资完成额	万元	21311	15485	35055	7212
四、教育、卫生和社会保障					
普通中学在校学生数	人	25547	30797	74610	39300
小学在校学生数	人	45471	50134	147193	83532
医院、卫生院床位数	床	883	1133	1834	923
社会福利院数	个	21	22	47	26
社会福利院床位数	床	405	550	1358	951

2001年县(市)社会经济主要指标

安徽省

指　　标	单　位	固镇县	凤台县	当涂县	濉溪县
一、基本情况					
行政区域土地面积	平方公里	1459	928	1385	2399
乡(镇)个数	个	17	16	25	23
村民委员会个数	个	239	236	304	503
年末总户数	户	157878	153376	192018	298009
其中:乡村户数	户	128713	118965	153001	249677
年末总人口	万人	64	57	67	118
其中:乡村人口	万人	57	48	57	95
年末单位从业人员数	人	20000	40000	20000	40000
乡村从业人员数	人	346592	289954	317297	450263
其中:农林牧渔业	人	280632	204870	216116	380428
农业机械总动力	万千瓦特	67	58	38	131
本地电话用户	户	62543	54517	91115	46875
二、综合经济					
第一产业增加值	万元	112127	84223	114722	145831
第二产业增加值	万元	66431	91914	67914	61863
地方财政预算内收入	万元	10987	13623	12126	16468
财政支出	万元	18649	18137	18069	30091
城乡居民储蓄存款余额	万元	99541	135369	169561	206337
年末金融机构各项贷款余额	万元	126539	168454	129062	196091
三、农业、工业及基本建设					
粮食产量	吨	357239	370680	310851	796328
棉花产量	吨	15527	4130	2544	23067
油料产量	吨	190747	9345	60144	47303
肉类总产量	吨	64568	43255	24052	47746
规模以上工业企业数	个	17	23	30	21
规模以上工业总产值(现价)	万元	40602	128830	81742	51173
基本建设投资完成额	万元	11019	4086	16221	8403
四、教育、卫生和社会保障					
普通中学在校学生数	人	50227	36874	38013	83076
小学在校学生数	人	76318	66660	70863	145685
医院、卫生院床位数	床	929	1006	742	2040
社会福利院数	个	18	19	25	
社会福利院床位数	床	717	490	723	

2001年县(市)社会经济主要指标

安徽省

指　　标	单　位	铜陵县	怀宁县	枞阳县	潜山县
一、基本情况					
行政区域土地面积	平方公里	886	1543	1808	1686
乡(镇)个数	个	18	25	26	29
村民委员会个数	个	196	359	431	301
年末总户数	户	101276	192833	242605	144550
其中:乡村户数	户	87829	176353	221756	134806
年末总人口	万人	34	79	96	57
其中:乡村人口	万人	31	72	90	53
年末单位从业人员数	人	20000	20000	30000	18000
乡村从业人员数	人	167214	404903	449543	289356
其中:农林牧渔业	人	99376	240335	269193	206020
农业机械总动力	万千瓦特	22	26	33	14
本地电话用户	户	32747	92422	54546	69347
二、综合经济					
第一产业增加值	万元	39663	97593	101635	52868
第二产业增加值	万元	65043	114866	73940	71743
地方财政预算内收入	万元	8325	15973	12067	9588
财政支出	万元	14961	26281	22046	19970
城乡居民储蓄存款余额	万元	83175	156325	176704	93614
年末金融机构各项贷款余额	万元	73343	149862	160593	132952
三、农业、工业及基本建设					
粮食产量	吨	87927	290980	300451	207275
棉花产量	吨	6591	2474	5991	785
油料产量	吨	17730	28849	32428	9636
肉类总产量	吨	7470	26305	22406	18705
规模以上工业企业数	个	25	50	42	25
规模以上工业总产值(现价)	万元	50178	87488	64801	91253
基本建设投资完成额	万元	21599	27237	19951	7515
四、教育、卫生和社会保障					
普通中学在校学生数	人	16862	51860	65150	36149
小学在校学生数	人	31400	83622	96413	57302
医院、卫生院床位数	床	458	983	1024	821
社会福利院数	个	19	33	1	1
社会福利院床位数	床	506	524	60	100

2001 年县(市)社会经济主要指标

安徽省

指　　标	单　位	太湖县	宿松县	望江县	岳西县
一、基本情况					
行政区域土地面积	平方公里	2031	2394	1357	2398
乡(镇)个数	个	25	21	20	27
村民委员会个数	个	427	396	360	372
年末总户数	户	141391	196921	149490	102089
其中:乡村户数	户	123759	166550	132656	90574
年末总人口	万人	56	80	60	40
其中:乡村人口	万人	51	69	54	37
年末单位从业人员数	人	19400	30000	24000	20000
乡村从业人员数	人	274045	416751	293919	183334
其中:农林牧渔业	人	199273	298938	190044	139379
农业机械总动力	万千瓦特	11	16	19	6
本地电话用户	户	50212	66812	65654	37149
二、综合经济					
第一产业增加值	万元	76869	85104	55403	42108
第二产业增加值	万元	36097	56725	49883	33590
地方财政预算内收入	万元	11036	10733	10563	6393
财政支出	万元	20448	19586	18527	17585
城乡居民储蓄存款余额	万元	65897	116476	84110	53161
年末金融机构各项贷款余额	万元	89034	135862	139234	72872
三、农业、工业及基本建设					
粮食产量	吨	166039	201189	227150	82523
棉花产量	吨	2643	21435	19465	12
油料产量	吨	11788	36653	34762	1906
肉类总产量	吨	40053	25238	24072	12015
规模以上工业企业数	个	24	39	34	25
规模以上工业总产值(现价)	万元	27952	41923	57005	62214
基本建设投资完成额	万元	8010	14446	13363	3650
四、教育、卫生和社会保障					
普通中学在校学生数	人	41440	57149	38268	28452
小学在校学生数	人	65678	93793	61449	39318
医院、卫生院床位数	床	715	1287	760	652
社会福利院数	个	1	1	21	33
社会福利院床位数	床	44	60	350	402

2001年县(市)社会经济主要指标

安徽省

指　　标	单　位	桐城市	歙　县	休宁县	黟　县
一、基本情况					
行政区域土地面积	平方公里	1644	2236	2125	847
乡(镇)个数	个	24	40	32	11
村民委员会个数	个	434	436	259	84
年末总户数	户	191506	154457	80495	30887
其中:乡村户数	户	168768	134764	69825	24261
年末总人口	万人	78	50	27	10
其中:乡村人口	万人	67	45	25	8
年末单位从业人员数	人	30000	20000	10000	10000
乡村从业人员数	人	361446	277561	147304	48039
其中:农林牧渔业	人	236480	202309	124005	38280
农业机械总动力	万千瓦特	31	16	9	3
本地电话用户	户	95998	42951	22961	12722
二、综合经济					
第一产业增加值	万元	91945	46440	44838	14564
第二产业增加值	万元	169363	94862	29712	13092
地方财政预算内收入	万元	18196	14908	6827	3312
财政支出	万元	28717	25705	13657	7354
城乡居民储蓄存款余额	万元	208508	167657	82581	4085
年末金融机构各项贷款余额	万元	174999	101079	46634	18332
三、农业、工业及基本建设					
粮食产量	吨	267987	76544	106721	30022
棉花产量	吨	2032	54	26	6
油料产量	吨	32868	9211	8049	3306
肉类总产量	吨	24665	19205	21049	3973
规模以上工业企业数	个	79	33	18	14
规模以上工业总产值(现价)	万元	215897	88792	27546	16502
基本建设投资完成额	万元	13769	7214	7477	2696
四、教育、卫生和社会保障					
普通中学在校学生数	人	56276	25848	14156	5094
小学在校学生数	人	71956	47719	25615	9581
医院、卫生院床位数	床	906	759	466	221
社会福利院数	个	25	18	17	14
社会福利院床位数	床	220	280	268	176

2001年县(市)社会经济主要指标

安徽省

指　　标	单　位	祁门县	来安县	全椒县
一、基本情况				
行政区域土地面积	平方公里	2257	1499	1568
乡(镇)个数	个	24	18	17
村民委员会个数	个	152	275	197
年末总户数	户	56211	130930	120352
其中:乡村户数	户	41953	98016	81728
年末总人口	万人	19	48	45
其中:乡村人口	万人	15	38	33
年末单位从业人员数	人	20000	20000	40000
乡村从业人员数	人	91816	212175	174162
其中:农林牧渔业	人	76762	158461	129766
农业机械总动力	万千瓦特	6	32	31
本地电话用户	户	22651	43381	58976
二、综合经济				
第一产业增加值	万元	23038	84824	92642
第二产业增加值	万元	32607	110380	127918
地方财政预算内收入	万元	6170	8971	13009
财政支出	万元	12009	16180	19835
城乡居民储蓄存款余额	万元	77550	85423	115377
年末金融机构各项贷款余额	万元	46633	167014	185323
三、农业、工业及基本建设				
粮食产量	吨	45184	351837	307030
棉花产量	吨	46	1733	6788
油料产量	吨	4937	56488	75586
肉类总产量	吨	5299	39091	27254
规模以上工业企业数	个	14	35	51
规模以上工业总产值(现价)	万元	35569	101153	119366
基本建设投资完成额	万元	3969	4830	10596
四、教育、卫生和社会保障				
普通中学在校学生数	人	7460	31468	29466
小学在校学生数	人	18315	50158	50235
医院、卫生院床位数	床	536	740	920
社会福利院数	个	11	28	38
社会福利院床位数	床	52	480	1039

2001年县(市)社会经济主要指标

安徽省

指　　标	单　位	定远县	凤阳县	天长市	明光市
一、基本情况					
行政区域土地面积	平方公里	2998	1944	1751	2359
乡(镇)个数	个	37	26	28	26
村民委员会个数	个	533	399	363	347
年末总户数	户	226997	181652	175020	169467
其中:乡村户数	户	181290	144231	136190	125515
年末总人口	万人	90	71	61	63
其中:乡村人口	万人	78	61	50	51
年末单位从业人员数	人	40000	20000	33700	30000
乡村从业人员数	人	429568	336098	286518	260211
其中:农林牧渔业	人	335802	254855	187609	212432
农业机械总动力	万千瓦特	58	57	60	34
本地电话用户	户	54923	55200	89153	54237
二、综合经济					
第一产业增加值	万元	115841	82300	111810	97154
第二产业增加值	万元	122990	126688	186311	151752
地方财政预算内收入	万元	12547	10590	15868	13068
财政支出	万元	23694	20814	21964	21988
城乡居民储蓄存款余额	万元	103741	110628	172137	97552
年末金融机构各项贷款余额	万元	201397	152661	285200	157137
三、农业、工业及基本建设					
粮食产量	吨	501658	334399	543374	278877
棉花产量	吨	5006	5120	1264	1449
油料产量	吨	97230	34282	54729	45160
肉类总产量	吨	124011	39684	42824	43724
规模以上工业企业数	个	41	34	68	51
规模以上工业总产值(现价)	万元	86418	52087	285215	75543
基本建设投资完成额	万元	7852	4938	5479	4572
四、教育、卫生和社会保障					
普通中学在校学生数	人	57382	43768	34452	35330
小学在校学生数	人	119977	78768	48703	54662
医院、卫生院床位数	床	1270	1065	1065	880
社会福利院数	个	39	20	9	34
社会福利院床位数	床	796	386	88	718

2001年县(市)社会经济主要指标

安徽省

指　　标	单　位	临泉县	太和县	阜南县	颍上县
一、基本情况					
行政区域土地面积	平方公里	1818	1820	1816	1859
乡(镇)个数	个	32	30	30	30
村民委员会个数	个	830	796	763	703
年末总户数	户	445592	393329	359222	381967
其中:乡村户数	户	411133	360187	320650	336753
年末总人口	万人	188	152	147	150
其中:乡村人口	万人	175	140	137	136
年末单位从业人员数	人	30000	40000	30000	30000
乡村从业人员数	人	937607	843055	803388	738594
其中:农林牧渔业	人	657413	560837	587316	491263
农业机械总动力	万千瓦特	68	74	54	69
本地电话用户	户	82387	94345	63620	78581
二、综合经济					
第一产业增加值	万元	153903	153730	145717	125892
第二产业增加值	万元	70086	62789	33942	55331
地方财政预算内收入	万元	13376	14791	11350	12280
财政支出	万元	31926	25363	26311	24015
城乡居民储蓄存款余额	万元	217405	259989	154214	180548
年末金融机构各项贷款余额	万元	233684	199858	182532	209604
三、农业、工业及基本建设					
粮食产量	吨	612576	720116	535528	606671
棉花产量	吨	7744	4830	4738	2730
油料产量	吨	34334	20173	32261	11008
肉类总产量	吨	113630	83016	68180	79996
规模以上工业企业数	个	35	53	35	33
规模以上工业总产值(现价)	万元	71867	92699	31243	25286
基本建设投资完成额	万元	10324	18093	5230	9455
四、教育、卫生和社会保障					
普通中学在校学生数	人	85417	72672	66825	49392
小学在校学生数	人	252094	193264	227320	202716
医院、卫生院床位数	床	1461	1846	1085	1148
社会福利院数	个	24	44	25	93
社会福利院床位数	床	365	1130	535	997

2001年县(市)社会经济主要指标

安徽省

指　　标	单　位	界首市	砀山县	萧　县	灵璧县
一、基本情况					
行政区域土地面积	平方公里	666	1193	1885	2054
乡(镇)个数	个	18	18	22	20
村民委员会个数	个	272	391	718	561
年末总户数	户	198550	229171	318902	258505
其中:乡村户数	户	157191	211520	291152	227711
年末总人口	万人	73	90	128	112
其中:乡村人口	万人	60	82	110	98
年末单位从业人员数	人	30000	40000	40000	30000
乡村从业人员数	人	340983	411363	582261	561588
其中:农林牧渔业	人	201623	332999	448096	498903
农业机械总动力	万千瓦特	25	81	71	64
本地电话用户	户	59967	68002	66878	60749
二、综合经济					
第一产业增加值	万元	83528	150340	156089	200662
第二产业增加值	万元	82849	60785	84744	60910
地方财政预算内收入	万元	10174	12040	13937	12472
财政支出	万元	19323	24201	27271	22119
城乡居民储蓄存款余额	万元	162571	165742	179682	118125
年末金融机构各项贷款余额	万元	158948	149339	179395	178517
三、农业、工业及基本建设					
粮食产量	吨	277502	210509	700404	676863
棉花产量	吨	6965	5722	18971	14326
油料产量	吨	19297	27272	23371	182309
肉类总产量	吨	36353	36745	63861	102393
规模以上工业企业数	个	53	27	50	27
规模以上工业总产值(现价)	万元	89187	55835	54643	47167
基本建设投资完成额	万元	1500	9043	10097	5367
四、教育、卫生和社会保障					
普通中学在校学生数	人	40111	75101	90922	85553
小学在校学生数	人	94239	131806	169382	136784
医院、卫生院床位数	床	1179	1076	934	1036
社会福利院数	个	22	21	26	27
社会福利院床位数	床	258	722	860	825

2001 年县(市)社会经济主要指标

安徽省

指　　标	单　位	泗　县	庐江县	无为县	含山县
一、基本情况					
行政区域土地面积	平方公里	1787	2348	2433	1045
乡(镇)个数	个	18	32	35	14
村民委员会个数	个	454	558	710	220
年末总户数	户	195703	310076	377794	127759
其中:乡村户数	户	178892	254499	325835	94647
年末总人口	万人	84	119	139	44
其中:乡村人口	万人	77	104	120	36
年末单位从业人员数	人	30000	40000	50000	20000
乡村从业人员数	人	435878	511371	710031	196946
其中:农林牧渔业	人	352134	333988	473793	121041
农业机械总动力	万千瓦特	74	56	46	19
本地电话用户	户	48005	65671	107984	45811
二、综合经济					
第一产业增加值	万元	153849	150199	173511	63979
第二产业增加值	万元	44630	53095	136962	66311
地方财政预算内收入	万元	9474	19145	21054	10116
财政支出	万元	16891	31233	37246	16288
城乡居民储蓄存款余额	万元	76626	189909	266723	128183
年末金融机构各项贷款余额	万元	147172	266693	333053	147462
三、农业、工业及基本建设					
粮食产量	吨	604565	543975	400122	168189
棉花产量	吨	18856	5467	42576	7959
油料产量	吨	88003	46122	71290	40876
肉类总产量	吨	74254	43930	61021	16716
规模以上工业企业数	个	36	48	73	28
规模以上工业总产值(现价)	万元	40564	74295	160772	57580
基本建设投资完成额	万元	4628	12703	34749	18979
四、教育、卫生和社会保障					
普通中学在校学生数	人	45798	85463	71404	25415
小学在校学生数	人	108100	100921	138355	53944
医院、卫生院床位数	床	911	1705	945	790
社会福利院数	个	23	36	58	17
社会福利院床位数	床	390	858	997	390

2001年县(市)社会经济主要指标

安徽省

指　　标	单　位	和　县	寿　县	霍邱县	舒城县
一、基本情况					
行政区域土地面积	平方公里	1537	2986	3493	2100
乡(镇)个数	个	21	32	33	30
村民委员会个数	个	270	632	683	490
年末总户数	户	177800	334354	394989	275795
其中:乡村户数	户	142003	306218	354728	242328
年末总人口	万人	65	128	148	99
其中:乡村人口	万人	52	118	139	90
年末单位从业人员数	人	24000	40000	35100	30000
乡村从业人员数	人	269637	629210	670269	484355
其中:农林牧渔业	人	192148	448045	459502	278497
农业机械总动力	万千瓦特	31	84	84	34
本地电话用户	户	63598	98074	98230	86601
二、综合经济					
第一产业增加值	万元	84445	104738	126140	84850
第二产业增加值	万元	65665	84503	86442	96000
地方财政预算内收入	万元	11802	14291	17371	15835
财政支出	万元	17630	26494	32384	27838
城乡居民储蓄存款余额	万元	189450	144371	140849	164143
年末金融机构各项贷款余额	万元	181582	263673	274264	164526
三、农业、工业及基本建设					
粮食产量	吨	302682	628460	704678	330764
棉花产量	吨	3809	4585	1920	896
油料产量	吨	72634	72974	40478	34465
肉类总产量	吨	30909	109600	177406	38609
规模以上工业企业数	个	40	51	34	50
规模以上工业总产值(现价)	万元	84863	117674	130737	111544
基本建设投资完成额	万元	27644	22366	17548	19814
四、教育、卫生和社会保障					
普通中学在校学生数	人	29384	61846	64183	58987
小学在校学生数	人	62875	126446	146623	97076
医院、卫生院床位数	床	928	1419	1555	1219
社会福利院数	个	29	1	1	1
社会福利院床位数	床	940	34	48	40

2001 年县(市)社会经济主要指标

安徽省

指　　标	单　位	金寨县	霍山县	涡阳县	蒙城县
一、基本情况					
行政区域土地面积	平方公里	3814	2043	2107	2091
乡(镇)个数	个	28	24	25	24
村民委员会个数	个	427	280	726	573
年末总户数	户	184402	102011	325241	284639
其中:乡村户数	户	151141	83068	298047	246785
年末总人口	万人	64	37	137	117
其中:乡村人口	万人	56	32	123	104
年末单位从业人员数	人	30000	23000	44600	40000
乡村从业人员数	人	262069	160084	643242	563746
其中:农林牧渔业	人	179381	115686	491501	385519
农业机械总动力	万千瓦特	12	13	92	103
本地电话用户	户	32280	28000	89476	84177
二、综合经济					
第一产业增加值	万元	58322	37307	180632	180711
第二产业增加值	万元	63830	95090	76630	72231
地方财政预算内收入	万元	7703	9879	17751	16424
财政支出	万元	21960	18944	28189	25918
城乡居民储蓄存款余额	万元	87408	87050	194218	168291
年末金融机构各项贷款余额	万元	120433	128048	249607	279807
三、农业、工业及基本建设					
粮食产量	吨	100152	98628	947557	675717
棉花产量	吨	5	31	10629	27881
油料产量	吨	3735	4407	23034	93381
肉类总产量	吨	16243	7389	105829	117551
规模以上工业企业数	个	28	24	34	34
规模以上工业总产值(现价)	万元	45495	133535	126171	69144
基本建设投资完成额	万元	12068	10412	11011	3869
四、教育、卫生和社会保障					
普通中学在校学生数	人	25647	23138	81262	58827
小学在校学生数	人	58181	33482	163708	132309
医院、卫生院床位数	床	1023	920	1026	1350
社会福利院数	个	18	1		1
社会福利院床位数	床	421	24		15

2001年县(市)社会经济主要指标

安徽省

指　　标	单　位	利辛县	东至县	石台县	青阳县
一、基本情况					
行政区域土地面积	平方公里	1950	3256	1403	1181
乡(镇)个数	个	25	29	13	15
村民委员会个数	个	672	373	132	150
年末总户数	户	325921	141236	32496	79795
其中:乡村户数	户	296088	125185	27026	67253
年末总人口	万人	138	53	11	27
其中:乡村人口	万人	128	48	10	24
年末单位从业人员数	人	34000	30000	10000	10000
乡村从业人员数	人	701229	259862	56105	127678
其中:农林牧渔业	人	516304	177250	39293	72761
农业机械总动力	万千瓦特	71	23	7	13
本地电话用户	户	66763	47045	13147	34345
二、综合经济					
第一产业增加值	万元	141117	68350	10790	28849
第二产业增加值	万元	38445	59250	5300	37946
地方财政预算内收入	万元	11828	9762	1740	6210
财政支出	万元	26903	18570	7582	12864
城乡居民储蓄存款余额	万元	156839	105963	33880	96806
年末金融机构各项贷款余额	万元	182952	108809	28029	56441
三、农业、工业及基本建设					
粮食产量	吨	635610	192145	24136	124716
棉花产量	吨	3289	8666	4	124
油料产量	吨	23034	27483	3887	9209
肉类总产量	吨	107397	25579	2667	6582
规模以上工业企业数	个	28	21	10	14
规模以上工业总产值(现价)	万元	26966	43268	7049	22013
基本建设投资完成额	万元	7510	12411	2271	6586
四、教育、卫生和社会保障					
普通中学在校学生数	人	62744	31562	5877	14294
小学在校学生数	人	189845	49297	10166	18380
医院、卫生院床位数	床	1146	865	260	489
社会福利院数	个		1		1
社会福利院床位数	床		24		15

2001年县(市)社会经济主要指标

安徽省

指　　标	单　位	郎溪县	广德县	泾县	绩溪县
一、基本情况					
行政区域土地面积	平方公里	1105	2116	2024	1116
乡(镇)个数	个	16	28	20	10
村民委员会个数	个	161	280	264	180
年末总户数	户	93770	145699	108598	52270
其中:乡村户数	户	79892	125413	92144	44836
年末总人口	万人	34	51	36	18
其中:乡村人口	万人	29	46	32	15
年末单位从业人员数	人	20000	20000	20000	10000
乡村从业人员数	人	158050	269194	174319	82916
其中:农林牧渔业	人	116258	182755	116397	53684
农业机械总动力	万千瓦特	18	42	13	6
本地电话用户	户	35199	69144	45764	24721
二、综合经济					
第一产业增加值	万元	46610	57899	42983	28868
第二产业增加值	万元	41358	97167	70434	34378
地方财政预算内收入	万元	4588	9135	7287	4004
财政支出	万元	11588	18189	15596	9750
城乡居民储蓄存款余额	万元	59462	97719	104343	70814
年末金融机构各项贷款余额	万元	79699	88735	105579	63915
三、农业、工业及基本建设					
粮食产量	吨	162574	187264	147411	54565
棉花产量	吨	261	194	898	29
油料产量	吨	35501	32065	10956	6306
肉类总产量	吨	15582	23733	16442	11140
规模以上工业企业数	个	19	31	31	38
规模以上工业总产值(现价)	万元	32062	55100	68389	58500
基本建设投资完成额	万元	3852	8017	5588	3402
四、教育、卫生和社会保障					
普通中学在校学生数	人	19600	27181	20601	10433
小学在校学生数	人	27578	40691	26365	13087
医院、卫生院床位数	床	820	853	654	298
社会福利院数	个	20	32	1	1
社会福利院床位数	床	390	408	50	50

2001年县(市)社会经济主要指标

安徽省、福建省

指　　标	单　位	旌德县	宁国市	闽侯县	连江县
一、基本情况					
行政区域土地面积	平方公里	905	2447	2133	1191
乡(镇)个数	个	14	16	16	22
村民委员会个数	个	123	220	307	262
年末总户数	户	43037	120277	192097	172636
其中:乡村户数	户	35143	89600	154106	149143
年末总人口	万人	15	38	61	62
其中:乡村人口	万人	13	32	56	57
年末单位从业人员数	人	10000	30000	34699	21597
乡村从业人员数	人	68789	184306	254687	280159
其中:农林牧渔业	人	44267	126844	141704	164119
农业机械总动力	万千瓦特	5	15	12	36
本地电话用户	户	20300	63159	108107	111070
二、综合经济					
第一产业增加值	万元	23701	68403	127402	261623
第二产业增加值	万元	20678	157337	442289	198063
地方财政预算内收入	万元	3206	16337	28343	21557
财政支出	万元	7895	23279	27980	26546
城乡居民储蓄存款余额	万元		127478	248853	175363
年末金融机构各项贷款余额	万元	49900	201397	129162	118264
三、农业、工业及基本建设					
粮食产量	吨	63067	89264	172853	155243
棉花产量	吨	47	128		
油料产量	吨	6029	14945	1024	1516
肉类总产量	吨	6368	27486	41651	14663
规模以上工业企业数	个	22	59	110	38
规模以上工业总产值(现价)	万元	31322	256995	755851	63366
基本建设投资完成额	万元	4827	32256	157495	17095
四、教育、卫生和社会保障					
普通中学在校学生数	人	9621	23618	31219	37891
小学在校学生数	人	11055	28670	47747	52549
医院、卫生院床位数	床	293	1072	748	686
社会福利院数	个	1	25	2	1
社会福利院床位数	床	20	850	43	25

2001 年县(市)社会经济主要指标

福建省

指　　　标	单　位	罗源县	闽清县	永泰县	平潭县
一、基本情况					
行政区域土地面积	平方公里	1081	1469	2243	371
乡(镇)个数	个	11	18	21	15
村民委员会个数	个	188	271	254	192
年末总户数	户	69349	86391	91699	101326
其中:乡村户数	户	56538	68905	82980	87547
年末总人口	万人	25	30	36	39
其中:乡村人口	万人	22	26	32	35
年末单位从业人员数	人	13856	20310	12019	20346
乡村从业人员数	人	84103	119259	155979	168780
其中:农林牧渔业	人	46691	64313	99087	127160
农业机械总动力	万千瓦特	5	10	6	25
本地电话用户	户	34671	52656	40322	73476
二、综合经济					
第一产业增加值	万元	104266	69600	98335	100914
第二产业增加值	万元	153715	215709	52016	34695
地方财政预算内收入	万元	11661	14364	8528	8246
财政支出	万元	18900	17252	15630	15247
城乡居民储蓄存款余额	万元	48225	123559	82107	77961
年末金融机构各项贷款余额	万元	53651	102217	57066	47664
三、农业、工业及基本建设					
粮食产量	吨	92991	138292	125044	30619
棉花产量	吨				
油料产量	吨	170	1079	1419	7861
肉类总产量	吨	8428	9332	16134	6803
规模以上工业企业数	个	44	62	47	14
规模以上工业总产值(现价)	万元	83838	280942	55298	10202
基本建设投资完成额	万元	11011	8864	11349	3991
四、教育、卫生和社会保障					
普通中学在校学生数	人	9384	20215	25333	23622
小学在校学生数	人	26227	28981	34643	60405
医院、卫生院床位数	床	520	936	635	747
社会福利院数	个	12	15	1	16
社会福利院床位数	床	102	96	24	276

2001 年县(市)社会经济主要指标

福建省

指　　标	单　位	福清市	长乐市	莆田县	仙游县
一、基本情况					
行政区域土地面积	平方公里	1932	717	1825	1793
乡(镇)个数	个	20	18	17	19
村民委员会个数	个	442	243	386	326
年末总户数	户	337369	201388	241590	259079
其中:乡村户数	户	286647	179209	229201	233200
年末总人口	万人	120	67	163	100
其中:乡村人口	万人	107	62	107	93
年末单位从业人员数	人	82008	39526	81424	39524
乡村从业人员数	人	499458	263112	451001	448745
其中:农林牧渔业	人	292270	100911	288358	257175
农业机械总动力	万千瓦特	23	18	28	24
本地电话用户	户	253479	148745	146435	57754
二、综合经济					
第一产业增加值	万元	306490	155262	175782	91871
第二产业增加值	万元	1181875	455388	388004	219293
地方财政预算内收入	万元	55035	17865	25452	17463
财政支出	万元	53815	29178	39779	27873
城乡居民储蓄存款余额	万元	850384	337155	261749	232263
年末金融机构各项贷款余额	万元	632530	230759	238149	171249
三、农业、工业及基本建设					
粮食产量	吨	338741	154485	256924	219093
棉花产量	吨				
油料产量	吨	18266	1501	10845	8811
肉类总产量	吨	91566	27367	37987	24644
规模以上工业企业数	个	163	153	116	68
规模以上工业总产值(现价)	万元	2022357	807450	653016	174219
基本建设投资完成额	万元	91947	15390	14084	16878
四、教育、卫生和社会保障					
普通中学在校学生数	人	91522	45977	91482	64840
小学在校学生数	人	136482	71434	128036	118545
医院、卫生院床位数	床	1885	1040	1975	1266
社会福利院数	个	1	14	3	1
社会福利院床位数	床	72	300	410	150

2001年县(市)社会经济主要指标

福建省

指　　标	单　位	明溪县	清流县	宁化县	大田县
一、基本情况					
行政区域土地面积	平方公里	1709	1809	2381	2227
乡(镇)个数	个	9	15	16	18
村民委员会个数	个	88	111	210	262
年末总户数	户	32376	42085	88196	93279
其中:乡村户数	户	24451	28755	70724	72350
年末总人口	万人	12	15	35	37
其中:乡村人口	万人	9	12	30	32
年末单位从业人员数	人	7975	9199	13420	20694
乡村从业人员数	人	47369	48589	117424	119399
其中:农林牧渔业	人	35026	36018	84824	89977
农业机械总动力	万千瓦特	4	4	5	12
本地电话用户	户	18672	18780	37843	55000
二、综合经济					
第一产业增加值	万元	34687	40125	67848	80623
第二产业增加值	万元	26580	22250	39050	75181
地方财政预算内收入	万元	3468	3743	6092	8273
财政支出	万元	7880	8004	13113	15517
城乡居民储蓄存款余额	万元	46275	41912	73520	67206
年末金融机构各项贷款余额	万元	39213	34529	43923	58510
三、农业、工业及基本建设					
粮食产量	吨	91076	85317	215268	139754
棉花产量	吨				
油料产量	吨	1523	1717	4422	1886
肉类总产量	吨	4303	6850	15203	17280
规模以上工业企业数	个	20	18	14	45
规模以上工业总产值(现价)	万元	20589	22332	14352	87288
基本建设投资完成额	万元	8395	6564	7205	8379
四、教育、卫生和社会保障					
普通中学在校学生数	人	8242	10128	23584	33067
小学在校学生数	人	10541	12725	33058	58263
医院、卫生院床位数	床	264	279	1042	578
社会福利院数	个	1	1	1	1
社会福利院床位数	床	40	30	54	24

2001年县(市)社会经济主要指标

福建省

指标	单位	尤溪县	沙县	将乐县	泰宁县
一、基本情况					
行政区域土地面积	平方公里	3425	1795	2247	1535
乡(镇)个数	个	15	14	13	11
村民委员会个数	个	251	171	135	112
年末总户数	户	112638	72905	44650	35355
其中:乡村户数	户	88303	45399	32040	25595
年末总人口	万人	42	24	17	13
其中:乡村人口	万人	37	18	14	11
年末单位从业人员数	人	17799	20333	11430	9869
乡村从业人员数	人	158156	69111	65575	49354
其中:农林牧渔业	人	111016	40255	46032	31800
农业机械总动力	万千瓦特	14	7	4	3
本地电话用户	户	46585	42201	29706	18522
二、综合经济					
第一产业增加值	万元	151426	76340	50650	50149
第二产业增加值	万元	91689	120163	64250	53900
地方财政预算内收入	万元	11720	12459	7501	5106
财政支出	万元	19197	14612	9614	9201
城乡居民储蓄存款余额	万元	87505	108918	61911	43966
年末金融机构各项贷款余额	万元	112702	163699	58337	39582
三、农业、工业及基本建设					
粮食产量	吨	218685	106063	98733	80698
棉花产量	吨	57			19
油料产量	吨	2938	1264	1082	2108
肉类总产量	吨	16296	14352	9180	6939
规模以上工业企业数	个	43	54	31	31
规模以上工业总产值(现价)	万元	88454	214159	46208	57056
基本建设投资完成额	万元	10262	19294	5009	13911
四、教育、卫生和社会保障					
普通中学在校学生数	人	31901	13633	11785	8887
小学在校学生数	人	61759	22029	14261	10699
医院、卫生院床位数	床	830	570	475	358
社会福利院数	个	1	1	1	1
社会福利院床位数	床	38	40	45	27

2001年县(市)社会经济主要指标

福建省

指　　标	单　位	建宁县	永安市	惠安县	安溪县
一、基本情况					
行政区域土地面积	平方公里	1705	2941	671	3057
乡(镇)个数	个	10	12	16	24
村民委员会个数	个	92	228	294	441
年末总户数	户	39453	94983	236142	246204
其中:乡村户数	户	29234	49117	212801	225121
年末总人口	万人	15	32	92	105
其中:乡村人口	万人	12	19	86	98
年末单位从业人员数	人	7288	40318	69933	52700
乡村从业人员数	人	50144	94928	432012	428194
其中:农林牧渔业	人	37083	72123	176047	274292
农业机械总动力	万千瓦特	4	11	18	15
本地电话用户	户	19202	80898	234449	154082
二、综合经济					
第一产业增加值	万元	48797	74480	169002	103732
第二产业增加值	万元	21651	254820	809105	463125
地方财政预算内收入	万元	2674	29659	45542	26058
财政支出	万元	8465	26512	49768	35168
城乡居民储蓄存款余额	万元	36364	190523	465110	255469
年末金融机构各项贷款余额	万元	24249	240006	296992	220868
三、农业、工业及基本建设					
粮食产量	吨	106735	121858	144716	199280
棉花产量	吨				
油料产量	吨	1821	1203	17311	1215
肉类总产量	吨	4693	25251	41176	40504
规模以上工业企业数	个	15	98	272	85
规模以上工业总产值(现价)	万元	28541	387988	594228	266329
基本建设投资完成额	万元	5334	23984	27887	27605
四、教育、卫生和社会保障					
普通中学在校学生数	人	10696	21955	75501	95621
小学在校学生数	人	11815	29668	111203	140676
医院、卫生院床位数	床	260	1516	1592	1364
社会福利院数	个	1	1	2	10
社会福利院床位数	床	37	60	150	89

2001年县(市)社会经济主要指标

福建省

指标	单位	永春县	德化县	金门县	石狮市
一、基本情况					
行政区域土地面积	平方公里	1452	2232		189
乡(镇)个数	个	22	18		7
村民委员会个数	个	225	192		101
年末总户数	户	143252	76535		78797
其中:乡村户数	户	128599	66541		55059
年末总人口	万人	55	30		30
其中:乡村人口	万人	50	27		25
年末单位从业人员数	人	25460	22204		50014
乡村从业人员数	人	210302	124117		102769
其中:农林牧渔业	人	142297	78276		39249
农业机械总动力	万千瓦特	23	12		28
本地电话用户	户	105215	57277		151707
二、综合经济					
第一产业增加值	万元	92013	47590		51686
第二产业增加值	万元	267386	217445		554441
地方财政预算内收入	万元	24577	19780		41188
财政支出	万元	29067	23923		37496
城乡居民储蓄存款余额	万元	208632	98008		768405
年末金融机构各项贷款余额	万元	158581	119785		534397
三、农业、工业及基本建设					
粮食产量	吨	150292	98732		21127
棉花产量	吨				
油料产量	吨	155	20		1937
肉类总产量	吨	25927	24401		4651
规模以上工业企业数	个	74	105		165
规模以上工业总产值(现价)	万元	124557	174956		396181
基本建设投资完成额	万元	22018	15792		24241
四、教育、卫生和社会保障					
普通中学在校学生数	人	46886	25487		22459
小学在校学生数	人	51522	36255		33220
医院、卫生院床位数	床	881	632		615
社会福利院数	个	1	2		
社会福利院床位数	床	60	18		

2001 年县(市)社会经济主要指标

福建省

指　　标	单　位	晋江市	南安市	云霄县	漳浦县
一、基本情况					
行政区域土地面积	平方公里	722	2035	1166	1981
乡(镇)个数	个	15	23	9	20
村民委员会个数	个	359	383	162	285
年末总户数	户	270518	356275	99856	199274
其中:乡村户数	户	256122	322209	84011	173988
年末总人口	万人	102	148	41	81
其中:乡村人口	万人	96	138	34	72
年末单位从业人员数	人	141993	63433	166412	39324
乡村从业人员数	人	549442	632781	155164	362285
其中:农林牧渔业	人	162071	305122	112526	269444
农业机械总动力	万千瓦特	28	33	11	19
本地电话用户	户	350733	319942	62412	175565
二、综合经济					
第一产业增加值	万元	111021	141294	97224	183989
第二产业增加值	万元	1680779	842806	116776	284192
地方财政预算内收入	万元	89589	54813	15360	22778
财政支出	万元	69567	50227	20950	26625
城乡居民储蓄存款余额	万元	1231972	949770	42100	107000
年末金融机构各项贷款余额	万元	732894	574543	45256	126534
三、农业、工业及基本建设					
粮食产量	吨	139602	247303	136655	258773
棉花产量	吨				
油料产量	吨	15150	11821	6438	14937
肉类总产量	吨	37238	58507	20917	40898
规模以上工业企业数	个	311	233	22	98
规模以上工业总产值(现价)	万元	1606560	598344	24509	291558
基本建设投资完成额	万元	52889	28410	13110	37562
四、教育、卫生和社会保障					
普通中学在校学生数	人	71338	127657	25654	57908
小学在校学生数	人	128421	167234	48523	88875
医院、卫生院床位数	床	1594	2395	826	1767
社会福利院数	个	4	1		22
社会福利院床位数	床	390	500		264

2001年县(市)社会经济主要指标

福建省

指　　标	单　位	诏安县	长泰县	东山县	南靖县
一、基本情况					
行政区域土地面积	平方公里	1247	913	247	1962
乡(镇)个数	个	15	5	7	11
村民委员会个数	个	217	57	61	184
年末总户数	户	141266	49506	54807	90395
其中:乡村户数	户	123062	39128	33142	77255
年末总人口	万人	57	19	20	34
其中:乡村人口	万人	50	15	14	30
年末单位从业人员数	人	21230	16682	33263	19405
乡村从业人员数	人	266651	75537	77258	144791
其中:农林牧渔业	人	204402	49373	51613	103470
农业机械总动力	万千瓦特	11	10	21	16
本地电话用户	户	96776	52900	52286	82039
二、综合经济					
第一产业增加值	万元	159991	60498	113410	129691
第二产业增加值	万元	170175	113558	132905	168288
地方财政预算内收入	万元	10313	5263	11251	12818
财政支出	万元	18102	7142	12919	14893
城乡居民储蓄存款余额	万元	96424	52565	66113	89148
年末金融机构各项贷款余额	万元	80269	52024	96689	117567
三、农业、工业及基本建设					
粮食产量	吨	166164	82055	10265	99331
棉花产量	吨				
油料产量	吨	7241	4076	2941	2086
肉类总产量	吨	19231	16748	5400	25037
规模以上工业企业数	个	43	57	55	65
规模以上工业总产值(现价)	万元	54211	92461	110223	173699
基本建设投资完成额	万元	14355	10270	16862	8922
四、教育、卫生和社会保障					
普通中学在校学生数	人	38110	13450	11425	22443
小学在校学生数	人	53265	20880	22113	30362
医院、卫生院床位数	床	1157	594	760	826
社会福利院数	个	7	5	1	13
社会福利院床位数	床	31	230	36	300

2001 年县(市)社会经济主要指标

福建省

指　　　标	单　位	平和县	华安县	龙海市	顺昌县
一、基本情况					
行政区域土地面积	平方公里	2329	1315	1128	1985
乡(镇)个数	个	15	10	14	14
村民委员会个数	个	240	91	243	129
年末总户数	户	135147	44285	198743	68693
其中:乡村户数	户	120719	35631	169455	43111
年末总人口	万人	55	16	78	24
其中:乡村人口	万人	51	14	68	18
年末单位从业人员数	人	18179	8285	47160	20000
乡村从业人员数	人	239497	63442	329141	90930
其中:农林牧渔业	人	170877	40874	184136	71664
农业机械总动力	万千瓦特	11	3	26	9
本地电话用户	户	105999	27520	171180	59668
二、综合经济					
第一产业增加值	万元	142897	52658	202232	46313
第二产业增加值	万元	98031	40771	496631	68999
地方财政预算内收入	万元	14123	4616	31559	7740
财政支出	万元	21511	7958	29330	11390
城乡居民储蓄存款余额	万元	103251	35612	280599	121734
年末金融机构各项贷款余额	万元	64256	47203	187197	97702
三、农业、工业及基本建设					
粮食产量	吨	143038	60274	151975	93216
棉花产量	吨				
油料产量	吨	3202	2781	3152	951
肉类总产量	吨	22308	13386	39618	9848
规模以上工业企业数	个	24	18	121	55
规模以上工业总产值(现价)	万元	29344	27265	557574	83358
基本建设投资完成额	万元	9664	10687	17450	3810
四、教育、卫生和社会保障					
普通中学在校学生数	人	32679	12839	53317	16060
小学在校学生数	人	34157	15218	81848	24662
医院、卫生院床位数	床	1107	626	1195	642
社会福利院数	个	1	6	8	1
社会福利院床位数	床	43	86	96	38

2001年县(市)社会经济主要指标

福建省

指　　标	单　位	浦城县	光泽县	松溪县	政和县
一、基本情况					
行政区域土地面积	平方公里	3383	2232	1040	1949
乡(镇)个数	个	19	8	9	10
村民委员会个数	个	288	85	99	123
年末总户数	户	112022	43533	44538	56539
其中:乡村户数	户	82067	29474	34970	42895
年末总人口	万人	40	16	16	22
其中:乡村人口	万人	33	12	14	19
年末单位从业人员数	人	18589	8271	7370	8761
乡村从业人员数	人	137207	59470	66834	91393
其中:农林牧渔业	人	96385	49715	52980	76395
农业机械总动力	万千瓦特	9	4	7	6
本地电话用户	户	43958	20765	18413	17251
二、综合经济					
第一产业增加值	万元	68000	33067	37404	30878
第二产业增加值	万元	45880	27137	28754	21712
地方财政预算内收入	万元	7009	3705	2661	2812
财政支出	万元	14685	8590	7902	10540
城乡居民储蓄存款余额	万元	128178	52980	47485	48477
年末金融机构各项贷款余额	万元	79253	35299	33755	20706
三、农业、工业及基本建设					
粮食产量	吨	255807	99740	59653	83493
棉花产量	吨	5			
油料产量	吨	8097	1571	611	305
肉类总产量	吨	15708	16066	5462	6653
规模以上工业企业数	个	17	20	10	15
规模以上工业总产值(现价)	万元	54278	38710	19468	12560
基本建设投资完成额	万元	8062	5819	2755	1543
四、教育、卫生和社会保障					
普通中学在校学生数	人	18728	9412	12232	17258
小学在校学生数	人	27835	16405	19009	32542
医院、卫生院床位数	床	751	463	390	480
社会福利院数	个	18	8	1	1
社会福利院床位数	床	450	110	20	50

2001 年县(市)社会经济主要指标

福建省

指　　标	单　位	邵武市	武夷山市	建瓯市	建阳市
一、基本情况					
行政区域土地面积	平方公里	2837	2814	4233	3383
乡(镇)个数	个	15	10	14	13
村民委员会个数	个	140	115	217	190
年末总户数	户	93970	60986	151218	90067
其中:乡村户数	户	53947	41895	113355	64066
年末总人口	万人	30	22	52	34
其中:乡村人口	万人	21	16	43	26
年末单位从业人员数	人	30734	16747	24176	18269
乡村从业人员数	人	101507	82482	177492	117970
其中:农林牧渔业	人	72953	66096	130710	86333
农业机械总动力	万千瓦特	9	7	18	16
本地电话用户	户	55277	34588	64729	50206
二、综合经济					
第一产业增加值	万元	85682	44456	105141	88661
第二产业增加值	万元	125566	48680	113832	60691
地方财政预算内收入	万元	15080	8292	10574	7757
财政支出	万元	17343	12415	16404	12087
城乡居民储蓄存款余额	万元	186205	93236	174202	127532
年末金融机构各项贷款余额	万元	154168	82849	114112	79367
三、农业、工业及基本建设					
粮食产量	吨	186240	132937	227209	182143
棉花产量	吨	26		1	
油料产量	吨	3004	1448	1547	1271
肉类总产量	吨	12274	9934	19507	12022
规模以上工业企业数	个	62	28	62	48
规模以上工业总产值(现价)	万元	149844	20758	64916	57166
基本建设投资完成额	万元	14761	24091	17336	13737
四、教育、卫生和社会保障					
普通中学在校学生数	人	18913	13606	33957	21225
小学在校学生数	人	28406	21272	45128	27681
医院、卫生院床位数	床	1130	560	1065	936
社会福利院数	个	1	10	1	17
社会福利院床位数	床	60	170	80	110

2001年县(市)社会经济主要指标

福建省

指标	单位	长汀县	永定县	上杭县	武平县
一、基本情况					
行政区域土地面积	平方公里	3099	2242	2848	2630
乡(镇)个数	个	18	24	22	17
村民委员会个数	个	299	278	342	214
年末总户数	户	118294	115628	120490	89903
其中:乡村户数	户	101670	99038	101456	77734
年末总人口	万人	49	47	48	37
其中:乡村人口	万人	46	42	44	34
年末单位从业人员数	人	17299	21627	20081	16846
乡村从业人员数	人	225328	217111	224880	154719
其中:农林牧渔业	人	140137	137241	146676	96173
农业机械总动力	万千瓦特	5	15	9	7
本地电话用户	户	58503	59513	59514	46031
二、综合经济					
第一产业增加值	万元	90159	84300	99961	73034
第二产业增加值	万元	52174	115080	79092	65506
地方财政预算内收入	万元	6898	13746	12437	7820
财政支出	万元	17497	22964	20271	19613
城乡居民储蓄存款余额	万元	90142	114711	94635	61461
年末金融机构各项贷款余额	万元	77332	81290	108081	66544
三、农业、工业及基本建设					
粮食产量	吨	174285	179694	228392	179087
棉花产量	吨				
油料产量	吨	6499	1798	2917	3669
肉类总产量	吨	38826	39736	43748	34890
规模以上工业企业数	个	27	30	31	25
规模以上工业总产值(现价)	万元	35443	75921	76459	39721
基本建设投资完成额	万元	10097	59347	8131	19475
四、教育、卫生和社会保障					
普通中学在校学生数	人	30200	41035	37997	30392
小学在校学生数	人	64143	48367	61000	42783
医院、卫生院床位数	床	858	1253	1058	1051
社会福利院数	个	1	1	1	1
社会福利院床位数	床	38	13	14	20

2001年县(市)社会经济主要指标

福建省

指　　标	单　位	连城县	漳平市	霞浦县	古田县
一、基本情况					
行政区域土地面积	平方公里	2596	2951	1490	2403
乡(镇)个数	个	18	14	14	15
村民委员会个数	个	232	186	295	272
年末总户数	户	85023	72914	139577	121084
其中:乡村户数	户	66312	57254	97485	107897
年末总人口	万人	33	27	51	43
其中:乡村人口	万人	29	23	41	39
年末单位从业人员数	人	16624	19554	20562	18675
乡村从业人员数	人	130289	113365	190526	184999
其中:农林牧渔业	人	87427	87450	118295	141649
农业机械总动力	万千瓦特	7	6	20	12
本地电话用户	户	42331	47971	65368	65736
二、综合经济					
第一产业增加值	万元	69813	61169	141629	91899
第二产业增加值	万元	61424	85934	105857	90205
地方财政预算内收入	万元	5181	11384	9069	9635
财政支出	万元	16110	14089	17538	17450
城乡居民储蓄存款余额	万元	59838	97818	64810	128481
年末金融机构各项贷款余额	万元	52713	89780	70066	78324
三、农业、工业及基本建设					
粮食产量	吨	158216	99597	142992	159814
棉花产量	吨				
油料产量	吨	2615	521	2169	203
肉类总产量	吨	28219	15357	9399	9004
规模以上工业企业数	个	32	39	16	26
规模以上工业总产值(现价)	万元	40174	88543	27486	51704
基本建设投资完成额	万元	6112	13960	7965	9565
四、教育、卫生和社会保障					
普通中学在校学生数	人	24661	22206	36233	29029
小学在校学生数	人	46130	29939	48353	39604
医院、卫生院床位数	床	920	770	679	792
社会福利院数	个	1	1	14	1
社会福利院床位数	床	24	23	185	98

2001年县(市)社会经济主要指标

福建省

指　　标	单　位	屏南县	寿宁县	周宁县	柘荣县
一、基本情况					
行政区域土地面积	平方公里	1471	1424	1046	544
乡(镇)个数	个	11	14	9	9
村民委员会个数	个	153	198	146	116
年末总户数	户	48220	64174	42812	28632
其中:乡村户数	户	38193	55019	37006	22376
年末总人口	万人	18	26	19	10
其中:乡村人口	万人	16	23	18	9
年末单位从业人员数	人	9322	10147	76163	6163
乡村从业人员数	人	54942	96175	69000	39833
其中:农林牧渔业	人	46972	70196	48199	27915
农业机械总动力	万千瓦特	5	4	3	2
本地电话用户	户	20862	35000	17460	14338
二、综合经济					
第一产业增加值	万元	35073	44798	24446	21686
第二产业增加值	万元	31748	44893	39061	30380
地方财政预算内收入	万元	3543	3300	4456	2401
财政支出	万元	10764	11720	9839	7863
城乡居民储蓄存款余额	万元	31009	40875	34637	25457
年末金融机构各项贷款余额	万元	60285	37650	35900	33974
三、农业、工业及基本建设					
粮食产量	吨	84474	79239	62312	36249
棉花产量	吨				
油料产量	吨			183	215
肉类总产量	吨	5632	4446	3615	4222
规模以上工业企业数	个	11	11	14	17
规模以上工业总产值(现价)	万元	21251	14830	15494	25820
基本建设投资完成额	万元	7620	23999	8446	3483
四、教育、卫生和社会保障					
普通中学在校学生数	人	15784	15686	13990	6679
小学在校学生数	人	19225	27229	21491	10827
医院、卫生院床位数	床	488	298	460	198
社会福利院数	个	11	1	1	
社会福利院床位数	床	55	30	10	

2001 年县(市)社会经济主要指标

福建省、江西省

指　　标	单　位	福安市	福鼎市	南昌县	新建县
一、基本情况					
行政区域土地面积	平方公里	1880	1526	1820	2383
乡(镇)个数	个	18	13	22	23
村民委员会个数	个	446	252	311	330
年末总户数	户	169346	153041	271228	153309
其中:乡村户数	户	126767	121976	196289	115693
年末总人口	万人	60	56	102	67
其中:乡村人口	万人	53	48	84	56
年末单位从业人员数	人	30732	19238	37618	35232
乡村从业人员数	人	167893	237476	410826	279265
其中:农林牧渔业	人	125465	149243	288442	216050
农业机械总动力	万千瓦特	13	15	56	25
本地电话用户	户	99106	95197	98692	60189
二、综合经济					
第一产业增加值	万元	111371	104626	216399	85196
第二产业增加值	万元	233983	159487	203146	129692
地方财政预算内收入	万元	17006	16789	16109	11621
财政支出	万元	25429	24221	28947	20864
城乡居民储蓄存款余额	万元	130292	103569	293546	128436
年末金融机构各项贷款余额	万元	167676	125494	207739	149834
三、农业、工业及基本建设					
粮食产量	吨	172990	111396	751314	354181
棉花产量	吨			5	1981
油料产量	吨	978	1251	14294	25300
肉类总产量	吨	19765	8198	97922	42084
规模以上工业企业数	个	56	91	23	45
规模以上工业总产值(现价)	万元	241996	103431	157351	66849
基本建设投资完成额	万元	28749	21906	15251	5446
四、教育、卫生和社会保障					
普通中学在校学生数	人	44780	37821	64411	39120
小学在校学生数	人	66897	59600	94481	68875
医院、卫生院床位数	床	1313	1077	932	1330
社会福利院数	个	2	17	1	
社会福利院床位数	床	156	143	27	

2001年县(市)社会经济主要指标

江西省

指　　标	单　位	安义县	进贤县	浮梁县	乐平市
一、基本情况					
行政区域土地面积	平方公里	667	1955	2850	1983
乡(镇)个数	个	11	25	23	16
村民委员会个数	个	115	295	215	358
年末总户数	户	74487	188285	80807	209648
其中:乡村户数	户	43208	133738	56910	144338
年末总人口	万人	25	72	28	77
其中:乡村人口	万人	19	62	23	62
年末单位从业人员数	人	10409	26881	23856	50739
乡村从业人员数	人	63836	310926	104498	279062
其中:农林牧渔业	人	34377	176812	74081	169020
农业机械总动力	万千瓦特	6	27	13	22
本地电话用户	户	25273	67698	25081	57428
二、综合经济					
第一产业增加值	万元	34904	103050	34311	61429
第二产业增加值	万元	35493	131756	49000	175955
地方财政预算内收入	万元	4360	8780	5426	13048
财政支出	万元	9128	22470	10170	22624
城乡居民储蓄存款余额	万元	98156	203543	44833	205826
年末金融机构各项贷款余额	万元	79056	152009	50808	171448
三、农业、工业及基本建设					
粮食产量	吨	122278	301141	135843	262222
棉花产量	吨	392	1073	69	566
油料产量	吨	10560	33485	4907	14009
肉类总产量	吨	12426	36501	11094	22932
规模以上工业企业数	个	31	58	32	74
规模以上工业总产值(现价)	万元	23901	94047	35090	155476
基本建设投资完成额	万元	10456	10496	4859	12178
四、教育、卫生和社会保障					
普通中学在校学生数	人	20498	54748	15941	52350
小学在校学生数	人	24445	72433	24908	67269
医院、卫生院床位数	床	341	1454	288	1254
社会福利院数	个	1		26	28
社会福利院床位数	床	26		455	570

2001年县(市)社会经济主要指标

江西省

指　　标	单　位	莲花县	上栗县	芦溪县	九江县
一、基本情况					
行政区域土地面积	平方公里	1062	712	963	810
乡(镇)个数	个	18	10	12	16
村民委员会个数	个	210	199	180	136
年末总户数	户	58111	107527	70566	87899
其中:乡村户数	户	44476	100546	60347	62207
年末总人口	万人	23	46	27	33
其中:乡村人口	万人	21	45	25	27
年末单位从业人员数	人	12018	10136	5732	25434
乡村从业人员数	人	99391	232112	138374	131381
其中:农林牧渔业	人	62029	114489	75929	85401
农业机械总动力	万千瓦特	8	12	8	8
本地电话用户	户	18011	28162	22622	34880
二、综合经济					
第一产业增加值	万元	22380	40046	30127	33195
第二产业增加值	万元	25723	51100	51900	19766
地方财政预算内收入	万元	4264	6002	6209	4727
财政支出	万元	10831	12258	10027	15664
城乡居民储蓄存款余额	万元	53107	31401	41398	67558
年末金融机构各项贷款余额	万元	20840	28838	21087	83762
三、农业、工业及基本建设					
粮食产量	吨	118057	132731	126179	55589
棉花产量	吨	29	40	7	11215
油料产量	吨	4142	1452	1282	16421
肉类总产量	吨	11235	17847	15010	5740
规模以上工业企业数	个	7	15	20	18
规模以上工业总产值(现价)	万元	11180	11807	22309	20982
基本建设投资完成额	万元	5415	2399	310	651
四、教育、卫生和社会保障					
普通中学在校学生数	人	17022	31013	21131	25953
小学在校学生数	人	23396	47115	21680	37581
医院、卫生院床位数	床	312	356	317	431
社会福利院数	个	18	20	26	17
社会福利院床位数	床	400	720	756	136

2001年县(市)社会经济主要指标

江西省

指　　标	单　位	武宁县	修水县	永修县	德安县
一、基本情况					
行政区域土地面积	平方公里	3507	4504	2035	927
乡(镇)个数	个	24	36	17	18
村民委员会个数	个	249	453	216	105
年末总户数	户	87478	175072	98412	42030
其中:乡村户数	户	68049	138998	65488	26077
年末总人口	万人	35	76	36	16
其中:乡村人口	万人	29	64	26	11
年末单位从业人员数	人	15618	20550	36473	17419
乡村从业人员数	人	127519	313069	107964	49752
其中:农林牧渔业	人	81327	189135	75752	33763
农业机械总动力	万千瓦特	10	14	9	3
本地电话用户	户	33246	54665	37183	26494
二、综合经济					
第一产业增加值	万元	67170	80882	57170	19001
第二产业增加值	万元	42630	48780	46703	35775
地方财政预算内收入	万元	6744	9633	6396	3181
财政支出	万元	11923	19432	14951	10072
城乡居民储蓄存款余额	万元	73991	95051	94835	76281
年末金融机构各项贷款余额	万元	90873	106710	167447	143601
三、农业、工业及基本建设					
粮食产量	吨	119707	189148	161205	37249
棉花产量	吨	1793	297	6216	4488
油料产量	吨	8187	6313	16094	3871
肉类总产量	吨	28872	20448	15338	4365
规模以上工业企业数	个	22	35	70	20
规模以上工业总产值(现价)	万元	17418	43639	59443	38001
基本建设投资完成额	万元	7357	12566	40865	1008
四、教育、卫生和社会保障					
普通中学在校学生数	人	27325	55162	23790	12045
小学在校学生数	人	28939	75922	36004	11576
医院、卫生院床位数	床	504	759	770	629
社会福利院数	个	22	43	21	13
社会福利院床位数	床	270	380	720	147

2001年县(市)社会经济主要指标

江西省

指　　标	单　位	星子县	都昌县	湖口县	彭泽县
一、基本情况					
行政区域土地面积	平方公里	719	1988	669	1542
乡(镇)个数	个	14	29	16	19
村民委员会个数	个	91	330	152	204
年末总户数	户	57677	168074	71104	89775
其中:乡村户数	户	42782	140038	51057	66077
年末总人口	万人	23	71	27	34
其中:乡村人口	万人	19	63	22	29
年末单位从业人员数	人	10698	24759	15678	21009
乡村从业人员数	人	84455	311938	102535	134130
其中:农林牧渔业	人	46629	178552	80486	77931
农业机械总动力	万千瓦特	1	15	7	12
本地电话用户	户	24883	45316	30502	42157
二、综合经济					
第一产业增加值	万元	21360	35243	34628	48660
第二产业增加值	万元	19220	14296	20200	19010
地方财政预算内收入	万元	3550	6729	4632	4488
财政支出	万元	12201	35835	18233	18233
城乡居民储蓄存款余额	万元	35776	91524	56024	70070
年末金融机构各项贷款余额	万元	57054	112160	84912	120767
三、农业、工业及基本建设					
粮食产量	吨	59921	189680	77654	62267
棉花产量	吨	1045	3073	5623	14614
油料产量	吨	5636	16713	16350	21868
肉类总产量	吨	6515	14973	7519	6660
规模以上工业企业数	个	13	31	21	17
规模以上工业总产值(现价)	万元	7590	12939	24620	22887
基本建设投资完成额	万元	3954	12722	2615	2064
四、教育、卫生和社会保障					
普通中学在校学生数	人	14338	53532	21097	26499
小学在校学生数	人	27234	76759	27648	28748
医院、卫生院床位数	床	448	946	453	516
社会福利院数	个	15	1	17	26
社会福利院床位数	床	480	21	336	1036

2001年县(市)社会经济主要指标

江西省

指　　标	单　位	瑞昌市	分宜县	余江县	贵溪市
一、基本情况					
行政区域土地面积	平方公里	1423	1392	933	2313
乡(镇)个数	个	22	13	11	24
村民委员会个数	个	217	162	132	206
年末总户数	户	104613	95191	88498	137253
其中:乡村户数	户	70963	65124	66804	97055
年末总人口	万人	42	31	34	52
其中:乡村人口	万人	31	23	28	42
年末单位从业人员数	人	26682	19499	18921	49079
乡村从业人员数	人	130292	106675	118227	199069
其中:农林牧渔业	人	79175	69681	78481	138007
农业机械总动力	万千瓦特	6	9	6	10
本地电话用户	户	46726	32146	24944	41155
二、综合经济					
第一产业增加值	万元	37807	44496	43820	58171
第二产业增加值	万元	55970	56199	25800	185700
地方财政预算内收入	万元	7997	8782	4772	16520
财政支出	万元	15959	17344	10960	20788
城乡居民储蓄存款余额	万元	89816	91505	77680	157845
年末金融机构各项贷款余额	万元	107340	50109	71158	457521
三、农业、工业及基本建设					
粮食产量	吨	61215	126336	180126	274123
棉花产量	吨	1073	56	13	4
油料产量	吨	8256	5744	13105	8064
肉类总产量	吨	11534	20033	33244	33513
规模以上工业企业数	个	53	31	23	27
规模以上工业总产值(现价)	万元	95053	39562	44772	531556
基本建设投资完成额	万元	9862	7903	6900	11854
四、教育、卫生和社会保障					
普通中学在校学生数	人	29864	19947	25085	37585
小学在校学生数	人	40307	22478	33176	45734
医院、卫生院床位数	床	1198	722	511	815
社会福利院数	个	1	14	17	27
社会福利院床位数	床	23	192	606	768

2001年县(市)社会经济主要指标

江西省

指　　标	单　位	赣县	信丰县	大余县	上犹县
一、基本情况					
行政区域土地面积	平方公里	2993	2878	1368	1544
乡(镇)个数	个	19	16	11	14
村民委员会个数	个	315	293	144	180
年末总户数	户	137382	180370	88030	76706
其中:乡村户数	户	112093	135739	48818	60162
年末总人口	万人	54	65	28	28
其中:乡村人口	万人	47	55	21	24
年末单位从业人员数	人	16800	20888	18399	12935
乡村从业人员数	人	247947	279724	105218	145477
其中:农林牧渔业	人	145892	162287	71331	88969
农业机械总动力	万千瓦特	10	14	7	5
本地电话用户	户	37481	44735	29253	19899
二、综合经济					
第一产业增加值	万元	65454	77857	41480	37844
第二产业增加值	万元	28938	81929	56112	26048
地方财政预算内收入	万元	8181	10438	7266	5556
财政支出	万元	19786	18721	12393	14055
城乡居民储蓄存款余额	万元	103929	145563	83715	55753
年末金融机构各项贷款余额	万元	70308	74886	68473	43296
三、农业、工业及基本建设					
粮食产量	吨	188551	218049	91877	100630
棉花产量	吨	4	1	3	
油料产量	吨	7842	16675	8680	2579
肉类总产量	吨	33217	24795	19443	14259
规模以上工业企业数	个	19	38	43	32
规模以上工业总产值(现价)	万元	28425	28909	64744	29462
基本建设投资完成额	万元	9833	12481	9833	3417
四、教育、卫生和社会保障					
普通中学在校学生数	人	30921	37683	16020	16003
小学在校学生数	人	56270	66120	23578	24704
医院、卫生院床位数	床	580	579	399	328
社会福利院数	个	37	31	13	21
社会福利院床位数	床	1302	299	446	624

2001年县(市)社会经济主要指标

江西省

指　　标	单　位	崇义县	安远县	龙南县	定南县
一、基本情况					
行政区域土地面积	平方公里	2197	2375	1641	1316
乡(镇)个数	个	18	18	15	7
村民委员会个数	个	155	243	119	151
年末总户数	户	52950	75838	76877	49251
其中:乡村户数	户	40234	63404	60053	38156
年末总人口	万人	20	34	30	19
其中:乡村人口	万人	16	29	25	17
年末单位从业人员数	人	11323	11803	15493	7372
乡村从业人员数	人	80297	141367	155375	86644
其中:农林牧渔业	人	54638	95875	97960	52795
农业机械总动力	万千瓦特	3	4	7	4
本地电话用户	户	19169	21698	28340	19763
二、综合经济					
第一产业增加值	万元	28685	44134	41823	25007
第二产业增加值	万元	27194	13769	47176	15333
地方财政预算内收入	万元	5893	5338	9254	5313
财政支出	万元	10540	15995	14229	10122
城乡居民储蓄存款余额	万元	49482	40224	78175	35470
年末金融机构各项贷款余额	万元	40746	50289	42116	41868
三、农业、工业及基本建设					
粮食产量	吨	57182	108830	59935	60225
棉花产量	吨		8		
油料产量	吨	862	697	5501	416
肉类总产量	吨	7484	16899	20354	12357
规模以上工业企业数	个	18	19	36	11
规模以上工业总产值(现价)	万元	28353	5977	45117	7776
基本建设投资完成额	万元	3891	6193	16103	4048
四、教育、卫生和社会保障					
普通中学在校学生数	人	13084	18313	18894	12459
小学在校学生数	人	17178	36050	30187	19652
医院、卫生院床位数	床	335	296	359	365
社会福利院数	个	20	24	17	14
社会福利院床位数	床	600	550	258	332

2001 年县(市)社会经济主要指标

江西省

指　　标	单　位	全南县	宁都县	于都县	兴国县
一、基本情况					
行政区域土地面积	平方公里	1521	4053	2893	3214
乡(镇)个数	个	9	24	23	25
村民委员会个数	个	113	348	402	371
年末总户数	户	48404	183480	196056	163921
其中:乡村户数	户	32106	136986	161024	138747
年末总人口	万人	18	70	86	70
其中:乡村人口	万人	13	60	71	61
年末单位从业人员数	人	12336	22364	27472	19723
乡村从业人员数	人	65607	321774	337615	361917
其中:农林牧渔业	人	37326	209279	197598	238737
农业机械总动力	万千瓦特	6	12	10	9
本地电话用户	户	17489	45694	55719	43546
二、综合经济					
第一产业增加值	万元	32251	94384	71780	90345
第二产业增加值	万元	28824	66290	65424	46778
地方财政预算内收入	万元	5703	9297	10480	9420
财政支出	万元	9660	22812	23476	23670
城乡居民储蓄存款余额	万元	46099	154568	152588	105700
年末金融机构各项贷款余额	万元	31153	91841	82485	79900
三、农业、工业及基本建设					
粮食产量	吨	68940	286409	212227	187663
棉花产量	吨	2	40	5	
油料产量	吨	3997	15270	33405	10742
肉类总产量	吨	7708	56453	34347	59059
规模以上工业企业数	个	36	37	22	33
规模以上工业总产值(现价)	万元	30776	19774	44100	33906
基本建设投资完成额	万元	7295	11440	14337	25562
四、教育、卫生和社会保障					
普通中学在校学生数	人	10714	45358	43109	35376
小学在校学生数	人	16096	64608	92755	65961
医院、卫生院床位数	床	466	982	914	593
社会福利院数	个	15	104	41	69
社会福利院床位数	床	230	2682	1746	2231

2001 年县(市)社会经济主要指标

江西省

指　　标	单　位	会昌县	寻乌县	石城县	瑞金市
一、基本情况					
行政区域土地面积	平方公里	2722	2311	1582	2448
乡(镇)个数	个	21	15	10	17
村民委员会个数	个	278	177	140	269
年末总户数	户	103823	73969	70540	134770
其中:乡村户数	户	83633	56209	52110	109661
年末总人口	万人	42	29	30	59
其中:乡村人口	万人	38	25	24	50
年末单位从业人员数	人	14096	10510	10973	19510
乡村从业人员数	人	212443	120232	127284	245662
其中:农林牧渔业	人	155025	85070	95462	148866
农业机械总动力	万千瓦特	4	6	6	7
本地电话用户	户	24096	22930	19831	41012
二、综合经济					
第一产业增加值	万元	51813	34985	39256	63795
第二产业增加值	万元	25586	12640	16049	41448
地方财政预算内收入	万元	5819	5364	4721	10002
财政支出	万元	15047	12308	10942	21037
城乡居民储蓄存款余额	万元	48455	31091	54207	127882
年末金融机构各项贷款余额	万元	41409	28341	33204	69220
三、农业、工业及基本建设					
粮食产量	吨	160303	96605	121647	158554
棉花产量	吨	6	4	2	
油料产量	吨	2681	1990	2473	12096
肉类总产量	吨	27560	22545	12780	25878
规模以上工业企业数	个	25	17	14	34
规模以上工业总产值(现价)	万元	24910	6458	3837	27052
基本建设投资完成额	万元	10634	6232	9395	14502
四、教育、卫生和社会保障					
普通中学在校学生数	人	17831	17424	19928	35232
小学在校学生数	人	48112	31265	33615	56082
医院、卫生院床位数	床	353	318	386	492
社会福利院数	个	25	21	22	76
社会福利院床位数	床	753	438	945	3730

2001 年县(市)社会经济主要指标

江西省

指　　标	单　位	南康市	吉安县	吉水县	峡江县
一、基本情况					
行政区域土地面积	平方公里	1845	2111	2475	1310
乡(镇)个数	个	26	22	22	12
村民委员会个数	个	363	321	314	100
年末总户数	户	216280	120786	139353	43405
其中:乡村户数	户	161374	81845	86112	29754
年末总人口	万人	78	43	46	16
其中:乡村人口	万人	67	38	39	12
年末单位从业人员数	人	17853	22436	22651	10077
乡村从业人员数	人	388987	181312	184680	55657
其中:农林牧渔业	人	218586	142128	131567	43064
农业机械总动力	万千瓦特	15	13	22	4
本地电话用户	户	61058	28908	32050	13262
二、综合经济					
第一产业增加值	万元	76377	60357	53250	29648
第二产业增加值	万元	62132	41020	41031	15296
地方财政预算内收入	万元	11062	8986	7308	4726
财政支出	万元	22535	16573	13425	7247
城乡居民储蓄存款余额	万元	163858	110873	109391	55501
年末金融机构各项贷款余额	万元	129676	79889	81846	45547
三、农业、工业及基本建设					
粮食产量	吨	206828	204731	290635	143660
棉花产量	吨	5	9		71
油料产量	吨	24321	15237	13901	9414
肉类总产量	吨	34086	17554	21885	9265
规模以上工业企业数	个	32	21	16	17
规模以上工业总产值(现价)	万元	99800	41247	42352	12093
基本建设投资完成额	万元	16288	17227	22400	3938
四、教育、卫生和社会保障					
普通中学在校学生数	人	47892	28949	29818	11584
小学在校学生数	人	83663	41822	45822	17458
医院、卫生院床位数	床	750	711	604	380
社会福利院数	个	33	24	25	13
社会福利院床位数	床	945	845	759	412

2001年县(市)社会经济主要指标

江西省

指　　标	单　位	新干县	永丰县	泰和县	遂川县
一、基本情况					
行政区域土地面积	平方公里	1229	2691	2681	3092
乡(镇)个数	个	14	26	26	29
村民委员会个数	个	169	269	363	379
年末总户数	户	92660	95627	137401	132390
其中:乡村户数	户	69647	71864	93683	115983
年末总人口	万人	30	40	51	51
其中:乡村人口	万人	24	33	43	48
年末单位从业人员数	人	14911	17789	21139	16438
乡村从业人员数	人	125318	166640	204826	249832
其中:农林牧渔业	人	73482	123626	142271	168971
农业机械总动力	万千瓦特	9	11	14	6
本地电话用户	户	27524	26546	39605	32000
二、综合经济					
第一产业增加值	万元	46879	56710	96700	41998
第二产业增加值	万元	35908	40689	73300	40516
地方财政预算内收入	万元	7849	6768	9948	5971
财政支出	万元	13205	14207	17382	14543
城乡居民储蓄存款余额	万元	114645	92737	138638	85115
年末金融机构各项贷款余额	万元	77401	70812	99289	55637
三、农业、工业及基本建设					
粮食产量	吨	230188	228662	263429	173617
棉花产量	吨	394		6	
油料产量	吨	15458	6810	26585	4039
肉类总产量	吨	21614	15442	36583	17501
规模以上工业企业数	个	19	28	15	13
规模以上工业总产值(现价)	万元	39994	33574	40710	16403
基本建设投资完成额	万元	7248	5829	7418	5291
四、教育、卫生和社会保障					
普通中学在校学生数	人	22642	28579	34958	31031
小学在校学生数	人	27790	47098	49199	52126
医院、卫生院床位数	床	605	540	778	573
社会福利院数	个	17	37	26	30
社会福利院床位数	床	395	1158	581	790

2001年县(市)社会经济主要指标

江西省

指　　标	单　位	万安县	安福县	永新县	井冈山市
一、基本情况					
行政区域土地面积	平方公里	2037	2796	2159	1298
乡(镇)个数	个	19	24	29	17
村民委员会个数	个	166	350	361	106
年末总户数	户	76177	104534	108635	40637
其中:乡村户数	户	57140	64983	78307	22291
年末总人口	万人	28	38	46	15
其中:乡村人口	万人	24	28	39	11
年末单位从业人员数	人	12843	23583	15920	16882
乡村从业人员数	人	112898	141812	200511	53629
其中:农林牧渔业	人	82918	105848	133751	37582
农业机械总动力	万千瓦特	9	10	9	3
本地电话用户	户	23030	30097	31414	21734
二、综合经济					
第一产业增加值	万元	34160	57007	44829	18278
第二产业增加值	万元	20461	54453	30100	22850
地方财政预算内收入	万元	5363	7417	5556	5261
财政支出	万元	12061	15655	15933	15167
城乡居民储蓄存款余额	万元	71057	111445	121908	58761
年末金融机构各项贷款余额	万元	93360	57164	55732	47972
三、农业、工业及基本建设					
粮食产量	吨	130725	231890	193158	60081
棉花产量	吨		35	5	3
油料产量	吨	11945	17915	11488	2578
肉类总产量	吨	14245	14241	17605	5571
规模以上工业企业数	个	13	19	15	13
规模以上工业总产值(现价)	万元	8322	36668	19638	15026
基本建设投资完成额	万元	2671	2532	9903	8324
四、教育、卫生和社会保障					
普通中学在校学生数	人	18549	26947	28788	9487
小学在校学生数	人	27605	33047	45322	14769
医院、卫生院床位数	床	504	793	838	468
社会福利院数	个	19	25	34	18
社会福利院床位数	床	710	730	1308	453

2001年县(市)社会经济主要指标

江西省

指　　标	单　位	奉新县	万载县	上高县	宜丰县
一、基本情况					
行政区域土地面积	平方公里	1642	1714	1350	1935
乡(镇)个数	个	17	17	18	16
村民委员会个数	个	190	210	193	205
年末总户数	户	84543	124403	100865	81797
其中:乡村户数	户	54339	97747	64017	49353
年末总人口	万人	29	46	33	27
其中:乡村人口	万人	22	39	22	17
年末单位从业人员数	人	14890	16419	15982	20175
乡村从业人员数	人	96418	171626	96505	80836
其中:农林牧渔业	人	67805	101262	63962	53856
农业机械总动力	万千瓦特	9	9	10	16
本地电话用户	户	28385	35691	33228	29346
二、综合经济					
第一产业增加值	万元	58813	52722	70525	46328
第二产业增加值	万元	37375	45938	55368	40600
地方财政预算内收入	万元	8209	8458	9437	7985
财政支出	万元	12162	16156	15202	13746
城乡居民储蓄存款余额	万元	93933	92659	111548	99382
年末金融机构各项贷款余额	万元	108174	80243	128169	104097
三、农业、工业及基本建设					
粮食产量	吨	210188	221855	224280	193741
棉花产量	吨	587	46	741	80
油料产量	吨	9210	6612	16559	4468
肉类总产量	吨	10660	25716	28072	21476
规模以上工业企业数	个	61	28	59	51
规模以上工业总产值(现价)	万元	40172	15184	44900	31851
基本建设投资完成额	万元	12385	7446	12873	2862
四、教育、卫生和社会保障					
普通中学在校学生数	人	21214	27422	20337	18045
小学在校学生数	人	22738	36268	28486	18020
医院、卫生院床位数	床	540	684	690	705
社会福利院数	个	17	36	20	20
社会福利院床位数	床	532	817	480	762

2001 年县(市)社会经济主要指标

江西省

指　　标	单　位	靖安县	铜鼓县	丰城市	樟树市
一、基本情况					
行政区域土地面积	平方公里	1377	1548	2845	1290
乡(镇)个数	个	11	9	31	17
村民委员会个数	个	110	108	532	274
年末总户数	户	40376	39654	352800	149173
其中:乡村户数	户	25997	23527	216076	98175
年末总人口	万人	14	14	125	54
其中:乡村人口	万人	9	9	97	41
年末单位从业人员数	人	10302	7611	64051	30157
乡村从业人员数	人	36555	41650	452330	210975
其中:农林牧渔业	人	25028	27987	259735	131213
农业机械总动力	万千瓦特	9	5	30	21
本地电话用户	户	19849	17148	83387	55594
二、综合经济					
第一产业增加值	万元	23590	23000	166134	78140
第二产业增加值	万元	21104	19300	117876	74833
地方财政预算内收入	万元	4815	6062	18497	14205
财政支出	万元	7827	8687	30918	22811
城乡居民储蓄存款余额	万元	50076	37989	321124	231451
年末金融机构各项贷款余额	万元	42573	42164	293776	189269
三、农业、工业及基本建设					
粮食产量	吨	73334	34158	733821	326533
棉花产量	吨	95	1	1752	404
油料产量	吨	4239	768	28586	22807
肉类总产量	吨	4063	5002	48197	47491
规模以上工业企业数	个	30	33	39	28
规模以上工业总产值(现价)	万元	17120	20309	166298	130643
基本建设投资完成额	万元	1420	1276	17930	13757
四、教育、卫生和社会保障					
普通中学在校学生数	人	8853	9982	79100	38459
小学在校学生数	人	10782	9974	116000	47237
医院、卫生院床位数	床	311	204	2020	940
社会福利院数	个	11	17	23	19
社会福利院床位数	床	240	420	768	598

2001年县(市)社会经济主要指标

江西省

指　　标	单　位	高安市	南城县	黎川县	南丰县
一、基本情况					
行政区域土地面积	平方公里	2439	1698	1729	1909
乡(镇)个数	个	24	12	13	12
村民委员会个数	个	311	169	120	176
年末总户数	户	214421	72168	60522	65394
其中:乡村户数	户	147232	52512	44848	49061
年末总人口	万人	80	29	23	27
其中:乡村人口	万人	58	23	18	22
年末单位从业人员数	人	37865	14178	12126	15340
乡村从业人员数	人	280173	105221	89315	115749
其中:农林牧渔业	人	191969	66747	60001	84990
农业机械总动力	万千瓦特	32	10	5	5
本地电话用户	户	63813	30906	19625	26052
二、综合经济					
第一产业增加值	万元	87463	44677	28033	48612
第二产业增加值	万元	83891	36067	19700	32111
地方财政预算内收入	万元	14303	6344	3576	5960
财政支出	万元	24091	11795	10948	10190
城乡居民储蓄存款余额	万元	218924	93452	53915	75502
年末金融机构各项贷款余额	万元	232877	76222	65695	62627
三、农业、工业及基本建设					
粮食产量	吨	503951	166026	137780	154580
棉花产量	吨	3236	185	48	
油料产量	吨	43645	7482	4801	6541
肉类总产量	吨	54994	24136	15783	19241
规模以上工业企业数	个	47	33	13	30
规模以上工业总产值(现价)	万元	82689	40616	20104	33691
基本建设投资完成额	万元	22316	15869	7047	8728
四、教育、卫生和社会保障					
普通中学在校学生数	人	51197	21889	15626	21125
小学在校学生数	人	68613	26453	20840	28163
医院、卫生院床位数	床	1414	554	317	450
社会福利院数	个	24	15	20	16
社会福利院床位数	床	120	450	310	250

2001年县(市)社会经济主要指标

江西省

指　　标	单　位	崇仁县	乐安县	宜黄县	金溪县
一、基本情况					
行政区域土地面积	平方公里	1520	2413	1944	1358
乡(镇)个数	个	15	15	12	13
村民委员会个数	个	161	210	151	163
年末总户数	户	80108	91094	64922	70019
其中:乡村户数	户	56916	61536	43593	54898
年末总人口	万人	31	33	21	27
其中:乡村人口	万人	26	27	18	24
年末单位从业人员数	人	16808	14027	11594	11205
乡村从业人员数	人	124587	125862	80861	100981
其中:农林牧渔业	人	89319	94077	56474	67726
农业机械总动力	万千瓦特	5	8	5	3
本地电话用户	户	19832	17052	15492	19335
二、综合经济					
第一产业增加值	万元	46510	38440	28170	33050
第二产业增加值	万元	48626	24140	21352	20457
地方财政预算内收入	万元	7201	3972	3922	4187
财政支出	万元	12895	13316	7609	10079
城乡居民储蓄存款余额	万元	78018	93925	52837	53820
年末金融机构各项贷款余额	万元	88942	62218	66828	73099
三、农业、工业及基本建设					
粮食产量	吨	175715	186635	117322	210786
棉花产量	吨	2621	20	32	12
油料产量	吨	14960	2839	2683	3900
肉类总产量	吨	31383	13104	10823	12885
规模以上工业企业数	个	35	22	16	18
规模以上工业总产值(现价)	万元	48101	11629	12166	19482
基本建设投资完成额	万元	7533	6558	5520	12213
四、教育、卫生和社会保障					
普通中学在校学生数	人	22060	20093	14088	20088
小学在校学生数	人	32156	35396	19364	23411
医院、卫生院床位数	床	401	661	428	320
社会福利院数	个	22	21	16	17
社会福利院床位数	床	295	426	346	160

2001年县(市)社会经济主要指标

江西省

指　　标	单　位	资溪县	东乡县	广昌县	上饶县
一、基本情况					
行政区域土地面积	平方公里	1251	1275	1613	2240
乡(镇)个数	个	7	17	11	31
村民委员会个数	个	78	158	129	300
年末总户数	户	31019	118083	57830	159993
其中:乡村户数	户	18888	75430	45000	137951
年末总人口	万人	11	41	23	72
其中:乡村人口	万人	8	33	19	62
年末单位从业人员数	人	9913	28103	11425	18261
乡村从业人员数	人	37193	153972	93881	277416
其中:农林牧渔业	人	19402	107191	68984	149906
农业机械总动力	万千瓦特	2	12	8	12
本地电话用户	户	12202	29413	17789	29975
二、综合经济					
第一产业增加值	万元	13331	50589	17820	46523
第二产业增加值	万元	14481	77953	9329	65573
地方财政预算内收入	万元	2949	9077	3596	8093
财政支出	万元	5848	14876	12107	20511
城乡居民储蓄存款余额	万元	52666	99170	51065	120147
年末金融机构各项贷款余额	万元	26798	105640	45104	99682
三、农业、工业及基本建设					
粮食产量	吨	40447	196430	70237	174748
棉花产量	吨		1		36
油料产量	吨	380	11291	717	2335
肉类总产量	吨	6455	38017	7218	11539
规模以上工业企业数	个	29	39	23	20
规模以上工业总产值(现价)	万元	12336	59355	15685	28311
基本建设投资完成额	万元	5565	18833	4953	35235
四、教育、卫生和社会保障					
普通中学在校学生数	人	6884	27779	15637	23626
小学在校学生数	人	8515	36181	27015	87353
医院、卫生院床位数	床	200	719	291	1047
社会福利院数	个	8	18	12	20
社会福利院床位数	床	132	140	152	240

2001年县(市)社会经济主要指标

江西省

指　　标	单　位	广丰县	玉山县	铅山县	横峰县
一、基本情况					
行政区域土地面积	平方公里	1378	1728	2178	655
乡(镇)个数	个	30	23	25	11
村民委员会个数	个	257	277	213	81
年末总户数	户	183849	150884	102667	49978
其中:乡村户数	户	156483	120485	81889	36374
年末总人口	万人	75	54	41	21
其中:乡村人口	万人	70	45	34	16
年末单位从业人员数	人	29810	20220	15913	10340
乡村从业人员数	人	315401	164853	150841	64712
其中:农林牧渔业	人	163694	91936	89233	41695
农业机械总动力	万千瓦特	10	8	9	2
本地电话用户	户	55512	42000	34934	20319
二、综合经济					
第一产业增加值	万元	69745	44924	47440	17466
第二产业增加值	万元	138000	35970	47700	18253
地方财政预算内收入	万元	24124	6961	6414	3299
财政支出	万元	34529	16253	15133	9001
城乡居民储蓄存款余额	万元	134952	131969	105174	55442
年末金融机构各项贷款余额	万元	121691	81880	61740	45469
三、农业、工业及基本建设					
粮食产量	吨	200696	167839	151827	71425
棉花产量	吨	18	89	11	29
油料产量	吨	5487	7109	2800	3414
肉类总产量	吨	32692	18693	9941	13608
规模以上工业企业数	个	40	19	20	20
规模以上工业总产值(现价)	万元	168610	28708	20754	7651
基本建设投资完成额	万元	11080	3883	4070	1618
四、教育、卫生和社会保障					
普通中学在校学生数	人	53978	32648	22185	9632
小学在校学生数	人	90302	52889	37791	17081
医院、卫生院床位数	床	739	742	280	239
社会福利院数	个	22	21	26	13
社会福利院床位数	床	416	743	374	363

2001 年县(市)社会经济主要指标

江西省

指　　标	单　位	弋阳县	余干县	波阳县	万年县
一、基本情况					
行政区域土地面积	平方公里	1582	2331	4215	1140
乡(镇)个数	个	22	28	43	19
村民委员会个数	个	187	430	668	192
年末总户数	户	92712	195215	296190	84992
其中:乡村户数	户	70930	165042	225011	70327
年末总人口	万人	36	85	135	36
其中:乡村人口	万人	30	79	118	29
年末单位从业人员数	人	23186	28700	64275	21557
乡村从业人员数	人	139894	358879	516846	148757
其中:农林牧渔业	人	95972	239587	224620	76870
农业机械总动力	万千瓦特	8	25	31	5
本地电话用户	户	28111	26983	42859	13768
二、综合经济					
第一产业增加值	万元	36467	64100	126064	48844
第二产业增加值	万元	31654	23120	44991	36206
地方财政预算内收入	万元	5874	8236	8986	5863
财政支出	万元	14820	36785	39289	12634
城乡居民储蓄存款余额	万元	97324	104367	148695	83612
年末金融机构各项贷款余额	万元	84575	142454	196035	133626
三、农业、工业及基本建设					
粮食产量	吨	175480	393115	497927	157500
棉花产量	吨	19	63	1885	693
油料产量	吨	6163	15510	48490	8412
肉类总产量	吨	13088	24223	21025	13533
规模以上工业企业数	个	35	7	3	17
规模以上工业总产值(现价)	万元	49631	15249	2063	47912
基本建设投资完成额	万元	1768	18179	28752	8050
四、教育、卫生和社会保障					
普通中学在校学生数	人	21749	60255	71252	16021
小学在校学生数	人	33441	101247	172545	44876
医院、卫生院床位数	床	679	882	1755	620
社会福利院数	个	32	14	32	30
社会福利院床位数	床	1159	298	216	973

2001年县(市)社会经济主要指标

江西省、山东省

指　　标	单　位	婺源县	德兴市	宁冈县	长清县
一、基本情况					
行政区域土地面积	平方公里	2948	2082		1178
乡(镇)个数	个	23	17		11
村民委员会个数	个	198	125		613
年末总户数	户	98601	89802		158101
其中:乡村户数	户	70492	51217		127800
年末总人口	万人	33	31		53
其中:乡村人口	万人	27	20		45
年末单位从业人员数	人	15150	24156		41849
乡村从业人员数	人	118120	95864		226000
其中:农林牧渔业	人	77250	58448		133800
农业机械总动力	万千瓦特	8	5		37
本地电话用户	户	26002	35497		86115
二、综合经济					
第一产业增加值	万元	36922	31846		135568
第二产业增加值	万元	44700	148864		281312
地方财政预算内收入	万元	6743	12312		18026
财政支出	万元	14544	16776		24905
城乡居民储蓄存款余额	万元	88459	158927		251611
年末金融机构各项贷款余额	万元	101729	138702		178126
三、农业、工业及基本建设					
粮食产量	吨	118755	101430		296416
棉花产量	吨	48	37		
油料产量	吨	5514	3362		13288
肉类总产量	吨	7048	7595		38032
规模以上工业企业数	个	20	46		71
规模以上工业总产值(现价)	万元	19290	59252		498639
基本建设投资完成额	万元	6212	9962		30651
四、教育、卫生和社会保障					
普通中学在校学生数	人	23552	17670		37489
小学在校学生数	人	33502	27982		28356
医院、卫生院床位数	床	515	849		923
社会福利院数	个	19	17		19
社会福利院床位数	床	365	418		910

2001年县(市)社会经济主要指标

山东省

指标	单位	平阴县	济阳县	商河县	章丘市
一、基本情况					
行政区域土地面积	平方公里	827	1075	1163	1855
乡(镇)个数	个	11	8	21	20
村民委员会个数	个	345	852	962	908
年末总户数	户	116032	133294	147217	282791
其中:乡村户数	户	79800	116300	123100	247677
年末总人口	万人	36	53	59	99
其中:乡村人口	万人	29	48	52	86
年末单位从业人员数	人	32845	17678	21268	53524
乡村从业人员数	人	140600	282817	270569	460000
其中:农林牧渔业	人	89400	208532	202700	174679
农业机械总动力	万千瓦特	38	66	89	89
本地电话用户	户	62650	61379	63173	200679
二、综合经济					
第一产业增加值	万元	97133	158011	154116	238163
第二产业增加值	万元	236031	163981	134891	571754
地方财政预算内收入	万元	15191	20380	13202	57287
财政支出	万元	21588	25562	18663	69072
城乡居民储蓄存款余额	万元	147683	107930	119070	497679
年末金融机构各项贷款余额	万元	151553	128002	141643	279866
三、农业、工业及基本建设					
粮食产量	吨	230080	476218	503664	519783
棉花产量	吨	569	7225	18635	3125
油料产量	吨	6916	11013	1249	9024
肉类总产量	吨	40780	51755	52126	79660
规模以上工业企业数	个	68	64	78	165
规模以上工业总产值(现价)	万元	357487	266114	239357	834401
基本建设投资完成额	万元	14851	22483	24710	55107
四、教育、卫生和社会保障					
普通中学在校学生数	人	30456	38283	38440	58767
小学在校学生数	人	25225	43883	48230	59902
医院、卫生院床位数	床	789	586	738	1796
社会福利院数	个	11	19	20	106
社会福利院床位数	床	96	345	900	1810

2001年县(市)社会经济主要指标

山东省

指　　标	单　位	胶州市	即墨市	平度市	胶南市
一、基本情况					
行政区域土地面积	平方公里	1313	1780	3166	1894
乡(镇)个数	个	13	19	26	16
村民委员会个数	个	811	1033	1788	1008
年末总户数	户	230429	324900	403383	268265
其中:乡村户数	户	189091	294445	357021	222428
年末总人口	万人	76	107	134	84
其中:乡村人口	万人	63	96	119	71
年末单位从业人员数	人	104074	87100	75828	68120
乡村从业人员数	人	327107	527083	632763	350101
其中:农林牧渔业	人	131543	261129	421480	187587
农业机械总动力	万千瓦特	66	83	190	43
本地电话用户	户	165380	236000	268683	146452
二、综合经济					
第一产业增加值	万元	190956	233370	354605	245857
第二产业增加值	万元	663213	607800	534942	697099
地方财政预算内收入	万元	43378	51038	45168	50197
财政支出	万元	52323	64330	59134	60222
城乡居民储蓄存款余额	万元	406912	511560	518010	346741
年末金融机构各项贷款余额	万元	388768	459415	458864	402027
三、农业、工业及基本建设					
粮食产量	吨	356196	426686	909721	358555
棉花产量	吨	151		2968	
油料产量	吨	48168	126997	184730	104724
肉类总产量	吨	80099	87277	242867	98510
规模以上工业企业数	个	205	189	150	112
规模以上工业总产值(现价)	万元	1372265	877205	913582	1398380
基本建设投资完成额	万元	43507	110175	41522	98755
四、教育、卫生和社会保障					
普通中学在校学生数	人	44103	68300	87939	54083
小学在校学生数	人	59367	76300	106442	59644
医院、卫生院床位数	床	1689	1529	2263	1858
社会福利院数	个	3	20	2	221
社会福利院床位数	床	120	475	85	1690

2001年县(市)社会经济主要指标

山东省

指　　标	单　位	莱西市	桓台县	高青县	沂源县
一、基本情况					
行政区域土地面积	平方公里	1522	510	830	1637
乡(镇)个数	个	12	11	9	13
村民委员会个数	个	861	343	767	633
年末总户数	户	233222	152087	99074	183705
其中:乡村户数	户	190400	119800	86300	161000
年末总人口	万人	73	49	36	55
其中:乡村人口	万人	63	42	31	49
年末单位从业人员数	人	74425	32211	18677	39483
乡村从业人员数	人	338975	225000	171000	284000
其中:农林牧渔业	人	208200	116000	139600	212100
农业机械总动力	万千瓦特	67	49	49	29
本地电话用户	户	150599	112800	61100	68800
二、综合经济					
第一产业增加值	万元	189266	71888	78739	63935
第二产业增加值	万元	408093	402595	76585	126332
地方财政预算内收入	万元	30518	23953	8738	16028
财政支出	万元	38871	26774	15838	23572
城乡居民储蓄存款余额	万元	332816	358158	112570	167621
年末金融机构各项贷款余额	万元	377259	380018	133992	192288
三、农业、工业及基本建设					
粮食产量	吨	413658	323031	255008	55288
棉花产量	吨		1992	13985	128
油料产量	吨	108071	960	8125	6489
肉类总产量	吨	105286	19054	18649	27913
规模以上工业企业数	个	108	121	50	54
规模以上工业总产值(现价)	万元	663811	679168	153014	270513
基本建设投资完成额	万元	53800	4920	17719	5174
四、教育、卫生和社会保障					
普通中学在校学生数	人	58542	38711	28611	44843
小学在校学生数	人	43784	26891	15721	38455
医院、卫生院床位数	床	1210	937	433	736
社会福利院数	个	40	25	10	14
社会福利院床位数	床	860	306	641	423

2001年县(市)社会经济主要指标

山东省

指　　标	单　位	滕州市	垦利县	利津县	广饶县
一、基本情况					
行政区域土地面积	平方公里	1485	2204	1287	1138
乡(镇)个数	个	21	7	8	10
村民委员会个数	个	1183	332	510	553
年末总户数	户	439775	66876	88235	139144
其中:乡村户数	户	329900	51900	75700	117500
年末总人口	万人	156	21	29	47
其中:乡村人口	万人	124	18	25	42
年末单位从业人员数	人	142997	13502	13425	24936
乡村从业人员数	人	681400	63700	136800	208400
其中:农林牧渔业	人	431400	43900	98200	144300
农业机械总动力	万千瓦特	67	30	32	59
本地电话用户	户	172129	51184	52471	100956
二、综合经济					
第一产业增加值	万元	206916	50434	76671	115281
第二产业增加值	万元	567637	113178	110444	232577
地方财政预算内收入	万元	35088	11788	10886	25463
财政支出	万元	43807	17080	15768	35959
城乡居民储蓄存款余额	万元	487506	255247	89573	267745
年末金融机构各项贷款余额	万元	440331	143320	109013	457755
三、农业、工业及基本建设					
粮食产量	吨	530849	140996	182693	380841
棉花产量	吨	439	6836	16012	9793
油料产量	吨	69876	2952	6126	516
肉类总产量	吨	57656	13219	23619	36195
规模以上工业企业数	个	172	20	54	67
规模以上工业总产值(现价)	万元	805251	304069	254007	629596
基本建设投资完成额	万元	57166	18371	42450	17489
四、教育、卫生和社会保障					
普通中学在校学生数	人	120082	17606	23929	42155
小学在校学生数	人	181938	15886	19239	27180
医院、卫生院床位数	床	3554	580	678	864
社会福利院数	个	111	10	8	10
社会福利院床位数	床	1390	251	470	780

2001年县(市)社会经济主要指标

山东省

指 标	单 位	长岛县	龙口市	莱阳市	莱州市
一、基本情况					
行政区域土地面积	平方公里	56	893	1732	1878
乡(镇)个数	个	7	13	18	16
村民委员会个数	个	40	634	784	1031
年末总户数	户	15974	205922	267905	271649
其中:乡村户数	户	9526	164900	229800	242011
年末总人口	万人	5	63	89	87
其中:乡村人口	万人	3	49	78	73
年末单位从业人员数	人	6628	61986	52399	68306
乡村从业人员数	人	11292	249900	364500	357397
其中:农林牧渔业	人	4947	141700	247100	201052
农业机械总动力	万千瓦特	10	60	64	106
本地电话用户	户	15180	167923	172057	203095
二、综合经济					
第一产业增加值	万元	57937	165059	158526	211134
第二产业增加值	万元	7441	799952	378184	598765
地方财政预算内收入	万元	4439	51016	30019	41006
财政支出	万元	6752	52013	33628	42030
城乡居民储蓄存款余额	万元	83753	905833	444888	809927
年末金融机构各项贷款余额	万元	64415	689515	416035	433944
三、农业、工业及基本建设					
粮食产量	吨	978	245877	292670	369500
棉花产量	吨				
油料产量	吨		9127	65859	42577
肉类总产量	吨	86	22615	29845	49604
规模以上工业企业数	个	16	199	122	181
规模以上工业总产值(现价)	万元	19242	2874482	855963	803443
基本建设投资完成额	万元	3905	47945	30618	46593
四、教育、卫生和社会保障					
普通中学在校学生数	人	4403	51257	81425	70523
小学在校学生数	人	3594	36543	52816	53530
医院、卫生院床位数	床	224	1876	1894	2164
社会福利院数	个	3	19	19	21
社会福利院床位数	床	50	1078	690	1032

2001年县(市)社会经济主要指标

山东省

指　　标	单　位	蓬莱市	招远市	栖霞市	海阳市
一、基本情况					
行政区域土地面积	平方公里	1207	1433	2016	1887
乡(镇)个数	个	12	13	15	14
村民委员会个数	个	614	724	953	732
年末总户数	户	170561	205074	231114	239593
其中:乡村户数	户	146017	153300	191926	212000
年末总人口	万人	48	58	65	69
其中:乡村人口	万人	41	48	57	60
年末单位从业人员数	人	36347	61981	42137	33112
乡村从业人员数	人	203486	197400	275721	313400
其中:农林牧渔业	人	136637	112400	218343	220200
农业机械总动力	万千瓦特	63	55	77	41
本地电话用户	户	119032	143728	134052	119829
二、综合经济					
第一产业增加值	万元	161680	66773	170043	160000
第二产业增加值	万元	374797	572124	178236	219787
地方财政预算内收入	万元	31810	34582	18237	18290
财政支出	万元	36700	39928	25845	24392
城乡居民储蓄存款余额	万元	487695	590158	358510	335241
年末金融机构各项贷款余额	万元	364990	460744	213596	189447
三、农业、工业及基本建设					
粮食产量	吨	199908	229996	268924	307228
棉花产量	吨				
油料产量	吨	41031	55296	42113	52285
肉类总产量	吨	19531	19942	16941	16975
规模以上工业企业数	个	171	225	109	96
规模以上工业总产值(现价)	万元	1078582	1816272	489937	327735
基本建设投资完成额	万元	30206	21964	30560	20500
四、教育、卫生和社会保障					
普通中学在校学生数	人	36463	47952	55100	50984
小学在校学生数	人	25275	34744	41280	39569
医院、卫生院床位数	床	1093	1179	1364	995
社会福利院数	个	11	12	22	15
社会福利院床位数	床	673	640	600	667

2001年县(市)社会经济主要指标

山东省

指标	单位	临朐县	昌乐县	青州市	诸城市
一、基本情况					
行政区域土地面积	平方公里	1833	1101	1569	2183
乡(镇)个数	个	16	14	18	20
村民委员会个数	个	963	904	1052	1337
年末总户数	户	265445	175388	252942	317694
其中:乡村户数	户	221067	140800	207000	253200
年末总人口	万人	87	60	90	106
其中:乡村人口	万人	79	53	75	87
年末单位从业人员数	人	45176	29845	53663	73045
乡村从业人员数	人	382473	229400	336300	430000
其中:农林牧渔业	人	127301	170600	166000	253600
农业机械总动力	万千瓦特	34	46	83	98
本地电话用户	户	105061	95656	150617	157212
二、综合经济					
第一产业增加值	万元	127926	99301	156485	211996
第二产业增加值	万元	207426	144180	341011	484019
地方财政预算内收入	万元	20210	21650	31004	46388
财政支出	万元	28286	26530	40278	48981
城乡居民储蓄存款余额	万元	297403	225076	589384	453979
年末金融机构各项贷款余额	万元	214526	195132	378727	451653
三、农业、工业及基本建设					
粮食产量	吨	245178	177126	422630	560752
棉花产量	吨	19	150	186	2387
油料产量	吨	8588	22789	179	51080
肉类总产量	吨	71487	82964	57611	272029
规模以上工业企业数	个	136	96	145	103
规模以上工业总产值(现价)	万元	268892	315284	641274	1318249
基本建设投资完成额	万元	35793	17880	22989	34301
四、教育、卫生和社会保障					
普通中学在校学生数	人	86918	48937	70692	93557
小学在校学生数	人	61247	42737	62988	74484
医院、卫生院床位数	床	1259	1398	1859	1969
社会福利院数	个	16	24	19	43
社会福利院床位数	床	910	848	570	352

2001年县(市)社会经济主要指标

山东省

指　　标	单　位	寿光市	安丘市	高密市	昌邑市
一、基本情况					
行政区域土地面积	平方公里	2200	2011	1603	1810
乡(镇)个数	个	19	22	17	13
村民委员会个数	个	1008	1440	994	811
年末总户数	户	298549	304704	263186	203339
其中:乡村户数	户	254200	264385	210600	179011
年末总人口	万人	106	110	85	68
其中:乡村人口	万人	91	97	72	60
年末单位从业人员数	人	72127	56804	48343	38495
乡村从业人员数	人	439100	472590	349800	275400
其中:农林牧渔业	人	225500	305358	182400	153700
农业机械总动力	万千瓦特	105	107	79	96
本地电话用户	户	234761	155634	129536	131461
二、综合经济					
第一产业增加值	万元	294070	224417	147040	134219
第二产业增加值	万元	584024	215200	281968	285500
地方财政预算内收入	万元	70748	36327	30867	24869
财政支出	万元	83484	42201	35373	26608
城乡居民储蓄存款余额	万元	756271	362203	329653	448625
年末金融机构各项贷款余额	万元	638248	313511	318072	297394
三、农业、工业及基本建设					
粮食产量	吨	445711	384684	415811	388296
棉花产量	吨	7172	5219	4152	7908
油料产量	吨	538	27679	73806	31452
肉类总产量	吨	69360	169344	119538	127565
规模以上工业企业数	个	172	130	139	82
规模以上工业总产值(现价)	万元	1328824	395597	575530	770607
基本建设投资完成额	万元	36728	38168	18018	27002
四、教育、卫生和社会保障					
普通中学在校学生数	人	108054	91485	58479	58157
小学在校学生数	人	57949	110276	61631	37207
医院、卫生院床位数	床	1674	1607	1564	1113
社会福利院数	个	41	92	55	43
社会福利院床位数	床	1490	1615	1337	235

2001年县(市)社会经济主要指标

山东省

指标	单位	微山县	鱼台县	金乡县	嘉祥县
一、基本情况					
行政区域土地面积	平方公里	1780	654	885	973
乡(镇)个数	个	13	9	12	14
村民委员会个数	个	565	392	653	714
年末总户数	户	166890	114869	168200	214784
其中:乡村户数	户	152185	98291	132212	188847
年末总人口	万人	68	45	61	78
其中:乡村人口	万人	57	39	54	68
年末单位从业人员数	人	34851	21283	28778	30052
乡村从业人员数	人	307313	215172	287347	365299
其中:农林牧渔业	人	208427	181367	244783	252414
农业机械总动力	万千瓦特	54	60	47	62
本地电话用户	户	79594	52777	77132	74520
二、综合经济					
第一产业增加值	万元	113462	89085	150831	88199
第二产业增加值	万元	156322	80497	94493	103600
地方财政预算内收入	万元	19505	10126	15228	13990
财政支出	万元	24294	15354	20607	19324
城乡居民储蓄存款余额	万元	195742	126838	196972	208651
年末金融机构各项贷款余额	万元	170410	128462	205722	180878
三、农业、工业及基本建设					
粮食产量	吨	283910	323626	221285	389978
棉花产量	吨	242	8592	33274	11310
油料产量	吨	2394		2905	8703
肉类总产量	吨	45116	22301	36396	40093
规模以上工业企业数	个	25	25	21	34
规模以上工业总产值(现价)	万元	128332	81237	87128	155759
基本建设投资完成额	万元	19281	19834	7778	11474
四、教育、卫生和社会保障					
普通中学在校学生数	人	62711	47839	50684	51487
小学在校学生数	人	78927	48353	63849	84843
医院、卫生院床位数	床	1062	522	1124	829
社会福利院数	个	26	29		15
社会福利院床位数	床	1285	850		992

2001年县(市)社会经济主要指标

山东省

指　　标	单　位	汶上县	泗水县	梁山县	曲阜市
一、基本情况					
行政区域土地面积	平方公里	877	1070	963	896
乡(镇)个数	个	13	11	13	12
村民委员会个数	个	559	592	710	472
年末总户数	户	180494	171357	189602	180040
其中:乡村户数	户	167900	151000	167600	141558
年末总人口	万人	73	59	71	64
其中:乡村人口	万人	66	53	62	51
年末单位从业人员数	人	30484	25604	41090	49642
乡村从业人员数	人	317000	252800	299300	264389
其中:农林牧渔业	人	201300	180800	222800	166655
农业机械总动力	万千瓦特	53	19	47	43
本地电话用户	户	75336	67238	71600	87227
二、综合经济					
第一产业增加值	万元	97173	95955	121271	82658
第二产业增加值	万元	86100	174995	96967	349700
地方财政预算内收入	万元	12563	16294	12465	31778
财政支出	万元	18243	20490	18660	46705
城乡居民储蓄存款余额	万元	114016	108843	222378	283016
年末金融机构各项贷款余额	万元	148657	152157	167490	224652
三、农业、工业及基本建设					
粮食产量	吨	349147	210552	372433	319259
棉花产量	吨	9876	94	13293	667
油料产量	吨	46327	28522	46347	17922
肉类总产量	吨	59352	71433	74360	86956
规模以上工业企业数	个	19	26	45	45
规模以上工业总产值(现价)	万元	88126	188127	105729	217927
基本建设投资完成额	万元	11580	14620	16392	23779
四、教育、卫生和社会保障					
普通中学在校学生数	人	55570	45537	66890	53448
小学在校学生数	人	78084	48500	69595	33888
医院、卫生院床位数	床	952	843	964	1203
社会福利院数	个	16	16	29	1
社会福利院床位数	床	1000	680	793	100

2001年县(市)社会经济主要指标

山东省

指　　标	单　位	兖州市	邹城市	宁阳县	东平县
一、基本情况					
行政区域土地面积	平方公里	648	1619	1124	1340
乡(镇)个数	个	10	14	12	14
村民委员会个数	个	492	880	567	716
年末总户数	户	176116	315631	222952	216082
其中:乡村户数	户	121700	245294	181100	179500
年末总人口	万人	60	112	80	77
其中:乡村人口	万人	42	84	68	69
年末单位从业人员数	人	109700	159527	46455	38848
乡村从业人员数	人	218300	404760	334100	322700
其中:农林牧渔业	人	131600	253209	228600	232300
农业机械总动力	万千瓦特	45	52	55	64
本地电话用户	户	109047	119901	74272	61891
二、综合经济					
第一产业增加值	万元	133890	137097	129000	116465
第二产业增加值	万元	423183	778000	160600	140196
地方财政预算内收入	万元	44987	59356	23316	18986
财政支出	万元	43846	55185	29775	27162
城乡居民储蓄存款余额	万元	345750	553712	175721	162437
年末金融机构各项贷款余额	万元	313749	640901	174619	135554
三、农业、工业及基本建设					
粮食产量	吨	341739	500792	426941	356320
棉花产量	吨	910	282	1829	1062
油料产量	吨	27897	62352	77695	26322
肉类总产量	吨	72495	59772	45647	34222
规模以上工业企业数	个	60	49	35	28
规模以上工业总产值(现价)	万元	440536	1526320	165037	145867
基本建设投资完成额	万元	60997	212537	23882	27172
四、教育、卫生和社会保障					
普通中学在校学生数	人	58176	118763	69807	55468
小学在校学生数	人	29224	93897	53208	57088
医院、卫生院床位数	床	1623	3564	1176	1134
社会福利院数	个	12	29	14	15
社会福利院床位数	床	1100	1344	986	902

2001 年县(市)社会经济主要指标

山东省

指　　标	单　位	新泰市	肥城市	文登市	荣成市
一、基本情况					
行政区域土地面积	平方公里	1933	1277	1645	1392
乡(镇)个数	个	20	14	18	14
村民委员会个数	个	891	589	873	885
年末总户数	户	410800	274938	251473	228450
其中:乡村户数	户	304000	200700	207216	196800
年末总人口	万人	134	96	66	68
其中:乡村人口	万人	104	73	54	52
年末单位从业人员数	人	132619	105618	68495	61200
乡村从业人员数	人	589600	350400	305322	239200
其中:农林牧渔业	人	404300	214500	176292	126300
农业机械总动力	万千瓦特	50	55	91	136
本地电话用户	户	129137	118532	149506	172031
二、综合经济					
第一产业增加值	万元	129008	149332	209506	355034
第二产业增加值	万元	535000	427000	978648	1037300
地方财政预算内收入	万元	44738	43186	70027	78600
财政支出	万元	50686	52934	69334	77769
城乡居民储蓄存款余额	万元	509971	465714	674392	788873
年末金融机构各项贷款余额	万元	428786	445553	516994	714532
三、农业、工业及基本建设					
粮食产量	吨	447073	507051	281249	260868
棉花产量	吨		746		
油料产量	吨	46494	9923	63318	70087
肉类总产量	吨	69879	63622	42066	23227
规模以上工业企业数	个	112	64	248	377
规模以上工业总产值(现价)	万元	909406	704880	3262555	3205919
基本建设投资完成额	万元	33765	39138	23529	45638
四、教育、卫生和社会保障					
普通中学在校学生数	人	90345	76997	55383	58000
小学在校学生数	人	86761	51965	40107	40000
医院、卫生院床位数	床	3040	2688	1862	1563
社会福利院数	个	21	34	18	23
社会福利院床位数	床	1020	830	898	782

2001年县(市)社会经济主要指标

山东省

指标	单位	乳山市	五莲县	莒县	沂南县
一、基本情况					
行政区域土地面积	平方公里	1668	1443	1952	1774
乡(镇)个数	个	15	12	21	17
村民委员会个数	个	601	633	1260	978
年末总户数	户	214636	173265	354038	293270
其中:乡村户数	户	185700	136816	305558	255800
年末总人口	万人	60	51	110	90
其中:乡村人口	万人	52	41	99	82
年末单位从业人员数	人	54202	38746	44042	38304
乡村从业人员数	人	277500	252555	578022	462000
其中:农林牧渔业	人	161800	165125	440733	366900
农业机械总动力	万千瓦特	77	29	58	37
本地电话用户	户	102663	57138	83801	78530
二、综合经济					
第一产业增加值	万元	176854	86723	175960	91460
第二产业增加值	万元	427657	193300	241114	195000
地方财政预算内收入	万元	38536	15947	23659	16779
财政支出	万元	41279	21997	32405	25136
城乡居民储蓄存款余额	万元	389897	169538	228834	200950
年末金融机构各项贷款余额	万元	276716	151202	212113	208142
三、农业、工业及基本建设					
粮食产量	吨	263225	208987	341927	340165
棉花产量	吨		122	284	241
油料产量	吨	72605	36901	50282	50538
肉类总产量	吨	17144	38547	67717	37877
规模以上工业企业数	个	190	53	44	49
规模以上工业总产值(现价)	万元	1311538	277839	199673	145872
基本建设投资完成额	万元	28304	23015	24332	14334
四、教育、卫生和社会保障					
普通中学在校学生数	人	46217	42756	90649	53664
小学在校学生数	人	33932	30770	85722	73634
医院、卫生院床位数	床	940	1000	1370	1156
社会福利院数	个	23	76	20	20
社会福利院床位数	床	940	640	1100	656

2001年县(市)社会经济主要指标

山东省

指　　标	单　位	郯城县	沂水县	苍山县	费　县
一、基本情况					
行政区域土地面积	平方公里	1307	2435	1800	1904
乡(镇)个数	个	17	19	21	18
村民委员会个数	个	874	1225	1179	1052
年末总户数	户	256501	348593	311893	277961
其中:乡村户数	户	234279	311048	294900	247100
年末总人口	万人	97	112	117	92
其中:乡村人口	万人	89	100	109	85
年末单位从业人员数	人	37308	45422	33218	33641
乡村从业人员数	人	526153	539458	583900	496100
其中:农林牧渔业	人	390617	414475	470700	354100
农业机械总动力	万千瓦特	58	60	54	30
本地电话用户	户	93041	103570	93735	59347
二、综合经济					
第一产业增加值	万元	124732	122227	170469	129291
第二产业增加值	万元	231484	283400	156131	206000
地方财政预算内收入	万元	23136	30943	15065	16730
财政支出	万元	28896	39386	27284	25120
城乡居民储蓄存款余额	万元	221664	298586	201419	186958
年末金融机构各项贷款余额	万元	162050	243118	201417	143871
三、农业、工业及基本建设					
粮食产量	吨	433643	441601	506425	332721
棉花产量	吨	1615	1702	1849	155
油料产量	吨	45009	54118	38028	72541
肉类总产量	吨	50335	60089	47934	65597
规模以上工业企业数	个	63	58	55	52
规模以上工业总产值(现价)	万元	174370	358304	142725	155032
基本建设投资完成额	万元	20133	18088	26536	31613
四、教育、卫生和社会保障					
普通中学在校学生数	人	70147	91090	71811	76310
小学在校学生数	人	103597	84180	119112	79455
医院、卫生院床位数	床	1236	1706	1344	1171
社会福利院数	个	24	19	51	25
社会福利院床位数	床	1551	900	2640	620

2001年县(市)社会经济主要指标

山东省

指　　标	单　位	平邑县	莒南县	蒙阴县	临沭县
一、基本情况					
行政区域土地面积	平方公里	1825	1752	1602	1038
乡(镇)个数	个	16	18	11	12
村民委员会个数	个	1056	937	576	553
年末总户数	户	286537	327131	175488	188768
其中:乡村户数	户	257915	286708	141182	166001
年末总人口	万人	98	99	53	62
其中:乡村人口	万人	87	89	46	55
年末单位从业人员数	人	42015	40750	31047	32234
乡村从业人员数	人	509300	521018	252206	340558
其中:农林牧渔业	人	396800	408100	187308	247460
农业机械总动力	万千瓦特	38	77	65	28
本地电话用户	户	87691	96000	57051	79865
二、综合经济					
第一产业增加值	万元	114727	115736	77012	72995
第二产业增加值	万元	255000	198000	123500	144000
地方财政预算内收入	万元	19372	18327	15480	14366
财政支出	万元	27015	27052	23688	21649
城乡居民储蓄存款余额	万元	171100	254069	142718	163287
年末金融机构各项贷款余额	万元	164100	234691	134120	144958
三、农业、工业及基本建设					
粮食产量	吨	313798	355200	220806	245121
棉花产量	吨		31	349	268
油料产量	吨	51210	111193	31771	100681
肉类总产量	吨	64121	55198	28272	30085
规模以上工业企业数	个	70	58	37	42
规模以上工业总产值(现价)	万元	203072	199129	140472	236212
基本建设投资完成额	万元	19993	12635	15419	17494
四、教育、卫生和社会保障					
普通中学在校学生数	人	75895	84357	45932	39131
小学在校学生数	人	86721	76730	39893	53177
医院、卫生院床位数	床	1382	1034	1091	970
社会福利院数	个	16	84	12	12
社会福利院床位数	床	1200	1400	254	400

2001年县(市)社会经济主要指标

山东省

指　　标	单　位	陵　县	宁津县	庆云县	临邑县
一、基本情况					
行政区域土地面积	平方公里	1213	833	502	1016
乡(镇)个数	个	12	11	8	10
村民委员会个数	个	990	857	381	858
年末总户数	户	160192	136200	80736	142166
其中:乡村户数	户	139288	124400	79166	122768
年末总人口	万人	55	46	30	51
其中:乡村人口	万人	46	40	25	41
年末单位从业人员数	人	24672	17554	10773	24710
乡村从业人员数	人	221977	205600	135633	218565
其中:农林牧渔业	人	181346	142900	103444	164830
农业机械总动力	万千瓦特	91	89	42	112
本地电话用户	户	81622	41687	78000	79181
二、综合经济					
第一产业增加值	万元	106168	87133	31801	86185
第二产业增加值	万元	145558	170300	44000	165297
地方财政预算内收入	万元	15328	17565	5108	14475
财政支出	万元	21864	22238	10886	19819
城乡居民储蓄存款余额	万元	181840	235358	64552	165001
年末金融机构各项贷款余额	万元	205032	186503	56703	122405
三、农业、工业及基本建设					
粮食产量	吨	401436	318790	172544	349233
棉花产量	吨	36269	20650	1268	17652
油料产量	吨	1056	13456	65	13075
肉类总产量	吨	51888	32989	12214	38073
规模以上工业企业数	个	65	72	30	73
规模以上工业总产值(现价)	万元	220513	242861	37894	254000
基本建设投资完成额	万元	9374	19527	6859	21137
四、教育、卫生和社会保障					
普通中学在校学生数	人	33318	28802	19790	40804
小学在校学生数	人	49340	28574	38949	46759
医院、卫生院床位数	床	598	928	303	745
社会福利院数	个	12	15	8	13
社会福利院床位数	床	527	842	578	972

2001年县(市)社会经济主要指标

山东省

指　　标	单　位	齐河县	平原县	夏津县	武城县
一、基本情况					
行政区域土地面积	平方公里	1411	1047	882	751
乡(镇)个数	个	14	11	12	8
村民委员会个数	个	1014	878	507	393
年末总户数	户	170686	122765	127479	106693
其中:乡村户数	户	158341	121728	125479	103357
年末总人口	万人	61	45	48	37
其中:乡村人口	万人	51	37	41	30
年末单位从业人员数	人	29407	23227	17006	20780
乡村从业人员数	人	261600	202794	233066	155100
其中:农林牧渔业	人	224400	162752	186217	115900
农业机械总动力	万千瓦特	91	72	96	46
本地电话用户	户	87682	72967	66940	59556
二、综合经济					
第一产业增加值	万元	110007	91984	66885	56858
第二产业增加值	万元	21954	127428	103401	160081
地方财政预算内收入	万元	18605	14535	9430	12989
财政支出	万元	24880	19922	16670	17847
城乡居民储蓄存款余额	万元	160000	147682	149488	169772
年末金融机构各项贷款余额	万元	186000	183224	186659	177774
三、农业、工业及基本建设					
粮食产量	吨	459644	329753	235977	197040
棉花产量	吨	20715	18981	40964	30786
油料产量	吨	25423	4723	10601	11212
肉类总产量	吨	37356	19055	9805	10118
规模以上工业企业数	个	67	59	48	54
规模以上工业总产值(现价)	万元	200448	193933	204749	226629
基本建设投资完成额	万元	20679	13381	10559	20933
四、教育、卫生和社会保障					
普通中学在校学生数	人	37644	31541	33801	30965
小学在校学生数	人	45087	36043	38502	31015
医院、卫生院床位数	床	858	735	613	391
社会福利院数	个	17	15	19	8
社会福利院床位数	床	411	342	496	519

2001年县(市)社会经济主要指标

山东省

指　　标	单　位	乐陵市	禹城市	阳谷县	莘　县
一、基本情况					
行政区域土地面积	平方公里	1172	990	1065	1416
乡(镇)个数	个	12	10	16	22
村民委员会个数	个	1089	1007	864	1154
年末总户数	户	171159	130207	201557	254873
其中:乡村户数	户	159124	128800	171310	223300
年末总人口	万人	64	50	75	96
其中:乡村人口	万人	53	42	67	86
年末单位从业人员数	人	24555	32219	31731	32294
乡村从业人员数	人	273200	231100	321307	416600
其中:农林牧渔业	人	222000	162300	241269	335000
农业机械总动力	万千瓦特	58	51	114	193
本地电话用户	户	68204	29129	86935	89279
二、综合经济					
第一产业增加值	万元	107410	104430	133082	152497
第二产业增加值	万元	164196	185500	164328	112700
地方财政预算内收入	万元	19816	20018	15727	15626
财政支出	万元	24311	24384	25739	28173
城乡居民储蓄存款余额	万元	182028	144100	274009	212188
年末金融机构各项贷款余额	万元	188103	233261	259074	186486
三、农业、工业及基本建设					
粮食产量	吨	495151	362788	431298	521837
棉花产量	吨	23447	11799	3072	6413
油料产量	吨	3696	11786	48187	56051
肉类总产量	吨	45059	59254	77526	59726
规模以上工业企业数	个	71	83	44	46
规模以上工业总产值(现价)	万元	241348	302176	316887	144048
基本建设投资完成额	万元	21758	20242	18711	15142
四、教育、卫生和社会保障					
普通中学在校学生数	人	38156	43654	69521	70943
小学在校学生数	人	51357	40071	73628	97125
医院、卫生院床位数	床	684	878	1055	1075
社会福利院数	个	16	16	17	22
社会福利院床位数	床	698	614	1018	1380

2001年县(市)社会经济主要指标

山东省

指　　标	单　位	茌平县	东阿县	冠　县	高唐县
一、基本情况					
行政区域土地面积	平方公里	1120	799	1161	949
乡(镇)个数	个	15	10	17	10
村民委员会个数	个	819	559	753	747
年末总户数	户	165035	110719	199874	159460
其中:乡村户数	户	130000	97148	180457	109200
年末总人口	万人	56	42	73	47
其中:乡村人口	万人	49	38	68	40
年末单位从业人员数	人	32509	24216	25653	51873
乡村从业人员数	人	244700	173782	325682	214900
其中:农林牧渔业	人	205300	126300	248200	165400
农业机械总动力	万千瓦特	53	72	103	67
本地电话用户	户	80866	64734	73419	79059
二、综合经济					
第一产业增加值	万元	120938	65287	132633	94408
第二产业增加值	万元	123800	80900	78653	239140
地方财政预算内收入	万元	17016	10528	10017	28027
财政支出	万元	23987	17188	19808	30676
城乡居民储蓄存款余额	万元	175892	151849	205847	152858
年末金融机构各项贷款余额	万元	207245	115414	196485	183416
三、农业、工业及基本建设					
粮食产量	吨	469441	321286	453629	385689
棉花产量	吨	6244	2369	8523	14959
油料产量	吨	23001	1723	76721	28574
肉类总产量	吨	57137	26543	50993	35536
规模以上工业企业数	个	39	28	26	45
规模以上工业总产值(现价)	万元	222590	187103	139165	695704
基本建设投资完成额	万元	41049	13154	6149	33696
四、教育、卫生和社会保障					
普通中学在校学生数	人	46461	30180	47245	33831
小学在校学生数	人	53064	41160	6221	36323
医院、卫生院床位数	床	1019	623	831	747
社会福利院数	个	18	10	17	10
社会福利院床位数	床	900	578	600	420

2001年县(市)社会经济主要指标

山东省

指　　标	单　位	临清市	惠民县	阳信县	无棣县
一、基本情况					
行政区域土地面积	平方公里	950	1364	798	1979
乡(镇)个数	个	16	14	9	11
村民委员会个数	个	600	1282	857	593
年末总户数	户	203871	158214	118086	135313
其中:乡村户数	户	149376	146300	107184	109530
年末总人口	万人	72	62	43	43
其中:乡村人口	万人	57	53	37	37
年末单位从业人员数	人	45380	38000	16000	29000
乡村从业人员数	人	325520	290600	186549	212040
其中:农林牧渔业	人	250545	235700	120988	156294
农业机械总动力	万千瓦特	96	86	50	48
本地电话用户	户	118125	69302	58749	52710
二、综合经济					
第一产业增加值	万元	102268	117625	66283	77822
第二产业增加值	万元	215000	130000	87104	187000
地方财政预算内收入	万元	23724	12002	8288	15042
财政支出	万元	33373	18123	14702	19400
城乡居民储蓄存款余额	万元	365667	156697	97776	141010
年末金融机构各项贷款余额	万元	310832	120715	101524	152141
三、农业、工业及基本建设					
粮食产量	吨	321484	396628	268648	230399
棉花产量	吨	18769	25870	6451	17733
油料产量	吨	14669	8785	93	4627
肉类总产量	吨	21549	39740	34134	27633
规模以上工业企业数	个	50	49	42	25
规模以上工业总产值(现价)	万元	435839	136853	97883	333216
基本建设投资完成额	万元	33042	11072	6180	8838
四、教育、卫生和社会保障					
普通中学在校学生数	人	39000	37915	32779	32868
小学在校学生数	人	78000	45413	28007	29966
医院、卫生院床位数	床	913	1316	623	495
社会福利院数	个	10	15	15	12
社会福利院床位数	床	150	1221	355	520

2001年县(市)社会经济主要指标

山东省

指　　标	单　位	沾化县	博兴县	邹平县	曹　县
一、基本情况					
行政区域土地面积	平方公里	2114	901	1250	1969
乡(镇)个数	个	10	10	14	25
村民委员会个数	个	441	448	858	1171
年末总户数	户	126286	140433	193647	361414
其中:乡村户数	户	99300	117100	170926	297800
年末总人口	万人	38	47	69	141
其中:乡村人口	万人	35	40	61	118
年末单位从业人员数	人	18000	40000	52286	43138
乡村从业人员数	人	207000	198184	329171	660300
其中:农林牧渔业	人	162900	149052	209170	535700
农业机械总动力	万千瓦特	27	86	81	114
本地电话用户	户	42730	81636	99338	147767
二、综合经济					
第一产业增加值	万元	78400	76174	135271	145603
第二产业增加值	万元	101900	216011	366142	92956
地方财政预算内收入	万元	13096	18089	34628	12104
财政支出	万元	19238	22857	41236	28746
城乡居民储蓄存款余额	万元	101213	244854	302121	181388
年末金融机构各项贷款余额	万元	110781	215600	387686	253220
三、农业、工业及基本建设					
粮食产量	吨	208409	313896	480816	464172
棉花产量	吨	17496	14213	23547	40886
油料产量	吨	398	332	2136	73445
肉类总产量	吨	21960	19380	36164	37984
规模以上工业企业数	个	36	53	86	58
规模以上工业总产值(现价)	万元	105495	403396	849871	109158
基本建设投资完成额	万元	32460	23806	96404	5139
四、教育、卫生和社会保障					
普通中学在校学生数	人	30763	32001	51477	112583
小学在校学生数	人	27291	30499	43095	142168
医院、卫生院床位数	床	729	739	940	2069
社会福利院数	个	10	34	17	25
社会福利院床位数	床	513	749	700	952

2001年县(市)社会经济主要指标

山东省

指　　标	单　位	单　县	成武县	巨野县	郓城县
一、基本情况					
行政区域土地面积	平方公里	1702	949	1303	1643
乡(镇)个数	个	20	12	16	21
村民委员会个数	个	521	488	844	1008
年末总户数	户	295470	181256	238665	283938
其中:乡村户数	户	262800	146000	209900	256300
年末总人口	万人	115	63	91	108
其中:乡村人口	万人	104	55	79	95
年末单位从业人员数	人	41640	31638	32771	40807
乡村从业人员数	人	515100	279700	383600	489400
其中:农林牧渔业	人	389800	203400	294000	379900
农业机械总动力	万千瓦特	45	59	92	103
本地电话用户	户	118460	74007	85513	124522
二、综合经济					
第一产业增加值	万元	154382	97014	115344	157979
第二产业增加值	万元	83099	64825	41236	70374
地方财政预算内收入	万元	10742	10381	9358	11819
财政支出	万元	24979	16449	21845	25834
城乡居民储蓄存款余额	万元	170966	123378	189117	277038
年末金融机构各项贷款余额	万元	188424	159968	241203	203359
三、农业、工业及基本建设					
粮食产量	吨	362597	241571	318328	482943
棉花产量	吨	28269	35433	59220	32089
油料产量	吨	141037	15193	35095	115555
肉类总产量	吨	65602	29490	20852	50154
规模以上工业企业数	个	33	19	27	30
规模以上工业总产值(现价)	万元	76337	123666	75897	87313
基本建设投资完成额	万元	10663	12768	16688	13912
四、教育、卫生和社会保障					
普通中学在校学生数	人	100313	63287	83269	88056
小学在校学生数	人	90994	62003	97512	111511
医院、卫生院床位数	床	1386	714	1660	1778
社会福利院数	个	20	12	27	21
社会福利院床位数	床	1477	1600	972	1640

2001年县(市)社会经济主要指标

山东省、河南省

指　　标	单　位	鄄城县	定陶县	东明县	中牟县
一、基本情况					
行政区域土地面积	平方公里	1041	846	1370	1393
乡(镇)个数	个	16	11	13	19
村民委员会个数	个	414	323	406	431
年末总户数	户	207733	144938	188527	167015
其中:乡村户数	户	181000	128800	138200	143627
年末总人口	万人	77	60	71	68
其中:乡村人口	万人	69	50	58	59
年末单位从业人员数	人	25553	26832	31257	28499
乡村从业人员数	人	360400	281600	243700	343130
其中:农林牧渔业	人	272100	214300	208500	304810
农业机械总动力	万千瓦特	120	90	54	80
本地电话用户	户	71483	66658	79796	75175
二、综合经济					
第一产业增加值	万元	90293	91623	98683	133251
第二产业增加值	万元	26210	51537	61392	167005
地方财政预算内收入	万元	6722	8818	10629	8234
财政支出	万元	17835	15712	19622	23045
城乡居民储蓄存款余额	万元	136783	118946	162999	162411
年末金融机构各项贷款余额	万元	133010	162954	157957	160780
三、农业、工业及基本建设					
粮食产量	吨	362551	297387	351457	345806
棉花产量	吨	7166	17064	10776	4892
油料产量	吨	64111	22371	47352	80638
肉类总产量	吨	14766	23873	16764	51210
规模以上工业企业数	个	23	21	23	60
规模以上工业总产值(现价)	万元	35124	76824	120774	160796
基本建设投资完成额	万元	4183	5922	12468	16100
四、教育、卫生和社会保障					
普通中学在校学生数	人	63972	54080	56259	54162
小学在校学生数	人	89933	61288	68109	94640
医院、卫生院床位数	床	986	624	833	1184
社会福利院数	个	18	12	13	21
社会福利院床位数	床	980	585	789	466

2001年县(市)社会经济主要指标

河南省

指　　标	单　位	巩义市	新密市	荥阳市	新郑市
一、基本情况					
行政区域土地面积	平方公里	1041	932	978	873
乡(镇)个数	个	17	15	14	13
村民委员会个数	个	290	306	303	334
年末总户数	户	199986	175435	189073	169111
其中:乡村户数	户	168376	147800	159573	132546
年末总人口	万人	78	62	78	61
其中:乡村人口	万人	67	57	64	52
年末单位从业人员数	人	57084	40609	40157	37871
乡村从业人员数	人	315568	326326	326671	322554
其中:农林牧渔业	人	152922	204683	176402	214620
农业机械总动力	万千瓦特	45	61	34	47
本地电话用户	户	177937	109739	165882	112023
二、综合经济					
第一产业增加值	万元	34457	69842	42084	64752
第二产业增加值	万元	796670	425798	471545	553120
地方财政预算内收入	万元	33229	21756	24714	28915
财政支出	万元	43959	29635	30999	33273
城乡居民储蓄存款余额	万元	484734	311613	476867	241769
年末金融机构各项贷款余额	万元	475160	226162	417194	252068
三、农业、工业及基本建设					
粮食产量	吨	164692	254588	187624	244983
棉花产量	吨	380	279	115	118
油料产量	吨	4600	16022	8179	42186
肉类总产量	吨	15761	31313	21666	26144
规模以上工业企业数	个	320	148	281	128
规模以上工业总产值(现价)	万元	1460844	559613	560677	609707
基本建设投资完成额	万元	38931	49709	39475	76606
四、教育、卫生和社会保障					
普通中学在校学生数	人	69836	51671	64255	52385
小学在校学生数	人	102245	72910	105993	75055
医院、卫生院床位数	床	1416	898	2006	1001
社会福利院数	个	18	17	21	15
社会福利院床位数	床	206	420	599	772

2001年县(市)社会经济主要指标

河南省

指　　标	单　位	登封市	杞　县	通许县	尉氏县
一、基本情况					
行政区域土地面积	平方公里	1219	1245	767	1257
乡(镇)个数	个	13	20	11	16
村民委员会个数	个	307	568	304	517
年末总户数	户	153072	243864	143420	204793
其中:乡村户数	户	134480	240473	129403	182338
年末总人口	万人	62	103	59	85
其中:乡村人口	万人	54	95	53	73
年末单位从业人员数	人	33539	36028	27836	37076
乡村从业人员数	人	293101	568539	327400	457837
其中:农林牧渔业	人	195084	473921	284600	379342
农业机械总动力	万千瓦特	32	111	64	62
本地电话用户	户	92389	62000	39317	60607
二、综合经济					
第一产业增加值	万元	40022	215152	138958	154956
第二产业增加值	万元	313582	137714	85846	178188
地方财政预算内收入	万元	23163	12326	5238	10578
财政支出	万元	28945	25027	12466	19789
城乡居民储蓄存款余额	万元	239000	130600	50102	149832
年末金融机构各项贷款余额	万元	174716	169000	154935	178336
三、农业、工业及基本建设					
粮食产量	吨	117867	499329	271162	417370
棉花产量	吨	415	31874	13298	23567
油料产量	吨	3354	87937	34243	68787
肉类总产量	吨	24657	91809	40959	59618
规模以上工业企业数	个	152	79	37	98
规模以上工业总产值(现价)	万元	430858	200185	96056	305419
基本建设投资完成额	万元	55917	11533	5080	9821
四、教育、卫生和社会保障					
普通中学在校学生数	人	60490	70336	43450	64574
小学在校学生数	人	64235	114038	57872	98530
医院、卫生院床位数	床	722	1206	974	1575
社会福利院数	个	14	22	12	18
社会福利院床位数	床	352	830	882	253

2001年县(市)社会经济主要指标

河南省

指　　标	单　位	开封县	兰考县	孟津县	新安县
一、基本情况					
行政区域土地面积	平方公里	1449	1116	667	1160
乡(镇)个数	个	19	15	11	12
村民委员会个数	个	362	428	226	293
年末总户数	户	181360	167803	114000	127400
其中:乡村户数	户	165060	152467	101900	104900
年末总人口	万人	72	74	44	48
其中:乡村人口	万人	65	64	39	41
年末单位从业人员数	人	25540	24031	25300	25600
乡村从业人员数	人	383461	396678	252100	275200
其中:农林牧渔业	人	335199	310750	191900	211500
农业机械总动力	万千瓦特	68	70	26	33
本地电话用户	户	37878	53186	55017	55762
二、综合经济					
第一产业增加值	万元	142470	111348	27443	27405
第二产业增加值	万元	106323	112514	109086	261939
地方财政预算内收入	万元	7681	6059	8324	18391
财政支出	万元	15608	15733	14729	25602
城乡居民储蓄存款余额	万元	101296	137599	145146	128057
年末金融机构各项贷款余额	万元	173526	116617	98045	136820
三、农业、工业及基本建设					
粮食产量	吨	448607	421094	160742	110827
棉花产量	吨	9855	11025	68	149
油料产量	吨	101671	78892	8094	2183
肉类总产量	吨	48693	45748	13027	12397
规模以上工业企业数	个	49	33	40	45
规模以上工业总产值(现价)	万元	164839	68449	72787	161993
基本建设投资完成额	万元	5231	7548	19196	49130
四、教育、卫生和社会保障					
普通中学在校学生数	人	54416	45923	33469	35793
小学在校学生数	人	84331	94059	42600	55542
医院、卫生院床位数	床	870	1196	560	905
社会福利院数	个	20	16	13	12
社会福利院床位数	床	620	685	297	294

2001年县(市)社会经济主要指标

河南省

指　　标	单　位	栾川县	嵩　县	汝阳县	宜阳县
一、基本情况					
行政区域土地面积	平方公里	2365	3008	1325	1666
乡(镇)个数	个	14	15	14	18
村民委员会个数	个	209	316	214	383
年末总户数	户	87500	139500	108200	160600
其中:乡村户数	户	72400	123800	94400	139600
年末总人口	万人	31	52	42	66
其中:乡村人口	万人	28	47	37	60
年末单位从业人员数	人	21500	19600	20200	30100
乡村从业人员数	人	184600	304900	241700	372000
其中:农林牧渔业	人	123200	254600	181400	293400
农业机械总动力	万千瓦特	21	28	24	34
本地电话用户	户	40632	38240	30178	45425
二、综合经济					
第一产业增加值	万元	23801	34356	31674	48484
第二产业增加值	万元	52065	43174	44087	52624
地方财政预算内收入	万元	6770	6218	4482	6607
财政支出	万元	14541	17119	13888	17423
城乡居民储蓄存款余额	万元	96691	84974	59438	102010
年末金融机构各项贷款余额	万元	98141	92716	101088	107732
三、农业、工业及基本建设					
粮食产量	吨	72289	131040	116680	199559
棉花产量	吨	31	137	239	366
油料产量	吨	442	4129	6529	14657
肉类总产量	吨	9990	20478	17383	18740
规模以上工业企业数	个	19	18	21	16
规模以上工业总产值(现价)	万元	55824	36484	35195	50312
基本建设投资完成额	万元	3603	17213	9030	6910
四、教育、卫生和社会保障					
普通中学在校学生数	人	22898	38865	28016	40782
小学在校学生数	人	34481	57847	45173	78048
医院、卫生院床位数	床	462	573	822	1295
社会福利院数	个	15	17	16	18
社会福利院床位数	床	235	487	519	300

2001年县(市)社会经济主要指标

河南省

指标	单位	洛宁县	伊川县	偃师市	宝丰县
一、基本情况					
行政区域土地面积	平方公里	2394	1243	943	722
乡(镇)个数	个	19	14	16	12
村民委员会个数	个	388	373	332	313
年末总户数	户	107600	178300	212600	134873
其中:乡村户数	户	98000	154800	183400	111286
年末总人口	万人	44	73	82	48
其中:乡村人口	万人	40	67	74	42
年末单位从业人员数	人	21300	25600	34300	25359
乡村从业人员数	人	259400	408400	443500	268890
其中:农林牧渔业	人	221000	274800	270800	206275
农业机械总动力	万千瓦特	19	34	66	17
本地电话用户	户	27528	52730	108710	53688
二、综合经济					
第一产业增加值	万元	35709	50807	83645	48716
第二产业增加值	万元	31359	194957	543531	176730
地方财政预算内收入	万元	5321	16724	21928	6200
财政支出	万元	14267	22981	30042	13052
城乡居民储蓄存款余额	万元	63299	129970	335426	143958
年末金融机构各项贷款余额	万元	85017	167853	257072	136903
三、农业、工业及基本建设					
粮食产量	吨	157400	229609	354632	203986
棉花产量	吨	95	1449	638	306
油料产量	吨	2776	4024	5995	7020
肉类总产量	吨	19372	37874	31658	27676
规模以上工业企业数	个	26	47	136	72
规模以上工业总产值(现价)	万元	27231	144523	349894	125517
基本建设投资完成额	万元	7400	57877	11671	7518
四、教育、卫生和社会保障					
普通中学在校学生数	人	26867	50500	79521	32952
小学在校学生数	人	52923	95232	85590	50861
医院、卫生院床位数	床	558	663	809	805
社会福利院数	个	21	16	15	9
社会福利院床位数	床	430	984	240	143

2001年县(市)社会经济主要指标

河南省

指　　标	单　位	叶　县	鲁山县	郏　县	舞钢市
一、基本情况					
行政区域土地面积	平方公里	1387	2407	737	630
乡(镇)个数	个	17	21	13	10
村民委员会个数	个	574	554	361	190
年末总户数	户	219262	223062	140991	93752
其中:乡村户数	户	195325	196305	134738	66783
年末总人口	万人	82	82	57	32
其中:乡村人口	万人	76	75	52	25
年末单位从业人员数	人	28618	28325	21417	33309
乡村从业人员数	人	497334	478405	342910	161814
其中:农林牧渔业	人	399026	361491	277846	139203
农业机械总动力	万千瓦特	33	17	30	11
本地电话用户	户	67412	72702	48985	40131
二、综合经济					
第一产业增加值	万元	112441	61141	68014	31665
第二产业增加值	万元	109201	73639	110949	110396
地方财政预算内收入	万元	6039	5731	5406	6769
财政支出	万元	14988	17144	12538	15586
城乡居民储蓄存款余额	万元	117819	143591	90958	106596
年末金融机构各项贷款余额	万元	111044	144439	100927	166725
三、农业、工业及基本建设					
粮食产量	吨	514988	183310	280511	128650
棉花产量	吨	240	35	314	824
油料产量	吨	33491	9941	11178	2659
肉类总产量	吨	83156	24992	42038	27163
规模以上工业企业数	个	49	26	40	14
规模以上工业总产值(现价)	万元	69669	48502	48541	244987
基本建设投资完成额	万元	9949	17865	5976	11204
四、教育、卫生和社会保障					
普通中学在校学生数	人	52054	50376	31256	19919
小学在校学生数	人	93582	95975	59182	24644
医院、卫生院床位数	床	836	1200	703	736
社会福利院数	个	17	16	16	9
社会福利院床位数	床	285	262	190	117

2001年县(市)社会经济主要指标

河南省

指　　标	单　位	汝州市	安阳县	汤阴县	滑　县
一、基本情况					
行政区域土地面积	平方公里	1573	1499	646	1814
乡(镇)个数	个	15	24	9	21
村民委员会个数	个	453	748	297	1020
年末总户数	户	221987	292305	120720	296915
其中:乡村户数	户	208869	287541	100808	287337
年末总人口	万人	94	112	45	122
其中:乡村人口	万人	84	108	39	115
年末单位从业人员数	人	43429	41648	27602	42521
乡村从业人员数	人	502695	693245	240906	704040
其中:农林牧渔业	人	378063	448897	157215	600058
农业机械总动力	万千瓦特	49	57	43	195
本地电话用户	户	104480	95221	46093	98976
二、综合经济					
第一产业增加值	万元	98692	99464	73735	166612
第二产业增加值	万元	334241	175596	78643	94698
地方财政预算内收入	万元	8626	20535	5392	8700
财政支出	万元	20272	30519	11254	22048
城乡居民储蓄存款余额	万元	205927	384589	150390	248111
年末金融机构各项贷款余额	万元	236329	288028	165788	291013
三、农业、工业及基本建设					
粮食产量	吨	306804	469796	287681	928412
棉花产量	吨	1295	5603	7637	14876
油料产量	吨	8828	37858	19145	169776
肉类总产量	吨	64422	26223	23804	31400
规模以上工业企业数	个	54	64	30	56
规模以上工业总产值(现价)	万元	130990	272835	106558	135026
基本建设投资完成额	万元	7811	7576	1820	20476
四、教育、卫生和社会保障					
普通中学在校学生数	人	58805	84368	38719	86239
小学在校学生数	人	113246	114092	41736	138377
医院、卫生院床位数	床	1928	849	852	1289
社会福利院数	个	18	25	10	22
社会福利院床位数	床	399	305	295	460

2001年县(市)社会经济主要指标

河南省

指　　标	单　位	内黄县	林州市	浚　县	淇　县
一、基本情况					
行政区域土地面积	平方公里	1161	2046	1001	581
乡(镇)个数	个	16	16	9	6
村民委员会个数	个	531	546	488	176
年末总户数	户	170284	272735	170890	69500
其中:乡村户数	户	161750	245401	148548	56067
年末总人口	万人	70	97	67	26
其中:乡村人口	万人	65	88	59	22
年末单位从业人员数	人	20169	67331	29961	20955
乡村从业人员数	人	418626	556576	354917	136448
其中:农林牧渔业	人	353484	306799	301413	97793
农业机械总动力	万千瓦特	64	38	92	19
本地电话用户	户	71000	94800	61004	48337
二、综合经济					
第一产业增加值	万元	150406	65718	106314	60914
第二产业增加值	万元	70093	266669	85580	108923
地方财政预算内收入	万元	5502	18252	7873	7641
财政支出	万元	16495	29316	13234	10871
城乡居民储蓄存款余额	万元	104492	785005	145433	86512
年末金融机构各项贷款余额	万元	186066	509523	227807	179773
三、农业、工业及基本建设					
粮食产量	吨	335761	262435	572605	206919
棉花产量	吨	10763	1493	733	70
油料产量	吨	62943	3422	51636	4072
肉类总产量	吨	29872	42302	46723	57781
规模以上工业企业数	个	63	110	69	69
规模以上工业总产值(现价)	万元	98850	415338	161595	287983
基本建设投资完成额	万元	7930	20808	5479	3693
四、教育、卫生和社会保障					
普通中学在校学生数	人	51761	92034	46220	18057
小学在校学生数	人	80725	108796	83413	25928
医院、卫生院床位数	床	1057	1636	780	838
社会福利院数	个	18	18	15	7
社会福利院床位数	床	220	640	387	200

2001年县(市)社会经济主要指标

河南省

指　标	单　位	新乡县	获嘉县	原阳县	延津县
一、基本情况					
行政区域土地面积	平方公里	524	473	1339	946
乡(镇)个数	个	10	13	21	17
村民委员会个数	个	229	218	568	375
年末总户数	户	113876	91272	148526	115001
其中:乡村户数	户	93471	78427	132817	103267
年末总人口	万人	43	39	65	46
其中:乡村人口	万人	38	33	52	41
年末单位从业人员数	人	29899	25698	25518	25321
乡村从业人员数	人	207412	200101	270815	196216
其中:农林牧渔业	人	123236	140329	231409	168722
农业机械总动力	万千瓦特	46	44	97	67
本地电话用户	户	73047	69105	53111	41050
二、综合经济					
第一产业增加值	万元	80246	55323	96106	66157
第二产业增加值	万元	197052	90122	79580	56086
地方财政预算内收入	万元	12822	5375	5230	4318
财政支出	万元	18244	10220	13410	11691
城乡居民储蓄存款余额	万元	133041	151530	114222	80142
年末金融机构各项贷款余额	万元	157500	131973	121245	119827
三、农业、工业及基本建设					
粮食产量	吨	251999	307313	481069	290386
棉花产量	吨	3698	1063	1995	7719
油料产量	吨	18872	4511	50881	68930
肉类总产量	吨	22994	28689	25097	25396
规模以上工业企业数	个	103	45	61	43
规模以上工业总产值(现价)	万元	395629	177684	94588	98064
基本建设投资完成额	万元	5908	9466	10291	11293
四、教育、卫生和社会保障					
普通中学在校学生数	人	39307	32627	46865	36611
小学在校学生数	人	40161	40334	86453	54466
医院、卫生院床位数	床	610	766	712	940
社会福利院数	个	15	14	22	17
社会福利院床位数	床	135	153	448	310

2001年县(市)社会经济主要指标

河南省

指　　标	单　位	封丘县	长垣县	卫辉市	辉县市
一、基本情况					
行政区域土地面积	平方公里	1221	1051	882	2007
乡(镇)个数	个	25	17	15	25
村民委员会个数	个	605	591	355	533
年末总户数	户	186704	172389	127284	236142
其中:乡村户数	户	152156	162512	96020	179741
年末总人口	万人	72	78	48	77
其中:乡村人口	万人	65	71	38	67
年末单位从业人员数	人	23506	24213	43672	44644
乡村从业人员数	人	333105	422493	197519	311248
其中:农林牧渔业	人	264540	320184	164084	199294
农业机械总动力	万千瓦特	89	77	37	49
本地电话用户	户	56937	82817	57865	126032
二、综合经济					
第一产业增加值	万元	112189	96196	85187	102143
第二产业增加值	万元	39474	80337	52976	258429
地方财政预算内收入	万元	4766	6217	4408	12858
财政支出	万元	14655	16568	11412	21006
城乡居民储蓄存款余额	万元	123090	358651	131495	307048
年末金融机构各项贷款余额	万元	131223	188882	182030	198043
三、农业、工业及基本建设					
粮食产量	吨	546905	436258	299665	414826
棉花产量	吨	4028	1443	3635	95
油料产量	吨	57246	62712	15342	16034
肉类总产量	吨	46787	34627	41856	47317
规模以上工业企业数	个	38	36	60	102
规模以上工业总产值(现价)	万元	44111	110060	116908	350934
基本建设投资完成额	万元	17734	11167	9551	25902
四、教育、卫生和社会保障					
普通中学在校学生数	人	51044	57576	36403	77461
小学在校学生数	人	88548	102114	47642	79232
医院、卫生院床位数	床	780	841	1759	1297
社会福利院数	个	28	15	12	20
社会福利院床位数	床	286	615	208	480

2001年县(市)社会经济主要指标

河南省

指　　标	单　位	修武县	博爱县	武陟县	温　县
一、基本情况					
行政区域土地面积	平方公里	678	492	860	462
乡(镇)个数	个	9	12	14	12
村民委员会个数	个	223	233	366	262
年末总户数	户	71798	103402	171412	103810
其中:乡村户数	户	54300	87300	136000	88300
年末总人口	万人	27	42	64	41
其中:乡村人口	万人	22	35	57	36
年末单位从业人员数	人	17036	26957	29264	21704
乡村从业人员数	人	127400	209000	336600	213600
其中:农林牧渔业	人	93000	124100	258400	141700
农业机械总动力	万千瓦特	35	30	91	44
本地电话用户	户	42701	67723	82894	63393
二、综合经济					
第一产业增加值	万元	58257	68423	90659	61302
第二产业增加值	万元	54860	164225	93873	147748
地方财政预算内收入	万元	6558	10768	9066	7288
财政支出	万元	11415	15802	13568	14516
城乡居民储蓄存款余额	万元	92380	196304	191500	183552
年末金融机构各项贷款余额	万元	68965	158574	155740	137540
三、农业、工业及基本建设					
粮食产量	吨	156349	210532	402603	245914
棉花产量	吨	1489	555	742	737
油料产量	吨	8359	1725	25113	10916
肉类总产量	吨	29574	17033	59205	18460
规模以上工业企业数	个	65	109	92	130
规模以上工业总产值(现价)	万元	65487	336723	223708	220372
基本建设投资完成额	万元	11829	13164	7999	13622
四、教育、卫生和社会保障					
普通中学在校学生数	人	20912	29067	50375	33313
小学在校学生数	人	35785	46173	84560	48007
医院、卫生院床位数	床	514	716	865	918
社会福利院数	个	8	15	16	13
社会福利院床位数	床	66	150	335	261

2001年县(市)社会经济主要指标

河南省

指　　标	单　位	济源市	沁阳市	孟州市	清丰县
一、基本情况					
行政区域土地面积	平方公里	1931	624	542	869
乡(镇)个数	个	12	12	10	17
村民委员会个数	个	518	311	270	525
年末总户数	户	172485	104947	99005	155076
其中:乡村户数	户	131368	91800	80500	137100
年末总人口	万人	65	46	36	68
其中:乡村人口	万人	50	37	31	57
年末单位从业人员数	人	67874	26023	23859	24037
乡村从业人员数	人	300581	216800	221400	355300
其中:农林牧渔业	人	190838	137900	160000	256800
农业机械总动力	万千瓦特	59	51	35	58
本地电话用户	户	99426	86437	67748	69766
二、综合经济					
第一产业增加值	万元	64911	61734	48856	120768
第二产业增加值	万元	385265	239317	138001	80517
地方财政预算内收入	万元	30880	14068	9889	5611
财政支出	万元	44684	19212	15505	17725
城乡居民储蓄存款余额	万元	331260	238678	179454	139271
年末金融机构各项贷款余额	万元	363046	183728	122439	168823
三、农业、工业及基本建设					
粮食产量	吨	189196	320831	238066	484591
棉花产量	吨	364	351	1010	6830
油料产量	吨	6746	5210	17855	69309
肉类总产量	吨	25116	19111	12383	45632
规模以上工业企业数	个	114	150	80	55
规模以上工业总产值(现价)	万元	493268	391494	269455	124968
基本建设投资完成额	万元	42391	10464	8496	6924
四、教育、卫生和社会保障					
普通中学在校学生数	人	53176	31254	26278	60187
小学在校学生数	人	69375	49228	38863	74076
医院、卫生院床位数	床	1616	810	713	769
社会福利院数	个	12	13	11	20
社会福利院床位数	床	218	248	156	352

2001年县(市)社会经济主要指标

河南省

指　　标	单　位	南乐县	范　县	台前县	濮阳县
一、基本情况					
行政区域土地面积	平方公里	623	610	454	1455
乡(镇)个数	个	11	12	8	21
村民委员会个数	个	322	681	370	1032
年末总户数	户	105039	111138	81800	251712
其中:乡村户数	户	104800	97600	74000	228500
年末总人口	万人	49	49	35	108
其中:乡村人口	万人	44	40	31	97
年末单位从业人员数	人	21242	21263	13113	40718
乡村从业人员数	人	247300	244300	185400	595800
其中:农林牧渔业	人	202200	196900	130700	535100
农业机械总动力	万千瓦特	51	30	20	106
本地电话用户	户	56670	52050	49718	95568
二、综合经济					
第一产业增加值	万元	93067	48338	35785	142934
第二产业增加值	万元	56455	64862	48990	132581
地方财政预算内收入	万元	5562	4156	3415	11273
财政支出	万元	15726	15377	10330	29113
城乡居民储蓄存款余额	万元	76162	119326	93553	296822
年末金融机构各项贷款余额	万元	152839	105484	84762	294462
三、农业、工业及基本建设					
粮食产量	吨	365778	245823	154228	728823
棉花产量	吨	5113	628	62	6502
油料产量	吨	32553	6585	6907	37274
肉类总产量	吨	37172	20692	15789	47747
规模以上工业企业数	个	45	40	31	94
规模以上工业总产值(现价)	万元	42050	84026	51420	202098
基本建设投资完成额	万元	4315	13063	4581	13875
四、教育、卫生和社会保障					
普通中学在校学生数	人	39535	33830	28284	77905
小学在校学生数	人	57166	51004	46412	135022
医院、卫生院床位数	床	604	684	434	1108
社会福利院数	个	12	13	9	22
社会福利院床位数	床	293	255	212	927

2001年县(市)社会经济主要指标

河南省

指　　标	单　位	许昌县	鄢陵县	襄城县	禹州市
一、基本情况					
行政区域土地面积	平方公里	1002	872	920	1461
乡(镇)个数	个	16	12	16	22
村民委员会个数	个	455	382	441	652
年末总户数	户	196352	164811	201284	306581
其中:乡村户数	户	190000	139601	201284	249163
年末总人口	万人	79	61	79	117
其中:乡村人口	万人	75	56	71	103
年末单位从业人员数	人	33945	25846	22188	53884
乡村从业人员数	人	439400	328700	483900	631500
其中:农林牧渔业	人	336100	235100	394000	438700
农业机械总动力	万千瓦特	41	51	36	73
本地电话用户	户	56390	54742	66922	147093
二、综合经济					
第一产业增加值	万元	139169	148004	110059	125871
第二产业增加值	万元	232935	137258	100275	481182
地方财政预算内收入	万元	12079	5189	6623	16369
财政支出	万元	18343	16144	14327	29057
城乡居民储蓄存款余额	万元	134065	141136	171027	316928
年末金融机构各项贷款余额	万元	183827	169203	123214	230044
三、农业、工业及基本建设					
粮食产量	吨	616117	429123	474502	479035
棉花产量	吨	7160	23934	325	2326
油料产量	吨	36569	19568	10692	14191
肉类总产量	吨	70334	63484	44566	74187
规模以上工业企业数	个	115	46	39	177
规模以上工业总产值(现价)	万元	326913	163515	46425	543956
基本建设投资完成额	万元	16458	15572	6712	136239
四、教育、卫生和社会保障					
普通中学在校学生数	人	51329	51082	59727	82578
小学在校学生数	人	86344	65274	74966	134327
医院、卫生院床位数	床	594	859	847	1333
社会福利院数	个				1
社会福利院床位数	床				6

2001 年县(市)社会经济主要指标

河南省

指　　标	单　位	长葛市	舞阳县	临颍县	郾城县
一、基本情况					
行政区域土地面积	平方公里	650	776	821	943
乡(镇)个数	个	12	13	14	17
村民委员会个数	个	359	397	363	439
年末总户数	户	186553	151854	171940	228220
其中:乡村户数	户	146910	137100	153500	202700
年末总人口	万人	68	60	70	91
其中:乡村人口	万人	55	51	62	82
年末单位从业人员数	人	44332	25485	52319	34936
乡村从业人员数	人	326600	309600	368400	510600
其中:农林牧渔业	人	207400	240900	265900	332700
农业机械总动力	万千瓦特	37	37	66	70
本地电话用户	户	121530	51364	63455	70464
二、综合经济					
第一产业增加值	万元	124188	71438	142435	203029
第二产业增加值	万元	465316	109814	240130	327232
地方财政预算内收入	万元	15088	7226	12779	13729
财政支出	万元	22729	21052	19266	21558
城乡居民储蓄存款余额	万元	253911	146265	195516	168964
年末金融机构各项贷款余额	万元	241394	164040	308259	266323
三、农业、工业及基本建设					
粮食产量	吨	449852	373583	380778	617794
棉花产量	吨	2175	6518	13999	9744
油料产量	吨	30292	12246	17835	26447
肉类总产量	吨	58780	40704	59779	109729
规模以上工业企业数	个	189	48	134	131
规模以上工业总产值(现价)	万元	690976	177688	644090	397833
基本建设投资完成额	万元	24794	20383	19760	19641
四、教育、卫生和社会保障					
普通中学在校学生数	人	50289	35108	53803	63146
小学在校学生数	人	71929	55752	82589	101628
医院、卫生院床位数	床	1010	673	1014	1147
社会福利院数	个		14	15	18
社会福利院床位数	床		255	400	378

2001年县(市)社会经济主要指标

河南省

指　　标	单　位	渑池县	陕　县	卢氏县	义马市
一、基本情况					
行政区域土地面积	平方公里	1421	1763	4004	112
乡(镇)个数	个	15	16	18	1
村民委员会个数	个	230	263	353	20
年末总户数	户	97676	99745	106176	48220
其中:乡村户数	户	68058	76133	87848	11418
年末总人口	万人	33	34	37	16
其中:乡村人口	万人	27	28	33	4
年末单位从业人员数	人	27290	26898	16406	53372
乡村从业人员数	人	154987	165457	174472	23433
其中:农林牧渔业	人	106278	125806	140785	12394
农业机械总动力	万千瓦特	19	26	12	3
本地电话用户	户	55755	31508	36425	26231
二、综合经济					
第一产业增加值	万元	39213	34620	32098	2760
第二产业增加值	万元	164767	105176	18723	88728
地方财政预算内收入	万元	17150	10856	5628	5640
财政支出	万元	22781	17295	12066	8142
城乡居民储蓄存款余额	万元	119411	132119	75266	89984
年末金融机构各项贷款余额	万元	139644	154585	79384	71421
三、农业、工业及基本建设					
粮食产量	吨	100741	76713	86827	7281
棉花产量	吨	110	132	91	11
油料产量	吨	7260	2295	283	111
肉类总产量	吨	21954	9954	5696	1392
规模以上工业企业数	个	33	26	13	11
规模以上工业总产值(现价)	万元	217982	119727	22223	135748
基本建设投资完成额	万元	50331	49783	9962	22416
四、教育、卫生和社会保障					
普通中学在校学生数	人	21798	21663	22399	12608
小学在校学生数	人	31815	31797	36037	19224
医院、卫生院床位数	床	835	658	631	1499
社会福利院数	个	16	17	19	2
社会福利院床位数	床	378	257	380	60

2001 年县(市)社会经济主要指标

河南省

指标	单位	灵宝市	南召县	方城县	西峡县
一、基本情况					
行政区域土地面积	平方公里	3011	2933	2542	3447
乡(镇)个数	个	16	15	15	17
村民委员会个数	个	434	332	557	296
年末总户数	户	207243	170612	263567	121812
其中:乡村户数	户	147644	128600	241000	105000
年末总人口	万人	72	61	100	43
其中:乡村人口	万人	61	48	90	37
年末单位从业人员数	人	45865	24075	35460	26783
乡村从业人员数	人	363149	304300	573000	225800
其中:农林牧渔业	人	300196	220600	467000	175300
农业机械总动力	万千瓦特	52	13	35	11
本地电话用户	户	113834	61760	75562	44632
二、综合经济					
第一产业增加值	万元	97420	62436	141117	81512
第二产业增加值	万元	399491	203755	101360	119192
地方财政预算内收入	万元	21218	7437	14117	11056
财政支出	万元	25001	17705	23881	20516
城乡居民储蓄存款余额	万元	415603	100281	131066	112945
年末金融机构各项贷款余额	万元	351411	112199	179804	141567
三、农业、工业及基本建设					
粮食产量	吨	163587	165784	433305	111154
棉花产量	吨	1272		6831	
油料产量	吨	10919	25093	112385	2443
肉类总产量	吨	11902	35303	64482	27610
规模以上工业企业数	个	199	42	55	57
规模以上工业总产值(现价)	万元	809229	94727	97633	137528
基本建设投资完成额	万元	37694	30281	25496	24396
四、教育、卫生和社会保障					
普通中学在校学生数	人	55816	34246	73192	26403
小学在校学生数	人	90805	49296	89564	33189
医院、卫生院床位数	床	913	1097	860	830
社会福利院数	个	18	16	21	18
社会福利院床位数	床	720	462	526	412

2001年县(市)社会经济主要指标

河南省

指　　标	单　位	镇平县	内乡县	淅川县	社旗县
一、基本情况					
行政区域土地面积	平方公里	1490	2301	2818	1152
乡(镇)个数	个	22	15	15	17
村民委员会个数	个	409	288	514	237
年末总户数	户	245206	188000	189857	166745
其中:乡村户数	户	215200	147000	162100	144700
年末总人口	万人	94	63	72	63
其中:乡村人口	万人	84	53	64	57
年末单位从业人员数	人	39068	32393	40683	23403
乡村从业人员数	人	460500	307800	350500	338400
其中:农林牧渔业	人	289000	220200	267700	282500
农业机械总动力	万千瓦特	27	18	26	25
本地电话用户	户	83665	56256	52882	60060
二、综合经济					
第一产业增加值	万元	145998	106297	107992	92635
第二产业增加值	万元	389004	136315	145389	48308
地方财政预算内收入	万元	13583	11667	11802	4609
财政支出	万元	24928	20715	19810	13508
城乡居民储蓄存款余额	万元	208987	114472	130336	88837
年末金融机构各项贷款余额	万元	185606	120899	165270	118019
三、农业、工业及基本建设					
粮食产量	吨	402033	185897	224110	331796
棉花产量	吨	8698	1841	83	11532
油料产量	吨	59168	14708	31747	15646
肉类总产量	吨	52757	55915	47408	47363
规模以上工业企业数	个	94	40	36	36
规模以上工业总产值(现价)	万元	292348	81805	139560	40765
基本建设投资完成额	万元	15071	22845	25315	11775
四、教育、卫生和社会保障					
普通中学在校学生数	人	57652	42976	42219	44657
小学在校学生数	人	71797	55803	79058	52886
医院、卫生院床位数	床	771	683	786	785
社会福利院数	个	25	29	17	18
社会福利院床位数	床	566	546	500	802

2001年县(市)社会经济主要指标

河南省

指　　标	单　位	唐河县	新野县	桐柏县	邓州市
一、基本情况					
行政区域土地面积	平方公里	2497	1056	1915	2370
乡(镇)个数	个	19	13	15	26
村民委员会个数	个	500	262	209	572
年末总户数	户	354584	190084	109667	375115
其中:乡村户数	户	288800	165400	93600	325200
年末总人口	万人	129	73	43	151
其中:乡村人口	万人	113	67	34	137
年末单位从业人员数	人	45404	44371	24835	59381
乡村从业人员数	人	617300	425600	209200	790300
其中:农林牧渔业	人	497800	317600	160600	605400
农业机械总动力	万千瓦特	39	24	31	45
本地电话用户	户	90102	78538	36561	109350
二、综合经济					
第一产业增加值	万元	227502	153903	74327	280108
第二产业增加值	万元	196696	199433	102183	229512
地方财政预算内收入	万元	21299	14407	7316	23129
财政支出	万元	30807	22710	16216	38315
城乡居民储蓄存款余额	万元	188046	167161	77559	183175
年末金融机构各项贷款余额	万元	260839	193087	111528	245896
三、农业、工业及基本建设					
粮食产量	吨	703728	240590	130950	548526
棉花产量	吨	24700	22859	555	24528
油料产量	吨	99131	41613	35810	111055
肉类总产量	吨	107076	61446	31466	115773
规模以上工业企业数	个	71	119	36	80
规模以上工业总产值(现价)	万元	115431	299469	74081	246039
基本建设投资完成额	万元	14928	10003	20522	21539
四、教育、卫生和社会保障					
普通中学在校学生数	人	87829	47985	29949	102885
小学在校学生数	人	119415	61041	38062	133400
医院、卫生院床位数	床	860	826	602	1783
社会福利院数	个	24	19	16	26
社会福利院床位数	床	892	680	560	814

2001年县(市)社会经济主要指标

河南省

指　　标	单　位	民权县	睢县	宁陵县	柘城县
一、基本情况					
行政区域土地面积	平方公里	1240	921	797	1042
乡(镇)个数	个	18	23	15	22
村民委员会个数	个	527	551	364	494
年末总户数	户	195023	185059	149088	234205
其中:乡村户数	户	183100	184100	132700	230100
年末总人口	万人	84	79	58	92
其中:乡村人口	万人	76	72	54	88
年末单位从业人员数	人	36728	29737	33146	33437
乡村从业人员数	人	415900	450200	313400	518400
其中:农林牧渔业	人	354600	366600	256200	441200
农业机械总动力	万千瓦特	69	68	56	71
本地电话用户	户	48637	48489	38601	43118
二、综合经济					
第一产业增加值	万元	148728	145350	81986	138399
第二产业增加值	万元	74934	86351	83874	64564
地方财政预算内收入	万元	5208	5838	4605	5188
财政支出	万元	16102	18188	16275	16241
城乡居民储蓄存款余额	万元	88674	104888	67901	116444
年末金融机构各项贷款余额	万元	216929	202251	171907	214224
三、农业、工业及基本建设					
粮食产量	吨	391203	466992	271879	411015
棉花产量	吨	33384	20329	16259	22680
油料产量	吨	77546	54617	59690	18732
肉类总产量	吨	51315	49474	27838	61635
规模以上工业企业数	个	49	46	42	43
规模以上工业总产值(现价)	万元	76747	70782	98096	52108
基本建设投资完成额	万元	18346	30008	13462	11431
四、教育、卫生和社会保障					
普通中学在校学生数	人	80229	72139	60245	80522
小学在校学生数	人	118287	114195	81526	128807
医院、卫生院床位数	床	1059	1018	817	1163
社会福利院数	个		1	1	1
社会福利院床位数	床		18	15	20

2001年县(市)社会经济主要指标

河南省

指　　标	单　位	虞城县	夏邑县	永城市	罗山县
一、基本情况					
行政区域土地面积	平方公里	1541	1486	2020	2077
乡(镇)个数	个	29	24	30	18
村民委员会个数	个	728	728	743	290
年末总户数	户	259797	290707	327109	187196
其中:乡村户数	户	258600	272700	309100	158000
年末总人口	万人	107	111	135	71
其中:乡村人口	万人	100	101	122	63
年末单位从业人员数	人	39333	30046	60661	33820
乡村从业人员数	人	563800	563100	753000	317900
其中:农林牧渔业	人	461400	460800	600100	217900
农业机械总动力	万千瓦特	110	106	107	34
本地电话用户	户	62482	71376	82717	50868
二、综合经济					
第一产业增加值	万元	185797	173346	239286	66793
第二产业增加值	万元	93442	108547	211316	86807
地方财政预算内收入	万元	8077	6612	18366	5296
财政支出	万元	22481	20118	27911	16288
城乡居民储蓄存款余额	万元	115499	116444	210244	140059
年末金融机构各项贷款余额	万元	220579	214224	254680	142849
三、农业、工业及基本建设					
粮食产量	吨	656490	684670	834975	207112
棉花产量	吨	26738	19531	18118	688
油料产量	吨	46140	18485	42688	9556
肉类总产量	吨	68822	80733	81727	38258
规模以上工业企业数	个	44	54	27	27
规模以上工业总产值(现价)	万元	101936	80956	224812	42018
基本建设投资完成额	万元	21470	31948	68732	74878
四、教育、卫生和社会保障					
普通中学在校学生数	人	80037	103334	90893	55636
小学在校学生数	人	140466	148985	174034	76614
医院、卫生院床位数	床	1232	1665	1904	885
社会福利院数	个	1	1	1	22
社会福利院床位数	床	15	13	15	398

2001年县(市)社会经济主要指标

河南省

指　　标	单　位	光山县	新　县	商城县	固始县
一、基本情况					
行政区域土地面积	平方公里	1835	1546	2117	2946
乡(镇)个数	个	24	16	21	32
村民委员会个数	个	345	196	365	596
年末总户数	户	206994	99567	189151	468681
其中:乡村户数	户	171100	76500	156700	371300
年末总人口	万人	78	33	70	154
其中:乡村人口	万人	70	27	63	140
年末单位从业人员数	人	34652	16014	27534	52376
乡村从业人员数	人	424900	158800	322900	749000
其中:农林牧渔业	人	288900	80800	185800	451400
农业机械总动力	万千瓦特	21	17	17	35
本地电话用户	户	56872	25654	40127	89668
二、综合经济					
第一产业增加值	万元	50152	41253	83088	169562
第二产业增加值	万元	85061	71170	77372	149629
地方财政预算内收入	万元	6618	4851	6193	12970
财政支出	万元	18930	12723	18620	30658
城乡居民储蓄存款余额	万元	149757	64390	127372	266567
年末金融机构各项贷款余额	万元	173607	94808	128065	263301
三、农业、工业及基本建设					
粮食产量	吨	161192	57253	225033	560945
棉花产量	吨	537	139	1511	2012
油料产量	吨	10476	6496	8828	44539
肉类总产量	吨	30052	19413	42752	114615
规模以上工业企业数	个	29	24	29	32
规模以上工业总产值(现价)	万元	66066	39973	48731	90174
基本建设投资完成额	万元	29154	14644	34620	56560
四、教育、卫生和社会保障					
普通中学在校学生数	人	53823	21184	47477	99542
小学在校学生数	人	101492	30883	86262	168109
医院、卫生院床位数	床	853	419	675	1365
社会福利院数	个	18	24	26	40
社会福利院床位数	床	350	292	257	784

2001 年县(市)社会经济主要指标

河南省

指　　标	单　位	潢川县	淮滨县	息　县	扶沟县
一、基本情况					
行政区域土地面积	平方公里	1635	1192	1895	1129
乡(镇)个数	个	20	20	21	14
村民委员会个数	个	271	289	341	411
年末总户数	户	206619	169315	228427	164564
其中:乡村户数	户	162400	140600	199600	151219
年末总人口	万人	78	65	91	71
其中:乡村人口	万人	65	57	82	65
年末单位从业人员数	人	39526	31349	27612	36059
乡村从业人员数	人	412900	330100	445200	347456
其中:农林牧渔业	人	314800	253400	302100	318473
农业机械总动力	万千瓦特	24	37	45	96
本地电话用户	户	55569	30918	36388	52143
二、综合经济					
第一产业增加值	万元	109611	51527	65243	133746
第二产业增加值	万元	118371	44034	74939	58776
地方财政预算内收入	万元	8278	5308	7608	6671
财政支出	万元	19051	18254	20213	14579
城乡居民储蓄存款余额	万元	131538	78733	129022	200960
年末金融机构各项贷款余额	万元	210006	114236	159586	248379
三、农业、工业及基本建设					
粮食产量	吨	220868	210308	350194	396753
棉花产量	吨	230	1913	8675	50484
油料产量	吨	3731	9780	17757	42124
肉类总产量	吨	89563	34808	34348	37823
规模以上工业企业数	个	12	35	24	37
规模以上工业总产值(现价)	万元	132118	55597	87446	82696
基本建设投资完成额	万元	58590	18925	32400	16905
四、教育、卫生和社会保障					
普通中学在校学生数	人	58267	39934	46254	55926
小学在校学生数	人	96955	72850	124867	87510
医院、卫生院床位数	床	851	533	826	1110
社会福利院数	个	19	24	34	24
社会福利院床位数	床	506	219	470	590

2001年县(市)社会经济主要指标

河南省

指　　标	单　位	西华县	商水县	沈丘县	郸城县
一、基本情况					
行政区域土地面积	平方公里	1210	1313	1081	1471
乡(镇)个数	个	18	21	20	20
村民委员会个数	个	434	595	556	498
年末总户数	户	217486	273440	278600	356100
其中:乡村户数	户	183794	265865	257859	283913
年末总人口	万人	89	116	119	128
其中:乡村人口	万人	80	108	112	119
年末单位从业人员数	人	35945	37233	54986	42937
乡村从业人员数	人	477993	668597	616991	720496
其中:农林牧渔业	人	383863	478391	412611	573362
农业机械总动力	万千瓦特	81	67	56	89
本地电话用户	户	49725	60308	58945	61741
二、综合经济					
第一产业增加值	万元	172691	147367	114823	169344
第二产业增加值	万元	104252	76094	124711	85154
地方财政预算内收入	万元	12278	6818	8051	8778
财政支出	万元	24041	17916	21719	20170
城乡居民储蓄存款余额	万元	156345	153653	218000	169362
年末金融机构各项贷款余额	万元	196905	191858	241000	229098
三、农业、工业及基本建设					
粮食产量	吨	535599	658739	604096	826700
棉花产量	吨	34691	11310	9184	44975
油料产量	吨	50421	47850	24498	27068
肉类总产量	吨	64959	71843	69763	54191
规模以上工业企业数	个	71	29	33	24
规模以上工业总产值(现价)	万元	155967	25990	103711	89506
基本建设投资完成额	万元	13713	13710	86440	14024
四、教育、卫生和社会保障					
普通中学在校学生数	人	51653	60314	88069	100373
小学在校学生数	人	99937	159089	133037	176410
医院、卫生院床位数	床	847	948	1216	1132
社会福利院数	个	18	22	17	1
社会福利院床位数	床	410	370	541	30

2001 年县(市)社会经济主要指标

河南省

指　　标	单　位	淮阳县	太康县	鹿邑县	项城市
一、基本情况					
行政区域土地面积	平方公里	1467	1761	1245	1083
乡(镇)个数	个	19	22	21	18
村民委员会个数	个	508	767	548	466
年末总户数	户	321828	304973	266765	264000
其中:乡村户数	户	293576	296986	259477	241000
年末总人口	万人	133	133	114	114
其中:乡村人口	万人	124	122	106	102
年末单位从业人员数	人	38056	52879	39545	58191
乡村从业人员数	人	669717	722692	658617	602846
其中:农林牧渔业	人	669717	611000	526175	331303
农业机械总动力	万千瓦特	78	126	59	41
本地电话用户	户	69966	65980	65859	89278
二、综合经济					
第一产业增加值	万元	186706	203378	157155	138561
第二产业增加值	万元	121716	145684	159965	370641
地方财政预算内收入	万元	9508	8116	9340	22827
财政支出	万元	18720	18972	24288	32479
城乡居民储蓄存款余额	万元	164551	184144	213916	279343
年末金融机构各项贷款余额	万元	276387	240133	333127	353361
三、农业、工业及基本建设					
粮食产量	吨	601511	825235	635993	472800
棉花产量	吨	25068	58205	44065	7029
油料产量	吨	118039	37834	21457	22056
肉类总产量	吨	89468	104310	67975	47559
规模以上工业企业数	个	51	49	18	75
规模以上工业总产值(现价)	万元	90705	133361	216645	612467
基本建设投资完成额	万元	8608	14055	24645	17654
四、教育、卫生和社会保障					
普通中学在校学生数	人	100829	82392	73260	76267
小学在校学生数	人	181717	181112	155939	137812
医院、卫生院床位数	床	1246	1586	1445	1072
社会福利院数	个	20	24	22	17
社会福利院床位数	床	480	484	1023	106

2001年县(市)社会经济主要指标

河南省

指　　标	单　位	西平县	上蔡县	平舆县	正阳县
一、基本情况					
行政区域土地面积	平方公里	1092	1529	1281	1889
乡(镇)个数	个	18	24	17	21
村民委员会个数	个	296	514	259	285
年末总户数	户	203773	323103	235668	201343
其中:乡村户数	户	192300	291000	209000	177400
年末总人口	万人	83	134	93	74
其中:乡村人口	万人	76	125	86	67
年末单位从业人员数	人	24695	37866	28999	27896
乡村从业人员数	人	515500	775200	567300	433300
其中:农林牧渔业	人	227700	604000	426800	347600
农业机械总动力	万千瓦特	68	73	54	79
本地电话用户	户	68909	62768	37091	47510
二、综合经济					
第一产业增加值	万元	146541	130210	98111	79146
第二产业增加值	万元	173277	128440	93352	62465
地方财政预算内收入	万元	9339	12180	8116	6751
财政支出	万元	30836	21996	21445	16453
城乡居民储蓄存款余额	万元	171863	186448	142310	111931
年末金融机构各项贷款余额	万元	176504	240000	168693	124875
三、农业、工业及基本建设					
粮食产量	吨	585020	706170	392644	373642
棉花产量	吨	723	3601	1239	1025
油料产量	吨	28231	42447	44588	30533
肉类总产量	吨	98275	42722	48165	99851
规模以上工业企业数	个	49	51	69	42
规模以上工业总产值(现价)	万元	96911	88151	88024	52219
基本建设投资完成额	万元	18426	17738	10975	13001
四、教育、卫生和社会保障					
普通中学在校学生数	人	50231	72736	44466	41144
小学在校学生数	人	88271	156595	109887	97070
医院、卫生院床位数	床	1070	1050	912	1043
社会福利院数	个	37	26	20	20
社会福利院床位数	床	269	534	352	275

2001年县(市)社会经济主要指标

河南省

指　　标	单　位	确山县	泌阳县	汝南县	遂平县
一、基本情况					
行政区域土地面积	平方公里	2013	2774	1628	1221
乡(镇)个数	个	17	23	20	17
村民委员会个数	个	239	402	297	223
年末总户数	户	170366	223110	216418	153320
其中:乡村户数	户	148100	200700	196500	135300
年末总人口	万人	60	95	83	61
其中:乡村人口	万人	54	85	74	56
年末单位从业人员数	人	23960	31992	30604	30582
乡村从业人员数	人	380500	560900	518200	354500
其中:农林牧渔业	人	322500	454700	456300	280000
农业机械总动力	万千瓦特	89	39	66	50
本地电话用户	户	51154	59888	59420	62497
二、综合经济					
第一产业增加值	万元	73671	120007	113771	100342
第二产业增加值	万元	115823	109647	97741	107192
地方财政预算内收入	万元	7736	9273	8532	8609
财政支出	万元	15655	20863	17746	15852
城乡居民储蓄存款余额	万元	102683	94701	150165	115651
年末金融机构各项贷款余额	万元	123134	151288	195856	156355
三、农业、工业及基本建设					
粮食产量	吨	311726	358971	420261	465452
棉花产量	吨	106	4196	2551	1081
油料产量	吨	54179	52447	56065	32108
肉类总产量	吨	64286	60867	82092	81472
规模以上工业企业数	个	46	54	51	44
规模以上工业总产值(现价)	万元	77102	90391	84752	102198
基本建设投资完成额	万元	13276	15093	7300	9010
四、教育、卫生和社会保障					
普通中学在校学生数	人	29846	64845	41223	38332
小学在校学生数	人	46176	106013	87899	62034
医院、卫生院床位数	床	912	1124	1150	1100
社会福利院数	个	26	26	33	23
社会福利院床位数	床	996	534	640	448

2001年县(市)社会经济主要指标

河南省、湖北省

指　　标	单　位	新蔡县	阳新县	大冶市	郧　县
一、基本情况					
行政区域土地面积	平方公里	1453	2783	1566	3863
乡(镇)个数	个	22	16	11	18
村民委员会个数	个	351	449	428	503
年末总户数	户	231605	203380	226678	176554
其中:乡村户数	户	228800	132100	159700	141000
年末总人口	万人	101	95	88	60
其中:乡村人口	万人	95	66	65	52
年末单位从业人员数	人	28311	46770	56610	29694
乡村从业人员数	人	615100	267900	233100	242900
其中:农林牧渔业	人	461300	168000	134200	160600
农业机械总动力	万千瓦特	33	14	20	12
本地电话用户	户	36937	57541	66245	26590
二、综合经济					
第一产业增加值	万元	121418	88228	88470	51902
第二产业增加值	万元	104872	198000	360600	47980
地方财政预算内收入	万元	7966	12196	22104	7261
财政支出	万元	19242	24221	32718	16100
城乡居民储蓄存款余额	万元	108635	83178	183198	82005
年末金融机构各项贷款余额	万元	186409	114397	138340	81665
三、农业、工业及基本建设					
粮食产量	吨	465917	306940	290068	184537
棉花产量	吨	16916	2089	518	73
油料产量	吨	33857	36794	34915	9675
肉类总产量	吨	83572	28205	33719	24315
规模以上工业企业数	个	62	51	70	30
规模以上工业总产值(现价)	万元	78586	89688	384076	65937
基本建设投资完成额	万元	14010	46445	37127	12784
四、教育、卫生和社会保障					
普通中学在校学生数	人	50744	52448	57052	37495
小学在校学生数	人	110516	142841	125793	77993
医院、卫生院床位数	床	914	1789	1843	774
社会福利院数	个	37	16	20	31
社会福利院床位数	床	767	573	1036	1640

2001 年县(市)社会经济主要指标

湖北省

指　　标	单　位	郧西县	竹山县	竹溪县	房　县
一、基本情况					
行政区域土地面积	平方公里	3509	3586	3311	5110
乡(镇)个数	个	16	17	15	19
村民委员会个数	个	496	359	400	516
年末总户数	户	137194	120390	94513	129000
其中:乡村户数	户	111500	101800	74400	98400
年末总人口	万人	50	45	36	49
其中:乡村人口	万人	43	41	29	39
年末单位从业人员数	人	16796	15167	15410	21153
乡村从业人员数	人	211100	184300	123000	173000
其中:农林牧渔业	人	128600	126600	76700	119600
农业机械总动力	万千瓦特	7	7	6	7
本地电话用户	户	18445	14418	15904	21313
二、综合经济					
第一产业增加值	万元	47415	41675	39219	45967
第二产业增加值	万元	16010	22907	12638	26250
地方财政预算内收入	万元	4579	4958	3948	4587
财政支出	万元	14991	12554	13913	17736
城乡居民储蓄存款余额	万元	49303	29374	38421	51681
年末金融机构各项贷款余额	万元	46808	62907	50528	61603
三、农业、工业及基本建设					
粮食产量	吨	155534	170850	150055	162036
棉花产量	吨		6		27
油料产量	吨	7254	16445	17095	7037
肉类总产量	吨	16261	18915	16846	19184
规模以上工业企业数	个	18	21	21	31
规模以上工业总产值(现价)	万元	12943	22496	18542	30435
基本建设投资完成额	万元	12317	10232	10161	9901
四、教育、卫生和社会保障					
普通中学在校学生数	人	22150	17400	16354	28132
小学在校学生数	人	56319	49800	37862	51816
医院、卫生院床位数	床	601	592	575	713
社会福利院数	个	30	28	9	25
社会福利院床位数	床	621	285	184	120

2001年县(市)社会经济主要指标

湖北省

指　　标	单　位	丹江口市	宜昌县	远安县	兴山县
一、基本情况					
行政区域土地面积	平方公里	3121	3424	1752	2328
乡(镇)个数	个	13	11	7	8
村民委员会个数	个	379	445	195	238
年末总户数	户	155200	173543	63775	57680
其中:乡村户数	户	88300	125700	49200	46100
年末总人口	万人	48	56	21	19
其中:乡村人口	万人	31	40	16	15
年末单位从业人员数	人	45324	28495	110000	70389
乡村从业人员数	人	143700	188300	81700	75400
其中:农林牧渔业	人	94900	114700	60700	61300
农业机械总动力	万千瓦特	10	12	11	4
本地电话用户	户	61754	43567	21443	20114
二、综合经济					
第一产业增加值	万元	39294	102656	37740	28661
第二产业增加值	万元	171576	518118	70081	60078
地方财政预算内收入	万元	12952	23740	7172	8242
财政支出	万元	23121	35680	12698	13395
城乡居民储蓄存款余额	万元	166057	165317	75939	43377
年末金融机构各项贷款余额	万元	159317	109538	58664	126515
三、农业、工业及基本建设					
粮食产量	吨	89376	209209	92987	77980
棉花产量	吨	6	61	52	
油料产量	吨	7930	21488	10110	6492
肉类总产量	吨	19565	40860	16860	10392
规模以上工业企业数	个	59	48	17	8
规模以上工业总产值(现价)	万元	227386	262840	147298	60422
基本建设投资完成额	万元	19933	43566	17297	46363
四、教育、卫生和社会保障					
普通中学在校学生数	人	32000	28857	14200	11386
小学在校学生数	人	55000	44671	16000	15025
医院、卫生院床位数	床	1765	1130	676	407
社会福利院数	个	24	16	8	13
社会福利院床位数	床	183	550	300	168

2001年县(市)社会经济主要指标

湖北省

指标	单位	秭归县	长阳自治县	五峰自治县	宜都市
一、基本情况					
行政区域土地面积	平方公里	2427	3430	2072	1357
乡(镇)个数	个	12	11	8	9
村民委员会个数	个	202	435	256	127
年末总户数	户	127914	125668	61769	134000
其中:乡村户数	户	104500	105500	53900	88900
年末总人口	万人	40	41	21	38
其中:乡村人口	万人	34	35	18	29
年末单位从业人员数	人	192600	18808	31729	24151
乡村从业人员数	人	174100	195800	90300	148100
其中:农林牧渔业	人	141300	145900	70100	89500
农业机械总动力	万千瓦特	9	7	6	13
本地电话用户	户	15399	19265	14402	44785
二、综合经济					
第一产业增加值	万元	39910	56227	35343	54291
第二产业增加值	万元	68667	129537	40360	167748
地方财政预算内收入	万元	9285	8485	4773	13089
财政支出	万元	17881	20291	14424	19781
城乡居民储蓄存款余额	万元	69088	70196	32077	125402
年末金融机构各项贷款余额	万元	61985	71066	44722	124795
三、农业、工业及基本建设					
粮食产量	吨	135765	196633	102927	144228
棉花产量	吨		3		98
油料产量	吨	16372	16376	6497	16305
肉类总产量	吨	22428	25646	13726	36689
规模以上工业企业数	个	23	27	16	28
规模以上工业总产值(现价)	万元	45167	87430	24042	150209
基本建设投资完成额	万元	36067	25867	13471	15517
四、教育、卫生和社会保障					
普通中学在校学生数	人	31542	29844	14124	24838
小学在校学生数	人	31355	30218	16140	31285
医院、卫生院床位数	床	559	786	437	799
社会福利院数	个	15	11	11	33
社会福利院床位数	床	515	292	285	415

2001年县(市)社会经济主要指标

湖北省

指　标	单　位	当阳市	枝江市	襄阳县	南漳县
一、基本情况					
行政区域土地面积	平方公里	2159	1310	3226	3859
乡(镇)个数	个	6	8	17	10
村民委员会个数	个	303	320	625	527
年末总户数	户	143282	179093	363384	149177
其中:乡村户数	户	93700	97700	231800	104400
年末总人口	万人	47	51	129	57
其中:乡村人口	万人	32	38	98	41
年末单位从业人员数	人	27054	23557	64395	41706
乡村从业人员数	人	134600	172300	446800	182900
其中:农林牧渔业	人	100400	125200	338300	132400
农业机械总动力	万千瓦特	17	28	49	25
本地电话用户	户	76098	65820	83107	38000
二、综合经济					
第一产业增加值	万元	133332	100444	295471	77195
第二产业增加值	万元	362975	140949	517611	87849
地方财政预算内收入	万元	21073	16240	35585	10338
财政支出	万元	33739	22088	46246	17734
城乡居民储蓄存款余额	万元	199077	190741	101551	88546
年末金融机构各项贷款余额	万元	198220	182893	359436	115060
三、农业、工业及基本建设					
粮食产量	吨	347334	285234	1025332	324051
棉花产量	吨	1617	13991	19260	1658
油料产量	吨	78471	53781	182871	16112
肉类总产量	吨	54260	39810	130336	41278
规模以上工业企业数	个	48	49	68	37
规模以上工业总产值(现价)	万元	256853	207414	376075	37896
基本建设投资完成额	万元	21366	100706	1189	11357
四、教育、卫生和社会保障					
普通中学在校学生数	人	35478	32178	49200	33065
小学在校学生数	人	35002	40012	110300	60136
医院、卫生院床位数	床	1230	1026	2310	1001
社会福利院数	个	14	45	22	23
社会福利院床位数	床	785	1250	1100	1230

2001年县(市)社会经济主要指标

湖北省

指　　标	单　位	谷城县	保康县	老河口市	枣阳市
一、基本情况					
行政区域土地面积	平方公里	2553	3225	1032	3277
乡(镇)个数	个	10	11	6	12
村民委员会个数	个	387	344	227	619
年末总户数	户	149500	78127	159570	310500
其中:乡村户数	户	99000	62000	81500	188000
年末总人口	万人	54	29	51	104
其中:乡村人口	万人	38	23	35	78
年末单位从业人员数	人	210500	16693	49867	61299
乡村从业人员数	人	156800	127100	188000	329600
其中:农林牧渔业	人	99100	117800	92000	261200
农业机械总动力	万千瓦特	9	8	16	34
本地电话用户	户	42815	20749	54979	93136
二、综合经济					
第一产业增加值	万元	77880	45620	118304	255307
第二产业增加值	万元	55615	42100	262700	397400
地方财政预算内收入	万元	10507	7614	25757	29636
财政支出	万元	17409	11011	31779	47824
城乡居民储蓄存款余额	万元	117783	27966	168398	244766
年末金融机构各项贷款余额	万元	143758	50466	253050	292756
三、农业、工业及基本建设					
粮食产量	吨	186466	125788	255681	813018
棉花产量	吨	333		6406	17868
油料产量	吨	13887	7043	24959	77593
肉类总产量	吨	32550	19633	39424	92026
规模以上工业企业数	个	28	28	51	69
规模以上工业总产值(现价)	万元	118310	47666	199725	279218
基本建设投资完成额	万元	12483	8834	12078	17607
四、教育、卫生和社会保障					
普通中学在校学生数	人	39700	15900	26944	85000
小学在校学生数	人	55800	27400	48713	118000
医院、卫生院床位数	床	947	581	1612	2240
社会福利院数	个	18	22	14	34
社会福利院床位数	床	1450	450	348	2450

2001年县(市)社会经济主要指标

湖北省

指　　标	单　位	宜城市	京山县	沙洋县	钟祥市
一、基本情况					
行政区域土地面积	平方公里	2115	3520	2184	4488
乡(镇)个数	个	7	14	13	17
村民委员会个数	个	182	411	361	507
年末总户数	户	143500	151339	159641	275256
其中:乡村户数	户	106900	107900	120366	174700
年末总人口	万人	52	64	59	103
其中:乡村人口	万人	44	45	50	71
年末单位从业人员数	人	314500	48094	80396	55824
乡村从业人员数	人	176000	177600	223637	259300
其中:农林牧渔业	人	140500	122200	179778	206200
农业机械总动力	万千瓦特	24	16	22	62
本地电话用户	户	42813	58323	41793	70746
二、综合经济					
第一产业增加值	万元	120343	124414	144255	232145
第二产业增加值	万元	87090	145500	110690	264553
地方财政预算内收入	万元	15720	17544	8994	22983
财政支出	万元	22100	29871	17276	32434
城乡居民储蓄存款余额	万元	138832	186139	118173	304488
年末金融机构各项贷款余额	万元	214330	315806	187537	327078
三、农业、工业及基本建设					
粮食产量	吨	401012	381375	597954	672757
棉花产量	吨	7546	4240	8686	11407
油料产量	吨	96349	66020	74884	150253
肉类总产量	吨	43369	44907	31568	62505
规模以上工业企业数	个	38	61	35	102
规模以上工业总产值(现价)	万元	92750	201706	61410	174160
基本建设投资完成额	万元	15756	28668	8214	29809
四、教育、卫生和社会保障					
普通中学在校学生数	人	40900	45288	46057	75533
小学在校学生数	人	63648	65884	44180	104042
医院、卫生院床位数	床	1067	1591	1014	2365
社会福利院数	个	47	19	13	31
社会福利院床位数	床	1661	800	1198	1353

2001年县(市)社会经济主要指标

湖北省

指　　标	单　位	孝昌县	大悟县	云梦县	应城市
一、基本情况					
行政区域土地面积	平方公里	1193	1979	604	1103
乡(镇)个数	个	12	17	12	10
村民委员会个数	个	451	359	286	413
年末总户数	户	155971	161021	148033	171720
其中:乡村户数	户	127600	123000	113400	118500
年末总人口	万人	61	61	57	65
其中:乡村人口	万人	57	54	47	52
年末单位从业人员数	人	19615	29788	39198	61432
乡村从业人员数	人	266700	243400	273000	220900
其中:农林牧渔业	人	165900	183200	144400	106200
农业机械总动力	万千瓦特	13	11	13	15
本地电话用户	户	26292	38904	46324	67176
二、综合经济					
第一产业增加值	万元	76048	73470	98107	137814
第二产业增加值	万元	79915	121775	149696	322681
地方财政预算内收入	万元	7887	10290	14117	17693
财政支出	万元	14013	21109	20539	23546
城乡居民储蓄存款余额	万元	72504	112668	139752	196013
年末金融机构各项贷款余额	万元	85189	120071	185292	277490
三、农业、工业及基本建设					
粮食产量	吨	176647	204395	191671	360754
棉花产量	吨	330	225	1879	5595
油料产量	吨	14745	14529	13064	24346
肉类总产量	吨	30340	27240	39634	40203
规模以上工业企业数	个	18	32	102	150
规模以上工业总产值(现价)	万元	21050	90147	360837	458985
基本建设投资完成额	万元	23722	28674	23173	25494
四、教育、卫生和社会保障					
普通中学在校学生数	人	26900	32226	24862	24207
小学在校学生数	人	89000	84476	68382	80200
医院、卫生院床位数	床	579	701	660	1302
社会福利院数	个	10	19	13	35
社会福利院床位数	床	370	520	641	380

2001年县(市)社会经济主要指标

湖北省

指　　标	单　位	安陆市	汉川市	公安县	监利县
一、基本情况					
行政区域土地面积	平方公里	1355	1663	2186	3118
乡(镇)个数	个	13	20	16	21
村民委员会个数	个	431	601	471	783
年末总户数	户	162827	301602	274896	340238
其中:乡村户数	户	114300	184200	199600	221000
年末总人口	万人	61	107	101	139
其中:乡村人口	万人	49	79	82	103
年末单位从业人员数	人	35002	72450	38339	64559
乡村从业人员数	人	214000	415500	404300	482300
其中:农林牧渔业	人	134800	275700	299600	331800
农业机械总动力	万千瓦特	17	32	27	54
本地电话用户	户	53786	82866	76755	78760
二、综合经济					
第一产业增加值	万元	94712	165660	154166	197969
第二产业增加值	万元	107946	354614	105123	131808
地方财政预算内收入	万元	11669	21934	23166	18475
财政支出	万元	23946	32148	26321	28061
城乡居民储蓄存款余额	万元	143860	195545	209581	184604
年末金融机构各项贷款余额	万元	251490	403295	256307	339467
三、农业、工业及基本建设					
粮食产量	吨	272983	309378	548382	878547
棉花产量	吨	1296	17196	37495	14756
油料产量	吨	18276	41507	84706	72949
肉类总产量	吨	43410	41498	47191	54959
规模以上工业企业数	个	71	139	65	50
规模以上工业总产值(现价)	万元	126226	585181	189090	198381
基本建设投资完成额	万元	45849	26190	22658	23737
四、教育、卫生和社会保障					
普通中学在校学生数	人	24700	60163	74670	83377
小学在校学生数	人	71300	122505	110235	154150
医院、卫生院床位数	床	983	1467	2186	1487
社会福利院数	个	18	30	23	26
社会福利院床位数	床	888	905	739	1083

2001 年县(市)社会经济主要指标

湖北省

指　　标	单　位	江陵县	石首市	洪湖市	松滋市
一、基本情况					
行政区域土地面积	平方公里	1032	1417	2519	2235
乡(镇)个数	个	9	13	15	16
村民委员会个数	个	203	283	469	447
年末总户数	户	97111	165814	245000	234855
其中:乡村户数	户	58000	110400	141900	170600
年末总人口	万人	38	61	91	87
其中:乡村人口	万人	28	48	60	67
年末单位从业人员数	人	23642	32638	70879	40138
乡村从业人员数	人	111200	257900	290300	344500
其中:农林牧渔业	人	99400	170500	241800	257000
农业机械总动力	万千瓦特	17	19	40	22
本地电话用户	户	33897	66738	77395	59534
二、综合经济					
第一产业增加值	万元	64390	88023	161386	120247
第二产业增加值	万元	40100	182278	196292	185700
地方财政预算内收入	万元	3727	19619	23366	17187
财政支出	万元	8331	29069	26675	30223
城乡居民储蓄存款余额	万元	38568	161444	130237	198083
年末金融机构各项贷款余额	万元	131775	162838	298528	170870
三、农业、工业及基本建设					
粮食产量	吨	255329	249607	445491	433891
棉花产量	吨	13497	13225	8993	16557
油料产量	吨	39896	44543	41270	54992
肉类总产量	吨	20324	26962	20497	65214
规模以上工业企业数	个	31	39	56	56
规模以上工业总产值(现价)	万元	64481	218935	367856	109424
基本建设投资完成额	万元	7821	31908	62218	28312
四、教育、卫生和社会保障					
普通中学在校学生数	人	19996	31340	48440	40091
小学在校学生数	人	33012	73754	117499	66574
医院、卫生院床位数	床	642	1092	1690	1336
社会福利院数	个	9	15	25	28
社会福利院床位数	床	386	700	1194	1330

2001年县(市)社会经济主要指标

湖北省

指　　标	单　位	团风县	红安县	罗田县	英山县
一、基本情况					
行政区域土地面积	平方公里	833	1796	2129	1449
乡(镇)个数	个	10	11	12	11
村民委员会个数	个	286	395	411	309
年末总户数	户	102191	157193	162677	96870
其中:乡村户数	户	77900	125900	127100	86500
年末总人口	万人	38	65	60	41
其中:乡村人口	万人	31	51	46	30
年末单位从业人员数	人	14144	60200	24160	20000
乡村从业人员数	人	141400	224100	227100	164600
其中:农林牧渔业	人	80330	136000	117442	105092
农业机械总动力	万千瓦特	8	12	9	7
本地电话用户	户	26440	40454	35200	26241
二、综合经济					
第一产业增加值	万元	35137	50624	62074	74462
第二产业增加值	万元	37519	176854	106738	48818
地方财政预算内收入	万元	5478	29916	9528	7037
财政支出	万元	13950	23941	17937	14921
城乡居民储蓄存款余额	万元	52014	110876	104725	85571
年末金融机构各项贷款余额	万元	69772	146436	137750	83245
三、农业、工业及基本建设					
粮食产量	吨	138342	144820	181608	164602
棉花产量	吨	1008	948	102	267
油料产量	吨	16271	69272	17658	16024
肉类总产量	吨	12070	18827	15614	16855
规模以上工业企业数	个	25	58	57	52
规模以上工业总产值(现价)	万元	34671	141600	129230	41512
基本建设投资完成额	万元	23534	61458	28668	10573
四、教育、卫生和社会保障					
普通中学在校学生数	人	24296	36500	49872	29000
小学在校学生数	人	41861	84900	70172	38000
医院、卫生院床位数	床	790	1302	808	892
社会福利院数	个	18	13	27	11
社会福利院床位数	床	538	361	82	900

2001年县(市)社会经济主要指标

湖北省

指　　标	单　位	浠水县	蕲春县	黄梅县	麻城市
一、基本情况					
行政区域土地面积	平方公里	1949	2398	1701	3599
乡(镇)个数	个	13	14	16	19
村民委员会个数	个	650	563	526	718
年末总户数	户	259327	232388	224010	317657
其中:乡村户数	户	192100	171300	163800	234000
年末总人口	万人	103	96	93	116
其中:乡村人口	万人	84	70	74	86
年末单位从业人员数	人	41089	46800	33520	51820
乡村从业人员数	人	388800	281700	307700	363300
其中:农林牧渔业	人	212000	161848	171500	227380
农业机械总动力	万千瓦特	14	17	18	14
本地电话用户	户	64751	77463	75983	43295
二、综合经济					
第一产业增加值	万元	114379	104891	128949	130088
第二产业增加值	万元	165926	211868	205812	237609
地方财政预算内收入	万元	20035	19862	19506	23309
财政支出	万元	26453	25198	24488	43645
城乡居民储蓄存款余额	万元	168107	186994	165056	163348
年末金融机构各项贷款余额	万元	200047	233829	183203	212947
三、农业、工业及基本建设					
粮食产量	吨	416591	348739	355244	336765
棉花产量	吨	2260	954	17195	5877
油料产量	吨	63075	28886	59301	54385
肉类总产量	吨	29642	38289	28073	73844
规模以上工业企业数	个	83	81	84	107
规模以上工业总产值(现价)	万元	130529	157000	219320	265918
基本建设投资完成额	万元	24379	11972	98808	29061
四、教育、卫生和社会保障					
普通中学在校学生数	人	52474	65493	53904	76677
小学在校学生数	人	110715	121527	123889	135083
医院、卫生院床位数	床	1302	1654	1710	1308
社会福利院数	个	21	108	22	18
社会福利院床位数	床	1580	1160	682	1098

2001年县(市)社会经济主要指标

湖北省

指　　标	单　位	武穴市	嘉鱼县	通城县	崇阳县
一、基本情况					
行政区域土地面积	平方公里	1240	1018	1132	1960
乡(镇)个数	个	11	8	11	12
村民委员会个数	个	327	172	348	323
年末总户数	户	203900	96072	107201	103603
其中:乡村户数	户	126100	63700	72300	63500
年末总人口	万人	73	36	46	47
其中:乡村人口	万人	55	27	35	35
年末单位从业人员数	人	45300	34493	17856	23316
乡村从业人员数	人	198100	114200	160800	142300
其中:农林牧渔业	人	100300	81900	81900	93400
农业机械总动力	万千瓦特	14	18	8	7
本地电话用户	户	65400	33421	29549	31163
二、综合经济					
第一产业增加值	万元	85215	84971	41305	49378
第二产业增加值	万元	223130	93200	53545	68000
地方财政预算内收入	万元	22681	10872	7023	8288
财政支出	万元	29437	17188	11391	14473
城乡居民储蓄存款余额	万元	156681	73238	79709	72171
年末金融机构各项贷款余额	万元	190109	120440	55916	61091
三、农业、工业及基本建设					
粮食产量	吨	308850	137547	150003	155647
棉花产量	吨	8578	439	9	84
油料产量	吨	48778	15126	5381	8921
肉类总产量	吨	37245	11964	35813	22407
规模以上工业企业数	个	78	24	23	42
规模以上工业总产值(现价)	万元	254363	110983	56292	68838
基本建设投资完成额	万元	11963	31805	11583	16329
四、教育、卫生和社会保障					
普通中学在校学生数	人	39408	22183	29235	27531
小学在校学生数	人	94200	46651	64329	61144
医院、卫生院床位数	床	2435	750	511	395
社会福利院数	个	17	10	13	13
社会福利院床位数	床	1335	465	412	315

2001年县(市)社会经济主要指标

湖北省

指　　标	单　位	通山县	赤壁市	广水市	恩施市
一、基本情况					
行政区域土地面积	平方公里	2424	1712	2647	3967
乡(镇)个数	个	13	9	17	13
村民委员会个数	个	337	260	559	597
年末总户数	户	105111	133623	238300	218742
其中:乡村户数	户	79700	79800	175400	176000
年末总人口	万人	42	52	91	77
其中:乡村人口	万人	33	36	77	62
年末单位从业人员数	人	19173	42575	38812	36860
乡村从业人员数	人	112000	126800	365900	315700
其中:农林牧渔业	人	70100	75200	234100	219400
农业机械总动力	万千瓦特	10	15	11	8
本地电话用户	户	27201	53526	57300	44162
二、综合经济					
第一产业增加值	万元	37100	80161	110610	97481
第二产业增加值	万元	37368	228214	165600	93600
地方财政预算内收入	万元	6637	18837	16414	13118
财政支出	万元	12702	21267	28838	27400
城乡居民储蓄存款余额	万元	56032	142058	208659	139009
年末金融机构各项贷款余额	万元	55509	154503	180781	252683
三、农业、工业及基本建设					
粮食产量	吨	100658	205242	298789	279828
棉花产量	吨	2	1013	3305	59
油料产量	吨	7577	26774	17920	17404
肉类总产量	吨	13012	16340	33761	48737
规模以上工业企业数	个	25	94	45	31
规模以上工业总产值(现价)	万元	25489	237969	126094	83295
基本建设投资完成额	万元	11030	37975	41874	139507
四、教育、卫生和社会保障					
普通中学在校学生数	人	24177	36712	63340	33954
小学在校学生数	人	57536	63228	113406	63903
医院、卫生院床位数	床	521	1329	1320	2070
社会福利院数	个	9	19	22	19
社会福利院床位数	床	210	396	690	517

2001年县(市)社会经济主要指标

湖北省

指　　标	单　位	利川市	建始县	巴东县	宣恩县
一、基本情况					
行政区域土地面积	平方公里	4607	2659	3219	2740
乡(镇)个数	个	12	10	12	9
村民委员会个数	个	575	407	492	282
年末总户数	户	234100	138185	143702	97834
其中:乡村户数	户	200900	120700	122200	86100
年末总人口	万人	82	51	48	34
其中:乡村人口	万人	74	44	42	31
年末单位从业人员数	人	24816	18953	19000	10574
乡村从业人员数	人	315000	171100	194100	145000
其中:农林牧渔业	人	170600	115200	134100	103100
农业机械总动力	万千瓦特	8	8	5	3
本地电话用户	户	23114	19049	21878	11693
二、综合经济					
第一产业增加值	万元	103077	75177	69880	48960
第二产业增加值	万元	53535	35284	48849	27021
地方财政预算内收入	万元	12182	6896	7734	5471
财政支出	万元	27329	20120	20916	14006
城乡居民储蓄存款余额	万元	73699	38154	44409	20547
年末金融机构各项贷款余额	万元	11563	99450	20483	45334
三、农业、工业及基本建设					
粮食产量	吨	381988	220546	226497	152558
棉花产量	吨		5		
油料产量	吨	7903	13309	13661	9565
肉类总产量	吨	42940	42060	34080	27846
规模以上工业企业数	个	21	10	11	14
规模以上工业总产值(现价)	万元	78506	38884	24510	22097
基本建设投资完成额	万元	14170	12489	31664	13851
四、教育、卫生和社会保障					
普通中学在校学生数	人	42816	33373	29513	13179
小学在校学生数	人	100090	43343	42704	32737
医院、卫生院床位数	床	788	618	704	402
社会福利院数	个	14	11	2	15
社会福利院床位数	床	315	330	145	310

2001年县(市)社会经济主要指标

湖北省

指　　标	单　位	咸丰县	来凤县	鹤峰县	仙桃市
一、基本情况					
行政区域土地面积	平方公里	2538	1320	2892	2538
乡(镇)个数	个	11	8	9	15
村民委员会个数	个	288	203	221	686
年末总户数	户	117131	82878	66955	379221
其中:乡村户数	户	95200	71000	59700	313500
年末总人口	万人	36	31	22	160
其中:乡村人口	万人	32	26	20	126
年末单位从业人员数	人	11932	17500	14590	76616
乡村从业人员数	人	163900	138500	84300	596100
其中:农林牧渔业	人	116400	74800	63000	345400
农业机械总动力	万千瓦特	5	4	9	51
本地电话用户	户	13859	14272	9433	128100
二、综合经济					
第一产业增加值	万元	60897	42546	35556	229428
第二产业增加值	万元	33348	25202	30245	410007
地方财政预算内收入	万元	6532	5348	4917	39330
财政支出	万元	16851	16704	14673	53467
城乡居民储蓄存款余额	万元	36238	41410	30988	342247
年末金融机构各项贷款余额	万元	64079	73009	72425	476040
三、农业、工业及基本建设					
粮食产量	吨	179800	144516	100981	597784
棉花产量	吨		17		17663
油料产量	吨	13822	13090	5019	99945
肉类总产量	吨	37846	23568	12748	58402
规模以上工业企业数	个	11	5	15	209
规模以上工业总产值(现价)	万元	11912	38636	47721	905104
基本建设投资完成额	万元	21692	8913	20027	73081
四、教育、卫生和社会保障					
普通中学在校学生数	人	18193	14709	13451	89636
小学在校学生数	人	37464	39656	19511	186557
医院、卫生院床位数	床	477	649	382	2615
社会福利院数	个	13	21	4	34
社会福利院床位数	床	190	307	300	1254

2001年县(市)社会经济主要指标

湖北省、湖南省

指　　标	单　位	潜江市	天门市	神农架林区	长沙县
一、基本情况					
行政区域土地面积	平方公里	2004	2622	3253	1997
乡(镇)个数	个	10	22	8	20
村民委员会个数	个	334	788	83	494
年末总户数	户	295469	381533	24936	220442
其中:乡村户数	户	121100	301100	13400	205500
年末总人口	万人	101	162	8	74
其中:乡村人口	万人	52	131	5	73
年末单位从业人员数	人	143346	63307	11780	37010
乡村从业人员数	人	213500	519600	25300	405700
其中:农林牧渔业	人	180500	310300	20600	276300
农业机械总动力	万千瓦特	43	32	1	65
本地电话用户	户	104503	181314	7387	140530
二、综合经济					
第一产业增加值	万元	143500	199446	5507	181332
第二产业增加值	万元	378600	417900	10050	524327
地方财政预算内收入	万元	33214	23872	1623	38382
财政支出	万元	36003	33669	10657	51732
城乡居民储蓄存款余额	万元	558668	375396	11526	280896
年末金融机构各项贷款余额	万元	462939	413383	33549	329520
三、农业、工业及基本建设					
粮食产量	吨	358560	485504	22856	530937
棉花产量	吨	34704	38284		34
油料产量	吨	73101	79937	399	7314
肉类总产量	吨	74883	65039	3771	126060
规模以上工业企业数	个	164	191	11	112
规模以上工业总产值(现价)	万元	998009	563009	10093	733283
基本建设投资完成额	万元	55387	249457	11044	61928
四、教育、卫生和社会保障					
普通中学在校学生数	人	71365	84142	3871	53615
小学在校学生数	人	102711	176523	7248	52287
医院、卫生院床位数	床	3077	2529	171	1273
社会福利院数	个	16	71	5	12
社会福利院床位数	床	1089	2725	62	190

2001年县(市)社会经济主要指标

湖南省

指　　标	单　位	望城县	宁乡县	浏阳市	株洲县
一、基本情况					
行政区域土地面积	平方公里	1361	2906	4999	1381
乡(镇)个数	个	19	35	36	21
村民委员会个数	个	420	912	806	332
年末总户数	户	200714	386442	354496	121905
其中:乡村户数	户	191000	354600	339600	107800
年末总人口	万人	71	130	132	45
其中:乡村人口	万人	68	122	126	41
年末单位从业人员数	人	31631	43803	38973	15892
乡村从业人员数	人	343800	750100	692900	207800
其中:农林牧渔业	人	168600	502500	400400	141600
农业机械总动力	万千瓦特	41	69	62	17
本地电话用户	户	121373	132498	173180	53678
二、综合经济					
第一产业增加值	万元	126065	202949	188927	70289
第二产业增加值	万元	237962	241566	345631	85806
地方财政预算内收入	万元	18724	19318	31758	6500
财政支出	万元	26984	35466	49729	11668
城乡居民储蓄存款余额	万元	201268	318130	323510	94805
年末金融机构各项贷款余额	万元	154624	235757	248351	95487
三、农业、工业及基本建设					
粮食产量	吨	463012	826820	613523	306887
棉花产量	吨		602	322	144
油料产量	吨	3536	9291	7439	2690
肉类总产量	吨	79846	115541	100974	34671
规模以上工业企业数	个	55	107	132	21
规模以上工业总产值(现价)	万元	182132	199211	156925	23213
基本建设投资完成额	万元	29746	89275	62985	8302
四、教育、卫生和社会保障					
普通中学在校学生数	人	56312	102328	101309	31085
小学在校学生数	人	49507	89715	93326	36883
医院、卫生院床位数	床	1120	1724	2045	485
社会福利院数	个	11	23	31	8
社会福利院床位数	床	225	500	998	120

2001年县(市)社会经济主要指标

湖南省

指　　标	单　位	攸　县	茶陵县	炎陵县	醴陵市
一、基本情况					
行政区域土地面积	平方公里	2651	2507	2031	2157
乡(镇)个数	个	30	24	15	37
村民委员会个数	个	502	368	202	677
年末总户数	户	203939	148956	50782	259673
其中:乡村户数	户	180800	127800	41200	224700
年末总人口	万人	75	56	18	99
其中:乡村人口	万人	68	52	15	87
年末单位从业人员数	人	29036	21344	10489	41374
乡村从业人员数	人	381500	253800	82200	461200
其中:农林牧渔业	人	247600	161200	60000	248500
农业机械总动力	万千瓦特	35	20	6	32
本地电话用户	户	77617	54500	21964	108700
二、综合经济					
第一产业增加值	万元	151847	90681	27934	132959
第二产业增加值	万元	129696	61416	21600	307417
地方财政预算内收入	万元	12282	9156	4409	18876
财政支出	万元	19550	14984	8394	28401
城乡居民储蓄存款余额	万元	133500	129748	43873	226808
年末金融机构各项贷款余额	万元	105192	87122	27826	147038
三、农业、工业及基本建设					
粮食产量	吨	469265	331323	107823	457121
棉花产量	吨	552	420	27	234
油料产量	吨	13266	8767	1707	2445
肉类总产量	吨	69753	46838	10560	69476
规模以上工业企业数	个	43	34	12	135
规模以上工业总产值(现价)	万元	62411	24305	5121	228792
基本建设投资完成额	万元	22960	13244	3569	15944
四、教育、卫生和社会保障					
普通中学在校学生数	人	50284	43888	13465	74437
小学在校学生数	人	59486	48053	13996	93449
医院、卫生院床位数	床	1180	957	435	1788
社会福利院数	个	15	19	14	10
社会福利院床位数	床	280	871	82	111

2001年县(市)社会经济主要指标

湖南省

指　　标	单　位	湘潭县	湘乡市	韶山市	衡阳县
一、基本情况					
行政区域土地面积	平方公里	2513	2004	210	2502
乡(镇)个数	个	22	18	7	26
村民委员会个数	个	756	713	61	918
年末总户数	户	323176	266924	30152	317329
其中:乡村户数	户	295600	235600	25500	295300
年末总人口	万人	113	89	10	112
其中:乡村人口	万人	108	81	9	110
年末单位从业人员数	人	33723	48275	7288	47419
乡村从业人员数	人	608100	484900	48500	579300
其中:农林牧渔业	人	405300	340800	30000	371600
农业机械总动力	万千瓦特	58	31	3	22
本地电话用户	户	116009	106741	12965	48140
二、综合经济					
第一产业增加值	万元	172978	130286	12499	232838
第二产业增加值	万元	149482	207725	25262	130601
地方财政预算内收入	万元	12530	14360	2621	13166
财政支出	万元	23116	25730	5340	21812
城乡居民储蓄存款余额	万元	200645	267648	45926	210337
年末金融机构各项贷款余额	万元	232770	196404	25791	149144
三、农业、工业及基本建设					
粮食产量	吨	765649	506374	61066	674743
棉花产量	吨	170	313	27	12081
油料产量	吨	4378	2182	838	60715
肉类总产量	吨	140644	105917	10564	140776
规模以上工业企业数	个	53	59	23	33
规模以上工业总产值(现价)	万元	65142	232564	17654	115426
基本建设投资完成额	万元	12402	10689	4000	26375
四、教育、卫生和社会保障					
普通中学在校学生数	人	86516	71519	5697	63833
小学在校学生数	人	98816	80558	8577	98450
医院、卫生院床位数	床	1204	1706	340	777
社会福利院数	个	59	54	26	1
社会福利院床位数	床	752	756	363	100

2001年县(市)社会经济主要指标

湖南省

指　　标	单　位	衡南县	衡山县	衡东县	祁东县
一、基本情况					
行政区域土地面积	平方公里	2621	933	1924	1871
乡(镇)个数	个	25	18	24	23
村民委员会个数	个	760	325	560	873
年末总户数	户	264144	107808	187094	280555
其中:乡村户数	户	248000	93500	177200	240700
年末总人口	万人	105	41	66	92
其中:乡村人口	万人	103	37	61	83
年末单位从业人员数	人	51992	23039	32418	45912
乡村从业人员数	人	445400	199800	310100	417700
其中:农林牧渔业	人	332300	145000	223000	266000
农业机械总动力	万千瓦特	35	18	22	18
本地电话用户	户	48984	36320	42061	63700
二、综合经济					
第一产业增加值	万元	204521	63145	115048	134784
第二产业增加值	万元	170281	57478	75039	140515
地方财政预算内收入	万元	15479	5938	10120	13960
财政支出	万元	24418	9293	14982	23981
城乡居民储蓄存款余额	万元	131575	105727	139790	235900
年末金融机构各项贷款余额	万元	147818	41303	89443	112986
三、农业、工业及基本建设					
粮食产量	吨	591718	191587	391754	398461
棉花产量	吨	4566	80	299	168
油料产量	吨	46371	2331	10554	8111
肉类总产量	吨	117539	42260	73900	84531
规模以上工业企业数	个	34	30	29	30
规模以上工业总产值(现价)	万元	93145	30614	65458	127998
基本建设投资完成额	万元	25124	4912	6867	7502
四、教育、卫生和社会保障					
普通中学在校学生数	人	58722	26299	41154	65040
小学在校学生数	人	91709	37957	63248	87057
医院、卫生院床位数	床	978	618	785	1364
社会福利院数	个	1	1	1	2
社会福利院床位数	床	60	82	78	150

2001年县(市)社会经济主要指标

湖南省

指　　标	单　位	耒阳市	常宁市	邵东县	新邵县
一、基本情况					
行政区域土地面积	平方公里	2656	2044	1776	1763
乡(镇)个数	个	31	23	26	15
村民委员会个数	个	640	705	992	659
年末总户数	户	295322	212383	327963	207300
其中:乡村户数	户	276500	180000	281500	193100
年末总人口	万人	124	85	118	72
其中:乡村人口	万人	106	71	104	69
年末单位从业人员数	人	72279	57571	36880	41533
乡村从业人员数	人	531100	378900	489900	349000
其中:农林牧渔业	人	398800	294700	309000	237700
农业机械总动力	万千瓦特	21	16	36	14
本地电话用户	户	85818	43647	100635	50461
二、综合经济					
第一产业增加值	万元	158784	117637	164007	72855
第二产业增加值	万元	176463	145868	219790	52714
地方财政预算内收入	万元	13846	13189	14758	6292
财政支出	万元	24200	19782	25587	15098
城乡居民储蓄存款余额	万元	267446	176565	320861	123407
年末金融机构各项贷款余额	万元	93904	100623	125615	85875
三、农业、工业及基本建设					
粮食产量	吨	469684	399173	410932	297160
棉花产量	吨	1879	307	40	157
油料产量	吨	18962	13135	11840	3960
肉类总产量	吨	94302	69688	85552	45248
规模以上工业企业数	个	30	27	49	31
规模以上工业总产值(现价)	万元	152244	190854	98380	33010
基本建设投资完成额	万元	32509	7818	10560	7898
四、教育、卫生和社会保障					
普通中学在校学生数	人	60733	49196	84365	45624
小学在校学生数	人	124454	77084	112353	67980
医院、卫生院床位数	床	1657	1320	1581	1072
社会福利院数	个	1	1	19	2
社会福利院床位数	床	50	54	87	19

2001年县(市)社会经济主要指标

湖南省

指　　标	单　位	邵阳县	隆回县	洞口县	绥宁县
一、基本情况					
行政区域土地面积	平方公里	1997	2871	2184	2899
乡(镇)个数	个	22	26	22	25
村民委员会个数	个	637	969	565	349
年末总户数	户	244578	298560	224840	90490
其中:乡村户数	户	229700	277500	203000	81100
年末总人口	万人	95	111	79	35
其中:乡村人口	万人	88	100	73	31
年末单位从业人员数	人	26830	29596	26832	14736
乡村从业人员数	人	500300	531700	436900	172000
其中:农林牧渔业	人	396900	408500	299900	132000
农业机械总动力	万千瓦特	25	14	27	19
本地电话用户	户	49784	63589	61838	32396
二、综合经济					
第一产业增加值	万元	76821	90992	138612	67477
第二产业增加值	万元	33352	79015	38509	31781
地方财政预算内收入	万元	8677	14122	9206	9028
财政支出	万元	18463	25970	17954	15172
城乡居民储蓄存款余额	万元	111396	182772	157133	83878
年末金融机构各项贷款余额	万元	74167	110454	87223	52098
三、农业、工业及基本建设					
粮食产量	吨	335634	402462	451377	146865
棉花产量	吨	154	72	170	1
油料产量	吨	19441	14063	25087	5502
肉类总产量	吨	46780	57016	118079	29838
规模以上工业企业数	个	37	21	39	35
规模以上工业总产值(现价)	万元	22657	46272	30248	65088
基本建设投资完成额	万元	4666	24473	11201	7830
四、教育、卫生和社会保障					
普通中学在校学生数	人	46886	82737	56369	27129
小学在校学生数	人	88348	104435	74677	37257
医院、卫生院床位数	床	848	1089	822	541
社会福利院数	个	19	15	22	6
社会福利院床位数	床	98	166	380	110

2001年县(市)社会经济主要指标

湖南省

指标	单位	新宁县	城步自治县	武冈市	岳阳县
一、基本情况					
行政区域土地面积	平方公里	2751	2620	1532	2931
乡(镇)个数	个	18	10	17	23
村民委员会个数	个	480	270	481	638
年末总户数	户	158454	66786	203942	218511
其中:乡村户数	户	139900	60100	177500	162600
年末总人口	万人	59	25	73	75
其中:乡村人口	万人	53	22	65	63
年末单位从业人员数	人	19401	16958	30892	21290
乡村从业人员数	人	304800	117900	394200	294300
其中:农林牧渔业	人	249600	90600	319500	213200
农业机械总动力	万千瓦特	13	10	23	46
本地电话用户	户	38758	20715	55173	63256
二、综合经济					
第一产业增加值	万元	60512	24346	114514	159219
第二产业增加值	万元	21065	16710	32665	92132
地方财政预算内收入	万元	7565	4827	10919	8261
财政支出	万元	15695	11711	18588	16029
城乡居民储蓄存款余额	万元	87133	30805	132660	114018
年末金融机构各项贷款余额	万元	62009	59038	72880	162386
三、农业、工业及基本建设					
粮食产量	吨	283466	91167	441009	400445
棉花产量	吨	70		102	1240
油料产量	吨	8955	5641	10232	20637
肉类总产量	吨	25168	15096	98587	82729
规模以上工业企业数	个	18	15	32	42
规模以上工业总产值(现价)	万元	18409	37118	18665	57013
基本建设投资完成额	万元	8232	10574	8941	20542
四、教育、卫生和社会保障					
普通中学在校学生数	人	44081	17185	44103	49237
小学在校学生数	人	53774	25061	68938	72980
医院、卫生院床位数	床	872	503	953	705
社会福利院数	个	7	2	7	17
社会福利院床位数	床	280	48	107	640

2001年县(市)社会经济主要指标

湖南省

指　　标	单　位	华容县	湘阴县	平江县	汨罗市
一、基本情况					
行政区域土地面积	平方公里	1612	1535	4125	1670
乡(镇)个数	个	22	32	27	29
村民委员会个数	个	404	414	772	386
年末总户数	户	203266	195144	273152	195251
其中:乡村户数	户	161200	175800	255200	180900
年末总人口	万人	72	69	99	70
其中:乡村人口	万人	63	61	97	62
年末单位从业人员数	人	25128	30870	30373	68016
乡村从业人员数	人	316600	325200	455300	256400
其中:农林牧渔业	人	273500	215100	309200	165400
农业机械总动力	万千瓦特	44	48	30	58
本地电话用户	户	73083	65821	70362	75645
二、综合经济					
第一产业增加值	万元	191134	161478	118555	158749
第二产业增加值	万元	103836	147865	93809	163919
地方财政预算内收入	万元	10936	8357	13336	17676
财政支出	万元	19816	17366	25783	27403
城乡居民储蓄存款余额	万元	136295	100756	146058	127355
年末金融机构各项贷款余额	万元	259254	125129	173794	143241
三、农业、工业及基本建设					
粮食产量	吨	274211	406853	422663	392124
棉花产量	吨	32915	1120	920	1050
油料产量	吨	39820	11052	9913	10643
肉类总产量	吨	65338	69435	72564	121249
规模以上工业企业数	个	52	53	27	67
规模以上工业总产值(现价)	万元	166559	151169	52101	301295
基本建设投资完成额	万元	16799	37914	15674	23547
四、教育、卫生和社会保障					
普通中学在校学生数	人	50237	46500	59749	46470
小学在校学生数	人	65080	71104	95259	72172
医院、卫生院床位数	床	914	921	758	939
社会福利院数	个	20	19	30	1
社会福利院床位数	床	600	110	615	60

2001年县(市)社会经济主要指标

湖南省

指　　　标	单　位	临湘市	安乡县	汉寿县	澧　县
一、基本情况					
行政区域土地面积	平方公里	1744	1087	2089	2075
乡(镇)个数	个	23	20	31	32
村民委员会个数	个	286	262	500	595
年末总户数	户	144422	163426	234827	274931
其中:乡村户数	户	111700	111400	167200	212300
年末总人口	万人	48	58	81	88
其中:乡村人口	万人	42	44	65	73
年末单位从业人员数	人	28645	20486	23238	28976
乡村从业人员数	人	175400	237300	371400	386900
其中:农林牧渔业	人	122200	193000	284000	288000
农业机械总动力	万千瓦特	43	29	33	36
本地电话用户	户	56332	66685	81378	116494
二、综合经济					
第一产业增加值	万元	76742	115526	132456	157320
第二产业增加值	万元	83781	61200	67610	98494
地方财政预算内收入	万元	12245	8862	10590	14530
财政支出	万元	17612	15278	17911	23102
城乡居民储蓄存款余额	万元	108513	111652	112359	200692
年末金融机构各项贷款余额	万元	124351	203800	131497	235191
三、农业、工业及基本建设					
粮食产量	吨	211839	197912	372969	327336
棉花产量	吨	1418	22269	8198	22615
油料产量	吨	11628	46096	32469	76445
肉类总产量	吨	26990	35474	44251	72385
规模以上工业企业数	个	47	26	30	41
规模以上工业总产值(现价)	万元	118147	59145	62202	98937
基本建设投资完成额	万元	20246	17600	9607	60268
四、教育、卫生和社会保障					
普通中学在校学生数	人	31199	38299	49082	45424
小学在校学生数	人	48766	40515	74473	64722
医院、卫生院床位数	床	874	1080	1261	1280
社会福利院数	个	22	1	5	3
社会福利院床位数	床	213	40	136	120

2001 年县(市)社会经济主要指标

湖南省

指　　标	单　位	临澧县	桃源县	石门县	津市市
一、基本情况					
行政区域土地面积	平方公里	1203	4458	3970	558
乡(镇)个数	个	17	40	19	9
村民委员会个数	个	317	836	768	118
年末总户数	户	139612	304368	223755	91905
其中:乡村户数	户	112500	254400	178200	40200
年末总人口	万人	44	97	69	26
其中:乡村人口	万人	39	88	59	14
年末单位从业人员数	人	18766	25340	26720	18067
乡村从业人员数	人	210300	469100	312000	75100
其中:农林牧渔业	人	143900	340000	216500	60200
农业机械总动力	万千瓦特	20	28	23	10
本地电话用户	户	53640	119301	86756	52924
二、综合经济					
第一产业增加值	万元	102353	226291	103948	44819
第二产业增加值	万元	90572	166371	98767	54499
地方财政预算内收入	万元	9068	16813	11906	7508
财政支出	万元	13579	22496	20686	13242
城乡居民储蓄存款余额	万元	102475	215143	140378	85970
年末金融机构各项贷款余额	万元	222307	171287	175059	116373
三、农业、工业及基本建设					
粮食产量	吨	234298	511887	226049	104502
棉花产量	吨	7675	8870	3528	3884
油料产量	吨	42601	82489	36540	19583
肉类总产量	吨	58094	125425	76618	23357
规模以上工业企业数	个	30	34	32	33
规模以上工业总产值(现价)	万元	96121	75838	105835	105561
基本建设投资完成额	万元	11301	32997	23037	8411
四、教育、卫生和社会保障					
普通中学在校学生数	人	24779	50035	36742	14527
小学在校学生数	人	29700	65998	48914	20497
医院、卫生院床位数	床	658	1426	1034	683
社会福利院数	个	3	1	1	2
社会福利院床位数	床	155	39	54	60

2001年县(市)社会经济主要指标

湖南省

指　　标	单　位	慈利县	桑植县	南　县	桃江县
一、基本情况					
行政区域土地面积	平方公里	3480	3474	1321	2062
乡(镇)个数	个	31	38	24	24
村民委员会个数	个	638	534	469	773
年末总户数	户	209782	129247	189082	224859
其中:乡村户数	户	173900	108000	180500	210600
年末总人口	万人	67	43	74	82
其中:乡村人口	万人	60	40	65	75
年末单位从业人员数	人	28939	16280	25203	29693
乡村从业人员数	人	335400	199900	358700	404000
其中:农林牧渔业	人	265300	155200	261200	210000
农业机械总动力	万千瓦特	22	10	31	21
本地电话用户	户	58034	32058	82230	82046
二、综合经济					
第一产业增加值	万元	64892	32935	126937	84789
第二产业增加值	万元	42057	13972	64680	61719
地方财政预算内收入	万元	6866	3900	7360	8241
财政支出	万元	17431	18567	15752	18272
城乡居民储蓄存款余额	万元	116812	51001	153602	158898
年末金融机构各项贷款余额	万元	165327	68243	206159	113377
三、农业、工业及基本建设					
粮食产量	吨	270981	138179	315833	302008
棉花产量	吨	2080	5	19670	140
油料产量	吨	33517	17658	33465	1898
肉类总产量	吨	45380	19091	43392	34545
规模以上工业企业数	个	21	11	76	57
规模以上工业总产值(现价)	万元	31329	11784	88509	52418
基本建设投资完成额	万元	7442	9372	15995	20109
四、教育、卫生和社会保障					
普通中学在校学生数	人	34128	24072	48163	58264
小学在校学生数	人	55067	41443	63040	69489
医院、卫生院床位数	床	1086	738	1279	1223
社会福利院数	个	18	11	16	19
社会福利院床位数	床	300	130	723	572

2001年县(市)社会经济主要指标

湖南省

指　　标	单　位	安化县	沅江市	桂阳县	宜章县
一、基本情况					
行政区域土地面积	平方公里	4944	2136	2954	2086
乡(镇)个数	个	29	21	39	27
村民委员会个数	个	1126	422	493	348
年末总户数	户	261631	217348	205771	138446
其中:乡村户数	户	228000	156700	175300	118500
年末总人口	万人	95	75	78	56
其中:乡村人口	万人	83	60	68	50
年末单位从业人员数	人	29970	50312	23323	21933
乡村从业人员数	人	429500	327800	396100	277200
其中:农林牧渔业	人	333800	253500	311500	222900
农业机械总动力	万千瓦特	6	21	23	34
本地电话用户	户	67000	90987	56757	55945
二、综合经济					
第一产业增加值	万元	86384	125622	121329	64325
第二产业增加值	万元	56238	88063	118775	54838
地方财政预算内收入	万元	10273	8644	17855	13607
财政支出	万元	20945	19389	23711	20541
城乡居民储蓄存款余额	万元	189208	147249	144455	150988
年末金融机构各项贷款余额	万元	116878	230807	89444	72058
三、农业、工业及基本建设					
粮食产量	吨	264688	315018	320952	232537
棉花产量	吨	324	10885	7	10
油料产量	吨	31799	33201	7039	3732
肉类总产量	吨	50088	46014	54083	42632
规模以上工业企业数	个	51	47	39	37
规模以上工业总产值(现价)	万元	49908	94158	60338	71559
基本建设投资完成额	万元	13099	14654	23237	15721
四、教育、卫生和社会保障					
普通中学在校学生数	人	58795	55463	43420	39235
小学在校学生数	人	87810	66816	78540	66557
医院、卫生院床位数	床	1306	1195	1207	1095
社会福利院数	个	26	25	10	4
社会福利院床位数	床	394	454	186	47

2001年县(市)社会经济主要指标

湖南省

指　　标	单　位	永兴县	嘉禾县	临武县	汝城县
一、基本情况					
行政区域土地面积	平方公里	1979	696	1375	2425
乡(镇)个数	个	25	17	22	23
村民委员会个数	个	348	244	289	308
年末总户数	户	163283	91298	87189	98219
其中:乡村户数	户	131200	87900	73000	87700
年末总人口	万人	64	34	31	37
其中:乡村人口	万人	52	30	27	33
年末单位从业人员数	人	21539	14099	15398	12874
乡村从业人员数	人	280900	171900	157900	160600
其中:农林牧渔业	人	191100	103000	112900	134500
农业机械总动力	万千瓦特	16	17	20	12
本地电话用户	户	46280	29056	29178	31487
二、综合经济					
第一产业增加值	万元	77654	53024	45532	42182
第二产业增加值	万元	101412	44013	60901	49089
地方财政预算内收入	万元	14306	11353	10449	7967
财政支出	万元	23129	15825	14347	13120
城乡居民储蓄存款余额	万元	119347	94525	81004	61894
年末金融机构各项贷款余额	万元	80694	47651	18584	72402
三、农业、工业及基本建设					
粮食产量	吨	258833	157056	130647	160418
棉花产量	吨	76	1		207
油料产量	吨	3506	4378	2646	2630
肉类总产量	吨	57992	46137	26843	25925
规模以上工业企业数	个	46	40	26	27
规模以上工业总产值(现价)	万元	59893	33689	51075	41904
基本建设投资完成额	万元	20304	7192	9764	13162
四、教育、卫生和社会保障					
普通中学在校学生数	人	42433	21201	19238	22755
小学在校学生数	人	62305	41223	33953	38740
医院、卫生院床位数	床	986	496	545	597
社会福利院数	个	24	5	3	7
社会福利院床位数	床	196	60	46	98

2001 年县(市)社会经济主要指标

湖南省

指标	单位	桂东县	安仁县	资兴市	祁阳县
一、基本情况					
行政区域土地面积	平方公里	1453	1461	2716	2538
乡(镇)个数	个	18	21	28	27
村民委员会个数	个	145	219	276	910
年末总户数	户	44971	101285	110924	283732
其中:乡村户数	户	41900	96400	70700	232000
年末总人口	万人	17	40	37	98
其中:乡村人口	万人	15	39	25	88
年末单位从业人员数	人	7865	16022	38291	44546
乡村从业人员数	人	88200	216500	147000	449300
其中:农林牧渔业	人	69800	147500	82200	323400
农业机械总动力	万千瓦特	3	10	13	40
本地电话用户	户	13584	25169	56830	66721
二、综合经济					
第一产业增加值	万元	16075	65257	68126	151915
第二产业增加值	万元	11205	21196	119286	91532
地方财政预算内收入	万元	2928	7439	13500	12754
财政支出	万元	8664	12186	21706	23464
城乡居民储蓄存款余额	万元	33978	71700	179360	244089
年末金融机构各项贷款余额	万元	27001	51420	136812	274629
三、农业、工业及基本建设					
粮食产量	吨	56073	261388	174400	567977
棉花产量	吨	16	41	66	669
油料产量	吨	684	11967	3388	17331
肉类总产量	吨	8994	42631	40284	86292
规模以上工业企业数	个	5	19	44	65
规模以上工业总产值(现价)	万元	5435	27150	121148	83221
基本建设投资完成额	万元	5409	8463	48475	26925
四、教育、卫生和社会保障					
普通中学在校学生数	人	11298	28852	22552	64378
小学在校学生数	人	18142	37041	28876	80027
医院、卫生院床位数	床	315	653	971	1053
社会福利院数	个	2	9	8	1
社会福利院床位数	床	28	202	165	50

2001 年县(市)社会经济主要指标

湖南省

指　　标	单　位	东安县	双牌县	道　县	江永县
一、基本情况					
行政区域土地面积	平方公里	2211	1739	2441	1633
乡(镇)个数	个	16	12	23	12
村民委员会个数	个	489	194	565	213
年末总户数	户	156744	49301	173237	67882
其中:乡村户数	户	136100	35000	152100	54600
年末总人口	万人	58	17	66	25
其中:乡村人口	万人	53	14	59	22
年末单位从业人员数	人	22412	11262	22784	13938
乡村从业人员数	人	234300	68300	319200	116800
其中:农林牧渔业	人	168200	54000	191800	100200
农业机械总动力	万千瓦特	19	5	9	6
本地电话用户	户	39112	13585	38294	18970
二、综合经济					
第一产业增加值	万元	107892	22944	107667	47375
第二产业增加值	万元	79692	22325	52837	22528
地方财政预算内收入	万元	7093	3725	9683	5533
财政支出	万元	14651	7223	16691	8762
城乡居民储蓄存款余额	万元	108773	25673	125787	43732
年末金融机构各项贷款余额	万元	80137	26902	68183	37899
三、农业、工业及基本建设					
粮食产量	吨	319842	60258	271335	98672
棉花产量	吨	315	9	35	
油料产量	吨	6111	726	7624	4435
肉类总产量	吨	46588	10985	72589	25544
规模以上工业企业数	个	27	18	21	13
规模以上工业总产值(现价)	万元	28675	30396	25853	10467
基本建设投资完成额	万元	8727	4433	3830	4403
四、教育、卫生和社会保障					
普通中学在校学生数	人	43481	11080	35425	14515
小学在校学生数	人	50888	15470	72872	25451
医院、卫生院床位数	床	532	312	750	401
社会福利院数	个	1	1	1	1
社会福利院床位数	床	50	7	50	49

2001年县(市)社会经济主要指标

湖南省

指　　标	单　位	宁远县	蓝山县	新田县	江华自治县
一、基本情况					
行政区域土地面积	平方公里	2489	1807	1004	3216
乡(镇)个数	个	17	15	19	22
村民委员会个数	个	687	358	371	499
年末总户数	户	192589	88404	109880	114272
其中:乡村户数	户	173800	85900	103400	103600
年末总人口	万人	77	35	37	45
其中:乡村人口	万人	74	32	36	42
年末单位从业人员数	人	21669	13801	17177	17270
乡村从业人员数	人	441200	175700	199500	232000
其中:农林牧渔业	人	238900	133200	139700	196300
农业机械总动力	万千瓦特	21	18	12	12
本地电话用户	户	40173	29085	25487	25395
二、综合经济					
第一产业增加值	万元	83926	38326	48616	56088
第二产业增加值	万元	42307	49359	29876	40104
地方财政预算内收入	万元	6863	6013	3877	5616
财政支出	万元	15799	10027	10904	13440
城乡居民储蓄存款余额	万元	125745	74586	73073	64564
年末金融机构各项贷款余额	万元	69441	39037	61835	54706
三、农业、工业及基本建设					
粮食产量	吨	246813	113275	141935	158644
棉花产量	吨	411			
油料产量	吨	4291	1521	2849	5768
肉类总产量	吨	57100	33595	34342	31627
规模以上工业企业数	个	21	14	13	22
规模以上工业总产值(现价)	万元	13709	12186	19489	18602
基本建设投资完成额	万元	9272	2738	2910	7140
四、教育、卫生和社会保障					
普通中学在校学生数	人	40045	20938	25666	22938
小学在校学生数	人	82953	39563	48007	59608
医院、卫生院床位数	床	826	436	538	817
社会福利院数	个	1	4	1	1
社会福利院床位数	床	50	48	40	42

2001年县(市)社会经济主要指标

湖南省

指　　标	单　位	中方县	沅陵县	辰溪县	溆浦县
一、基本情况					
行政区域土地面积	平方公里	1447	5826	1977	3438
乡(镇)个数	个	22	52	30	43
村民委员会个数	个	212	647	422	653
年末总户数	户	69070	168448	128120	222187
其中:乡村户数	户	67400	139500	104100	204200
年末总人口	万人	26	64	51	85
其中:乡村人口	万人	25	56	43	77
年末单位从业人员数	人	9161	27811	28940	29730
乡村从业人员数	人	127900	295000	220100	381200
其中:农林牧渔业	人	109000	240800	184000	305600
农业机械总动力	万千瓦特	10	17	13	22
本地电话用户	户	13852	37147	36849	61087
二、综合经济					
第一产业增加值	万元	40011	63879	43867	122168
第二产业增加值	万元	16785	153226	30548	47943
地方财政预算内收入	万元	1830	9575	6640	8310
财政支出	万元	8430	19655	13904	16460
城乡居民储蓄存款余额	万元	13523	104070	68450	89841
年末金融机构各项贷款余额	万元	11105	91700	80582	97598
三、农业、工业及基本建设					
粮食产量	吨	117272	226685	163958	349752
棉花产量	吨	291	34	440	1388
油料产量	吨	6604	20126	9328	18439
肉类总产量	吨	24354	31679	22796	58612
规模以上工业企业数	个	16	20	27	25
规模以上工业总产值(现价)	万元	17338	170553	37504	71875
基本建设投资完成额	万元	787	6459	6213	7062
四、教育、卫生和社会保障					
普通中学在校学生数	人	16515	31614	30919	49204
小学在校学生数	人	22511	53399	51960	72275
医院、卫生院床位数	床	307	1419	1143	1401
社会福利院数	个	1	1	1	1
社会福利院床位数	床	39	67	38	45

2001年县(市)社会经济主要指标

湖南省

指标	单位	会同县	麻阳苗族自治县	新晃侗族自治县	芷江侗族自治县
一、基本情况					
行政区域土地面积	平方公里	2243	1568	1511	2096
乡(镇)个数	个	25	24	23	29
村民委员会个数	个	345	312	296	300
年末总户数	户	99334	90763	67906	103713
其中:乡村户数	户	86400	73500	55000	89300
年末总人口	万人	34	36	25	35
其中:乡村人口	万人	32	36	22	32
年末单位从业人员数	人	12342	13772	11551	15145
乡村从业人员数	人	188200	163200	135000	177400
其中:农林牧渔业	人	131700	133500	111200	142400
农业机械总动力	万千瓦特	9	6	6	11
本地电话用户	户	21874	21856	24624	25884
二、综合经济					
第一产业增加值	万元	50520	39494	23398	48624
第二产业增加值	万元	24956	16120	21662	30345
地方财政预算内收入	万元	6372	3817	3440	5544
财政支出	万元	11753	11413	9752	10670
城乡居民储蓄存款余额	万元	68825	24257	43800	63472
年末金融机构各项贷款余额	万元	46128	38589	43029	57092
三、农业、工业及基本建设					
粮食产量	吨	113927	126656	95749	163337
棉花产量	吨	80	57	3	40
油料产量	吨	8276	13296	4205	9238
肉类总产量	吨	24569	17255	27691	31579
规模以上工业企业数	个	19	20	21	16
规模以上工业总产值(现价)	万元	23039	14155	34276	21270
基本建设投资完成额	万元	8370	4808	3765	20882
四、教育、卫生和社会保障					
普通中学在校学生数	人	21778	18879	15195	19405
小学在校学生数	人	29723	37983	20287	33082
医院、卫生院床位数	床	611	596	615	599
社会福利院数	个	3	3	1	1
社会福利院床位数	床	58	52	20	62

2001年县(市)社会经济主要指标

湖南省

指　　标	单　位	靖州自治县	通道侗族自治县	洪江市	双峰县
一、基本情况					
行政区域土地面积	平方公里	2211	2239	2280	1715
乡(镇)个数	个	13	21	28	16
村民委员会个数	个	186	243	337	863
年末总户数	户	65392	53854	156065	261194
其中:乡村户数	户	53200	53200	112000	246200
年末总人口	万人	26	22	51	89
其中:乡村人口	万人	22	20	39	82
年末单位从业人员数	人	12854	9605	31403	28320
乡村从业人员数	人	125000	124400	218600	472000
其中:农林牧渔业	人	112100	109800	182800	302000
农业机械总动力	万千瓦特	9	8	13	43
本地电话用户	户	22100	18027	56044	59954
二、综合经济					
第一产业增加值	万元	43197	23558	61928	155991
第二产业增加值	万元	23861	8307	61215	88796
地方财政预算内收入	万元	6299	3320	8691	12703
财政支出	万元	10687	8180	17969	22502
城乡居民储蓄存款余额	万元	68500	45074	223591	230846
年末金融机构各项贷款余额	万元	42977	23859	176514	155301
三、农业、工业及基本建设					
粮食产量	吨	109661	80859	164476	516476
棉花产量	吨	56	35	5	552
油料产量	吨	6033	3041	5463	13549
肉类总产量	吨	20245	10479	33288	110109
规模以上工业企业数	个	14	22	62	50
规模以上工业总产值(现价)	万元	15585	11095	56442	46788
基本建设投资完成额	万元	7623	2667	37210	24060
四、教育、卫生和社会保障					
普通中学在校学生数	人	18123	13108	29405	68609
小学在校学生数	人	25090	23053	39998	84687
医院、卫生院床位数	床	444	382	1781	1113
社会福利院数	个	1	1	2	17
社会福利院床位数	床	100	55	115	432

2001年县(市)社会经济主要指标

湖南省

指　　标	单　位	新化县	冷水江市	涟源市
一、基本情况				
行政区域土地面积	平方公里	3642	439	1895
乡(镇)个数	个	26	12	19
村民委员会个数	个	1142	158	917
年末总户数	户	327100	119800	299900
其中:乡村户数	户	292800	54800	272100
年末总人口	万人	129	35	107
其中:乡村人口	万人	121	20	95
年末单位从业人员数	人	42707	57467	44349
乡村从业人员数	人	646100	98000	488300
其中:农林牧渔业	人	529600	62900	340000
农业机械总动力	万千瓦特	25	9	37
本地电话用户	户	70666	62774	73996
二、综合经济				
第一产业增加值	万元	109600	18279	87088
第二产业增加值	万元	54899	172915	98520
地方财政预算内收入	万元	13553	14605	14099
财政支出	万元	28629	17367	22580
城乡居民储蓄存款余额	万元	208445	181763	178300
年末金融机构各项贷款余额	万元	177934	160922	171000
三、农业、工业及基本建设				
粮食产量	吨	441711	54052	405714
棉花产量	吨	45	9	137
油料产量	吨	11333	478	5619
肉类总产量	吨	93230	14407	51451
规模以上工业企业数	个	50	36	46
规模以上工业总产值(现价)	万元	48563	234684	102211
基本建设投资完成额	万元	11010	8172	13860
四、教育、卫生和社会保障				
普通中学在校学生数	人	82669	26903	76929
小学在校学生数	人	139105	32646	120570
医院、卫生院床位数	床	1229	1457	2112
社会福利院数	个	14	8	19
社会福利院床位数	床	346	110	352

2001年县(市)社会经济主要指标

湖南省

指　　标	单　位	吉首市	泸溪县	凤凰县	花垣县
一、基本情况					
行政区域土地面积	平方公里	1062	1566	1751	1109
乡(镇)个数	个	14	19	31	21
村民委员会个数	个	192	221	344	300
年末总户数	户	81500	72668	85574	66405
其中:乡村户数	户	42000	58100	75900	55400
年末总人口	万人	28	28	37	27
其中:乡村人口	万人	17	25	34	24
年末单位从业人员数	人	36852	12066	13827	17215
乡村从业人员数	人	94200	135400	182500	132100
其中:农林牧渔业	人	75800	110100	159300	113600
农业机械总动力	万千瓦特	7	8	8	7
本地电话用户	户	52446	15336	20066	18123
二、综合经济					
第一产业增加值	万元	27458	26031	25070	23329
第二产业增加值	万元	89842	16304	22580	25977
地方财政预算内收入	万元	8425	1446	2838	3750
财政支出	万元	17050	10505	17967	13522
城乡居民储蓄存款余额	万元	125785	36821	44840	33362
年末金融机构各项贷款余额	万元	289903	39438	63092	123777
三、农业、工业及基本建设					
粮食产量	吨	48438	80416	105503	102082
棉花产量	吨	51	382	34	36
油料产量	吨	8465	12978	13506	8625
肉类总产量	吨	8329	9313	7374	12621
规模以上工业企业数	个	61	39	21	25
规模以上工业总产值(现价)	万元	148468	40276	17410	95784
基本建设投资完成额	万元	41779	4591	5174	9015
四、教育、卫生和社会保障					
普通中学在校学生数	人	16851	14939	18222	13692
小学在校学生数	人	30715	36461	45551	32169
医院、卫生院床位数	床	1390	480	616	548
社会福利院数	个	11		9	7
社会福利院床位数	床	96		115	49

2001年县(市)社会经济主要指标

湖南省

指　　标	单　位	保靖县	古丈县	永顺县	龙山县
一、基本情况					
行政区域土地面积	平方公里	1746	1298	3810	3131
乡(镇)个数	个	25	15	46	47
村民委员会个数	个	370	185	513	532
年末总户数	户	69431	37008	128519	138402
其中:乡村户数	户	61000	29000	107900	122600
年末总人口	万人	28	14	48	53
其中:乡村人口	万人	26	12	44	49
年末单位从业人员数	人	11036	9100	19690	20388
乡村从业人员数	人	135000	70400	230500	243700
其中:农林牧渔业	人	117800	63000	193100	186800
农业机械总动力	万千瓦特	5	4	9	20
本地电话用户	户	15949	8913	27953	21253
二、综合经济					
第一产业增加值	万元	21829	11772	43599	48796
第二产业增加值	万元	23532	5861	21814	45342
地方财政预算内收入	万元	2272	756	2655	3737
财政支出	万元	11310	8792	17476	18354
城乡居民储蓄存款余额	万元	34743	17545	57570	65059
年末金融机构各项贷款余额	万元	51221	16120	77546	101027
三、农业、工业及基本建设					
粮食产量	吨	89251	37042	209199	184640
棉花产量	吨	200	74	54	21
油料产量	吨	9707	4768	29630	18224
肉类总产量	吨	12821	4421	18070	20733
规模以上工业企业数	个	33	17	28	24
规模以上工业总产值(现价)	万元	31369	5767	11318	41660
基本建设投资完成额	万元	26871	2979	24115	11368
四、教育、卫生和社会保障					
普通中学在校学生数	人	15759	6618	23279	30700
小学在校学生数	人	32892	15046	59092	69181
医院、卫生院床位数	床	593	312	1038	889
社会福利院数	个	12	7		10
社会福利院床位数	床	150	26		112

2001年县(市)社会经济主要指标

广东省

指　　标	单　位	增城市	从化市	曲江县	始兴县
一、基本情况					
行政区域土地面积	平方公里	1741	1975	3185	2175
乡(镇)个数	个	16	14	23	12
村民委员会个数	个	321	238	182	142
年末总户数	户	224619	146098	106983	66275
其中:乡村户数	户	138626	93520	61723	45637
年末总人口	万人	82	53	41	25
其中:乡村人口	万人	61	42	35	18
年末单位从业人员数	人	65639	38797	25485	15980
乡村从业人员数	人	334516	211741	157414	86338
其中:农林牧渔业	人	227821	164893	116757	60902
农业机械总动力	万千瓦特	37	15	14	5
本地电话用户	户	174464	75611	72809	32619
二、综合经济					
第一产业增加值	万元	208606	93395	100819	56141
第二产业增加值	万元	930848	531682	77415	28773
地方财政预算内收入	万元	49206	30543	14014	3445
财政支出	万元	64474	47409	25442	13970
城乡居民储蓄存款余额	万元	1134198	354664	219390	89649
年末金融机构各项贷款余额	万元	1012650	326898	174616	52554
三、农业、工业及基本建设					
粮食产量	吨	236481	156667	159503	105199
棉花产量	吨				
油料产量	吨	9160	9241	41590	10779
肉类总产量	吨	54503	30985	25651	11593
规模以上工业企业数	个	727	310	26	15
规模以上工业总产值(现价)	万元	2024816	1326878	31970	31018
基本建设投资完成额	万元	41660	19599	19344	9867
四、教育、卫生和社会保障					
普通中学在校学生数	人	55415	38426	21880	16772
小学在校学生数	人	101795	67221	46568	25833
医院、卫生院床位数	床	1696	722	566	414
社会福利院数	个	19	15	22	11
社会福利院床位数	床	630	605	530	250

2001年县(市)社会经济主要指标

广东省

指　　标	单　位	仁化县	翁源县	乳源自治县	新丰县
一、基本情况					
行政区域土地面积	平方公里	1609	2158	2126	2015
乡(镇)个数	个	9	17	17	10
村民委员会个数	个	88	157	106	141
年末总户数	户	49302	98035	45135	62405
其中:乡村户数	户	33195	65423	37004	39200
年末总人口	万人	17	37	20	24
其中:乡村人口	万人	12	30	18	18
年末单位从业人员数	人	17181	21010	16142	17697
乡村从业人员数	人	61000	130783	78848	92939
其中:农林牧渔业	人	41585	86257	53454	60296
农业机械总动力	万千瓦特	7	7	2	6
本地电话用户	户	33055	42806	25651	34068
二、综合经济					
第一产业增加值	万元	41660	69371	21814	28600
第二产业增加值	万元	38861	31254	50821	34202
地方财政预算内收入	万元	6711	3904	7163	3118
财政支出	万元	15673	16052	19887	16355
城乡居民储蓄存款余额	万元	108594	109414	61887	73919
年末金融机构各项贷款余额	万元	78686	54196	58005	39059
三、农业、工业及基本建设					
粮食产量	吨	68087	138744	75166	60592
棉花产量	吨				
油料产量	吨	17806	10844	4366	3976
肉类总产量	吨	13014	14230	6331	8093
规模以上工业企业数	个	27	39	29	22
规模以上工业总产值(现价)	万元	49161	29093	87663	29503
基本建设投资完成额	万元	7116	1867	27547	8853
四、教育、卫生和社会保障					
普通中学在校学生数	人	12144	21391	10774	15637
小学在校学生数	人	18637	47210	22442	27735
医院、卫生院床位数	床	536	585	398	308
社会福利院数	个		19	12	10
社会福利院床位数	床		248	65	130

2001 年县(市)社会经济主要指标

广东省

指　　标	单　位	乐昌市	南雄市	斗门县	南澳县
一、基本情况					
行政区域土地面积	平方公里	2421	2361	669	112
乡(镇)个数	个	19	23	11	4
村民委员会个数	个	195	221	121	43
年末总户数	户	138111	117020	86585	21196
其中:乡村户数	户	71129	84914	49295	15541
年末总人口	万人	51	45	30	7
其中:乡村人口	万人	33	37	19	6
年末单位从业人员数	人	36619	21728	30531	6405
乡村从业人员数	人	147201	182431	116883	22455
其中:农林牧渔业	人	118825	144964	69512	17093
农业机械总动力	万千瓦特	8	11	11	8
本地电话用户	户	62554	49000		16940
二、综合经济					
第一产业增加值	万元	55591	88284	109834	18657
第二产业增加值	万元	60039	64612	186167	17849
地方财政预算内收入	万元	6309	8355	22265	3503
财政支出	万元	22307	19106	36551	8496
城乡居民储蓄存款余额	万元	196766	126661	375003	26616
年末金融机构各项贷款余额	万元	147852	53950	321507	32690
三、农业、工业及基本建设					
粮食产量	吨	133709	252240	74623	5253
棉花产量	吨				
油料产量	吨	10393	18541	709	188
肉类总产量	吨	24274	32828	11526	4344
规模以上工业企业数	个	46	35	155	14
规模以上工业总产值(现价)	万元	88609	34518	822633	15690
基本建设投资完成额	万元	9366	16300	151612	8975
四、教育、卫生和社会保障					
普通中学在校学生数	人	29481	24000	20259	4641
小学在校学生数	人	53739	49600	38150	10086
医院、卫生院床位数	床	1257	506	660	139
社会福利院数	个	21	25	1	1
社会福利院床位数	床	474	442	50	28

2001年县(市)社会经济主要指标

广东省

指　　标	单　位	潮阳市	澄海市	顺德市	南海市
一、基本情况					
行政区域土地面积	平方公里	1256	403	806	1151
乡(镇)个数	个	26	15	9	17
村民委员会个数	个	539	208	191	243
年末总户数	户	496462	201675	304532	345363
其中:乡村户数	户	412364	178895	184669	321862
年末总人口	万人	251	83	110	110
其中:乡村人口	万人	215	75	72	103
年末单位从业人员数	人	59267	55996	130064	101134
乡村从业人员数	人	950301	384302	494316	528903
其中:农林牧渔业	人	446391	210942	124768	149358
农业机械总动力	万千瓦特	23	10	35	58
本地电话用户	户	403595	200941	446433	462108
二、综合经济					
第一产业增加值	万元	228065	141732	204258	307705
第二产业增加值	万元	540195	439010	2149358	1934500
地方财政预算内收入	万元	33570	23741	318833	253688
财政支出	万元	60583	37101	350306	294407
城乡居民储蓄存款余额	万元	1052300	539367	4268525	5159372
年末金融机构各项贷款余额	万元	681300	374135	5250350	5001796
三、农业、工业及基本建设					
粮食产量	吨	379437	143402	4171	158199
棉花产量	吨				
油料产量	吨	2969	1650	159	1641
肉类总产量	吨	50715	39028	61499	128633
规模以上工业企业数	个	198	144	570	1115
规模以上工业总产值(现价)	万元	658542	645303	7538730	4831383
基本建设投资完成额	万元	15499	12958	61560	33041
四、教育、卫生和社会保障					
普通中学在校学生数	人	156330	53897	80089	114276
小学在校学生数	人	364322	109258	130910	148991
医院、卫生院床位数	床	1732	749	3797	3627
社会福利院数	个	2	27	2	
社会福利院床位数	床	80	720	360	

2001年县(市)社会经济主要指标

广东省

指　　标	单　位	三水市	高明市	台山市	新会市
一、基本情况					
行政区域土地面积	平方公里	874	960	3286	1638
乡(镇)个数	个	8	9	20	18
村民委员会个数	个	110	118	501	337
年末总户数	户	114105	77240	269383	271535
其中:乡村户数	户	77846	55695	228586	206271
年末总人口	万人	39	28	100	87
其中:乡村人口	万人	25	18	86	69
年末单位从业人员数	人	40877	36428	46675	79554
乡村从业人员数	人	129808	91115	484057	374711
其中:农林牧渔业	人	69250	47889	291151	176472
农业机械总动力	万千瓦特	31	18	48	44
本地电话用户	户	111679	77187	169379	274559
二、综合经济					
第一产业增加值	万元	127380	101692	191001	185313
第二产业增加值	万元	382761	337878	522538	616552
地方财政预算内收入	万元	44553	25346	27452	59893
财政支出	万元	61769	31928	47075	69452
城乡居民储蓄存款余额	万元	811498	333287	790949	1396146
年末金融机构各项贷款余额	万元	929083	526736	658222	1327614
三、农业、工业及基本建设					
粮食产量	吨	107611	108746	284541	216405
棉花产量	吨				
油料产量	吨	4758	2723	17761	1666
肉类总产量	吨	71398	49307	50554	98930
规模以上工业企业数	个	205	178	288	532
规模以上工业总产值(现价)	万元	1212658	1183910	2070540	2333614
基本建设投资完成额	万元	22577	13257	32232	29011
四、教育、卫生和社会保障					
普通中学在校学生数	人	24630	19558	58877	59294
小学在校学生数	人	41090	29420	103694	94546
医院、卫生院床位数	床	887	659	1693	1599
社会福利院数	个	1	1	22	18
社会福利院床位数	床	160	100	951	1049

2001年县(市)社会经济主要指标

广东省

指　　标	单　位	开平市	鹤山市	恩平市	遂溪县
一、基本情况					
行政区域土地面积	平方公里	1660	1108	1698	2149
乡(镇)个数	个	18	12	18	19
村民委员会个数	个	283	137	170	246
年末总户数	户	197291	109297	141714	227057
其中:乡村户数	户	144189	71887	90113	173731
年末总人口	万人	68	35	47	96
其中:乡村人口	万人	53	23	30	82
年末单位从业人员数	人	59793	40145	33321	45113
乡村从业人员数	人	286006	151259	196025	365970
其中:农林牧渔业	人	167112	81887	118716	295741
农业机械总动力	万千瓦特	22	12	12	40
本地电话用户	户	145028	82706	85189	69402
二、综合经济					
第一产业增加值	万元	129422	74035	86726	226140
第二产业增加值	万元	497202	369907	169500	111234
地方财政预算内收入	万元	38078	22876	12652	7601
财政支出	万元	43565	30803	21378	29585
城乡居民储蓄存款余额	万元	940455	526086	270582	251593
年末金融机构各项贷款余额	万元	987727	523708	207361	191775
三、农业、工业及基本建设					
粮食产量	吨	255003	124864	193797	236396
棉花产量	吨				
油料产量	吨	10953	8409	7312	23890
肉类总产量	吨	40087	33193	25302	45046
规模以上工业企业数	个	271	213	98	31
规模以上工业总产值(现价)	万元	1401623	1021675	317495	146878
基本建设投资完成额	万元	42912	17875	48554	8624
四、教育、卫生和社会保障					
普通中学在校学生数	人	49134	22679	32597	45682
小学在校学生数	人	77517	35619	64024	129833
医院、卫生院床位数	床	1272	667	921	797
社会福利院数	个	1	1	19	33
社会福利院床位数	床	20	465	210	970

2001年县(市)社会经济主要指标

广东省

指　　标	单　位	徐闻县	廉江市	雷州市	吴川市
一、基本情况					
行政区域土地面积	平方公里	1780	2840	3532	849
乡(镇)个数	个	17	21	20	15
村民委员会个数	个	173	349	437	180
年末总户数	户	160663	358682	349965	208037
其中:乡村户数	户	111048	273074	268553	186150
年末总人口	万人	67	149	148	100
其中:乡村人口	万人	53	131	130	88
年末单位从业人员数	人	37164	57275	60529	34608
乡村从业人员数	人	252559	618623	534695	445387
其中:农林牧渔业	人	231104	435116	426858	287459
农业机械总动力	万千瓦特	35	33	34	13
本地电话用户	户	54296	93784	79653	103791
二、综合经济					
第一产业增加值	万元	166798	252792	246693	86939
第二产业增加值	万元	40885	156455	83368	99500
地方财政预算内收入	万元	7763	9643	9655	7566
财政支出	万元	30234	38587	35079	26078
城乡居民储蓄存款余额	万元	212025	372580	293007	320017
年末金融机构各项贷款余额	万元	137674	265959	178926	168539
三、农业、工业及基本建设					
粮食产量	吨	137080	448536	336823	180524
棉花产量	吨				
油料产量	吨	11124	29447	27337	16176
肉类总产量	吨	16776	94869	49946	39604
规模以上工业企业数	个	21	108	24	50
规模以上工业总产值(现价)	万元	49497	143081	101443	96433
基本建设投资完成额	万元	14611	23434	24774	5744
四、教育、卫生和社会保障					
普通中学在校学生数	人	47960	99883	99800	69461
小学在校学生数	人	99758	206140	215400	154187
医院、卫生院床位数	床	1095	1526	2240	943
社会福利院数	个	25	38		16
社会福利院床位数	床	375	780		253

2001年县(市)社会经济主要指标

广东省

指　　标	单　位	电白县	高州市	化州市	信宜市
一、基本情况					
行政区域土地面积	平方公里	1838	3276	2354	3102
乡(镇)个数	个	20	33	24	23
村民委员会个数	个	313	456	351	370
年末总户数	户	279888	398934	349463	328510
其中:乡村户数	户	235271	320821	265639	247126
年末总人口	万人	121	156	139	122
其中:乡村人口	万人	109	132	121	107
年末单位从业人员数	人	54540	62633	54264	36953
乡村从业人员数	人	549228	612938	460062	470414
其中:农林牧渔业	人	385073	388943	265423	297050
农业机械总动力	万千瓦特	40	34	26	14
本地电话用户	户	117233	127121	101886	72388
二、综合经济					
第一产业增加值	万元	306162	366139	328349	321255
第二产业增加值	万元	257583	349740	292054	283453
地方财政预算内收入	万元	11169	17708	9401	8518
财政支出	万元	32777	39703	32968	32351
城乡居民储蓄存款余额	万元	379006	573656	386888	375475
年末金融机构各项贷款余额	万元	239550	448676	284813	253489
三、农业、工业及基本建设					
粮食产量	吨	263370	353313	370111	381915
棉花产量	吨				
油料产量	吨	29657	22055	22358	11028
肉类总产量	吨	68933	155778	96631	161409
规模以上工业企业数	个	94	72	91	75
规模以上工业总产值(现价)	万元	210984	250158	220084	145605
基本建设投资完成额	万元	6139	26796	13699	9525
四、教育、卫生和社会保障					
普通中学在校学生数	人	75271	99956	96806	74819
小学在校学生数	人	149780	228968	195356	188308
医院、卫生院床位数	床	1253	2301	1051	1196
社会福利院数	个	1	42	1	24
社会福利院床位数	床	150	2150	200	1750

2001年县(市)社会经济主要指标

广东省

指　　标	单　位	广宁县	怀集县	封开县	德庆县
一、基本情况					
行政区域土地面积	平方公里	2459	3573	2367	2257
乡(镇)个数	个	20	21	18	15
村民委员会个数	个	251	312	193	175
年末总户数	户	139887	174736	105802	100218
其中:乡村户数	户	109317	153855	79567	68696
年末总人口	万人	54	92	46	35
其中:乡村人口	万人	43	83	39	28
年末单位从业人员数	人	22861	26499	21032	16928
乡村从业人员数	人	244908	436253	212556	138542
其中:农林牧渔业	人	126311	243364	129603	86754
农业机械总动力	万千瓦特	8	19	8	7
本地电话用户	户	82950	56833	24275	38271
二、综合经济					
第一产业增加值	万元	117976	228194	136210	73582
第二产业增加值	万元	117635	113676	106110	159271
地方财政预算内收入	万元	8925	10457	8204	7249
财政支出	万元	21400	25919	20299	19670
城乡居民储蓄存款余额	万元	144458	125374	129080	120372
年末金融机构各项贷款余额	万元	93858	74616	109889	104285
三、农业、工业及基本建设					
粮食产量	吨	175093	307165	225672	135389
棉花产量	吨				
油料产量	吨	6659	9671	13527	9088
肉类总产量	吨	17484	63497	36576	17850
规模以上工业企业数	个	112	57	81	93
规模以上工业总产值(现价)	万元	369359	177058	295836	415755
基本建设投资完成额	万元	7210	18670	13079	20282
四、教育、卫生和社会保障					
普通中学在校学生数	人	31043	51945	23731	22289
小学在校学生数	人	50550	101386	49454	41144
医院、卫生院床位数	床	568	789	440	565
社会福利院数	个	20	22	17	1
社会福利院床位数	床	449	132	343	93

2001年县(市)社会经济主要指标

广东省

指　　标	单　位	高要市	四会市	博罗县	惠东县
一、基本情况					
行政区域土地面积	平方公里	2200	1260	2870	3396
乡(镇)个数	个	19	18	22	22
村民委员会个数	个	326	170	375	271
年末总户数	户	203298	119414	179282	148875
其中:乡村户数	户	150541	82531	152389	104656
年末总人口	万人	73	42	77	70
其中:乡村人口	万人	62	30	67	49
年末单位从业人员数	人	35036	29350	57008	52534
乡村从业人员数	人	404044	135548	343401	327578
其中:农林牧渔业	人	218404	68451	216260	202442
农业机械总动力	万千瓦特	25	13	36	17
本地电话用户	户	78000	105294	131847	109301
二、综合经济					
第一产业增加值	万元	336139	176006	195905	217476
第二产业增加值	万元	374279	321635	509408	486266
地方财政预算内收入	万元	19733	15218	23754	13650
财政支出	万元	31440	31492	39402	22568
城乡居民储蓄存款余额	万元	340258	303856	468614	422797
年末金融机构各项贷款余额	万元	215711	239572	255772	205391
三、农业、工业及基本建设					
粮食产量	吨	306852	153126	285772	259757
棉花产量	吨				
油料产量	吨	14098	13172	24902	16030
肉类总产量	吨	62337	79154	59741	19918
规模以上工业企业数	个	241	192	167	46
规模以上工业总产值(现价)	万元	1145671	709952	744750	108177
基本建设投资完成额	万元	25583	36425	69029	21072
四、教育、卫生和社会保障					
普通中学在校学生数	人	46156	26073	40429	39606
小学在校学生数	人	75077	45239	83918	88666
医院、卫生院床位数	床	793	764	1424	1120
社会福利院数	个	34	16	23	22
社会福利院床位数	床	620	534	342	560

2001年县(市)社会经济主要指标

广东省

指　　标	单　位	龙门县	惠阳市	梅　县	大埔县
一、基本情况					
行政区域土地面积	平方公里	2057	2178	2755	2470
乡(镇)个数	个	16	21	28	20
村民委员会个数	个	171	282	417	249
年末总户数	户	86717	177674	150321	134935
其中:乡村户数	户	84828	131654	122931	111261
年末总人口	万人	32	63	60	52
其中:乡村人口	万人	31	56	51	47
年末单位从业人员数	人	18964	128393	31857	24019
乡村从业人员数	人	134413	249203	269968	151867
其中:农林牧渔业	人	103316	147252	156021	87568
农业机械总动力	万千瓦特	18	12	20	7
本地电话用户	户	35623	150512	86976	59823
二、综合经济					
第一产业增加值	万元	73101	176788	140629	53446
第二产业增加值	万元	55828	689862	179311	67526
地方财政预算内收入	万元	4429	42166	14273	5552
财政支出	万元	17684	60215	37090	26225
城乡居民储蓄存款余额	万元	109348	597955	329312	156346
年末金融机构各项贷款余额	万元	72758	448512	256601	69846
三、农业、工业及基本建设					
粮食产量	吨	166897	229152	257563	146073
棉花产量	吨				
油料产量	吨	7260	19291	6407	1695
肉类总产量	吨	6980	31304	50567	16798
规模以上工业企业数	个	30	119	97	36
规模以上工业总产值(现价)	万元	45516	1478617	310171	51892
基本建设投资完成额	万元	8986	98757	2988	12744
四、教育、卫生和社会保障					
普通中学在校学生数	人	21700	39246	36009	27176
小学在校学生数	人	35079	43300	63490	51042
医院、卫生院床位数	床	515	1290	971	531
社会福利院数	个	17	22	27	21
社会福利院床位数	床	367	676	630	483

2001年县(市)社会经济主要指标

广东省

指　　标	单　位	丰顺县	五华县	平远县	蕉岭县
一、基本情况					
行政区域土地面积	平方公里	2710	3226	1381	957
乡(镇)个数	个	25	30	16	12
村民委员会个数	个	263	446	153	107
年末总户数	户	147110	262608	67115	66582
其中:乡村户数	户	127007	222019	51295	45297
年末总人口	万人	66	118	25	23
其中:乡村人口	万人	61	109	21	17
年末单位从业人员数	人	22036	32820	16969	19782
乡村从业人员数	人	180727	452406	97921	78480
其中:农林牧渔业	人	136770	255225	69247	49778
农业机械总动力	万千瓦特	11	15	9	9
本地电话用户	户	71400	87767	37699	46551
二、综合经济					
第一产业增加值	万元	78760	99060	39069	34268
第二产业增加值	万元	49677	50420	35942	68984
地方财政预算内收入	万元	5210	6383	3607	5773
财政支出	万元	27041	37122	14139	17222
城乡居民储蓄存款余额	万元	172342	211881	62544	97234
年末金融机构各项贷款余额	万元	119495	144053	49647	104009
三、农业、工业及基本建设					
粮食产量	吨	169107	345345	114101	75169
棉花产量	吨				
油料产量	吨	4720	4083	3243	2974
肉类总产量	吨	26773	49013	16486	17108
规模以上工业企业数	个	41	41	33	35
规模以上工业总产值(现价)	万元	39437	33562	45454	106276
基本建设投资完成额	万元	7025	6548	2630	33524
四、教育、卫生和社会保障					
普通中学在校学生数	人	33205	81376	11734	15597
小学在校学生数	人	68558	151608	28109	23033
医院、卫生院床位数	床	649	1333	463	474
社会福利院数	个	25		16	10
社会福利院床位数	床	428		258	274

2001年县(市)社会经济主要指标

广东省

指　　标	单　位	兴宁市	海丰县	陆河县	陆丰市
一、基本情况					
行政区域土地面积	平方公里	2104	1750	1005	1681
乡(镇)个数	个	28	19	8	20
村民委员会个数	个	505	244	124	314
年末总户数	户	280517	156012	55779	263181
其中:乡村户数	户	223464	103534	43352	228687
年末总人口	万人	112	75	29	149
其中:乡村人口	万人	98	55	24	130
年末单位从业人员数	人	40826	30276	11383	42065
乡村从业人员数	人	434624	289026	103147	487752
其中:农林牧渔业	人	244271	154585	60780	291425
农业机械总动力	万千瓦特	26	13	10	18
本地电话用户	户	126085	107708	31542	239686
二、综合经济					
第一产业增加值	万元	115172	184972	52728	170130
第二产业增加值	万元	118002	224340	45678	123463
地方财政预算内收入	万元	14630	12260	2642	11753
财政支出	万元	46303	26474	13888	35185
城乡居民储蓄存款余额	万元	335624	222812	45907	164992
年末金融机构各项贷款余额	万元	274895	105250	40890	184086
三、农业、工业及基本建设					
粮食产量	吨	381960	214884	66576	290164
棉花产量	吨				
油料产量	吨	3718	4720	1427	12847
肉类总产量	吨	43276	25212	12866	43756
规模以上工业企业数	个	36	43	7	21
规模以上工业总产值(现价)	万元	83282	74689	11947	80218
基本建设投资完成额	万元	7438	20017	6800	18633
四、教育、卫生和社会保障					
普通中学在校学生数	人	81474	51541	18071	70297
小学在校学生数	人	137461	101270	44944	172689
医院、卫生院床位数	床	1424	1015	295	972
社会福利院数	个	29		6	1
社会福利院床位数	床	850		124	20

2001年县(市)社会经济主要指标

广东省

指　　标	单　位	紫金县	龙川县	连平县	和平县
一、基本情况					
行政区域土地面积	平方公里	3627	3089	2289	2311
乡(镇)个数	个	23	30	16	20
村民委员会个数	个	311	356	172	254
年末总户数	户	178699	215282	92294	113854
其中:乡村户数	户	137305	164191	74013	86074
年末总人口	万人	75	85	37	48
其中:乡村人口	万人	65	77	30	42
年末单位从业人员数	人	21627	35235	18763	20009
乡村从业人员数	人	294365	329479	150363	220607
其中:农林牧渔业	人	154942	183129	112124	138627
农业机械总动力	万千瓦特	7	10	6	6
本地电话用户	户	65432	76467	44901	45956
二、综合经济					
第一产业增加值	万元	107141	85521	37019	54629
第二产业增加值	万元	47927	72437	58341	31154
地方财政预算内收入	万元	5383	5895	3991	2543
财政支出	万元	28345	33424	21484	22009
城乡居民储蓄存款余额	万元	114024	195595	89191	80461
年末金融机构各项贷款余额	万元	71595	106382	52901	31572
三、农业、工业及基本建设					
粮食产量	吨	295349	340402	136862	183399
棉花产量	吨				
油料产量	吨	12992	10118	8426	3266
肉类总产量	吨	24510	16867	11620	10126
规模以上工业企业数	个	21	23	16	22
规模以上工业总产值(现价)	万元	57688	47073	89574	31266
基本建设投资完成额	万元	20428	86176	38536	34943
四、教育、卫生和社会保障					
普通中学在校学生数	人	43887	43957	25210	26737
小学在校学生数	人	86851	89500	40208	55815
医院、卫生院床位数	床	579	1083	397	494
社会福利院数	个	23	31	19	20
社会福利院床位数	床	150	360	520	102

2001 年县(市)社会经济主要指标

广东省

指　　标	单　位	东源县	阳西县	阳东县	阳春市
一、基本情况					
行政区域土地面积	平方公里	4070	1452	2051	4054
乡(镇)个数	个	24	9	15	18
村民委员会个数	个	286	149	197	309
年末总户数	户	110198	105177	136497	266246
其中:乡村户数	户	86678	78713	123125	199000
年末总人口	万人	51	47	52	104
其中:乡村人口	万人	44	37	43	91
年末单位从业人员数	人	18771	19064	26579	54260
乡村从业人员数	人	211421	255483	257171	471899
其中:农林牧渔业	人	108071	172625	168412	351960
农业机械总动力	万千瓦特	10	25	17	14
本地电话用户	户	43063	46045	45216	97272
二、综合经济					
第一产业增加值	万元	63788	137916	154813	244891
第二产业增加值	万元	37647	65413	113154	116810
地方财政预算内收入	万元	3506	3858	8500	9940
财政支出	万元	28856	12565	22379	33647
城乡居民储蓄存款余额	万元	62563	96527	132591	306482
年末金融机构各项贷款余额	万元	42480	59759	71022	202591
三、农业、工业及基本建设					
粮食产量	吨	224225	165654	200769	354223
棉花产量	吨				
油料产量	吨	14642	9953	13826	17807
肉类总产量	吨	14539	18826	27012	45908
规模以上工业企业数	个	26	36	56	80
规模以上工业总产值(现价)	万元	38968	71562	169732	255314
基本建设投资完成额	万元	62465	48522	71571	64172
四、教育、卫生和社会保障					
普通中学在校学生数	人	22182	28653	31582	63977
小学在校学生数	人	50017	54028	55889	115264
医院、卫生院床位数	床	490	357	483	1288
社会福利院数	个	24	1	1	1
社会福利院床位数	床	356	60	105	180

2001年县(市)社会经济主要指标

广东省

指　　标	单　位	佛冈县	阳山县	连山自治县	连南自治县
一、基本情况					
行政区域土地面积	平方公里	1294	3420	1265	1232
乡(镇)个数	个	12	22	12	12
村民委员会个数	个	115	234	72	83
年末总户数	户	72266	120864	26971	38544
其中:乡村户数	户	57781	96697	19344	28473
年末总人口	万人	31	52	11	15
其中:乡村人口	万人	25	47	9	12
年末单位从业人员数	人	15498	20244	7060	11203
乡村从业人员数	人	114431	219146	48788	60161
其中:农林牧渔业	人	88339	113076	38664	41360
农业机械总动力	万千瓦特	6	8	3	3
本地电话用户	户	26979	29800	9650	12464
二、综合经济					
第一产业增加值	万元	32094	98149	20690	17246
第二产业增加值	万元	56266	40750	8588	13033
地方财政预算内收入	万元	6403	6023	1263	2588
财政支出	万元	16359	21016	10879	14484
城乡居民储蓄存款余额	万元	137012	123800	39894	55944
年末金融机构各项贷款余额	万元	79781	81900	22705	35668
三、农业、工业及基本建设					
粮食产量	吨	100529	161372	60504	50753
棉花产量	吨				
油料产量	吨	2712	9719	2028	2189
肉类总产量	吨	8683	30585	3618	4733
规模以上工业企业数	个	36	24	11	14
规模以上工业总产值(现价)	万元	182166	44641	4121	20972
基本建设投资完成额	万元	4372	12600	8478	4628
四、教育、卫生和社会保障					
普通中学在校学生数	人	21801	36601	8179	9213
小学在校学生数	人	36787	59311	14061	16117
医院、卫生院床位数	床	368	615	287	336
社会福利院数	个	13	23	13	8
社会福利院床位数	床	280	640	158	122

2001年县(市)社会经济主要指标

广东省

指标	单位	清新县	英德市	连州市	潮安县
一、基本情况					
行政区域土地面积	平方公里	2669	5671	2663	1256
乡(镇)个数	个	23	32	22	22
村民委员会个数	个	292	378	207	487
年末总户数	户	179451	243979	129855	271704
其中:乡村户数	户	127949	193109	92210	244872
年末总人口	万人	69	103	51	119
其中:乡村人口	万人	61	91	41	107
年末单位从业人员数	人	23550	40392	22457	34963
乡村从业人员数	人	321945	407821	173051	464812
其中:农林牧渔业	人	210095	281668	115409	201389
农业机械总动力	万千瓦特	19	16	9	15
本地电话用户	户	53763	62577	36263	228524
二、综合经济					
第一产业增加值	万元	111836	195307	81969	195296
第二产业增加值	万元	65898	80590	64919	493945
地方财政预算内收入	万元	5108	8978	8272	13553
财政支出	万元	24378	30474	22241	39820
城乡居民储蓄存款余额	万元	224010	301717	194172	400996
年末金融机构各项贷款余额	万元	121955	210001	132855	334989
三、农业、工业及基本建设					
粮食产量	吨	204579	340334	167672	275563
棉花产量	吨				
油料产量	吨	12237	32223	7496	2914
肉类总产量	吨	44548	36248	43415	38588
规模以上工业企业数	个	39	52	21	181
规模以上工业总产值(现价)	万元	98785	96307	76803	371536
基本建设投资完成额	万元	13667	47999	13241	32385
四、教育、卫生和社会保障					
普通中学在校学生数	人	37517	56303	36601	57968
小学在校学生数	人	77499	120124	50549	132860
医院、卫生院床位数	床	554	1170	1210	454
社会福利院数	个	1	30	22	20
社会福利院床位数	床	50	850	567	250

2001年县(市)社会经济主要指标

广东省

指　　标	单　位	饶平县	揭东县	揭西县	惠来县
一、基本情况					
行政区域土地面积	平方公里	1670	850	1365	1207
乡(镇)个数	个	25	15	20	19
村民委员会个数	个	352	227	280	311
年末总户数	户	214524	275906	206616	200780
其中:乡村户数	户	170161	248837	119178	182788
年末总人口	万人	95	120	89	106
其中:乡村人口	万人	85	110	81	98
年末单位从业人员数	人	29041	28377	30670	40209
乡村从业人员数	人	387778	565735	377263	346071
其中:农林牧渔业	人	253472	288342	217179	229045
农业机械总动力	万千瓦特	21	17	9	10
本地电话用户	户	124835	118000	95000	88605
二、综合经济					
第一产业增加值	万元	202290	201566	140013	211774
第二产业增加值	万元	205677	603393	181072	176779
地方财政预算内收入	万元	8550	14677	5753	5102
财政支出	万元	35098	31470	30330	30033
城乡居民储蓄存款余额	万元	223827	287413	176738	132704
年末金融机构各项贷款余额	万元	157312	203150	144489	84814
三、农业、工业及基本建设					
粮食产量	吨	212788	319031	198119	221508
棉花产量	吨				
油料产量	吨	3905	5032	8648	11389
肉类总产量	吨	43919	33658	35418	39073
规模以上工业企业数	个	103	47	39	81
规模以上工业总产值(现价)	万元	201586	327412	26825	221226
基本建设投资完成额	万元	6200	34179	15200	21056
四、教育、卫生和社会保障					
普通中学在校学生数	人	62302	56344	46851	54169
小学在校学生数	人	114482	125781	102103	127000
医院、卫生院床位数	床	704	545	659	794
社会福利院数	个	26	15	19	22
社会福利院床位数	床	426	386	255	340

2001年县(市)社会经济主要指标

广东省

指　　标	单　位	普宁市	新兴县	郁南县	云安县
一、基本情况					
行政区域土地面积	平方公里	1620	1520	1966	1203
乡(镇)个数	个	26	15	18	9
村民委员会个数	个	529	196	177	111
年末总户数	户	444961	103049	128622	75954
其中:乡村户数	户	311203	90255	102577	59586
年末总人口	万人	197	45	48	30
其中:乡村人口	万人	165	37	40	25
年末单位从业人员数	人	49365	28106	18858	9221
乡村从业人员数	人	690381	212036	219133	149828
其中:农林牧渔业	人	295538	137019	126125	80843
农业机械总动力	万千瓦特	8	24	13	2
本地电话用户	户	220063	71684	42978	27423
二、综合经济					
第一产业增加值	万元	166906	118294	117324	79133
第二产业增加值	万元	712858	130153	75873	50283
地方财政预算内收入	万元	40018	8455	4770	2610
财政支出	万元	60439	19950	22157	11692
城乡居民储蓄存款余额	万元	886223	204702	162345	48528
年末金融机构各项贷款余额	万元	354419	154411	128663	82513
三、农业、工业及基本建设					
粮食产量	吨	249913	163097	186549	122952
棉花产量	吨				
油料产量	吨	832	6260	9301	5800
肉类总产量	吨	49056	93699	43062	13813
规模以上工业企业数	个	209	104	25	12
规模以上工业总产值(现价)	万元	599245	497539	116848	39213
基本建设投资完成额	万元	51069	21338	5602	13065
四、教育、卫生和社会保障					
普通中学在校学生数	人	114201	25321	29423	15997
小学在校学生数	人	230847	51586	62107	41515
医院、卫生院床位数	床	1357	585	492	125
社会福利院数	个	32	15	19	10
社会福利院床位数	床	382	533	558	236

2001年县(市)社会经济主要指标

广东省、广西壮族自治区

指　　标	单　位	罗定市	邕宁县	武鸣县	柳江县
一、基本情况					
行政区域土地面积	平方公里	2328	4725	3366	2504
乡(镇)个数	个	24	21	16	13
村民委员会个数	个	332	235	213	127
年末总户数	户	299083	226021	178578	143944
其中:乡村户数	户	220819	187500	164500	121700
年末总人口	万人	108	92	65	53
其中:乡村人口	万人	72	82	61	49
年末单位从业人员数	人	42198	40095	41338	28170
乡村从业人员数	人	446049	473800	324200	252500
其中:农林牧渔业	人	233062	348600	247600	187000
农业机械总动力	万千瓦特	16	58	49	19
本地电话用户	户	113735	55683	37893	26719
二、综合经济					
第一产业增加值	万元	221225	191634	199153	86691
第二产业增加值	万元	266013	140084	112008	74179
地方财政预算内收入	万元	11333	22499	15854	11482
财政支出	万元	31203	29538	25399	17277
城乡居民储蓄存款余额	万元	309492	163791	157745	117761
年末金融机构各项贷款余额	万元	211151	110066	115225	86164
三、农业、工业及基本建设					
粮食产量	吨	386776	282985	308645	195323
棉花产量	吨			7	3
油料产量	吨	18541	14418	19909	6254
肉类总产量	吨	34679	63027	73160	36364
规模以上工业企业数	个	125	59	46	46
规模以上工业总产值(现价)	万元	637673	173070	70732	125903
基本建设投资完成额	万元	28596	42720	21304	5743
四、教育、卫生和社会保障					
普通中学在校学生数	人	66157	64049	50545	34545
小学在校学生数	人	129932	96828	58123	62507
医院、卫生院床位数	床	1315	1280	887	530
社会福利院数	个	25	7	11	14
社会福利院床位数	床	659	387	424	219

2001年县(市)社会经济主要指标

广西壮族自治区

指　　标	单　位	柳城县	阳朔县	临桂县	灵川县
一、基本情况					
行政区域土地面积	平方公里	2124	1428	2202	2287
乡(镇)个数	个	14	9	14	13
村民委员会个数	个	134	114	161	137
年末总户数	户	104949	82427	112063	104348
其中:乡村户数	户	94600	65500	90600	74000
年末总人口	万人	41	30	45	35
其中:乡村人口	万人	38	27	40	30
年末单位从业人员数	人	19770	11032	15041	19832
乡村从业人员数	人	198200	149100	217500	169800
其中:农林牧渔业	人	153300	102100	165500	130500
农业机械总动力	万千瓦特	18	9	9	19
本地电话用户	户	23991	19492	22193	25527
二、综合经济					
第一产业增加值	万元	87451	51059	87098	97191
第二产业增加值	万元	59942	15885	43705	51601
地方财政预算内收入	万元	11723	6503	8599	8576
财政支出	万元	16776	11352	16199	14898
城乡居民储蓄存款余额	万元	78191	69793	104822	126849
年末金融机构各项贷款余额	万元	75735	35585	69521	108723
三、农业、工业及基本建设					
粮食产量	吨	190691	118029	219356	181204
棉花产量	吨	1	7	7	9
油料产量	吨	10511	6095	1309	2940
肉类总产量	吨	31646	21249	53051	30823
规模以上工业企业数	个	35	11	27	36
规模以上工业总产值(现价)	万元	107741	4290	59102	66125
基本建设投资完成额	万元	6563	13262	14431	24281
四、教育、卫生和社会保障					
普通中学在校学生数	人	23280	21336	29387	27520
小学在校学生数	人	38250	24580	49482	27219
医院、卫生院床位数	床	541	398	387	620
社会福利院数	个	21	7	3	10
社会福利院床位数	床	155	74	67	120

2001年县(市)社会经济主要指标

广西壮族自治区

指　　标	单　位	全州县	兴安县	永福县	灌阳县
一、基本情况					
行政区域土地面积	平方公里	4021	2344	2806	1837
乡(镇)个数	个	19	11	10	9
村民委员会个数	个	280	119	97	138
年末总户数	户	222300	108880	67776	81207
其中:乡村户数	户	198000	88100	57800	72700
年末总人口	万人	77	37	27	27
其中:乡村人口	万人	69	33	24	25
年末单位从业人员数	人	25734	16727	10305	9799
乡村从业人员数	人	362800	186000	125100	137000
其中:农林牧渔业	人	274600	141700	97600	103800
农业机械总动力	万千瓦特	20	17	8	13
本地电话用户	户	31910	26757	17672	13618
二、综合经济					
第一产业增加值	万元	185152	93636	62481	47462
第二产业增加值	万元	85363	58964	43796	20976
地方财政预算内收入	万元	10804	9560	5559	3670
财政支出	万元	21217	15954	10814	11276
城乡居民储蓄存款余额	万元	165342	116496	58550	58812
年末金融机构各项贷款余额	万元	118382	81584	42204	35220
三、农业、工业及基本建设					
粮食产量	吨	434057	220755	152970	156235
棉花产量	吨	80	15	5	11
油料产量	吨	26605	4892	3365	3990
肉类总产量	吨	62750	41387	19508	16300
规模以上工业企业数	个	39	30	27	15
规模以上工业总产值(现价)	万元	39101	28077	23077	8470
基本建设投资完成额	万元	13486	12914	6794	5743
四、教育、卫生和社会保障					
普通中学在校学生数	人	58503	28921	16154	18679
小学在校学生数	人	63557	25735	19489	23502
医院、卫生院床位数	床	655	944	349	423
社会福利院数	个	17	10	5	2
社会福利院床位数	床	293	221	100	21

2001 年县(市)社会经济主要指标

广西壮族自治区

指　　标	单　位	资源县	平乐县	荔蒲县	恭城瑶族自治
一、基本情况					
行政区域土地面积	平方公里	1954	1919	1759	2149
乡(镇)个数	个	8	12	13	9
村民委员会个数	个	72	134	127	117
年末总户数	户	49711	108396	107935	77524
其中:乡村户数	户	40500	95800	90400	61800
年末总人口	万人	17	43	37	28
其中:乡村人口	万人	15	39	33	25
年末单位从业人员数	人	8519	13770	13855	12868
乡村从业人员数	人	78300	200100	193900	127100
其中:农林牧渔业	人	53100	157300	144400	113400
农业机械总动力	万千瓦特	5	13	9	19
本地电话用户	户	11998	24584	25881	18074
二、综合经济					
第一产业增加值	万元	27891	118250	95480	75079
第二产业增加值	万元	10419	41651	66088	26029
地方财政预算内收入	万元	3110	6868	9369	5449
财政支出	万元	9710	12347	16802	11285
城乡居民储蓄存款余额	万元	39243	81877	99186	57337
年末金融机构各项贷款余额	万元	25767	59622	85644	45717
三、农业、工业及基本建设					
粮食产量	吨	62015	167926	167425	132396
棉花产量	吨		25	7	3
油料产量	吨	1788	12057	5619	14687
肉类总产量	吨	5115	26177	41260	23342
规模以上工业企业数	个	10	18	23	22
规模以上工业总产值(现价)	万元	8307	29938	54902	30193
基本建设投资完成额	万元	12223	3476	12109	8804
四、教育、卫生和社会保障					
普通中学在校学生数	人	11033	30296	19727	16812
小学在校学生数	人	11532	43854	26067	24694
医院、卫生院床位数	床	320	531	559	482
社会福利院数	个	1	8	6	1
社会福利院床位数	床	12	144	116	25

2001年县(市)社会经济主要指标

广西壮族自治区

指　　标	单　位	苍梧县	藤　县	蒙山县	岑溪市
一、基本情况					
行政区域土地面积	平方公里	4273	3946	1279	2783
乡(镇)个数	个	17	20	9	17
村民委员会个数	个	243	266	79	277
年末总户数	户	161200	225525	54137	193113
其中:乡村户数	户	147600	190400	49000	162500
年末总人口	万人	67	92	20	77
其中:乡村人口	万人	63	85	18	70
年末单位从业人员数	人	25289	23336	8832	27429
乡村从业人员数	人	350700	423700	100600	371700
其中:农林牧渔业	人	251400	296500	69100	230900
农业机械总动力	万千瓦特	25	15	6	14
本地电话用户	户	39522	43724	13641	47086
二、综合经济					
第一产业增加值	万元	102323	175232	42291	100722
第二产业增加值	万元	72178	57148	14456	74155
地方财政预算内收入	万元	10651	12456	4257	10796
财政支出	万元	18022	22066	9600	20029
城乡居民储蓄存款余额	万元	117247	130751	45555	159814
年末金融机构各项贷款余额	万元	72515	77197	26162	70574
三、农业、工业及基本建设					
粮食产量	吨	353293	321683	83551	296945
棉花产量	吨		9		
油料产量	吨	6267	9335	1586	12927
肉类总产量	吨	46106	62756	27266	57478
规模以上工业企业数	个	21	22	18	46
规模以上工业总产值(现价)	万元	61235	29688	14453	76394
基本建设投资完成额	万元	9289	14668	6207	7946
四、教育、卫生和社会保障					
普通中学在校学生数	人	30885	41058	12471	44307
小学在校学生数	人	80540	138582	21135	112121
医院、卫生院床位数	床	567	635	449	931
社会福利院数	个	9	10	3	6
社会福利院床位数	床	80	121	32	148

2001年县(市)社会经济主要指标

广西壮族自治区

指　　标	单　位	合蒲县	上思县	东兴市	浦北县
一、基本情况					
行政区域土地面积	平方公里	2380	2810	549	2521
乡(镇)个数	个	16	10	3	18
村民委员会个数	个	245	83	33	261
年末总户数	户	224254	52818	30139	181830
其中:乡村户数	户	187900	42400	19400	169300
年末总人口	万人	92	21	10	77
其中:乡村人口	万人	82	18	8	73
年末单位从业人员数	人	42785	14137	8074	26785
乡村从业人员数	人	442800	84200	43600	383700
其中:农林牧渔业	人	339500	68600	34800	244100
农业机械总动力	万千瓦特	32	14	4	17
本地电话用户	户	84856	13312	21534	45479
二、综合经济					
第一产业增加值	万元	209623	48049	34705	182194
第二产业增加值	万元	138458	39046	19787	69959
地方财政预算内收入	万元	16526	5929	7639	14262
财政支出	万元	33568	12901	11274	25732
城乡居民储蓄存款余额	万元	280176	44543	88483	123228
年末金融机构各项贷款余额	万元	199860	47364	33182	99249
三、农业、工业及基本建设					
粮食产量	吨	355451	80068	36891	257851
棉花产量	吨				19
油料产量	吨	24615	3431	1053	4174
肉类总产量	吨	71573	6024	4405	44594
规模以上工业企业数	个	46	26	8	36
规模以上工业总产值(现价)	万元	145336	59282	5894	54992
基本建设投资完成额	万元	45112	10821	9938	11798
四、教育、卫生和社会保障					
普通中学在校学生数	人	62232	12252	6859	37245
小学在校学生数	人	122195	25199	13166	87303
医院、卫生院床位数	床	1477	290	205	715
社会福利院数	个	31	6	4	6
社会福利院床位数	床	545	141	56	87

2001年县(市)社会经济主要指标

广西壮族自治区

指　　标	单　位	灵山县	平南县	桂平市	容　县
一、基本情况					
行政区域土地面积	平方公里	3550	2989	4074	2257
乡(镇)个数	个	19	25	30	16
村民委员会个数	个	389	278	414	219
年末总户数	户	280379	282042	386371	205795
其中:乡村户数	户	252800	254500	334200	163700
年末总人口	万人	135	126	166	75
其中:乡村人口	万人	127	115	156	67
年末单位从业人员数	人	35102	31954	40620	28170
乡村从业人员数	人	680200	538400	763300	361100
其中:农林牧渔业	人	423100	299000	517800	241900
农业机械总动力	万千瓦特	21	39	34	18
本地电话用户	户	63836	70007	81144	53855
二、综合经济					
第一产业增加值	万元	207268	139583	161738	116818
第二产业增加值	万元	86475	52726	59250	71590
地方财政预算内收入	万元	17541	10908	18211	10592
财政支出	万元	27999	20502	28516	20576
城乡居民储蓄存款余额	万元	174367	234511	288732	195758
年末金融机构各项贷款余额	万元	137447	152884	164234	105190
三、农业、工业及基本建设					
粮食产量	吨	497243	370908	523783	277930
棉花产量	吨	48		145	
油料产量	吨	7694	15178	24157	4515
肉类总产量	吨	75183	49077	84055	37743
规模以上工业企业数	个	32	19	41	35
规模以上工业总产值(现价)	万元	41160	31692	44827	97269
基本建设投资完成额	万元	18181	9761	13774	11521
四、教育、卫生和社会保障					
普通中学在校学生数	人	82428	80234	99977	47464
小学在校学生数	人	144974	154101	197966	93397
医院、卫生院床位数	床	1329	961	1090	793
社会福利院数	个	11	8	11	3
社会福利院床位数	床	280	76	221	64

2001年县(市)社会经济主要指标

广西壮族自治区

指　　标	单　位	陆川县	博白县	兴业县	北流市
一、基本情况					
行政区域土地面积	平方公里	1551	3835	1487	2457
乡(镇)个数	个	16	34	15	23
村民委员会个数	个	157	315	210	278
年末总户数	户	191400	314487	153525	316777
其中:乡村户数	户	152800	274800	149800	243300
年末总人口	万人	87	148	66	117
其中:乡村人口	万人	77	136	64	104
年末单位从业人员数	人	33437	42087	14437	45188
乡村从业人员数	人	417700	702300	359000	554500
其中:农林牧渔业	人	287300	471300	205600	360100
农业机械总动力	万千瓦特	30	44	21	38
本地电话用户	户	53546	72966	36692	85206
二、综合经济					
第一产业增加值	万元	99493	25141	95254	162190
第二产业增加值	万元	87952	90350	45194	138621
地方财政预算内收入	万元	10702	12138	7916	17759
财政支出	万元	22025	30920	16715	32699
城乡居民储蓄存款余额	万元	175069	221399		307364
年末金融机构各项贷款余额	万元	140857	151904		181569
三、农业、工业及基本建设					
粮食产量	吨	298346	589223	264278	457902
棉花产量	吨			18	7
油料产量	吨	1515	12098	7142	6810
肉类总产量	吨	66538	133102	57292	56249
规模以上工业企业数	个	31	42	26	54
规模以上工业总产值(现价)	万元	43017	48874	32783	111781
基本建设投资完成额	万元	6715	20907	3752	4563
四、教育、卫生和社会保障					
普通中学在校学生数	人	63141	81334	41348	77322
小学在校学生数	人	110333	210816	65952	167130
医院、卫生院床位数	床	796	1303	392	1174
社会福利院数	个	8	10	5	11
社会福利院床位数	床	127	166	100	279

2001年县(市)社会经济主要指标

广西壮族自治区

指　　标	单　位	凭祥市	横　县	宾阳县	上林县
一、基本情况					
行政区域土地面积	平方公里	650	3465	2314	1870
乡(镇)个数	个	5	22	23	13
村民委员会个数	个	33	293	210	131
年末总户数	户	26983	263368	214322	109855
其中:乡村户数	户	16500	241500	184600	90400
年末总人口	万人	10	107	97	45
其中:乡村人口	万人	7	100	85	41
年末单位从业人员数	人	9253	33131	41643	18609
乡村从业人员数	人	43400	556400	493700	227100
其中:农林牧渔业	人	35000	381500	351200	159800
农业机械总动力	万千瓦特	3	38	28	26
本地电话用户	户	15257	48270	47544	16403
二、综合经济					
第一产业增加值	万元	9808	141005	92456	57804
第二产业增加值	万元	7012	44557	71364	17654
地方财政预算内收入	万元	8391	16430	15786	5152
财政支出	万元	10577	26844	22679	14122
城乡居民储蓄存款余额	万元	84023	213960	193897	60439
年末金融机构各项贷款余额	万元	36465	121493	110359	36570
三、农业、工业及基本建设					
粮食产量	吨	22996	314290	322608	152450
棉花产量	吨		6		
油料产量	吨	280	9482	11118	5366
肉类总产量	吨	4645	55712	36357	24304
规模以上工业企业数	个	8	24	31	20
规模以上工业总产值(现价)	万元	8438	49728	79522	19743
基本建设投资完成额	万元	10850	12575	16149	12407
四、教育、卫生和社会保障					
普通中学在校学生数	人	5157	59011	62091	31845
小学在校学生数	人	11895	118730	116532	44581
医院、卫生院床位数	床	185	851	1551	409
社会福利院数	个	2	5	7	4
社会福利院床位数	床	30	97	99	75

2001年县(市)社会经济主要指标

广西壮族自治区

指　　标	单　位	隆安县	马山县	扶绥县	崇左县
一、基本情况					
行政区域土地面积	平方公里	2265	2345	2836	2951
乡(镇)个数	个	13	15	12	11
村民委员会个数	个	130	151	128	107
年末总户数	户	86294	104870	111390	82339
其中:乡村户数	户	80300	95800	79300	64000
年末总人口	万人	37	49	41	33
其中:乡村人口	万人	35	48	33	28
年末单位从业人员数	人	16837	14231	27784	20840
乡村从业人员数	人	190600	259200	201000	161100
其中:农林牧渔业	人	134100	162800	165100	130000
农业机械总动力	万千瓦特	16	11	25	15
本地电话用户	户	17408	14844	21119	20669
二、综合经济					
第一产业增加值	万元	57499	41004	92616	84632
第二产业增加值	万元	21232	22360	31453	61614
地方财政预算内收入	万元	7451	4036	13129	16043
财政支出	万元	13968	13513	20802	22655
城乡居民储蓄存款余额	万元	64045	48260	100018	89547
年末金融机构各项贷款余额	万元	47930	35026	75560	46293
三、农业、工业及基本建设					
粮食产量	吨	132378	117355	155380	89113
棉花产量	吨		1		
油料产量	吨	2219	2151	13504	4957
肉类总产量	吨	22555	25712	17523	10005
规模以上工业企业数	个	10	14	22	26
规模以上工业总产值(现价)	万元	29548	30194	69656	100194
基本建设投资完成额	万元	10235	7000	9607	15843
四、教育、卫生和社会保障					
普通中学在校学生数	人	21631	31738	24231	21069
小学在校学生数	人	36248	50182	32423	28858
医院、卫生院床位数	床	502	367	1024	441
社会福利院数	个	2	4	3	12
社会福利院床位数	床	40	82	90	252

2001年县(市)社会经济主要指标

广西壮族自治区

指　　标	单　位	大新县	天等县	宁明县	龙州县
一、基本情况					
行政区域土地面积	平方公里	2755	2159	3696	2318
乡(镇)个数	个	16	15	15	13
村民委员会个数	个	145	123	150	120
年末总户数	户	83505	85585	90183	64137
其中:乡村户数	户	68800	81900	79200	56600
年末总人口	万人	35	40	39	27
其中:乡村人口	万人	31	38	34	25
年末单位从业人员数	人	35386	12450	19258	19912
乡村从业人员数	人	174900	251500	186200	138200
其中:农林牧渔业	人	128600	156900	148400	109200
农业机械总动力	万千瓦特	19	15	15	11
本地电话用户	户	15638	14214	19125	18249
二、综合经济					
第一产业增加值	万元	45471	46845	55846	50240
第二产业增加值	万元	32723	12754	23684	22960
地方财政预算内收入	万元	7613	5311	13003	8994
财政支出	万元	14780	14591	20020	15873
城乡居民储蓄存款余额	万元	60353	51485	77951	62816
年末金融机构各项贷款余额	万元	39961	30496	33218	31541
三、农业、工业及基本建设					
粮食产量	吨	117911	130194	92826	81645
棉花产量	吨		6		
油料产量	吨	1164	970	3998	2917
肉类总产量	吨	20418	17786	21564	11841
规模以上工业企业数	个	32	17	15	14
规模以上工业总产值(现价)	万元	58307	9580	32797	33007
基本建设投资完成额	万元	14391	15007	20200	20772
四、教育、卫生和社会保障					
普通中学在校学生数	人	16817	20961	21655	12806
小学在校学生数	人	25092	32870	43747	24115
医院、卫生院床位数	床	532	383	450	560
社会福利院数	个	1	3	6	3
社会福利院床位数	床	15	22	74	76

2001年县(市)社会经济主要指标

广西壮族自治区

指标	单位	合山市	鹿寨县	象州县	武宣县
一、基本情况					
行政区域土地面积	平方公里	350	3356	1899	1739
乡(镇)个数	个	3	12	11	13
村民委员会个数	个	29	126	118	142
年末总户数	户	35482	126459	85163	93759
其中:乡村户数	户	18200	91900	78500	79500
年末总人口	万人	14	48	35	41
其中:乡村人口	万人	8	39	33	37
年末单位从业人员数	人	10504	25972	13574	17989
乡村从业人员数	人	44300	220400	164800	218900
其中:农林牧渔业	人	31800	155200	126900	165300
农业机械总动力	万千瓦特	5	26	17	15
本地电话用户	户	13258	35999	15906	18662
二、综合经济					
第一产业增加值	万元	9806	82029	60181	81102
第二产业增加值	万元	34355	70308	39197	19043
地方财政预算内收入	万元	5587	11613	7925	5507
财政支出	万元	7497	15649	13242	12302
城乡居民储蓄存款余额	万元	55640	117924	59937	53877
年末金融机构各项贷款余额	万元	22408	91092	50547	53465
三、农业、工业及基本建设					
粮食产量	吨	32144	191620	205996	153745
棉花产量	吨				
油料产量	吨	1156	8363	7719	10299
肉类总产量	吨	5231	39933	40906	41024
规模以上工业企业数	个	8	35	13	14
规模以上工业总产值(现价)	万元	65745	112921	44285	24838
基本建设投资完成额	万元	8564	30362	11679	7934
四、教育、卫生和社会保障					
普通中学在校学生数	人	9723	33110	21754	28032
小学在校学生数	人	14656	45435	30465	47813
医院、卫生院床位数	床	559	638	339	463
社会福利院数	个	1	12	5	8
社会福利院床位数	床	20	299	73	120

2001年县(市)社会经济主要指标

广西壮族自治区

指　　标	单　位	来宾县	融安县	三江自治县	融水自治县
一、基本情况					
行政区域土地面积	平方公里	4364	2905	2454	4664
乡(镇)个数	个	24	14	16	21
村民委员会个数	个	251	141	162	198
年末总户数	户	211188	83105	79659	104765
其中:乡村户数	户	168500	70800	62500	89200
年末总人口	万人	95	32	34	46
其中:乡村人口	万人	86	28	32	42
年末单位从业人员数	人	42061	14919	10090	16838
乡村从业人员数	人	408300	155900	182300	235600
其中:农林牧渔业	人	339300	124400	131600	191200
农业机械总动力	万千瓦特	32	8	6	10
本地电话用户	户	55981	18948	14731	16433
二、综合经济					
第一产业增加值	万元	159233	33976	25595	40584
第二产业增加值	万元	193168	29495	14010	15270
地方财政预算内收入	万元	29570	4983	3580	4664
财政支出	万元	38320	12081	11525	15420
城乡居民储蓄存款余额	万元	130403	68022	37396	60430
年末金融机构各项贷款余额	万元	129998	75666	31891	44210
三、农业、工业及基本建设					
粮食产量	吨	364537	111928	78780	132309
棉花产量	吨			25	1
油料产量	吨	34319	1848	1350	2920
肉类总产量	吨	110813	15741	14729	17745
规模以上工业企业数	个	23	17	12	14
规模以上工业总产值(现价)	万元	311138	40853	10355	13881
基本建设投资完成额	万元	26026	13055	8401	5612
四、教育、卫生和社会保障					
普通中学在校学生数	人	59880	19440	13512	17986
小学在校学生数	人	138705	29812	38849	45514
医院、卫生院床位数	床	1134	484	371	591
社会福利院数	个	24	7	2	8
社会福利院床位数	床	824	136	56	162

2001年县(市)社会经济主要指标

广西壮族自治区

指　　　标	单　位	金秀自治县	忻城县	贺州市	昭平县
一、基本情况					
行政区域土地面积	平方公里	2518	2542	5147	3273
乡(镇)个数	个	11	13	20	17
村民委员会个数	个	77	127	277	152
年末总户数	户	37561	95646	213586	88892
其中:乡村户数	户	33400	85300	169700	80800
年末总人口	万人	15	40	90	39
其中:乡村人口	万人	13	37	83	36
年末单位从业人员数	人	7027	16132	36953	16437
乡村从业人员数	人	72000	215300	411500	188500
其中:农林牧渔业	人	58700	162300	320200	148700
农业机械总动力	万千瓦特	6	13	20	13
本地电话用户	户	10715	13931	58169	24415
二、综合经济					
第一产业增加值	万元	21030	55190	180639	88729
第二产业增加值	万元	6720	20333	126619	21354
地方财政预算内收入	万元	2023	4727	15697	7971
财政支出	万元	9471	13396	23983	14737
城乡居民储蓄存款余额	万元	28912	40991	189003	52642
年末金融机构各项贷款余额	万元	24973	34536	163370	35806
三、农业、工业及基本建设					
粮食产量	吨	54167	146498	345316	162250
棉花产量	吨		29	4	
油料产量	吨	1732	3348	17753	2914
肉类总产量	吨	11967	30562	70845	53722
规模以上工业企业数	个	14	16	50	13
规模以上工业总产值(现价)	万元	7637	16893	93009	22170
基本建设投资完成额	万元	3906	21391	26082	2798
四、教育、卫生和社会保障					
普通中学在校学生数	人	7400	24689	51047	21816
小学在校学生数	人	13375	40724	132201	49843
医院、卫生院床位数	床	273	429	1284	373
社会福利院数	个	7	13	6	7
社会福利院床位数	床	106	186	95	76

2001年县(市)社会经济主要指标

广西壮族自治区

指　　标	单　位	钟山县	富川自治县	百色市	田阳县
一、基本情况					
行政区域土地面积	平方公里	1885	1572	3702	2387
乡(镇)个数	个	17	13	12	15
村民委员会个数	个	141	142	116	152
年末总户数	户	108484	70848	79063	80951
其中:乡村户数	户	84600	58700	47800	70200
年末总人口	万人	49	29	33	33
其中:乡村人口	万人	42	26	21	29
年末单位从业人员数	人	22095	14105	45316	17347
乡村从业人员数	人	209600	133500	119400	172400
其中:农林牧渔业	人	166400	108200	104000	139800
农业机械总动力	万千瓦特	10	6	12	18
本地电话用户	户	28116	18262	63550	31819
二、综合经济					
第一产业增加值	万元	89630	53360	57265	77785
第二产业增加值	万元	101268	25302	84048	45082
地方财政预算内收入	万元	6256	3955	16664	9402
财政支出	万元	14629	12883	23315	16446
城乡居民储蓄存款余额	万元	84977	49413	192851	56128
年末金融机构各项贷款余额	万元	59236	46922	187313	56137
三、农业、工业及基本建设					
粮食产量	吨	200098	119502	84728	118145
棉花产量	吨		3	14	
油料产量	吨	7411	14194	657	1381
肉类总产量	吨	63440	42651	17711	31166
规模以上工业企业数	个	23	18	61	29
规模以上工业总产值(现价)	万元	62995	16936	116107	45252
基本建设投资完成额	万元	13479	2628	42200	7782
四、教育、卫生和社会保障					
普通中学在校学生数	人	23663	16181	21997	18789
小学在校学生数	人	71692	41775	28090	24017
医院、卫生院床位数	床	760	431	1861	417
社会福利院数	个	3	3	12	4
社会福利院床位数	床	70	69	320	94

2001年县(市)社会经济主要指标

广西壮族自治区

指　　标	单　位	田东县	平果县	德保县	靖西县
一、基本情况					
行政区域土地面积	平方公里	2806	2473	2575	3322
乡(镇)个数	个	13	17	18	24
村民委员会个数	个	161	176	187	282
年末总户数	户	92716	109113	78047	124135
其中:乡村户数	户	78600	92600	68700	110000
年末总人口	万人	39	46	34	58
其中:乡村人口	万人	36	41	32	53
年末单位从业人员数	人	21697	25094	11533	16812
乡村从业人员数	人	202900	223000	173300	296600
其中:农林牧渔业	人	155000	163800	128100	212800
农业机械总动力	万千瓦特	18	19	6	10
本地电话用户	户	36771	40319	16293	25722
二、综合经济					
第一产业增加值	万元	55752	59456	42256	72737
第二产业增加值	万元	51142	87415	11461	23053
地方财政预算内收入	万元	8866	20821	3249	7178
财政支出	万元	18138	24170	13332	20229
城乡居民储蓄存款余额	万元	84661	93767	27285	49746
年末金融机构各项贷款余额	万元	64846	181184	45783	53744
三、农业、工业及基本建设					
粮食产量	吨	126988	132986	101174	207068
棉花产量	吨	3	7		
油料产量	吨	590	452	619	838
肉类总产量	吨	29520	37561	14610	28437
规模以上工业企业数	个	18	26	18	20
规模以上工业总产值(现价)	万元	80397	297791	13352	14159
基本建设投资完成额	万元	12224	33444	2902	31213
四、教育、卫生和社会保障					
普通中学在校学生数	人	23628	28406	14505	27183
小学在校学生数	人	38426	48510	29979	52569
医院、卫生院床位数	床	606	652	483	701
社会福利院数	个	15	7		3
社会福利院床位数	床	152	156		89

2001年县(市)社会经济主要指标

广西壮族自治区

指　　标	单　位	那坡县	凌云县	乐业县	田林县
一、基本情况					
行政区域土地面积	平方公里	2231	2039	2620	5532
乡(镇)个数	个	12	10	10	20
村民委员会个数	个	130	110	86	165
年末总户数	户	43815	41638	32524	53605
其中:乡村户数	户	37100	41600	28200	46400
年末总人口	万人	19	18	15	23
其中:乡村人口	万人	17	17	14	21
年末单位从业人员数	人	7968	6897	6997	11161
乡村从业人员数	人	103000	81500	64600	119100
其中:农林牧渔业	人	85200	68200	57500	105300
农业机械总动力	万千瓦特	7	5	5	11
本地电话用户	户	10362	10978	9237	15870
二、综合经济					
第一产业增加值	万元	16179	21633	12180	31963
第二产业增加值	万元	4086	7334	3906	13872
地方财政预算内收入	万元	1570	2062	1554	5154
财政支出	万元	10161	9861	9336	11372
城乡居民储蓄存款余额	万元	16164	15006	13728	31343
年末金融机构各项贷款余额	万元	20629	25260	24074	38078
三、农业、工业及基本建设					
粮食产量	吨	51628	44519	47373	83917
棉花产量	吨	3		8	24
油料产量	吨	64	572	543	356
肉类总产量	吨	5948	9148	4972	10503
规模以上工业企业数	个	11	7	10	16
规模以上工业总产值(现价)	万元	2979	5020	2057	22319
基本建设投资完成额	万元	16796	3173	4373	4280
四、教育、卫生和社会保障					
普通中学在校学生数	人	6481	8282	7103	11018
小学在校学生数	人	18090	22296	21463	24046
医院、卫生院床位数	床	384	233	165	228
社会福利院数	个	3	6	3	1
社会福利院床位数	床	45	120	58	26

2001年县(市)社会经济主要指标

广西壮族自治区

指标	单位	隆林自治县	西林县	河池市	宜州市
一、基本情况					
行政区域土地面积	平方公里	3551	2963	2340	3869
乡(镇)个数	个	21	11	14	21
村民委员会个数	个	179	93	133	205
年末总户数	户	76739	29018	84145	159142
其中:乡村户数	户	67700	25000	47700	124000
年末总人口	万人	35	13	31	61
其中:乡村人口	万人	33	12	20	51
年末单位从业人员数	人	13161	5960	42430	30242
乡村从业人员数	人	169500	65800	113400	290800
其中:农林牧渔业	人	159600	62100	87000	224500
农业机械总动力	万千瓦特	11	5	14	29
本地电话用户	户	17044	9930	54928	47797
二、综合经济					
第一产业增加值	万元	25993	19783	36279	122284
第二产业增加值	万元	18757	4677	89114	97728
地方财政预算内收入	万元	11383	1991	17148	22305
财政支出	万元	16666	8282	20763	31633
城乡居民储蓄存款余额	万元	37840	11545	247800	137350
年末金融机构各项贷款余额	万元	38720	27556	252550	97957
三、农业、工业及基本建设					
粮食产量	吨	86722	49935	94141	310561
棉花产量	吨	3	2	8	151
油料产量	吨	1234	674	2638	13912
肉类总产量	吨	9015	6514	30396	47066
规模以上工业企业数	个	12	12	38	36
规模以上工业总产值(现价)	万元	32502	2646	144269	154004
基本建设投资完成额	万元	4989	4636	49890	15659
四、教育、卫生和社会保障					
普通中学在校学生数	人	16960	5550	22105	27536
小学在校学生数	人	41696	17014	25635	45519
医院、卫生院床位数	床	369	136	1291	1123
社会福利院数	个	6	4	8	4
社会福利院床位数	床	85	92	300	142

2001年县(市)社会经济主要指标

广西壮族自治区

指　　标	单　位	罗城自治县	环江自治县	南丹县	天峨县
一、基本情况					
行政区域土地面积	平方公里	2658	4553	3916	3196
乡(镇)个数	个	13	15	13	11
村民委员会个数	个	138	141	138	93
年末总户数	户	88082	83969	77324	34742
其中:乡村户数	户	72700	74400	51900	27700
年末总人口	万人	36	35	28	14
其中:乡村人口	万人	32	31	23	13
年末单位从业人员数	人	16224	17856	17542	7638
乡村从业人员数	人	172400	151500	112600	62200
其中:农林牧渔业	人	127800	124200	97800	53800
农业机械总动力	万千瓦特	12	20	8	9
本地电话用户	户	19722	24283	35447	8981
二、综合经济					
第一产业增加值	万元	37616	45715	47387	19469
第二产业增加值	万元	28231	36905	111503	20992
地方财政预算内收入	万元	6659	9327	25375	5266
财政支出	万元	15101	16458	29529	10882
城乡居民储蓄存款余额	万元	54336	55975	154065	23747
年末金融机构各项贷款余额	万元	41868	71710	71550	25036
三、农业、工业及基本建设					
粮食产量	吨	146322	142159	87142	51078
棉花产量	吨	6	50	16	95
油料产量	吨	8303	3843	2381	344
肉类总产量	吨	21169	22992	18009	8570
规模以上工业企业数	个	22	48	32	13
规模以上工业总产值(现价)	万元	28657	87040	158931	4343
基本建设投资完成额	万元	5592	10316	59968	95590
四、教育、卫生和社会保障					
普通中学在校学生数	人	17618	17231	16595	6218
小学在校学生数	人	33744	35000	33114	14872
医院、卫生院床位数	床	532	466	645	271
社会福利院数	个	3	5	2	1
社会福利院床位数	床	37	90	100	15

2001年县(市)社会经济主要指标

广西壮族自治区

指　　标	单　位	凤山县	东兰县	巴马自治县	都安自治县
一、基本情况					
行政区域土地面积	平方公里	1738	2414	1971	4095
乡(镇)个数	个	11	23	12	22
村民委员会个数	个	96	147	103	244
年末总户数	户	41456	63103	53950	142175
其中:乡村户数	户	36600	58800	48500	133200
年末总人口	万人	19	28	24	63
其中:乡村人口	万人	17	26	22	60
年末单位从业人员数	人	9514	10182	10221	17130
乡村从业人员数	人	83200	125700	101700	311200
其中:农林牧渔业	人	63800	112700	78200	240800
农业机械总动力	万千瓦特	7	12	5	17
本地电话用户	户	7617	12593	11692	20167
二、综合经济					
第一产业增加值	万元	16346	22393	32292	42509
第二产业增加值	万元	6519	6095	10864	20787
地方财政预算内收入	万元	1641	3643	3448	5021
财政支出	万元	9483	12981	12949	20450
城乡居民储蓄存款余额	万元	15397	25984	20371	65414
年末金融机构各项贷款余额	万元	21175	29501	26026	38010
三、农业、工业及基本建设					
粮食产量	吨	48797	62651	63809	138969
棉花产量	吨	3		3	
油料产量	吨	384	75	862	297
肉类总产量	吨	9117	13526	15911	39431
规模以上工业企业数	个	13	18	3	18
规模以上工业总产值(现价)	万元	6043	5035	4256	8261
基本建设投资完成额	万元	7449	8449	12018	4182
四、教育、卫生和社会保障					
普通中学在校学生数	人	7055	11569	9168	33020
小学在校学生数	人	23202	30904	29391	64075
医院、卫生院床位数	床	259	442	371	665
社会福利院数	个	3	4	5	6
社会福利院床位数	床	26	133	114	99

2001年县(市)社会经济主要指标

广西壮族自治区、海南省

指标	单位	大化自治县	通什市	琼海市	儋州市
一、基本情况					
行政区域土地面积	平方公里	2716	1189	2119	4235
乡(镇)个数	个	19	9	21	25
村民委员会个数	个	156	59	193	218
年末总户数	户	103921	27165	118937	177646
其中:乡村户数	户	84800	11271	83024	98399
年末总人口	万人	41	11	45	84
其中:乡村人口	万人	36	5	32	53
年末单位从业人员数	人	14771	12933	195275	75711
乡村从业人员数	人	199900	26337	150567	257178
其中:农林牧渔业	人	139100	24385	110965	206499
农业机械总动力	万千瓦特	9	1	20	25
本地电话用户	户	18537	16347	49300	86842
二、综合经济					
第一产业增加值	万元	26076	15251	193439	319017
第二产业增加值	万元	86978	10015	84172	87228
地方财政预算内收入	万元	10901	3270	16851	19382
财政支出	万元	20325	11587	24356	28389
城乡居民储蓄存款余额	万元	42722	44740	247743	200414
年末金融机构各项贷款余额	万元	33602	68526	184478	189717
三、农业、工业及基本建设					
粮食产量	吨	65561	27082	155006	238047
棉花产量	吨	47			
油料产量	吨	142	1245	2340	18778
肉类总产量	吨	20688	3327	67008	52423
规模以上工业企业数	个	12	15	23	49
规模以上工业总产值(现价)	万元	85976	10994	69464	107270
基本建设投资完成额	万元	6803	16151	110173	44625
四、教育、卫生和社会保障					
普通中学在校学生数	人	21876	6992	27363	50331
小学在校学生数	人	42783	13171	52579	111826
医院、卫生院床位数	床	417	656	1109	3001
社会福利院数	个	7		23	7
社会福利院床位数	床	139		280	72

2001 年县(市)社会经济主要指标

海南省

指　　标	单　位	琼山市	文昌市	万宁市	东方市
一、基本情况					
行政区域土地面积	平方公里	20642	2553	2471	2761
乡(镇)个数	个	26	25	18	17
村民委员会个数	个	229	256	202	185
年末总户数	户	192657	137264	135211	82885
其中:乡村户数	户	111486	104398	78203	56942
年末总人口	万人	69	54	55	37
其中:乡村人口	万人	51	44	38	28
年末单位从业人员数	人	57495	225588	41461	26553
乡村从业人员数	人	238520	196458	130739	147473
其中:农林牧渔业	人	166746	130568	119118	128351
农业机械总动力	万千瓦特	22	18	8	11
本地电话用户	户	90000	43745	47368	31502
二、综合经济					
第一产业增加值	万元	190850	170135	113699	89120
第二产业增加值	万元	168610	88291	75745	63978
地方财政预算内收入	万元	25168	14887	12656	9489
财政支出	万元	48710	24013	22425	17214
城乡居民储蓄存款余额	万元	410250	271513	174500	80594
年末金融机构各项贷款余额	万元	230187	147837	91200	71475
三、农业、工业及基本建设					
粮食产量	吨	180949	180725	113142	101520
棉花产量	吨				
油料产量	吨	6388	7850	3463	11129
肉类总产量	吨	45580	36898	23668	16297
规模以上工业企业数	个	58	53	28	10
规模以上工业总产值(现价)	万元	319793	44269	26499	88103
基本建设投资完成额	万元	98762	73424	44976	102197
四、教育、卫生和社会保障					
普通中学在校学生数	人	40629	31968	26358	22694
小学在校学生数	人	97114	62845	70989	57555
医院、卫生院床位数	床	1321	1052	794	785
社会福利院数	个	29	26	11	4
社会福利院床位数	床	382	434	111	51

2001年县(市)社会经济主要指标

海南省

指　　标	单　位	定安县	屯昌县	澄迈县	临高县
一、基本情况					
行政区域土地面积	平方公里	1488	1724	2654	1611
乡(镇)个数	个	13	11	18	16
村民委员会个数	个	115	105	157	155
年末总户数	户	82134	47390	112307	89491
其中:乡村户数	户	55247	40893	99524	64600
年末总人口	万人	31	27	49	41
其中:乡村人口	万人	24	18	39	30
年末单位从业人员数	人	30574	26023	45040	24411
乡村从业人员数	人	101428	62797	133843	149957
其中:农林牧渔业	人	80802	50963	99630	118186
农业机械总动力	万千瓦特	5	5	12	19
本地电话用户	户	13259	14551	28371	22027
二、综合经济					
第一产业增加值	万元	53856	68253	117067	154912
第二产业增加值	万元	12880	16508	90477	20685
地方财政预算内收入	万元	6426	6091	22731	6650
财政支出	万元	16400	14597	25706	15993
城乡居民储蓄存款余额	万元	79638	66045	128561	71863
年末金融机构各项贷款余额	万元	55561	61027	117935	80973
三、农业、工业及基本建设					
粮食产量	吨	96262	88596	164823	156106
棉花产量	吨				
油料产量	吨	6853	4330	4400	4817
肉类总产量	吨	17326	16598	5611	24325
规模以上工业企业数	个	16	17	29	15
规模以上工业总产值(现价)	万元	11466	4678	228319	19679
基本建设投资完成额	万元	15514	15637	66295	13555
四、教育、卫生和社会保障					
普通中学在校学生数	人	19825	12293	23260	15594
小学在校学生数	人	46105	33833	70233	57555
医院、卫生院床位数	床	614	493	914	794
社会福利院数	个	14	11	5	6
社会福利院床位数	床	250	124	85	87

2001 年县(市)社会经济主要指标

海南省

指　　标	单　位	白沙黎族自治县	昌江黎族自治县	乐东黎族自治县	陵水黎族自治县
一、基本情况					
行政区域土地面积	平方公里	2694	1739	3487	1220
乡(镇)个数	个	15	12	16	17
村民委员会个数	个	76	75	173	114
年末总户数	户	41876	53188	96890	72750
其中:乡村户数	户	17777	28886	75515	52597
年末总人口	万人	18	23	46	33
其中:乡村人口	万人	10	15	38	26
年末单位从业人员数	人	25378	27512	32018	16999
乡村从业人员数	人	50564	63330	180256	125125
其中:农林牧渔业	人	48991	54898	146039	98725
农业机械总动力	万千瓦特	3	7	17	7
本地电话用户	户	13375	19460	29092	18513
二、综合经济					
第一产业增加值	万元	51424	56245	114815	76922
第二产业增加值	万元	7263	50789	12025	12823
地方财政预算内收入	万元	3375	8273	7172	5052
财政支出	万元	9513	15008	17421	16257
城乡居民储蓄存款余额	万元	43619	80560	79950	66137
年末金融机构各项贷款余额	万元	41357	94628	69742	60366
三、农业、工业及基本建设					
粮食产量	吨	70362	59059	169804	102876
棉花产量	吨				
油料产量	吨	1214	2858	16957	6939
肉类总产量	吨	9537	8650	17817	6258
规模以上工业企业数	个	17	14	14	9
规模以上工业总产值(现价)	万元	17581	71434	13053	10128
基本建设投资完成额	万元	11240	27408	9233	14954
四、教育、卫生和社会保障					
普通中学在校学生数	人	10693	8439	28649	16623
小学在校学生数	人	30821	29269	74580	47931
医院、卫生院床位数	床	767	714	807	334
社会福利院数	个	7	2	7	5
社会福利院床位数	床	69	13	82	30

2001年县(市)社会经济主要指标

海南省

指　　标	单　位	保亭自治县	琼中自治县	西沙群岛	南沙群岛
一、基本情况					
行政区域土地面积	平方公里	1655	3840		
乡(镇)个数	个	12	14		
村民委员会个数	个	62	99		
年末总户数	户	41812	50930		
其中:乡村户数	户	15916	18154		
年末总人口	万人	16	20		
其中:乡村人口	万人	8	9		
年末单位从业人员数	人	20244	30684		
乡村从业人员数	人	42813	37286		
其中:农林牧渔业	人	39651	34360		
农业机械总动力	万千瓦特	2	4		
本地电话用户	户	12000	13578		
二、综合经济					
第一产业增加值	万元	35108	44094		
第二产业增加值	万元	7152	7255		
地方财政预算内收入	万元	3214	4668		
财政支出	万元	11423	13013		
城乡居民储蓄存款余额	万元	35406	54077		
年末金融机构各项贷款余额	万元	43938	45312		
三、农业、工业及基本建设					
粮食产量	吨	33808	57715		
棉花产量	吨				
油料产量	吨	1003	2890		
肉类总产量	吨	5796	10567		
规模以上工业企业数	个	11	14		
规模以上工业总产值(现价)	万元	5786	6232		
基本建设投资完成额	万元	19939	18852		
四、教育、卫生和社会保障					
普通中学在校学生数	人	8358	12829		
小学在校学生数	人	18998	33691		
医院、卫生院床位数	床	387	1056		
社会福利院数	个		8		
社会福利院床位数	床		56		

2001 年县(市)社会经济主要指标

海南省、重庆市

指　　标	单　位	东沙群岛	长寿县	綦江县	潼南县
一、基本情况					
行政区域土地面积	平方公里		1424	2182	1582
乡(镇)个数	个		35	18	30
村民委员会个数	个		570	314	561
年末总户数	户		287678	271659	247505
其中:乡村户数	户		222685	221322	207137
年末总人口	万人		88	95	90
其中:乡村人口	万人		71	76	83
年末单位从业人员数	人		49172	61162	20410
乡村从业人员数	人		401102	376235	432267
其中:农林牧渔业	人		247731	256126	309879
农业机械总动力	万千瓦特		25	23	17
本地电话用户	户		89363	78985	50343
二、综合经济					
第一产业增加值	万元		98183	125978	118633
第二产业增加值	万元		269688	124500	86010
地方财政预算内收入	万元		18453	16243	10009
财政支出	万元		35706	28125	25041
城乡居民储蓄存款余额	万元		407702	258392	193636
年末金融机构各项贷款余额	万元		326153	212694	137998
三、农业、工业及基本建设					
粮食产量	吨		384540	401599	359715
棉花产量	吨		1		16
油料产量	吨		6286	10536	23142
肉类总产量	吨		57819	66740	49965
规模以上工业企业数	个		39	37	24
规模以上工业总产值(现价)	万元		307599	203700	41588
基本建设投资完成额	万元		104150	31368	32346
四、教育、卫生和社会保障					
普通中学在校学生数	人		41104	44931	51977
小学在校学生数	人		70421	84927	107095
医院、卫生院床位数	床		1875	1786	832
社会福利院数	个		40	27	28
社会福利院床位数	床		1045	924	680

2001年县(市)社会经济主要指标

重庆市

指　　标	单　位	铜梁县	大足县	荣昌县	璧山县
一、基本情况					
行政区域土地面积	平方公里	1343	1399	1075	915
乡(镇)个数	个	32	31	19	26
村民委员会个数	个	571	502	540	454
年末总户数	户	252023	259400	241668	200668
其中:乡村户数	户	203985	221575	190418	169020
年末总人口	万人	81	90	81	61
其中:乡村人口	万人	70	81	65	51
年末单位从业人员数	人	34850	24700	46896	22183
乡村从业人员数	人	357275	405902	339870	323415
其中:农林牧渔业	人	227898	309600	237594	177591
农业机械总动力	万千瓦特	14	19	13	13
本地电话用户	户	66099	61739	63483	59470
二、综合经济					
第一产业增加值	万元	98936	113228	97788	55988
第二产业增加值	万元	184440	139376	122397	174661
地方财政预算内收入	万元	15495	12133	11048	14985
财政支出	万元	29197	26093	24062	24727
城乡居民储蓄存款余额	万元	293543	163878	178956	278382
年末金融机构各项贷款余额	万元	172049	136925	131138	158645
三、农业、工业及基本建设					
粮食产量	吨	328492	457036	295419	209874
棉花产量	吨				
油料产量	吨	2595	6593	11612	2310
肉类总产量	吨	45646	53302	52833	26882
规模以上工业企业数	个	42	29	32	56
规模以上工业总产值(现价)	万元	99461	39085	98654	137920
基本建设投资完成额	万元	45322	27375	24057	30775
四、教育、卫生和社会保障					
普通中学在校学生数	人	42487	50891	45715	31070
小学在校学生数	人	68901	101884	68550	45724
医院、卫生院床位数	床	1360	1365	1464	1032
社会福利院数	个	35	32	32	27
社会福利院床位数	床	1042	1236	1133	1430

2001年县(市)社会经济主要指标

重庆市

指　　标	单　位	梁平县	城口县	丰都县	垫江县
一、基本情况					
行政区域土地面积	平方公里	1892	3283	2904	1518
乡(镇)个数	个	33	32	30	24
村民委员会个数	个	664	258	344	279
年末总户数	户	264900	62142	242604	261642
其中:乡村户数	户	226546	57522	198861	223987
年末总人口	万人	88	22	77	89
其中:乡村人口	万人	79	21	68	79
年末单位从业人员数	人	28200	9200	28174	31368
乡村从业人员数	人	440953	93713	395760	415027
其中:农林牧渔业	人	254973	53416	292930	263106
农业机械总动力	万千瓦特	14	3	12	16
本地电话用户	户	64049	8842	55735	67861
二、综合经济					
第一产业增加值	万元	75112	18576	67687	75156
第二产业增加值	万元	95395	12840	74540	111000
地方财政预算内收入	万元	12283	2608	11880	13322
财政支出	万元	23193	14149	29580	13322
城乡居民储蓄存款余额	万元	283627	23675	220093	229793
年末金融机构各项贷款余额	万元	147321	43224	152930	153251
三、农业、工业及基本建设					
粮食产量	吨	326683	100233	271568	319321
棉花产量	吨			33	
油料产量	吨	7851	1101	12090	5595
肉类总产量	吨	49820	13660	48849	48400
规模以上工业企业数	个	19	16	21	22
规模以上工业总产值(现价)	万元	37743	6300	28969	65156
基本建设投资完成额	万元	89937	5043	63044	25389
四、教育、卫生和社会保障					
普通中学在校学生数	人	43872	6948	34463	49923
小学在校学生数	人	77953	23023	64307	93931
医院、卫生院床位数	床	1025	234	931	965
社会福利院数	个	29	9	28	36
社会福利院床位数	床	1036	180	852	1500

2001年县(市)社会经济主要指标

重庆市

指　　标	单　位	武隆县	忠　县	开　县	云阳县
一、基本情况					
行政区域土地面积	平方公里	2902	2184	3959	3649
乡(镇)个数	个	45	41	54	63
村民委员会个数	个	427	750	1053	828
年末总户数	户	115185	289746	451400	342702
其中:乡村户数	户	100807	251839	389779	316756
年末总人口	万人	40	97	150	127
其中:乡村人口	万人	36	84	134	120
年末单位从业人员数	人	17401	31992	40012	35517
乡村从业人员数	人	212077	452969	622034	597626
其中:农林牧渔业	人	176425	314430	393210	400823
农业机械总动力	万千瓦特	9	14	33	25
本地电话用户	户	29484	64623	91626	66987
二、综合经济					
第一产业增加值	万元	50125	85293	136172	95850
第二产业增加值	万元	49825	60129	136139	85705
地方财政预算内收入	万元	8360	11492	14440	10787
财政支出	万元	29240	30254	45966	37529
城乡居民储蓄存款余额	万元	67924	281291	335972	191053
年末金融机构各项贷款余额	万元	136448	187374	192078	126794
三、农业、工业及基本建设					
粮食产量	吨	149262	337498	570361	439060
棉花产量	吨			5	68
油料产量	吨	4216	20036	18515	11079
肉类总产量	吨	25209	46765	84839	74492
规模以上工业企业数	个	18	16	29	19
规模以上工业总产值(现价)	万元	20105	35514	44390	30198
基本建设投资完成额	万元	54334	63476	42471	58365
四、教育、卫生和社会保障					
普通中学在校学生数	人	13906	49953	86761	50090
小学在校学生数	人	34939	84895	179415	134125
医院、卫生院床位数	床	776	1121	1206	991
社会福利院数	个	25	28	39	59
社会福利院床位数	床	946	750	835	1824

2001年县(市)社会经济主要指标

重庆市

指标	单位	奉节县	巫山县	巫溪县	石柱自治县
一、基本情况					
行政区域土地面积	平方公里	4098	2957	4030	3013
乡(镇)个数	个	81	47	57	32
村民委员会个数	个	833	567	346	497
年末总户数	户	282056	175199	146044	149499
其中:乡村户数	户	248321	146507	124494	128612
年末总人口	万人	98	58	51	51
其中:乡村人口	万人	88	52	47	44
年末单位从业人员数	人	33900	22628	16800	16004
乡村从业人员数	人	443443	248386	248895	286871
其中:农林牧渔业	人	324658	185966	172885	236622
农业机械总动力	万千瓦特	22	10	8	12
本地电话用户	户	45988	32388	22815	39507
二、综合经济					
第一产业增加值	万元	97734	46805	41714	43418
第二产业增加值	万元	53355	30361	20406	39481
地方财政预算内收入	万元	10918	5831	3983	4398
财政支出	万元	36647	27894	23903	27610
城乡居民储蓄存款余额	万元	158033	94564	50372	101150
年末金融机构各项贷款余额	万元	141826	100093	61018	86563
三、农业、工业及基本建设					
粮食产量	吨	401324	225160	209523	205987
棉花产量	吨	27	113		9
油料产量	吨	15065	6467	2310	7757
肉类总产量	吨	61601	35040	32046	22006
规模以上工业企业数	个	14	16	8	14
规模以上工业总产值(现价)	万元	64501	9635	5277	27291
基本建设投资完成额	万元	160358	68883	11172	41066
四、教育、卫生和社会保障					
普通中学在校学生数	人	47277	24585	20607	22274
小学在校学生数	人	124760	62567	57099	51692
医院、卫生院床位数	床	1058	580	525	729
社会福利院数	个	24	1	17	16
社会福利院床位数	床	370	50	330	449

2001年县(市)社会经济主要指标

重庆市

指标	单位	秀山自治县	酉阳自治县	彭水自治县	江津市
一、基本情况					
行政区域土地面积	平方公里	2450	5173	3903	3200
乡(镇)个数	个	32	39	39	35
村民委员会个数	个	538	737	625	381
年末总户数	户	152802	205000	175500	502498
其中:乡村户数	户	142064	191220	155339	385829
年末总人口	万人	60	73	62	146
其中:乡村人口	万人	55	68	56	126
年末单位从业人员数	人	17146	20310	18600	72120
乡村从业人员数	人	341167	432806	299882	755841
其中:农林牧渔业	人	278734	349090	294100	350416
农业机械总动力	万千瓦特	15	34	15	22
本地电话用户	户	29012	30961	31327	126152
二、综合经济					
第一产业增加值	万元	54983	53482	60243	213086
第二产业增加值	万元	40667	27858	41033	322356
地方财政预算内收入	万元	5270	4895	5563	25103
财政支出	万元	25458	34697	27714	51846
城乡居民储蓄存款余额	万元	66785	78039	56985	542416
年末金融机构各项贷款余额	万元	82486	100101	111995	357856
三、农业、工业及基本建设					
粮食产量	吨	325123	360134	281478	688852
棉花产量	吨			1	
油料产量	吨	20561	17689	10367	8725
肉类总产量	吨	37614	43400	38206	95868
规模以上工业企业数	个	22	16	11	53
规模以上工业总产值(现价)	万元	24846	13558	15110	366385
基本建设投资完成额	万元	34661	68161	83740	109537
四、教育、卫生和社会保障					
普通中学在校学生数	人	24587	30387	27147	65423
小学在校学生数	人	70359	87406	75331	106146
医院、卫生院床位数	床	626	741	715	2043
社会福利院数	个	15	9	16	70
社会福利院床位数	床	217	176	178	1896

2001年县(市)社会经济主要指标

重庆市、四川省

指　　标	单　位	合川市	永川市	南川市	金堂县
一、基本情况					
行政区域土地面积	平方公里	2356	1576	2602	1156
乡(镇)个数	个	36	32	31	24
村民委员会个数	个	528	631	357	449
年末总户数	户	471190	325400	194751	261582
其中:乡村户数	户	389142	246738	165306	218347
年末总人口	万人	151	105	64	84
其中:乡村人口	万人	131	81	57	74
年末单位从业人员数	人	58124	43710	27930	33902
乡村从业人员数	人	736386	430170	311255	448826
其中:农林牧渔业	人	471127	216368	217892	269387
农业机械总动力	万千瓦特	26	14	17	15
本地电话用户	户	108045	95874	63188	48884
二、综合经济					
第一产业增加值	万元	165814	135063	96159	130241
第二产业增加值	万元	316501	230796	147643	243566
地方财政预算内收入	万元	26926	19075	12159	16219
财政支出	万元	43345	36143	28437	28812
城乡居民储蓄存款余额	万元	550348	351595	160210	184500
年末金融机构各项贷款余额	万元	339148	271873	155641	184259
三、农业、工业及基本建设					
粮食产量	吨	704087	469295	303909	252783
棉花产量	吨				718
油料产量	吨	9660	7086	11845	28626
肉类总产量	吨	78732	81179	51917	74150
规模以上工业企业数	个	40	62	56	37
规模以上工业总产值(现价)	万元	113978	125448	115660	88407
基本建设投资完成额	万元	179510	111133	67717	53919
四、教育、卫生和社会保障					
普通中学在校学生数	人	76147	65617	29287	37563
小学在校学生数	人	115336	73153	51687	62552
医院、卫生院床位数	床	1943	2307	1189	1529
社会福利院数	个	70	36	45	25
社会福利院床位数	床	2733	2240	2025	591

2001年县(市)社会经济主要指标

四川省

指　　标	单　位	双流县	温江县	郫　县	新都县
一、基本情况					
行政区域土地面积	平方公里	1068	277	438	481
乡(镇)个数	个	26	15	19	17
村民委员会个数	个	464	182	261	300
年末总户数	户	262101	98738	152390	197731
其中:乡村户数	户	214424	71881	126068	162518
年末总人口	万人	87	31	48	60
其中:乡村人口	万人	73	23	40	50
年末单位从业人员数	人	62754	30316	31999	63124
乡村从业人员数	人	473930	140384	250874	291854
其中:农林牧渔业	人	225597	94794	156505	166706
农业机械总动力	万千瓦特	25	10	9	18
本地电话用户	户	107863	50990	66694	93102
二、综合经济					
第一产业增加值	万元	121574	50003	86950	94957
第二产业增加值	万元	587696	228636	434726	413608
地方财政预算内收入	万元	38605	14059	23550	24321
财政支出	万元	56168	21689	30609	33793
城乡居民储蓄存款余额	万元	615287	220805	288925	425311
年末金融机构各项贷款余额	万元	891607	188381	192686	273637
三、农业、工业及基本建设					
粮食产量	吨	295681	108864	190756	203563
棉花产量	吨				
油料产量	吨	18628	5011	11682	14054
肉类总产量	吨	83482	29276	49536	34991
规模以上工业企业数	个	108	66	84	120
规模以上工业总产值(现价)	万元	679029	315470	421193	487706
基本建设投资完成额	万元	284140	52300	126878	96200
四、教育、卫生和社会保障					
普通中学在校学生数	人	46072	16679	22689	33852
小学在校学生数	人	68170	23651	37669	45449
医院、卫生院床位数	床	1805	1113	1116	1087
社会福利院数	个	30	12	21	21
社会福利院床位数	床	926	296	450	660

2001年县(市)社会经济主要指标

四川省

指　　标	单　位	大邑县	蒲江县	新津县	都江堰市
一、基本情况					
行政区域土地面积	平方公里	1516	579	330	1208
乡(镇)个数	个	27	19	16	28
村民委员会个数	个	345	192	183	333
年末总户数	户	142798	79975	91831	183223
其中:乡村户数	户	123495	66836	70188	128820
年末总人口	万人	50	26	29	60
其中:乡村人口	万人	42	23	23	43
年末单位从业人员数	人	21610	9533	14433	41097
乡村从业人员数	人	249660	119448	160589	268655
其中:农林牧渔业	人	141760	77413	89924	152102
农业机械总动力	万千瓦特	13	8	10	12
本地电话用户	户	47385	23859	31638	85204
二、综合经济					
第一产业增加值	万元	77977	49365	47015	97755
第二产业增加值	万元	220990	97126	145128	238621
地方财政预算内收入	万元	19690	7528	10616	20105
财政支出	万元	28309	13546	18082	32647
城乡居民储蓄存款余额	万元	169050	79731	161179	347688
年末金融机构各项贷款余额	万元	195329	98449	118226	255425
三、农业、工业及基本建设					
粮食产量	吨	255617	124296	122791	222914
棉花产量	吨				
油料产量	吨	17036	16500	7804	10910
肉类总产量	吨	47187	32404	35508	41610
规模以上工业企业数	个	49	31	41	76
规模以上工业总产值(现价)	万元	127681	65408	162034	161044
基本建设投资完成额	万元	109843	38572	50781	127335
四、教育、卫生和社会保障					
普通中学在校学生数	人	25335	14337	15151	33256
小学在校学生数	人	39327	18734	23014	52482
医院、卫生院床位数	床	1057	388	585	1541
社会福利院数	个	26	14	11	27
社会福利院床位数	床	427	167	108	575

2001年县(市)社会经济主要指标

四川省

指　　标	单　位	彭州市	邛崃市	崇州市	荣　县
一、基本情况					
行政区域土地面积	平方公里	1419	1384	1088	1957
乡(镇)个数	个	28	33	34	35
村民委员会个数	个	460	485	372	588
年末总户数	户	241233	182568	191314	266257
其中:乡村户数	户	206358	165304	162690	238298
年末总人口	万人	77	64	65	88
其中:乡村人口	万人	67	58	56	80
年末单位从业人员数	人	33070	20010	26072	21144
乡村从业人员数	人	411079	301614	352027	434258
其中:农林牧渔业	人	287693	201884	237995	273610
农业机械总动力	万千瓦特	18	20	19	18
本地电话用户	户	75263	56254	56986	44470
二、综合经济					
第一产业增加值	万元	133727	102920	103520	118606
第二产业增加值	万元	135666	282725	326689	88188
地方财政预算内收入	万元	14168	19184	20667	9680
财政支出	万元	26501	29627	31265	19762
城乡居民储蓄存款余额	万元	310449	210694	275059	177848
年末金融机构各项贷款余额	万元	319758	153113	218624	102253
三、农业、工业及基本建设					
粮食产量	吨	363450	333414	339302	498598
棉花产量	吨				2
油料产量	吨	14463	26939	18373	14470
肉类总产量	吨	61673	77206	67611	88762
规模以上工业企业数	个	56	67	47	38
规模以上工业总产值(现价)	万元	166372	130023	150375	49864
基本建设投资完成额	万元	22838	33211	63757	7119
四、教育、卫生和社会保障					
普通中学在校学生数	人	41186	31927	33492	38115
小学在校学生数	人	60428	48480	50841	66747
医院、卫生院床位数	床	1387	1136	1173	773
社会福利院数	个	28	37	34	47
社会福利院床位数	床	633	658	505	2098

2001 年县(市)社会经济主要指标

四川省

指标	单位	富顺县	米易县	盐边县	泸县
一、基本情况					
行政区域土地面积	平方公里	1603	2104	3326	1532
乡(镇)个数	个	31	28	31	24
村民委员会个数	个	591	132	172	584
年末总户数	户	344463	55320	53243	310970
其中:乡村户数	户	306396	48429	42195	279512
年末总人口	万人	121	20	19	104
其中:乡村人口	万人	111	18	16	104
年末单位从业人员数	人	31001	9889	7705	21725
乡村从业人员数	人	592811	89686	93528	557114
其中:农林牧渔业	人	374442	80962	82459	326362
农业机械总动力	万千瓦特	15	14	10	23
本地电话用户	户	47619	13846	9714	30565
二、综合经济					
第一产业增加值	万元	147636	36541	20438	129992
第二产业增加值	万元	131350	29531	108079	108187
地方财政预算内收入	万元	9851	3640	2440	8949
财政支出	万元	22881	15108	14958	19937
城乡居民储蓄存款余额	万元	251770	64460	49126	259776
年末金融机构各项贷款余额	万元	189587	46459	143721	169567
三、农业、工业及基本建设					
粮食产量	吨	473432	78593	69164	488818
棉花产量	吨				
油料产量	吨	11755	184	419	4343
肉类总产量	吨	97347	13470	13185	76062
规模以上工业企业数	个	29	7	10	28
规模以上工业总产值(现价)	万元	84848	43073	247394	58798
基本建设投资完成额	万元	21972	8984	4640	25826
四、教育、卫生和社会保障					
普通中学在校学生数	人	52166	8047	6760	52197
小学在校学生数	人	124217	19246	19125	74251
医院、卫生院床位数	床	1041	356	484	920
社会福利院数	个	35	9	9	44
社会福利院床位数	床	1983	203	280	976

2001年县(市)社会经济主要指标

四川省

指　　标	单　位	合江县	叙永县	古蔺县	中江县
一、基本情况					
行政区域土地面积	平方公里	2422	2977	3184	2063
乡(镇)个数	个	29	26	29	56
村民委员会个数	个	502	565	614	800
年末总户数	户	253309	183899	179947	429402
其中:乡村户数	户	228986	160369	167065	378540
年末总人口	万人	84	66	74	141
其中:乡村人口	万人	78	61	70	126
年末单位从业人员数	人	33988	18118	18927	28501
乡村从业人员数	人	457730	316263	381273	828547
其中:农林牧渔业	人	358040	240294	313940	471090
农业机械总动力	万千瓦特	9	15	6	24
本地电话用户	户	35329	31783	22840	52088
二、综合经济					
第一产业增加值	万元	91961	55936	54023	223800
第二产业增加值	万元	74043	36908	46028	107633
地方财政预算内收入	万元	8328	4970	8736	14774
财政支出	万元	18143	17176	21835	33112
城乡居民储蓄存款余额	万元	204998	77858	56690	275646
年末金融机构各项贷款余额	万元	148896	81365	128679	228999
三、农业、工业及基本建设					
粮食产量	吨	419086	258489	224058	545827
棉花产量	吨				795
油料产量	吨	2564	1760	5536	55673
肉类总产量	吨	71760	38004	46464	153671
规模以上工业企业数	个	11	8	10	22
规模以上工业总产值(现价)	万元	78103	9638	59837	73310
基本建设投资完成额	万元	22020	8387	16985	16600
四、教育、卫生和社会保障					
普通中学在校学生数	人	34739	26293	32484	69096
小学在校学生数	人	65874	66960	103292	119273
医院、卫生院床位数	床	785	527	499	1496
社会福利院数	个	31	1	4	48
社会福利院床位数	床	565	90	50	465

2001年县(市)社会经济主要指标

四川省

指标	单位	罗江县	广汉市	什邡市	绵竹市
一、基本情况					
行政区域土地面积	平方公里	448	551	863	1245
乡(镇)个数	个	15	23	19	25
村民委员会个数	个	159	266	253	263
年末总户数	户	84517	186785	153195	185770
其中:乡村户数	户	69705	152739	120724	146001
年末总人口	万人	24	58	43	51
其中:乡村人口	万人	21	46	35	42
年末单位从业人员数	人	10103	30162	33824	40209
乡村从业人员数	人	133339	295894	227901	240304
其中:农林牧渔业	人	81623	171957	137023	147914
农业机械总动力	万千瓦特	13	17	17	18
本地电话用户	户	22072	74154	61493	65424
二、综合经济					
第一产业增加值	万元	56688	95600	84071	103763
第二产业增加值	万元	40507	221940	338773	284390
地方财政预算内收入	万元	3826	18336	31796	23327
财政支出	万元	9410	25769	38336	32012
城乡居民储蓄存款余额	万元	62481	358477	212317	224905
年末金融机构各项贷款余额	万元	59999	427181	365726	270872
三、农业、工业及基本建设					
粮食产量	吨	141404	281898	194473	284128
棉花产量	吨				
油料产量	吨	19019	32620	10905	21106
肉类总产量	吨	33321	67697	50802	67912
规模以上工业企业数	个	23	94	70	70
规模以上工业总产值(现价)	万元	43901	291281	486542	474113
基本建设投资完成额	万元	11854	29016	20863	28764
四、教育、卫生和社会保障					
普通中学在校学生数	人	13159	29825	23024	24397
小学在校学生数	人	17453	42698	34371	35754
医院、卫生院床位数	床	456	1374	1056	1544
社会福利院数	个	15	24	21	19
社会福利院床位数	床	1144	936	650	480

2001年县(市)社会经济主要指标

四川省

指　　标	单　位	三台县	盐亭县	安　县	梓潼县
一、基本情况					
行政区域土地面积	平方公里	2661	1646	1404	1438
乡(镇)个数	个	63	36	20	32
村民委员会个数	个	940	472	273	329
年末总户数	户	421805	173501	167580	121910
其中:乡村户数	户	373874	164998	140509	101142
年末总人口	万人	146	58	50	38
其中:乡村人口	万人	131	54	44	35
年末单位从业人员数	人	47980	16903	16636	11977
乡村从业人员数	人	741960	286138	240058	157791
其中:农林牧渔业	人	485845	205310	135950	112221
农业机械总动力	万千瓦特	23	10	16	14
本地电话用户	户	51089	24852	25270	22713
二、综合经济					
第一产业增加值	万元	167307	99418	92770	61962
第二产业增加值	万元	154908	32749	76936	41682
地方财政预算内收入	万元	12903	3780	6047	3785
财政支出	万元	30941	16929	15035	10945
城乡居民储蓄存款余额	万元	226338	112883	123522	70770
年末金融机构各项贷款余额	万元	206588	77753	113737	64700
三、农业、工业及基本建设					
粮食产量	吨	487747	176093	258764	141761
棉花产量	吨	808	688		126
油料产量	吨	71113	16680	25352	28482
肉类总产量	吨	108588	72916	45732	35833
规模以上工业企业数	个	28	5	14	10
规模以上工业总产值(现价)	万元	75683	7738	64064	27815
基本建设投资完成额	万元	16757	8214	13040	9296
四、教育、卫生和社会保障					
普通中学在校学生数	人	86490	27947	24443	18357
小学在校学生数	人	140188	46633	38755	30500
医院、卫生院床位数	床	2119	1123	1174	819
社会福利院数	个	1	7	18	1
社会福利院床位数	床	150	130	282	86

2001年县(市)社会经济主要指标

四川省

指　　标	单　位	北川县	平武县	江油市	旺苍县
一、基本情况					
行政区域土地面积	平方公里	2865	5974	2719	2976
乡(镇)个数	个	16	25	41	35
村民委员会个数	个	278	249	481	352
年末总户数	户	44652	53119	280673	130589
其中:乡村户数	户	44170	44128	201548	98241
年末总人口	万人	16	19	87	45
其中:乡村人口	万人	16	16	64	35
年末单位从业人员数	人	7914	8570	64418	36239
乡村从业人员数	人	79191	89825	387951	190892
其中:农林牧渔业	人	62039	75699	231913	139022
农业机械总动力	万千瓦特	4	7	21	14
本地电话用户	户	7581	9608	78192	24541
二、综合经济					
第一产业增加值	万元	24441	27010	117438	49553
第二产业增加值	万元	14568	14012	307286	30163
地方财政预算内收入	万元	2169	2049	26038	4873
财政支出	万元	9865	10255	27722	14583
城乡居民储蓄存款余额	万元	27631	35059	429907	87038
年末金融机构各项贷款余额	万元	61100	33347	464911	121108
三、农业、工业及基本建设					
粮食产量	吨	54878	74029	320091	127803
棉花产量	吨				
油料产量	吨	1881	4104	28973	4624
肉类总产量	吨	16395	12282	61438	34217
规模以上工业企业数	个	11	4	46	17
规模以上工业总产值(现价)	万元	19231	7348	331976	32926
基本建设投资完成额	万元	5218	8736	25268	6399
四、教育、卫生和社会保障					
普通中学在校学生数	人	8388	8224	42344	18762
小学在校学生数	人	17065	19401	68432	40618
医院、卫生院床位数	床	401	540	2762	1262
社会福利院数	个	3	1	1	
社会福利院床位数	床	55	40	180	

2001年县(市)社会经济主要指标

四川省

指　　标	单　位	青川县	剑阁县	苍溪县	蓬溪县
一、基本情况					
行政区域土地面积	平方公里	3271	3204	2330	1251
乡(镇)个数	个	37	57	65	31
村民委员会个数	个	271	549	735	557
年末总户数	户	71794	182006	227583	216081
其中:乡村户数	户	57722	164551	190002	185784
年末总人口	万人	25	67	77	75
其中:乡村人口	万人	21	62	66	63
年末单位从业人员数	人	8947	19232	20231	18845
乡村从业人员数	人	111373	282842	364375	290305
其中:农林牧渔业	人	92247	219587	267825	184172
农业机械总动力	万千瓦特	6	16	16	13
本地电话用户	户	11317	27441	39431	29667
二、综合经济					
第一产业增加值	万元	31056	58852	72805	80754
第二产业增加值	万元	14772	20994	21319	44954
地方财政预算内收入	万元	1718	5810	6297	3834
财政支出	万元	12399	16941	20494	19484
城乡居民储蓄存款余额	万元	32174	91947	129267	166793
年末金融机构各项贷款余额	万元	43334	118631	146369	102079
三、农业、工业及基本建设					
粮食产量	吨	90138	199044	175006	281822
棉花产量	吨		105		1174
油料产量	吨	3092	39171	13761	33553
肉类总产量	吨	14717	61972	63779	52199
规模以上工业企业数	个	6	8	12	10
规模以上工业总产值(现价)	万元	3596	10137	13269	12626
基本建设投资完成额	万元	7657	3552	11902	22167
四、教育、卫生和社会保障					
普通中学在校学生数	人	10871	41793	44789	42072
小学在校学生数	人	25325	78736	66964	86475
医院、卫生院床位数	床	479	996	1318	1080
社会福利院数	个	12	42	23	21
社会福利院床位数	床	18	382	206	310

2001年县(市)社会经济主要指标

四川省

指标	单位	射洪县	大英县	威远县	资中县
一、基本情况					
行政区域土地面积	平方公里	1496	703	1289	1734
乡(镇)个数	个	30	11	20	33
村民委员会个数	个	630	301	323	783
年末总户数	户	306865	145751	242307	400298
其中:乡村户数	户	238331	128233	187169	326845
年末总人口	万人	104	52	75	132
其中:乡村人口	万人	76	45	63	117
年末单位从业人员数	人	53097	12678	39453	50645
乡村从业人员数	人	398036	203114	323660	566825
其中:农林牧渔业	人	209428	132712	195035	438530
农业机械总动力	万千瓦特	18	12	22	26
本地电话用户	户	49680	15956	48705	49441
二、综合经济					
第一产业增加值	万元	101185	60236	76481	109674
第二产业增加值	万元	192403	46680	173566	100628
地方财政预算内收入	万元	17680	3063	10871	9654
财政支出	万元	33369	12884	25500	27881
城乡居民储蓄存款余额	万元	237512	102542	185502	253694
年末金融机构各项贷款余额	万元	305929	43099	207308	180610
三、农业、工业及基本建设					
粮食产量	吨	336177	179517	325167	415200
棉花产量	吨	1810	3611		1
油料产量	吨	18309	13407	11096	22651
肉类总产量	吨	79686	38423	49183	89057
规模以上工业企业数	个	21	9	41	34
规模以上工业总产值(现价)	万元	237113	13542	321323	65463
基本建设投资完成额	万元	27787	27837	13492	19711
四、教育、卫生和社会保障					
普通中学在校学生数	人	63563	30771	44562	80090
小学在校学生数	人	102034	60851	59607	124918
医院、卫生院床位数	床	2001	510	1410	1052
社会福利院数	个	19	11	23	93
社会福利院床位数	床	250	98	355	2000

2001年县(市)社会经济主要指标

四川省

指　　标	单　位	隆昌县	犍为县	井研县	夹江县
一、基本情况					
行政区域土地面积	平方公里	794	1375	841	749
乡(镇)个数	个	18	30	27	22
村民委员会个数	个	369	350	393	241
年末总户数	户	265497	157220	130372	105099
其中:乡村户数	户	208605	140885	112839	90167
年末总人口	万人	76	57	42	35
其中:乡村人口	万人	65	51	39	30
年末单位从业人员数	人	34352	35697	12614	14976
乡村从业人员数	人	390625	240009	227579	175961
其中:农林牧渔业	人	260811	164280	140448	112264
农业机械总动力	万千瓦特	18	12	10	20
本地电话用户	户	52013	29814	25932	28418
二、综合经济					
第一产业增加值	万元	55280	66049	54569	47406
第二产业增加值	万元	169456	69620	38494	72001
地方财政预算内收入	万元	7271	4369	2837	5957
财政支出	万元	21835	16330	11050	13885
城乡居民储蓄存款余额	万元	238366	111041	103508	149122
年末金融机构各项贷款余额	万元	146736	100914	69806	115838
三、农业、工业及基本建设					
粮食产量	吨	244825	210727	181506	116359
棉花产量	吨			30	
油料产量	吨	7683	5352	2236	9302
肉类总产量	吨	37365	62119	50197	32974
规模以上工业企业数	个	45	32	26	104
规模以上工业总产值(现价)	万元	90704	123278	53666	124610
基本建设投资完成额	万元	16564	10724	3722	6141
四、教育、卫生和社会保障					
普通中学在校学生数	人	47273	26450	16859	15182
小学在校学生数	人	59096	48133	32083	27133
医院、卫生院床位数	床	1276	946	542	848
社会福利院数	个	33	24	15	12
社会福利院床位数	床	716	310	363	131

2001年县(市)社会经济主要指标

四川省

指　　标	单　位	沐川县	峨边自治县	马边自治县	峨眉山市
一、基本情况					
行政区域土地面积	平方公里	1401	2395	2383	1168
乡(镇)个数	个	23	19	28	18
村民委员会个数	个	196	129	203	253
年末总户数	户	70131	37456	44710	129511
其中:乡村户数	户	63453	28618	40585	89592
年末总人口	万人	26	15	18	43
其中:乡村人口	万人	24	12	16	31
年末单位从业人员数	人	9347	11337	6511	35785
乡村从业人员数	人	136267	66333	85400	172704
其中:农林牧渔业	人	92016	56111	72900	122133
农业机械总动力	万千瓦特	6	6	2	12
本地电话用户	户	11565	10176	8353	43921
二、综合经济					
第一产业增加值	万元	30562	13390	19189	44525
第二产业增加值	万元	35089	27510	7616	130828
地方财政预算内收入	万元	2725	2195	688	19354
财政支出	万元	8543	11884	10870	20053
城乡居民储蓄存款余额	万元	32838	38478	24074	231965
年末金融机构各项贷款余额	万元	70456	79118	25500	217433
三、农业、工业及基本建设					
粮食产量	吨	75341	43293	68160	115139
棉花产量	吨				
油料产量	吨	2892	913	1555	7187
肉类总产量	吨	15538	11295	14657	31650
规模以上工业企业数	个	10	17	9	49
规模以上工业总产值(现价)	万元	42384	35091	6801	270510
基本建设投资完成额	万元	7910	19546	9710	22593
四、教育、卫生和社会保障					
普通中学在校学生数	人	9126	5632	5252	19256
小学在校学生数	人	22813	15343	18735	31885
医院、卫生院床位数	床	443	486	279	1209
社会福利院数	个	14	1	1	5
社会福利院床位数	床	138	7	20	144

2001年县(市)社会经济主要指标

四川省

指　　标	单　位	南部县	营山县	蓬安县	仪陇县
一、基本情况					
行政区域土地面积	平方公里	2311	1633	1332	1691
乡(镇)个数	个	80	62	46	69
村民委员会个数	个	1090	658	598	844
年末总户数	户	350247	243741	190313	278116
其中:乡村户数	户	334563	216089	173121	251816
年末总人口	万人	129	86	69	97
其中:乡村人口	万人	119	76	60	93
年末单位从业人员数	人	31190	20054	22789	35802
乡村从业人员数	人	798457	380943	298876	461816
其中:农林牧渔业	人	465008	261402	205760	323708
农业机械总动力	万千瓦特	23	10	17	10
本地电话用户	户	53558	33410	27086	34953
二、综合经济					
第一产业增加值	万元	156967	93876	68157	99976
第二产业增加值	万元	122330	38714	60058	18723
地方财政预算内收入	万元	8264	7108	5633	6312
财政支出	万元	25826	18817	16950	20349
城乡居民储蓄存款余额	万元	215809	214066	146078	138011
年末金融机构各项贷款余额	万元	257971	132322	130677	142883
三、农业、工业及基本建设					
粮食产量	吨	411392	362420	258400	403280
棉花产量	吨	3975			566
油料产量	吨	54298	28125	30926	32054
肉类总产量	吨	116182	85462	56777	86764
规模以上工业企业数	个	31	16	21	23
规模以上工业总产值(现价)	万元	68094	49604	47692	21408
基本建设投资完成额	万元	42452	23369	20899	23823
四、教育、卫生和社会保障					
普通中学在校学生数	人	69426	49492	33816	55614
小学在校学生数	人	130585	91753	63112	129665
医院、卫生院床位数	床	1388	1657	1273	1149
社会福利院数	个		88	49	63
社会福利院床位数	床		634	1000	436

2001年县(市)社会经济主要指标

四川省

指　　标	单　位	西充县	阆中市	仁寿县	彭山县
一 基本情况					
行政区域土地面积	平方公里	1106	1878	2606	465
乡(镇)个数	个	47	71	110	18
村民委员会个数	个	603	770	1108	187
年末总户数	户	205530	275929	454190	96727
其中:乡村户数	户	182710	214528	380066	76443
年末总人口	万人	66	85	156	32
其中:乡村人口	万人	61	72	142	27
年末单位从业人员数	人	19046	27366	53431	34183
乡村从业人员数	人	363670	393879	652826	151184
其中:农林牧渔业	人	266890	268473	529868	105173
农业机械总动力	万千瓦特	10	18	35	11
本地电话用户	户	26840	50166	63586	24294
二、综合经济					
第一产业增加值	万元	56869	82759	170935	43423
第二产业增加值	万元	29771	74151	124289	80773
地方财政预算内收入	万元	5300	8433	12046	4946
财政支出	万元	6600	23231	33427	11049
城乡居民储蓄存款余额	万元	120967	202388	321065	124121
年末金融机构各项贷款余额	万元	102652	263451	255602	82692
三、农业、工业及基本建设					
粮食产量	吨	271317	288028	675754	146164
棉花产量	吨	1678	464	1897	
油料产量	吨	19301	25402	20517	5940
肉类总产量	吨	54842	85873	136775	33422
规模以上工业企业数	个	19	20	46	32
规模以上工业总产值(现价)	万元	16412	81229	119085	97398
基本建设投资完成额	万元	8854	37329	42505	18639
四、教育、卫生和社会保障					
普通中学在校学生数	人	40780	45267	83322	14872
小学在校学生数	人	65631	70409	151769	24662
医院、卫生院床位数	床	1914	1467	1700	500
社会福利院数	个	37	58	99	16
社会福利院床位数	床	384	1598	703	118

2001年县(市)社会经济主要指标

四川省

指　　标	单　位	洪雅县	丹棱县	青神县	宜宾县
一、基本情况					
行政区域土地面积	平方公里	1948	449	387	3031
乡(镇)个数	个	26	12	17	27
村民委员会个数	个	265	133	153	546
年末总户数	户	97628	45940	60775	283103
其中:乡村户数	户	88722	39712	52788	250168
年末总人口	万人	34	16	20	99
其中:乡村人口	万人	30	14	17	93
年末单位从业人员数	人	14920	6426	11580	28285
乡村从业人员数	人	168377	79594	114285	492277
其中:农林牧渔业	人	131470	57503	82063	370664
农业机械总动力	万千瓦特	9	8	7	18
本地电话用户	户	25345	10399	18451	35938
二、综合经济					
第一产业增加值	万元	49342	21560	24663	117108
第二产业增加值	万元	34822	17110	31827	116194
地方财政预算内收入	万元	4750	1810	2203	8423
财政支出	万元	12675	5803	8801	22337
城乡居民储蓄存款余额	万元	95302	47312	64016	161726
年末金融机构各项贷款余额	万元	89541	43570	63344	189951
三、农业、工业及基本建设					
粮食产量	吨	145238	84751	84932	452698
棉花产量	吨				
油料产量	吨	6800	5361	5475	21210
肉类总产量	吨	36089	24206	17418	76657
规模以上工业企业数	个	18	12	15	21
规模以上工业总产值(现价)	万元	56369	15271	39558	87181
基本建设投资完成额	万元	13156	6960	8405	15189
四、教育、卫生和社会保障					
普通中学在校学生数	人	15008	8042	9748	48081
小学在校学生数	人	27924	14549	13117	97486
医院、卫生院床位数	床	685	326	514	1053
社会福利院数	个	18	9	13	44
社会福利院床位数	床	90	82	355	1250

2001年县(市)社会经济主要指标

四川省

指　　标	单　位	南溪县	江安县	长宁县	高　县
一、基本情况					
行政区域土地面积	平方公里	704	910	975	1323
乡(镇)个数	个	16	19	20	24
村民委员会个数	个	214	300	266	285
年末总户数	户	110191	143473	115807	136320
其中:乡村户数	户	97296	131260	107849	122757
年末总人口	万人	41	53	42	50
其中:乡村人口	万人	35	48	39	47
年末单位从业人员数	人	20704	17399	18049	16049
乡村从业人员数	人	206095	287243	230810	287289
其中:农林牧渔业	人	156211	196004	155908	232250
农业机械总动力	万千瓦特	8	7	7	7
本地电话用户	户	19511	21630	18149	20132
二、综合经济					
第一产业增加值	万元	41008	52096	49900	50654
第二产业增加值	万元	49089	43711	57940	51442
地方财政预算内收入	万元	3571	3637	4116	4831
财政支出	万元	11300	11894	12244	12412
城乡居民储蓄存款余额	万元	88765	99128	58046	52059
年末金融机构各项贷款余额	万元	85520	76643	85853	62754
三、农业、工业及基本建设					
粮食产量	吨	168948	222438	205321	230573
棉花产量	吨				
油料产量	吨	3949	2774	2271	6330
肉类总产量	吨	38710	37695	37980	37416
规模以上工业企业数	个	12	15	21	14
规模以上工业总产值(现价)	万元	41894	29187	47724	47023
基本建设投资完成额	万元	27175	6642	8909	10751
四、教育、卫生和社会保障					
普通中学在校学生数	人	21800	27355	18227	24123
小学在校学生数	人	41039	59232	41813	47139
医院、卫生院床位数	床	900	570	472	652
社会福利院数	个	16	16	13	17
社会福利院床位数	床	174	180	250	139

2001年县(市)社会经济主要指标

四川省

指　　　标	单　位	珙　县	筠连县	兴文县	屏山县
一、基本情况					
行政区域土地面积	平方公里	1150	1254	1373	1440
乡(镇)个数	个	21	20	21	20
村民委员会个数	个	262	255	322	248
年末总户数	户	112767	93730	117931	70158
其中:乡村户数	户	84100	91626	103077	60720
年末总人口	万人	41	39	43	26
其中:乡村人口	万人	32	36	40	23
年末单位从业人员数	人	25423	11020	13227	7196
乡村从业人员数	人	175469	188460	235118	134568
其中:农林牧渔业	人	102296	128991	174592	103253
农业机械总动力	万千瓦特	10	5	6	6
本地电话用户	户	29839	15456	16113	8931
二、综合经济					
第一产业增加值	万元	37977	37996	37766	27062
第二产业增加值	万元	47598	29127	36822	24300
地方财政预算内收入	万元	3632	2666	3005	2049
财政支出	万元	10641	10734	12371	10377
城乡居民储蓄存款余额	万元	88994	38310	42362	30036
年末金融机构各项贷款余额	万元	74919	42359	51153	35594
三、农业、工业及基本建设					
粮食产量	吨	138900	158650	176167	105273
棉花产量	吨				
油料产量	吨	3368	1539	1064	1689
肉类总产量	吨	30602	30608	29222	20627
规模以上工业企业数	个	13	14	12	6
规模以上工业总产值(现价)	万元	39954	9523	10823	6974
基本建设投资完成额	万元	8637	11241	2720	6144
四、教育、卫生和社会保障					
普通中学在校学生数	人	19245	18251	15273	9620
小学在校学生数	人	45917	48266	40496	30075
医院、卫生院床位数	床	967	332	385	312
社会福利院数	个	18	6	13	15
社会福利院床位数	床	260	150	114	155

2001 年县(市)社会经济主要指标

四川省

指　　标	单　位	岳池县	武胜县	邻水县	华莹市
一、基本情况					
行政区域土地面积	平方公里	1457	966	1919	466
乡(镇)个数	个	43	31	45	11
村民委员会个数	个	861	515	521	186
年末总户数	户	305697	218462	257730	111063
其中:乡村户数	户	269916	198452	218942	75491
年末总人口	万人	114	80	92	36
其中:乡村人口	万人	105	72	79	26
年末单位从业人员数	人	27164	17845	23467	22815
乡村从业人员数	人	560228	368726	400493	138282
其中:农林牧渔业	人	374174	256974	245816	90312
农业机械总动力	万千瓦特	14	9	15	7
本地电话用户	户	36044	28193	39608	26086
二、综合经济					
第一产业增加值	万元	101179	106114	96789	31695
第二产业增加值	万元	76792	70484	93885	109478
地方财政预算内收入	万元	9779	7591	7460	3961
财政支出	万元	23298	18452	22201	13610
城乡居民储蓄存款余额	万元	281449	222802	194774	141623
年末金融机构各项贷款余额	万元	162186	124987	98769	130868
三、农业、工业及基本建设					
粮食产量	吨	448834	341327	381842	86772
棉花产量	吨				
油料产量	吨	14073	11310	19858	1055
肉类总产量	吨	72071	77206	74036	20696
规模以上工业企业数	个	20	17	13	23
规模以上工业总产值(现价)	万元	28223	53497	17390	67547
基本建设投资完成额	万元	48854	53153	64510	46895
四、教育、卫生和社会保障					
普通中学在校学生数	人	59098	49030	61941	19938
小学在校学生数	人	106697	91238	119963	37443
医院、卫生院床位数	床	1701	930	984	1068
社会福利院数	个	52	42	38	12
社会福利院床位数	床	720	623	546	280

2001年县(市)社会经济主要指标

四川省

指　　标	单　位	达　县	宣汉县	开江县	大竹县
一、基本情况					
行政区域土地面积	平方公里	2688	4272	1033	2076
乡(镇)个数	个	75	73	25	63
村民委员会个数	个	828	768	294	577
年末总户数	户	348000	295559	157893	310479
其中:乡村户数	户	299858	259985	129925	262696
年末总人口	万人	125	114	54	104
其中:乡村人口	万人	108	103	46	92
年末单位从业人员数	人	43734	34443	20420	28364
乡村从业人员数	人	584430	475258	239025	397025
其中:农林牧渔业	人	366725	293302	150299	205335
农业机械总动力	万千瓦特	17	13	11	16
本地电话用户	户	46000	41485	23954	43002
二、综合经济					
第一产业增加值	万元	171623	132550	73181	146491
第二产业增加值	万元	122855	110980	60163	167623
地方财政预算内收入	万元	9199	8919	3763	9363
财政支出	万元	28480	25611	15421	25828
城乡居民储蓄存款余额	万元	294000	168749	125227	315565
年末金融机构各项贷款余额	万元	211000	126420	69516	130161
三、农业、工业及基本建设					
粮食产量	吨	585534	491617	256717	502329
棉花产量	吨		90		
油料产量	吨	40636	51430	23411	26417
肉类总产量	吨	125608	113861	62519	99935
规模以上工业企业数	个	29	16	10	29
规模以上工业总产值(现价)	万元	104672	28519	13282	66798
基本建设投资完成额	万元	39848	13218	14450	11209
四、教育、卫生和社会保障					
普通中学在校学生数	人	61674	51964	28916	61240
小学在校学生数	人	113828	127814	57264	105025
医院、卫生院床位数	床	1773	1258	635	1706
社会福利院数	个	19	54	17	31
社会福利院床位数	床	259	746	300	930

2001 年县(市)社会经济主要指标

四川省

指　　标	单　位	渠　县	万源市	名山县	荥经县
一、基本情况					
行政区域土地面积	平方公里	2013	4065	614	1778
乡(镇)个数	个	86	57	20	25
村民委员会个数	个	694	410	192	105
年末总户数	户	341975	154622	78107	51196
其中:乡村户数	户	290173	128242	68989	39478
年末总人口	万人	132	55	26	14
其中:乡村人口	万人	111	47	23	11
年末单位从业人员数	人	60369	20861	9143	8621
乡村从业人员数	人	456709	206190	133444	57735
其中:农林牧渔业	人	292380	138446	106499	40864
农业机械总动力	万千瓦特	18	9	10	11
本地电话用户	户	49138	27146	12575	12567
二、综合经济					
第一产业增加值	万元	133093	67748	32405	19352
第二产业增加值	万元	105630	43987	39657	48293
地方财政预算内收入	万元	7117	3905	2387	3018
财政支出	万元	27382	18074	7709	7609
城乡居民储蓄存款余额	万元	366447	93113	49931	58062
年末金融机构各项贷款余额	万元	203995	82115	47601	52620
三、农业、工业及基本建设					
粮食产量	吨	570510	257794	123090	67484
棉花产量	吨				
油料产量	吨	28092	12631	8584	4111
肉类总产量	吨	117687	51677	31227	13752
规模以上工业企业数	个	23	22	13	16
规模以上工业总产值(现价)	万元	62537	26975	18075	17489
基本建设投资完成额	万元	15434	11783	11327	10835
四、教育、卫生和社会保障					
普通中学在校学生数	人	76858	28519	12203	5756
小学在校学生数	人	176795	68431	20029	14384
医院、卫生院床位数	床	1571	1055	394	292
社会福利院数	个	36		2	1
社会福利院床位数	床	360		17	19

2001年县(市)社会经济主要指标

四川省

指　　标	单　位	汉源县	石棉县	天全县	芦山县
一、基本情况					
行政区域土地面积	平方公里	2349	2641	2394	1364
乡(镇)个数	个	40	16	23	15
村民委员会个数	个	255	96	138	80
年末总户数	户	101731	36860	41518	31946
其中:乡村户数	户	98830	25672	36801	28480
年末总人口	万人	35	12	14	12
其中:乡村人口	万人	32	8	13	11
年末单位从业人员数	人	9400	8988	8612	6517
乡村从业人员数	人	193632	47767	68861	52511
其中:农林牧渔业	人	154106	36849	47109	36961
农业机械总动力	万千瓦特	11	5	6	3
本地电话用户	户	16462	12312	9540	9061
二、综合经济					
第一产业增加值	万元	37740	15963	22669	17535
第二产业增加值	万元	33276	73083	59301	22126
地方财政预算内收入	万元	3045	2273	2430	722
财政支出	万元	9469	8813	5710	5710
城乡居民储蓄存款余额	万元	92450	54917	41420	29325
年末金融机构各项贷款余额	万元	55563	80256	34155	20053
三、农业、工业及基本建设					
粮食产量	吨	146985	47329	83082	60029
棉花产量	吨				
油料产量	吨	714	814	3828	3001
肉类总产量	吨	30559	13320	17414	12463
规模以上工业企业数	个	22	19	14	6
规模以上工业总产值(现价)	万元	53078	59775	22651	6661
基本建设投资完成额	万元	9918	52475	23927	13751
四、教育、卫生和社会保障					
普通中学在校学生数	人	17365	5651	6270	5237
小学在校学生数	人	40028	11259	13578	11094
医院、卫生院床位数	床	497	518	416	381
社会福利院数	个	2	2	6	
社会福利院床位数	床	20	16	58	

2001 年县(市)社会经济主要指标

四川省

指　　标	单　位	宝兴县	通江县	南江县	平昌县
一、基本情况					
行政区域土地面积	平方公里	3114	4117	3417	2229
乡(镇)个数	个	11	74	73	61
村民委员会个数	个	54	524	524	475
年末总户数	户	15838	182433	164019	229060
其中:乡村户数	户	12071	160981	140677	192990
年末总人口	万人	6	71	62	92
其中:乡村人口	万人	5	65	53	79
年末单位从业人员数	人	4972	25615	26708	30761
乡村从业人员数	人	25036	325253	275166	399152
其中:农林牧渔业	人	18645	234381	185728	269744
农业机械总动力	万千瓦特	6	10	12	14
本地电话用户	户	5440	24275	23597	26673
二、综合经济					
第一产业增加值	万元	11600	75267	72000	82776
第二产业增加值	万元	27348	19300	28655	31170
地方财政预算内收入	万元	1485	3377	4916	4908
财政支出	万元	4345	25788	21259	24900
城乡居民储蓄存款余额	万元	19844	56626	73862	81363
年末金融机构各项贷款余额	万元	10585	106127	128102	148004
三、农业、工业及基本建设					
粮食产量	吨	25133	190064	218680	238399
棉花产量	吨		275	25	115
油料产量	吨	230	21564	14394	19764
肉类总产量	吨	6829	70736	55819	66214
规模以上工业企业数	个	10	15	15	15
规模以上工业总产值(现价)	万元	8787	12051	18414	24112
基本建设投资完成额	万元	10391	22602	23417	17427
四、教育、卫生和社会保障					
普通中学在校学生数	人	2015	38738	33280	45826
小学在校学生数	人	5577	81563	72675	115255
医院、卫生院床位数	床	184	821	787	1403
社会福利院数	个		6	9	13
社会福利院床位数	床		200	125	250

2001年县(市)社会经济主要指标

四川省

指　　标	单　位	安岳县	乐至县	简阳市	汶川县
一、基本情况					
行政区域土地面积	平方公里	2690	1424	2215	4083
乡(镇)个数	个	69	25	55	14
村民委员会个数	个	937	606	797	126
年末总户数	户	456521	291913	437901	27824
其中:乡村户数	户	395470	271690	371496	16515
年末总人口	万人	153	86	144	11
其中:乡村人口	万人	140	82	124	7
年末单位从业人员数	人	32312	20566	46425	19808
乡村从业人员数	人	768895	391000	610966	39488
其中:农林牧渔业	人	522516	285233	430068	32569
农业机械总动力	万千瓦特	31	16	25	4
本地电话用户	户	47171	27577	63731	10423
二、综合经济					
第一产业增加值	万元	182670	105624	155104	11625
第二产业增加值	万元	60691	68455	127530	84010
地方财政预算内收入	万元	8715	6652	11293	3147
财政支出	万元	35807	18551	30714	10585
城乡居民储蓄存款余额	万元	305573	198316	374375	47468
年末金融机构各项贷款余额	万元	216870	110598	267747	109929
三、农业、工业及基本建设					
粮食产量	吨	599477	282200	563767	21572
棉花产量	吨	811	2992	3865	
油料产量	吨	35441	30860	42838	437
肉类总产量	吨	132771	83306	106859	4718
规模以上工业企业数	个	15	15	33	36
规模以上工业总产值(现价)	万元	33097	27152	99200	124048
基本建设投资完成额	万元	10713	20123	18097	58116
四、教育、卫生和社会保障					
普通中学在校学生数	人	113374	43046	73871	5590
小学在校学生数	人	146547	73118	128609	13046
医院、卫生院床位数	床	1706	884	2138	333
社会福利院数	个	74	39	66	1
社会福利院床位数	床	965	575	1690	2

2001年县(市)社会经济主要指标

四川省

指　　标	单　位	理　县	茂　县	松潘县	九寨沟县
一、基本情况					
行政区域土地面积	平方公里	4318	4075	8486	5286
乡(镇)个数	个	13	23	25	17
村民委员会个数	个	81	149	142	120
年末总户数	户	12452	24328	15243	14113
其中:乡村户数	户	8176	19219	11640	10252
年末总人口	万人	4	10	7	6
其中:乡村人口	万人	4	9	6	5
年末单位从业人员数	人	4339	5979	4859	7929
乡村从业人员数	人	20733	46548	32698	26576
其中:农林牧渔业	人	18388	43251	29003	23373
农业机械总动力	万千瓦特	2	2	2	2
本地电话用户	户	3427	5439	3936	5733
二、综合经济					
第一产业增加值	万元	4599	10058	8782	5970
第二产业增加值	万元	12547	13939	7821	9215
地方财政预算内收入	万元	996	1402	2031	4267
财政支出	万元	7515	9328	8567	11827
城乡居民储蓄存款余额	万元	13627	18506	14264	25113
年末金融机构各项贷款余额	万元	17902	28270	14390	27914
三、农业、工业及基本建设					
粮食产量	吨	8995	23279	27608	14246
棉花产量	吨				
油料产量	吨	88	187	618	389
肉类总产量	吨	1978	5462	4481	2223
规模以上工业企业数	个	8	5	5	6
规模以上工业总产值(现价)	万元	10757	10612	616	3165
基本建设投资完成额	万元	24777	19844	35066	30285
四、教育、卫生和社会保障					
普通中学在校学生数	人	2021	4542	2288	2531
小学在校学生数	人	5076	14432	8402	9016
医院、卫生院床位数	床	250	327	159	229
社会福利院数	个		1		1
社会福利院床位数	床		10		20

2001年县(市)社会经济主要指标

四川省

指标	单位	金川县	小金县	黑水县	马尔康县
一、基本情况					
行政区域土地面积	平方公里	5524	5571	4154	6639
乡(镇)个数	个	22	21	17	14
村民委员会个数	个	107	131	124	104
年末总户数	户	16619	19455	14927	15100
其中:乡村户数	户	13265	15475	10950	6855
年末总人口	万人	7	8	6	5
其中:乡村人口	万人	6	7	5	3
年末单位从业人员数	人	5334	4807	4439	10212
乡村从业人员数	人	32992	38628	28584	16919
其中:农林牧渔业	人	29373	35789	18578	15302
农业机械总动力	万千瓦特	2	5	2	2
本地电话用户	户	3449	3910	2082	7410
二、综合经济					
第一产业增加值	万元	5879	5983	5767	4070
第二产业增加值	万元	1622	3217	1593	3636
地方财政预算内收入	万元	292	235	257	990
财政支出	万元	8250	9560	8232	7314
城乡居民储蓄存款余额	万元	12877	11705	8112	32108
年末金融机构各项贷款余额	万元	8002	15251	7549	98244
三、农业、工业及基本建设					
粮食产量	吨	22904	22978	19887	12639
棉花产量	吨				
油料产量	吨	54	843	4	10
肉类总产量	吨	3877	4035	2718	2980
规模以上工业企业数	个	3	5	4	8
规模以上工业总产值(现价)	万元	223	823	303	1173
基本建设投资完成额	万元	6998	7091	6563	17498
四、教育、卫生和社会保障					
普通中学在校学生数	人	3037	2665	547	2113
小学在校学生数	人	7527	10551	5704	4860
医院、卫生院床位数	床	244	170	162	270
社会福利院数	个				1
社会福利院床位数	床				6

2001年县(市)社会经济主要指标

四川省

指　　标	单　位	壤塘县	阿坝县	若尔盖县	红原县
一、基本情况					
行政区域土地面积	平方公里	6836	10435	10437	8398
乡(镇)个数	个	12	19	17	11
村民委员会个数	个	60	83	94	33
年末总户数	户	7214	11390	13626	9807
其中:乡村户数	户	5470	8719	9115	4924
年末总人口	万人	3	6	7	4
其中:乡村人口	万人	3	5	5	3
年末单位从业人员数	人	2606	2802	3960	3414
乡村从业人员数	人	15696	26871	29274	14990
其中:农林牧渔业	人	14728	26027	28206	13630
农业机械总动力	万千瓦特	1		5	
本地电话用户	户	1333	2534	2135	2220
二、综合经济					
第一产业增加值	万元	5011	10495	15153	8946
第二产业增加值	万元	2171	1737	1726	3390
地方财政预算内收入	万元	183	460	297	378
财政支出	万元	5329	7250	7530	7848
城乡居民储蓄存款余额	万元	4128	7717	9148	6318
年末金融机构各项贷款余额	万元	5563	3584	5051	4936
三、农业、工业及基本建设					
粮食产量	吨	4122	10700	6296	
棉花产量	吨				
油料产量	吨	6	56	658	59
肉类总产量	吨	3406	5984	9284	4407
规模以上工业企业数	个	4	5	4	5
规模以上工业总产值(现价)	万元	133	306	966	2645
基本建设投资完成额	万元	5012	3224	3569	8647
四、教育、卫生和社会保障					
普通中学在校学生数	人	290	674	1097	1121
小学在校学生数	人	2727	6303	7984	4979
医院、卫生院床位数	床	114	190	158	125
社会福利院数	个		1		
社会福利院床位数	床		5		

2001年县(市)社会经济主要指标

四川省

指　　标	单　位	康定县	泸定县	丹巴县	九龙县
一、基本情况					
行政区域土地面积	平方公里	11486	2165	4656	6766
乡(镇)个数	个	22	12	15	18
村民委员会个数	个	237	57	181	63
年末总户数	户	26016	20158	13719	12361
其中:乡村户数	户	13846	15859	10062	10062
年末总人口	万人	11	8	6	5
其中:乡村人口	万人	6	6	5	5
年末单位从业人员数	人	18868	4282	4795	3946
乡村从业人员数	人	37041	29755	25970	29098
其中:农林牧渔业	人	34368	25966	23194	28218
农业机械总动力	万千瓦特	4	3	3	2
本地电话用户	户	9646	4895	1999	1640
二、综合经济					
第一产业增加值	万元	7661	3911	3574	3871
第二产业增加值	万元	36446	6531	3567	6135
地方财政预算内收入	万元	4209	1013	640	738
财政支出	万元	62521	9260	8465	8025
城乡居民储蓄存款余额	万元	60995	27775	11904	5128
年末金融机构各项贷款余额	万元	91986	7838	3241	2167
三、农业、工业及基本建设					
粮食产量	吨	16511	21565	17394	12856
棉花产量	吨		1		
油料产量	吨	48	523	58	
肉类总产量	吨	5572	4644	2603	2783
规模以上工业企业数	个	16	11	4	3
规模以上工业总产值(现价)	万元	27604	2469	2774	8079
基本建设投资完成额	万元	72142	14998	6867	5834
四、教育、卫生和社会保障					
普通中学在校学生数	人	3930	3502	1525	1020
小学在校学生数	人	10136	8464	5822	6350
医院、卫生院床位数	床	1126	432	107	80
社会福利院数	个	4		3	
社会福利院床位数	床	301		38	

2001年县(市)社会经济主要指标

四川省

指标	单位	雅江县	道孚县	炉霍县	甘孜县
一、基本情况					
行政区域土地面积	平方公里	7558	7053	4601	7303
乡(镇)个数	个	17	22	16	22
村民委员会个数	个	79	156	80	218
年末总户数	户	8374	10078	7880	12223
其中:乡村户数	户	6125	7145	6598	9955
年末总人口	万人	4	5	4	6
其中:乡村人口	万人	4	4	4	5
年末单位从业人员数	人	2894	3935	3392	2259
乡村从业人员数	人	20320	23572	18965	27383
其中:农林牧渔业	人	20016	22427	17736	25863
农业机械总动力	万千瓦特	5	2	2	2
本地电话用户	户	1607	1991	1807	2178
二、综合经济					
第一产业增加值	万元	3089	4025	4171	5495
第二产业增加值	万元	853	2207	1899	2857
地方财政预算内收入	万元	280	235	300	313
财政支出	万元	8433	6736	6975	6942
城乡居民储蓄存款余额	万元	6251	5287	4300	5312
年末金融机构各项贷款余额	万元	1163	2594	3553	5901
三、农业、工业及基本建设					
粮食产量	吨	5314	8293	10093	21069
棉花产量	吨				
油料产量	吨		2	149	20
肉类总产量	吨	2002	3249	3086	5329
规模以上工业企业数	个	1	4	3	3
规模以上工业总产值(现价)	万元	105	1461	365	338
基本建设投资完成额	万元	2406	3946	4525	5050
四、教育、卫生和社会保障					
普通中学在校学生数	人	446	377	494	709
小学在校学生数	人	4304	4485	4109	6546
医院、卫生院床位数	床	111	100	97	121
社会福利院数	个	1		2	2
社会福利院床位数	床	17		14	25

2001年县(市)社会经济主要指标

四川省

指　　标	单　位	新龙县	德格县	白玉县	石渠县
一、基本情况					
行政区域土地面积	平方公里	8570	11025	10386	24944
乡(镇)个数	个	18	26	17	22
村民委员会个数	个	95	114	156	164
年末总户数	户	7665	13305	7990	15065
其中:乡村户数	户	6234	11854	6905	13930
年末总人口	万人	4	7	4	6
其中:乡村人口	万人	4	6	4	6
年末单位从业人员数	人	3162	1943	2166	2828
乡村从业人员数	人	16533	40019	24106	27305
其中:农林牧渔业	人	15053	37690	23670	27031
农业机械总动力	万千瓦特	1			
本地电话用户	户	1024	1251	1212	1149
二、综合经济					
第一产业增加值	万元	3221	6242	4868	6208
第二产业增加值	万元	1674	1645	1664	1484
地方财政预算内收入	万元	246	334	199	140
财政支出	万元	6106	6242	5557	7784
城乡居民储蓄存款余额	万元	2036	1832	2437	1504
年末金融机构各项贷款余额	万元	713	703	6784	4701
三、农业、工业及基本建设					
粮食产量	吨	8001	7601	5299	5295
棉花产量	吨				
油料产量	吨				17
肉类总产量	吨	2650	4911	3602	6678
规模以上工业企业数	个	2	2	1	3
规模以上工业总产值(现价)	万元	97	147	86	68
基本建设投资完成额	万元	4738	5038	4645	6264
四、教育、卫生和社会保障					
普通中学在校学生数	人	181	184	333	255
小学在校学生数	人	4724	5221	4105	3230
医院、卫生院床位数	床	117	106	54	95
社会福利院数	个	1		1	1
社会福利院床位数	床	10		3	15

2001年县(市)社会经济主要指标

四川省

指　　标	单　位	色达县	理塘县	巴塘县	乡城县
一、基本情况					
行政区域土地面积	平方公里	9332	13677	7852	5016
乡(镇)个数	个	17	24	19	12
村民委员会个数	个	66	213	74	51
年末总户数	户	8101	9457	9442	4496
其中:乡村户数	户	7133	7825	7349	3571
年末总人口	万人	4	5	5	3
其中:乡村人口	万人	3	4	4	2
年末单位从业人员数	人	2127	2537	2496	1971
乡村从业人员数	人	19040	25973	23024	13661
其中:农林牧渔业	人	18520	25450	21709	13069
农业机械总动力	万千瓦特	1	2	1	1
本地电话用户	户	1101	1891	1942	1164
二、综合经济					
第一产业增加值	万元	3665	5577	3672	2099
第二产业增加值	万元	1292	1213	2376	1835
地方财政预算内收入	万元	276	181	481	268
财政支出	万元	6243	9471	6701	7428
城乡居民储蓄存款余额	万元	2305	6183	6473	3155
年末金融机构各项贷款余额	万元	1081	3478	7740	11610
三、农业、工业及基本建设					
粮食产量	吨	1858	8205	10497	9256
棉花产量	吨				
油料产量	吨				
肉类总产量	吨	4549	5552	2383	1646
规模以上工业企业数	个	3	2	3	1
规模以上工业总产值(现价)	万元	593	252	2763	83
基本建设投资完成额	万元	3190	3184	3421	3430
四、教育、卫生和社会保障					
普通中学在校学生数	人	161	269	683	250
小学在校学生数	人	2324	3289	4210	2783
医院、卫生院床位数	床	57	99	156	89
社会福利院数	个	4	2	1	
社会福利院床位数	床	46	15	10	

2001年县(市)社会经济主要指标

四川省

指标	单位	稻城县	得荣县	西昌市	木里自治县
一、基本情况					
行政区域土地面积	平方公里	7323	2916	2655	13252
乡(镇)个数	个	14	12	36	29
村民委员会个数	个	37	122	231	112
年末总户数	户	5579	3926	174862	24961
其中:乡村户数	户	4349	3379	101179	21760
年末总人口	万人	3	2	56	12
其中:乡村人口	万人	3	2	38	11
年末单位从业人员数	人	1475	1586	65025	7959
乡村从业人员数	人	14788	12043	215567	63799
其中:农林牧渔业	人	14338	11778	184704	61669
农业机械总动力	万千瓦特	2	1	16	2
本地电话用户	户	1039	929	87944	3100
二、综合经济					
第一产业增加值	万元	3273	1520	91502	12461
第二产业增加值	万元	1677	2085	163838	1598
地方财政预算内收入	万元	356	200	25888	413
财政支出	万元	5297	9469	44584	10066
城乡居民储蓄存款余额	万元	1878	892	366595	14856
年末金融机构各项贷款余额	万元	3140	3890	380446	9587
三、农业、工业及基本建设					
粮食产量	吨	9120	7832	224832	43639
棉花产量	吨				
油料产量	吨			1748	78
肉类总产量	吨	1912	1239	48380	8323
规模以上工业企业数	个	2	2	36	5
规模以上工业总产值(现价)	万元	205	159	225441	3825
基本建设投资完成额	万元	11552	6889	87600	3386
四、教育、卫生和社会保障					
普通中学在校学生数	人	165	340	30305	1293
小学在校学生数	人	3005	2731	63599	9896
医院、卫生院床位数	床	38	63	1925	315
社会福利院数	个			8	
社会福利院床位数	床			339	

2001 年县(市)社会经济主要指标

四川省

指　　标	单　位	盐源县	德昌县	会理县	会东县
一、基本情况					
行政区域土地面积	平方公里	8388	2284	4527	3227
乡(镇)个数	个	34	23	49	53
村民委员会个数	个	241	137	303	318
年末总户数	户	74088	49108	105632	93276
其中:乡村户数	户	67293	41150	90363	83109
年末总人口	万人	31	19	43	36
其中:乡村人口	万人	29	17	38	34
年末单位从业人员数	人	9447	7888	19900	15072
乡村从业人员数	人	174681	103030	225840	191655
其中:农林牧渔业	人	168697	94645	208675	177003
农业机械总动力	万千瓦特	4	4	12	7
本地电话用户	户	6517	12513	19079	11909
二、综合经济					
第一产业增加值	万元	31945	33670	94530	80217
第二产业增加值	万元	14719	19172	68164	38528
地方财政预算内收入	万元	3249	5471	9001	7738
财政支出	万元	14434	11528	18317	15211
城乡居民储蓄存款余额	万元	26000	42282	81991	38449
年末金融机构各项贷款余额	万元	21863	28830	46703	21794
三、农业、工业及基本建设					
粮食产量	吨	129885	86875	210682	164000
棉花产量	吨				
油料产量	吨	324	269	646	870
肉类总产量	吨	17341	20607	52523	31612
规模以上工业企业数	个	7	10	15	9
规模以上工业总产值(现价)	万元	10271	17793	66872	35570
基本建设投资完成额	万元	10958	4259	9852	14855
四、教育、卫生和社会保障					
普通中学在校学生数	人	7332	7605	12482	9874
小学在校学生数	人	34139	20275	52055	36893
医院、卫生院床位数	床	416	297	818	659
社会福利院数	个	1	9	11	
社会福利院床位数	床	249	79	97	

2001年县(市)社会经济主要指标

四川省

指　　标	单　位	宁南县	普格县	布拖县	金阳县
一、基本情况					
行政区域土地面积	平方公里	1667	1905	1685	1587
乡(镇)个数	个	25	34	30	34
村民委员会个数	个	124	151	189	175
年末总户数	户	43825	33731	35432	31339
其中:乡村户数	户	39233	28970	32379	29130
年末总人口	万人	17	14	14	14
其中:乡村人口	万人	17	12	13	13
年末单位从业人员数	人	6769	7025	3874	4331
乡村从业人员数	人	89564	71103	74924	62984
其中:农林牧渔业	人	84207	67514	71768	61639
农业机械总动力	万千瓦特	3	1		2
本地电话用户	户	8721	4120	2590	2986
二、综合经济					
第一产业增加值	万元	30380	16717	14917	16908
第二产业增加值	万元	18550	8965	2810	3394
地方财政预算内收入	万元	6413	2229	864	727
财政支出	万元	12262	9682	9471	10195
城乡居民储蓄存款余额	万元	21764	13050	7214	5593
年末金融机构各项贷款余额	万元	15003	11104	8145	9326
三、农业、工业及基本建设					
粮食产量	吨	68058	67014	58699	59886
棉花产量	吨				
油料产量	吨	305	574	66	208
肉类总产量	吨	14469	8973	7506	9636
规模以上工业企业数	个	13	3	1	4
规模以上工业总产值(现价)	万元	26039	12916	1672	1024
基本建设投资完成额	万元	5299	6046	5239	3822
四、教育、卫生和社会保障					
普通中学在校学生数	人	6542	2554	1073	1916
小学在校学生数	人	20242	14293	13508	14940
医院、卫生院床位数	床	232	319	279	230
社会福利院数	个	1	1		
社会福利院床位数	床	183	156		

2001年县(市)社会经济主要指标

四川省

指　　标	单　位	昭觉县	喜德县	冕宁县	越西县
一、基本情况					
行政区域土地面积	平方公里	2699	2206	4423	2257
乡(镇)个数	个	47	24	38	41
村民委员会个数	个	268	170	232	288
年末总户数	户	50976	33110	86314	61660
其中:乡村户数	户	46655	24953	69535	52005
年末总人口	万人	21	13	32	25
其中:乡村人口	万人	19	12	29	23
年末单位从业人员数	人	6969	4797	14090	8285
乡村从业人员数	人	113716	73747	173929	135568
其中:农林牧渔业	人	111431	70244	161523	120081
农业机械总动力	万千瓦特	2	3	5	3
本地电话用户	户	3812	4391	16084	8240
二、综合经济					
第一产业增加值	万元	21011	13286	41210	22620
第二产业增加值	万元	3615	11441	48581	15505
地方财政预算内收入	万元	1294	1427	6401	2252
财政支出	万元	11767	9439	15674	12182
城乡居民储蓄存款余额	万元	14227	13593	57487	26518
年末金融机构各项贷款余额	万元	14208	13725	40862	14466
三、农业、工业及基本建设					
粮食产量	吨	88951	64818	134342	100515
棉花产量	吨				
油料产量	吨	19	85	2176	1142
肉类总产量	吨	14507	8165	25129	19247
规模以上工业企业数	个	3	5	18	6
规模以上工业总产值(现价)	万元	2533	9302	34411	11637
基本建设投资完成额	万元	3518	3076	13875	8774
四、教育、卫生和社会保障					
普通中学在校学生数	人	2313	1930	10538	4247
小学在校学生数	人	25611	14789	37210	24611
医院、卫生院床位数	床	240	239	596	246
社会福利院数	个	1		3	
社会福利院床位数	床	129		60	

2001年县(市)社会经济主要指标

四川省、贵州省

指　　标	单　位	甘洛县	美姑县	雷波县	开阳县
一、基本情况					
行政区域土地面积	平方公里	2156	2573	2932	2026
乡(镇)个数	个	28	36	49	16
村民委员会个数	个	225	288	278	113
年末总户数	户	41515	45265	51422	106100
其中:乡村户数	户	34896	40091	44526	92314
年末总人口	万人	18	18	23	41
其中:乡村人口	万人	16	17	20	37
年末单位从业人员数	人	6433	4770	8998	20500
乡村从业人员数	人	86992	93955	109234	211206
其中:农林牧渔业	人	80430	91814	96538	170987
农业机械总动力	万千瓦特	2	1	2	6
本地电话用户	户	6616	2777	6007	20871
二、综合经济					
第一产业增加值	万元	18403	17252	26853	44215
第二产业增加值	万元	42588	4023	5164	73819
地方财政预算内收入	万元	4687	701	1309	11392
财政支出	万元	11279	9425	11322	19172
城乡居民储蓄存款余额	万元	30868	10857	19862	51395
年末金融机构各项贷款余额	万元	21696	13888	19522	59382
三、农业、工业及基本建设					
粮食产量	吨	70601	72000	82589	131393
棉花产量	吨				2
油料产量	吨	1253	9	705	22478
肉类总产量	吨	11865	16013	12977	27682
规模以上工业企业数	个	12	4	4	30
规模以上工业总产值(现价)	万元	19483	2412	466	121942
基本建设投资完成额	万元	4775	2915	6262	35943
四、教育、卫生和社会保障					
普通中学在校学生数	人	3563	825	5422	26111
小学在校学生数	人	18806	15191	22776	52139
医院、卫生院床位数	床	283	172	238	594
社会福利院数	个	1			10
社会福利院床位数	床	17			135

2001 年县(市)社会经济主要指标

贵州省

指　　标	单　位	息烽县	修文县	清镇市	六枝特区
一、基本情况					
行政区域土地面积	平方公里	1037	1071	1492	1792
乡(镇)个数	个	10	10	10	19
村民委员会个数	个	161	217	299	394
年末总户数	户	64549	71700	126678	149999
其中:乡村户数	户	52313	60307	93596	120671
年末总人口	万人	24	30	50	61
其中:乡村人口	万人	21	25	39	50
年末单位从业人员数	人	10848	8318	43613	20830
乡村从业人员数	人	115133	147636	229745	264962
其中:农林牧渔业	人	87237	116148	171564	184640
农业机械总动力	万千瓦特	6	9	7	5
本地电话用户	户	14599	17134	25500	21089
二、综合经济					
第一产业增加值	万元	22895	36545	41547	26856
第二产业增加值	万元	43976	43443	172755	49715
地方财政预算内收入	万元	4827	5635	12727	5757
财政支出	万元	12981	9847	20327	17598
城乡居民储蓄存款余额	万元	32847	38385	85363	6852
年末金融机构各项贷款余额	万元	50009	50792	84489	52492
三、农业、工业及基本建设					
粮食产量	吨	56691	83554	128793	171023
棉花产量	吨				
油料产量	吨	8583	6795	8597	6230
肉类总产量	吨	11171	21521	18986	10810
规模以上工业企业数	个	23	21	44	16
规模以上工业总产值(现价)	万元	78586	30365	278108	38523
基本建设投资完成额	万元	7629	59350	24914	6604
四、教育、卫生和社会保障					
普通中学在校学生数	人	14781	15926	24920	22793
小学在校学生数	人	27430	33612	62118	83048
医院、卫生院床位数	床	330	349	984	1031
社会福利院数	个	11	5	9	1
社会福利院床位数	床	134	31	104	40

2001年县(市)社会经济主要指标

贵州省

指　　标	单　位	水城县	盘　县	遵义县	桐梓县
一、基本情况					
行政区域土地面积	平方公里	3584	4056	4690	3189
乡(镇)个数	个	33	36	35	24
村民委员会个数	个	547	747	647	503
年末总户数	户	173772	280720	328824	159404
其中:乡村户数	户	165713	229583	295405	133836
年末总人口	万人	71	112	130	63
其中:乡村人口	万人	68	95	123	57
年末单位从业人员数	人	14406	52723	31602	12186
乡村从业人员数	人	344030	484233	695534	312259
其中:农林牧渔业	人	290946	394271	525892	211364
农业机械总动力	万千瓦特	16	40	28	13
本地电话用户	户	2675	28716	54572	26202
二、综合经济					
第一产业增加值	万元	43541	60764	197420	73989
第二产业增加值	万元	34290	173751	195056	35132
地方财政预算内收入	万元	5769	16637	17046	4934
财政支出	万元	20180	30188	37603	14956
城乡居民储蓄存款余额	万元	18517	106519	140100	62955
年末金融机构各项贷款余额	万元	162736	230889	137727	54049
三、农业、工业及基本建设					
粮食产量	吨	224463	304602	570183	219561
棉花产量	吨	2			5
油料产量	吨	407	401	67897	15046
肉类总产量	吨	15873	25213	82681	29699
规模以上工业企业数	个	21	23	42	15
规模以上工业总产值(现价)	万元	50957	156266	196934	26160
基本建设投资完成额	万元	18147	45984	52649	14331
四、教育、卫生和社会保障					
普通中学在校学生数	人	24079	51838	81193	30093
小学在校学生数	人	96315	169945	162740	92118
医院、卫生院床位数	床	357	724	700	397
社会福利院数	个	10	26	52	12
社会福利院床位数	床	86	396	426	180

2001 年县(市)社会经济主要指标

贵州省

指　　标	单　位	绥阳县	正安县	道真自治县	务川自治县
一、基本情况					
行政区域土地面积	平方公里	2566	2595	2156	2773
乡(镇)个数	个	15	19	14	15
村民委员会个数	个	328	509	277	391
年末总户数	户	117337	136357	80630	101567
其中:乡村户数	户	107772	126027	72539	92545
年末总人口	万人	49	58	32	41
其中:乡村人口	万人	46	55	30	38
年末单位从业人员数	人	287585	345000	16306	10364
乡村从业人员数	人	275093	333695	151657	225154
其中:农林牧渔业	人	202473	249071	101148	180258
农业机械总动力	万千瓦特	11	8	6	6
本地电话用户	户	17260	16633	11591	12716
二、综合经济					
第一产业增加值	万元	67052	62344	36406	32453
第二产业增加值	万元	38549	20560	11170	14275
地方财政预算内收入	万元	5222	4229	4278	3688
财政支出	万元	15982	14998	11552	12788
城乡居民储蓄存款余额	万元	51290	41290	34892	23767
年末金融机构各项贷款余额	万元	47477	49109	36830	40580
三、农业、工业及基本建设					
粮食产量	吨	231636	247168	130576	146144
棉花产量	吨				4
油料产量	吨	28481	16463	9957	14739
肉类总产量	吨	31159	33544	24336	19270
规模以上工业企业数	个	9	6	9	7
规模以上工业总产值(现价)	万元	8638	5779	5458	3391
基本建设投资完成额	万元	19042	11254	8829	9497
四、教育、卫生和社会保障					
普通中学在校学生数	人	28415	25837	15141	16238
小学在校学生数	人	61835	71177	32248	54424
医院、卫生院床位数	床	228	375	329	464
社会福利院数	个		8	3	1
社会福利院床位数	床		265	24	25

2001年县(市)社会经济主要指标

贵州省

指　　标	单　位	凤冈县	湄潭县	余庆县	习水县
一、基本情况					
行政区域土地面积	平方公里	1883	1845	1623	3128
乡(镇)个数	个	14	15	10	23
村民委员会个数	个	321	120	66	634
年末总户数	户	103188	123808	79783	156310
其中:乡村户数	户	93361	106496	68163	140606
年末总人口	万人	40	46	28	65
其中:乡村人口	万人	38	41	25	60
年末单位从业人员数	人	8387	13814	8242	18869
乡村从业人员数	人	222388	265494	169747	297538
其中:农林牧渔业	人	155991	196920	120788	217507
农业机械总动力	万千瓦特	9	9	9	12
本地电话用户	户	13725	24861	15164	18484
二、综合经济					
第一产业增加值	万元	40259	69047	54570	47628
第二产业增加值	万元	20529	39051	16465	50725
地方财政预算内收入	万元	3150	5385	4228	5213
财政支出	万元	11426	15382	10921	18646
城乡居民储蓄存款余额	万元	25262	64897	32720	37952
年末金融机构各项贷款余额	万元	43929	45404	39569	151832
三、农业、工业及基本建设					
粮食产量	吨	157166	267738	164819	237496
棉花产量	吨		3		7
油料产量	吨	19687	25891	20546	5079
肉类总产量	吨	24696	26407	24727	30896
规模以上工业企业数	个	7	15	8	9
规模以上工业总产值(现价)	万元	7278	77105	7821	17289
基本建设投资完成额	万元	22417	3931	5010	4386
四、教育、卫生和社会保障					
普通中学在校学生数	人	17472	23733	15280	29811
小学在校学生数	人	56001	48822	24921	108110
医院、卫生院床位数	床	395	577	373	578
社会福利院数	个	9		5	1
社会福利院床位数	床	95		32	7

2001年县(市)社会经济主要指标

贵州省

指　　标	单　位	赤水市	仁怀市	平坝县	普定县
一、基本情况					
行政区域土地面积	平方公里	1801	1788	999	1085
乡(镇)个数	个	14	19	10	11
村民委员会个数	个	297	379	192	295
年末总户数	户	87189	134798	89424	91352
其中:乡村户数	户	60112	118043	65256	82874
年末总人口	万人	29	57	34	40
其中:乡村人口	万人	23	52	27	37
年末单位从业人员数	人	19701	20333	14803	11119
乡村从业人员数	人	123175	316193	161547	201401
其中:农林牧渔业	人	88423	227584	132211	156161
农业机械总动力	万千瓦特	4	16	9	7
本地电话用户	户	13212	30224	22970	10149
二、综合经济					
第一产业增加值	万元	41065	65536	22300	26500
第二产业增加值	万元	51528	135230	75173	34193
地方财政预算内收入	万元	6968	15973	4374	5523
财政支出	万元	14450	27824	12751	15668
城乡居民储蓄存款余额	万元	86166	58625	82445	18690
年末金融机构各项贷款余额	万元	47205	64581	101141	132617
三、农业、工业及基本建设					
粮食产量	吨	133608	246090	103223	115260
棉花产量	吨		26		
油料产量	吨	1198	10562	11687	10005
肉类总产量	吨	19310	37532	9635	10949
规模以上工业企业数	个	16	24	20	15
规模以上工业总产值(现价)	万元	99066	184339	32017	73378
基本建设投资完成额	万元	55000	13660	2186	9725
四、教育、卫生和社会保障					
普通中学在校学生数	人	13404	33597	17824	17735
小学在校学生数	人	24917	81213	42758	56959
医院、卫生院床位数	床	485	450	724	530
社会福利院数	个	1	30	8	9
社会福利院床位数	床	35	390	93	126

2001年县(市)社会经济主要指标

贵州省

指　　标	单　位	镇宁自治县	关岭自治县	紫云自治县	铜仁市
一、基本情况					
行政区域土地面积	平方公里	1718	1466	2280	1515
乡(镇)个数	个	16	14	12	16
村民委员会个数	个	365	241	223	150
年末总户数	户	76709	72789	70658	92516
其中:乡村户数	户	66279	66272	66719	57398
年末总人口	万人	33	32	33	33
其中:乡村人口	万人	31	30	31	23
年末单位从业人员数	人	11584	7354	6357	33200
乡村从业人员数	人	178538	170239	183650	147323
其中:农林牧渔业	人	151877	140945	152866	93022
农业机械总动力	万千瓦特	5	5	3	5
本地电话用户	户	11520	8341	8259	33847
二、综合经济					
第一产业增加值	万元	23701	27140	27623	27604
第二产业增加值	万元	31100	11656	5144	43842
地方财政预算内收入	万元	5198	3026	2293	7068
财政支出	万元	13856	11575	10347	15718
城乡居民储蓄存款余额	万元	25552	21575	12507	95269
年末金融机构各项贷款余额	万元	47242	29695	32253	223400
三、农业、工业及基本建设					
粮食产量	吨	114434	104306	114571	133447
棉花产量	吨	1			8
油料产量	吨	9126	4459	4532	10880
肉类总产量	吨	8464	9200	12490	14408
规模以上工业企业数	个	13	15	6	39
规模以上工业总产值(现价)	万元	30951	13359	2171	61902
基本建设投资完成额	万元	10450	1288	2921	116277
四、教育、卫生和社会保障					
普通中学在校学生数	人	9980	12383	8300	20051
小学在校学生数	人	47097	49416	46452	38254
医院、卫生院床位数	床	381	283	303	1287
社会福利院数	个	16	7	3	10
社会福利院床位数	床	240	91	30	45

2001年县(市)社会经济主要指标

贵州省

指　　标	单　位	江口县	玉屏自治县	石阡县	思南县
一、基本情况					
行政区域土地面积	平方公里	1869	517	2173	2231
乡(镇)个数	个	9	6	18	27
村民委员会个数	个	148	84	301	561
年末总户数	户	53391	37737	92677	156951
其中:乡村户数	户	48488	25563	8971	145186
年末总人口	万人	22	14	37	61
其中:乡村人口	万人	20	11	36	57
年末单位从业人员数	人	8431	7370	10985	15244
乡村从业人员数	人	117460	68890	214755	362594
其中:农林牧渔业	人	77720	64281	166104	266269
农业机械总动力	万千瓦特	2	3	6	7
本地电话用户	户	8850	9898	10327	13910
二、综合经济					
第一产业增加值	万元	18916	20285	29005	70872
第二产业增加值	万元	7448	18184	6818	19526
地方财政预算内收入	万元	1906	3408	3405	4848
财政支出	万元	8781	9395	13353	17975
城乡居民储蓄存款余额	万元	21207	26920	22094	35445
年末金融机构各项贷款余额	万元	14015	7853	34288	27180
三、农业、工业及基本建设					
粮食产量	吨	87558	51291	122172	208886
棉花产量	吨				9
油料产量	吨	6184	5774	8186	14110
肉类总产量	吨	11312	8268	23134	31957
规模以上工业企业数	个	12	16	12	16
规模以上工业总产值(现价)	万元	35974	20335	6530	29631
基本建设投资完成额	万元	9325	16213	4238	7805
四、教育、卫生和社会保障					
普通中学在校学生数	人	11528	7873	17336	31674
小学在校学生数	人	29012	14573	47689	75371
医院、卫生院床位数	床	216	251	316	553
社会福利院数	个	1	7	1	10
社会福利院床位数	床	135	7	40	321

2001年县(市)社会经济主要指标

贵州省

指　　标	单　位	印江自治县	德江县	沿河自治县	松桃自治县
一、基本情况					
行政区域土地面积	平方公里	1969	2072	2469	3400
乡(镇)个数	个	17	20	22	28
村民委员会个数	个	365	355	429	509
年末总户数	户	103309	108688	134109	139936
其中:乡村户数	户	95275	96543	128104	125861
年末总人口	万人	40	43	55	62
其中:乡村人口	万人	38	40	52	60
年末单位从业人员数	人	10275	13554	12615	13262
乡村从业人员数	人	225147	256188	296393	369166
其中:农林牧渔业	人	136283	201326	208001	247036
农业机械总动力	万千瓦特	6	7	7	8
本地电话用户	户	12193	10158	8763	11573
二、综合经济					
第一产业增加值	万元	43817	62618	46553	58766
第二产业增加值	万元	8818	8449	7670	14523
地方财政预算内收入	万元	3250	3863	3608	3603
财政支出	万元	13315	13060	15947	15441
城乡居民储蓄存款余额	万元	33148	19395	29910	33088
年末金融机构各项贷款余额	万元	45629	45628	44300	50047
三、农业、工业及基本建设					
粮食产量	吨	129306	144561	146709	257701
棉花产量	吨	18			7
油料产量	吨	10556	11340	8518	15293
肉类总产量	吨	25726	21188	26002	26537
规模以上工业企业数	个	7	14	14	17
规模以上工业总产值(现价)	万元	4410	6011	4871	12432
基本建设投资完成额	万元	9012	6913	6140	9731
四、教育、卫生和社会保障					
普通中学在校学生数	人	21025	19027	18400	22523
小学在校学生数	人	48058	63858	82651	99467
医院、卫生院床位数	床	380	450	346	430
社会福利院数	个	11	11	11	9
社会福利院床位数	床	155	235	116	157

2001年县(市)社会经济主要指标

贵州省

指　　标	单　位	万山特区	兴义市	兴仁县	普安县
一、基本情况					
行政区域土地面积	平方公里	338	2911	1785	1429
乡(镇)个数	个	5	26	16	14
村民委员会个数	个	44	377	286	171
年末总户数	户	17947	184324	107840	67064
其中:乡村户数	户	12504	144761	97045	59848
年末总人口	万人	6	71	45	28
其中:乡村人口	万人	5	61	41	27
年末单位从业人员数	人	3537	45085	10818	8349
乡村从业人员数	人	27670	344007	241974	139345
其中:农林牧渔业	人	15946	277004	186080	98398
农业机械总动力	万千瓦特	3	18	8	4
本地电话用户	户	4100	49030	14461	9402
二、综合经济					
第一产业增加值	万元	5137	65488	33871	17286
第二产业增加值	万元	3044	152574	19680	10306
地方财政预算内收入	万元	742	21042	5730	3851
财政支出	万元	4496	44683	13865	11825
城乡居民储蓄存款余额	万元	9009	165923	25680	17800
年末金融机构各项贷款余额	万元	5314	255776	44783	36448
三、农业、工业及基本建设					
粮食产量	吨	17593	245538	162587	84994
棉花产量	吨				
油料产量	吨	915	6908	4128	1409
肉类总产量	吨	2528	52276	21059	7808
规模以上工业企业数	个	7	61	12	14
规模以上工业总产值(现价)	万元	4174	379233	19536	7130
基本建设投资完成额	万元	2428	37552	4934	13470
四、教育、卫生和社会保障					
普通中学在校学生数	人	2146	46394	22799	16454
小学在校学生数	人	5992	102037	67081	44587
医院、卫生院床位数	床	163	1584	315	463
社会福利院数	个	3	19	9	10
社会福利院床位数	床	42	322	69	147

2001 年县(市)社会经济主要指标

贵州省

指　　　标	单　位	晴隆县	贞丰县	望谟县	册亨县
一、基本情况					
行政区域土地面积	平方公里	1327	1512	3006	2597
乡(镇)个数	个	14	13	16	14
村民委员会个数	个	185	280	310	185
年末总户数	户	64227	76460	57420	49197
其中:乡村户数	户	57667	72356	52892	41229
年末总人口	万人	27	34	27	22
其中:乡村人口	万人	25	32	26	20
年末单位从业人员数	人	8822	7575	6617	6480
乡村从业人员数	人	141233	183669	143584	113023
其中:农林牧渔业	人	110414	136425	129773	99277
农业机械总动力	万千瓦特	5	5	4	3
本地电话用户	户	9753	9103	5897	6066
二、综合经济					
第一产业增加值	万元	16187	28039	24322	19434
第二产业增加值	万元	10495	8760	12158	3443
地方财政预算内收入	万元	3599	2395	1658	1366
财政支出	万元	10592	10004	10611	7229
城乡居民储蓄存款余额	万元	15177	20181	11309	11141
年末金融机构各项贷款余额	万元	23913	22136	27703	20018
三、农业、工业及基本建设					
粮食产量	吨	79025	103168	91333	66133
棉花产量	吨	1		20	8
油料产量	吨	1207	4590	3475	1336
肉类总产量	吨	9337	12348	9774	12037
规模以上工业企业数	个	69	6	5	12
规模以上工业总产值(现价)	万元	7641	4579	2604	3418
基本建设投资完成额	万元	4992	2663	1521	2187
四、教育、卫生和社会保障					
普通中学在校学生数	人	14098	17395	7852	10542
小学在校学生数	人	42312	52714	37212	34267
医院、卫生院床位数	床	404	332	339	220
社会福利院数	个	6	6	1	7
社会福利院床位数	床	72	50	20	79

2001年县(市)社会经济主要指标

贵州省

指　　标	单　位	安龙县	毕节市	大方县	黔西县
一、基本情况					
行政区域土地面积	平方公里	2238	3412	3502	2554
乡(镇)个数	个	16	35	35	27
村民委员会个数	个	287	595	499	738
年末总户数	户	100804	308235	236014	187421
其中:乡村户数	户	92141	227977	218705	166572
年末总人口	万人	42	126	95	80
其中:乡村人口	万人	39	98	88	73
年末单位从业人员数	人	11529	47503	19194	19312
乡村从业人员数	人	230437	602772	530831	407188
其中:农林牧渔业	人	184962	407490	390864	288415
农业机械总动力	万千瓦特	10	12	14	9
本地电话用户	户	12772	49611	19877	23243
二、综合经济					
第一产业增加值	万元	35371	110510	68377	56375
第二产业增加值	万元	35459	3074	1148	1575
地方财政预算内收入	万元	6262	18049	10501	9188
财政支出	万元	13675	33243	23189	19476
城乡居民储蓄存款余额	万元	34890	133555	46827	40612
年末金融机构各项贷款余额	万元	33403	360037	56077	54996
三、农业、工业及基本建设					
粮食产量	吨	169287	380901	287137	239646
棉花产量	吨		10		
油料产量	吨	2402	5000	7512	22208
肉类总产量	吨	21301	50860	27478	30946
规模以上工业企业数	个	16	33	11	14
规模以上工业总产值(现价)	万元	11499	173290	20511	11365
基本建设投资完成额	万元	10926	53974	1426	1578
四、教育、卫生和社会保障					
普通中学在校学生数	人	24964	55146	59264	29547
小学在校学生数	人	63414	167794	136552	109398
医院、卫生院床位数	床	286	1397	630	413
社会福利院数	个	9	40	21	25
社会福利院床位数	床	26	303	230	365

2001 年县(市)社会经济主要指标

贵州省

指　　标	单　位	金沙县	织金县	纳雍县	威宁自治县
一、基本情况					
行政区域土地面积	平方公里	2528	2867	2448	6296
乡(镇)个数	个	25	31	24	34
村民委员会个数	个	575	562	506	620
年末总户数	户	144492	211864	184714	253390
其中:乡村户数	户	119268	195716	170665	232750
年末总人口	万人	57	91	75	107
其中:乡村人口	万人	50	84	70	97
年末单位从业人员数	人	17483	18033	14680	19840
乡村从业人员数	人	306821	472456	405964	586504
其中:农林牧渔业	人	213592	331734	257975	501470
农业机械总动力	万千瓦特	13	7	7	12
本地电话用户	户	20094	14625	12745	15708
二、综合经济					
第一产业增加值	万元	54226	62233	54914	88860
第二产业增加值	万元	2182	1134	1293	1089
地方财政预算内收入	万元	12162	8385	7998	8375
财政支出	万元	22477	22619	22462	20370
城乡居民储蓄存款余额	万元	43896	39049	20690	31645
年末金融机构各项贷款余额	万元	94136	54769	65172	52732
三、农业、工业及基本建设					
粮食产量	吨	235773	261816	239823	339625
棉花产量	吨	3			
油料产量	吨	27174	7547	647	1375
肉类总产量	吨	36987	35498	29226	39507
规模以上工业企业数	个	19	13	22	15
规模以上工业总产值(现价)	万元	107381	17085	11309	27687
基本建设投资完成额	万元	84088	3922	77956	1155
四、教育、卫生和社会保障					
普通中学在校学生数	人	33237	32523	28706	23342
小学在校学生数	人	66413	127356	115643	175246
医院、卫生院床位数	床	430	479	436	626
社会福利院数	个	16	16	14	17
社会福利院床位数	床	220	270	191	118

2001年县(市)社会经济主要指标

贵州省

指　　标	单　位	赫章县	凯里市	黄平县	施秉县
一、基本情况					
行政区域土地面积	平方公里	3245	1306	1668	1544
乡(镇)个数	个	26	10	14	8
村民委员会个数	个	457	201	252	107
年末总户数	户	149924	112133	84016	35924
其中:乡村户数	户	137964	62961	74474	31080
年末总人口	万人	63	45	33	15
其中:乡村人口	万人	58	28	31	14
年末单位从业人员数	人	14369	43422	8637	5011
乡村从业人员数	人	301145	151350	149243	79885
其中:农林牧渔业	人	249615	117540	113839	69846
农业机械总动力	万千瓦特	9	11	6	4
本地电话用户	户	12854	56534	11000	7366
二、综合经济					
第一产业增加值	万元	46750	39275	25318	12366
第二产业增加值	万元	905	104443	7098	15382
地方财政预算内收入	万元	3644	12460	2392	3081
财政支出	万元	15842	20321	11644	8468
城乡居民储蓄存款余额	万元	27086	187583	27983	17648
年末金融机构各项贷款余额	万元	58454	364457	29661	22731
三、农业、工业及基本建设					
粮食产量	吨	191997	106442	109088	59881
棉花产量	吨				1
油料产量	吨	171	4124	7012	4232
肉类总产量	吨	18075	16958	10470	5827
规模以上工业企业数	个	14	53	7	9
规模以上工业总产值(现价)	万元	23493	139118	1334	34567
基本建设投资完成额	万元	2329	19046	4365	18577
四、教育、卫生和社会保障					
普通中学在校学生数	人	13272	22137	15950	5980
小学在校学生数	人	84601	48218	38479	19007
医院、卫生院床位数	床	317	1520	320	183
社会福利院数	个	10	1	5	4
社会福利院床位数	床	109	60	73	50

2001年县(市)社会经济主要指标

贵州省

指　　标	单　位	三穗县	镇远县	岑巩县	天柱县
一、基本情况					
行政区域土地面积	平方公里	1036	1878	1487	2201
乡(镇)个数	个	9	12	11	16
村民委员会个数	个	159	221	129	315
年末总户数	户	50780	61134	51699	92536
其中:乡村户数	户	45320	49870	45617	80105
年末总人口	万人	20	24	21	38
其中:乡村人口	万人	18	22	19	36
年末单位从业人员数	人	5726	9660	6206	9916
乡村从业人员数	人	109268	119412	107654	224450
其中:农林牧渔业	人	72935	81457	77234	177812
农业机械总动力	万千瓦特	3	4	4	7
本地电话用户	户	7257	13302	10157	18496
二、综合经济					
第一产业增加值	万元	20324	26055	17779	34005
第二产业增加值	万元	5233	27619	4513	6648
地方财政预算内收入	万元	1820	3907	1821	3681
财政支出	万元	8870	11767	8813	10136
城乡居民储蓄存款余额	万元	19072	27212	15054	44454
年末金融机构各项贷款余额	万元	19817	37979	27742	33724
三、农业、工业及基本建设					
粮食产量	吨	60654	81748	75791	128605
棉花产量	吨	1	14	13	3
油料产量	吨	2167	6949	6057	3399
肉类总产量	吨	10238	11011	8720	13950
规模以上工业企业数	个	13	27	16	5
规模以上工业总产值(现价)	万元	4714	36943	9276	3562
基本建设投资完成额	万元	5349	10464	2574	4118
四、教育、卫生和社会保障					
普通中学在校学生数	人	9981	16878	11904	26577
小学在校学生数	人	23273	28287	27704	48295
医院、卫生院床位数	床	289	318	267	447
社会福利院数	个	4	1	4	
社会福利院床位数	床	20	78	13	

2001年县(市)社会经济主要指标

贵州省

指　　标	单　位	锦屏县	剑河县	台江县	黎平县
一、基本情况					
行政区域土地面积	平方公里	1597	2040	1206	4441
乡(镇)个数	个	15	11	9	25
村民委员会个数	个	207	270	187	403
年末总户数	户	49657	47288	35642	106534
其中:乡村户数	户	40864	41677	32306	98431
年末总人口	万人	21	21	16	48
其中:乡村人口	万人	19	20	15	46
年末单位从业人员数	人	7526	6566	5673	12682
乡村从业人员数	人	110858	106701	82648	250704
其中:农林牧渔业	人	77816	84935	51620	190396
农业机械总动力	万千瓦特	5	3	3	6
本地电话用户	户	11853	5887	6187	18851
二、综合经济					
第一产业增加值	万元	14120	20748	17079	31998
第二产业增加值	万元	4936	2790	3186	10651
地方财政预算内收入	万元	2311	1313	1412	3010
财政支出	万元	11108	8961	8757	15396
城乡居民储蓄存款余额	万元	26101	18127	15982	36744
年末金融机构各项贷款余额	万元	20537	21869	19325	39903
三、农业、工业及基本建设					
粮食产量	吨	67085	70920	51508	160746
棉花产量	吨	57	68	3	155
油料产量	吨	3672	3685	2489	8714
肉类总产量	吨	9235	11017	4900	17053
规模以上工业企业数	个	7	9	7	16
规模以上工业总产值(现价)	万元	2639	962	2872	9288
基本建设投资完成额	万元	3924	4325	5561	13877
四、教育、卫生和社会保障					
普通中学在校学生数	人	15475	9546	6913	21060
小学在校学生数	人	27099	26146	18332	64595
医院、卫生院床位数	床	245	145	174	414
社会福利院数	个	7	4	2	12
社会福利院床位数	床	100	30	30	136

2001年县(市)社会经济主要指标

贵州省

指　　标	单　位	榕江县	从江县	雷山县	麻江县
一、基本情况					
行政区域土地面积	平方公里	3316	3244	1219	1201
乡(镇)个数	个	20	21	9	9
村民委员会个数	个	268	381	157	129
年末总户数	户	68336	69077	34051	51585
其中:乡村户数	户	63997	65777	30370	44372
年末总人口	万人	31	31	14	21
其中:乡村人口	万人	29	30	13	19
年末单位从业人员数	人	9367	7548	5113	6402
乡村从业人员数	人	158891	176586	79971	111416
其中:农林牧渔业	人	129458	147275	60465	95400
农业机械总动力	万千瓦特	2	4	1	4
本地电话用户	户	12000	7718	4960	6091
二、综合经济					
第一产业增加值	万元	31379	25642	10952	15697
第二产业增加值	万元	7483	4680	3053	13501
地方财政预算内收入	万元	2131	2361	1292	2348
财政支出	万元	11848	11062	7443	7831
城乡居民储蓄存款余额	万元	22351	12967	9282	19438
年末金融机构各项贷款余额	万元	34030	26951	18349	30201
三、农业、工业及基本建设					
粮食产量	吨	96823	104016	46504	70006
棉花产量	吨	13	102		
油料产量	吨	5533	5363	915	4340
肉类总产量	吨	9125	13154	5230	5065
规模以上工业企业数	个	7	5	8	14
规模以上工业总产值(现价)	万元	10371	4526	1360	9121
基本建设投资完成额	万元	6896	5904	2264	70635
四、教育、卫生和社会保障					
普通中学在校学生数	人	15535	7539	6680	10135
小学在校学生数	人	38415	39743	16471	25791
医院、卫生院床位数	床	374	181	192	244
社会福利院数	个	1		3	
社会福利院床位数	床	25		64	

2001年县(市)社会经济主要指标

贵州省

指　　标	单　位	丹寨县	都匀市	福泉市	荔波县
一、基本情况					
行政区域土地面积	平方公里	938	2274	1688	2441
乡(镇)个数	个	7	20	15	17
村民委员会个数	个	161	262	175	169
年末总户数	户	36516	124417	80783	39524
其中:乡村户数	户	32688	72477	61452	34213
年末总人口	万人	15	47	30	16
其中:乡村人口	万人	14	30	27	15
年末单位从业人员数	人	5117	90280	16404	7482
乡村从业人员数	人	77746	172273	157456	93494
其中:农林牧渔业	人	53016	138790	119855	82785
农业机械总动力	万千瓦特	2	8	8	8
本地电话用户	户	6349	72044	17101	9206
二、综合经济					
第一产业增加值	万元	10889	33438	46089	16135
第二产业增加值	万元	3459	61709	55083	14824
地方财政预算内收入	万元	1517	12254	7417	6011
财政支出	万元	7465	21275	11708	10346
城乡居民储蓄存款余额	万元	12057	203080	43656	20966
年末金融机构各项贷款余额	万元	20849	282292	56215	40465
三、农业、工业及基本建设					
粮食产量	吨	52604	91332	107126	53096
棉花产量	吨				51
油料产量	吨	1646	5392	8170	3778
肉类总产量	吨	6329	14571	10326	6086
规模以上工业企业数	个	7	59	26	5
规模以上工业总产值(现价)	万元	2588	113526	115608	3278
基本建设投资完成额	万元	3399	16225	7221	7112
四、教育、卫生和社会保障					
普通中学在校学生数	人	6956	27808	19273	10180
小学在校学生数	人	18970	47548	36662	19746
医院、卫生院床位数	床	233	350	487	196
社会福利院数	个	6	10	1	
社会福利院床位数	床	59	146	40	

2001年县(市)社会经济主要指标

贵州省

指　　标	单　位	贵定县	瓮安县	独山县	平塘县
一、基本情况					
行政区域土地面积	平方公里	1631	1966	2445	2825
乡(镇)个数	个	20	23	18	19
村民委员会个数	个	208	247	250	241
年末总户数	户	68395	108659	82973	69852
其中:乡村户数	户	52933	89689	69615	63629
年末总人口	万人	28	43	34	29
其中:乡村人口	万人	23	38	30	28
年末单位从业人员数	人	13125	15643	10891	11158
乡村从业人员数	人	128420	206510	182771	175304
其中:农林牧渔业	人	97201	180800	139495	121696
农业机械总动力	万千瓦特	4	7	9	7
本地电话用户	户	17520	19451	13712	8807
二、综合经济					
第一产业增加值	万元	28766	47008	33805	20328
第二产业增加值	万元	50124	25608	14007	6505
地方财政预算内收入	万元	6906	4895	3625	2226
财政支出	万元	13722	11184	13394	11220
城乡居民储蓄存款余额	万元	43411	50412	41209	17955
年末金融机构各项贷款余额	万元	81251	56588	41349	31914
三、农业、工业及基本建设					
粮食产量	吨	81178	168888	109816	95575
棉花产量	吨			3	1
油料产量	吨	5265	16094	4722	9513
肉类总产量	吨	7917	18668	14098	11792
规模以上工业企业数	个	21	18	18	12
规模以上工业总产值(现价)	万元	101114	32787	11325	7852
基本建设投资完成额	万元	13690	12218	3927	2373
四、教育、卫生和社会保障					
普通中学在校学生数	人	13776	30894	17373	8585
小学在校学生数	人	35399	52584	43722	33544
医院、卫生院床位数	床	374	610	345	232
社会福利院数	个	1	2	10	1
社会福利院床位数	床	175	25	114	10

2001 年县(市)社会经济主要指标

贵州省

指　　标	单　位	罗甸县	长顺县	龙里县	惠水县
一、基本情况					
行政区域土地面积	平方公里	3013	1543	1521	2470
乡(镇)个数	个	26	17	14	25
村民委员会个数	个	271	148	159	428
年末总户数	户	70011	54832	51688	95272
其中:乡村户数	户	62486	51831	40591	80662
年末总人口	万人	31	24	21	43
其中:乡村人口	万人	29	23	18	38
年末单位从业人员数	人	8514	7524	8653	13916
乡村从业人员数	人	159518	132219	108388	223185
其中:农林牧渔业	人	130555	105444	92916	152878
农业机械总动力	万千瓦特	4	4	5	5
本地电话用户	户	7806	7982	9987	13890
二、综合经济					
第一产业增加值	万元	31801	17581	15930	41160
第二产业增加值	万元	25458	11384	52629	20155
地方财政预算内收入	万元	3438	3434	4006	6372
财政支出	万元	11350	9808	10091	12748
城乡居民储蓄存款余额	万元	14310	11854	20535	23247
年末金融机构各项贷款余额	万元	49157	36055	18273	33698
三、农业、工业及基本建设					
粮食产量	吨	85136	92806	75338	139942
棉花产量	吨	51			5
油料产量	吨	2442	5057	4386	3094
肉类总产量	吨	16417	8148	6160	18579
规模以上工业企业数	个	10	12	18	32
规模以上工业总产值(现价)	万元	31169	18949	74824	29556
基本建设投资完成额	万元	4511	5733	4915	2324
四、教育、卫生和社会保障					
普通中学在校学生数	人	9254	9066	9982	14230
小学在校学生数	人	39121	28513	24727	45765
医院、卫生院床位数	床	371	234	284	455
社会福利院数	个	1	1		3
社会福利院床位数	床	10	5		36

2001年县(市)社会经济主要指标

贵州省、云南省

指　　标	单　位	三都自治县	呈贡县	晋宁县	富民县
一、基本情况					
行政区域土地面积	平方公里	2380	461	1231	993
乡(镇)个数	个	21	6	11	8
村民委员会个数	个	270	65	129	73
年末总户数	户	69060	48144	85400	44624
其中:乡村户数	户	63451	38283	68371	33204
年末总人口	万人	31	15	27	14
其中:乡村人口	万人	29	12	21	12
年末单位从业人员数	人	7818	11115	24115	7694
乡村从业人员数	人	154969	80926	140941	75087
其中:农林牧渔业	人	123859	67266	110925	55136
农业机械总动力	万千瓦特	5	21	16	13
本地电话用户	户	9104	26701	30757	11132
二、综合经济					
第一产业增加值	万元	25323	37660	45754	19348
第二产业增加值	万元	4421	76890	70971	16124
地方财政预算内收入	万元	1758	8253	9103	5393
财政支出	万元	12463	12736	16279	14033
城乡居民储蓄存款余额	万元	17498	119697	109853	58859
年末金融机构各项贷款余额	万元	25470	86967	97836	46070
三、农业、工业及基本建设					
粮食产量	吨	85255	14599	93404	62535
棉花产量	吨	36			
油料产量	吨	4867	30	2731	260
肉类总产量	吨	9415	5960	21734	11967
规模以上工业企业数	个	5	17	25	11
规模以上工业总产值(现价)	万元	4227	186196	79865	12160
基本建设投资完成额	万元	4063	2638	7908	3745
四、教育、卫生和社会保障					
普通中学在校学生数	人	10098	6788	9748	4791
小学在校学生数	人	44395	13438	24403	11623
医院、卫生院床位数	床	256	380	447	327
社会福利院数	个	1	9	7	9
社会福利院床位数	床	30	252	165	110

2001 年县(市)社会经济主要指标

云南省

指　　标	单　位	宜良县	路南自治县	嵩明县	禄劝自治县
一、基本情况					
行政区域土地面积	平方公里	1873	1725	1357	4249
乡(镇)个数	个	11	9	8	17
村民委员会个数	个	133	90	105	194
年末总户数	户	113802	65135	84639	110181
其中:乡村户数	户	97895	53145	75123	104045
年末总人口	万人	40	22	34	45
其中:乡村人口	万人	35	20	30	43
年末单位从业人员数	人	18275	13037	12766	13129
乡村从业人员数	人	223040	119328	177059	246894
其中:农林牧渔业	人	170838	104893	130547	225287
农业机械总动力	万千瓦特	22	16	33	14
本地电话用户	户	36252	19288	28467	17640
二、综合经济					
第一产业增加值	万元	95459	35078	39688	47307
第二产业增加值	万元	80309	36034	39780	15872
地方财政预算内收入	万元	13807	10582	9154	5328
财政支出	万元	12877	16801	20067	16236
城乡居民储蓄存款余额	万元	196310	70411	106679	46112
年末金融机构各项贷款余额	万元	145487	100333	75939	49875
三、农业、工业及基本建设					
粮食产量	吨	178517	112482	148180	171560
棉花产量	吨				
油料产量	吨	784	1102	236	690
肉类总产量	吨	52361	12967	25969	37431
规模以上工业企业数	个	25	11	18	2
规模以上工业总产值(现价)	万元	100991	49967	42110	5681
基本建设投资完成额	万元	15144	8305	6958	6712
四、教育、卫生和社会保障					
普通中学在校学生数	人	20623	10492	20426	24588
小学在校学生数	人	32506	23406	31896	47457
医院、卫生院床位数	床	949	390	839	788
社会福利院数	个	18	8	10	13
社会福利院床位数	床	391	310	226	336

2001年县(市)社会经济主要指标

云南省

指　　标	单　位	寻甸自治县	安宁市	马龙县	陆良县
一、基本情况					
行政区域土地面积	平方公里	3598	1321	1602	2013
乡(镇)个数	个	16	9	8	10
村民委员会个数	个	173	68	64	136
年末总户数	户	124998	83259	48012	153026
其中:乡村户数	户	115495	33577	42189	134237
年末总人口	万人	50	26	19	59
其中:乡村人口	万人	47	11	17	52
年末单位从业人员数	人	15356	56848	8644	25846
乡村从业人员数	人	271129	78258	99772	288745
其中:农林牧渔业	人	237382	57017	90723	228263
农业机械总动力	万千瓦特	13	20	5	23
本地电话用户	户	18228	50033	7579	28071
二、综合经济					
第一产业增加值	万元	43261	31221	20936	95000
第二产业增加值	万元	14686	246769	10370	60200
地方财政预算内收入	万元	7154	29499	3902	12609
财政支出	万元	25476	65865	13510	23835
城乡居民储蓄存款余额	万元	56877	223682	26827	106602
年末金融机构各项贷款余额	万元	65753	427341	23100	127618
三、农业、工业及基本建设					
粮食产量	吨	178583	62154	68178	227100
棉花产量	吨				
油料产量	吨	2565	2196	1004	5569
肉类总产量	吨	37991	16682	12850	51303
规模以上工业企业数	个	13	38	9	30
规模以上工业总产值(现价)	万元	18917	576382	20679	81354
基本建设投资完成额	万元	10751	39453	2583	7026
四、教育、卫生和社会保障					
普通中学在校学生数	人	25377	10667	9340	36761
小学在校学生数	人	55845	18802	20535	75537
医院、卫生院床位数	床	481	1934	294	798
社会福利院数	个	5	6	6	2
社会福利院床位数	床	120	154	107	40

2001 年县(市)社会经济主要指标

云南省

指　　标	单　位	师宗县	罗平县	富源县	会泽县
一、基本情况					
行政区域土地面积	平方公里	2745	3029	3251	5894
乡(镇)个数	个	8	13	10	23
村民委员会个数	个	107	153	160	368
年末总户数	户	87792	130979	151946	233219
其中:乡村户数	户	75284	115211	139975	212143
年末总人口	万人	35	53	66	89
其中:乡村人口	万人	31	48	61	82
年末单位从业人员数	人	13973	17485	21801	30128
乡村从业人员数	人	178621	273197	324910	482794
其中:农林牧渔业	人	152296	251141	260989	421767
农业机械总动力	万千瓦特	15	10	18	13
本地电话用户	户	14059	19854	19411	23008
二、综合经济					
第一产业增加值	万元	45625	47976	82635	36225
第二产业增加值	万元	25170	91093	68865	123903
地方财政预算内收入	万元	6694	10810	11716	15921
财政支出	万元	17607	23701	23840	40690
城乡居民储蓄存款余额	万元	42007	58407	67918	106340
年末金融机构各项贷款余额	万元	70416	81169	99983	112158
三、农业、工业及基本建设					
粮食产量	吨	129959	174244	238696	265286
棉花产量	吨				
油料产量	吨	3755	34636	4778	2467
肉类总产量	吨	24773	31266	50752	72362
规模以上工业企业数	个	17	12	21	17
规模以上工业总产值(现价)	万元	20277	106432	53502	186876
基本建设投资完成额	万元	6712	6692	12358	5779
四、教育、卫生和社会保障					
普通中学在校学生数	人	18801	31507	33957	41316
小学在校学生数	人	47079	72637	81059	98238
医院、卫生院床位数	床	642	561	836	1069
社会福利院数	个	4	1	12	23
社会福利院床位数	床	30	5	195	529

2001年县(市)社会经济主要指标

云南省

指　　标	单　位	沾益县	宣威市	江川县	澄江县
一、基本情况					
行政区域土地面积	平方公里	2013	6061	850	773
乡(镇)个数	个	9	23	11	5
村民委员会个数	个	114	340	72	40
年末总户数	户	99769	346270	72872	42339
其中:乡村户数	户	82832	305229	69655	37655
年末总人口	万人	39	131	26	15
其中:乡村人口	万人	34	118	24	13
年末单位从业人员数	人	21291	56144	8730	8414
乡村从业人员数	人	203573	679311	145777	83595
其中:农林牧渔业	人	171900	550122	118489	72082
农业机械总动力	万千瓦特	15	51	16	11
本地电话用户	户	17745	43879	27105	17631
二、综合经济					
第一产业增加值	万元	60783	107294	49354	18397
第二产业增加值	万元	84919	106780	36121	30674
地方财政预算内收入	万元	11604	22253	8261	6604
财政支出	万元	22392	48826	20218	15308
城乡居民储蓄存款余额	万元	72530	176498	102902	73749
年末金融机构各项贷款余额	万元	102697	271069	90949	74785
三、农业、工业及基本建设					
粮食产量	吨	190560	476445	66162	37852
棉花产量	吨				
油料产量	吨	757	905	2762	301
肉类总产量	吨	37671	121216	13173	9446
规模以上工业企业数	个	21	23	16	22
规模以上工业总产值(现价)	万元	172411	162284	42267	76526
基本建设投资完成额	万元	25160	79926	15684	4949
四、教育、卫生和社会保障					
普通中学在校学生数	人	26609	77672	15546	6948
小学在校学生数	人	35040	151949	27751	13917
医院、卫生院床位数	床	596	2086	517	406
社会福利院数	个		7	12	12
社会福利院床位数	床		77	417	107

2001年县(市)社会经济主要指标

云南省

指　　标	单　位	通海县	华宁县	易门县	峨山彝族自治县
一、基本情况					
行政区域土地面积	平方公里	721	1313	1571	1972
乡(镇)个数	个	8	4	6	7
村民委员会个数	个	69	77	55	75
年末总户数	户	74927	53059	47500	41525
其中:乡村户数	户	65846	47954	35556	32384
年末总人口	万人	26	20	17	15
其中:乡村人口	万人	23	18	13	12
年末单位从业人员数	人	14048	8882	15045	13462
乡村从业人员数	人	140407	107539	84297	73439
其中:农林牧渔业	人	104730	94789	71265	62718
农业机械总动力	万千瓦特	31	17	8	16
本地电话用户	户	33270	17959	19147	18633
二、综合经济					
第一产业增加值	万元	43793	31839	24826	20279
第二产业增加值	万元	82179	22644	32658	26219
地方财政预算内收入	万元	9893	6006	5747	5753
财政支出	万元	17581	16330	15822	22331
城乡居民储蓄存款余额	万元	145730	66619	65530	62092
年末金融机构各项贷款余额	万元	109194	52904	85748	57283
三、农业、工业及基本建设					
粮食产量	吨	55341	68989	60624	47937
棉花产量	吨				
油料产量	吨	1743	661	1338	5116
肉类总产量	吨	16713	12125	16922	10246
规模以上工业企业数	个	27	12	15	14
规模以上工业总产值(现价)	万元	93376	28691	66592	26948
基本建设投资完成额	万元	7016	12900	9869	4772
四、教育、卫生和社会保障					
普通中学在校学生数	人	15582	12644	7570	8840
小学在校学生数	人	28744	18992	15538	13773
医院、卫生院床位数	床	589	408	425	410
社会福利院数	个	11	12	7	8
社会福利院床位数	床	293	200	258	229

2001年县(市)社会经济主要指标

云南省

指　　标	单　位	新平自治县	元江自治县	施甸县	腾冲县
一、基本情况					
行政区域土地面积	平方公里	4223	2858	2009	5845
乡(镇)个数	个	11	9	14	20
村民委员会个数	个	118	72	136	218
年末总户数	户	70306	51364	76540	137790
其中:乡村户数	户	56400	37863	70592	125464
年末总人口	万人	27	19	33	60
其中:乡村人口	万人	24	16	31	55
年末单位从业人员数	人	14662	16062	10050	23692
乡村从业人员数	人	140194	88660	177244	307264
其中:农林牧渔业	人	119369	79592	155124	256612
农业机械总动力	万千瓦特	19	9	11	17
本地电话用户	户	20194	17656	10505	24032
二、综合经济					
第一产业增加值	万元	29923	31695	39352	67623
第二产业增加值	万元	22400	21286	9687	35268
地方财政预算内收入	万元	7541	6066	4387	10700
财政支出	万元	24785	20555	19595	31369
城乡居民储蓄存款余额	万元	59504	53645	39123	153756
年末金融机构各项贷款余额	万元	68748	58437	56372	148212
三、农业、工业及基本建设					
粮食产量	吨	80100	54469	135189	224012
棉花产量	吨		15		
油料产量	吨	432	1116	1539	18002
肉类总产量	吨	16114	10108	20705	28760
规模以上工业企业数	个	10	15	7	20
规模以上工业总产值(现价)	万元	37495	32534	13932	23094
基本建设投资完成额	万元	30515	17962	2882	32652
四、教育、卫生和社会保障					
普通中学在校学生数	人	15212	12510	17287	36557
小学在校学生数	人	22730	23287	32863	65384
医院、卫生院床位数	床	568	386	444	1396
社会福利院数	个	12	11		8
社会福利院床位数	床	326	287		65

2001年县(市)社会经济主要指标

云南省

指　　标	单　位	龙陵县	昌宁县	昭通市	鲁甸县
一、基本情况					
行政区域土地面积	平方公里	2884	3888	2240	1519
乡(镇)个数	个	11	13	21	13
村民委员会个数	个	120	122	152	82
年末总户数	户	63405	82176	191226	86987
其中:乡村户数	户	56085	74551	154753	79543
年末总人口	万人	27	34	75	37
其中:乡村人口	万人	24	31	64	35
年末单位从业人员数	人	10438	12101	45515	10145
乡村从业人员数	人	144226	178202	338032	175937
其中:农林牧渔业	人	132872	155647	269631	163002
农业机械总动力	万千瓦特	8	11	11	7
本地电话用户	户	12532	14751	74644	8163
二、综合经济					
第一产业增加值	万元	34650	50302	56367	27340
第二产业增加值	万元	16590	20268	165910	7330
地方财政预算内收入	万元	4052	5995	12032	1822
财政支出	万元	15755	17368	30180	12911
城乡居民储蓄存款余额	万元	42741	43130	151505	15501
年末金融机构各项贷款余额	万元	74803	73741	386711	40437
三、农业、工业及基本建设					
粮食产量	吨	102869	136686	215195	104741
棉花产量	吨				
油料产量	吨	1277	3244	366	593
肉类总产量	吨	12506	22425	39836	9688
规模以上工业企业数	个	7	5	19	6
规模以上工业总产值(现价)	万元	32585	22870	175589	5503
基本建设投资完成额	万元	7750	17525	74212	5204
四、教育、卫生和社会保障					
普通中学在校学生数	人	15931	16790	36980	9619
小学在校学生数	人	27118	28454	102180	78499
医院、卫生院床位数	床	485	578	1219	388
社会福利院数	个	2	2	1	3
社会福利院床位数	床	20	20	80	63

2001年县(市)社会经济主要指标

云南省

指　　标	单　位	巧家县	盐津县	大关县	永善县
一、基本情况					
行政区域土地面积	平方公里	3245	2092	1802	2833
乡(镇)个数	个	18	11	10	17
村民委员会个数	个	180	81	76	134
年末总户数	户	123190	82656	59690	102167
其中:乡村户数	户	113073	77701	54895	95688
年末总人口	万人	51	36	25	41
其中:乡村人口	万人	48	34	24	38
年末单位从业人员数	人	12878	9532	6822	11305
乡村从业人员数	人	250226	165709	109124	195057
其中:农林牧渔业	人	233380	130004	98273	174443
农业机械总动力	万千瓦特	4	3	3	4
本地电话用户	户	9432	8618	8049	10611
二、综合经济					
第一产业增加值	万元	38026	22701	19213	30051
第二产业增加值	万元	12580	13501	9038	7316
地方财政预算内收入	万元	2585	1929	1236	1381
财政支出	万元	19324	14620	12116	17520
城乡居民储蓄存款余额	万元	27437	19800	17393	24328
年末金融机构各项贷款余额	万元	29658	33618	29118	32106
三、农业、工业及基本建设					
粮食产量	吨	130188	94581	67240	115700
棉花产量	吨				
油料产量	吨	585	1854	436	947
肉类总产量	吨	14363	15409	15281	16745
规模以上工业企业数	个	8	5	4	4
规模以上工业总产值(现价)	万元	9478	2551	1914	478
基本建设投资完成额	万元	6945	7286	2513	6334
四、教育、卫生和社会保障					
普通中学在校学生数	人	14146	10181	6703	10761
小学在校学生数	人	65205	57615	41163	57067
医院、卫生院床位数	床	316	294	211	368
社会福利院数	个	6	3	3	4
社会福利院床位数	床	38	35	18	37

2001年县(市)社会经济主要指标

云南省

指　　标	单　位	绥江县	镇雄县	彝良县	威信县
一、基本情况					
行政区域土地面积	平方公里	746	3696	2884	1416
乡(镇)个数	个	5	34	17	10
村民委员会个数	个	32	234	135	84
年末总户数	户	39756	291415	121488	83636
其中:乡村户数	户	32700	275125	113700	77235
年末总人口	万人	16	125	51	36
其中:乡村人口	万人	14	119	49	34
年末单位从业人员数	人	6726	22568	11735	11133
乡村从业人员数	人	69337	560371	251106	170152
其中:农林牧渔业	人	58666	462444	225596	142043
农业机械总动力	万千瓦特	2	12	3	3
本地电话用户	户	6845	21511	10827	11126
二、综合经济					
第一产业增加值	万元	7752	66969	32473	18556
第二产业增加值	万元	4719	18088	9407	8164
地方财政预算内收入	万元	956	6418	2265	1850
财政支出	万元	10544	28828	15196	14627
城乡居民储蓄存款余额	万元	23461	42856	22652	20760
年末金融机构各项贷款余额	万元	30976	64799	38184	38389
三、农业、工业及基本建设					
粮食产量	吨	40619	277689	118130	118849
棉花产量	吨				
油料产量	吨	797	1965	608	3073
肉类总产量	吨	8304	39264	17869	12717
规模以上工业企业数	个	4	7	6	6
规模以上工业总产值(现价)	万元	2409	6369	5981	5448
基本建设投资完成额	万元	4532	7501	3574	3943
四、教育、卫生和社会保障					
普通中学在校学生数	人	8229	43627	13531	15799
小学在校学生数	人	20939	208127	82078	62755
医院、卫生院床位数	床	253	823	270	353
社会福利院数	个	7	9	2	8
社会福利院床位数	床	80	218	17	54

2001年县(市)社会经济主要指标

云南省

指　　标	单　位	水富县	楚雄市	双柏县	牟定县
一、基本情况					
行政区域土地面积	平方公里	426	4482	4045	1494
乡(镇)个数	个	3	18	8	9
村民委员会个数	个	21	148	84	95
年末总户数	户	26342	121273	39019	48903
其中:乡村户数	户	18685	85090	34563	44318
年末总人口	万人	9	48	15	20
其中:乡村人口	万人	7	36	14	18
年末单位从业人员数	人	7304	44711	6801	7752
乡村从业人员数	人	32307	222868	85107	112173
其中:农林牧渔业	人	23918	194911	78630	92658
农业机械总动力	万千瓦特	1	22	10	5
本地电话用户	户	11471	69500	6146	9747
二、综合经济					
第一产业增加值	万元	7207	63563	17061	26155
第二产业增加值	万元	41587	237996	7800	14896
地方财政预算内收入	万元	3531	25129	2282	2815
财政支出	万元	9734	40363	12717	12342
城乡居民储蓄存款余额	万元	29047	207979	23168	31692
年末金融机构各项贷款余额	万元	94980	509239	21519	31752
三、农业、工业及基本建设					
粮食产量	吨	20524	191058	63696	84437
棉花产量	吨				
油料产量	吨	140	7228	783	3369
肉类总产量	吨	6459	29946	13439	11597
规模以上工业企业数	个	3	38	14	4
规模以上工业总产值(现价)	万元	73515	375695	6071	4295
基本建设投资完成额	万元	10135	49599	2392	2522
四、教育、卫生和社会保障					
普通中学在校学生数	人	5214	25809	8726	10621
小学在校学生数	人	10689	47623	13619	15957
医院、卫生院床位数	床	171	1904	317	396
社会福利院数	个		19	11	10
社会福利院床位数	床		444	185	168

2001年县(市)社会经济主要指标

云南省

指　　标	单　位	南华县	姚安县	大姚县	永仁县
一、基本情况					
行政区域土地面积	平方公里	2343	1803	4146	2189
乡(镇)个数	个	11	11	13	7
村民委员会个数	个	130	79	147	64
年末总户数	户	57537	51239	71631	27579
其中:乡村户数	户	52498	47844	64882	22848
年末总人口	万人	23	20	28	10
其中:乡村人口	万人	21	19	26	9
年末单位从业人员数	人	9614	7718	13857	5150
乡村从业人员数	人	125062	111965	154548	56991
其中:农林牧渔业	人	112452	93161	134056	51994
农业机械总动力	万千瓦特	8	6	9	6
本地电话用户	户	12062	9911	13659	6323
二、综合经济					
第一产业增加值	万元	29485	29464	32185	15505
第二产业增加值	万元	12733	17085	31000	7869
地方财政预算内收入	万元	4482	3015	4089	1488
财政支出	万元	15391	13217	16811	14180
城乡居民储蓄存款余额	万元	35212	33221	45310	17520
年末金融机构各项贷款余额	万元	32540	31663	39421	20502
三、农业、工业及基本建设					
粮食产量	吨	96566	82797	106899	45523
棉花产量	吨				
油料产量	吨	2312	3587	1412	593
肉类总产量	吨	16100	12955	18062	9163
规模以上工业企业数	个	5	6	2	6
规模以上工业总产值(现价)	万元	5251	2109	17615	1321
基本建设投资完成额	万元	2120	6337	4124	2647
四、教育、卫生和社会保障					
普通中学在校学生数	人	12646	11537	15345	5628
小学在校学生数	人	20409	18840	26203	9214
医院、卫生院床位数	床	422	447	474	267
社会福利院数	个	10	13	23	8
社会福利院床位数	床	150	389	360	174

2001年县(市)社会经济主要指标

云南省

指　　标	单　位	元谋县	武定县	禄丰县	个旧市
一、基本情况					
行政区域土地面积	平方公里	1803	3322	3631	1587
乡(镇)个数	个	12	12	17	11
村民委员会个数	个	80	128	168	76
年末总户数	户	51316	63446	107054	121476
其中:乡村户数	户	44726	59461	86351	41585
年末总人口	万人	20	26	41	39
其中:乡村人口	万人	16	24	34	17
年末单位从业人员数	人	7341	8878	22637	75618
乡村从业人员数	人	113442	149171	205382	104431
其中:农林牧渔业	人	104930	134603	173021	81607
农业机械总动力	万千瓦特	10	8	21	20
本地电话用户	户	10733	11292	28038	82167
二、综合经济					
第一产业增加值	万元	26046	30102	65489	24032
第二产业增加值	万元	9149	13406	81200	146137
地方财政预算内收入	万元	3084	3274	8776	39364
财政支出	万元	15344	16247	22815	30420
城乡居民储蓄存款余额	万元	34905	38176	124236	319986
年末金融机构各项贷款余额	万元	30794	38028	89576	293894
三、农业、工业及基本建设					
粮食产量	吨	71551	92289	186028	57237
棉花产量	吨				
油料产量	吨	2505	938	3632	1040
肉类总产量	吨	11804	22897	32858	15449
规模以上工业企业数	个	6	8	13	41
规模以上工业总产值(现价)	万元	3246	11512	60512	325495
基本建设投资完成额	万元	6297	2573	7552	26054
四、教育、卫生和社会保障					
普通中学在校学生数	人	10665	13624	18938	20799
小学在校学生数	人	18121	26934	33150	32150
医院、卫生院床位数	床	513	491	1204	2330
社会福利院数	个	11	13	18	1
社会福利院床位数	床	272	300	575	145

2001 年县(市)社会经济主要指标

云南省

指　　标	单　位	开远市	蒙自县	屏边自治县	建水县
一、基本情况					
行政区域土地面积	平方公里	1950	2170	1906	3789
乡(镇)个数	个	5	13	7	16
村民委员会个数	个	52	86	77	141
年末总户数	户	76296	82691	34461	133774
其中:乡村户数	户	37959	60193	27892	111596
年末总人口	万人	26	32	15	49
其中:乡村人口	万人	16	26	13	42
年末单位从业人员数	人	41176	19557	5141	25974
乡村从业人员数	人	95892	165155	69832	264901
其中:农林牧渔业	人	79606	153539	64397	228660
农业机械总动力	万千瓦特	17	13	2	25
本地电话用户	户	49765	39380	6464	39525
二、综合经济					
第一产业增加值	万元	39635	38864	14831	50716
第二产业增加值	万元	91835	30894	6888	55828
地方财政预算内收入	万元	14595	8111	1453	9823
财政支出	万元	24283	18963	10528	21497
城乡居民储蓄存款余额	万元	173521	109430	15524	162399
年末金融机构各项贷款余额	万元	177867	70177	16397	109172
三、农业、工业及基本建设					
粮食产量	吨	82022	110516	56407	153588
棉花产量	吨			6	
油料产量	吨	1099	1482	457	2454
肉类总产量	吨	11757	13642	9376	29104
规模以上工业企业数	个	20	16	5	17
规模以上工业总产值(现价)	万元	230391	45094	9363	78044
基本建设投资完成额	万元	31144	30120	3762	8754
四、教育、卫生和社会保障					
普通中学在校学生数	人	12996	18583	5373	26470
小学在校学生数	人	26696	36586	16816	51966
医院、卫生院床位数	床	1312	408	252	1344
社会福利院数	个	1	11	6	13
社会福利院床位数	床	60	556	102	130

2001年县(市)社会经济主要指标

云南省

指　　标	单　位	石屏县	弥勒县	泸西县	元阳县
一、基本情况					
行政区域土地面积	平方公里	3037	4004	1674	2190
乡(镇)个数	个	11	13	9	14
村民委员会个数	个	115	134	81	135
年末总户数	户	77653	128015	95669	79428
其中:乡村户数	户	65901	106644	84846	72017
年末总人口	万人	29	48	37	36
其中:乡村人口	万人	26	43	34	34
年末单位从业人员数	人	12309	24007	15935	9044
乡村从业人员数	人	158880	265609	202031	198615
其中:农林牧渔业	人	135498	234315	178045	184851
农业机械总动力	万千瓦特	17	22	14	3
本地电话用户	户	22904	31498	21590	12492
二、综合经济					
第一产业增加值	万元	47163	41105	28888	29431
第二产业增加值	万元	20056	401450	35625	8137
地方财政预算内收入	万元	5356	14274	7753	2219
财政支出	万元	17575	28384	17115	17591
城乡居民储蓄存款余额	万元	100216	126592	52516	29263
年末金融机构各项贷款余额	万元	51874	371745	70860	31341
三、农业、工业及基本建设					
粮食产量	吨	85828	171901	130812	115226
棉花产量	吨	1			11
油料产量	吨	923	4275	2590	1193
肉类总产量	吨	12982	28832	16801	8450
规模以上工业企业数	个	6	16	8	5
规模以上工业总产值(现价)	万元	9874	531950	27911	10462
基本建设投资完成额	万元	7627	26429	20352	3639
四、教育、卫生和社会保障					
普通中学在校学生数	人	14605	27976	17795	8625
小学在校学生数	人	28542	54679	44283	45543
医院、卫生院床位数	床	639	1034	699	442
社会福利院数	个	5	9	10	2
社会福利院床位数	床	132	129	238	6

2001 年县(市)社会经济主要指标

云南省

指　　标	单　位	红河县	金平自治县	绿春县	河口自治县
一、基本情况					
行政区域土地面积	平方公里	2048	3677	3097	1332
乡(镇)个数	个	13	13	8	5
村民委员会个数	个	91	92	82	27
年末总户数	户	60164	68594	41863	22444
其中:乡村户数	户	57375	62337	37979	9250
年末总人口	万人	27	31	20	8
其中:乡村人口	万人	26	30	19	4
年末单位从业人员数	人	6803	9502	6425	12505
乡村从业人员数	人	139653	163676	105477	22896
其中:农林牧渔业	人	126361	153859	98525	21717
农业机械总动力	万千瓦特	3	5	2	2
本地电话用户	户	8361	12283	6327	12444
二、综合经济					
第一产业增加值	万元	24305	21164	9696	9283
第二产业增加值	万元	5586	7726	2319	5853
地方财政预算内收入	万元	1455	2751	755	3259
财政支出	万元	12764	17715	11903	10463
城乡居民储蓄存款余额	万元	17513	21506	11504	35158
年末金融机构各项贷款余额	万元	26185	29692	18428	25265
三、农业、工业及基本建设					
粮食产量	吨	79332	104896	66091	16578
棉花产量	吨	42	71	9	
油料产量	吨	540	1236	643	129
肉类总产量	吨	7142	9558	3695	1396
规模以上工业企业数	个	4	5	2	5
规模以上工业总产值(现价)	万元	6394	12510	1038	6513
基本建设投资完成额	万元	4632	5790	3841	4547
四、教育、卫生和社会保障					
普通中学在校学生数	人	5244	7542	5706	4215
小学在校学生数	人	34659	35594	25552	8574
医院、卫生院床位数	床	214	363	320	458
社会福利院数	个	2	2		
社会福利院床位数	床	53	8		

2001年县(市)社会经济主要指标

云南省

指　　标	单　位	文山县	砚山县	西畴县	麻栗坡县
一、基本情况					
行政区域土地面积	平方公里	2959	3822	1506	2334
乡(镇)个数	个	16	11	9	11
村民委员会个数	个	130	98	70	94
年末总户数	户	96731	94346	57595	62603
其中:乡村户数	户	76406	88245	54541	58176
年末总人口	万人	42	43	25	27
其中:乡村人口	万人	34	40	23	25
年末单位从业人员数	人	30591	14580	8676	10296
乡村从业人员数	人	193720	224764	132755	145693
其中:农林牧渔业	人	177143	207789	119200	134234
农业机械总动力	万千瓦特	12	29	8	5
本地电话用户	户	36000	34016	8249	9925
二、综合经济					
第一产业增加值	万元	43568	32541	20469	26933
第二产业增加值	万元	69683	33782	9882	14038
地方财政预算内收入	万元	15368	5000	2612	2798
财政支出	万元	27653	19626	14088	15347
城乡居民储蓄存款余额	万元	148604	52507	23559	31434
年末金融机构各项贷款余额	万元	263243	57584	33992	42216
三、农业、工业及基本建设					
粮食产量	吨	126960	149773	80298	80735
棉花产量	吨				
油料产量	吨	5003	4463	946	701
肉类总产量	吨	20094	17551	17114	15365
规模以上工业企业数	个	21	13	4	5
规模以上工业总产值(现价)	万元	88018	16730	4803	6764
基本建设投资完成额	万元	36892	51612	3914	4222
四、教育、卫生和社会保障					
普通中学在校学生数	人	26409	19442	14425	9495
小学在校学生数	人	52681	63425	22744	28377
医院、卫生院床位数	床	1354	569	235	358
社会福利院数	个	3			4
社会福利院床位数	床	38			13

2001 年县(市)社会经济主要指标

云南省

指　　标	单　位	马关县	丘北县	广南县	富宁县
一、基本情况					
行政区域土地面积	平方公里	2676	4997	7810	5352
乡(镇)个数	个	14	13	19	14
村民委员会个数	个	124	99	174	145
年末总户数	户	81060	94003	156221	79552
其中:乡村户数	户	72001	89461	147479	75959
年末总人口	万人	35	44	73	38
其中:乡村人口	万人	32	42	71	36
年末单位从业人员数	人	12180	11711	15935	9757
乡村从业人员数	人	188583	217952	402040	214367
其中:农林牧渔业	人	172276	200955	373040	189695
农业机械总动力	万千瓦特	9	8	8	6
本地电话用户	户	14872	12110	15320	14598
二、综合经济					
第一产业增加值	万元	31013	32224	66402	37034
第二产业增加值	万元	17258	8155	16129	18540
地方财政预算内收入	万元	4119	3458	4446	3518
财政支出	万元	20565	19503	25051	19289
城乡居民储蓄存款余额	万元	48572	30591	35524	28065
年末金融机构各项贷款余额	万元	56728	46603	58337	44856
三、农业、工业及基本建设					
粮食产量	吨	119010	151567	206864	111202
棉花产量	吨	4		3	35
油料产量	吨	2797	2602	4752	2233
肉类总产量	吨	16998	27887	24742	17103
规模以上工业企业数	个	8	5	5	6
规模以上工业总产值(现价)	万元	19191	4412	7735	8623
基本建设投资完成额	万元	8747	3808	8236	5563
四、教育、卫生和社会保障					
普通中学在校学生数	人	20919	13912	19236	12299
小学在校学生数	人	36857	61237	98701	39146
医院、卫生院床位数	床	383	544	570	339
社会福利院数	个		3	2	7
社会福利院床位数	床		17	20	80

2001年县(市)社会经济主要指标

云南省

指标	单位	思茅市	普洱自治县	墨江自治县	景东自治县
一、基本情况					
行政区域土地面积	平方公里	3928	3670	5310	4466
乡(镇)个数	个	7	10	17	14
村民委员会个数	个	51	85	168	167
年末总户数	户	55865	47077	76147	87596
其中:乡村户数	户	26248	34985	63853	78829
年末总人口	万人	19	18	34	35
其中:乡村人口	万人	11	15	31	33
年末单位从业人员数	人	44338	13310	12022	12901
乡村从业人员数	人	64029	86797	170287	184749
其中:农林牧渔业	人	56471	72613	154885	161684
农业机械总动力	万千瓦特	7	11	8	12
本地电话用户	户	47846	20320	15348	19482
二、综合经济					
第一产业增加值	万元	18105	19529	21489	43348
第二产业增加值	万元	30918	21957	10663	18507
地方财政预算内收入	万元	9216	4800	5260	6620
财政支出	万元	27732	13673	18173	19943
城乡居民储蓄存款余额	万元	131803	44298	40521	38103
年末金融机构各项贷款余额	万元	152914	53359	44485	50111
三、农业、工业及基本建设					
粮食产量	吨	50672	70787	110276	134072
棉花产量	吨			12	
油料产量	吨	1150	1337	2837	542
肉类总产量	吨	5569	9546	10164	14238
规模以上工业企业数	个	26	15	13	10
规模以上工业总产值(现价)	万元	39963	19677	16156	17500
基本建设投资完成额	万元	37865	2793	4596	9955
四、教育、卫生和社会保障					
普通中学在校学生数	人	10442	9156	14530	20195
小学在校学生数	人	21349	17805	35800	27898
医院、卫生院床位数	床	995	357	419	483
社会福利院数	个	7	11	8	5
社会福利院床位数	床	156	126	130	220

2001 年县(市)社会经济主要指标

云南省

指　　标	单　　位	景谷自治县	镇沅自治县	江城自治县	孟连自治县
一、基本情况					
行政区域土地面积	平方公里	7550	4109	3544	1983
乡(镇)个数	个	11	10	7	6
村民委员会个数	个	132	110	46	40
年末总户数	户	73184	50584	28927	29224
其中:乡村户数	户	58499	42904	20044	24669
年末总人口	万人	29	20	10	11
其中:乡村人口	万人	26	18	9	10
年末单位从业人员数	人	15563	10021	6839	11427
乡村从业人员数	人	160950	99022	43809	52832
其中:农林牧渔业	人	140849	89626	39905	49829
农业机械总动力	万千瓦特	10	10	3	3
本地电话用户	户	19066	10124	9382	11212
二、综合经济					
第一产业增加值	万元	25472	16756	13959	9386
第二产业增加值	万元	37712	6121	5011	6587
地方财政预算内收入	万元	9882	3365	1301	2924
财政支出	万元	22142	15387	9210	11160
城乡居民储蓄存款余额	万元	41081	25483	13609	32374
年末金融机构各项贷款余额	万元	83925	36737	28064	33131
三、农业、工业及基本建设					
粮食产量	吨	114350	74872	33395	46732
棉花产量	吨	2	2	1	8
油料产量	吨	1849	1110	221	866
肉类总产量	吨	10905	7815	3382	2430
规模以上工业企业数	个	9	14	6	4
规模以上工业总产值(现价)	万元	53319	9827	4686	9803
基本建设投资完成额	万元	9132	4464	2023	11098
四、教育、卫生和社会保障					
普通中学在校学生数	人	15576	10979	6764	3846
小学在校学生数	人	28690	16550	12321	14532
医院、卫生院床位数	床	372	190	225	173
社会福利院数	个	10	1	1	
社会福利院床位数	床	150	37	15	

2001年县(市)社会经济主要指标

云南省

指　　标	单　位	澜沧自治县	西盟自治县	景洪市	勐海县
一、基本情况					
行政区域土地面积	平方公里	8807	1352	6959	5511
乡(镇)个数	个	22	7	12	13
村民委员会个数	个	157	36	86	101
年末总户数	户	108736	21316	104153	68874
其中:乡村户数	户	93775	17588	45906	52847
年末总人口	万人	46	8	37	29
其中:乡村人口	万人	40	7	22	25
年末单位从业人员数	人	15842	5994	61613	16603
乡村从业人员数	人	216741	35050	119873	140927
其中:农林牧渔业	人	207035	34282	113111	130479
农业机械总动力	万千瓦特	10	1	23	23
本地电话用户	户	20757	4686	73161	28983
二、综合经济					
第一产业增加值	万元	29596	3053	75194	39734
第二产业增加值	万元	9212	1266	39030	18198
地方财政预算内收入	万元	3871	716	17498	7832
财政支出	万元	23973	8830	22915	17236
城乡居民储蓄存款余额	万元	34976	7989	210164	57657
年末金融机构各项贷款余额	万元	55154	21071	193778	48555
三、农业、工业及基本建设					
粮食产量	吨	153511	30568	127251	134123
棉花产量	吨	13		29	31
油料产量	吨	1214	170	639	608
肉类总产量	吨	9536	1090	9312	6530
规模以上工业企业数	个	13	6	21	13
规模以上工业总产值(现价)	万元	28676	2077	15865	38274
基本建设投资完成额	万元	4155	2343	55782	7350
四、教育、卫生和社会保障					
普通中学在校学生数	人	9547	1895	22225	8028
小学在校学生数	人	56019	14080	42162	36685
医院、卫生院床位数	床	518	159	2194	536
社会福利院数	个	14		2	1
社会福利院床位数	床	306		20	30

2001年县(市)社会经济主要指标

云南省

指　　标	单　位	勐腊县	大理市	漾濞自治县	祥云县
一、基本情况					
行政区域土地面积	平方公里	7084	1468	1957	2498
乡(镇)个数	个	12	10	10	12
村民委员会个数	个	71	89	65	136
年末总户数	户	53490	146975	24617	118442
其中:乡村户数	户	24016	76665	21726	111541
年末总人口	万人	20	51	10	44
其中:乡村人口	万人	12	32	9	42
年末单位从业人员数	人	31304	74222	4999	13302
乡村从业人员数	人	60347	185314	48931	249980
其中:农林牧渔业	人	59396	103970	43617	202953
农业机械总动力	万千瓦特	11	22	3	21
本地电话用户	户	29935	99853	6684	27489
二、综合经济					
第一产业增加值	万元	53946	71700	11927	69869
第二产业增加值	万元	17423	317000	6110	36799
地方财政预算内收入	万元	6702	39222	2426	9010
财政支出	万元	14645	51674	11929	18409
城乡居民储蓄存款余额	万元	63634	393664	21915	68827
年末金融机构各项贷款余额	万元	66226	473889	31050	95171
三、农业、工业及基本建设					
粮食产量	吨	77734	147492	44244	159091
棉花产量	吨	26			
油料产量	吨	263	1440	841	5167
肉类总产量	吨	6040	33069	8277	22377
规模以上工业企业数	个	12	42	3	9
规模以上工业总产值(现价)	万元	9610	337247	7198	47106
基本建设投资完成额	万元	18541	83601	5130	3834
四、教育、卫生和社会保障					
普通中学在校学生数	人	9056	28860	7462	22618
小学在校学生数	人	25826	40931	10634	35463
医院、卫生院床位数	床	527	3020	224	723
社会福利院数	个	2	3	4	
社会福利院床位数	床	26	80	100	

2001年县(市)社会经济主要指标

云南省

指　　标	单　位	宾川县	弥渡县	南涧自治县	巍山自治县
一、基本情况					
行政区域土地面积	平方公里	2627	1571	1802	2266
乡(镇)个数	个	11	8	9	10
村民委员会个数	个	83	89	80	81
年末总户数	户	84706	81764	55330	74299
其中:乡村户数	户	72306	75326	52278	66500
年末总人口	万人	33	31	21	30
其中:乡村人口	万人	30	29	21	28
年末单位从业人员数	人	10272	8193	6801	8590
乡村从业人员数	人	177746	174385	119975	161447
其中:农林牧渔业	人	154174	143197	105657	141534
农业机械总动力	万千瓦特	15	8	5	7
本地电话用户	户	34152	18431	10531	16637
二、综合经济					
第一产业增加值	万元	95254	30493	30046	40046
第二产业增加值	万元	23571	15600	5223	13143
地方财政预算内收入	万元	7637	3905	4326	4116
财政支出	万元	23904	15511	13717	17228
城乡居民储蓄存款余额	万元	38746	43227	23542	43909
年末金融机构各项贷款余额	万元	58538	36504	32646	36563
三、农业、工业及基本建设					
粮食产量	吨	141535	125049	74118	115330
棉花产量	吨	113			
油料产量	吨	7649	2051	202	6832
肉类总产量	吨	26484	22034	20397	25811
规模以上工业企业数	个	2	4	1	4
规模以上工业总产值(现价)	万元	3769	6755	788	4331
基本建设投资完成额	万元	9128	6138	3163	7909
四、教育、卫生和社会保障					
普通中学在校学生数	人	18368	14404	12681	14947
小学在校学生数	人	39860	25806	17570	28717
医院、卫生院床位数	床	716	323	233	459
社会福利院数	个	7	4		3
社会福利院床位数	床	174	82		50

2001年县(市)社会经济主要指标

云南省

指标	单位	永平县	云龙县	洱源县	剑川县
一、基本情况					
行政区域土地面积	平方公里	2884	4712	2867	2270
乡(镇)个数	个	8	10	11	8
村民委员会个数	个	73	87	110	93
年末总户数	户	41941	49904	79540	39755
其中:乡村户数	户	37348	47250	71176	35827
年末总人口	万人	17	20	33	17
其中:乡村人口	万人	16	19	31	15
年末单位从业人员数	人	6923	9167	8711	7090
乡村从业人员数	人	82173	95527	168389	78857
其中:农林牧渔业	人	69607	84469	138015	60019
农业机械总动力	万千瓦特	4	5	12	6
本地电话用户	户	10552	8392	15495	10690
二、综合经济					
第一产业增加值	万元	34802	26336	53561	16072
第二产业增加值	万元	9551	9782	12798	11941
地方财政预算内收入	万元	3128	2583	5081	3085
财政支出	万元	14920	14950	18526	14454
城乡居民储蓄存款余额	万元	25154	21149	43756	25964
年末金融机构各项贷款余额	万元	29259	27960	47961	33089
三、农业、工业及基本建设					
粮食产量	吨	72925	96263	145449	70359
棉花产量	吨				
油料产量	吨	1669	1093	3490	1288
肉类总产量	吨	15036	20413	18028	11266
规模以上工业企业数	个	3	5	5	4
规模以上工业总产值(现价)	万元	2109	10256	12400	5652
基本建设投资完成额	万元	4998	5205	7650	7699
四、教育、卫生和社会保障					
普通中学在校学生数	人	9741	12951	20610	9320
小学在校学生数	人	16115	19470	36339	19353
医院、卫生院床位数	床	440	390	482	383
社会福利院数	个			1	
社会福利院床位数	床			40	

2001年县(市)社会经济主要指标

云南省

指　　标	单　位	鹤庆县	瑞丽市	潞西市	梁河县
、基本情况					
行政区域土地面积	平方公里	2395	1020	2987	1159
乡(镇)个数	个	9	8	14	9
村民委员会个数	个	113	26	80	63
年末总户数	户	66215	32809	72955	35943
其中:乡村户数	户	55771	17461	55507	32339
年末总人口	万人	26	11	33	16
其中:乡村人口	万人	24	7	27	15
年末单位从业人员数	人	8930	16331	30678	8037
乡村从业人员数	人	133726	45418	151012	79175
其中:农林牧渔业	人	105504	36076	133443	68819
农业机械总动力	万千瓦特	10	9	21	6
本地电话用户	户	14512	35194	35526	7508
二、综合经济					
第一产业增加值	万元	20210	17915	35158	9929
第二产业增加值	万元	21216	17408	28589	8870
地方财政预算内收入	万元	3733	6558	7497	2104
财政支出	万元	16730	13779	45819	10920
城乡居民储蓄存款余额	万元	42734	171074	140084	27745
年末金融机构各项贷款余额	万元	41778	80366	150789	32333
三、农业、工业及基本建设					
粮食产量	吨	105083	40692	120785	43837
棉花产量	吨				
油料产量	吨	264	1208	1174	2839
肉类总产量	吨	19835	4394	10354	4026
规模以上工业企业数	个	4	20	37	12
规模以上工业总产值(现价)	万元	12699	15068	43387	16877
基本建设投资完成额	万元	10047	9673	21238	2893
四、教育、卫生和社会保障					
普通中学在校学生数	人	15896	6870	22656	11076
小学在校学生数	人	24232	11201	37289	19395
医院、卫生院床位数	床	481	555	1144	271
社会福利院数	个	3		3	1
社会福利院床位数	床	58		34	4

2001年县(市)社会经济主要指标

云南省

指　　标	单　位	盈江县	陇川县	丽江自治县	永胜县
一、基本情况					
行政区域土地面积	平方公里	4429	1931	7485	4998
乡(镇)个数	个	18	11	23	17
村民委员会个数	个	99	69	145	147
年末总户数	户	57044	39838	87934	96411
其中:乡村户数	户	45580	28577	66802	88402
年末总人口	万人	26	17	35	38
其中:乡村人口	万人	23	13	28	36
年末单位从业人员数	人	15253	13288	21007	11878
乡村从业人员数	人	120213	77110	165200	214632
其中:农林牧渔业	人	109168	72403	136253	183804
农业机械总动力	万千瓦特	10	8	13	12
本地电话用户	户	18545	15045	52502	19198
二、综合经济					
第一产业增加值	万元	33583	22159	34408	30604
第二产业增加值	万元	21263	15037	37219	17269
地方财政预算内收入	万元	5722	3437	10550	3184
财政支出	万元	17764	11976	30991	21714
城乡居民储蓄存款余额	万元	56445	35748	145738	72909
年末金融机构各项贷款余额	万元	82078	37041	218574	71981
三、农业、工业及基本建设					
粮食产量	吨	102898	62871	140328	143701
棉花产量	吨				27
油料产量	吨	3161	6490	4729	1712
肉类总产量	吨	7685	4735	24550	17878
规模以上工业企业数	个	19	15	17	10
规模以上工业总产值(现价)	万元	48066	27765	15001	14433
基本建设投资完成额	万元	10508	9572	28957	4814
四、教育、卫生和社会保障					
普通中学在校学生数	人	16791	10059	19005	20607
小学在校学生数	人	40767	20629	34733	41100
医院、卫生院床位数	床	617	409	548	602
社会福利院数	个		1	1	
社会福利院床位数	床		12	48	

2001年县(市)社会经济主要指标

云南省

指　　标	单　位	华坪县	宁蒗自治县	泸水县	福贡县
一、基本情况					
行政区域土地面积	平方公里	2157	5963	2938	2725
乡(镇)个数	个	10	15	8	6
村民委员会个数	个	56	89	73	57
年末总户数	户	40255	57198	38946	21013
其中:乡村户数	户	32112	49074	29423	18251
年末总人口	万人	15	23	15	9
其中:乡村人口	万人	13	21	12	8
年末单位从业人员数	人	9197	10509	6235	4540
乡村从业人员数	人	68863	115215	70741	46000
其中:农林牧渔业	人	56319	106714	65439	44270
农业机械总动力	万千瓦特	3	4	4	1
本地电话用户	户	10763	9747	12579	3166
二、综合经济					
第一产业增加值	万元	14935	16650	10210	6825
第二产业增加值	万元	20505	8520	9720	1931
地方财政预算内收入	万元	4127	1020	3728	418
财政支出	万元	15958	19171	16625	10375
城乡居民储蓄存款余额	万元	48141	21198	36900	7363
年末金融机构各项贷款余额	万元	49436	23751	49698	9570
三、农业、工业及基本建设					
粮食产量	吨	64715	60408	53936	29844
棉花产量	吨				
油料产量	吨	1034	466	201	409
肉类总产量	吨	10967	8621	7426	3237
规模以上工业企业数	个	14	4	8	2
规模以上工业总产值(现价)	万元	19169	2088	4009	429
基本建设投资完成额	万元	10814	4551	7057	1299
四、教育、卫生和社会保障					
普通中学在校学生数	人	7061	6493	6057	1914
小学在校学生数	人	16932	33427	16455	10826
医院、卫生院床位数	床	380	365	312	243
社会福利院数	个	7		1	
社会福利院床位数	床	100		30	

2001 年县(市)社会经济主要指标

云南省

指　　标	单　位	贡山自治县	兰坪自治县	中甸县	德钦县
一、基本情况					
行政区域土地面积	平方公里	4506	4386	11613	7272
乡(镇)个数	个	4	7	10	7
村民委员会个数	个	26	104	63	41
年末总户数	户	8657	45843	32235	12265
其中:乡村户数	户	6792	38551	22166	9959
年末总人口	万人	3	19	15	6
其中:乡村人口	万人	3	17	11	5
年末单位从业人员数	人	2196	10093	8357	3173
乡村从业人员数	人	14675	97897	59027	28327
其中:农林牧渔业	人	13475	89799	54139	26778
农业机械总动力	万千瓦特		6	12	4
本地电话用户	户	2591	10416	16426	2560
二、综合经济					
第一产业增加值	万元	4300	11561	13881	5156
第二产业增加值	万元	1594	24050	7059	629
地方财政预算内收入	万元	300	5514	3705	594
财政支出	万元	8293	20263	23495	12510
城乡居民储蓄存款余额	万元	3844	31108	45197	9382
年末金融机构各项贷款余额	万元	9475	50467	103611	12965
三、农业、工业及基本建设					
粮食产量	吨	11630	70520	60871	21663
棉花产量	吨		1		
油料产量	吨	54	222	1108	9
肉类总产量	吨	1430	8554	7501	1401
规模以上工业企业数	个	4	11	8	3
规模以上工业总产值(现价)	万元	246	36963	18199	479
基本建设投资完成额	万元	2161	8720	27901	4193
四、教育、卫生和社会保障					
普通中学在校学生数	人	1009	8180	5049	1142
小学在校学生数	人	3911	23386	14375	7104
医院、卫生院床位数	床	140	389	234	185
社会福利院数	个	1		1	1
社会福利院床位数	床	45		20	5

2001年县(市)社会经济主要指标

云南省

指　　标	单　位	维西自治县	临沧县	凤庆县	云县
一、基本情况					
行政区域土地面积	平方公里	4661	2652	3451	3760
乡(镇)个数	个	9	10	14	13
村民委员会个数	个	79	103	185	194
年末总户数	户	33892	70630	101773	96087
其中:乡村户数	户	30177	53765	91238	87112
年末总人口	万人	14	27	42	40
其中:乡村人口	万人	13	23	40	37
年末单位从业人员数	人	6009	24683	14385	14660
乡村从业人员数	人	73593	126690	198366	206508
其中:农林牧渔业	人	67960	105046	173784	188636
农业机械总动力	万千瓦特	5	7	6	8
本地电话用户	户	4369	34156	14685	16337
二、综合经济					
第一产业增加值	万元	14580	32193	41852	54350
第二产业增加值	万元	4806	20500	12782	65460
地方财政预算内收入	万元	1007	9553	5159	8593
财政支出	万元	21225	49178	18658	19043
城乡居民储蓄存款余额	万元	14120	82086	36571	47368
年末金融机构各项贷款余额	万元	21009	155480	56602	73037
三、农业、工业及基本建设					
粮食产量	吨	55925	91078	147854	138998
棉花产量	吨	1			
油料产量	吨	184	7752	1248	1042
肉类总产量	吨	3715	9634	12909	15432
规模以上工业企业数	个	4	15	10	9
规模以上工业总产值(现价)	万元	691	15804	23036	85690
基本建设投资完成额	万元	6561	25637	8811	88923
四、教育、卫生和社会保障					
普通中学在校学生数	人	3712	16234	22206	14269
小学在校学生数	人	17156	26000	41336	37927
医院、卫生院床位数	床	283	900	439	566
社会福利院数	个		4	2	2
社会福利院床位数	床		67	24	65

2001 年县(市)社会经济主要指标

云南省

指　　标	单　位	永德县	镇康县	双江自治县	耿马自治县
一、基本情况					
行政区域土地面积	平方公里	3296	2642	2292	3837
乡(镇)个数	个	11	7	6	10
村民委员会个数	个	117	71	73	83
年末总户数	户	72647	33568	36721	58899
其中:乡村户数	户	66527	29438	31618	43434
年末总人口	万人	32	16	16	25
其中:乡村人口	万人	30	15	14	21
年末单位从业人员数	人	13284	6908	8165	19161
乡村从业人员数	人	165373	75946	64160	105771
其中:农林牧渔业	人	154752	72824	58455	98025
农业机械总动力	万千瓦特	8	4	5	8
本地电话用户	户	10956	8799	9373	15187
二、综合经济					
第一产业增加值	万元	29132	18598	18948	43281
第二产业增加值	万元	9606	6693	4540	25214
地方财政预算内收入	万元	3073	2213	2326	6506
财政支出	万元	13451	10959	11275	16036
城乡居民储蓄存款余额	万元	24744	18549	14032	41522
年末金融机构各项贷款余额	万元	47348	32821	30146	74365
三、农业、工业及基本建设					
粮食产量	吨	118606	54744	58684	84226
棉花产量	吨		1		6
油料产量	吨	633	62	1003	1018
肉类总产量	吨	13811	4664	3818	6639
规模以上工业企业数	个	10	5	5	8
规模以上工业总产值(现价)	万元	15367	12159	11665	35903
基本建设投资完成额	万元	9044	962	4111	8430
四、教育、卫生和社会保障					
普通中学在校学生数	人	9397	4378	4971	7023
小学在校学生数	人	35584	20945	19200	33664
医院、卫生院床位数	床	497	200	300	674
社会福利院数	个	6	2	3	2
社会福利院床位数	床	107	60	90	15

2001年县(市)社会经济主要指标

云南省

指　　标	单　位	沧源自治县	林周县	当雄县	尼木县
一、基本情况					
行政区域土地面积	平方公里	2539	5412	12000	3238
乡(镇)个数	个	10	10	8	8
村民委员会个数	个	93	102	29	35
年末总户数	户	37287	9683	7438	5682
其中:乡村户数	户	30131	8777	6312	4438
年末总人口	万人	16	6	4	3
其中:乡村人口	万人	14	5	4	3
年末单位从业人员数	人	10474	1362		850
乡村从业人员数	人	60977	26719	15628	14127
其中:农林牧渔业	人	58016	23241	9005	12614
农业机械总动力	万千瓦特	2	4	2	1
本地电话用户	户	9624	463	539	339
二、综合经济					
第一产业增加值	万元	18702	10858	7933	3679
第二产业增加值	万元	6991	448	4759	1185
地方财政预算内收入	万元	2334			150
财政支出	万元	13396	4429	2400	2375
城乡居民储蓄存款余额	万元	15740	955	1122	768
年末金融机构各项贷款余额	万元	33573	2676	1532	986
三、农业、工业及基本建设					
粮食产量	吨	53765	57555		14841
棉花产量	吨				
油料产量	吨	485	2604		832
肉类总产量	吨	3233	3614	4529	1172
规模以上工业企业数	个	7			
规模以上工业总产值(现价)	万元	11589			
基本建设投资完成额	万元	5885	2863	1026	3009
四、教育、卫生和社会保障					
普通中学在校学生数	人	4029	825	685	3370
小学在校学生数	人	20818	8343	5918	3690
医院、卫生院床位数	床	347	70	25	61
社会福利院数	个				
社会福利院床位数	床				

2001年县(市)社会经济主要指标

西藏自治区

指　　标	单　位	曲水县	堆龙德庆县	达孜县	墨竹工卡县
一、基本情况					
行政区域土地面积	平方公里	1680	2704	1373	5620
乡(镇)个数	个	6	7	6	8
村民委员会个数	个	17	35	21	43
年末总户数	户	6930	9134	5485	7048
其中:乡村户数	户	5740	7380	4747	6426
年末总人口	万人	3	4	3	4
其中:乡村人口	万人	3	4	2	4
年末单位从业人员数	人		1851	822	1286
乡村从业人员数	人	14618	19673	12348	13661
其中:农林牧渔业	人	11880	14489	9325	12079
农业机械总动力	万千瓦特	2	4	3	2
本地电话用户	户	475	1107	548	437
二、综合经济					
第一产业增加值	万元	4969	9381	6728	6770
第二产业增加值	万元	2045	2828	600	2605
地方财政预算内收入	万元	302	1300	125	172
财政支出	万元	3061	4831	2160	2804
城乡居民储蓄存款余额	万元	1178	3099	1954	272
年末金融机构各项贷款余额	万元	1790	2582	2537	1305
三、农业、工业及基本建设					
粮食产量	吨	25780	34803	27089	25658
棉花产量	吨				
油料产量	吨	1096	2130	1067	3025
肉类总产量	吨	1569	1966	1735	3676
规模以上工业企业数	个	2	2		2
规模以上工业总产值(现价)	万元	4336	3432		3863
基本建设投资完成额	万元	3278	4726	2375	3809
四、教育、卫生和社会保障					
普通中学在校学生数	人	1640	1522	480	842
小学在校学生数	人	583	5354	4058	6234
医院、卫生院床位数	床	30	45	45	30
社会福利院数	个		8		
社会福利院床位数	床		15		

2001年县(市)社会经济主要指标

西藏自治区

指　　标	单　位	昌都县	江达县	贡觉县	类乌齐县
一、基本情况					
行政区域土地面积	平方公里	11200	13085	6268	
乡(镇)个数	个	15	13	12	10
村民委员会个数	个	208	94	162	105
年末总户数	户	10887	11165	6526	7172
其中:乡村户数	户	10887	9785	6048	5837
年末总人口	万人	9	7	4	4
其中:乡村人口	万人	6	7	4	4
年末单位从业人员数	人	331	2503	969	654
乡村从业人员数	人	20757	34088	17066	11873
其中:农林牧渔业	人	16449	26614	15213	11672
农业机械总动力	万千瓦特	1	1	1	
本地电话用户	户		900	765	903
二、综合经济					
第一产业增加值	万元	12633	5593	191	4546
第二产业增加值	万元	813	628	143	533
地方财政预算内收入	万元	254		197	411
财政支出	万元	5146	3554	2386	2357
城乡居民储蓄存款余额	万元		1269	577	716
年末金融机构各项贷款余额	万元		2199	1894	1312
三、农业、工业及基本建设					
粮食产量	吨	17285	11077	12790	7544
棉花产量	吨				
油料产量	吨	206	130	257	
肉类总产量	吨	6178	7520	2806	3264
规模以上工业企业数	个				
规模以上工业总产值(现价)	万元				
基本建设投资完成额	万元	2229	2855	1419	1271
四、教育、卫生和社会保障					
普通中学在校学生数	人	1359	209	139	175
小学在校学生数	人	10305	6633	960	1327
医院、卫生院床位数	床	20	36	27	40
社会福利院数	个	1			
社会福利院床位数	床	31			

2001年县(市)社会经济主要指标

西藏自治区

指　　标	单　位	丁青县	察雅县	八宿县	左贡县
一、基本情况					
行政区域土地面积	平方公里	12955	8413		11726
乡(镇)个数	个	13	12	14	15
村民委员会个数	个	65	153	126	161
年末总户数	户	7854	8457	6021	7210
其中:乡村户数	户	7854	8261	5341	6337
年末总人口	万人	6	5	4	4
其中:乡村人口	万人	6	5	4	4
年末单位从业人员数	人	1211	25381	985	1166
乡村从业人员数	人	23146	25381	14875	21429
其中:农林牧渔业	人	22620	22480	14003	19981
农业机械总动力	万千瓦特		1	1	1
本地电话用户	户	1000	606		635
二、综合经济					
第一产业增加值	万元	10901	8224	5307	13002
第二产业增加值	万元	392	675		
地方财政预算内收入	万元		172	147	112
财政支出	万元	2439	1406	2012	532
城乡居民储蓄存款余额	万元	690			861
年末金融机构各项贷款余额	万元	3426			980
三、农业、工业及基本建设					
粮食产量	吨	21253	13400	10137	14873
棉花产量	吨				
油料产量	吨	228	164		45
肉类总产量	吨	4061	3401	3104	3857
规模以上工业企业数	个				4
规模以上工业总产值(现价)	万元				280
基本建设投资完成额	万元	1087	4200	1701	1304
四、教育、卫生和社会保障					
普通中学在校学生数	人	242	526	279	418
小学在校学生数	人	6593	6986	4981	5437
医院、卫生院床位数	床	87	50	50	64
社会福利院数	个	1	17		
社会福利院床位数	床	20			

2001年县(市)社会经济主要指标

西藏自治区

指　　标	单　位	芒康县	洛隆县	边坝县	盐井县
一、基本情况					
行政区域土地面积	平方公里	11143	8098	8894	
乡(镇)个数	个	16	11	11	
村民委员会个数	个	60	76	105	
年末总户数	户	10063	7494	5073	
其中:乡村户数	户	10063	6169	4638	
年末总人口	万人	7	4	3	
其中:乡村人口	万人	7	4	3	
年末单位从业人员数	人	4266	881	906	
乡村从业人员数	人	35964	11364	8464	
其中:农林牧渔业	人	31698	10483	8317	
农业机械总动力	万千瓦特	2	1	1	
本地电话用户	户	1344	677	407	
二、综合经济					
第一产业增加值	万元	11896	8182		
第二产业增加值	万元	459		1076	
地方财政预算内收入	万元	333	185	72	
财政支出	万元	4522	2477	366	
城乡居民储蓄存款余额	万元	2086	921	450	
年末金融机构各项贷款余额	万元	1682	1009	1791	
三、农业、工业及基本建设					
粮食产量	吨	22260	20280	10052	
棉花产量	吨				
油料产量	吨	165	330		
肉类总产量	吨	6396	3401	2667	
规模以上工业企业数	个	2			
规模以上工业总产值(现价)	万元	142			
基本建设投资完成额	万元	1246	3469	2533	
四、教育、卫生和社会保障					
普通中学在校学生数	人	619	1127	444	
小学在校学生数	人	8710	5667	720	
医院、卫生院床位数	床	67	65	75	
社会福利院数	个			1	
社会福利院床位数	床			20	

2001年县(市)社会经济主要指标

西藏自治区

指　　标	单　位	碧土县	妥坝县	生达县	乃东县
一、基本情况					
行政区域土地面积	平方公里				2211
乡(镇)个数	个				7
村民委员会个数	个				50
年末总户数	户				15333
其中:乡村户数	户				8323
年末总人口	万人				6
其中:乡村人口	万人				4
年末单位从业人员数	人				19451
乡村从业人员数	人				18589
其中:农林牧渔业	人				15437
农业机械总动力	万千瓦特				5
本地电话用户	户				7671
二、综合经济					
第一产业增加值	万元				4483
第二产业增加值	万元				9783
地方财政预算内收入	万元				585
财政支出	万元				3575
城乡居民储蓄存款余额	万元				2676
年末金融机构各项贷款余额	万元				1827
三、农业、工业及基本建设					
粮食产量	吨				27754
棉花产量	吨				
油料产量	吨				1047
肉类总产量	吨				2208
规模以上工业企业数	个				
规模以上工业总产值(现价)	万元				
基本建设投资完成额	万元				2316
四、教育、卫生和社会保障					
普通中学在校学生数	人				1268
小学在校学生数	人				3884
医院、卫生院床位数	床				41
社会福利院数	个				1
社会福利院床位数	床				20

2001年县(市)社会经济主要指标

西藏自治区

指　　标	单　位	扎囊县	贡嘎县	桑日县	琼结县
一、基本情况					
行政区域土地面积	平方公里	2600	2284	2640	12000
乡(镇)个数	个	5	8	4	4
村民委员会个数	个	64	42	44	21
年末总户数	户	7175	8701	3565	4236
其中:乡村户数	户	6645	8159	3285	3665
年末总人口	万人	4	5	2	2
其中:乡村人口	万人	4	4	1	2
年末单位从业人员数	人	15307	1607	640	504
乡村从业人员数	人	15307	20515	6450	8595
其中:农林牧渔业	人	15307	17796	6450	8595
农业机械总动力	万千瓦特		3	1	1
本地电话用户	户	376	715	618	421
二、综合经济					
第一产业增加值	万元	3021	2869	1486	1307
第二产业增加值	万元	787	5112	1283	880
地方财政预算内收入	万元	165	1002	101	130
财政支出	万元	2891	3774	1632	2076
城乡居民储蓄存款余额	万元	1136	2556	748	894
年末金融机构各项贷款余额	万元	874	1042	598	660
三、农业、工业及基本建设					
粮食产量	吨	23000	33604	8482	12433
棉花产量	吨				
油料产量	吨	548	1028	626	505
肉类总产量	吨	1339	2025	1162	458
规模以上工业企业数	个				
规模以上工业总产值(现价)	万元				
基本建设投资完成额	万元	3011	12261	757	3282
四、教育、卫生和社会保障					
普通中学在校学生数	人	1412	1220	378	703
小学在校学生数	人	4056	5414	2160	2261
医院、卫生院床位数	床	22	39	15	15
社会福利院数	个	3			
社会福利院床位数	床	19			

2001 年县(市)社会经济主要指标

西藏自治区

指　　标	单　位	曲松县	措美县	洛扎县	加查县
一、基本情况					
行政区域土地面积	平方公里	1967	14400	4426	4493
乡(镇)个数	个	5	4	6	7
村民委员会个数	个	21	16	26	88
年末总户数	户	3806	3206	4444	4291
其中:乡村户数	户	3196	2976	3905	3880
年末总人口	万人	2	1	2	2
其中:乡村人口	万人	1	1	2	2
年末单位从业人员数	人	567	6592	8529	496
乡村从业人员数	人	6427	6592	8179	5972
其中:农林牧渔业	人	6427	6202	7907	5852
农业机械总动力	万千瓦特		1		1
本地电话用户	户	461	378	341	433
二、综合经济					
第一产业增加值	万元	1452	1397	1489	3220
第二产业增加值	万元	3072	1151	564	603
地方财政预算内收入	万元	511	116	136	140
财政支出	万元	2139	1724	2400	1897
城乡居民储蓄存款余额	万元	1100	887	1591	833
年末金融机构各项贷款余额	万元	743	331	850	1244
三、农业、工业及基本建设					
粮食产量	吨	6548	3225	9803	7953
棉花产量	吨				
油料产量	吨	605	134	601	273
肉类总产量	吨	1365	952	804	1357
规模以上工业企业数	个				
规模以上工业总产值(现价)	万元				
基本建设投资完成额	万元	158	4419	1728	1878
四、教育、卫生和社会保障					
普通中学在校学生数	人	487	630	1240	356
小学在校学生数	人	2208	1516	2316	2462
医院、卫生院床位数	床	17	35	45	50
社会福利院数	个				
社会福利院床位数	床				

2001年县(市)社会经济主要指标

西藏自治区

指　　　标	单　位	隆子县	错那县	浪卡子县	日喀则市
一、基本情况					
行政区域土地面积	平方公里	10566	34937	8109	3875
乡(镇)个数	个	10	10	10	12
村民委员会个数	个	87	25	110	177
年末总户数	户	7526	3989	6383	15277
其中:乡村户数	户	6898	3693	6320	11711
年末总人口	万人	3	2	3	9
其中:乡村人口	万人	3	1	3	7
年末单位从业人员数	人	577		813	32209
乡村从业人员数	人	14452	6766	15765	31631
其中:农林牧渔业	人	13397	6606	14643	23614
农业机械总动力	万千瓦特	1	1	1	9
本地电话用户	户	1655	513	485	
二、综合经济					
第一产业增加值	万元	3365	654	3708	14271
第二产业增加值	万元	2080	770	462	2982
地方财政预算内收入	万元	140	112	34	
财政支出	万元	2578	2440	2787	7384
城乡居民储蓄存款余额	万元	1861	1669	127	
年末金融机构各项贷款余额	万元	848	347		
三、农业、工业及基本建设					
粮食产量	吨	21295	4502	7344	66916
棉花产量	吨				250
油料产量	吨	800	308	388	250362
肉类总产量	吨	2223	906	1692	1614
规模以上工业企业数	个				12
规模以上工业总产值(现价)	万元				4114
基本建设投资完成额	万元	7981	2622	1380	20114
四、教育、卫生和社会保障					
普通中学在校学生数	人	768	619	1232	2204
小学在校学生数	人	3883	1714	4124	11300
医院、卫生院床位数	床	25	18	50	36
社会福利院数	个				1
社会福利院床位数	床				38

2001年县(市)社会经济主要指标

西藏自治区

指　　标	单　位	南木林县	江孜县	定日县	萨迦县
一、基本情况					
行政区域土地面积	平方公里	8848	3800	13972	8126
乡(镇)个数	个	17	19	13	11
村民委员会个数	个	150	159	182	128
年末总户数	户	10669	9383	8012	6673
其中:乡村户数	户	10634	9064	7977	6655
年末总人口	万人	7	6	5	4
其中:乡村人口	万人	6	5	4	4
年末单位从业人员数	人	56	2296	874	1059
乡村从业人员数	人	34683	25176	25406	16435
其中:农林牧渔业	人	33617	21971	22884	15105
农业机械总动力	万千瓦特	2	3	1	1
本地电话用户	户	430	2003	550	453
二、综合经济					
第一产业增加值	万元	12663		6852	
第二产业增加值	万元	918			
地方财政预算内收入	万元	241	560	261	2140
财政支出	万元	3018	6425	2822	2138
城乡居民储蓄存款余额	万元	1087	8324	566	857
年末金融机构各项贷款余额	万元	886	4595	699	1759
三、农业、工业及基本建设					
粮食产量	吨	31905	503647	26756	4714
棉花产量	吨				
油料产量	吨	1010	5135	706	
肉类总产量	吨	85457	89	1558	1680
规模以上工业企业数	个				
规模以上工业总产值(现价)	万元	320			
基本建设投资完成额	万元	3535	6661	6594	1963
四、教育、卫生和社会保障					
普通中学在校学生数	人	979	2725	490	625
小学在校学生数	人	100112	8033	585	5754
医院、卫生院床位数	床	94	119	68	40
社会福利院数	个	1		2	
社会福利院床位数	床	5		30	

2001 年县(市)社会经济主要指标

西藏自治区

指　　标	单　位	拉孜县	昂仁县	谢通门县	白朗县
一、基本情况					
行政区域土地面积	平方公里	4502		1	2759
乡(镇)个数	个	11	17	19	11
村民委员会个数	个	105	191	99	113
年末总户数	户	8492	8136	6662	5417
其中:乡村户数	户	7398	8108	6654	5405
年末总人口	万人	5	5	4	4
其中:乡村人口	万人	5	4	4	4
年末单位从业人员数	人	1009	1387		
乡村从业人员数	人	22514	19257		21067
其中:农林牧渔业	人	18661	18609		17274
农业机械总动力	万千瓦特	2	1		3
本地电话用户	户	540	17	93	533
二、综合经济					
第一产业增加值	万元	7824	11349	5919	9613
第二产业增加值	万元	606	476	1147	998
地方财政预算内收入	万元	81	1499	203	268
财政支出	万元	2364	1618	2093	3225
城乡居民储蓄存款余额	万元	469	617		2429
年末金融机构各项贷款余额	万元	3316	835		2243
三、农业、工业及基本建设					
粮食产量	吨	37652	18152	14713	40985
棉花产量	吨				
油料产量	吨	3815	471	687	1959
肉类总产量	吨	1284	2327	1646	853
规模以上工业企业数	个				
规模以上工业总产值(现价)	万元				
基本建设投资完成额	万元	1138	721	5042	3088
四、教育、卫生和社会保障					
普通中学在校学生数	人	707	301	359	1894
小学在校学生数	人	6839	6201	875	6010
医院、卫生院床位数	床	74	88	58	48
社会福利院数	个	1			
社会福利院床位数	床	4			

2001年县(市)社会经济主要指标

西藏自治区

指　　标	单　位	仁布县	康马县	定结县	仲巴县
一、基本情况					
行政区域土地面积	平方公里				42700
乡(镇)个数	个	10	9	10	13
村民委员会个数	个	79	48	81	59
年末总户数	户	4412	3473	3530	3455
其中:乡村户数	户	4359	3245	2910	3450
年末总人口	万人	3	2	2	2
其中:乡村人口	万人	3	2	2	2
年末单位从业人员数	人	15474			489
乡村从业人员数	人	15474	8396	9142	165
其中:农林牧渔业	人	15474		6771	137
农业机械总动力	万千瓦特	1	1	1	
本地电话用户	户	407	320	339	385
二、综合经济					
第一产业增加值	万元	5098	3563	2449	4775
第二产业增加值	万元	852	777	264	562
地方财政预算内收入	万元	127	79		104
财政支出	万元	1905	2639	1836	1408
城乡居民储蓄存款余额	万元		1053	522	727
年末金融机构各项贷款余额	万元	1621	818	882	879
三、农业、工业及基本建设					
粮食产量	吨	13906	10988	6551	
棉花产量	吨				
油料产量	吨		664	365	
肉类总产量	吨	659	1445	1163	2987
规模以上工业企业数	个	1	1		
规模以上工业总产值(现价)	万元	184	72		
基本建设投资完成额	万元		3895	1205	2811
四、教育、卫生和社会保障					
普通中学在校学生数	人	573	720	370	
小学在校学生数	人	3626	2692	2520	1425
医院、卫生院床位数	床	34	20	30	17
社会福利院数	个				1
社会福利院床位数	床				8

2001年县(市)社会经济主要指标

西藏自治区

指标	单位	亚东县	吉隆县	聂拉木县	萨嘎县
一、基本情况					
行政区域土地面积	平方公里	4212		8696	
乡(镇)个数	个	7	5	7	8
村民委员会个数	个	25	42	45	38
年末总户数	户	2250	2010	2343	2027
其中:乡村户数	户	2231	2003	2297	2025
年末总人口	万人	1	1	1	1
其中:乡村人口	万人	1	1	1	1
年末单位从业人员数	人	1930	370	790	486
乡村从业人员数	人	936	5146	7296	4361
其中:农林牧渔业	人	615	4875	6561	4335
农业机械总动力	万千瓦特	1	1	1	
本地电话用户	户	1475	398	480	423
二、综合经济					
第一产业增加值	万元	1229	2437	3066	1558
第二产业增加值	万元	150	93		
地方财政预算内收入	万元	418	118	607	154
财政支出	万元	2423	1829	2180	260
城乡居民储蓄存款余额	万元	2405		640	568
年末金融机构各项贷款余额	万元	507		853	383
三、农业、工业及基本建设					
粮食产量	吨	1725	4700	5649	1245
棉花产量	吨				
油料产量	吨	2	333	318	
肉类总产量	吨	642	574	1002	1647
规模以上工业企业数	个			1	
规模以上工业总产值(现价)	万元			1010	
基本建设投资完成额	万元	535		4329	1890
四、教育、卫生和社会保障					
普通中学在校学生数	人	662	178	251	50
小学在校学生数	人	1347	1382	2188	1101
医院、卫生院床位数	床	33	20	60	12
社会福利院数	个	4			1
社会福利院床位数	床	20			14

2001年县(市)社会经济主要指标

西藏自治区

指　　标	单　位	岗巴县	那曲县	嘉黎县	比如县
一、基本情况					
行政区域土地面积	平方公里	374	48000	13244	11442
乡(镇)个数	个	5	20	14	11
村民委员会个数	个	29	284	122	195
年末总户数	户	1622	11383	4027	7354
其中:乡村户数	户	1582	10740	4027	7354
年末总人口	万人	1	6	3	5
其中:乡村人口	万人	1	6	2	5
年末单位从业人员数	人	422	7091		887
乡村从业人员数	人	5262		999	18274
其中:农林牧渔业	人	5130			17515
农业机械总动力	万千瓦特	1			1
本地电话用户	户			266	238
二、综合经济					
第一产业增加值	万元	1241	6851	6126	8295
第二产业增加值	万元	114	1073	713	1548
地方财政预算内收入	万元	103		136	135
财政支出	万元	1512	3702	2179	2403
城乡居民储蓄存款余额	万元	371	1292	636	1406
年末金融机构各项贷款余额	万元	819	1846	3476	1473
三、农业、工业及基本建设					
粮食产量	吨	3627		925	3228
棉花产量	吨				
油料产量	吨	166		4	
肉类总产量	吨	815	5560	1867	4044
规模以上工业企业数	个				
规模以上工业总产值(现价)	万元				
基本建设投资完成额	万元		2317	2214	2709
四、教育、卫生和社会保障					
普通中学在校学生数	人			121	151
小学在校学生数	人		5865	2741	3581
医院、卫生院床位数	床		76	20	134
社会福利院数	个				2
社会福利院床位数	床				55

2001年县(市)社会经济主要指标

西藏自治区

指标	单位	聂荣县	安多县	申扎县	索县
一、基本情况					
行政区域土地面积	平方公里	21425	100000		895
乡(镇)个数	个	13	17	8	12
村民委员会个数	个	173	136	73	141
年末总户数	户	5146	6683	3158	5445
其中:乡村户数	户	5146	5880	2764	3578
年末总人口	万人	3	3	2	3
其中:乡村人口	万人	3	3	2	2
年末单位从业人员数	人		16590	303	330
乡村从业人员数	人	11001	13440	6546	12154
其中:农林牧渔业	人	10242	12571	6505	11836
农业机械总动力	万千瓦特	1	2		2
本地电话用户	户	299	602	347	470
二、综合经济					
第一产业增加值	万元	4585	5425	4954	3931
第二产业增加值	万元	1677	633	5892	744
地方财政预算内收入	万元		485	537	
财政支出	万元	1990	2678	1762	2181
城乡居民储蓄存款余额	万元	274	1199	435	
年末金融机构各项贷款余额	万元	1456	1447	828	
三、农业、工业及基本建设					
粮食产量	吨				
棉花产量	吨				
油料产量	吨				47
肉类总产量	吨		5825	1668	1667
规模以上工业企业数	个	1		2	
规模以上工业总产值(现价)	万元	55		7859	
基本建设投资完成额	万元	1657	1882	1984	2416
四、教育、卫生和社会保障					
普通中学在校学生数	人	109	208	185	352
小学在校学生数	人	1488	2677	1698	19842
医院、卫生院床位数	床	15	62	23	13
社会福利院数	个	1			1
社会福利院床位数	床	9			15

2001年县(市)社会经济主要指标

西藏自治区

指　　标	单　位	班戈县	巴青县	尼玛县	普兰县
一、基本情况					
行政区域土地面积	平方公里		10037	150000	12500
乡(镇)个数	个	18	12	15	3
村民委员会个数	个	133	162	83	9
年末总户数	户	6901	5666	5156	2107
其中:乡村户数	户	6401	5631	4807	1859
年末总人口	万人	3	4	3	1
其中:乡村人口	万人	3	4	2	1
年末单位从业人员数	人	1114	1692	600	
乡村从业人员数	人	14486	2313	12000	4414
其中:农林牧渔业	人	14486	2313	9500	4226
农业机械总动力	万千瓦特		7		
本地电话用户	户		81		
二、综合经济					
第一产业增加值	万元	7076	4240	5359	1757
第二产业增加值	万元	860	339	635	650
地方财政预算内收入	万元	133	85	400	153
财政支出	万元	132	1821	2022	1593
城乡居民储蓄存款余额	万元		35	113	937
年末金融机构各项贷款余额	万元		328	3007	344
三、农业、工业及基本建设					
粮食产量	吨		411	133	2869
棉花产量	吨				
油料产量	吨				65
肉类总产量	吨	4176	2554	4290	632
规模以上工业企业数	个		1		
规模以上工业总产值(现价)	万元		88		
基本建设投资完成额	万元	1960		4300	
四、教育、卫生和社会保障					
普通中学在校学生数	人	135	31		
小学在校学生数	人	672	3051	2188	998
医院、卫生院床位数	床	50	61	50	21
社会福利院数	个				
社会福利院床位数	床				

2001年县(市)社会经济主要指标

西藏自治区

指　　标	单　位	札达县	噶尔县	日土县	革吉县
一、基本情况					
行政区域土地面积	平方公里	27000		80300	55700
乡(镇)个数	个	6	5	5	5
村民委员会个数	个	14	12	19	52
年末总户数	户	1374	1679	1693	2804
其中:乡村户数	户	1065	1314	1415	2544
年末总人口	万人	1	1	1	1
其中:乡村人口	万人	1	1	1	1
年末单位从业人员数	人		272	502	404
乡村从业人员数	人	2545	3569	14010	6694
其中:农林牧渔业	人	2516	3550	3874	6467
农业机械总动力	万千瓦特		1	2	2
本地电话用户	户	320		362	350
二、综合经济					
第一产业增加值	万元	1669	2138	4203	3704
第二产业增加值	万元	253	145	477	410
地方财政预算内收入	万元		376	319	421
财政支出	万元	1523	1510	1504	1623
城乡居民储蓄存款余额	万元	1096	970	1620	905
年末金融机构各项贷款余额	万元	500	353	321	187
三、农业、工业及基本建设					
粮食产量	吨	884	702	935	14
棉花产量	吨				
油料产量	吨			8	
肉类总产量	吨	349	403	64	1587
规模以上工业企业数	个				
规模以上工业总产值(现价)	万元				1246
基本建设投资完成额	万元		820	4124	4216
四、教育、卫生和社会保障					
普通中学在校学生数	人	147			
小学在校学生数	人	677	702	623	926
医院、卫生院床位数	床	46		28	36
社会福利院数	个			1	
社会福利院床位数	床		545	58	

2001年县(市)社会经济主要指标

西藏自治区

指　　标	单　位	改则县	措勤县	隆格尔县	林芝县
一、基本情况					
行政区域土地面积	平方公里	20000	22400		
乡(镇)个数	个	7	5		7
村民委员会个数	个	52	20		107
年末总户数	户	3864	2625		9420
其中:乡村户数	户	3362	2362		2841
年末总人口	万人	2	1		4
其中:乡村人口	万人	2	1		1
年末单位从业人员数	人	378	410		24000
乡村从业人员数	人	9040	6387		5187
其中:农林牧渔业	人	8467	5813		4700
农业机械总动力	万千瓦特	2	1		7
本地电话用户	户	516	240		1481
二、综合经济					
第一产业增加值	万元	3496	1821		4560
第二产业增加值	万元	178	240		19745
地方财政预算内收入	万元	453	110		263
财政支出	万元	1543	1332		3256
城乡居民储蓄存款余额	万元	158	981		3751
年末金融机构各项贷款余额	万元	693	650		2152
三、农业、工业及基本建设					
粮食产量	吨				10115
棉花产量	吨				
油料产量	吨				
肉类总产量	吨	2421	1206		699
规模以上工业企业数	个				
规模以上工业总产值(现价)	万元	12462			
基本建设投资完成额	万元		1518		2454
四、教育、卫生和社会保障					
普通中学在校学生数	人	75			435
小学在校学生数	人	1295	1131		2219
医院、卫生院床位数	床	59	41		30
社会福利院数	个				
社会福利院床位数	床				

2001年县(市)社会经济主要指标

西藏自治区

指　　　标	单　　位	工布江达县	米林县	墨脱县	波密县
一、基本情况					
行政区域土地面积	平方公里		9471		
乡(镇)个数	个	9	8	9	11
村民委员会个数	个	128	100	60	110
年末总户数	户	4989	4126	1780	5765
其中:乡村户数	户	4111	2449	1429	3364
年末总人口	万人	3	2	1	3
其中:乡村人口	万人	2	1	1	2
年末单位从业人员数	人		1073	454	
乡村从业人员数	人	8349	5885	4910	8249
其中:农林牧渔业	人	7772	5734	4910	
农业机械总动力	万千瓦特	3	7		6
本地电话用户	户	1230	1320	222	1394
二、综合经济					
第一产业增加值	万元	4418	3688	1023	7170
第二产业增加值	万元	2513	1657	294	3613
地方财政预算内收入	万元	693	700	75	604
财政支出	万元	3021	3069	1580	3136
城乡居民储蓄存款余额	万元	2563	3324	1768	
年末金融机构各项贷款余额	万元	1310	2468	571	
三、农业、工业及基本建设					
粮食产量	吨	8914	10105	6230	17401
棉花产量	吨				
油料产量	吨	425	432	4	791
肉类总产量	吨	2460	703	147	885
规模以上工业企业数	个		3		
规模以上工业总产值(现价)	万元		1855		
基本建设投资完成额	万元	7106	2800	587	1841
四、教育、卫生和社会保障					
普通中学在校学生数	人	478	339	140	997
小学在校学生数	人	3622	2311	1295	4363
医院、卫生院床位数	床	83	64	66	102
社会福利院数	个	1			2
社会福利院床位数	床	10			36

2001 年县(市)社会经济主要指标

西藏自治区、陕西省

指　　标	单　位	察隅县	朗　县	长安县	蓝田县
一、基本情况					
行政区域土地面积	平方公里	31659	4200	1583	1969
乡(镇)个数	个	6	6	43	28
村民委员会个数	个	113	86	672	519
年末总户数	户	4300	4350	240815	160985
其中:乡村户数	户	3817	2880	197439	138793
年末总人口	万人	3	1	90	63
其中:乡村人口	万人	2	1	80	57
年末单位从业人员数	人	878	609	23825	17660
乡村从业人员数	人	12147	8239	382900	299400
其中:农林牧渔业	人	12100	7103	248100	221800
农业机械总动力	万千瓦特	1	2	38	22
本地电话用户	户	920	942	92158	36870
二、综合经济					
第一产业增加值	万元	3844	3014	74801	50647
第二产业增加值	万元	2472	1152	152199	35724
地方财政预算内收入	万元	312	300	13676	6824
财政支出	万元	2475	2068	21725	14708
城乡居民储蓄存款余额	万元	2748	1295	373542	150879
年末金融机构各项贷款余额	万元	588	779	182994	109390
三、农业、工业及基本建设					
粮食产量	吨	18615	6868	322255	221449
棉花产量	吨			6	122
油料产量	吨	191	283	2097	2465
肉类总产量	吨	619	944	34000	17389
规模以上工业企业数	个			39	27
规模以上工业总产值(现价)	万元			84194	17404
基本建设投资完成额	万元	10282	1889	76128	5240
四、教育、卫生和社会保障					
普通中学在校学生数	人	275	158	70541	41267
小学在校学生数	人	3492	1975	102849	80398
医院、卫生院床位数	床	86	38	2489	721
社会福利院数	个			4	5
社会福利院床位数	床			84	58

2001年县(市)社会经济主要指标

陕西省

指　　　标	单　位	周至县	户　县	高陵县	耀　县
一、基本情况					
行政区域土地面积	平方公里	2969	1213	294	1614
乡(镇)个数	个	28	19	9	15
村民委员会个数	个	380	518	87	191
年末总户数	户	153685	150546	57707	68744
其中:乡村户数	户	135008	118030	51648	49053
年末总人口	万人	63	56	23	26
其中:乡村人口	万人	58	49	21	19
年末单位从业人员数	人	24612	37682	12817	20215
乡村从业人员数	人	309800	272700	113500	104600
其中:农林牧渔业	人	243700	182700	75800	83100
农业机械总动力	万千瓦特	22	28	12	8
本地电话用户	户	52885	62314	26056	26137
二、综合经济					
第一产业增加值	万元	55129	56443	36632	17279
第二产业增加值	万元	33500	122502	33225	37486
地方财政预算内收入	万元	7365	11679	5024	4390
财政支出	万元	15126	17714	9723	9825
城乡居民储蓄存款余额	万元	11563	262678	69428	89019
年末金融机构各项贷款余额	万元	78727	165117	66026	127559
三、农业、工业及基本建设					
粮食产量	吨	262412	340152	208026	74511
棉花产量	吨	14	36	4	8
油料产量	吨	1735	890	505	4893
肉类总产量	吨	17900	22027	16257	4086
规模以上工业企业数	个	14	45	29	20
规模以上工业总产值(现价)	万元	16935	151259	32810	81256
基本建设投资完成额	万元	18171	17838	39181	8379
四、教育、卫生和社会保障					
普通中学在校学生数	人	53381	49792	22328	15618
小学在校学生数	人	94864	64405	28761	32763
医院、卫生院床位数	床	676	1324	365	460
社会福利院数	个	1	12	2	10
社会福利院床位数	床	108	80	63	151

2001年县(市)社会经济主要指标

陕西省

指　　标	单　位	宜君县	宝鸡县	凤翔县	岐山县
一、基本情况					
行政区域土地面积	平方公里	1476	3019	1179	855
乡(镇)个数	个	12	35	20	18
村民委员会个数	个	178	492	250	188
年末总户数	户	22967	177716	126668	127652
其中:乡村户数	户	20074	151326	114411	99003
年末总人口	万人	9	72	50	46
其中:乡村人口	万人	8	62	47	38
年末单位从业人员数	人	6255	41881	20000	25795
乡村从业人员数	人	44000	311700	226800	170300
其中:农林牧渔业	人	35900	199400	160200	100000
农业机械总动力	万千瓦特	3	24	21	15
本地电话用户	户	6049	61717	45125	53778
二、综合经济					
第一产业增加值	万元	9458	37849	52692	28679
第二产业增加值	万元	4000	90494	93169	83082
地方财政预算内收入	万元	1090	8809	5790	4610
财政支出	万元	5572	15739	12494	10478
城乡居民储蓄存款余额	万元	9580	220689	131463	208390
年末金融机构各项贷款余额	万元	16640	291801	122683	223591
三、农业、工业及基本建设					
粮食产量	吨	58282	239201	225178	174483
棉花产量	吨		11	2	71
油料产量	吨	2363	3764	4636	5588
肉类总产量	吨	2764	29494	19162	14364
规模以上工业企业数	个	11	34	16	30
规模以上工业总产值(现价)	万元	4737	149308	113489	130178
基本建设投资完成额	万元	4608	12691	12185	7404
四、教育、卫生和社会保障					
普通中学在校学生数	人	4878	56088	40927	41803
小学在校学生数	人	14732	94263	64630	59146
医院、卫生院床位数	床	182	1305	831	1199
社会福利院数	个	3	36		9
社会福利院床位数	床	30	300		49

2001年县(市)社会经济主要指标

陕西省

指标	单位	扶风县	眉县	陇县	千阳县
一、基本情况					
行政区域土地面积	平方公里	751	863	2418	959
乡(镇)个数	个	14	11	17	13
村民委员会个数	个	205	155	240	128
年末总户数	户	112494	80425	63247	33790
其中:乡村户数	户	100554	68026	54717	29342
年末总人口	万人	45	30	25	13
其中:乡村人口	万人	42	27	22	11
年末单位从业人员数	人	17048	15581	11309	6408
乡村从业人员数	人	211100	149100	108000	39100
其中:农林牧渔业	人	142400	109500	81500	28900
农业机械总动力	万千瓦特	14	12	4	3
本地电话用户	户	40355	35057	10475	6917
二、综合经济					
第一产业增加值	万元	36396	26844	29157	18198
第二产业增加值	万元	42187	45830	14002	5473
地方财政预算内收入	万元	3630	3605	2900	1228
财政支出	万元	9773	9774	8087	5066
城乡居民储蓄存款余额	万元	147514	95681	50246	28001
年末金融机构各项贷款余额	万元	114370	95864	31491	20037
三、农业、工业及基本建设					
粮食产量	吨	249500	136920	96041	58253
棉花产量	吨	56	19		
油料产量	吨	2961	1376	1627	767
肉类总产量	吨	12144	11239	6260	3036
规模以上工业企业数	个	16	19	13	8
规模以上工业总产值(现价)	万元	38271	44171	17710	5062
基本建设投资完成额	万元	10202	16418	7363	3834
四、教育、卫生和社会保障					
普通中学在校学生数	人	37661	27442	16144	7875
小学在校学生数	人	63568	39850	34921	16929
医院、卫生院床位数	床	868	444	540	320
社会福利院数	个	1	13	2	12
社会福利院床位数	床	125	240	16	241

2001年县(市)社会经济主要指标

陕西省

指　　标	单　位	麟游县	凤　县	太白县	三原县
一、基本情况					
行政区域土地面积	平方公里	1606	3187	2780	577
乡(镇)个数	个	15	14	9	16
村民委员会个数	个	111	151	89	338
年末总户数	户	23453	28287	15450	113376
其中:乡村户数	户	18611	18834	9680	86259
年末总人口	万人	9	10	5	40
其中:乡村人口	万人	8	8	4	34
年末单位从业人员数	人	6004	9816	9091	30494
乡村从业人员数	人	31400	37600	18300	195800
其中:农林牧渔业	人	27300	29400	14500	155400
农业机械总动力	万千瓦特	1	3	3	14
本地电话用户	户	4871	9093	4354	45160
二、综合经济					
第一产业增加值	万元	6560	3530	7475	60852
第二产业增加值	万元	4506	13072	11893	60771
地方财政预算内收入	万元	829	3019	970	9118
财政支出	万元	4199	6404	4292	16153
城乡居民储蓄存款余额	万元	13304	41539	23770	126706
年末金融机构各项贷款余额	万元	13746	33729	8482	159024
三、农业、工业及基本建设					
粮食产量	吨	50272	33283	15301	152216
棉花产量	吨	2			47
油料产量	吨	839	245	181	1988
肉类总产量	吨	2434	1300	1292	10480
规模以上工业企业数	个	10	18	9	44
规模以上工业总产值(现价)	万元	7172	20429	12326	120909
基本建设投资完成额	万元	3124	8562	5602	10520
四、教育、卫生和社会保障					
普通中学在校学生数	人	5271	6288	2920	38039
小学在校学生数	人	13271	11870	6346	47897
医院、卫生院床位数	床	285	271	192	793
社会福利院数	个	10		9	
社会福利院床位数	床	144		85	

2001年县(市)社会经济主要指标

陕西省

指　　标	单　位	泾阳县	乾　县	礼泉县	永寿县
一、基本情况					
行政区域土地面积	平方公里	778	1002	1011	886
乡(镇)个数	个	20	19	19	16
村民委员会个数	个	265	416	448	254
年末总户数	户	122246	134426	122100	47325
其中:乡村户数	户	106939	121236	102943	40728
年末总人口	万人	49	55	45	18
其中:乡村人口	万人	46	51	42	17
年末单位从业人员数	人	17335	16152	15923	13238
乡村从业人员数	人	255400	231400	200200	79500
其中:农林牧渔业	人	190900	155600	165400	63900
农业机械总动力	万千瓦特	23	20	28	8
本地电话用户	户	31702	30272	33900	7607
二、综合经济					
第一产业增加值	万元	77719	59010	67393	13083
第二产业增加值	万元	61656	41236	43545	7411
地方财政预算内收入	万元	8837	10484	9405	3382
财政支出	万元	14900	16586	14932	8273
城乡居民储蓄存款余额	万元	99101	107056	125797	30548
年末金融机构各项贷款余额	万元	101421	88115	98072	26019
三、农业、工业及基本建设					
粮食产量	吨	215279	273048	145850	57811
棉花产量	吨	452	74		22
油料产量	吨	3648	6266	4439	2697
肉类总产量	吨	15043	6965	3280	2867
规模以上工业企业数	个	35	19	13	11
规模以上工业总产值(现价)	万元	50871	29087	15473	8408
基本建设投资完成额	万元	8354	8913	19531	5583
四、教育、卫生和社会保障					
普通中学在校学生数	人	42184	43611	42451	9179
小学在校学生数	人	63008	74858	76721	29689
医院、卫生院床位数	床	573	632	682	424
社会福利院数	个				1
社会福利院床位数	床				27

2001年县(市)社会经济主要指标

陕西省

指　　标	单　位	彬　县	长武县	旬邑县	淳化县
一、基本情况					
行政区域土地面积	平方公里	1185	568	1787	976
乡(镇)个数	个	19	13	14	19
村民委员会个数	个	325	233	280	370
年末总户数	户	79600	44232	66662	49827
其中:乡村户数	户	69678	42722	59600	43854
年末总人口	万人	32	17	27	19
其中:乡村人口	万人	29	16	26	17
年末单位从业人员数	人	15716	6886	10339	9856
乡村从业人员数	人	130300	69000	125200	81300
其中:农林牧渔业	人	104500	47000	94400	68700
农业机械总动力	万千瓦特	3	7	5	5
本地电话用户	户	11892	7597	9285	6810
二、综合经济					
第一产业增加值	万元	24045	10809	24019	31097
第二产业增加值	万元	26260	7501	7507	8124
地方财政预算内收入	万元	6053	3097	4461	4788
财政支出	万元	11077	7175	9837	9158
城乡居民储蓄存款余额	万元	65314	40366	51761	30263
年末金融机构各项贷款余额	万元	63912	17616	35914	43720
三、农业、工业及基本建设					
粮食产量	吨	84912	50096	90024	93321
棉花产量	吨		1		
油料产量	吨	6680	696	6117	8516
肉类总产量	吨	2723	2113	5144	5783
规模以上工业企业数	个	17	8	11	13
规模以上工业总产值(现价)	万元	18457	3306	5036	9433
基本建设投资完成额	万元	9070	1918	4546	8675
四、教育、卫生和社会保障					
普通中学在校学生数	人	20434	12980	16807	18040
小学在校学生数	人	51987	23902	41315	31048
医院、卫生院床位数	床	449	339	359	233
社会福利院数	个				
社会福利院床位数	床				

2001年县(市)社会经济主要指标

陕西省

指标	单位	武功县	兴平市	华县	潼关县
一、基本情况					
行政区域土地面积	平方公里	391	509	1127	526
乡(镇)个数	个	11	14	18	9
村民委员会个数	个	304	245	242	83
年末总户数	户	86747	144856	91802	36893
其中:乡村户数	户	83987	104957	74393	26985
年末总人口	万人	40	56	34	15
其中:乡村人口	万人	37	45	29	11
年末单位从业人员数	人	22835	70436	29197	14031
乡村从业人员数	人	214700	241400	152500	59000
其中:农林牧渔业	人	142800	160300	129800	50000
农业机械总动力	万千瓦特	14	15	8	4
本地电话用户	户	26854	56384	34573	16928
二、综合经济					
第一产业增加值	万元	27824	52900	14323	5136
第二产业增加值	万元	43761	105032	54335	40076
地方财政预算内收入	万元	4362	8926	5481	6316
财政支出	万元	11985	16858	9769	6834
城乡居民储蓄存款余额	万元	131611	232189	122646	133511
年末金融机构各项贷款余额	万元	83247	173989	108137	61239
三、农业、工业及基本建设					
粮食产量	吨	190288	215107	100713	24437
棉花产量	吨	5	11	416	120
油料产量	吨	2759	2214	1694	944
肉类总产量	吨	17591	17136	3860	1195
规模以上工业企业数	个	10	36	26	20
规模以上工业总产值(现价)	万元	44451	202454	139138	31577
基本建设投资完成额	万元	4602	15226	4382	8945
四、教育、卫生和社会保障					
普通中学在校学生数	人	29303	37857	26209	7727
小学在校学生数	人	67706	74598	40430	22247
医院、卫生院床位数	床	571	1410	1045	280
社会福利院数	个			4	4
社会福利院床位数	床			55	40

2001年县(市)社会经济主要指标

陕西省

指　　标	单　位	大荔县	合阳县	澄城县	蒲城县
一、基本情况					
行政区域土地面积	平方公里	1766	1227	1112	1564
乡(镇)个数	个	32	20	17	30
村民委员会个数	个	415	353	266	373
年末总户数	户	169783	114215	104321	192239
其中:乡村户数	户	152897	97249	74473	157518
年末总人口	万人	69	43	39	74
其中:乡村人口	万人	63	39	31	64
年末单位从业人员数	人	25994	23690	28557	38369
乡村从业人员数	人	333000	213500	157400	359200
其中:农林牧渔业	人	295600	174600	131900	287000
农业机械总动力	万千瓦特	53	17	19	37
本地电话用户	户	59064	31304	40679	76676
二、综合经济					
第一产业增加值	万元	64463	28644	40810	66200
第二产业增加值	万元	48825	24000	40027	106155
地方财政预算内收入	万元	8310	6421	6296	11219
财政支出	万元	15989	13411	12730	16726
城乡居民储蓄存款余额	万元	153190	81751	123809	173821
年末金融机构各项贷款余额	万元	149385	93006	109117	298456
三、农业、工业及基本建设					
粮食产量	吨	196879	141410	100005	193445
棉花产量	吨	26480	1248	1121	4045
油料产量	吨	40212	4567	2714	3307
肉类总产量	吨	18908	6318	6329	7768
规模以上工业企业数	个	11	16	23	27
规模以上工业总产值(现价)	万元	28459	30534	63373	163043
基本建设投资完成额	万元	9860	10002	7083	73296
四、教育、卫生和社会保障					
普通中学在校学生数	人	53595	29145	21243	48697
小学在校学生数	人	79109	55630	40271	103486
医院、卫生院床位数	床	1165	619	1380	1026
社会福利院数	个	9	8	3	
社会福利院床位数	床	100	36	12	

2001年县(市)社会经济主要指标

陕西省

指　　标	单　位	白水县	富平县	韩城市	华阴市
一、基本情况					
行政区域土地面积	平方公里	920	1233	1621	817
乡(镇)个数	个	17	31	19	10
村民委员会个数	个	194	337	276	186
年末总户数	户	72429	193386	102911	69100
其中:乡村户数	户	56772	162162	67157	42753
年末总人口	万人	28	76	38	26
其中:乡村人口	万人	24	68	27	18
年末单位从业人员数	人	15141	30129	43838	24798
乡村从业人员数	人	138900	358500	134900	94800
其中:农林牧渔业	人	120800	265900	104700	73700
农业机械总动力	万千瓦特	13	32	20	4
本地电话用户	户	25540	54164	48947	30483
二、综合经济					
第一产业增加值	万元	24311	49451	49309	14275
第二产业增加值	万元	18562	64600	102552	48569
地方财政预算内收入	万元	5106	8555	10015	5200
财政支出	万元	10714	15982	14741	8297
城乡居民储蓄存款余额	万元	65295	123438	220167	147843
年末金融机构各项贷款余额	万元	51129	171457	158453	112319
三、农业、工业及基本建设					
粮食产量	吨	69764	253089	81049	61063
棉花产量	吨	58	376	144	791
油料产量	吨	2305	4251	940	2811
肉类总产量	吨	3033	13991	5404	2155
规模以上工业企业数	个	19	21	34	16
规模以上工业总产值(现价)	万元	18410	62012	200315	115506
基本建设投资完成额	万元	4997	17492	30157	25620
四、教育、卫生和社会保障					
普通中学在校学生数	人	16773	45949	32025	14655
小学在校学生数	人	19967	104547	48060	30768
医院、卫生院床位数	床	315	839	460	805
社会福利院数	个	4	1	2	1
社会福利院床位数	床	64	30	49	40

2001年县(市)社会经济主要指标

陕西省

指　　标	单　位	延长县	延川县	子长县	安塞县
一、基本情况					
行政区域土地面积	平方公里	2368	1985	2395	2950
乡(镇)个数	个	13	14	14	13
村民委员会个数	个	288	346	353	210
年末总户数	户	38722	47631	55300	39520
其中:乡村户数	户	26350	30500	43594	30165
年末总人口	万人	14	18	23	15
其中:乡村人口	万人	12	14	19	14
年末单位从业人员数	人	7396	21349	12308	9840
乡村从业人员数	人	53100	48200	74500	47000
其中:农林牧渔业	人	44900	29800	61000	37700
农业机械总动力	万千瓦特	3	5	4	4
本地电话用户	户	8178	14997	16141	10090
二、综合经济					
第一产业增加值	万元	10277	8814	19636	19497
第二产业增加值	万元	6432	180956	24480	28981
地方财政预算内收入	万元	1400	4226	8833	14836
财政支出	万元	8892	12168	15160	16896
城乡居民储蓄存款余额	万元	30442	40387	35998	34261
年末金融机构各项贷款余额	万元	25018	110095	46245	35852
三、农业、工业及基本建设					
粮食产量	吨	22945	13529	53688	48561
棉花产量	吨	92	9		
油料产量	吨	738	402	969	1042
肉类总产量	吨	2614	2554	6569	3686
规模以上工业企业数	个	9	5	4	3
规模以上工业总产值(现价)	万元	8099	437422	28608	67691
基本建设投资完成额	万元	16609	162892	7819	7830
四、教育、卫生和社会保障					
普通中学在校学生数	人	9174	10065	17116	10456
小学在校学生数	人	21972	31485	40621	27650
医院、卫生院床位数	床	285	319	323	268
社会福利院数	个	2	10	1	
社会福利院床位数	床	20	178	18	

2001年县(市)社会经济主要指标

陕西省

指　　标	单　位	志丹县	吴旗县	甘泉县	富　县
一、基本情况					
行政区域土地面积	平方公里	3763	3791	2285	4180
乡(镇)个数	个	13	13	8	14
村民委员会个数	个	191	164	116	250
年末总户数	户	29465	28967	19645	38483
其中:乡村户数	户	21149	23268	11700	27545
年末总人口	万人	12	12	7	14
其中:乡村人口	万人	10	10	5	11
年末单位从业人员数	人	9416	9727	6975	9287
乡村从业人员数	人	41100	40400	24900	54800
其中:农林牧渔业	人	32800	34000	21300	50400
农业机械总动力	万千瓦特	4	4	4	6
本地电话用户	户	7871	7952	7663	11413
二、综合经济					
第一产业增加值	万元	16640	13502	7907	18515
第二产业增加值	万元	37089	23317	11108	4880
地方财政预算内收入	万元	15089	8449	5093	1842
财政支出	万元	17190	12158	9071	9204
城乡居民储蓄存款余额	万元	26727	21954	20855	28601
年末金融机构各项贷款余额	万元	35324	43744	27556	26944
三、农业、工业及基本建设					
粮食产量	吨	52075	32728	23097	49342
棉花产量	吨				
油料产量	吨	2340	1784	345	2467
肉类总产量	吨	4393	3824	1350	3530
规模以上工业企业数	个	4	4	7	10
规模以上工业总产值(现价)	万元	49472	34339	22634	2975
基本建设投资完成额	万元	8844	6975	3262	5062
四、教育、卫生和社会保障					
普通中学在校学生数	人	6558	8104	5013	10600
小学在校学生数	人	22547	19198	12984	22208
医院、卫生院床位数	床	198	246	130	283
社会福利院数	个	2	1		2
社会福利院床位数	床	17	12		20

2001年县(市)社会经济主要指标

陕西省

指　　标	单　位	洛川县	宜川县	黄龙县	黄陵县
一、基本情况					
行政区域土地面积	平方公里	1799	2931	2759	2290
乡(镇)个数	个	18	13	12	11
村民委员会个数	个	362	214	110	191
年末总户数	户	45191	29851	14156	32762
其中:乡村户数	户	38343	23597	9111	19387
年末总人口	万人	19	11	5	12
其中:乡村人口	万人	16	10	3	8
年末单位从业人员数	人	14887	6965	5331	16900
乡村从业人员数	人	68200	34500	10300	37900
其中:农林牧渔业	人	58000	30600	9600	30300
农业机械总动力	万千瓦特	13	5	2	5
本地电话用户	户	19343	7783	5087	13470
二、综合经济					
第一产业增加值	万元	55124	7742	7916	16507
第二产业增加值	万元	90318	2864	1704	29308
地方财政预算内收入	万元	6504	1228	678	5043
财政支出	万元	11173	7168	5488	10380
城乡居民储蓄存款余额	万元	56149	22680	11401	58983
年末金融机构各项贷款余额	万元	178087	21675	10281	39039
三、农业、工业及基本建设					
粮食产量	吨	85400	36369	26449	38194
棉花产量	吨		8		
油料产量	吨	7772	816	742	3152
肉类总产量	吨	7112	1253	1970	2156
规模以上工业企业数	个	2	7	7	14
规模以上工业总产值(现价)	万元	451041	1227	658	9266
基本建设投资完成额	万元	8325	5564	2199	11389
四、教育、卫生和社会保障					
普通中学在校学生数	人	15684	7297	3019	9519
小学在校学生数	人	30560	18128	6613	19665
医院、卫生院床位数	床	455	188	183	591
社会福利院数	个	2	1	1	2
社会福利院床位数	床	20	26	15	16

2001年县(市)社会经济主要指标

陕西省

指　　标	单　位	南郑县	城固县	洋　县	西乡县
一、基本情况					
行政区域土地面积	平方公里	2849	2265	3206	3240
乡(镇)个数	个	37	29	31	24
村民委员会个数	个	501	392	368	351
年末总户数	户	159782	145397	131017	116309
其中:乡村户数	户	132281	120507	105765	91949
年末总人口	万人	54	50	44	40
其中:乡村人口	万人	46	43	37	34
年末单位从业人员数	人	30924	33419	28327	14381
乡村从业人员数	人	246200	180900	153200	129100
其中:农林牧渔业	人	157800	119300	110500	88800
农业机械总动力	万千瓦特	8	7	12	12
本地电话用户	户	30800	34971	29372	22248
二、综合经济					
第一产业增加值	万元	43141	74641	26499	24551
第二产业增加值	万元	102700	104252	30415	19877
地方财政预算内收入	万元	6137	6858	3677	3575
财政支出	万元	15616	13667	11747	10319
城乡居民储蓄存款余额	万元	135576	149024	123896	74947
年末金融机构各项贷款余额	万元	170829	152234	117960	81451
三、农业、工业及基本建设					
粮食产量	吨	160415	158351	147504	121797
棉花产量	吨	1	7	64	3
油料产量	吨	19068	14392	14079	17393
肉类总产量	吨	22378	23054	17762	20734
规模以上工业企业数	个	28	31	20	16
规模以上工业总产值(现价)	万元	111006	119617	25368	13892
基本建设投资完成额	万元	22338	6165	11402	10972
四、教育、卫生和社会保障					
普通中学在校学生数	人	23937	29861	28331	24989
小学在校学生数	人	52626	49025	43197	36973
医院、卫生院床位数	床	925	985	1067	999
社会福利院数	个	23	26	23	24
社会福利院床位数	床	321	402	478	396

2001年县(市)社会经济主要指标

陕西省

指　　标	单　位	勉　县	宁强县	略阳县	镇巴县
一、基本情况					
行政区域土地面积	平方公里	2403	3245	2831	3414
乡(镇)个数	个	29	31	24	27
村民委员会个数	个	373	366	260	358
年末总户数	户	124470	89163	54100	73882
其中:乡村户数	户	102391	75053	34326	61400
年末总人口	万人	42	33	20	27
其中:乡村人口	万人	34	29	15	24
年末单位从业人员数	人	22734	15918	14217	11891
乡村从业人员数	人	146600	141700	59400	93100
其中:农林牧渔业	人	108100	107400	49700	81500
农业机械总动力	万千瓦特	7	6	8	4
本地电话用户	户	30399	12205	17871	9179
二、综合经济					
第一产业增加值	万元	35611	34358	14890	23555
第二产业增加值	万元	50128	25628	47548	10913
地方财政预算内收入	万元	4012	3217	4390	2445
财政支出	万元	14904	9624	9393	8486
城乡居民储蓄存款余额	万元	202340	54490	70114	20680
年末金融机构各项贷款余额	万元	232022	78776	97623	37256
三、农业、工业及基本建设					
粮食产量	吨	130181	82591	53175	102919
棉花产量	吨	21			
油料产量	吨	11780	5216	1208	4380
肉类总产量	吨	21108	21456	7009	14662
规模以上工业企业数	个	22	16	18	6
规模以上工业总产值(现价)	万元	148309	35352	116197	2562
基本建设投资完成额	万元	53977	46275	11036	12277
四、教育、卫生和社会保障					
普通中学在校学生数	人	25778	15914	9432	10485
小学在校学生数	人	43241	37568	21581	30041
医院、卫生院床位数	床	1062	498	783	279
社会福利院数	个	14	16	11	13
社会福利院床位数	床	251	281	201	134

2001年县(市)社会经济主要指标

陕西省

指　　标	单　位	留坝县	佛坪县	神木县	府谷县
一、基本情况					
行政区域土地面积	平方公里	1958	1279	7635	3212
乡(镇)个数	个	9	10	19	22
村民委员会个数	个	100	59	820	364
年末总户数	户	13525	10367	100863	53091
其中:乡村户数	户	9895	7191	71450	44528
年末总人口	万人	5	3	37	21
其中:乡村人口	万人	4	3	29	18
年末单位从业人员数	人	4519	3108	23575	15330
乡村从业人员数	人	18500	6400	139400	84000
其中:农林牧渔业	人	16500	5000	106800	59900
农业机械总动力	万千瓦特	2	1	12	17
本地电话用户	户	3620	3214	21480	21614
二、综合经济					
第一产业增加值	万元	5256	3718	10714	2138
第二产业增加值	万元	3568	3324	147895	39347
地方财政预算内收入	万元	971	732	18180	9086
财政支出	万元	3645	3113	22215	13636
城乡居民储蓄存款余额	万元	10200	8481	114867	80607
年末金融机构各项贷款余额	万元	12400	6214	153814	112268
三、农业、工业及基本建设					
粮食产量	吨	10797	11278	28611	1138
棉花产量	吨				
油料产量	吨	328	396	200	450
肉类总产量	吨	1287	801	10030	4829
规模以上工业企业数	个	5	4	17	25
规模以上工业总产值(现价)	万元	223	1158	205578	48836
基本建设投资完成额	万元	5703	1010	125600	34600
四、教育、卫生和社会保障					
普通中学在校学生数	人	2703	2160	31105	18686
小学在校学生数	人	5148	3713	59089	32998
医院、卫生院床位数	床	150	175	654	505
社会福利院数	个	3		1	
社会福利院床位数	床	46		115	

2001年县(市)社会经济主要指标

陕西省

指　　标	单　位	横山县	靖边县	定边县	绥德县
一、基本情况					
行政区域土地面积	平方公里	4084	5088	6920	1878
乡(镇)个数	个	20	25	29	22
村民委员会个数	个	357	209	334	661
年末总户数	户	70613	65372	66444	95203
其中:乡村户数	户	69720	57205	55952	78890
年末总人口	万人	32	27	29	34
其中:乡村人口	万人	30	24	26	30
年末单位从业人员数	人	14687	17091	15001	16803
乡村从业人员数	人	147700	108400	114200	105200
其中:农林牧渔业	人	130100	87000	95200	83300
农业机械总动力	万千瓦特	12	15	16	6
本地电话用户	户	9816	21362	17636	18573
二、综合经济					
第一产业增加值	万元	17090	21903	20796	5744
第二产业增加值	万元	16581	106000	25834	8585
地方财政预算内收入	万元	3192	9760	6193	2074
财政支出	万元	11557	15389	14469	11541
城乡居民储蓄存款余额	万元	26145	69347	43209	55923
年末金融机构各项贷款余额	万元	37456	61057	40481	48976
三、农业、工业及基本建设					
粮食产量	吨	70080	104969	117241	14901
棉花产量	吨				2
油料产量	吨	581	2389	12769	3593
肉类总产量	吨	13581	12464	15024	2569
规模以上工业企业数	个	11	6	9	5
规模以上工业总产值(现价)	万元	23633	144278	53518	5006
基本建设投资完成额	万元	3801	38411	29548	6760
四、教育、卫生和社会保障					
普通中学在校学生数	人	23370	19456	15641	24142
小学在校学生数	人	56440	53651	51878	55967
医院、卫生院床位数	床	359	480	309	985
社会福利院数	个	1	1		
社会福利院床位数	床	60	37		

2001年县(市)社会经济主要指标

陕西省

指　　标	单　位	米脂县	佳　县	吴堡县	清涧县
一、基本情况					
行政区域土地面积	平方公里	1212	2144	428	1881
乡(镇)个数	个	14	23	9	17
村民委员会个数	个	396	653	221	640
年末总户数	户	51233	66639	22731	59233
其中:乡村户数	户	44079	62212	18615	49423
年末总人口	万人	21	25	8	21
其中:乡村人口	万人	19	23	7	19
年末单位从业人员数	人	9549	9537	5487	10493
乡村从业人员数	人	69500	83800	20700	71700
其中:农林牧渔业	人	47800	59900	13400	54600
农业机械总动力	万千瓦特	6	7	2	5
本地电话用户	户	12456	10887	4797	8209
二、综合经济					
第一产业增加值	万元	7278	6545	986	4012
第二产业增加值	万元	5100	7200	4900	5567
地方财政预算内收入	万元	786	793	558	942
财政支出	万元	8997	8976	4989	9641
城乡居民储蓄存款余额	万元	26536	20232	7000	17615
年末金融机构各项贷款余额	万元	13728	23686	9500	17746
三、农业、工业及基本建设					
粮食产量	吨	20849	14190	4003	10944
棉花产量	吨				
油料产量	吨	1934	297	136	146
肉类总产量	吨	3304	5735	478	3912
规模以上工业企业数	个	6	5	2	6
规模以上工业总产值(现价)	万元	3854	454	2290	4566
基本建设投资完成额	万元	4856	7403	4600	3087
四、教育、卫生和社会保障					
普通中学在校学生数	人	15399	17600	5338	10839
小学在校学生数	人	29066	42245	12805	26702
医院、卫生院床位数	床	308	448	127	353
社会福利院数	个	4	4		4
社会福利院床位数	床	60	48		40

2001 年县(市)社会经济主要指标

陕西省

指　　标	单　位	子洲县	汉阴县	石泉县	宁陕县
一、基本情况					
行政区域土地面积	平方公里	2043	1364	1525	3678
乡(镇)个数	个	21	20	16	19
村民委员会个数	个	550	217	268	143
年末总户数	户	73763	81671	54191	21764
其中:乡村户数	户	68150	71729	42151	16209
年末总人口	万人	31	29	18	7
其中:乡村人口	万人	29	26	16	6
年末单位从业人员数	人	10031	8694	8109	4126
乡村从业人员数	人	104000	131000	61200	28100
其中:农林牧渔业	人	77900	92200	46600	24100
农业机械总动力	万千瓦特	5	8	5	2
本地电话用户	户	11861	15992	13684	5950
二、综合经济					
第一产业增加值	万元	6171	26901	14139	10953
第二产业增加值	万元	4253	10131	16131	4219
地方财政预算内收入	万元	1131	2870	2096	1334
财政支出	万元	11098	10505	6904	5216
城乡居民储蓄存款余额	万元	12709	48941	41699	16277
年末金融机构各项贷款余额	万元	19572	36521	62013	10828
三、农业、工业及基本建设					
粮食产量	吨	17231	95583	66279	28953
棉花产量	吨		28	3	
油料产量	吨	935	6050	3605	627
肉类总产量	吨	3172	8297	6099	2694
规模以上工业企业数	个	6	18	15	3
规模以上工业总产值(现价)	万元	188	7254	13593	947
基本建设投资完成额	万元	7775	11290	18831	7593
四、教育、卫生和社会保障					
普通中学在校学生数	人	16405	15875	9717	3591
小学在校学生数	人	42081	35854	20477	8153
医院、卫生院床位数	床	350	350	297	220
社会福利院数	个		10	1	2
社会福利院床位数	床		96	50	24

2001年县(市)社会经济主要指标

陕西省

指　　　　标	单　位	紫阳县	岚皋县	平利县	镇坪县
一、基本情况					
行政区域土地面积	平方公里	2204	1956	2647	1503
乡(镇)个数	个	28	18	15	13
村民委员会个数	个	239	198	284	94
年末总户数	户	86486	47175	65196	16468
其中:乡村户数	户	75960	40629	52310	12636
年末总人口	万人	34	17	23	6
其中:乡村人口	万人	30	15	20	5
年末单位从业人员数	人	11648	8402	8492	3703
乡村从业人员数	人	137900	61900	81000	25100
其中:农林牧渔业	人	103700	46100	59200	19200
农业机械总动力	万千瓦特	8	3	4	1
本地电话用户	户	13330	9194	11918	3752
二、综合经济					
第一产业增加值	万元	34119	15616	30300	4796
第二产业增加值	万元	7653	10614	9034	3915
地方财政预算内收入	万元	2594	1812	2499	986
财政支出	万元	11769	7530	8211	4228
城乡居民储蓄存款余额	万元	32675	15900	22140	11156
年末金融机构各项贷款余额	万元	44952	50439	29112	13806
三、农业、工业及基本建设					
粮食产量	吨	106934	69373	78327	27688
棉花产量	吨				
油料产量	吨	2368	1288	3970	578
肉类总产量	吨	9383	5303	8806	3081
规模以上工业企业数	个	9	13	7	10
规模以上工业总产值(现价)	万元	4638	9235	4320	3814
基本建设投资完成额	万元	11121	19385	9153	4996
四、教育、卫生和社会保障					
普通中学在校学生数	人	14314	8046	10899	3100
小学在校学生数	人	42055	17499	27032	6133
医院、卫生院床位数	床	276	295	264	136
社会福利院数	个	1	1	15	6
社会福利院床位数	床	15	6	197	40

2001年县(市)社会经济主要指标

陕西省

指　　标	单　位	旬阳县	白河县	商州市	洛南县
一、基本情况					
行政区域土地面积	平方公里	3554	1455	2672	2825
乡(镇)个数	个	30	18	33	29
村民委员会个数	个	474	171	626	542
年末总户数	户	123758	52982	138954	128683
其中:乡村户数	户	122539	48106	117887	106161
年末总人口	万人	45	21	54	45
其中:乡村人口	万人	45	19	46	41
年末单位从业人员数	人	14462	6457	29300	19600
乡村从业人员数	人	178600	94600	193800	167000
其中:农林牧渔业	人	133900	74300	152000	141900
农业机械总动力	万千瓦特	10	4	7	8
本地电话用户	户	18317	3252	36000	25286
二、综合经济					
第一产业增加值	万元	37568	21445	26302	39948
第二产业增加值	万元	49640	6098	37276	28274
地方财政预算内收入	万元	6871	2317	5638	5552
财政支出	万元	16468	8530	16206	16297
城乡居民储蓄存款余额	万元	60699	18871	180833	99391
年末金融机构各项贷款余额	万元	89133	23003	215441	81100
三、农业、工业及基本建设					
粮食产量	吨	174138	81523	131842	179646
棉花产量	吨	14			14
油料产量	吨	6041	2400	374	1948
肉类总产量	吨	16155	4886	14137	22005
规模以上工业企业数	个	11	8	18	11
规模以上工业总产值(现价)	万元	48814	4922	40857	28490
基本建设投资完成额	万元	19370	6191	38482	20426
四、教育、卫生和社会保障					
普通中学在校学生数	人	27167	12123	33406	27084
小学在校学生数	人	52875	33999	76661	69439
医院、卫生院床位数	床	499	308	1487	692
社会福利院数	个	10	1	17	11
社会福利院床位数	床	55	5	122	162

2001年县(市)社会经济主要指标

陕西省

指　　标	单　位	丹凤县	商南县	山阳县	镇安县
一、基本情况					
行政区域土地面积	平方公里	2438	2307	3514	3487
乡(镇)个数	个	25	19	37	28
村民委员会个数	个	317	209	472	421
年末总户数	户	77703	60009	108011	72110
其中:乡村户数	户	69800	53100	97332	70952
年末总人口	万人	29	23	42	28
其中:乡村人口	万人	27	21	39	27
年末单位从业人员数	人	8817	10100	13800	14200
乡村从业人员数	人	114900	110300	158700	119400
其中:农林牧渔业	人	89800	73400	115500	63100
农业机械总动力	万千瓦特	3			
本地电话用户	户	18757	18233	20837	16088
二、综合经济					
第一产业增加值	万元	24487	19402	31872	32448
第二产业增加值	万元	16087	12500	20633	20937
地方财政预算内收入	万元	3342	3305	3603	3895
财政支出	万元	10965	9990	12570	10707
城乡居民储蓄存款余额	万元	64175	38762	68545	50823
年末金融机构各项贷款余额	万元	55830	40936	57929	62477
三、农业、工业及基本建设					
粮食产量	吨	82125	79228	126373	118350
棉花产量	吨	7	3	2	6
油料产量	吨	924	6038	1501	1354
肉类总产量	吨	12789	10668	14648	13024
规模以上工业企业数	个	8	9	5	13
规模以上工业总产值(现价)	万元	2281	4553	6812	12612
基本建设投资完成额	万元	6445	12794	17628	30505
四、教育、卫生和社会保障					
普通中学在校学生数	人	17659	18906	24860	14990
小学在校学生数	人	45709	33293	71369	37024
医院、卫生院床位数	床	439	302	649	430
社会福利院数	个	15	16	32	9
社会福利院床位数	床	240	270	327	118

2001 年县(市)社会经济主要指标

陕西省、甘肃省

指　　标	单　位	柞水县	永登县	皋兰县	榆中县
一、基本情况					
行政区域土地面积	平方公里	2332	6090	2556	3302
乡(镇)个数	个	19	22	8	27
村民委员会个数	个	205	234	71	268
年末总户数	户	42056	130180	45279	102543
其中:乡村户数	户	36958	105300	36678	92503
年末总人口	万人	16	51	17	43
其中:乡村人口	万人	14	44	16	39
年末单位从业人员数	人	9000	31509	11795	13760
乡村从业人员数	人	58900	236523	73026	204310
其中:农林牧渔业	人	45900	150957	50771	142825
农业机械总动力	万千瓦特		22	39	25
本地电话用户	户	10131	44962	22668	42508
二、综合经济					
第一产业增加值	万元	11178	40813	18832	29640
第二产业增加值	万元	12522	134154	33806	40300
地方财政预算内收入	万元	2114	7530	2379	5871
财政支出	万元	7204	18960	8410	18837
城乡居民储蓄存款余额	万元	26400	131545	43599	104499
年末金融机构各项贷款余额	万元	24057	176636	64893	122258
三、农业、工业及基本建设					
粮食产量	吨	50437	161024	50149	132309
棉花产量	吨	1			
油料产量	吨	332	7821	3226	7458
肉类总产量	吨	5607	11568	4255	10320
规模以上工业企业数	个	9	141	78	124
规模以上工业总产值(现价)	万元	15572	287588	66017	67767
基本建设投资完成额	万元	11880	56652	41313	19200
四、教育、卫生和社会保障					
普通中学在校学生数	人	5312	34088	13174	28310
小学在校学生数	人	29181	56631	25058	49626
医院、卫生院床位数	床	277	726	220	554
社会福利院数	个	11	14	7	10
社会福利院床位数	床	50	88	20	102

2001年县(市)社会经济主要指标

甘肃省

指　　　标	单　位	永昌县	靖远县	会宁县	景泰县
一、基本情况					
行政区域土地面积	平方公里	5877	5809	6439	5540
乡(镇)个数	个	10	20	32	14
村民委员会个数	个	111	178	348	187
年末总户数	户	69847	102389	121823	59504
其中:乡村户数	户	46945	84779	113200	43372
年末总人口	万人	25	47	58	23
其中:乡村人口	万人	19	43	56	19
年末单位从业人员数	人	21383	16071	16665	16678
乡村从业人员数	人	101403	177259	257550	99559
其中:农林牧渔业	人	76492	135995	211875	76551
农业机械总动力	万千瓦特	41	39	20	34
本地电话用户	户	16499	19583	8795	16727
二、综合经济					
第一产业增加值	万元	35380	46497	35020	27111
第二产业增加值	万元	75707	27920	13990	27500
地方财政预算内收入	万元	6680	3668	1838	2853
财政支出	万元	14902	15254	19242	10826
城乡居民储蓄存款余额	万元	99554	58507	35252	48784
年末金融机构各项贷款余额	万元	160194	51041	50192	80453
三、农业、工业及基本建设					
粮食产量	吨	152033	173020	153000	140000
棉花产量	吨				
油料产量	吨	12064	3767	3903	5705
肉类总产量	吨	11278	9818	25119	5654
规模以上工业企业数	个	30	8	3	13
规模以上工业总产值(现价)	万元	124112	10405	2429	17325
基本建设投资完成额	万元	38397	24382	12070	11471
四、教育、卫生和社会保障					
普通中学在校学生数	人	15085	39837	36160	18778
小学在校学生数	人	28762	71609	99292	35192
医院、卫生院床位数	床	303	603	743	440
社会福利院数	个	1	6	1	
社会福利院床位数	床	110	60	49	

2001年县(市)社会经济主要指标

甘肃省

指　　标	单　位	清水县	秦安县	甘谷县	武山县
一、基本情况					
行政区域土地面积	平方公里	2012	1602	1573	2011
乡(镇)个数	个	24	22	20	20
村民委员会个数	个	344	515	405	407
年末总户数	户	64847	121239	121502	98291
其中:乡村户数	户	59936	110409	110729	83787
年末总人口	万人	31	59	58	43
其中:乡村人口	万人	29	56	55	40
年末单位从业人员数	人	10320	14203	15689	14200
乡村从业人员数	人	105499	238124	213742	183115
其中:农林牧渔业	人	83680	184327	133295	128016
农业机械总动力	万千瓦特	6	12	9	10
本地电话用户	户	10338	26793	24673	18076
二、综合经济					
第一产业增加值	万元	21961	25936	24269	22751
第二产业增加值	万元	6231	11404	22314	19400
地方财政预算内收入	万元	2430	4600	3102	2248
财政支出	万元	10491	14303	9418	12215
城乡居民储蓄存款余额	万元	22980	51339	76773	49619
年末金融机构各项贷款余额	万元	24921	49054	68796	49500
三、农业、工业及基本建设					
粮食产量	吨	105298	111253	98997	84681
棉花产量	吨			20	
油料产量	吨	5284	4663	4793	5432
肉类总产量	吨	12982	10679	7601	6052
规模以上工业企业数	个	1	22	3	14
规模以上工业总产值(现价)	万元	1590	11771	3040	4223
基本建设投资完成额	万元	3485	13100	3862	5457
四、教育、卫生和社会保障					
普通中学在校学生数	人	14785	36577	37375	23132
小学在校学生数	人	37149	75916	73021	50335
医院、卫生院床位数	床	531	671	465	185
社会福利院数	个		16	10	9
社会福利院床位数	床		16	72	29

2001年县(市)社会经济主要指标

甘肃省

指　　标	单　位	张家川自治县	玉门市	酒泉市	敦煌市
一、基本情况					
行政区域土地面积	平方公里	1312	13307	3386	30984
乡(镇)个数	个	19	9	19	11
村民委员会个数	个	269	68	165	79
年末总户数	户	62953	54793	95500	39451
其中:乡村户数	户	57901	20044	57564	25800
年末总人口	万人	31	20	34	17
其中:乡村人口	万人	29	7	22	10
年末单位从业人员数	人	8909	27687	28774	12235
乡村从业人员数	人	112687	38459	110807	34599
其中:农林牧渔业	人	87841	29587	77400	23537
农业机械总动力	万千瓦特	6	18	35	18
本地电话用户	户	10188	27515	61800	25674
二、综合经济					
第一产业增加值	万元	16145	20390	68324	31404
第二产业增加值	万元	6031	216995	48123	33574
地方财政预算内收入	万元	1315	7669	16008	6095
财政支出	万元	10897	11588	15531	15822
城乡居民储蓄存款余额	万元	17073	166570	285739	287105
年末金融机构各项贷款余额	万元	27516	102544	252139	135891
三、农业、工业及基本建设					
粮食产量	吨	81388	50867	127047	11140
棉花产量	吨		2394	3463	21916
油料产量	吨	2647	2956	5023	4
肉类总产量	吨	2427	4066	18608	5045
规模以上工业企业数	个	23	19	24	16
规模以上工业总产值(现价)	万元	6364	595483	38047	25419
基本建设投资完成额	万元	289	94093	34918	47526
四、教育、卫生和社会保障					
普通中学在校学生数	人	10738	10203	22860	11529
小学在校学生数	人	49332	18560	28465	12836
医院、卫生院床位数	床	335	950	1820	420
社会福利院数	个	10		13	8
社会福利院床位数	床	70		121	96

2001年县(市)社会经济主要指标

甘肃省

指标	单位	金塔县	肃北自治县	阿克塞自治县	安西县
一、基本情况					
行政区域土地面积	平方公里	18877	69273	34103	24084
乡(镇)个数	个	12	6	5	11
村民委员会个数	个	123	25	14	49
年末总户数	户	40780	4069	1943	29445
其中:乡村户数	户	27729	1818	814	14137
年末总人口	万人	14	1	1	9
其中:乡村人口	万人	10	1		5
年末单位从业人员数	人	8199	6819	1817	6878
乡村从业人员数	人	54900	3489	1639	25218
其中:农林牧渔业	人	45300	2912	1035	18667
农业机械总动力	万千瓦特	17	3	1	11
本地电话用户	户	16898	2604	1711	17696
二、综合经济					
第一产业增加值	万元	37232	2167	1123	20361
第二产业增加值	万元	19642	9273	7758	21020
地方财政预算内收入	万元	4002	1837	2057	4107
财政支出	万元	9973	5100	4476	5876
城乡居民储蓄存款余额	万元	64847	6417	6639	59818
年末金融机构各项贷款余额	万元	84890	5127	3438	58817
三、农业、工业及基本建设					
粮食产量	吨	35757	2807	583	13891
棉花产量	吨	30084		12	18680
油料产量	吨	2405	296	15	211
肉类总产量	吨	8126	1386	692	3738
规模以上工业企业数	个	11	4	8	11
规模以上工业总产值(现价)	万元	19750	11490	19780	28092
基本建设投资完成额	万元	30839	12060	3843	19139
四、教育、卫生和社会保障					
普通中学在校学生数	人	10461	752	687	7081
小学在校学生数	人	13834	999	768	9089
医院、卫生院床位数	床	295	88	75	220
社会福利院数	个	2	1		4
社会福利院床位数	床	7	12		15

2001年县(市)社会经济主要指标

甘肃省

指　　标	单　位	张掖市	肃南自治县	民乐县	临泽县
一、基本情况					
行政区域土地面积	平方公里	4240	23887	2893	3042
乡(镇)个数	个	22	23	13	8
村民委员会个数	个	243	99	214	103
年末总户数	户	135314	10428	61041	42282
其中:乡村户数	户	89502	6338	52843	31600
年末总人口	万人	48	4	24	15
其中:乡村人口	万人	35	2	22	12
年末单位从业人员数	人	43565	3691	11125	9856
乡村从业人员数	人	206459	10534	123416	57191
其中:农林牧渔业	人	129924	9343	102932	36975
农业机械总动力	万千瓦特	44	2	32	17
本地电话用户	户	78902	4800	22379	17597
二、综合经济					
第一产业增加值	万元	100190	10220	35960	36424
第二产业增加值	万元	80238	8500	23500	27356
地方财政预算内收入	万元	13159	2352	3513	3894
财政支出	万元	22065	7986	10938	8102
城乡居民储蓄存款余额	万元	220069	11978	28484	42513
年末金融机构各项贷款余额	万元	275048	9401	76391	69479
三、农业、工业及基本建设					
粮食产量	吨	298908	8613	114339	131531
棉花产量	吨	96	281		1625
油料产量	吨	12454	291	19665	3210
肉类总产量	吨	31498	5219	8958	12953
规模以上工业企业数	个	95	43	29	39
规模以上工业总产值(现价)	万元	69094	9080	29611	27012
基本建设投资完成额	万元	82697	7111	11054	7683
四、教育、卫生和社会保障					
普通中学在校学生数	人	28412	1582	12298	11201
小学在校学生数	人	47002	3396	29945	12845
医院、卫生院床位数	床	1295	230	424	317
社会福利院数	个	22		13	8
社会福利院床位数	床	530		223	64

2001 年县(市)社会经济主要指标

甘肃省

指　　标	单　位	高台县	山丹县	武威市	民勤县
一、基本情况					
行政区域土地面积	平方公里	2280	5402	5081	15907
乡(镇)个数	个	11	10	47	23
村民委员会个数	个	135	115	448	244
年末总户数	户	43629	56661	251910	71251
其中:乡村户数	户	33800	37200	186900	59017
年末总人口	万人	16	20	100	31
其中:乡村人口	万人	13	15	79	26
年末单位从业人员数	人	7082	39000	73451	11276
乡村从业人员数	人	73040	77600	411300	99000
其中:农林牧渔业	人	51200	42100	270600	90800
农业机械总动力	万千瓦特	18	18	76	68
本地电话用户	户	20148	21623	33812	29112
二、综合经济					
第一产业增加值	万元	48711	26121	139058	54961
第二产业增加值	万元	21519	41075	153867	16049
地方财政预算内收入	万元	3342	3720	20323	3726
财政支出	万元	7827	9054	56452	12073
城乡居民储蓄存款余额	万元	45615	50613	393453	83447
年末金融机构各项贷款余额	万元	73461	72904	476502	57088
三、农业、工业及基本建设					
粮食产量	吨	124442	57713	459812	157385
棉花产量	吨	3978			10930
油料产量	吨	2951	9600	18551	6875
肉类总产量	吨	7645	3913	47698	7731
规模以上工业企业数	个	41	31	83	18
规模以上工业总产值(现价)	万元	16319	10341	212160	8634
基本建设投资完成额	万元	12146	10318	39295	12723
四、教育、卫生和社会保障					
普通中学在校学生数	人	13537	10168	45600	11600
小学在校学生数	人	12522	19492	115537	42253
医院、卫生院床位数	床	237	340	2489	438
社会福利院数	个	11		1	5
社会福利院床位数	床	105		96	23

2001年县(市)社会经济主要指标

甘肃省

指　　标	单　位	古浪县	天祝自治县	定西县	通渭县
一、基本情况					
行政区域土地面积	平方公里	5103	7147	3639	2913
乡(镇)个数	个	24	22	25	23
村民委员会个数	个	250	188	306	332
年末总户数	户	85416	49102	115570	94900
其中:乡村户数	户	80000	42100	88324	85891
年末总人口	万人	39	23	47	46
其中:乡村人口	万人	37	19	39	42
年末单位从业人员数	人	11543	9187	11897	14600
乡村从业人员数	人	180400	104600	198559	194668
其中:农林牧渔业	人	147400	83900	117961	132952
农业机械总动力	万千瓦特	22	13	17	8
本地电话用户	户	39000	13137	54123	7461
二、综合经济					
第一产业增加值	万元	27813	9783	38531	29241
第二产业增加值	万元	24565	19730	25502	8505
地方财政预算内收入	万元	1867	2612	6269	3208
财政支出	万元	13697	16491	19501	12728
城乡居民储蓄存款余额	万元	34051	36346	103861	20615
年末金融机构各项贷款余额	万元	44848	51799	134757	36401
三、农业、工业及基本建设					
粮食产量	吨	141518	34500	170360	150610
棉花产量	吨				
油料产量	吨	7655	3421	10850	10810
肉类总产量	吨	7835	9750	12773	10260
规模以上工业企业数	个	16	27	15	6
规模以上工业总产值(现价)	万元	22706	7258	14211	1467
基本建设投资完成额	万元	25636	28902	18873	13308
四、教育、卫生和社会保障					
普通中学在校学生数	人	13800	5500	28983	27607
小学在校学生数	人	56800	28300	61908	69081
医院、卫生院床位数	床	502	490	575	519
社会福利院数	个	12	4	23	
社会福利院床位数	床	30	15	104	

2001 年县(市)社会经济主要指标

甘肃省

指　　标	单　位	陇西县	渭源县	临洮县	漳　县
一、基本情况					
行政区域土地面积	平方公里	2409	2065	2851	2166
乡(镇)个数	个	25	20	33	17
村民委员会个数	个	280	217	369	160
年末总户数	户	115435	82047	125507	42112
其中:乡村户数	户	94792	76288	110422	37120
年末总人口	万人	49	35	54	19
其中:乡村人口	万人	43	32	49	18
年末单位从业人员数	人	20509	8819	16904	5074
乡村从业人员数	人	195488	162373	228859	80826
其中:农林牧渔业	人	137862	126749	168503	47015
农业机械总动力	万千瓦特	12	9	20	5
本地电话用户	户	23319	5600	10005	4123
二、综合经济					
第一产业增加值	万元	28829	23821	37527	20175
第二产业增加值	万元	22870	5806	27358	4235
地方财政预算内收入	万元	7359	1688	5817	1530
财政支出	万元	16834	10595	18367	7838
城乡居民储蓄存款余额	万元	84809	13849	91500	459
年末金融机构各项贷款余额	万元	96445	19723	72863	15656
三、农业、工业及基本建设					
粮食产量	吨	118520	105652	173243	59745
棉花产量	吨				
油料产量	吨	5870	1774	8471	4621
肉类总产量	吨	12148	6587	17379	6745
规模以上工业企业数	个	37	11	7	8
规模以上工业总产值(现价)	万元	20649	3566	17725	3103
基本建设投资完成额	万元	4612	2431	5994	1365
四、教育、卫生和社会保障					
普通中学在校学生数	人	22679	15674	26375	7337
小学在校学生数	人	70378	44169	65425	22800
医院、卫生院床位数	床	980	384	678	196
社会福利院数	个	2	5	1	4
社会福利院床位数	床	10	135	60	32

2001年县(市)社会经济主要指标

甘肃省

指标	单位	岷县	武都县	宕昌县	成县
一、基本情况					
行政区域土地面积	平方公里	3500	4683	3331	1701
乡(镇)个数	个	23	44	31	22
村民委员会个数	个	379	768	334	245
年末总户数	户	99081	119911	63346	60333
其中:乡村户数	户	89429	113400	58730	49700
年末总人口	万人	45	52	29	26
其中:乡村人口	万人	41	48	27	22
年末单位从业人员数	人	8054	17502	8112	14873
乡村从业人员数	人	194041	235800	144539	93000
其中:农林牧渔业	人	146778	214400	119378	74300
农业机械总动力	万千瓦特	7	13	4	10
本地电话用户	户	6990	24980	7148	14370
二、综合经济					
第一产业增加值	万元	29971	26048	10713	23993
第二产业增加值	万元	12579	10987	3770	33676
地方财政预算内收入	万元	3995	3353	902	3887
财政支出	万元	12855	18485	10371	12347
城乡居民储蓄存款余额	万元	26893	82586	15551	64591
年末金融机构各项贷款余额	万元	40895	88443	16083	61268
三、农业、工业及基本建设					
粮食产量	吨	74498	93416	56287	121920
棉花产量	吨		18		
油料产量	吨	1694	702	1892	2712
肉类总产量	吨	14696	10150	4309	5664
规模以上工业企业数	个	12	9	6	36
规模以上工业总产值(现价)	万元	10372	7225	1958	61925
基本建设投资完成额	万元	3645	10585	8492	23074
四、教育、卫生和社会保障					
普通中学在校学生数	人	12481	8500	4505	13107
小学在校学生数	人	52508	59300	36523	31900
医院、卫生院床位数	床	380	1974	331	240
社会福利院数	个	1	1	2	10
社会福利院床位数	床	31	10	5	45

2001 年县(市)社会经济主要指标

甘肃省

指　　标	单　位	康　县	文　县	西和县	礼　县
一、基本情况					
行政区域土地面积	平方公里	2958	4994	1852	4300
乡(镇)个数	个	28	25	24	36
村民委员会个数	个	350	303	487	568
年末总户数	户	47945	61848	77694	105000
其中:乡村户数	户	42816	50800	71804	98700
年末总人口	万人	20	25	37	51
其中:乡村人口	万人	18	21	35	49
年末单位从业人员数	人	7921	11355	14569	13251
乡村从业人员数	人	89200	93900	158850	213300
其中:农林牧渔业	人	82400	86400	139863	184800
农业机械总动力	万千瓦特	4	6	6	7
本地电话用户	户	7641	10927	11500	9472
二、综合经济					
第一产业增加值	万元	11581	11278	16152	21481
第二产业增加值	万元	4193	12089	19319	6583
地方财政预算内收入	万元	1010	1613	2619	1452
财政支出	万元	8451	9789	13227	14702
城乡居民储蓄存款余额	万元	16579	34575	41739	29677
年末金融机构各项贷款余额	万元	16764	33336	38348	22679
三、农业、工业及基本建设					
粮食产量	吨	60616	53188	105267	122581
棉花产量	吨		2		
油料产量	吨	265	648	1440	5972
肉类总产量	吨	4566	5451	7794	14027
规模以上工业企业数	个	8	17	19	16
规模以上工业总产值(现价)	万元	9089	8465	22217	10612
基本建设投资完成额	万元	4069	12204	5674	9232
四、教育、卫生和社会保障					
普通中学在校学生数	人	5173	9200	14860	20043
小学在校学生数	人	22763	34500	54395	68369
医院、卫生院床位数	床	178	364	300	376
社会福利院数	个				21
社会福利院床位数	床				213

2001年县(市)社会经济主要指标

甘肃省

指　标	单　位	两当县	徽　县	平凉市	泾川县
一、基本情况					
行政区域土地面积	平方公里	1374	2722	1936	1409
乡(镇)个数	个	14	18	21	18
村民委员会个数	个	118	249	252	215
年末总户数	户	12930	52958	125467	83118
其中:乡村户数	户	9400	43700	71659	71907
年末总人口	万人	5	22	48	34
其中:乡村人口	万人	4	18	31	31
年末单位从业人员数	人	4613	9133	23229	12916
乡村从业人员数	人	18000	90346	140619	114946
其中:农林牧渔业	人	16100	75288	94066	83652
农业机械总动力	万千瓦特	3	9	14	8
本地电话用户	户	3643	12000	41500	9200
二、综合经济					
第一产业增加值	万元	5736	30318	26679	30023
第二产业增加值	万元	2637	15693	94430	27300
地方财政预算内收入	万元	468	3128	8922	4500
财政支出	万元	2483	10014	21973	11988
城乡居民储蓄存款余额	万元	9696	43638	178500	60400
年末金融机构各项贷款余额	万元	7579	53494	267600	56159
三、农业、工业及基本建设					
粮食产量	吨	30189	155751	162758	124120
棉花产量	吨		1		
油料产量	吨	356	8305	4428	3931
肉类总产量	吨	2172	9582	6734	9153
规模以上工业企业数	个	8	27	49	12
规模以上工业总产值(现价)	万元	1273	28312	49469	6635
基本建设投资完成额	万元	1991	2023	70860	8754
四、教育、卫生和社会保障					
普通中学在校学生数	人	2005	12736	23109	16517
小学在校学生数	人	6688	21179	46179	48715
医院、卫生院床位数	床	255	346	743	535
社会福利院数	个	7	8	17	18
社会福利院床位数	床	41	12	208	223

2001年县(市)社会经济主要指标

甘肃省

指　　标	单　位	灵台县	崇信县	华亭县	庄浪县
一、基本情况					
行政区域土地面积	平方公里	2023	850	1183	1553
乡(镇)个数	个	16	10	12	23
村民委员会个数	个	227	79	117	432
年末总户数	户	59192	22021	50036	91880
其中:乡村户数	户	50372	18482	30741	83470
年末总人口	万人	23	10	17	42
其中:乡村人口	万人	21	8	13	40
年末单位从业人员数	人	10340	5894	16843	12589
乡村从业人员数	人	65906	38316	56564	211927
其中:农林牧渔业	人	47944	24438	36769	130813
农业机械总动力	万千瓦特	5	2	4	8
本地电话用户	户	9167	4044	13670	10575
二、综合经济					
第一产业增加值	万元	31781	15162	19132	30572
第二产业增加值	万元	15104	12921	36821	16914
地方财政预算内收入	万元	3580	2222	6940	2421
财政支出	万元	10578	5333	10742	14304
城乡居民储蓄存款余额	万元	29509	12010	47857	38976
年末金融机构各项贷款余额	万元	20442	12842	88106	42667
三、农业、工业及基本建设					
粮食产量	吨	137225	51019	76872	135053
棉花产量	吨				
油料产量	吨	7599	3853	2176	5716
肉类总产量	吨	7126	2431	5608	5595
规模以上工业企业数	个	10	25	36	26
规模以上工业总产值(现价)	万元	6857	13303	50586	9610
基本建设投资完成额	万元	6676	3321	11494	6874
四、教育、卫生和社会保障					
普通中学在校学生数	人	11850	4730	4614	14561
小学在校学生数	人	26911	10428	18456	65453
医院、卫生院床位数	床	422	221	559	1032
社会福利院数	个	16	10	12	11
社会福利院床位数	床	182	158	110	66

2001年县(市)社会经济主要指标

甘肃省

指　　标	单　位	静宁县	西峰市	庆阳县	环　县
一、基本情况					
行政区域土地面积	平方公里	2194	996	2693	9236
乡(镇)个数	个	30	9	19	25
村民委员会个数	个	392	116	183	282
年末总户数	户	101296	85809	78800	73307
其中:乡村户数	户	93076	55976	51800	64672
年末总人口	万人	47	32	32	34
其中:乡村人口	万人	44	24	24	32
年末单位从业人员数	人	15168	155000	17159	9251
乡村从业人员数	人	211600	103300	84200	122371
其中:农林牧渔业	人	165000	68500	71300	106645
农业机械总动力	万千瓦特	9	12	11	8
本地电话用户	户	17144	36127	17124	8099
二、综合经济					
第一产业增加值	万元	29361	30035	19509	18048
第二产业增加值	万元	25778	34468	148731	15894
地方财政预算内收入	万元	3960	8017	7463	2864
财政支出	万元	17487	15229	14069	14769
城乡居民储蓄存款余额	万元	40350	169992	264892	25697
年末金融机构各项贷款余额	万元	49327	142725	146799	34236
三、农业、工业及基本建设					
粮食产量	吨	150001	108152	72925	71896
棉花产量	吨				
油料产量	吨	6754	4566	7808	5063
肉类总产量	吨	8664	7101	8059	8710
规模以上工业企业数	个	35	30	60	27
规模以上工业总产值(现价)	万元	29035	11659	83895	6719
基本建设投资完成额	万元	7274	35890	15600	7356
四、教育、卫生和社会保障					
普通中学在校学生数	人	30309	23587	16582	12490
小学在校学生数	人	63038	44723	43400	51612
医院、卫生院床位数	床	543	1123	448	327
社会福利院数	个	1	9	18	24
社会福利院床位数	床	10	270	186	115

2001年县(市)社会经济主要指标

甘肃省

指　　标	单　位	华池县	合水县	正宁县	宁　县
一、基本情况					
行政区域土地面积	平方公里	3770	2942	1320	2654
乡(镇)个数	个	19	15	12	23
村民委员会个数	个	114	96	111	318
年末总户数	户	32183	39647	55211	120844
其中:乡村户数	户	23973	32903	47703	109600
年末总人口	万人	13	17	23	52
其中:乡村人口	万人	11	15	21	49
年末单位从业人员数	人	8738	9895	9511	14906
乡村从业人员数	人	43065	53463	87556	194600
其中:农林牧渔业	人	38999	37286	69452	126200
农业机械总动力	万千瓦特	6	4	6	11
本地电话用户	户	7042	7201	9650	16506
二、综合经济					
第一产业增加值	万元	7811	14189	17746	20673
第二产业增加值	万元	9106	8005	4700	16527
地方财政预算内收入	万元	2804	1553	2006	2428
财政支出	万元	9180	8256	10082	14959
城乡居民储蓄存款余额	万元	24521	29097	37778	79294
年末金融机构各项贷款余额	万元	21228	30563	39310	60660
三、农业、工业及基本建设					
粮食产量	吨	57981	59180	81821	145202
棉花产量	吨				
油料产量	吨	4389	4112	5176	8650
肉类总产量	吨	4210	3484	4092	7836
规模以上工业企业数	个	12	27	16	28
规模以上工业总产值(现价)	万元	3534	9993	3235	4536
基本建设投资完成额	万元	7086	9923	5250	13154
四、教育、卫生和社会保障					
普通中学在校学生数	人	8286	9920	9655	23400
小学在校学生数	人	17615	22662	36383	73100
医院、卫生院床位数	床	332	275	287	291
社会福利院数	个		1	12	
社会福利院床位数	床		25	230	

2001年县(市)社会经济主要指标

甘肃省

指　　标	单　位	镇原县	临夏市	临夏县	康乐县
一、基本情况					
行政区域土地面积	平方公里	3500	89	1212	1083
乡(镇)个数	个	24	4	27	16
村民委员会个数	个	269	41	219	152
年末总户数	户	114774	50296	76616	47882
其中:乡村户数	户	106400	20500	74085	45400
年末总人口	万人	51	20	37	24
其中:乡村人口	万人	48	9	36	23
年末单位从业人员数	人	16387	31916	8482	6931
乡村从业人员数	人	180600	47700	181645	86865
其中:农林牧渔业	人	131500	29500	122734	71082
农业机械总动力	万千瓦特	12	5	8	4
本地电话用户	户	10632	26881	1227	5130
二、综合经济					
第一产业增加值	万元	28983	15652	18811	15754
第二产业增加值	万元	7441	16941	9594	4363
地方财政预算内收入	万元	2468	3676	808	452
财政支出	万元	16691	12909	10843	8627
城乡居民储蓄存款余额	万元	53828	82751	16329	12474
年末金融机构各项贷款余额	万元	51871	156798	22645	18794
三、农业、工业及基本建设					
粮食产量	吨	193306	20497	108108	63850
棉花产量	吨				
油料产量	吨	6171	44	2290	5340
肉类总产量	吨	7895	5464	6586	4601
规模以上工业企业数	个	30	22	5	6
规模以上工业总产值(现价)	万元	9022	23059	2292	691
基本建设投资完成额	万元	11344	14138	6808	2787
四、教育、卫生和社会保障					
普通中学在校学生数	人	39801	11842	11261	8210
小学在校学生数	人	65238	21856	45627	30167
医院、卫生院床位数	床	549	1027	318	213
社会福利院数	个	24	6		
社会福利院床位数	床	336	257		

2001 年县(市)社会经济主要指标

甘肃省

指　　标	单　位	永靖县	广河县	和政县	东乡族自治县
一、基本情况					
行政区域土地面积	平方公里	1864	538	960	1510
乡(镇)个数	个	19	10	14	25
村民委员会个数	个	139	102	122	229
年末总户数	户	47269	36325	40456	48076
其中:乡村户数	户	35854	34620	37941	46501
年末总人口	万人	20	20	19	26
其中:乡村人口	万人	16	20	18	25
年末单位从业人员数	人	21300	5509	85632	5742
乡村从业人员数	人	76010	87378	79998	106174
其中:农林牧渔业	人	51163	67152	62048	67397
农业机械总动力	万千瓦特	9	7	4	7
本地电话用户	户	10387	6868	4240	3999
二、综合经济					
第一产业增加值	万元	13776	10707	12165	10783
第二产业增加值	万元	9629	9510	4299	2666
地方财政预算内收入	万元	3151	1373	785	446
财政支出	万元	13168	7623	7447	9712
城乡居民储蓄存款余额	万元	56990	16752	14372	8356
年末金融机构各项贷款余额	万元	58890	33422	21245	13098
三、农业、工业及基本建设					
粮食产量	吨	69130	55006	50680	53260
棉花产量	吨				
油料产量	吨	1236	605	5343	1088
肉类总产量	吨	5053	2128	3195	6007
规模以上工业企业数	个	5	13	9	5
规模以上工业总产值(现价)	万元	4398	13943	966	1806
基本建设投资完成额	万元	11687	4579	6321	6303
四、教育、卫生和社会保障					
普通中学在校学生数	人	11986	4051	5233	4347
小学在校学生数	人	26448	24824	22232	25121
医院、卫生院床位数	床	419	180	152	122
社会福利院数	个		1		1
社会福利院床位数	床		60		65

2001年县(市)社会经济主要指标

甘肃省

指　　标	单　位	积石山自治县	合作市	临潭县	卓尼县
一、基本情况					
行政区域土地面积	平方公里	910	2414	1557	5420
乡(镇)个数	个	18	7	19	17
村民委员会个数	个	145	37	141	98
年末总户数	户	44843	18775	33567	20028
其中:乡村户数	户	43092	5526	30171	17256
年末总人口	万人	23	8	15	10
其中:乡村人口	万人	22	3	14	9
年末单位从业人员数	人	6074	12233	4803	6321
乡村从业人员数	人	101527	19880	70459	44553
其中:农林牧渔业	人	65688	18473	51601	40319
农业机械总动力	万千瓦特	3	2	4	2
本地电话用户	户	2695	7700	3800	2800
二、综合经济					
第一产业增加值	万元	9080	5010	7620	8753
第二产业增加值	万元	4635	6600	3007	1826
地方财政预算内收入	万元	505	2213	485	328
财政支出	万元	8166	26215	10518	8160
城乡居民储蓄存款余额	万元	10036	35804	3663	8627
年末金融机构各项贷款余额	万元	11752	25979	14949	8306
三、农业、工业及基本建设					
粮食产量	吨	53171	8302	28263	17001
棉花产量	吨				
油料产量	吨	4127	1691	4473	2201
肉类总产量	吨	4235	1977	3283	6727
规模以上工业企业数	个	3	10	4	3
规模以上工业总产值(现价)	万元	668	9381	2102	379
基本建设投资完成额	万元	5370	10594	13380	4424
四、教育、卫生和社会保障					
普通中学在校学生数	人	4964	3684	3588	1000
小学在校学生数	人	23953	7800	21769	12309
医院、卫生院床位数	床	227	224	193	175
社会福利院数	个		1		1
社会福利院床位数	床		10		14

2001年县(市)社会经济主要指标

甘肃省

指　　标	单　位	舟曲县	迭部县	玛曲县	碌曲县
一、基本情况					
行政区域土地面积	平方公里	2984	5108	10191	5299
乡(镇)个数	个	22	12	8	7
村民委员会个数	个	210	52	36	24
年末总户数	户	30762	11725	8719	6527
其中:乡村户数	户	25507	6696	5884	4395
年末总人口	万人	13	5	4	3
其中:乡村人口	万人	12	4	3	3
年末单位从业人员数	人	6889	4855	3508	2035
乡村从业人员数	人	64212	20115	15646	12746
其中:农林牧渔业	人	57337	18721	15075	12075
农业机械总动力	万千瓦特	3	3		1
本地电话用户	户	3000	3100	1700	1600
二、综合经济					
第一产业增加值	万元	8933	5100	10125	5302
第二产业增加值	万元	1833	1563	11131	893
地方财政预算内收入	万元	544	597	6563	443
财政支出	万元	8418	6267	7290	4030
城乡居民储蓄存款余额	万元	15541	14978	7008	3339
年末金融机构各项贷款余额	万元	4906	11268	5300	1591
三、农业、工业及基本建设					
粮食产量	吨	28143	10640		2342
棉花产量	吨				
油料产量	吨	651	420		292
肉类总产量	吨	3213	1515	9227	3059
规模以上工业企业数	个	6	6	3	5
规模以上工业总产值(现价)	万元	2068	2259	17781	574
基本建设投资完成额	万元	3093	3451	6251	3708
四、教育、卫生和社会保障					
普通中学在校学生数	人	2128	1412	473	559
小学在校学生数	人	17987	4210	2949	3545
医院、卫生院床位数	床	270	82	98	90
社会福利院数	个				
社会福利院床位数	床				

2001年县(市)社会经济主要指标

甘肃省、青海省

指　　标	单　位	夏河县	大通自治县	湟中县	湟源县
一、基本情况					
行政区域土地面积	平方公里	6274	3161	2414	1503
乡(镇)个数	个	15	28	18	10
村民委员会个数	个	66	290	418	147
年末总户数	户	15340	100048	108559	33335
其中:乡村户数	户	10965	73285	99556	24528
年末总人口	万人	8	43	46	13
其中:乡村人口	万人	6	34	43	11
年末单位从业人员数	人	4585	33630	15424	7708
乡村从业人员数	人	32660	192204	254069	57559
其中:农林牧渔业	人	30010	144600	199358	50800
农业机械总动力	万千瓦特	2	30	59	12
本地电话用户	户	2300	20907	13303	9585
二、综合经济					
第一产业增加值	万元	11000	27713	35203	9080
第二产业增加值	万元	3515	134887	32401	15222
地方财政预算内收入	万元	825	8518	3889	1934
财政支出	万元	7391	21178	18697	10100
城乡居民储蓄存款余额	万元	10988	67762	39186	24802
年末金融机构各项贷款余额	万元	7783	175857	48803	29264
三、农业、工业及基本建设					
粮食产量	吨	10587	100059	163400	36653
棉花产量	吨				
油料产量	吨	2728	37396	32556	8050
肉类总产量	吨	6090	16893	16507	5157
规模以上工业企业数	个	5	19	14	5
规模以上工业总产值(现价)	万元	3738	410149	33422	22805
基本建设投资完成额	万元	8339	28557	40360	32306
四、教育、卫生和社会保障					
普通中学在校学生数	人	1216	25046	27922	7955
小学在校学生数	人	5785	45808	43339	14713
医院、卫生院床位数	床	134	1103	435	210
社会福利院数	个	1	9		
社会福利院床位数	床	14	90		

2001年县(市)社会经济主要指标

青海省

指　　标	单　位	平安县	民和自治县	乐都县	互助自治县
一、基本情况					
行政区域土地面积	平方公里	743	1893	2600	3302
乡(镇)个数	个	9	29	23	21
村民委员会个数	个	111	318	369	294
年末总户数	户	26208	76604	71683	86504
其中:乡村户数	户	17485	67308	56716	75914
年末总人口	万人	11	37	29	37
其中:乡村人口	万人	8	34	25	35
年末单位从业人员数	人	9428	12154	11451	16243
乡村从业人员数	人	43796	164677	133424	175156
其中:农林牧渔业	人	35311	124464	94606	140543
农业机械总动力	万千瓦特	6	15	15	24
本地电话用户	户	13132	11658	14628	8886
二、综合经济					
第一产业增加值	万元	6921	20017	20536	34330
第二产业增加值	万元	22124	41906	30341	47815
地方财政预算内收入	万元	2018	2515	2958	5190
财政支出	万元	8676	16331	21679	20301
城乡居民储蓄存款余额	万元	48690	40782	55199	31397
年末金融机构各项贷款余额	万元	156820	79826	60811	60835
三、农业、工业及基本建设					
粮食产量	吨	23715	85392	65300	165749
棉花产量	吨				
油料产量	吨	6174	11462	5477	32193
肉类总产量	吨	5481	6993	14414	16862
规模以上工业企业数	个	12	15	8	15
规模以上工业总产值(现价)	万元	19661	42683	24248	40892
基本建设投资完成额	万元	18745	24560	17212	25135
四、教育、卫生和社会保障					
普通中学在校学生数	人	7232	21637	21627	27072
小学在校学生数	人	11996	42547	26370	37930
医院、卫生院床位数	床	510	520	454	387
社会福利院数	个	1	4	2	2
社会福利院床位数	床	4	19	8	34

2001年县(市)社会经济主要指标

青海省

指　　标	单　位	化隆自治县	循化自治县	门源自治县	祁连县
一、基本情况					
行政区域土地面积	平方公里	2790	1717	5511	13410
乡(镇)个数	个	21	10	15	8
村民委员会个数	个	366	154	109	40
年末总户数	户	48351	23835	32446	11024
其中:乡村户数	户	40176	18045	24887	6734
年末总人口	万人	23	11	15	5
其中:乡村人口	万人	21	10	12	3
年末单位从业人员数	人	7079	4071	6794	3369
乡村从业人员数	人	93241	50299	64576	16561
其中:农林牧渔业	人	83224	34512	54819	14674
农业机械总动力	万千瓦特	13	7	10	3
本地电话用户	户	6066	5059	5073	3015
二、综合经济					
第一产业增加值	万元	10301	7112	17643	9418
第二产业增加值	万元	20600	14020	14838	9521
地方财政预算内收入	万元	1893	1763	1321	1018
财政支出	万元	12930	8929	6920	4988
城乡居民储蓄存款余额	万元	16495	6377	18382	9346
年末金融机构各项贷款余额	万元	47247	55195	11638	12523
三、农业、工业及基本建设					
粮食产量	吨	59517	26213	33877	3665
棉花产量	吨				
油料产量	吨	6100	2389	34113	1023
肉类总产量	吨	6244	3789	5702	6058
规模以上工业企业数	个	8	16	10	4
规模以上工业总产值(现价)	万元	11890	12308	5551	2996
基本建设投资完成额	万元	17879	16570	14902	8148
四、教育、卫生和社会保障					
普通中学在校学生数	人	4724	3849	7656	1367
小学在校学生数	人	23656	14278	16706	5181
医院、卫生院床位数	床	314	150	464	117
社会福利院数	个	1	2		2
社会福利院床位数	床	10	4		14

2001年县(市)社会经济主要指标

青海省

指　　标	单　位	海晏县	刚察县	同仁县	尖扎县
一、基本情况					
行政区域土地面积	平方公里	4853	9576	3169	1647
乡(镇)个数	个	6	5	13	12
村民委员会个数	个	26	31	75	79
年末总户数	户	8950	10486	18637	10878
其中:乡村户数	户	4165	4754	10394	7858
年末总人口	万人	3	4	8	5
其中:乡村人口	万人	2	3	6	4
年末单位从业人员数	人	7721	2931	7747	5047
乡村从业人员数	人	10079	10355	28114	19914
其中:农林牧渔业	人	8646	10072	25944	17060
农业机械总动力	万千瓦特	2	2	3	2
本地电话用户	户	3910	2094	6635	804
二、综合经济					
第一产业增加值	万元	3885	7928	12091	5015
第二产业增加值	万元	9811	3769	15132	52915
地方财政预算内收入	万元	2428	595	2431	791
财政支出	万元	13906	3688	15969	7835
城乡居民储蓄存款余额	万元	11970	5421	14989	8744
年末金融机构各项贷款余额	万元	7043	10578	34322	9446
三、农业、工业及基本建设					
粮食产量	吨	2758	1985	16537	14463
棉花产量	吨				
油料产量	吨	767	6895	818	1040
肉类总产量	吨	2938	6270	2252	2518
规模以上工业企业数	个	11	2	9	10
规模以上工业总产值(现价)	万元	21156	3088	27003	119015
基本建设投资完成额	万元	13258	5028	9033	29550
四、教育、卫生和社会保障					
普通中学在校学生数	人	1115	721	2547	1644
小学在校学生数	人	3467	3274	10957	6106
医院、卫生院床位数	床	145	102	324	114
社会福利院数	个	1	3	3	2
社会福利院床位数	床	6	3	6	4

2001年县(市)社会经济主要指标

青海省

指　　标	单　位	泽库县	河南自治县	共和县	同德县
一、基本情况					
行政区域土地面积	平方公里	6466	6627	16364	4758
乡(镇)个数	个	8	6	12	6
村民委员会个数	个	60	39	93	73
年末总户数	户	10430	5692	29599	9139
其中:乡村户数	户	9447	4546	14247	6201
年末总人口	万人	5	3	12	5
其中:乡村人口	万人	5	3	7	4
年末单位从业人员数	人	1815	1535	12056	2704
乡村从业人员数	人	20344	13848	36706	19305
其中:农林牧渔业	人	20260	13848	30877	18362
农业机械总动力	万千瓦特	1		7	3
本地电话用户	户	763	1001	9114	1484
二、综合经济					
第一产业增加值	万元	13279	14270	11629	11012
第二产业增加值	万元	743	1333	43781	2313
地方财政预算内收入	万元	273	257	3141	887
财政支出	万元	4971	3195	18295	4207
城乡居民储蓄存款余额	万元	985	3831	33701	3105
年末金融机构各项贷款余额	万元	12000	4219	51265	4839
三、农业、工业及基本建设					
粮食产量	吨			18030	13061
棉花产量	吨				
油料产量	吨	2354		7993	5290
肉类总产量	吨	8121	9097	8787	5680
规模以上工业企业数	个	3	2	8	3
规模以上工业总产值(现价)	万元	252	191	45087	1053
基本建设投资完成额	万元	2484	3159	15872	7291
四、教育、卫生和社会保障					
普通中学在校学生数	人	435	338	4531	780
小学在校学生数	人	7572	3840	13308	6086
医院、卫生院床位数	床	102	160	616	135
社会福利院数	个	5	6	7	2
社会福利院床位数	床	10	10	40	9

2001年县(市)社会经济主要指标

青海省

指标	单位	贵德县	兴海县	贵南县	玛沁县
一、基本情况					
行政区域土地面积	平方公里	3463	12146	6647	13307
乡(镇)个数	个	8	8	6	11
村民委员会个数	个	115	56	73	31
年末总户数	户	23276	12462	14609	7760
其中:乡村户数	户	17990	9247	8603	4123
年末总人口	万人	9	6	7	4
其中:乡村人口	万人	8	5	5	2
年末单位从业人员数	人	3612	3318	4945	5606
乡村从业人员数	人	41753	20985	23833	9050
其中:农林牧渔业	人	36634	20573	23405	8411
农业机械总动力	万千瓦特	5	2	7	
本地电话用户	户	3158	1636	2196	3388
二、综合经济					
第一产业增加值	万元	8576	10136	10685	6256
第二产业增加值	万元	10133	3836	3998	2287
地方财政预算内收入	万元	1405	676	693	931
财政支出	万元	6778	4520	6092	13375
城乡居民储蓄存款余额	万元	13513	912	5959	10256
年末金融机构各项贷款余额	万元	14774	2147	11529	11735
三、农业、工业及基本建设					
粮食产量	吨	37430	10118	11737	128
棉花产量	吨				
油料产量	吨	5141	2512	4337	28
肉类总产量	吨	2661	6616	6720	5268
规模以上工业企业数	个	8	5	3	8
规模以上工业总产值(现价)	万元	2348	1318	736	2002
基本建设投资完成额	万元	41637	7435	8824	5388
四、教育、卫生和社会保障					
普通中学在校学生数	人	4977	800	1168	753
小学在校学生数	人	10501	6770	8183	3059
医院、卫生院床位数	床	205	78	235	212
社会福利院数	个	1	2	1	10
社会福利院床位数	床	15	20	6	25

2001年县(市)社会经济主要指标

青海省

指　　标	单　位	班玛县	甘德县	达日县	久治县
一、基本情况					
行政区域土地面积	平方公里	6139	7118	14630	8708
乡(镇)个数	个	10	8	10	6
村民委员会个数	个	32	36	33	22
年末总户数	户	4770	4815	5611	3937
其中:乡村户数	户	3742	4318	4599	3046
年末总人口	万人	2	2	2	2
其中:乡村人口	万人	2	2	2	2
年末单位从业人员数	人	1304	877	1014	947
乡村从业人员数	人	8454	9652	8733	5763
其中:农林牧渔业	人	8073	9245	8733	5727
农业机械总动力	万千瓦特	1			
本地电话用户	户	824	627	854	687
二、综合经济					
第一产业增加值	万元	4213	3480	3031	3548
第二产业增加值	万元	1310	682	131	439
地方财政预算内收入	万元	664	260	199	257
财政支出	万元	3439	2726	3680	2757
城乡居民储蓄存款余额	万元	1003	493	1345	818
年末金融机构各项贷款余额	万元	9007	1131	6737	836
三、农业、工业及基本建设					
粮食产量	吨	2320			
棉花产量	吨				
油料产量	吨	84			
肉类总产量	吨	4914	4470	4523	4347
规模以上工业企业数	个	5	1	1	4
规模以上工业总产值(现价)	万元	1269	268	3	515
基本建设投资完成额	万元	1747	2265	2449	709
四、教育、卫生和社会保障					
普通中学在校学生数	人	185	153	122	165
小学在校学生数	人	1849	1624	1613	1566
医院、卫生院床位数	床	66	62	47	87
社会福利院数	个	10	4	15	5
社会福利院床位数	床	115	33	140	45

2001年县(市)社会经济主要指标

青海省

指　　标	单　位	玛多县	玉树县	杂多县	称多县
一、基本情况					
行政区域土地面积	平方公里	26541	15671	35809	14743
乡(镇)个数	个	6	9	8	8
村民委员会个数	个	34	62	31	57
年末总户数	户	3187	16924	6747	8545
其中:乡村户数	户	1637	10749	5880	6793
年末总人口	万人	1	8	4	4
其中:乡村人口	万人	1	5	3	4
年末单位从业人员数	人	886	6762	1057	1801
乡村从业人员数	人	4018	23680	9915	19523
其中:农林牧渔业	人	4018	23433	9755	18729
农业机械总动力	万千瓦特		2		1
本地电话用户	户	645	5452	812	737
二、综合经济					
第一产业增加值	万元	2111	9108	17292	4957
第二产业增加值	万元	135	3348	714	1954
地方财政预算内收入	万元	159	1243	316	536
财政支出	万元	2653	5929	2893	4236
城乡居民储蓄存款余额	万元	632	13879	1193	1205
年末金融机构各项贷款余额	万元	1288	28151	7906	3263
三、农业、工业及基本建设					
粮食产量	吨		6773		4819
棉花产量	吨				
油料产量	吨		554		173
肉类总产量	吨	2438	6053	5242	3637
规模以上工业企业数	个	4	6	3	5
规模以上工业总产值(现价)	万元	188	460	132	1541
基本建设投资完成额	万元	4071	6391	1721	3221
四、教育、卫生和社会保障					
普通中学在校学生数	人	169	2583	235	813
小学在校学生数	人	1099	7676	1523	4333
医院、卫生院床位数	床	54	317	25	100
社会福利院数	个	4	8	9	10
社会福利院床位数	床	36	110	58	100

2001年县(市)社会经济主要指标

青海省

指标	单位	治多县	囊谦县	曲麻莱县	格尔木市
一、基本情况					
行政区域土地面积	平方公里	80757	12230	38744	122285
乡(镇)个数	个	6	10	6	4
村民委员会个数	个	20	69	19	38
年末总户数	户	5468	9636	4672	33975
其中:乡村户数	户	4586	7882	4201	3168
年末总人口	万人	2	6	2	10
其中:乡村人口	万人	2	5	2	1
年末单位从业人员数	人	1105	1290	1374	19046
乡村从业人员数	人	9550	22735	9931	6705
其中:农林牧渔业	人	9550	22332	9110	5341
农业机械总动力	万千瓦特		2		7
本地电话用户	户	647	823	753	26000
二、综合经济					
第一产业增加值	万元	7199	8516	5051	6002
第二产业增加值	万元	715	1011	1995	133142
地方财政预算内收入	万元	311	341	1375	12855
财政支出	万元	3205	4403	3847	17251
城乡居民储蓄存款余额	万元	890	1224	1323	155015
年末金融机构各项贷款余额	万元	7208	11025	2839	244391
三、农业、工业及基本建设					
粮食产量	吨		10347		11001
棉花产量	吨				
油料产量	吨		793		1374
肉类总产量	吨	3983	5245	4772	2227
规模以上工业企业数	个	2	6	3	27
规模以上工业总产值(现价)	万元	119	345	1991	99104
基本建设投资完成额	万元	2551	2336	3460	151469
四、教育、卫生和社会保障					
普通中学在校学生数	人	217	422	188	6162
小学在校学生数	人	1325	5602	1437	14246
医院、卫生院床位数	床	53	50	22	657
社会福利院数	个	7	5	4	3
社会福利院床位数	床	56	100	40	16

2001年县(市)社会经济主要指标

青海省

指　　　　标	单　位	德令哈市	乌兰县	都兰县	天峻县
一、基本情况					
行政区域土地面积	平方公里	24596	12977	48392	25547
乡(镇)个数	个	5	5	9	12
村民委员会个数	个	25	34	97	62
年末总户数	户	18579	11021	13958	4054
其中:乡村户数	户	3188	4382	8491	2544
年末总人口	万人	6	4	5	2
其中:乡村人口	万人	1	2	4	1
年末单位从业人员数	人	11907	4667	4821	1526
乡村从业人员数	人	8068	10681	19230	6743
其中:农林牧渔业	人	7345	8480	18270	6691
农业机械总动力	万千瓦特	4	3	9	1
本地电话用户	户	9944	4660	4507	1100
二、综合经济					
第一产业增加值	万元	4373	4001	9366	7974
第二产业增加值	万元	13450	3789	3760	602
地方财政预算内收入	万元	1604	951	1400	453
财政支出	万元	5221	5301	5408	5017
城乡居民储蓄存款余额	万元	41133	14776	13596	3970
年末金融机构各项贷款余额	万元	41118	7730	7428	1862
三、农业、工业及基本建设					
粮食产量	吨	12775	5027	30751	
棉花产量	吨				
油料产量	吨	3831	1024	4502	
肉类总产量	吨	2203	3126	6348	7970
规模以上工业企业数	个	15	8	9	
规模以上工业总产值(现价)	万元	6512	13256	5019	
基本建设投资完成额	万元	17068	4696	5427	2613
四、教育、卫生和社会保障					
普通中学在校学生数	人	3116	2137	2205	374
小学在校学生数	人	6663	4143	6915	2050
医院、卫生院床位数	床	265	151	80	73
社会福利院数	个	3	3	4	5
社会福利院床位数	床	23	12	26	20

2001年县(市)社会经济主要指标

宁夏回族自治区

指　　标	单　位	永宁县	贺兰县	平罗县	陶乐县
一、基本情况					
行政区域土地面积	平方公里	1011	1208	2046	909
乡(镇)个数	个	10	9	16	7
村民委员会个数	个	91	86	145	46
年末总户数	户	54836	54425	75667	8475
其中:乡村户数	户	40048	38250	50442	5500
年末总人口	万人	20	18	26	3
其中:乡村人口	万人	17	15	20	2
年末单位从业人员数	人	16525	14336	22926	2919
乡村从业人员数	人	88361	86752	115334	12444
其中:农林牧渔业	人	66478	73257	86435	9892
农业机械总动力	万千瓦特	29	34	44	5
本地电话用户	户	18717	18958	29754	4612
二、综合经济					
第一产业增加值	万元	36138	36694	40206	6103
第二产业增加值	万元	47480	32366	43848	2407
地方财政预算内收入	万元	6720	4516	7841	454
财政支出	万元	13224	11831	16617	5376
城乡居民储蓄存款余额	万元	71241	58629	112261	7627
年末金融机构各项贷款余额	万元	85578	63889	95100	4995
三、农业、工业及基本建设					
粮食产量	吨	234661	235302	262773	32726
棉花产量	吨				
油料产量	吨	390	761	7318	1056
肉类总产量	吨	9189	9905	20765	2482
规模以上工业企业数	个	12	10	19	1
规模以上工业总产值(现价)	万元	57844	36544	86087	690
基本建设投资完成额	万元	8512	5466	15458	6326
四、教育、卫生和社会保障					
普通中学在校学生数	人	12223	11155	17340	1869
小学在校学生数	人	23403	18823	24310	3765
医院、卫生院床位数	床	280	332	579	50
社会福利院数	个	8	11	17	1
社会福利院床位数	床	90	87	124	25

2001年县(市)社会经济主要指标

宁夏回族自治区

指　　标	单　位	惠农县	中卫县	中宁县	盐池县
一、基本情况					
行政区域土地面积	平方公里	963	4671	2169	6655
乡(镇)个数	个	8	16	16	14
村民委员会个数	个	46	149	112	99
年末总户数	户	22462	86694	63006	40292
其中:乡村户数	户	14035	65237	47816	29738
年末总人口	万人	7	34	26	15
其中:乡村人口	万人	5	26	21	13
年末单位从业人员数	人	7605	23273	20561	8498
乡村从业人员数	人	33853	134382	127431	58602
其中:农林牧渔业	人	23140	83384	102961	46471
农业机械总动力	万千瓦特	14	25	23	17
本地电话用户	户	7995	31900	22896	10997
二、综合经济					
第一产业增加值	万元	18252	39436	39781	15671
第二产业增加值	万元	19867	58542	40462	92084
地方财政预算内收入	万元	2948	11436	6688	2794
财政支出	万元	8015	23784	14318	17598
城乡居民储蓄存款余额	万元	18809	152944	125137	50545
年末金融机构各项贷款余额	万元	47157	181426	148338	36640
三、农业、工业及基本建设					
粮食产量	吨	80056	145318	198304	57299
棉花产量	吨				
油料产量	吨	8293	2357	6445	5562
肉类总产量	吨	6557	23123	23439	7493
规模以上工业企业数	个	6	28	15	4
规模以上工业总产值(现价)	万元	25370	92775	46729	4129
基本建设投资完成额	万元	14491	47596	9941	12331
四、教育、卫生和社会保障					
普通中学在校学生数	人	3482	26774	21410	11264
小学在校学生数	人	5939	33586	29114	17394
医院、卫生院床位数	床	120	682	372	213
社会福利院数	个	7	1	12	17
社会福利院床位数	床	54	46	218	291

2001年县(市)社会经济主要指标

宁夏回族自治区

指标	单位	同心县	青铜峡市	灵武市	固原县
一、基本情况					
行政区域土地面积	平方公里	7018	1886	3649	3915
乡(镇)个数	个	16	13	14	24
村民委员会个数	个	255	104	97	267
年末总户数	户	81938	73155	76455	119731
其中:乡村户数	户	68243	40235	38150	87259
年末总人口	万人	37	25	26	51
其中:乡村人口	万人	33	17	17	43
年末单位从业人员数	人	12595	35847	26130	27436
乡村从业人员数	人	153547	85509	68762	208539
其中:农林牧渔业	人	112833	63862	50734	159834
农业机械总动力	万千瓦特	18	35	26	14
本地电话用户	户	11816	39315	27757	26428
二、综合经济					
第一产业增加值	万元	18805	42701	37410	19196
第二产业增加值	万元	8393	148422	80375	19668
地方财政预算内收入	万元	2253	14301	7036	3535
财政支出	万元	20024	25628	19273	29632
城乡居民储蓄存款余额	万元	34702	167946	120133	75272
年末金融机构各项贷款余额	万元	40720	264809	98977	117104
三、农业、工业及基本建设					
粮食产量	吨	108012	256683	206661	139371
棉花产量	吨				
油料产量	吨	3015	2491	1085	13020
肉类总产量	吨	9367	19767	18502	6280
规模以上工业企业数	个	5	32	26	9
规模以上工业总产值(现价)	万元	4135	396688	156773	10978
基本建设投资完成额	万元	6483	72709	9567	32801
四、教育、卫生和社会保障					
普通中学在校学生数	人	15038	13897	16866	29124
小学在校学生数	人	49085	24345	24468	68120
医院、卫生院床位数	床	297	806	793	824
社会福利院数	个	14	7	8	19
社会福利院床位数	床	115	96	45	355

2001年县(市)社会经济主要指标

宁夏回族自治区

指　　标	单　位	海原县	西吉县	隆德县	泾源县
一、基本情况					
行政区域土地面积	平方公里	5489	3144	985	751
乡(镇)个数	个	23	25	21	7
村民委员会个数	个	167	297	273	77
年末总户数	户	71169	84020	51269	18921
其中:乡村户数	户	67042	75367	43023	17017
年末总人口	万人	37	45	22	8
其中:乡村人口	万人	35	42	20	8
年末单位从业人员数	人	10689	14802	9638	4042
乡村从业人员数	人	175931	202351	95688	40619
其中:农林牧渔业	人	149083	175224	59509	33467
农业机械总动力	万千瓦特	20	23	10	5
本地电话用户	户	7200	8440	6118	2974
二、综合经济					
第一产业增加值	万元	12456	18029	10001	3582
第二产业增加值	万元	12393	8386	18322	1786
地方财政预算内收入	万元	1023	1286	2620	607
财政支出	万元	21318	25196	15614	8002
城乡居民储蓄存款余额	万元	16677	14720	17926	9957
年末金融机构各项贷款余额	万元	37714	38416	18020	13903
三、农业、工业及基本建设					
粮食产量	吨	75080	145001	81487	30037
棉花产量	吨				
油料产量	吨	2365	6682	5813	500
肉类总产量	吨	4482	4781	5595	2063
规模以上工业企业数	个	4	3	23	6
规模以上工业总产值(现价)	万元	898	2668	39243	363
基本建设投资完成额	万元	9871	11839	12827	3870
四、教育、卫生和社会保障					
普通中学在校学生数	人	15472	20330	13660	1851
小学在校学生数	人	58809	67447	29078	12231
医院、卫生院床位数	床	195	295	179	130
社会福利院数	个	7	17	6	8
社会福利院床位数	床	40	68	48	160

2001年县(市)社会经济主要指标

宁夏回族自治区、新疆维吾尔自治区

指　　标	单　位	彭阳县	乌鲁木齐县	吐鲁番市	鄯善县
一、基本情况					
行政区域土地面积	平方公里	2529	9801	13589	38282
乡(镇)个数	个	18	16	8	9
村民委员会个数	个	162	81	93	83
年末总户数	户	54412	26884	66600	57354
其中:乡村户数	户	47947	18252	32245	30042
年末总人口	万人	25	10	25	21
其中:乡村人口	万人	23	8	16	14
年末单位从业人员数	人	8362	7370	23998	33687
乡村从业人员数	人	114698	44038	76602	72309
其中:农林牧渔业	人	84533	38727	68020	68028
农业机械总动力	万千瓦特	11	11	15	24
本地电话用户	户	5128	14866	29800	26924
二、综合经济					
第一产业增加值	万元	14244	24067	32293	30048
第二产业增加值	万元	8798	9365	41428	396471
地方财政预算内收入	万元	888	3170	9925	23849
财政支出	万元	18968	17477	25552	24757
城乡居民储蓄存款余额	万元	10189	104020	107283	104386
年末金融机构各项贷款余额	万元	17820	130343	83101	54404
三、农业、工业及基本建设					
粮食产量	吨	100552	52569	20943	24185
棉花产量	吨		31	6913	6024
油料产量	吨	4121	1107	109	13
肉类总产量	吨	6494	10015	14746	5354
规模以上工业企业数	个	6	5	28	14
规模以上工业总产值(现价)	万元	4638	5975	47444	444606
基本建设投资完成额	万元	10474	7406	80334	126524
四、教育、卫生和社会保障					
普通中学在校学生数	人	14844	4861	13200	16093
小学在校学生数	人	32316	9398	29500	24896
医院、卫生院床位数	床	232	260	1064	393
社会福利院数	个	5	4	3	1
社会福利院床位数	床	40	100	24	40

2001年县(市)社会经济主要指标

新疆维吾尔自治区

指　　标	单　位	托克逊县	哈密市	巴里坤自治县	伊吾县
一、基本情况					
行政区域土地面积	平方公里	15692	85587	36989	19519
乡(镇)个数	个	6	17	10	6
村民委员会个数	个	45	107	44	32
年末总户数	户	27473	121185	27590	5784
其中:乡村户数	户	18813	26035	16281	1493
年末总人口	万人	11	39	10	2
其中:乡村人口	万人	8	10	7	1
年末单位从业人员数	人	8563	82500	39523	2467
乡村从业人员数	人	41044	55913	31694	3232
其中:农林牧渔业	人	35826	47236	24297	2988
农业机械总动力	万千瓦特	12	10	12	1
本地电话用户	户	10074	74200	10248	3157
二、综合经济					
第一产业增加值	万元	15123	40554	16398	3729
第二产业增加值	万元	20481	117536	11604	2220
地方财政预算内收入	万元	2283	18708	980	203
财政支出	万元	9385	36027	10276	5874
城乡居民储蓄存款余额	万元	31683	404854	26832	7175
年末金融机构各项贷款余额	万元	36710	391651	24378	2308
三、农业、工业及基本建设					
粮食产量	吨	42675	27760	51528	4031
棉花产量	吨	8262	10855	68	33
油料产量	吨	1192	2406	193	151
肉类总产量	吨	6356	10788	8254	1393
规模以上工业企业数	个	8	35	9	4
规模以上工业总产值(现价)	万元	12849	142250	4942	899
基本建设投资完成额	万元	14708	54459	2876	5064
四、教育、卫生和社会保障					
普通中学在校学生数	人	8507	24600	6130	1254
小学在校学生数	人	10767	33200	9010	1632
医院、卫生院床位数	床	364	2144	258	120
社会福利院数	个	2	1	4	1
社会福利院床位数	床	44	100	40	15

2001年县(市)社会经济主要指标

新疆维吾尔自治区

指　　标	单　位	昌吉市	阜康市	米泉市	呼图壁县
一、基本情况					
行政区域土地面积	平方公里	8215	8535	3789	9421
乡(镇)个数	个	10	6	6	6
村民委员会个数	个	175	123	78	55
年末总户数	户	122935	52814	57011	66296
其中:乡村户数	户	24119	14840	22397	17006
年末总人口	万人	39	16	18	21
其中:乡村人口	万人	10	6	10	7
年末单位从业人员数	人	44592	13459	13628	13783
乡村从业人员数	人	53403	33148	54472	41306
其中:农林牧渔业	人	42905	28305	31454	32170
农业机械总动力	万千瓦特	16	11	10	18
本地电话用户	户	89321	37187	34898	33415
二、综合经济					
第一产业增加值	万元	63278	28843	27304	75560
第二产业增加值	万元	121682	120637	73100	36900
地方财政预算内收入	万元	19634	9287	6913	5663
财政支出	万元	18617	9760	11097	9398
城乡居民储蓄存款余额	万元	249196	59821	121973	99636
年末金融机构各项贷款余额	万元	615529	88330	107034	167592
三、农业、工业及基本建设					
粮食产量	吨	82816	69250	68942	68008
棉花产量	吨	16425	4953	1111	23638
油料产量	吨	2492	3487	1303	1277
肉类总产量	吨	27161	13254	17914	16933
规模以上工业企业数	个	51	13	21	15
规模以上工业总产值(现价)	万元	319592	29039	123066	41432
基本建设投资完成额	万元	42398	18351	28103	19306
四、教育、卫生和社会保障					
普通中学在校学生数	人	19195	5524	12878	12898
小学在校学生数	人	25563	10612	16562	22725
医院、卫生院床位数	床	1168	312	296	907
社会福利院数	个	8	3	5	3
社会福利院床位数	床	161	60	92	52

2001年县(市)社会经济主要指标

新疆维吾尔自治区

指　　标	单　位	玛纳斯县	奇台县	吉木萨尔县	木垒自治县
一、基本情况					
行政区域土地面积	平方公里	9597	16636	8145	13301
乡(镇)个数	个	11	14	9	10
村民委员会个数	个	200	135	216	58
年末总户数	户	86352	66617	35687	24167
其中:乡村户数	户	23995	33263	21090	15789
年末总人口	万人	26	23	13	9
其中:乡村人口	万人	9	14	9	7
年末单位从业人员数	人	15322	11601	6776	6200
乡村从业人员数	人	48416	72362	48513	32071
其中:农林牧渔业	人	44364	62976	41722	28958
农业机械总动力	万千瓦特	18	31	12	10
本地电话用户	户	34006	31000	15651	9133
二、综合经济					
第一产业增加值	万元	106480	44826	30486	21672
第二产业增加值	万元	86000	14435	14680	4035
地方财政预算内收入	万元	9031	3432	4604	823
财政支出	万元	12033	11363	9271	9039
城乡居民储蓄存款余额	万元	82831	71315	34450	16714
年末金融机构各项贷款余额	万元	117067	89588	35430	25675
三、农业、工业及基本建设					
粮食产量	吨	48888	278793	84240	84699
棉花产量	吨	40606		2168	
油料产量	吨	924	13539	9026	1145
肉类总产量	吨	18868	26497	14589	17809
规模以上工业企业数	个	14	9	3	2
规模以上工业总产值(现价)	万元	75512	19918	14487	1257
基本建设投资完成额	万元	18900	6474	5174	5222
四、教育、卫生和社会保障					
普通中学在校学生数	人	7798	10505	4986	6131
小学在校学生数	人	12191	18313	10569	8785
医院、卫生院床位数	床	174	361	234	110
社会福利院数	个	4	4	4	
社会福利院床位数	床	90	27	48	

2001年县(市)社会经济主要指标

新疆维吾尔自治区

指　　标	单　位	博乐市	精河县	温泉县	库尔勒市
一、基本情况					
行政区域土地面积	平方公里	7877	11175	5882	7216
乡(镇)个数	个	5	4	5	10
村民委员会个数	个	132	58	65	57
年末总户数	户	70411	37929	19111	122292
其中:乡村户数	户	16568	16152	8850	16260
年末总人口	万人	22	12	7	37
其中:乡村人口	万人	8	6	4	7
年末单位从业人员数	人	14259	15259	10037	77361
乡村从业人员数	人	30716	30525	17170	27594
其中:农林牧渔业	人	26249	26750	13960	23870
农业机械总动力	万千瓦特	9	8	6	14
本地电话用户	户	43300	19596	9400	93322
二、综合经济					
第一产业增加值	万元	53567	31234	15834	72973
第二产业增加值	万元	36998	11634	5914	782705
地方财政预算内收入	万元	6655	3165	1013	34060
财政支出	万元	13479	10889	7535	28493
城乡居民储蓄存款余额	万元	119649	54497	17557	479365
年末金融机构各项贷款余额	万元	190088	78150	22500	778833
三、农业、工业及基本建设					
粮食产量	吨	78062	33473	59732	41358
棉花产量	吨	24461	24457	1	30048
油料产量	吨	4872	693	18610	54
肉类总产量	吨	8635	4460	5093	19967
规模以上工业企业数	个	10	7	4	41
规模以上工业总产值(现价)	万元	22068	7391	3029	838634
基本建设投资完成额	万元	6247	6768	1285	525172
四、教育、卫生和社会保障					
普通中学在校学生数	人	9919	6850	4677	14583
小学在校学生数	人	18275	13522	6432	30041
医院、卫生院床位数	床	197	248	144	75
社会福利院数	个	7	5	2	1
社会福利院床位数	床	74	123	30	70

2001年县(市)社会经济主要指标

新疆维吾尔自治区

指　　标	单　位	轮台县	尉犁县	若羌县	且末县
一、基本情况					
行政区域土地面积	平方公里	14157	59235	198794	137831
乡(镇)个数	个	10	7	5	11
村民委员会个数	个	63	47	17	51
年末总户数	户	24589	34756	10089	14433
其中:乡村户数	户	14113	9124	3297	7252
年末总人口	万人	9	10	3	5
其中:乡村人口	万人	6	4	1	3
年末单位从业人员数	人	6624	6058	3058	6394
乡村从业人员数	人	18453	13497	3956	11086
其中:农林牧渔业	人	16123	11771	3572	10439
农业机械总动力	万千瓦特	7	6	2	3
本地电话用户	户	10012	16511	5977	7258
二、综合经济					
第一产业增加值	万元	22380	36600	6188	11268
第二产业增加值	万元	7335	11209	6985	4175
地方财政预算内收入	万元	11177	2717	911	10590
财政支出	万元	12463	8368	5694	14084
城乡居民储蓄存款余额	万元	31648	29983	10594	13006
年末金融机构各项贷款余额	万元	80354	64336	7999	11667
三、农业、工业及基本建设					
粮食产量	吨	42890	4447	8109	26824
棉花产量	吨	15648	35146	2418	8744
油料产量	吨	568			599
肉类总产量	吨	5373	3604	1399	5367
规模以上工业企业数	个	5	6	7	4
规模以上工业总产值(现价)	万元	1179	8332	3841	1848
基本建设投资完成额	万元	14658	19407	5091	15402
四、教育、卫生和社会保障					
普通中学在校学生数	人	7246	3963	1567	4652
小学在校学生数	人	10828	7185	2210	8666
医院、卫生院床位数	床	298	221	77	294
社会福利院数	个	6	1	3	
社会福利院床位数	床	172	7	17	

2001年县(市)社会经济主要指标

新疆维吾尔自治区

指　　标	单　位	焉耆自治县	和静县	和硕县	博湖县
一、基本情况					
行政区域土地面积	平方公里	2441	34887	12817	3579
乡(镇)个数	个	7	11	5	6
村民委员会个数	个	44	57	22	25
年末总户数	户	35659	52744	20701	16973
其中:乡村户数	户	13324	16776	5678	7613
年末总人口	万人	12	17	6	6
其中:乡村人口	万人	6	7	2	3
年末单位从业人员数	人	8640	18629	7515	5328
乡村从业人员数	人	24891	35770	10409	14434
其中:农林牧渔业	人	19143	31924	7666	13230
农业机械总动力	万千瓦特	7	6	5	7
本地电话用户	户	23797	18911	10466	8179
二、综合经济					
第一产业增加值	万元	27121	41470	17274	13292
第二产业增加值	万元	30119	14334	8153	6362
地方财政预算内收入	万元	4124	3206	1745	1841
财政支出	万元	10597	11508	6966	6413
城乡居民储蓄存款余额	万元	63488	51473	21257	16202
年末金融机构各项贷款余额	万元	54670	47991	32191	17026
三、农业、工业及基本建设					
粮食产量	吨	37981	50153	25189	23516
棉花产量	吨	583	3209	8555	918
油料产量	吨	3466	2624	837	2563
肉类总产量	吨	6906	17488	2724	2294
规模以上工业企业数	个	9	17	12	7
规模以上工业总产值(现价)	万元	11343	14714	12485	10912
基本建设投资完成额	万元	31365	7016	3037	7123
四、教育、卫生和社会保障					
普通中学在校学生数	人	7088	9124	3037	4129
小学在校学生数	人	10902	15198	6273	5853
医院、卫生院床位数	床	150	320	193	102
社会福利院数	个	9		2	4
社会福利院床位数	床	152		10	20

2001年县(市)社会经济主要指标

新疆维吾尔自治区

指　　　标	单　位	阿克苏市	温宿县	库车县	沙雅县
一、基本情况					
行政区域土地面积	平方公里	18184	14203	14603	31955
乡(镇)个数	个	7	9	13	7
村民委员会个数	个	129	107	220	157
年末总户数	户	162746	43663	90692	49580
其中:乡村户数	户	27179	24365	58962	32100
年末总人口	万人	54	21	39	20
其中:乡村人口	万人	13	11	28	15
年末单位从业人员数	人	33193	17865	19483	9925
乡村从业人员数	人	39807	32215	120911	45797
其中:农林牧渔业	人	36555	31177	105647	41203
农业机械总动力	万千瓦特	12	13	15	9
本地电话用户	户	53890	9675	23666	7040
二、综合经济					
第一产业增加值	万元	51678	42578	58348	44024
第二产业增加值	万元	51972	15605	52580	8110
地方财政预算内收入	万元	18829	2620	12128	3732
财政支出	万元	24596	11647	24466	12790
城乡居民储蓄存款余额	万元	325293	48411	107960	42729
年末金融机构各项贷款余额	万元	202486	65904	93901	93908
三、农业、工业及基本建设					
粮食产量	吨	101545	154838	190986	128286
棉花产量	吨	38321	44746	42190	57600
油料产量	吨	361	906	1163	761
肉类总产量	吨	15965	8193	18993	7424
规模以上工业企业数	个	13	23	13	5
规模以上工业总产值(现价)	万元	58514	21064	53100	11883
基本建设投资完成额	万元	74319	8133	8812	3351
四、教育、卫生和社会保障					
普通中学在校学生数	人	24234	14424	29216	14086
小学在校学生数	人	50335	28358	52973	31905
医院、卫生院床位数	床	1004	302	1019	427
社会福利院数	个	6	9	8	6
社会福利院床位数	床	234	89	174	73

2001年县(市)社会经济主要指标

新疆维吾尔自治区

指　　标	单　位	新和县	拜城县	乌什县	阿瓦提县
一、基本情况					
行政区域土地面积	平方公里	5818	15554	9082	13234
乡(镇)个数	个	7	12	8	7
村民委员会个数	个	110	164	108	118
年末总户数	户	34631	46635	40753	50592
其中:乡村户数	户	23720	29272	32748	28922
年末总人口	万人	14	20	17	20
其中:乡村人口	万人	11	14	15	14
年末单位从业人员数	人	7030	13435	6652	11187
乡村从业人员数	人	48411	54866	46288	62568
其中:农林牧渔业	人	44998	53481	41992	58153
农业机械总动力	万千瓦特	6	10	6	13
本地电话用户	户	5120	10130	5724	6342
二、综合经济					
第一产业增加值	万元	29990	29055	23468	43248
第二产业增加值	万元	9848	15370	3222	14650
地方财政预算内收入	万元	1511	2946	679	2777
财政支出	万元	8057	14084	8903	11777
城乡居民储蓄存款余额	万元	25466	46487	21692	44533
年末金融机构各项贷款余额	万元	42768	41422	27798	91702
三、农业、工业及基本建设					
粮食产量	吨	81182	173583	127242	79962
棉花产量	吨	23700	7700	5527	42000
油料产量	吨	574	10320	5307	
肉类总产量	吨	4415	10200	7585	7207
规模以上工业企业数	个	3	19	1	7
规模以上工业总产值(现价)	万元	1469	14440	589	8710
基本建设投资完成额	万元	10626	6447	5532	11845
四、教育、卫生和社会保障					
普通中学在校学生数	人	10293	15929	12747	15024
小学在校学生数	人	21113	32527	27292	32938
医院、卫生院床位数	床	336	455	287	532
社会福利院数	个	7	7	6	6
社会福利院床位数	床	155	63	110	82

2001年县(市)社会经济主要指标

新疆维吾尔自治区

指标	单位	柯坪县	阿图什市	阿克陶县	阿合奇县
一、基本情况					
行政区域土地面积	平方公里	8710	16151	24540	12737
乡(镇)个数	个	4	7	13	6
村民委员会个数	个	33	72	106	22
年末总户数	户	9658	46988	36795	7246
其中:乡村户数	户	6849	29749	29079	4032
年末总人口	万人	4	20	17	3
其中:乡村人口	万人	3	15	13	2
年末单位从业人员数	人	3289	20540	7520	3210
乡村从业人员数	人	14929	52491	38465	5196
其中:农林牧渔业	人	13387	41959	35867	4378
农业机械总动力	万千瓦特	1	5	5	1
本地电话用户	户	1309	18200	4713	2005
二、综合经济					
第一产业增加值	万元	3282	14829	11354	3335
第二产业增加值	万元	807	6407	3230	1243
地方财政预算内收入	万元	164	1823	702	176
财政支出	万元	5802	16475	12161	6782
城乡居民储蓄存款余额	万元	2831	58837	13488	3346
年末金融机构各项贷款余额	万元	5852	49099	24216	4677
三、农业、工业及基本建设					
粮食产量	吨	11713	60932	94899	6634
棉花产量	吨	2132	1629	4659	
油料产量	吨	200	717	1556	678
肉类总产量	吨	2012	5609	7247	2929
规模以上工业企业数	个	3	8	5	5
规模以上工业总产值(现价)	万元	57	2122	1487	187
基本建设投资完成额	万元	2963	8777	3884	3605
四、教育、卫生和社会保障					
普通中学在校学生数	人	3363	16119	8219	2302
小学在校学生数	人	6979	31891	31602	6445
医院、卫生院床位数	床	88	650	495	145
社会福利院数	个	1	1	4	1
社会福利院床位数	床	20	75	102	25

2001年县(市)社会经济主要指标

新疆维吾尔自治区

指　　标	单　位	乌恰县	喀什市	疏附县	疏勒县
一、基本情况					
行政区域土地面积	平方公里	19040	93	3429	2486
乡(镇)个数	个	9	4	16	14
村民委员会个数	个	23	63	208	223
年末总户数	户	11415	99719	76655	65324
其中:乡村户数	户	4674	21165	66597	51293
年末总人口	万人	4	34	36	28
其中:乡村人口	万人	2	10	32	24
年末单位从业人员数	人	5600	46111	113400	70868
乡村从业人员数	人	6436	35599	109870	66788
其中:农林牧渔业	人	5862	24713	97153	61178
农业机械总动力	万千瓦特	1	2	10	9
本地电话用户	户	3100	51811	6305	9600
二、综合经济					
第一产业增加值	万元	3807	10080	37528	34801
第二产业增加值	万元	2637	37841	6397	5250
地方财政预算内收入	万元	446	16123	1922	1795
财政支出	万元	8533	24644	16757	13288
城乡居民储蓄存款余额	万元		245331	25024	49060
年末金融机构各项贷款余额	万元	5637	178813	48554	74444
三、农业、工业及基本建设					
粮食产量	吨	6202	40548	177848	127472
棉花产量	吨		593	16500	23359
油料产量	吨	438	180	1290	38
肉类总产量	吨	3727	7080	18009	11758
规模以上工业企业数	个	7	13	9	15
规模以上工业总产值(现价)	万元	3264	34069	6073	14325
基本建设投资完成额	万元	1024	96134	10642	10843
四、教育、卫生和社会保障					
普通中学在校学生数	人	3124	19711	26361	12878
小学在校学生数	人	6470	45210	62471	46325
医院、卫生院床位数	床	285	2155	463	370
社会福利院数	个	2	2	15	15
社会福利院床位数	床	30	240	426	235

2001年县(市)社会经济主要指标

新疆维吾尔自治区

指　　标	单　位	英吉沙县	泽普县	莎车县	叶城县
一、基本情况					
行政区域土地面积	平方公里	3224	827	9067	29359
乡(镇)个数	个	13	11	28	19
村民委员会个数	个	164	130	499	305
年末总户数	户	48985	41455	143779	78830
其中:乡村户数	户	41171	21916	102170	55285
年末总人口	万人	22	18	63	37
其中:乡村人口	万人	19	9	47	27
年末单位从业人员数	人	8027	10300	23892	15165
乡村从业人员数	人	69117	27105	158584	70984
其中:农林牧渔业	人	67899	26291	151960	67899
农业机械总动力	万千瓦特	6	5	13	9
本地电话用户	户	5740	7500	17412	13149
二、综合经济					
第一产业增加值	万元	35482	22157	66302	44977
第二产业增加值	万元	6003	8319	9124	4345
地方财政预算内收入	万元	940	4506	4030	3031
财政支出	万元	10194	11076	2364	15083
城乡居民储蓄存款余额	万元		74519	94570	50190
年末金融机构各项贷款余额	万元	29751	55959	114690	61793
三、农业、工业及基本建设					
粮食产量	吨	110827	107840	348415	210873
棉花产量	吨	9250	18522	54683	21900
油料产量	吨	3500	58	2683	1703
肉类总产量	吨	8400	8588	21982	22482
规模以上工业企业数	个	29	3	13	5
规模以上工业总产值(现价)	万元	4192	4728	1337	6189
基本建设投资完成额	万元	6150	5452	15532	1793
四、教育、卫生和社会保障					
普通中学在校学生数	人	17281	15425	46777	24412
小学在校学生数	人	42454	29038	116937	68064
医院、卫生院床位数	床	356	379	1248	440
社会福利院数	个	8	12	26	3
社会福利院床位数	床	48	203	460	67

2001年县(市)社会经济主要指标

新疆维吾尔自治区

指　　标	单　位	麦盖提县	岳普湖县	伽师县	巴楚县
一、基本情况					
行政区域土地面积	平方公里	10277	2701	6669	20805
乡(镇)个数	个	9	7	13	11
村民委员会个数	个	130	88	296	216
年末总户数	户	35956	30502	66485	56902
其中:乡村户数	户	23941	23809	61767	44827
年末总人口	万人	17	13	30	26
其中:乡村人口	万人	12	10	28	20
年末单位从业人员数	人	9150	6500	9101	12600
乡村从业人员数	人	37694	38262	79416	61990
其中:农林牧渔业	人	36431	35950	74973	58883
农业机械总动力	万千瓦特	6	4	6	8
本地电话用户	户	10113	900	4350	6200
二、综合经济					
第一产业增加值	万元	41196	12498	48132	64714
第二产业增加值	万元	6301	3874	4247	42000
地方财政预算内收入	万元	2551	927	1374	2188
财政支出	万元	11041	10013	13493	86069
城乡居民储蓄存款余额	万元	39641	14522	29508	12618
年末金融机构各项贷款余额	万元	40182	40584	57022	2797
三、农业、工业及基本建设					
粮食产量	吨	96366	62970	163000	123493
棉花产量	吨	36500	17000	27500	55400
油料产量	吨	182	1000	400	
肉类总产量	吨	9095	4720	15359	11594
规模以上工业企业数	个	8	4	7	16
规模以上工业总产值(现价)	万元	4074	3108	2155	334
基本建设投资完成额	万元	2183	7793	5223	4302
四、教育、卫生和社会保障					
普通中学在校学生数	人	10552	7501	19257	19008
小学在校学生数	人	30316	22435	54253	50400
医院、卫生院床位数	床	412	260	557	479
社会福利院数	个	10		8	10
社会福利院床位数	床	145		140	105

2001 年县(市)社会经济主要指标

新疆维吾尔自治区

指　　标	单　位	塔什库尔干县	和田市	和田县	墨玉县
一、基本情况					
行政区域土地面积	平方公里	50544	499	40874	25624
乡(镇)个数	个	11	4	12	16
村民委员会个数	个	44	58	216	364
年末总户数	户	5593	48388	62157	101916
其中:乡村户数	户	3812	20119	58575	88810
年末总人口	万人	3	17	26	41
其中:乡村人口	万人	2	8	25	38
年末单位从业人员数	人	2762	20659	9491	11787
乡村从业人员数	人	6950	20305	82516	117968
其中:农林牧渔业	人	6688	15230	67076	103548
农业机械总动力	万千瓦特	1	2	7	7
本地电话用户	户	1110	27778		7223
二、综合经济					
第一产业增加值	万元	3307	6631	35519	41077
第二产业增加值	万元	282	14607	3587	4521
地方财政预算内收入	万元	20	5664	1276	1503
财政支出	万元	4763	29896	12492	17381
城乡居民储蓄存款余额	万元	1568	64097	8158	280
年末金融机构各项贷款余额	万元	4327	55242	5739	520
三、农业、工业及基本建设					
粮食产量	吨	5356	33586	140719	208162
棉花产量	吨		230	7481	7310
油料产量	吨		34	200	1527
肉类总产量	吨	2411	3509	9709	8685
规模以上工业企业数	个	2	12	7	4
规模以上工业总产值(现价)	万元	101	15023	5717	1801
基本建设投资完成额	万元	1007	14388	9769	8246
四、教育、卫生和社会保障					
普通中学在校学生数	人	1373	9700	14179	24141
小学在校学生数	人	5463	20786	46278	59876
医院、卫生院床位数	床	168	990	503	755
社会福利院数	个	2	4	10	17
社会福利院床位数	床	66	72	167	1751

2001年县(市)社会经济主要指标

新疆维吾尔自治区

指　　标	单　位	皮山县	洛浦县	策勒县	于田县
一、基本情况					
行政区域土地面积	平方公里	39820	14287	31343	39126
乡(镇)个数	个	15	10	8	15
村民委员会个数	个	198	239	125	175
年末总户数	户	50571	58362	35826	49970
其中:乡村户数	户	35919	51776	26229	44793
年末总人口	万人	22	24	13	22
其中:乡村人口	万人	16	22	12	19
年末单位从业人员数	人	8881	10547	5849	8225
乡村从业人员数	人	53999	74313	36973	68394
其中:农林牧渔业	人	50504	68065	33751	65299
农业机械总动力	万千瓦特	3	6	3	4
本地电话用户	户	7014	5524	4656	5396
二、综合经济					
第一产业增加值	万元	17477	21360	13254	23042
第二产业增加值	万元	4011	5729	2523	3441
地方财政预算内收入	万元	1161	1362	714	894
财政支出	万元	11277	13139	8780	11552
城乡居民储蓄存款余额	万元	16648	21590	11383	12002
年末金融机构各项贷款余额	万元	20668	31873	20573	22485
三、农业、工业及基本建设					
粮食产量	吨	105308	130162	59721	114081
棉花产量	吨	4918	9738	4000	8780
油料产量	吨	415	189	798	592
肉类总产量	吨	3943	7730	5230	6886
规模以上工业企业数	个	7	7	4	5
规模以上工业总产值(现价)	万元	5290	6203	778	759
基本建设投资完成额	万元	5762	4748	3895	6517
四、教育、卫生和社会保障					
普通中学在校学生数	人	13187	18451	9099	9108
小学在校学生数	人	28895	38045	21071	31730
医院、卫生院床位数	床	499	488	334	439
社会福利院数	个	14	12	9	13
社会福利院床位数	床	195	318	166	167

2001年县(市)社会经济主要指标

新疆维吾尔自治区

指标	单位	民丰县	奎屯市	伊宁市	伊宁县
一、基本情况					
行政区域土地面积	平方公里	57575	1036	525	4682
乡(镇)个数	个	6	1	7	20
村民委员会个数	个	30	3	37	142
年末总户数	户	10282	90292	103411	90825
其中:乡村户数	户	4942	138	17175	63522
年末总人口	万人	3	28	35	39
其中:乡村人口	万人	2		9	32
年末单位从业人员数	人	3371	41792	20236	23612
乡村从业人员数	人	6478	328	37350	148853
其中:农林牧渔业	人	5541	325	27603	128483
农业机械总动力	万千瓦特	1		3	14
本地电话用户	户	2609	42416	68584	21600
二、综合经济					
第一产业增加值	万元	4089	8974	21399	62615
第二产业增加值	万元	591	56640	76334	33387
地方财政预算内收入	万元	365	12782	15911	4197
财政支出	万元	5428	10342	22110	18196
城乡居民储蓄存款余额	万元	4428	346637	276210	27089
年末金融机构各项贷款余额	万元	6136	342535	359219	78362
三、农业、工业及基本建设					
粮食产量	吨	17752	140	35231	350846
棉花产量	吨	2197	139	48	146
油料产量	吨	48		2775	17903
肉类总产量	吨	1928	60	5917	26399
规模以上工业企业数	个	2	17	11	10
规模以上工业总产值(现价)	万元	300	57901	11755	28332
基本建设投资完成额	万元	811	18043	9110	10012
四、教育、卫生和社会保障					
普通中学在校学生数	人	2717	6736	26018	20582
小学在校学生数	人	4434	8934	37995	51980
医院、卫生院床位数	床	168	1888	2104	480
社会福利院数	个	2	1	3	2
社会福利院床位数	床	37	84	27	20

2001年县(市)社会经济主要指标

新疆维吾尔自治区

指　　标	单　位	察布查尔县	霍城县	巩留县	新源县
一、基本情况					
行政区域土地面积	平方公里	4486	5491	4327	7426
乡(镇)个数	个	13	10	8	11
村民委员会个数	个	60	84	54	108
年末总户数	户	43009	93151	38839	73347
其中:乡村户数	户	20351	39649	23922	38527
年末总人口	万人	16	35	16	29
其中:乡村人口	万人	10	16	11	20
年末单位从业人员数	人	10540	10694	8999	24697
乡村从业人员数	人	35902	102903	34556	74491
其中:农林牧渔业	人	30508	90062	30721	60689
农业机械总动力	万千瓦特	6	11	7	6
本地电话用户	户	17811	41849	10138	28556
二、综合经济					
第一产业增加值	万元	25108	66776	24100	58380
第二产业增加值	万元	8551	23019	12686	49528
地方财政预算内收入	万元	1645	5901	1818	4758
财政支出	万元	12348	14559	11379	15301
城乡居民储蓄存款余额	万元	13761	70234	18903	58792
年末金融机构各项贷款余额	万元	20931	78099	30947	83726
三、农业、工业及基本建设					
粮食产量	吨	124915	128770	111584	112428
棉花产量	吨	1726	3017		
油料产量	吨	3359	9451	6870	11749
肉类总产量	吨	7509	18760	14576	23132
规模以上工业企业数	个	1	4	6	7
规模以上工业总产值(现价)	万元	67	4536	3571	40425
基本建设投资完成额	万元	5163	3765	4316	7163
四、教育、卫生和社会保障					
普通中学在校学生数	人	12148	14345	9479	18629
小学在校学生数	人	20407	33067	20402	36909
医院、卫生院床位数	床	279	495	460	435
社会福利院数	个	1	5	2	5
社会福利院床位数	床	50	80	16	65

2001年县(市)社会经济主要指标

新疆维吾尔自治区

指　　标	单　位	昭苏县	特克斯县	尼勒克县	塔城市
一、基本情况					
行政区域土地面积	平方公里	11143	7764	10305	3991
乡(镇)个数	个	10	8	11	6
村民委员会个数	个	81	71	69	115
年末总户数	户	39296	32735	34341	40070
其中:乡村户数	户	16989	15711	22112	16389
年末总人口	万人	15	15	15	15
其中:乡村人口	万人	8	9	11	6
年末单位从业人员数	人	15392	8575	9822	21516
乡村从业人员数	人	31108	39125	44106	34651
其中:农林牧渔业	人	26600	33171	37983	27476
农业机械总动力	万千瓦特	6	4	5	19
本地电话用户	户	13895	8090	12324	20833
二、综合经济					
第一产业增加值	万元	28781	22744	20952	36436
第二产业增加值	万元	6815	6453	7372	24731
地方财政预算内收入	万元	1259	932	1332	3635
财政支出	万元	10638	11830	10858	12770
城乡居民储蓄存款余额	万元	23966	561	27947	87873
年末金融机构各项贷款余额	万元	43544	36874	46670	93477
三、农业、工业及基本建设					
粮食产量	吨	75258	44299	51932	146323
棉花产量	吨				18
油料产量	吨	26212	16438	9152	23462
肉类总产量	吨	11125	13800	14775	8317
规模以上工业企业数	个	4	4	6	11
规模以上工业总产值(现价)	万元	2744	1174	3265	11850
基本建设投资完成额	万元	1909	3305	18335	46682
四、教育、卫生和社会保障					
普通中学在校学生数	人	9118	9312	8775	11200
小学在校学生数	人	18401	20864	31678	13663
医院、卫生院床位数	床	338	180	321	260
社会福利院数	个	1	1	1	3
社会福利院床位数	床	12	12	10	126

2001年县(市)社会经济主要指标

新疆维吾尔自治区

指　　标	单　位	乌苏市	额敏县	沙湾县	托里县
一、基本情况					
行政区域土地面积	平方公里	14300	9448	12677	19977
乡(镇)个数	个	14	11	12	4
村民委员会个数	个	157	151	251	46
年末总户数	户	56801	38021	33565	20816
其中:乡村户数	户	24340	17087	31922	8165
年末总人口	万人	32	19	41	9
其中:乡村人口	万人	10	8	13	4
年末单位从业人员数	人	31314	21163	17212	14397
乡村从业人员数	人	52617	33691	76449	15885
其中:农林牧渔业	人	48034	30262	71443	13516
农业机械总动力	万千瓦特	24	14	30	4
本地电话用户	户	35558	31276	30997	4879
二、综合经济					
第一产业增加值	万元	104008	51527	120376	9017
第二产业增加值	万元	71497	23663	103177	11470
地方财政预算内收入	万元	6301	3707	7391	1174
财政支出	万元	12728	12411	15405	9935
城乡居民储蓄存款余额	万元	81267	77409	103371	17622
年末金融机构各项贷款余额	万元	120584	115508	46485	18850
三、农业、工业及基本建设					
粮食产量	吨	81314	85443	114724	25338
棉花产量	吨	37091	65	48791	611
油料产量	吨	7469	23624	8876	1877
肉类总产量	吨	16414	19711	23035	8050
规模以上工业企业数	个	18	8	15	7
规模以上工业总产值(现价)	万元	41558	18261	40974	7438
基本建设投资完成额	万元	63609	15929	60711	22053
四、教育、卫生和社会保障					
普通中学在校学生数	人	13556	9853	12570	4346
小学在校学生数	人	21860	17824	19411	11087
医院、卫生院床位数	床	560	200	520	169
社会福利院数	个	1	1	2	1
社会福利院床位数	床	35	20	60	20

2001年县(市)社会经济主要指标

新疆维吾尔自治区

指　　标	单　位	裕民县	和布克赛尔县	阿勒泰市	布尔津县
一、基本情况					
行政区域土地面积	平方公里	6112	28193	10830	10360
乡(镇)个数	个	5	6	10	7
村民委员会个数	个	39	56	123	59
年末总户数	户	11604	15031	62108	15541
其中:乡村户数	户	5458	4016	12104	7293
年末总人口	万人	5	6	19	6
其中:乡村人口	万人	3	2	6	4
年末单位从业人员数	人	8332	6162	58900	8209
乡村从业人员数	人	13142	8726	16091	14235
其中:农林牧渔业	人	11954	7749	14265	12719
农业机械总动力	万千瓦特	8	2	5	4
本地电话用户	户	5583	7564	30200	4500
二、综合经济					
第一产业增加值	万元	10821	10589	38918	13411
第二产业增加值	万元	3112	13772	25024	13500
地方财政预算内收入	万元	656	4850	3198	1711
财政支出	万元	7281	9919	16989	9327
城乡居民储蓄存款余额	万元	11406	14509	109621	17165
年末金融机构各项贷款余额	万元	16790	14330	112790	23047
三、农业、工业及基本建设					
粮食产量	吨	38722	8418	38905	37970
棉花产量	吨	296	2319		
油料产量	吨	7729	196	5992	2023
肉类总产量	吨	4129	7031	13664	8474
规模以上工业企业数	个	2	7	42	6
规模以上工业总产值(现价)	万元	179	10878	21750	5989
基本建设投资完成额	万元	2559	15296	63283	19917
四、教育、卫生和社会保障					
普通中学在校学生数	人	3563	3720	14900	5562
小学在校学生数	人	5544	6415	19700	7796
医院、卫生院床位数	床	118	215	1077	165
社会福利院数	个	1	1	3	3
社会福利院床位数	床	32	14	81	16

2001年县(市)社会经济主要指标

新疆维吾尔自治区

指　　标	单　位	富蕴县	福海县	哈巴河县	青河县
一、基本情况					
行政区域土地面积	平方公里	32190	33250	8170	15760
乡(镇)个数	个	6	5	6	7
村民委员会个数	个	74	65	117	54
年末总户数	户	18900	17955	19422	11127
其中:乡村户数	户	6673	7964	7704	6665
年末总人口	万人	8	7	8	5
其中:乡村人口	万人	3	4	4	4
年末单位从业人员数	人	16210	6601	7661	5308
乡村从业人员数	人	12070	14121	14348	13433
其中:农林牧渔业	人	10138	10253	12099	11125
农业机械总动力	万千瓦特	3	5	4	2
本地电话用户	户	8399	7448	5901	4452
二、综合经济					
第一产业增加值	万元	22143	15715	15151	12426
第二产业增加值	万元	22000	12278	5630	3632
地方财政预算内收入	万元	2098	1959	1342	489
财政支出	万元	9821	9061	9417	7663
城乡居民储蓄存款余额	万元	24483	21062	14454	7407
年末金融机构各项贷款余额	万元	28936	35221	21300	15705
三、农业、工业及基本建设					
粮食产量	吨	35680	22517	50095	27553
棉花产量	吨				
油料产量	吨	1562	4338	3861	547
肉类总产量	吨	12663	8565	11690	7443
规模以上工业企业数	个	10	5	8	4
规模以上工业总产值(现价)	万元	23095	1847	3403	591
基本建设投资完成额	万元	14484	7293	7018	2532
四、教育、卫生和社会保障					
普通中学在校学生数	人	4751	3907	6040	4654
小学在校学生数	人	12261	6716	9398	8902
医院、卫生院床位数	床	189	155	155	160
社会福利院数	个	3	1	1	
社会福利院床位数	床	12	10	2	

2001年县(市)社会经济主要指标

新疆维吾尔自治区

指　　标	单　位	吉木乃县	石河子市
一、基本情况			
行政区域土地面积	平方公里	7150	5648
乡(镇)个数	个	6	2
村民委员会个数	个	42	24
年末总户数	户	10160	22040
其中:乡村户数	户	3359	4512
年末总人口	万人	4	7
其中:乡村人口	万人	1	2
年末单位从业人员数	人	5709	28841
乡村从业人员数	人	3808	10937
其中:农林牧渔业	人	3587	8312
农业机械总动力	万千瓦特	1	7
本地电话用户	户	4110	842000
二、综合经济			
第一产业增加值	万元	7043	22166
第二产业增加值	万元	6281	9385
地方财政预算内收入	万元	533	21892
财政支出	万元	6989	27051
城乡居民储蓄存款余额	万元	8989	388916
年末金融机构各项贷款余额	万元	8149	405336
三、农业、工业及基本建设			
粮食产量	吨	16001	31565
棉花产量	吨		21440
油料产量	吨	727	2138
肉类总产量	吨	4711	3862
规模以上工业企业数	个	4	63
规模以上工业总产值(现价)	万元	1862	239485
基本建设投资完成额	万元	2471	62589
四、教育、卫生和社会保障			
普通中学在校学生数	人	2917	14898
小学在校学生数	人	3995	24320
医院、卫生院床位数	床	85	2421
社会福利院数	个	1	1
社会福利院床位数	床	10	80

2

分区域社会经济基本情况

丘陵县社会经济基本情况

指　　标	单　位	2000年	2001年	2001年为2000年%
一、基本情况				
县个数	个	532	532	100.0
行政区域土地面积	平方公里		2062163	
乡(镇)个数	个	10538	9653	91.6
村民委员会个数	个	178307	172825	96.9
年末总户数	户	76948246	78051964	101.4
其中:乡村户数	户	61500592	62119981	101.0
年末总人口	万人	28112	28198	100.3
其中:乡村人口	万人	23696	23746	100.2
年末单位从业人员数	人	16113757	15363037	95.3
乡村从业人员数	人	120582143	121025813	100.4
其中:农林牧渔业	人	82635605	81680999	98.8
农业机械总动力	万千瓦特	11059	11714	105.9
本地电话用户	户	21759195	27272096	125.3
二、综合经济				
第一产业增加值	万元	40647932	41761970	102.7
第二产业增加值	万元	63548335	68559438	107.9
地方财政预算内收入	万元	5512611	6198925	112.4
财政支出	万元	8799520	11128297	126.5
城乡居民储蓄存款余额	万元	75738827	86187092	113.8
年末金融机构各项贷款余额	万元	75707568	79975046	105.6
三、农业、工业及基本建设				
粮食产量	吨	126740734	119371293	94.2
棉花产量	吨	355669	376706	105.9
油料产量	吨	7617352	7423602	97.5
肉类总产量	吨	17804620	18958808	106.5
规模以上工业企业数	个	24075	24084	100.0
规模以上工业总产值(现价)	万元	81417519	87922577	108.0
基本建设投资完成额	万元	10753078	11933519	111.0
四、教育、卫生和社会保障				
普通中学在校学生数	人	16696250	17347096	103.9
小学在校学生数	人	29746869	28229158	94.9
医院、卫生院床位数	床	461734	462739	100.2
社会福利院数	个	8371	8244	98.5
社会福利院床位数	床	192573	206506	107.2

山区县社会经济基本情况

指　　　　标	单　位	2000 年	2001 年	2001 年为 2000 年%
一、基本情况				
县个数	个	901	901	100.0
行政区域土地面积	平方公里		4132628	
乡(镇)个数	个	16169	15177	93.9
村民委员会个数	个	231026	225511	97.6
年末总户数	户	78020761	79105167	101.4
其中:乡村户数	户	63617042	64006720	100.6
年末总人口	万人	29599	29729	100.4
其中:乡村人口	万人	25383	25475	100.4
年末单位从业人员数	人	16840391	16274815	96.6
乡村从业人员数	人	131529900	132313177	100.6
其中:农林牧渔业	人	97076002	96819935	99.7
农业机械总动力	万千瓦特	9205	9514	103.4
本地电话用户	户	19337118	24803293	128.3
二、综合经济				
第一产业增加值	万元	36250100	37296679	102.9
第二产业增加值	万元	49493282	53275594	107.6
地方财政预算内收入	万元	5182278	5879489	113.5
财政支出	万元	11234715	14225011	126.6
城乡居民储蓄存款余额	万元	64786654	73018933	112.7
年末金融机构各项贷款余额	万元	68544875	72033687	105.1
三、农业、工业及基本建设				
粮食产量	吨	106061727	102528536	96.7
棉花产量	吨	69770	72680	104.2
油料产量	吨	5446742	5607333	102.9
肉类总产量	吨	15210613	16077334	105.7
规模以上工业企业数	个	21968	22389	101.9
规模以上工业总产值(现价)	万元	59808807	67147948	112.3
基本建设投资完成额	万元	12396040	14179479	114.4
四、教育、卫生和社会保障				
普通中学在校学生数	人	15867647	16813035	106.0
小学在校学生数	人	33020603	32009455	96.9
医院、卫生院床位数	床	488832	498869	102.1
社会福利院数	个	8354	8651	103.6
社会福利院床位数	床	168581	182393	108.2

平原县社会经济基本情况

指　　标	单　位	2000 年	2001 年	2001 年为 2000 年%
一、基本情况				
县个数	个	646	646	100.0
行政区域土地面积	平方公里		2604957	
乡(镇)个数	个	11113	10242	92.2
村民委员会个数	个	230856	217894	94.4
年末总户数	户	99694552	101108787	101.4
其中:乡村户数	户	79476725	80194345	100.9
年末总人口	万人	36571	36706	100.4
其中:乡村人口	万人	30729	30795	100.2
年末单位从业人员数	人	22352732	20753274	92.8
乡村从业人员数	人	159292332	160143881	100.5
其中:农林牧渔业	人	108016807	107491180	99.5
农业机械总动力	万千瓦特	24091	25099	104.2
本地电话用户	户	33091763	43889424	132.6
二、综合经济				
第一产业增加值	万元	58436657	61167937	104.7
第二产业增加值	万元	99944320	109281715	109.3
地方财政预算内收入	万元	8103512	9824410	121.2
财政支出	万元	12271607	15603456	127.2
城乡居民储蓄存款余额	万元	131943946	147941800	112.1
年末金融机构各项贷款余额	万元	139188062	148120272	106.4
三、农业、工业及基本建设				
粮食产量	吨	190703117	191071755	100.2
棉花产量	吨	4074132	4432909	108.8
油料产量	吨	13407164	12676131	94.5
肉类总产量	吨	22514034	24126607	107.2
规模以上工业企业数	个	42768	45990	107.5
规模以上工业总产值(现价)	万元	165478875	185646411	112.2
基本建设投资完成额	万元	16523425	17192289	104.0
四、教育、卫生和社会保障				
普通中学在校学生数	人	22786598	23887722	104.8
小学在校学生数	人	40630363	39068782	96.2
医院、卫生院床位数	床	600326	610231	101.6
社会福利院数	个	10177	10193	100.2
社会福利院床位数	床	264398	291786	110.4

老区县社会经济基本情况

指　　标	单　位	2000年	2001年	2001年为2000年%
一、基本情况				
县个数	个	241	241	100.0
行政区域土地面积	平方公里		610670	
乡(镇)个数	个	5606	5271	94.0
村民委员会个数	个	88732	87923	99.1
年末总户数	户	34959180	35269870	100.9
其中:乡村户数	户	27479637	27797754	101.2
年末总人口	万人	13520	13475	99.7
其中:乡村人口	万人	11294	11349	100.5
年末单位从业人员数	人	7745873	7430462	95.9
乡村从业人员数	人	54568498	54718339	100.3
其中:农林牧渔业	人	36593877	36301761	99.2
农业机械总动力	万千瓦特	3444	3583	104.0
本地电话用户	户	9120941	11282560	123.7
二、综合经济				
第一产业增加值	万元	17879685	18164860	101.6
第二产业增加值	万元	22817721	24144044	105.8
地方财政预算内收入	万元	2284563	2466936	108.0
财政支出	万元	3918807	4775099	121.9
城乡居民储蓄存款余额	万元	25432830	29733640	116.9
年末金融机构各项贷款余额	万元	28773334	29746072	103.4
三、农业、工业及基本建设				
粮食产量	吨	54492122	50576704	92.8
棉花产量	吨	351373	430233	122.4
油料产量	吨	4066494	3896010	95.8
肉类总产量	吨	7341681	7766728	105.8
规模以上工业企业数	个	9469	9537	100.7
规模以上工业总产值(现价)	万元	25463023	25607451	100.6
基本建设投资完成额	万元	5015105	5465119	109.0
四、教育、卫生和社会保障				
普通中学在校学生数	人	7758376	8118535	104.6
小学在校学生数	人	15487041	14775239	95.4
医院、卫生院床位数	床	209593	209486	99.9
社会福利院数	个	4445	4338	97.6
社会福利院床位数	床	113494	115629	101.9

民族县社会经济基本情况

指　　标	单　位	2000 年	2001 年	2001 年为 2000 年%
一、基本情况				
县个数	个	639	639	100.0
行政区域土地面积	平方公里		5741620	
乡(镇)个数	个	9234	8691	94.1
村民委员会个数	个	94041	93670	99.6
年末总户数	户	38107163	38620651	101.3
其中:乡村户数	户	28527592	28838165	101.1
年末总人口	万人	15150	15220	100.5
其中:乡村人口	万人	12282	12356	100.6
年末单位从业人员数	人	9692150	9076745	93.7
乡村从业人员数	人	63475580	64055806	100.9
其中:农林牧渔业	人	50990262	51168023	100.3
农业机械总动力	万千瓦特	5821	6099	104.8
本地电话用户	户	8551760	11577639	135.4
二、综合经济				
第一产业增加值	万元	20382794	20990643	103.0
第二产业增加值	万元	18034600	19538902	108.3
地方财政预算内收入	万元	2780838	3060252	110.0
财政支出	万元	6465998	8687473	134.4
城乡居民储蓄存款余额	万元	29586959	34464300	116.5
年末金融机构各项贷款余额	万元	36993099	38674815	104.5
三、农业、工业及基本建设				
粮食产量	吨	61563829	61052414	99.2
棉花产量	吨	1535875	995059	64.8
油料产量	吨	3407277	3018449	88.6
肉类总产量	吨	8819196	9273976	105.2
规模以上工业企业数	个	9094	8110	89.2
规模以上工业总产值(现价)	万元	21941412	21249244	96.8
基本建设投资完成额	万元	8531301	9515961	111.5
四、教育、卫生和社会保障				
普通中学在校学生数	人	7620128	7971951	104.6
小学在校学生数	人	17164415	16877720	98.3
医院、卫生院床位数	床	276808	280970	101.5
社会福利院数	个	3008	3361	111.7
社会福利院床位数	床	54995	66026	120.1

陆地边境县社会经济基本情况

指　　标	单　位	2000 年	2001 年	2001 年为 2000 年%
一、基本情况				
县个数	个	134	134	100.0
行政区域土地面积	平方公里		1924664	
乡(镇)个数	个	1400	1298	92.7
村民委员会个数	个	12087	11631	96.2
年末总户数	户	5224026	5371325	102.8
其中:乡村户数	户	3104003	3219411	103.7
年末总人口	万人	1988	2019	101.6
其中:乡村人口	万人	1334	1339	100.4
年末单位从业人员数	人	2042381	1862785	91.2
乡村从业人员数	人	6726338	6792505	101.0
其中:农林牧渔业	人	5762738	5841097	101.4
农业机械总动力	万千瓦特	1000	962	96.2
本地电话用户	户	1889877	2270730	120.2
二、综合经济				
第一产业增加值	万元	2999464	3068650	102.3
第二产业增加值	万元	2646583	2896304	109.4
地方财政预算内收入	万元	447753	479693	107.1
财政支出	万元	1221973	1548688	126.7
城乡居民储蓄存款余额	万元	7033097	7573718	107.7
年末金融机构各项贷款余额	万元	8190694	8286963	101.2
三、农业、工业及基本建设				
粮食产量	吨	10172193	9598531	94.4
棉花产量	吨	172688	137663	79.7
油料产量	吨	692116	391791	56.6
肉类总产量	吨	1043492	1092212	104.7
规模以上工业企业数	个	1539	1404	91.2
规模以上工业总产值(现价)	万元	2728747	2813386	103.1
基本建设投资完成额	万元	1375523	1549717	112.7
四、教育、卫生和社会保障				
普通中学在校学生数	人	1035210	1084523	104.8
小学在校学生数	人	2174140	2078179	95.6
医院、卫生院床位数	床	52316	53186	101.7
社会福利院数	个	358	383	107.0
社会福利院床位数	床	8333	9039	108.5

牧区、半牧区县经济基本情况

指　　标	单　位	2000 年	2001 年	2001 年为 2000 年%
一、基本情况				
县个数	个	264	264	100.0
行政区域土地面积	平方公里		3795029	
乡(镇)个数	个	4102	3853	93.9
村民委员会个数	个	35071	33882	96.6
年末总户数	户	11313946	11606297	102.6
其中:乡村户数	户	7626775	7717593	101.2
年末总人口	万人	4245	4285	100.9
其中:乡村人口	万人	3211	3213	100.1
年末单位从业人员数	人	4134957	3189201	77.1
乡村从业人员数	人	15081355	15196546	100.8
其中:农林牧渔业	人	12799749	12871677	100.6
农业机械总动力	万千瓦特	2399	2621	109.3
本地电话用户	户	2681795	3249907	121.2
二、综合经济				
第一产业增加值	万元	6188074	6437390	104.0
第二产业增加值	万元	5476975	5879512	107.3
地方财政预算内收入	万元	776322	803176	103.5
财政支出	万元	2151354	2958052	137.5
城乡居民储蓄存款余额	万元	8674143	9761910	112.5
年末金融机构各项贷款余额	万元	14932201	15166461	101.6
三、农业、工业及基本建设				
粮食产量	吨	21815526	23471018	107.6
棉花产量	吨	285779	262907	92.0
油料产量	吨	1503844	1090025	72.5
肉类总产量	吨	3042190	3176840	104.4
规模以上工业企业数	个	2646	2535	95.8
规模以上工业总产值(现价)	万元	6570546	5194332	79.1
基本建设投资完成额	万元	3038978	3513742	115.6
四、教育、卫生和社会保障				
普通中学在校学生数	人	2055953	2159874	105.1
小学在校学生数	人	4271644	4129237	96.7
医院、卫生院床位数	床	90069	88900	98.7
社会福利院数	个	1343	1483	110.4
社会福利院床位数	床	28764	32846	114.2

九大农区社会经济基本情况

东北区

指　　标	单　位	2000年	2001年	2001年为2000年%
一、基本情况				
县个数	个	153	153	100.0
行政区域土地面积	平方公里		830896	
乡(镇)个数	个	2653	2344	88.4
村民委员会个数	个	34084	29461	86.4
年末总户数	户	18979955	19396596	102.2
其中:乡村户数	户	12140513	12303566	101.3
年末总人口	万人	6533	6597	101.0
其中:乡村人口	万人	4620	4628	100.2
年末单位从业人员数	人	6258421	5241251	83.7
乡村从业人员数	人	20236235	20420098	100.9
其中:农林牧渔业	人	15953462	16010445	100.4
农业机械总动力	万千瓦特	2974	3106	104.4
本地电话用户	户	6563142	7781832	118.6
二、综合经济				
第一产业增加值	万元	11636610	12669579	108.9
第二产业增加值	万元	14127160	14874048	105.3
地方财政预算内收入	万元	1222336	1372249	112.3
财政支出	万元	2530028	3106200	122.8
城乡居民储蓄存款余额	万元	23044222	24760585	107.4
年末金融机构各项贷款余额	万元	31898323	33085068	103.7
三、农业、工业及基本建设				
粮食产量	吨	48855314	54430135	111.4
棉花产量	吨	2587	3115	120.4
油料产量	吨	1172959	1082922	92.3
肉类总产量	吨	5516192	6595444	119.6
规模以上工业企业数	个	4637	4484	96.7
规模以上工业总产值(现价)	万元	12017758	13528847	112.6
基本建设投资完成额	万元	3424628	3060060	89.4
四、教育、卫生和社会保障				
普通中学在校学生数	人	3688558	3698025	100.3
小学在校学生数	人	5729932	5294119	92.4
医院、卫生院床位数	床	144133	145638	101.0
社会福利院数	个	2142	2083	97.2
社会福利院床位数	床	77713	77183	99.3

九大农区社会经济基本情况

内蒙古及长城沿线区

指　　标	单　位	2000 年	2001 年	2001 年为 2000 年%
一、基本情况				
县个数	个	119	119	100.0
行政区域土地面积	平方公里		767725	
乡(镇)个数	个	2103	1757	83.5
村民委员会个数	个	28018	27629	98.6
年末总户数	户	8644258	9029968	104.5
其中:乡村户数	户	6496244	6527885	100.5
年末总人口	万人	2969	3045	102.6
其中:乡村人口	万人	2387	2388	100.0
年末单位从业人员数	人	2113053	1977766	93.6
乡村从业人员数	人	11229762	11216704	99.9
其中:农林牧渔业	人	8650540	8552275	98.9
农业机械总动力	万千瓦特	1438	1710	118.9
本地电话用户	户	2003888	2559146	127.7
二、综合经济				
第一产业增加值	万元	3436467	3384633	98.5
第二产业增加值	万元	4273999	4873308	114.0
地方财政预算内收入	万元	583090	621668	106.6
财政支出	万元	1312813	1777497	135.4
城乡居民储蓄存款余额	万元	7608541	8555350	112.4
年末金融机构各项贷款余额	万元	9029075	8971533	99.4
三、农业、工业及基本建设				
粮食产量	吨	10506471	10020878	95.4
棉花产量	吨	2975	5126	172.3
油料产量	吨	664519	378729	57.0
肉类总产量	吨	1920476	1870028	97.4
规模以上工业企业数	个	1744	1790	102.6
规模以上工业总产值(现价)	万元	4816986	4117237	85.5
基本建设投资完成额	万元	1956730	2110732	107.9
四、教育、卫生和社会保障				
普通中学在校学生数	人	1727011	1754002	101.6
小学在校学生数	人	3018129	2862704	94.9
医院、卫生院床位数	床	64252	63402	98.7
社会福利院数	个	1254	1291	103.0
社会福利院床位数	床	24418	26583	108.9

九大农区社会经济基本情况

黄淮海区

指　　标	单　位	2000年	2001年	2001年为2000年%
一、基本情况				
县个数	个	318	318	100.00
行政区域土地面积	平方公里		374265	
乡(镇)个数	个	5290	4818	91.10
村民委员会个数	个	165613	162209	97.90
年末总户数	户	56669087	57794136	102.00
其中:乡村户数	户	48839971	49299992	100.90
年末总人口	万人	21175	21275	100.50
其中:乡村人口	万人	18704	18741	100.20
年末单位从业人员数	人	10934990	10685643	97.70
乡村从业人员数	人	100523261	100840983	100.30
其中:农林牧渔业	人	70569713	70214210	99.50
农业机械总动力	万千瓦特	18924	19963	105.50
本地电话用户	户	17168726	23084922	134.50
二、综合经济				
第一产业增加值	万元	33574972	35176813	104.80
第二产业增加值	万元	52737529	58363122	110.70
地方财政预算内收入	万元	4017413	4619948	115.00
财政支出	万元	6160610	7437388	120.70
城乡居民储蓄存款余额	万元	65626206	72281517	110.10
年末金融机构各项贷款余额	万元	59737683	64542643	108.00
三、农业、工业及基本建设				
粮食产量	吨	110369534	110711774	100.30
棉花产量	吨	1793432	2417215	134.80
油料产量	吨	9246595	9237090	99.90
肉类总产量	吨	13995441	14854791	106.10
规模以上工业企业数	个	20589	20973	101.90
规模以上工业总产值(现价)	万元	78991765	88192297	111.60
基本建设投资完成额	万元	6505344	7264014	111.70
四、教育、卫生和社会保障				
普通中学在校学生数	人	14971422	15500145	103.50
小学在校学生数	人	24537959	23174418	94.40
医院、卫生院床位数	床	304509	307731	101.10
社会福利院数	个	6349	6114	96.30
社会福利院床位数	床	148734	166953	112.20

九大农区社会经济基本情况

黄土高原区

指　　标	单　位	2000 年	2001 年	2001 年为 2000 年%
一、基本情况				
县个数	个	212	212	100.0
行政区域土地面积	平方公里		388382	
乡(镇)个数	个	3692	3204	86.8
村民委员会个数	个	60527	60423	99.8
年末总户数	户	17446961	17659346	101.2
其中:乡村户数	户	14470748	14558672	100.6
年末总人口	万人	6879	6888	100.1
其中:乡村人口	万人	5980	5999	100.3
年末单位从业人员数	人	4075465	4012307	98.5
乡村从业人员数	人	28825653	28896642	100.2
其中:农林牧渔业	人	20939991	20790274	99.3
农业机械总动力	万千瓦特	3256	3401	104.5
本地电话用户	户	4255176	5729039	134.6
二、综合经济				
第一产业增加值	万元	5113757	5185972	101.4
第二产业增加值	万元	11560624	12827856	111.0
地方财政预算内收入	万元	1103357	1228514	111.3
财政支出	万元	2159423	2835660	131.3
城乡居民储蓄存款余额	万元	17587604	19597473	111.4
年末金融机构各项贷款余额	万元	17558253	18673200	106.3
三、农业、工业及基本建设				
粮食产量	吨	21705675	20722278	95.5
棉花产量	吨	72234	117995	163.4
油料产量	吨	927305	837520	90.3
肉类总产量	吨	1757740	1842933	104.8
规模以上工业企业数	个	5678	5542	97.6
规模以上工业总产值(现价)	万元	14777359	16360120	110.7
基本建设投资完成额	万元	2586561	3072397	118.8
四、教育、卫生和社会保障				
普通中学在校学生数	人	4149936	4540521	109.4
小学在校学生数	人	8647120	8340511	96.5
医院、卫生院床位数	床	126367	128056	101.3
社会福利院数	个	1549	1584	102.3
社会福利院床位数	床	20022	22665	113.2

九大农区社会经济基本情况

长江中下游区

指　　标	单　位	2000 年	2001 年	2001 年为 2000 年%
一、基本情况				
县个数	个	449	449	100.0
行政区域土地面积	平方公里		858098	
乡(镇)个数	个	8985	8329	92.7
村民委员会个数	个	168270	156194	92.8
年末总户数	户	73160537	73804204	100.9
其中:乡村户数	户	57848817	58503358	101.1
年末总人口	万人	25970	25950	99.9
其中:乡村人口	万人	21897	21978	100.4
年末单位从业人员数	人	14157360	13475034	95.2
乡村从业人员数	人	114354593	114974729	100.5
其中:农林牧渔业	人	72570415	71482579	98.5
农业机械总动力	万千瓦特	9137	9381	102.7
本地电话用户	户	24849595	31531877	126.9
二、综合经济				
第一产业增加值	万元	39795535	40935286	102.9
第二产业增加值	万元	76360657	82228159	107.7
地方财政预算内收入	万元	6419694	7913621	123.3
财政支出	万元	9188099	11658888	126.9
城乡居民储蓄存款余额	万元	80212710	92036001	114.7
年末金融机构各项贷款余额	万元	82033766	87864753	107.1
三、农业、工业及基本建设				
粮食产量	吨	114289170	107955555	94.5
棉花产量	吨	974957	1214974	124.6
油料产量	吨	8476444	8517461	100.5
肉类总产量	吨	14392463	15159596	105.3
规模以上工业企业数	个	35187	37993	108.0
规模以上工业总产值(现价)	万元	123147206	138060716	112.1
基本建设投资完成额	万元	10715773	11853394	110.6
四、教育、卫生和社会保障				
普通中学在校学生数	人	15270191	16005798	104.8
小学在校学生数	人	26052236	24691857	94.8
医院、卫生院床位数	床	424961	431500	101.5
社会福利院数	个	8676	8763	101.0
社会福利院床位数	床	221395	234056	105.7

九大农区社会经济基本情况

西南区

指标	单位	2000 年	2001 年	2001 年为 2000 年%
一、基本情况				
县个数	个	386	386	100.0
行政区域土地面积	平方公里		937889	
乡(镇)个数	个	9422	9034	95.9
村民委员会个数	个	124478	121005	97.2
年末总户数	户	47931805	48434446	101.0
其中:乡村户数	户	40969104	41051538	100.2
年末总人口	万人	17637	17697	100.3
其中:乡村人口	万人	15570	15601	100.2
年末单位从业人员数	人	8718374	8350964	95.8
乡村从业人员数	人	84250850	84431049	100.2
其中:农林牧渔业	人	62573983	62134943	99.3
农业机械总动力	万千瓦特	3817	3997	104.7
本地电话用户	户	7731863	9820952	127.0
二、综合经济				
第一产业增加值	万元	18953051	19418699	102.5
第二产业增加值	万元	21254418	22542175	106.1
地方财政预算内收入	万元	2438904	2643949	108.4
财政支出	万元	5215263	6748746	129.4
城乡居民储蓄存款余额	万元	30716094	35421826	115.3
年末金融机构各项贷款余额	万元	35596608	36962485	103.8
三、农业、工业及基本建设				
粮食产量	吨	71690676	65814136	91.8
棉花产量	吨	66695	39397	59.1
油料产量	吨	3447943	3313983	96.1
肉类总产量	吨	11031489	11586911	105.0
规模以上工业企业数	个	7634	7596	99.5
规模以上工业总产值(现价)	万元	20912620	23185595	110.9
基本建设投资完成额	万元	6955713	8146381	117.1
四、教育、卫生和社会保障				
普通中学在校学生数	人	8095710	8875232	109.6
小学在校学生数	人	19610709	19202406	97.9
医院、卫生院床位数	床	264848	270059	102.0
社会福利院数	个	4719	4943	104.7
社会福利院床位数	床	90424	103077	114.0

九大农区社会经济基本情况

华南区

指　　标	单　位	2000 年	2001 年	2001 年为 2000 年%
一、基本情况				
县个数	个	172	172	100.0
行政区域土地面积	平方公里		445800	
乡(镇)个数	个	2683	2654	98.9
村民委员会个数	个	33175	33203	100.1
年末总户数	户	24148386	24410723	101.1
其中:乡村户数	户	19388601	19561033	100.9
年末总人口	万人	10048	10085	100.4
其中:乡村人口	万人	8603	8614	100.1
年末单位从业人员数	人	6137903	5904602	96.2
乡村从业人员数	人	42698477	43374608	101.6
其中:农林牧渔业	人	28491083	28878752	101.4
农业机械总动力	万千瓦特	2752	2830	102.8
本地电话用户	户	9412913	11925534	126.7
二、综合经济				
第一产业增加值	万元	17778493	18375673	103.4
第二产业增加值	万元	27635105	29956042	108.4
地方财政预算内收入	万元	2342939	2749369	117.3
财政支出	万元	3961791	4840454	122.2
城乡居民储蓄存款余额	万元	38769940	44243191	114.1
年末金融机构各项贷款余额	万元	35757268	37536575	105.0
三、农业、工业及基本建设				
粮食产量	吨	30879228	28953076	93.8
棉花产量	吨	559	620	110.9
油料产量	吨	1183420	1143085	96.6
肉类总产量	吨	5108936	5360009	104.9
规模以上工业企业数	个	11052	11888	107.6
规模以上工业总产值(现价)	万元	45603162	50942409	111.7
基本建设投资完成额	万元	4118852	3897718	94.6
四、教育、卫生和社会保障				
普通中学在校学生数	人	5950689	6066106	101.9
小学在校学生数	人	12208163	12056710	98.8
医院、卫生院床位数	床	147425	147933	100.3
社会福利院数	个	1401	1475	105.3
社会福利院床位数	床	30846	36607	118.7

九大农区社会经济基本情况

甘新区

指　　标	单　位	2000 年	2001 年	2001 年为 2000 年%
一、基本情况				
县个数	个	125	125	100.0
行政区域土地面积	平方公里		2325778	
乡(镇)个数	个	1373	1322	96.3
村民委员会个数	个	14216	14204	99.9
年末总户数	户	6409060	6454996	100.7
其中:乡村户数	户	3502979	3559541	101.6
年末总人口	万人	2441	2463	100.9
其中:乡村人口	万人	1533	1550	101.1
年末单位从业人员数	人	2469914	2213252	89.6
乡村从业人员数	人	6726586	6836346	101.6
其中:农林牧渔业	人	5645532	5657179	100.2
农业机械总动力	万千瓦特	1752	1661	94.8
本地电话用户	户	2011277	3279063	163.0
二、综合经济				
第一产业增加值	万元	4291103	4306239	100.4
第二产业增加值	万元	4541354	4855019	106.9
地方财政预算内收入	万元	587174	662297	112.8
财政支出	万元	1244540	1776364	142.7
城乡居民储蓄存款余额	万元	8184758	9413746	115.0
年末金融机构各项贷款余额	万元	10558948	11187520	106.0
三、农业、工业及基本建设				
粮食产量	吨	13548142	12308174	90.8
棉花产量	吨	1586051	1083321	68.3
油料产量	吨	1240202	830332	67.0
肉类总产量	吨	1378645	1374959	99.7
规模以上工业企业数	个	1757	1756	99.9
规模以上工业总产值(现价)	万元	6040506	5850495	96.9
基本建设投资完成额	万元	2713457	2901524	106.9
四、教育、卫生和社会保障				
普通中学在校学生数	人	1381866	1474816	106.7
小学在校学生数	人	2919623	2892844	99.1
医院、卫生院床位数	床	59530	62244	104.6
社会福利院数	个	618	628	101.6
社会福利院床位数	床	10254	12056	117.6

九大农区社会经济基本情况

青藏高原区

指　　标	单　位	2000 年	2001 年	2001 年为 2000 年%
一、基本情况				
县个数	个	148	148	100.0
行政区域土地面积	平方公里		1871912	
乡(镇)个数	个	1637	1628	99.5
村民委员会个数	个	12000	12094	100.8
年末总户数	户	1384572	1396159	100.8
其中:乡村户数	户	1035049	1044566	100.9
年末总人口	万人	664	667	100.5
其中:乡村人口	万人	545	546	100.2
年末单位从业人员数	人	460097	548484	119.2
乡村从业人员数	人	2735624	2668651	97.6
其中:农林牧渔业	人	2448212	2387880	97.5
农业机械总动力	万千瓦特	322	295	91.6
本地电话用户	户	226875	296054	130.5
二、综合经济				
第一产业增加值	万元	840972	865085	102.9
第二产业增加值	万元	549223	657312	119.7
地方财政预算内收入	万元	93814	102674	109.4
财政支出	万元	549976	796251	144.8
城乡居民储蓄存款余额	万元	847461	989100	116.7
年末金融机构各项贷款余额	万元	1354880	1398409	103.2
三、农业、工业及基本建设				
粮食产量	吨	1855009	2233873	120.4
棉花产量	吨	81	532	656.8
油料产量	吨	132228	386016	291.9
肉类总产量	吨	463361	555804	120.0
规模以上工业企业数	个	554	472	85.2
规模以上工业总产值(现价)	万元	433749	529015	122.0
基本建设投资完成额	万元	716756	1020859	142.4
四、教育、卫生和社会保障				
普通中学在校学生数	人	133970	153226	114.4
小学在校学生数	人	705432	822445	116.6
医院、卫生院床位数	床	15518	15937	102.7
社会福利院数	个	210	226	107.6
社会福利院床位数	床	2196	2705	123.2

沿海开放县(市)社会经济基本情况

指　　标	单　位	2000 年	2001 年	2001 年为 2000 年%
一、基本情况				
县个数	个	200	200	100.0
行政区域土地面积	平方公里		351503	
乡(镇)个数	个	3909	3555	90.9
村民委员会个数	个	89195	80873	90.7
年末总户数	户	42209262	42294840	100.2
其中:乡村户数	户	33465299	33733054	100.8
年末总人口	万人	14472	14475	100.0
其中:乡村人口	万人	12135	12070	99.5
年末单位从业人员数	人	10433103	9918690	95.1
乡村从业人员数	人	61134211	61294507	100.3
其中:农林牧渔业	人	34116456	33576964	98.4
农业机械总动力	万千瓦特	7102	7270	102.4
本地电话用户	户	20489194	26411958	128.9
二、综合经济				
第一产业增加值	万元	28493989	29421639	103.3
第二产业增加值	万元	78482493	86207325	109.8
地方财政预算内收入	万元	5366682	7015936	130.7
财政支出	万元	6963184	8833867	126.9
城乡居民储蓄存款余额	万元	86781740	96979698	111.8
年末金融机构各项贷款余额	万元	78789212	84671737	107.5
三、农业、工业及基本建设				
粮食产量	吨	53699354	51248098	95.4
棉花产量	吨	266903	412162	154.4
油料产量	吨	3810144	3962622	104.0
肉类总产量	吨	8048760	8484271	105.4
规模以上工业企业数	个	32925	36598	111.2
规模以上工业总产值(现价)	万元	152908598	174400079	114.1
基本建设投资完成额	万元	8445638	8757098	103.7
四、教育、卫生和社会保障				
普通中学在校学生数	人	8684932	9125220	105.1
小学在校学生数	人	14546557	13987923	96.2
医院、卫生院床位数	床	269895	272614	101.0
社会福利院数	个	4666	4503	96.5
社会福利院床位数	床	126328	133821	105.9

粮食生产大县社会经济基本情况

指　　标	单　位	2000年	2001年	2001年为2000年%
一、基本情况				
县个数	个	457	457	100.0
行政区域土地面积	平方公里		1169342	
乡(镇)个数	个	10068	9316	92.5
村民委员会个数	个	198714	185529	93.4
年末总户数	户	89802367	91198406	101.6
其中:乡村户数	户	71914024	72550975	100.9
年末总人口	万人	32560	32656	100.3
其中:乡村人口	万人	27508	27582	100.3
年末单位从业人员数	人	19155788	17953733	93.7
乡村从业人员数	人	142267548	142738603	100.3
其中:农林牧渔业	人	95384418	94149827	98.7
农业机械总动力	万千瓦特	16818	17520	104.2
本地电话用户	户	27763879	35516906	127.9
二、综合经济				
第一产业增加值	万元	51328316	53631622	104.5
第二产业增加值	万元	83670445	91272654	109.1
地方财政预算内收入	万元	6679664	7914401	118.5
财政支出	万元	10176834	12702239	124.8
城乡居民储蓄存款余额	万元	103478830	115935863	112.0
年末金融机构各项贷款余额	万元	110314250	117095294	106.1
三、农业、工业及基本建设				
粮食产量	吨	175198044	174357652	99.5
棉花产量	吨	609187	815658	133.9
油料产量	吨	10693199	10428254	97.5
肉类总产量	吨	22624348	24548720	108.5
规模以上工业企业数	个	33713	35393	105.0
规模以上工业总产值(现价)	万元	128242985	144888698	113.0
基本建设投资完成额	万元	12172531	13101325	107.6
四、教育、卫生和社会保障				
普通中学在校学生数	人	19689718	20551663	104.4
小学在校学生数	人	34259436	32786757	95.7
医院、卫生院床位数	床	514514	519537	101.0
社会福利院数	个	10256	9996	97.5
社会福利院床位数	床	262292	275271	104.9

棉花生产大县社会经济基本情况

指　　标	单　位	2000年	2001年	2001年为2000年%
一、基本情况				
县个数	个	130	130	100.0
行政区域土地面积	平方公里		374347	
乡(镇)个数	个	2747	2485	90.5
村民委员会个数	个	69082	65207	94.4
年末总户数	户	28708669	28949774	100.8
其中:乡村户数	户	23081258	23416205	101.5
年末总人口	万人	10496	10503	100.1
其中:乡村人口	万人	8781	8846	100.7
年末单位从业人员数	人	5629526	5356051	95.1
乡村从业人员数	人	45755655	46106307	100.8
其中:农林牧渔业	人	32836669	33104154	100.8
农业机械总动力	万千瓦特	6577	6916	105.2
本地电话用户	户	7963982	10432461	131.0
二、综合经济				
第一产业增加值	万元	16993306	17657163	103.9
第二产业增加值	万元	21772702	23822412	109.4
地方财政预算内收入	万元	1983173	2311745	116.6
财政支出	万元	2852995	3618140	126.8
城乡居民储蓄存款余额	万元	27373328	31311519	114.4
年末金融机构各项贷款余额	万元	29209828	31514276	107.9
三、农业、工业及基本建设				
粮食产量	吨	53371959	52141424	97.7
棉花产量	吨	2632428	2774500	105.4
油料产量	吨	5696161	5586245	98.1
肉类总产量	吨	6102883	6439341	105.5
规模以上工业企业数	个	9088	9531	104.9
规模以上工业总产值(现价)	万元	38161214	40405177	105.9
基本建设投资完成额	万元	3291792	3501520	106.4
四、教育、卫生和社会保障				
普通中学在校学生数	人	6687233	6989373	104.5
小学在校学生数	人	11590409	10895371	94.0
医院、卫生院床位数	床	159559	161652	101.3
社会福利院数	个	2958	3027	102.3
社会福利院床位数	床	80078	92990	116.1

长江三角州经济区社会经济基本情况

指　　　标	单　位	2000 年	2001 年	2001 年为2000 年%
一、基本情况				
县个数	个	76	76	100.0
行政区域土地面积	平方公里		94949	
乡(镇)个数	个	1630	1340	82.2
村民委员会个数	个	42281	34519	81.6
年末总户数	户	18875554	18866002	99.9
其中:乡村户数	户	14708227	15036208	102.2
年末总人口	万人	5627	5603	99.6
其中:乡村人口	万人	4640	4671	100.7
年末单位从业人员数	人	3706120	3497485	94.4
乡村从业人员数	人	26696340	26846679	100.6
其中:农林牧渔业	人	12614319	12151888	96.3
农业机械总动力	万千瓦特	2603	2643	101.5
本地电话用户	户	9863218	12698979	128.8
二、综合经济				
第一产业增加值	万元	9575469	9927136	103.7
第二产业增加值	万元	41420856	45415944	109.6
地方财政预算内收入	万元	2676824	3856913	144.1
财政支出	万元	3177191	4369099	137.5
城乡居民储蓄存款余额	万元	40250488	46060627	114.4
年末金融机构各项贷款余额	万元	38129485	42440969	111.3
三、农业、工业及基本建设				
粮食产量	吨	23316331	20865974	89.5
棉花产量	吨	168188	220914	131.3
油料产量	吨	1664866	1623972	97.5
肉类总产量	吨	2264196	2394735	105.8
规模以上工业企业数	个	18941	22109	116.7
规模以上工业总产值(现价)	万元	84603546	97735875	115.5
基本建设投资完成额	万元	4509531	5013051	111.2
四、教育、卫生和社会保障				
普通中学在校学生数	人	2956411	3209333	108.6
小学在校学生数	人	4626197	4414870	95.4
医院、卫生院床位数	床	118325	122199	103.3
社会福利院数	个	2219	2307	104.0
社会福利院床位数	床	69558	76655	110.2

环渤海经济区社会经济基本情况

指　　标	单　位	2000年	2001年	2001年为2000年%
一、基本情况				
县个数	个	82	82	100.0
行政区域土地面积	平方公里		144926	
乡(镇)个数	个	1576	1420	90.1
村民委员会个数	个	44515	44335	99.6
年末总户数	户	14950917	15177172	101.5
其中:乡村户数	户	12206402	12243141	100.3
年末总人口	万人	4898	4903	100.1
其中:乡村人口	万人	4125	4113	99.7
年末单位从业人员数	人	3706245	3610154	97.4
乡村从业人员数	人	19278307	19291880	100.1
其中:农林牧渔业	人	11732267	11562734	98.6
农业机械总动力	万千瓦特	4225	4389	103.9
本地电话用户	户	6526827	8526619	130.6
二、综合经济				
第一产业增加值	万元	10263709	10770019	104.9
第二产业增加值	万元	22884286	25072468	109.6
地方财政预算内收入	万元	1572804	1948824	123.9
财政支出	万元	2422725	2926484	120.8
城乡居民储蓄存款余额	万元	28593145	30922084	108.1
年末金融机构各项贷款余额	万元	22751435	24758068	108.8
三、农业、工业及基本建设				
粮食产量	吨	21105759	22646209	107.3
棉花产量	吨	39956	102121	255.6
油料产量	吨	1682459	1980016	117.7
肉类总产量	吨	4484654	4793233	106.9
规模以上工业企业数	个	8398	8563	102.0
规模以上工业总产值(现价)	万元	39122401	43041828	110.0
基本建设投资完成额	万元	2783553	2941849	105.7
四、教育、卫生和社会保障				
普通中学在校学生数	人	3271329	3405874	104.1
小学在校学生数	人	4433995	4071867	91.8
医院、卫生院床位数	床	104132	103440	99.3
社会福利院数	个	2088	1929	92.4
社会福利院床位数	床	56099	57134	101.8

南部沿海经济区社会经济基本情况

指　　标	单　位	2000年	2001年	2001年为2000年%
一、基本情况				
县个数	个	103	103	100.0
行政区域土地面积	平方公里		214410	
乡(镇)个数	个	1755	1783	101.6
村民委员会个数	个	24960	24995	100.1
年末总户数	户	17465345	17583556	100.7
其中:乡村户数	户	13790747	13860916	100.5
年末总人口	万人	7128	7174	100.6
其中:乡村人口	万人	6044	6021	99.6
年末单位从业人员数	人	4696655	4509386	96.0
乡村从业人员数	人	28230080	28727489	101.8
其中:农林牧渔业	人	17033550	17304087	101.6
农业机械总动力	万千瓦特	1821	1839	101.0
本地电话用户	户	8281209	10423065	125.9
二、综合经济				
第一产业增加值	万元	14264662	14709683	103.1
第二产业增加值	万元	26496507	28808210	108.7
地方财政预算内收入	万元	1868867	2235956	119.6
财政支出	万元	3019602	3583049	118.7
城乡居民储蓄存款余额	万元	35017802	39033725	111.5
年末金融机构各项贷款余额	万元	31591389	32824896	103.9
三、农业、工业及基本建设				
粮食产量	吨	20486856	18909661	92.3
棉花产量	吨			
油料产量	吨	915210	884105	96.6
肉类总产量	吨	3648971	3825508	104.8
规模以上工业企业数	个	10203	11071	108.5
规模以上工业总产值(现价)	万元	43841306	49358999	112.6
基本建设投资完成额	万元	3170702	3052680	96.3
四、教育、卫生和社会保障				
普通中学在校学生数	人	4461917	4548497	101.9
小学在校学生数	人	8771925	8688481	99.0
医院、卫生院床位数	床	105033	104885	99.9
社会福利院数	个	1200	1221	101.8
社会福利院床位数	床	27293	31334	114.8

国家扶贫工作重点县社会经济基本情况

指　　标	单　位	2000 年	2001 年	2001 年为 2000 年%
一、基本情况				
县个数	个	592	592	100.0
行政区域土地面积	平方公里		2450442	
乡(镇)个数	个	11908	11107	93.3
村民委员会个数	个	169787	167485	98.6
年末总户数	户	56842872	57801455	101.7
其中:乡村户数	户	48393494	48588999	100.4
年末总人口	万人	22351	22489	100.6
其中:乡村人口	万人	19786	19873	100.4
年末单位从业人员数	人	10804032	10220600	94.6
乡村从业人员数	人	101978688	102350762	100.4
其中:农林牧渔业	人	78280300	77937074	99.6
农业机械总动力	万千瓦特	7256	7853	108.2
本地电话用户	户	9759863	12455042	127.6
二、综合经济				
第一产业增加值	万元	21356287	21695709	101.6
第二产业增加值	万元	18036563	19099972	105.9
地方财政预算内收入	万元	2602663	2754115	105.8
财政支出	万元	6814489	8941399	131.2
城乡居民储蓄存款余额	万元	30999960	35409079	114.2
年末金融机构各项贷款余额	万元	40356655	42475817	105.3
三、农业、工业及基本建设				
粮食产量	吨	83771146	80255364	95.8
棉花产量	吨	591730	649033	109.7
油料产量	吨	4850513	4494353	92.7
肉类总产量	吨	10726351	11197405	104.4
规模以上工业企业数	个	9775	9503	97.2
规模以上工业总产值(现价)	万元	17012439	17665395	103.8
基本建设投资完成额	万元	7161962	8465513	118.2
四、教育、卫生和社会保障				
普通中学在校学生数	人	11317110	12096768	106.9
小学在校学生数	人	26855897	26355076	98.1
医院、卫生院床位数	床	308199	310667	100.8
社会福利院数	个	5713	5747	100.6
社会福利院床位数	床	109380	115373	105.5

3

按主要经济指标分组资料

按地方财政预算内收入分组的社会经济基本情况

（2001 年）

指　　标	单　位	地方财政预算内收入				
		1000 元以下	1000－1500 元	1500－2500 元	2500－4000 元	4000 元以上
一、基本情况						
县个数	个	309	488	608	434	234
行政区域土地面积	平方公里	3227708	1939882	1790857	1370418	471880
乡(镇)个数	个	3752	7589	10966	8545	4238
村民委员会个数	个	39391	105895	176821	182267	112048
年末总户数	户	8182386	36259205	75306988	83073723	55558272
其中:乡村户数	户	6651843	28934191	60457772	66843148	43523197
年末总人口	万人	3411	13781	28341	30486	18648
其中:乡村人口	万人	2962	11717	24108	25900	15358
年末单位从业人员数	人	2024088	7467514	14317395	15784900	12815406
乡村从业人员数	人	13738062	58878319	125273766	134995867	80773796
其中:农林牧渔业	人	11473262	44872977	91703261	93289796	44769241
农业机械总动力	万千瓦特	1179	6150	13770	15344	9901
本地电话用户	户	1495355	9489313	23069176	29157523	32797052
二、综合经济						
第一产业增加值	万元	3331562	15994630	40315425	47985728	32690634
第二产业增加值	万元	1736551	13712164	41349453	61199040	113179833
地方财政预算内收入	万元	265655	1715152	4400093	6073863	9459526
财政支出	万元	2205309	6290487	10289270	10365314	11827068
城乡居民储蓄存款余额	万元	4039984	28761416	70492590	84360994	119643805
年末金融机构各项贷款余额	万元	5035376	32974430	69747980	81204982	111259418
三、农业、工业及基本建设						
粮食产量	吨	11090738	57068947	130226897	144068124	70695173
棉花产量	吨	208602	763667	1379047	1622200	908779
油料产量	吨	755892	2673477	7090743	9385460	5821566
肉类总产量	吨	1776926	7552710	17736282	20718219	11416338
规模以上工业企业数	个	1702	8004	17436	21521	43831
规模以上工业总产值(现价)	万元	1258558	13274673	42473325	70919988	212840187
基本建设投资完成额	万元	1708036	5599261	10459975	11789527	13770280
四、教育、卫生和社会保障						
普通中学在校学生数	人	1484223	7752774	17389476	19171992	12269406
小学在校学生数	人	4439856	15220006	30582657	31801263	17294232
医院、卫生院床位数	床	58670	232918	449692	460410	370810
社会福利院数	个	880	4138	8207	7956	5926
社会福利院床位数	床	13222	81688	184310	211394	191271

地方财政预算内收入达2亿元的县(市)分布

（2001年）

单位:万元

省份	县名	地方财政预算内收入
北京市	大兴县	52220
	平谷县	35613
	怀柔县	41772
	密云县	35761
	延庆县	21575
天津市	宁河县	21659
	静海县	21305
	宝坻县	22841
	蓟 县	21510
河北省	藁城市	22186
	鹿泉市	20121
	遵化市	30049
	丰南市	28578
	迁安市	26526
	武安市	23700
	任丘市	28596
	三河市	21965
内蒙古自治区	海拉尔市	20834
	东胜市	34425
	准格尔旗	20622
辽宁省	瓦房店市	33531
	普兰店市	38369
	庄河市	30008
	海城市	47032
	东港市	24609
	凤城市	20355
	大石桥市	28942
吉林省	延吉市	50849
黑龙江省	阿城市	27974
	呼兰县	22978
上海市	南汇县	100311
	奉贤县	91986
	崇明县	58918
江苏省	江浦县	40859
	六合县	21354
	溧水县	22574
	高淳县	25207
	江阴市	187391
	宜兴市	75574
	沛 县	22209
	铜山县	36297
	邳州市	24750
	溧阳市	37396
	金坛市	32951
	武进市	126361
	常熟市	163340
	张家港市	180245
	昆山市	127446
	吴江市	85469
	太仓市	60340
	海安县	26050
	如东县	31146
	启东市	35641
	如皋市	29199
	通州市	44115
	海门市	38062
	射阳县	24304
	建湖县	21159
	东台市	31631
	大丰市	25355
	仪征市	30946
	江都市	37881
	丹阳市	51095
	扬中市	25801
	句容市	20274
	兴化市	24694
	靖江市	31947
	泰兴市	33889
	姜堰市	27032
	沭阳县	22004
浙江省	桐庐县	24721
	萧山市	132899
	建德市	26176
	富阳市	60484
	余杭市	73333
	临安市	28909
	象山县	35473
	宁海县	39279
	鄞 县	95752
	余姚市	81062
	慈溪市	99675
	奉化市	34395
	永嘉县	34128
	平阳县	34881
	苍南县	36702
	瑞安市	70978
	乐清市	80008
	嘉善县	27820
	海盐县	25670
	海宁市	61173

续 1

省　　份	县　　名	地方财政预算内收入	省　　份	县　　名	地方财政预算内收入
	平湖市	36620		招远市	34582
	桐乡市	57943		临朐县	20210
	德清县	33241		昌乐县	21650
	长兴县	28756		青州市	31004
	绍兴县	98019		诸城市	46388
	新昌县	28539		寿光市	70748
	诸暨市	64802		安丘市	36327
	上虞市	41774		高密市	30867
	嵊州市	29053		昌邑市	24869
	兰溪市	28878		曲阜市	31778
	义乌市	74766		兖州市	44987
	东阳市	32499		邹城市	59356
	永康市	43970		宁阳县	23316
	玉环县	42738		新泰市	44738
	温岭市	77538		肥城市	43186
	临海市	44345		文登市	70027
安徽省	无为县	21054		荣成市	78600
福建省	闽侯县	28343		乳山市	38536
	连江县	21557		莒县	23659
	福清市	55035		郯城县	23136
	莆田县	25452		沂水县	30943
	永安市	29659		禹城市	20018
	惠安县	45542		高唐县	28027
	安溪县	26058		临清市	23724
	永春县	24577		邹平县	34628
	石狮市	41188	河南省	巩义市	33229
	晋江市	89589		新密市	21756
	南安市	54813		荥阳市	24714
	漳浦县	22778		新郑市	28915
	龙海市	31559		登封市	23163
江西省	广丰县	24124		偃师市	21928
山东省	济阳县	20380		安阳县	20535
	章丘市	57287		济源市	30880
	胶州市	43378		灵宝市	21218
	即墨市	51038		唐河县	21299
	平度市	45168		邓州市	23129
	胶南市	50197		项城市	22827
	莱西市	30518	湖北省	大冶市	22104
	桓台县	23953		宜昌县	23740
	滕州市	35088		当阳市	21073
	广饶县	25463		襄阳县	35585
	龙口市	51016		老河口市	25757
	莱阳市	30019		枣阳市	29636
	莱州市	41006		钟祥市	22983
	蓬莱市	31810		汉川市	21934

续 2

省 份	县 名	地方财政预算内收入	省 份	县 名	地方财政预算内收入
	公安县	23166	贵州省	兴义市	21042
	洪湖市	23366	云南省	安宁市	29499
	红安县	29916		宣威市	22253
	浠水县	20035		楚雄市	25129
	麻城市	23309		个旧市	39364
	武穴市	22681		大理市	39222
	仙桃市	39330	甘肃省	武威市	20323
	潜江市	33214	新疆维吾尔自治区	鄯善县	23849
	天门市	23872		库尔勒市	34060
湖南省	长沙县	38382		石河子市	21892
	浏阳市	31758			
广东省	增城市	49206			
	从化市	30543			
	斗门县	22265			
	潮阳市	33570			
	澄海市	23741			
	顺德市	318833			
	南海市	253688			
	三水市	44553			
	高明市	25346			
	台山市	27452			
	新会市	59893			
	开平市	38078			
	鹤山市	22876			
	博罗县	23754			
	惠阳市	42166			
	普宁市	40018			
广西壮族自治区	邕宁县	22499			
	来宾县	29570			
	平果县	20821			
	宜州市	22305			
	南丹县	25375			
海南省	琼山市	25168			
	澄迈县	22731			
重庆市	江津市	25103			
	合川市	26926			
四川省	双流县	38605			
	郫 县	23550			
	新都县	24321			
	都江堰市	20105			
	崇州市	20667			
	什邡市	31796			
	绵竹市	23327			
	江油市	26038			
	西昌市	25888			

按农民人均纯收入分组的社会经济基本情况

(2001 年)

指　　标	单　位	农民人均纯收入				
		1000 元以下	1000—1500 元	1500—2500 元	2500—4000 元	4000 元以上
一、基本情况						
县个数	个	200	460	743	558	112
行政区域土地面积	平方公里	1452403	1852626	3323054	1860458	312204
乡(镇)个数	个	2627	8642	13111	8911	1799
村民委员会个数	个	35039	119233	228367	189445	44338
年末总户数	户	9126197	41567654	99364632	85863296	22458795
其中:乡村户数	户	7279071	34620792	80197559	66451433	17861296
年末总人口	万人	3582	16264	37063	30679	7079
其中:乡村人口	万人	3058	14305	31490	25365	5827
年末单位从业人员数	人	2070016	7479488	19089160	18229898	5540741
乡村从业人员数	人	14287223	73493540	166386757	127343403	32148887
其中:农林牧渔业	人	12080543	56131751	121608005	81628922	14659316
农业机械总动力	万千瓦特	1146	5107	17565	18647	3879
本地电话用户	户	2015296	9031996	29944639	38337255	16679233
二、综合经济						
第一产业增加值	万元	2679334	15867615	50995188	56218296	14557546
第二产业增加值	万元	2359070	12345614	53289482	97509886	65672989
地方财政预算内收入	万元	419602	2046125	6199381	7747193	5501988
财政支出	万元	2090765	6670837	12868445	12758765	6588636
城乡居民储蓄存款余额	万元	6158168	25044261	87316150	116685338	72094872
年末金融机构各项贷款余额	万元	7587358	30927762	91220225	102443034	68043807
三、农业、工业及基本建设						
粮食产量	吨	10653077	58886902	169250375	152131081	22228444
棉花产量	吨	114563	346467	2434622	1709842	276801
油料产量	吨	466767	2797663	12212065	8578868	1671775
肉类总产量	吨	1337674	8252870	23935908	21662338	4011685
规模以上工业企业数	个	1641	6763	20802	33506	29782
规模以上工业总产值(现价)	万元	2459933	12003316	56762821	125976932	143563729
基本建设投资完成额	万元	1639108	6286139	13023431	15635209	6743192
四、教育、卫生和社会保障						
普通中学在校学生数	人	1683572	8642868	23121781	20069997	4549653
小学在校学生数	人	4374072	18823618	39175983	30748845	6215496
医院、卫生院床位数	床	63184	238249	583078	531906	156083
社会福利院数	个	819	4294	10152	9520	2322
社会福利院床位数	床	16261	85872	252979	245270	81503

农民人均纯收入达4000元的县(市)分布

（2001年）

单位:元

省　　份	县　　名	农民人均纯收入	省　　份	县　　名	农民人均纯收入
北京市	大兴县	5006		富阳市	5118
	平谷县	4436		余杭市	5839
	怀柔县	4583		临安市	5002
	密云县	4552		象山县	4751
	延庆县	4378		宁海县	4632
天津市	宁河县	4512		鄞 县	5922
	静海县	4202		余姚市	5261
	宝坻县	4334		慈溪市	5998
	蓟 县	4452		奉化市	4754
河北省	鹿泉市	4008		平阳县	4016
	香河县	4183		瑞安市	5256
	大厂自治县	4454		乐清市	5781
	三河市	4178		嘉善县	5315
内蒙古自治区	海拉尔市	4915		海盐县	5507
	东乌珠穆沁旗	4638		海宁市	5616
辽宁省	长海县	5950		平湖市	5364
	海城市	4196		桐乡市	5151
吉林省	长白自治县	4000		德清县	4830
黑龙江省	绥芬河市	4004		长兴县	4753
上海市	南汇县	6096		安吉县	4556
	奉贤县	5642		绍兴县	5851
	崇明县	4596		新昌县	4637
江苏省	江浦县	4221		诸暨市	5603
	六合县	4003		上虞市	5566
	溧水县	4108		嵊州市	4660
	高淳县	4188		义乌市	5349
	江阴市	5874		东阳市	5034
	宜兴市	4769		永康市	4578
	溧阳市	4122		岱山县	4807
	金坛市	4456		嵊泗县	4672
	武进市	5522		玉环县	6207
	常熟市	5853		温岭市	5917
	张家港市	5813		临海市	4125
	昆山市	5846	福建省	福清市	4911

续表

省份	县名	农民人均纯收入	省份	县名	农民人均纯收入
	吴江市	5651		长乐市	4850
	太仓市	5783		惠安县	4232
	启东市	4469		石狮市	6501
	通州市	4278		晋江市	5926
	海门市	4683		南安市	4451
	东台市	4244		东山县	4101
	大丰市	4237	山东省	龙口市	4291
	丹阳市	4403		招远市	4108
	扬中市	4860		寿光市	4256
浙江省	桐庐县	4453		文登市	4120
	萧山市	6755		荣成市	4398
广东省	增城市	4327			
	仁化县	4096			
	南雄市	4009			
	斗门县	4517			
	澄海市	4612			
	顺德市	7055			
	南海市	7366			
	三水市	5454			
	高明市	4363			
	台山市	4790			
	新会市	5060			
	开平市	4477			
	鹤山市	5005			
	高要市	4744			
	四会市	4128			
	梅县	4208			
	蕉岭县	4028			
	揭东县	4250			
甘肃省	肃北自治县	4491			
	阿克塞自治县	4494			
新疆维吾尔自治区	呼图壁县	4118			
	沙湾县	4572			

按粮食总产量分组的社会经济基本情况

（2001 年）

指　　　标	单　位	粮食总产量				
		5 万吨以下	5—10 万吨	10—25 万吨	25—50 万吨	50 万吨以上
一、基本情况						
县个数	个	375	356	748	454	140
行政区域土地面积	平方公里	3961685	1230935	2178337	1066306	363482
乡（镇）个数	个	3828	5189	13006	9468	3599
村民委员会个数	个	46671	66552	217868	209917	75414
年末总户数	户	11812774	22742530	90113598	92380103	41331569
其中：乡村户数	户	7411893	17364893	72781328	75251548	33600489
年末总人口	万人	4233	8462	33396	33606	14970
其中：乡村人口	万人	2957	6930	28538	28686	12934
年末单位从业人员数	人	3795713	5711157	19130230	16715236	7056967
乡村从业人员数	人	13877996	35327486	148213624	149290752	66949952
其中：农林牧渔业	人	10515858	26588332	101053914	101341037	46609396
农业机械总动力	万千瓦特	2010	3506	14535	18059	8234
本地电话用户	户	5806853	7974267	35263982	34410172	12553145
二、综合经济						
第一产业增加值	万元	4763782	10514026	46476052	53046667	25517452
第二产业增加值	万元	11779009	15558869	91197966	84449829	28191368
地方财政预算内收入	万元	1564253	2033997	8556637	7255151	2504251
财政支出	万元	3843589	5186659	15570528	12010595	4366077
城乡居民储蓄存款余额	万元	21359466	24586727	117706546	106954402	36691648
年末金融机构各项贷款余额	万元	22325935	25628282	113537468	99051150	39679351
三、农业、工业及基本建设						
粮食产量	吨	6808450	25871105.7	123429281	158547540	98040220
棉花产量	吨	309500	340024	1310676	1769892	1152203
油料产量	吨	493051	1416738	6389798	11675079	5752472
肉类总产量	吨	2039707	3979380	18014866	22601601	12564921
规模以上工业企业数	个	4727	7746	39879	29803	10339
规模以上工业总产值（现价）	万元	17771166	22187618	135322253	125710042	39775652
基本建设投资完成额	万元	5182131	5055445	16297424	12624299	4167780
四、教育、卫生和社会保障						
普通中学在校学生数	人	2333179	4708452	20311323	21529110	9185807
小学在校学生数	人	4720994	8970250	35841092	34283263	15522415
医院、卫生院床位数	床	121800	169643	563330	517129	200598
社会福利院数	个	1300	2651	9465	9383	4308
社会福利院床位数	床	20885	47524	234450	263753	115273

粮食总产量达50万吨的县(市)分布

(2001年)

单位:吨

省　份	县　名	粮食总产量	省　份	县　名	粮食总产量
河北省	辛集市	549554		阜宁县	597828
	藁城市	511751		射阳县	754185
	宁晋县	621470		建湖县	517315
	定州市	558624		盐都县	567632
内蒙古自治区	科尔沁左中旗	597276		东台市	777858
	开鲁县	548815		大丰市	562468
辽宁省	新民市	569914		宝应县	577901
	海城市	504734		高邮市	539353
	黑山县	500367		兴化市	1039757
	昌图县	1108938		泰兴市	576678
吉林省	农安县	1670344		宿豫县	509754
	九台市	848519		沭阳县	893864
	榆树市	2054828		泗阳县	530868
	德惠市	1249596		泗洪县	844302
	舒兰市	600301	安徽省	怀远县	687059
	梨树县	1565200		濉溪县	796328
	公主岭市	1661155		定远县	501658
	双辽市	536630		天长市	543374
	前郭尔罗斯县	1261250		临泉县	612576
	长岭县	1260201		太和县	720116
	乾安县	650000		阜南县	535528
	扶余县	1100324		颍上县	606671
黑龙江省	呼兰县	810000		萧　县	700404
	巴彦县	969026		灵璧县	676863
	双城市	1353061		泗　县	604565
	五常市	1184372		庐江县	543975
	拜泉县	545896		寿　县	628460
	讷河市	958904		霍邱县	704678
	富锦市	950019		涡阳县	947557
	庆安县	530006		蒙城县	675717
	肇东市	750014		利辛县	635610
	海伦市	600886	江西省	南昌县	751314
江苏省	铜山县	541733		丰城市	733821
	睢宁县	515316		高安市	503951
	邳州市	652997	山东省	商河县	503664
	武进市	508494		章丘市	519783
	海安县	534814		平度市	909721
	如东县	783855		滕州市	530849
	如皋市	673377		诸城市	560752
	通州市	544774		邹城市	500792
	东海县	854754		肥城市	507051
	灌云县	551772		苍山县	506425
	涟水县	645457		莘　县	521837
	盱眙县	591068	河南省	叶　县	514988
	滨海县	575366		滑　县	928412

续表

省　　份	县　　名	粮食总产量
	浚　县	572605
	封丘县	546905
	濮阳县	728823
	许昌县	616117
	郾城县	617794
	唐河县	703728
	邓州市	548526
	虞城县	656490
	夏邑县	684670
	永城市	834975
	固始县	560945
	西华县	535599
	商水县	658739
	沈丘县	604096
	郸城县	826700
	淮阳县	601511
	太康县	825235
	鹿邑县	635993
	西平县	585020
	上蔡县	706170
湖北省	襄阳县	1025332
	枣阳市	813018
	沙洋县	597954
	钟祥市	672757
	公安县	548382
	监利县	878547
	仙桃市	597784
湖南省	长沙县	530937
	宁乡县	826820
	浏阳市	613523
	湘潭县	765649
	湘乡市	506374
	衡阳县	674743
	衡南县	591718
	桃源县	511887
	祁阳县	567977
	双峰县	516476
广西自治区	桂平市	523783
	博白县	589223
重庆市	开　县	570361
	江津市	688852
	合川市	704087
四川省	中江县	545827
	仁寿县	675754
	达　县	585534
	大竹县	502329
	渠　县	570510
	安岳县	599477
	简阳市	563767
贵州省	遵义县	570183

4

主要类型区域县（市）名单

丘陵县

北京市

平谷县

天津市

蓟县

河北省

行唐县	元氏县	鹿泉市	丰润县	遵化市
抚宁县	卢龙县	邯郸县	磁县	临城县
内丘县	沙河市	满城县	顺平县	宣化县
阳原县	怀安县	万全县	怀来县	

山西省

左云县	平定县	襄垣县	屯留县	黎城县
武乡县	沁县	阳城县	高平市	右玉县
榆社县	昔阳县	寿阳县	灵石县	闻喜县
绛县	垣曲县	平陆县	五寨县	岢岚县
河曲县	保德县	偏关县	古县	安泽县
浮山县	吉县	大宁县	隰县	永和县
汾西县	霍州市	孝义市	兴县	临县
柳林县	石楼县			

内蒙古自治区

和林格尔县	固阳县	达茂联合旗	阿鲁科尔沁旗	巴林左旗
巴林右旗	林西县	克什克腾旗	翁牛特旗	喀喇沁旗
宁城县	敖汉旗	库伦旗	奈曼旗	扎鲁特旗
海拉尔市	满州里市	扎兰屯市	牙克石市	根河市
额尔古纳市	阿荣旗	莫力达瓦旗	鄂伦春自治旗	鄂温克自治旗
新巴尔右旗	新巴尔左旗	陈巴尔旗	乌兰浩特市	阿尔山市
科尔沁右翼前旗	科尔沁右翼中旗	扎赉特旗	突泉县	锡林浩特市
阿巴嘎旗	苏尼特左旗	苏尼特右旗	太仆寺旗	镶黄旗
正镶白旗	正蓝旗	多伦县	集宁市	丰镇市
卓资县	化德县	商都县	兴和县	察哈尔右前旗
察哈尔右中旗	察哈尔右后旗	四子王旗	鄂托克前旗	鄂托克旗
乌审旗	伊金霍洛旗	乌拉特中旗	乌拉特后旗	阿拉善左旗
阿拉善右旗	额济纳旗			

辽宁省

长海县	瓦房店市	普兰店市	庄河市	义县
盖州市	阜新自治县	朝阳县	建平县	喀喇沁左翼县
北票市	凌源市	绥中县	建昌县	兴城市吉林省
九台市	永吉县	蛟河市	桦甸市	舒兰市

磐石市	伊通自治县	东丰县	东辽县	辉南县
柳河县	梅河口市			

黑龙江省

依兰县	方正县	宾县	巴彦县	木兰县
通河县	延寿县	阿城市	五常市	克山县
克东县	拜泉县	虎林市	密山市	萝北县
集贤县	友谊县	宝清县	饶河县	桦南县
汤原县	勃利县	嫩江县	北安市	五大连池市
庆安县	明水县	绥棱县	海伦市	

江苏省

江浦县	六合县	溧水县	高淳县	宜兴市
铜山县	溧阳市	金坛市	盱眙县	仪征市
丹徒县	句容市			

浙江省

象山县	宁海县	奉化市	洞头县	长兴县
兰溪市	义乌市	永康市	龙游县	江山市
岱山县	嵊泗县	玉环县	三门县	

安徽省

长丰县	肥东县	肥西县	滁州市	来安县
全椒县	定远县	凤阳县	天长市	明光市
庐江县	寿县	霍邱县	舒城县	

福建省

闽侯县	平潭县	福清市	长乐市	莆田县
仙游县	惠安县	晋江市	南安市	云霄县
漳浦县	诏安县	龙海市		

江西省

乐平市	德安县	分宜县	余江县	贵溪市
南康市	吉安县	吉水县	峡江县	新干县
泰和县	万安县	永新县	上高县	宜丰县
南城县	崇仁县	金溪县	东乡县	上饶县
广丰县	弋阳县	万年县		

山东省

章丘市	胶州市	即墨市	平度市	莱西市
滕州市	长岛县	龙口市	莱阳市	莱州市
安丘市	曲阜市	宁阳县	东平县	肥城市
荣成市	苍山县	莒南县	临沭县	

河南省

巩义市	新密市	荥阳市	孟津县	新安县
宜阳县	伊川县	偃师市	宝丰县	郏县
舞钢市	汝州市	安阳县	禹州市	渑池县
陕县	义马市	灵宝市	方城县	镇平县
罗山县	光山县	固始县	潢川县	确山县
泌阳县				

湖北省

大冶市	当阳市	襄阳县	老河口市	枣阳市
宜城市	京山县	沙洋县	钟祥市	孝昌县
大悟县	应城市	安陆市	松滋市	团风县
浠水县	蕲春县	武穴市		

湖南省

株洲县	攸县	醴陵市	湘潭县	湘乡市
韶山市	衡阳县	衡南县	衡山县	衡东县
祁东县	耒阳市	常宁市	邵东县	新邵县
邵阳县	新宁县	武冈市	桃江县	桂阳县
宜章县	永兴县	嘉禾县	临武县	安仁县
祁阳县	东安县	道县	新田县	洪江市
双峰县	冷水江市	涟源市		

广东省

增城市	高明市	台山市	鹤山市	恩平市
电白县	化州市	高要市	四会市	博罗县
惠阳市	海丰县	陆河县	陆丰市	阳东县
清新县	揭西县	惠来县	柳江县	柳城县
阳朔县	临桂县	灵川县	全州县	兴安县
永福县	灌阳县	平乐县	荔蒲县	恭城瑶族自治县
苍梧县	藤县	蒙山县	岑溪市	浦北县
灵山县	平南县	桂平市	容县	陆川县
博白县	兴业县	北流市	凭祥市	横县
上林县	隆安县	扶绥县	崇左县	大新县
宁明县	合山市	鹿寨县	象州县	武宣县
来宾县	贺州市	钟山县	田阳县	田东县
平果县	靖西县	河池市	宜州市	罗城自治县
大化自治县				

海南省

万宁市	东方市	屯昌县	澄迈县	昌江黎族自治县
陵水黎族自治县				

重庆市

长寿县	潼南县	铜梁县	大足县	荣昌县
璧山县	梁平县	垫江县	忠县	开县
江津市	合川市	永川市		

四川省

金堂县	蒲江县	荣县	富顺县	泸县
中江县	三台县	盐亭县	蓬溪县	射洪县
大英县	威远县	资中县	隆昌县	犍为县
井研县	南部县	营山县	蓬安县	仪陇县
西充县	阆中市	仁寿县	洪雅县	丹棱县
青神县	宜宾县	南溪县	江安县	长宁县
岳池县	武胜县	邻水县	华莹市	达县
宣汉县	开江县	大竹县	渠县	名山县
平昌县	安岳县	乐至县	简阳市	

云南省

呈贡县	路南自治县	嵩明县	陆良县	通海县
砚山县	勐海县	宾川县		

西藏自治区

当雄县	曲水县	堆龙德庆县	达孜县	墨竹工卡县
乃东县	扎囊县	贡嘎县	琼结县	隆子县

陕西省

宜君县	延长县	延川县	子长县	安塞县
志丹县	吴旗县	甘泉县	富县	洛川县
宜川县	黄龙县	黄陵县	神木县	府谷县
横山县	靖边县	定边县	绥德县	米脂县
佳县	吴堡县	清涧县	子洲县	

甘肃省

永登县	靖远县	山丹县	古浪县	泾川县
西峰市	庆阳县	合水县	正宁县	宁县
临夏市	临夏县			

新疆自治区

温宿县

山区县

北京市

怀柔县	密云县	延庆县		

河北省

井陉县	灵寿县	赞皇县	平山县	迁西县
迁安市	青龙自治县	涉县	武安市	邢台县
涞水县	阜平县	唐县	涞源县	易县
曲阳县	蔚县	涿鹿县	赤城县	崇礼县
承德县	兴隆县	平泉县	滦平县	隆化县
丰宁自治县	宽城自治县	围场自治县		

山西省

阳曲县	娄烦县	古交市	天镇县	广灵县
灵丘县	浑源县	盂县	平顺县	壶关县
沁源县	沁水县	陵川县	泽州县	左权县
和顺县	五台县	代县	繁峙县	宁武县
静乐县	神池县	乡宁县	蒲县	离石市
交城县	岚县	方山县	中阳县	交口县

内蒙古自治区

清水河县	武川县	凉城县	准格尔旗	

辽宁省

岫岩自治县	抚顺县	新宾自治县	清原自治县	本溪自治县
桓仁自治县	宽甸自治县	凤城市	西丰县	

吉林省

通化县	集安市	抚松县	靖宇县	长白自治县
江源县	临江市	延吉市	图们市	敦化市
珲春市	龙井市	和龙市	汪清县	安图县

黑龙江省

尚志市	鸡东县	嘉荫县	铁力市	东宁县
林口县	绥芬河市	海林市	宁安市	穆棱市
逊克县	孙吴县	呼玛县	塔河县	漠河县

浙江省

桐庐县	淳安县	建德市	富阳市	临安市
永嘉县	文成县	泰顺县	安吉县	新昌县
嵊州市	武义县	浦江县	磐安县	东阳市
常山县	开化县	天台县	仙居县	青田县
缙云县	遂昌县	松阳县	云和县	庆元县

景宁畲族自治县	龙泉市			

安徽省

潜山县	太湖县	岳西县	歙县	休宁县
黟 县	祁门县	金寨县	霍山县	东至县
石台县	青阳县	广德县	泾县	绩溪县
旌德县	宁国市			

福建省

连江县	罗源县	闽清县	永泰县	明溪县
清流县	宁化县	大田县	尤溪县	沙县
将乐县	泰宁县	建宁县	永安市	安溪县
永春县	德化县	长泰县	南靖县	平和县
华安县	顺昌县	浦城县	光泽县	松溪县
政和县	邵武市	武夷山市	建瓯市	建阳市
长汀县	永定县	上杭县	武平县	连城县
漳平市	霞浦县	古田县	屏南县	寿宁县
周宁县	柘荣县	福安市	福鼎市	

江西省

浮梁县	莲花县	上栗县	芦溪县	武宁县
修水县	瑞昌市	赣县	信丰县	大余县
上犹县	崇义县	安远县	龙南县	定南县
全南县	宁都县	于都县	兴国县	会昌县
寻乌县	石城县	瑞金市	永丰县	遂川县
安福县	井冈山市	奉新县	万载县	靖安县
铜鼓县	黎川县	南丰县	乐安县	宜黄县
资溪县	广昌县	玉山县	铅山县	横峰县
婺源县	德兴市	宁冈县		

山东省

长清县	平阴县	胶南市	沂源县	蓬莱市
招远市	栖霞市	海阳市	临朐县	昌乐县
青州市	诸城市	泗水县	邹城市	新泰市
文登市	乳山市	五莲县	莒县	沂南县
沂水县	费县	平邑县	蒙阴县	

河南省

登封市	栾川县	嵩县	汝阳县	洛宁县
鲁山县	林州市	辉县市	济源市	卢氏县
南召县	西峡县	内乡县	淅川县	桐柏县
新县	商城县			

湖北省

阳新县	郧县	郧西县	竹山县	竹溪县
房县	丹江口市	宜昌县	远安县	兴山县
秭归县	长阳自治县	五峰自治县	宜都市	南漳县
谷城县	保康县	红安县	罗田县	英山县
麻城市	通城县	崇阳县	通山县	赤壁市
广水市	恩施市	利川市	建始县	巴东县
宣恩县	咸丰县	来凤县	鹤峰县	神农架林区

湖南省

浏阳市	茶陵县	炎陵县	隆回县	洞口县
绥宁县	城步自治县	平江县	石门县	慈利县
桑植县	安化县	汝城县	桂东县	资兴市
双牌县	江永县	宁远县	蓝山县	江华自治县
中方县	沅陵县	辰溪县	溆浦县	会同县
麻阳苗族自治县	新晃侗族自治县	芷江侗族自治县	靖州自治县	通道侗族自治县
新化县	黔阳县	吉首市	泸溪县	凤凰县
花垣县	保靖县	古丈县	永顺县	龙山县

广东省

从化市	曲江县	始兴县	仁化县	翁源县
乳源自治县	新丰县	乐昌市	南雄市	南澳县
高州市	信宜市	广宁县	怀集县	封开县
德庆县	惠东县	龙门县	梅县	大埔县
丰顺县	五华县	平远县	蕉岭县	兴宁市
紫金县	龙川县	连平县	和平县	东源县
阳西县	阳春市	佛冈县	阳山县	连山自治县
连南自治县	英德市	连州市	饶平县	新兴县
郁南县	云安县	罗定市		

广西自治区

资源县	上思县	马山县	天等县	龙州县
融安县	三江自治县	融水自治县	金秀自治县	忻城县
昭平县	富川自治县	百色市	德保县	那坡县
凌云县	乐业县	田林县	隆林自治县	西林县
环江自治县	南丹县	天峨县	凤山县	东兰县
巴马自治县	都安自治县			

海南省

通什市	白沙黎族自治县	乐东黎族自治县	保亭自治县	琼中自治县

重庆市

綦江县	城口县	丰都县	武隆县	云阳县
奉节县	巫山县	巫溪县	石柱自治县	秀山自治县

酉阳自治县	彭水自治县	南川市		

四川省

米易县	盐边县	合江县	叙永县	古蔺县
梓潼县	北川县	平武县	旺苍县	青川县
剑阁县	苍溪县	沐川县	峨边自治县	马边自治县
峨眉山市	高县	珙县	筠连县	兴文县
屏山县	万源市	荥经县	汉源县	石棉县
天全县	芦山县	宝兴县	通江县	南江县
汶川县	理县	茂县	松潘县	九寨沟县
金川县	小金县	黑水县	马尔康县	壤塘县
阿坝县	若尔盖县	红原县	康定县	泸定县
丹巴县	九龙县	雅江县	道孚县	炉霍县
甘孜县	新龙县	德格县	白玉县	石渠县
色达县	理塘县	巴塘县	乡城县	稻城县
得荣县	西昌市	木里自治县	盐源县	德昌县
会理县	会东县	宁南县	普格县	布拖县
金阳县	昭觉县	喜德县	冕宁县	越西县
甘洛县	美姑县	雷波县		

贵州省

开阳县	息烽县	修文县	清镇市	六枝特区
水城县	盘县	遵义县	桐梓县	绥阳县
正安县	道真自治县	务川自治县	凤冈县	湄潭县
余庆县	习水县	赤水市	仁怀市	平坝县
普定县	镇宁自治县	关岭自治县	紫云自治县	铜仁市
江口县	玉屏自治县	石阡县	思南县	印江自治县
德江县	沿河自治县	松桃自治县	万山特区	兴义市
兴仁县	普安县	晴隆县	贞丰县	望谟县
册亨县	安龙县	毕节市	大方县	黔西县
金沙县	织金县	纳雍县	威宁自治县	赫章县
凯里市	黄平县	施秉县	三穗县	镇远县
岑巩县	天柱县	锦屏县	剑河县	台江县
黎平县	榕江县	从江县	雷山县	麻江县
丹寨县	都匀市	福泉市	荔波县	贵定县
瓮安县	独山县	平塘县	罗甸县	长顺县
龙里县	惠水县	三都自治县		

云南省

晋宁县	富民县	宜良县	禄劝自治县	寻甸自治县
安宁市	马龙县	师宗县	罗平县	富源县
会泽县	沾益县	宣威市	江川县	澄江县
华宁县	易门县	峨山彝族自治县	新平自治县	元江自治县

施甸县	腾冲县	龙陵县	昌宁县	昭通市
鲁甸县	巧家县	盐津县	大关县	永善县
绥江县	镇雄县	彝良县	威信县	水富县
楚雄市	双柏县	牟定县	南华县	姚安县
大姚县	永仁县	元谋县	武定县	禄丰县
个旧市	开远市	蒙自县	屏边自治县	建水县
石屏县	弥勒县	泸西县	元阳县	红河县
金平自治县	绿春县	河口自治县	文山县	西畴县
麻栗坡县	马关县	丘北县	广南县	富宁县
思茅市	普洱自治县	墨江自治县	景东自治县	景谷自治县
镇沅自治县	江城自治县	孟连自治县	澜沧自治县	西盟自治县
景洪市	勐腊县	大理市	漾濞自	治县
祥云县	弥渡县	南涧自治县	巍山自治县	永平县
云龙县	洱源县	剑川县	鹤庆县	瑞丽市
潞西市	梁河县	盈江县	陇川县	丽江自治县
永胜县	华坪县	宁蒗自治县	泸水县	福贡县
贡山自治县	兰坪自治县	中甸县	德钦县	维西自治县
临沧县	凤庆县	云县	永德县	镇康县
双江自治县	耿马自治县	沧源自治县		

西藏自治区

林周县	尼木县	昌都县	江达县	贡觉县
类乌齐县	丁青县	察雅县	八宿县	左贡县
芒康县	洛隆县	边坝县	盐井县	碧土县
妥坝县	生达县	桑日县	曲松县	措美县
洛扎县	加查县	错那县	浪卡子县	日喀则市
南木林县	江孜县	定日县	萨迦县	拉孜县
昂仁县	谢通门县	白朗县	仁布县	康马县
定结县	仲巴县	亚东县	吉隆县	聂拉木县
萨嘎县	岗巴县	那曲县	嘉黎县	比如县
聂荣县	安多县	申扎县	索县	班戈县
巴青县	尼玛县	普兰县	札达县	噶尔县
日土县	革吉县	改则县	措勤县	隆格尔县
林芝县	工布江达县	米林县	墨脱县	波密县
察隅县	朗县			

陕西省

凤县	太白县	宁强县	略阳县	镇巴县
留坝县	佛坪县	汉阴县	石泉县	宁陕县
紫阳县	岚皋县	平利县	镇坪县	旬阳县
白河县	商州市	洛南县	丹凤县	商南县
山阳县	镇安县	柞水县		

甘肃省

榆中县	会宁县	清水县	秦安县	甘谷县
武山县	张家川自治县	肃北自治县	阿克塞自治县	天祝自治县
定西县	通渭县	陇西县	渭源县	临洮县
漳县	岷县	武都县	宕昌县	成县
康县	文县	西和县	礼县	两当县
徽县	平凉市	灵台县	崇信县	华亭县
庄浪县	静宁县	环县	华池县	镇原县
康乐县	永靖县	广河县	和政县	东乡族自治县
积石山自治县	合作市	临潭县	卓尼县	舟曲县
迭部县	玛曲县	碌曲县	夏河县	

青海省

大通自治县	湟中县	湟源县	平安县	民和自治县
乐都县	互助自治县	化隆自治县	循化自治县	门源自治县
祁连县	海晏县	刚察县	同仁县	尖扎县
泽库县	河南自治县	共和县	同德县	贵德县
兴海县	贵南县	玛沁县	班玛县	甘德县
达日县	久治县	玛多县	玉树县	杂多县
称多县	治多县	囊谦县	曲麻莱县	格尔木市
德令哈市	乌兰县	都兰县	天峻县	

宁夏自治区

盐池县	同心县	固原县	海原县	西吉县
隆德县	泾源县	彭阳县		

新疆自治区

巴里坤自治县	木垒自治县	阿克陶县	阿合奇县	塔什库尔干县
昭苏县	富蕴县	青河县		

平原县

北京市

大兴县

天津市

宁河县	静海县	宝坻县

河北省

正定县	栾城县	高邑县	深泽县	无极县
赵县	辛集市	藁城市	晋州市	新乐市
滦县	滦南县	乐亭县	玉田县	唐海县
丰南市	昌黎县	临漳县	成安县	大名县
肥乡县	永年县	丘县	鸡泽县	广平县
馆陶县	魏县	曲周县	柏乡县	隆尧县
任县	南和县	宁晋县	巨鹿县	新河县
广宗县	平乡县	威县	清河县	临西县
南宫市	清苑县	徐水县	定兴县	高阳县
容城县	望都县	安新县	蠡县	博野县
雄县	涿州市	定州市	安国市	高碑店市
张北县	康保县	沽源县	尚义县	沧县
青县	东光县	海兴县	盐山县	肃宁县
南皮县	吴桥县	献县	孟村自治县	泊头市
任丘市	黄骅市河间市	固安县	永清县	香河县
大城县	文安县	大厂自治县	霸州市	三河市
枣强县	武邑县	武强县	饶阳县	安平县
故城县	景县	阜城县	冀州市	深州市

山西省

清徐县	阳高县	大同县	长治县	长子县
潞城市	山阴县	应县	怀仁县	太谷县
祁县	平遥县	介休市	临猗县	万荣县
稷山县	新绛县	夏县	芮城县	永济市
河津市	定襄县	原平市	曲沃县	翼城县
襄汾县	洪洞县	侯马市	汾阳市	文水县

内蒙古自治区

土默特左旗	托克托县	土默特右旗	科尔沁左中旗	科尔沁左后旗
开鲁县	霍林郭勒市	二连浩特市	东乌珠穆沁旗	西乌珠穆沁旗
东胜市	达拉特旗	杭锦旗	临河市	五原县
磴口县	乌拉特前旗	杭锦后旗		

辽宁省

辽中县	康平县	法库县	新民市	台安县
海城市	东港市	黑山县	凌海市	北宁市
大石桥市	彰武县	辽阳县	灯塔市	大洼县
盘山县	铁岭县	昌图县	铁法市	开原市

吉林省

农安县	榆树市	德惠市	梨树县	公主岭市
双辽市	前郭尔罗斯县	长岭县	乾安县	扶余县
镇赉县	通榆县	洮南市	大安市	

黑龙江省

呼兰县	双城市	龙江县	依安县	泰来县
甘南县	富裕县	讷河市	绥滨县	肇州县
肇源县	林甸县	杜尔伯特县	桦川县	抚远县
同江市	富锦市	望奎县	兰西县	青冈县
安达市	肇东市			

上海市

南汇县	奉贤县	崇明县		

江苏省

江阴市	丰县	沛县	睢宁县	新沂市
邳州市	武进市	常熟市	张家港市	昆山市
吴江市	太仓市	海安县	如东县	启东市
如皋市	通州市	海门市	赣榆县	东海县
灌云县	灌南县	涟水县	洪泽县	金湖县
淮安市	响水县	滨海县	阜宁县	射阳县
建湖县	盐都县	东台市	大丰市	宝应县
高邮市	江都市	丹阳市	扬中市	兴化市
靖江市	泰兴市	姜堰市	宿豫县	沭阳县
泗阳县	泗洪县			

浙江省

萧山市	余杭市	鄞县	余姚市	慈溪市
平阳县	苍南县	瑞安市	乐清市	嘉善县
海盐县	海宁市	平湖市	桐乡市	德清县
绍兴县	诸暨市	上虞市	衢县	温岭市
临海市				

安徽省

芜湖县	繁昌县	南陵县	怀远县	五河县
固镇县	凤台县	当涂县	濉溪县	铜陵县

怀宁县	枞阳县	宿松县	望江县	桐城市
临泉县	太和县	阜南县	颍上县	界首市
砀山县	萧县	灵璧县	泗县	无为县
含山县	和县	涡阳县	蒙城县	利辛县
郎溪县				

福建省

石狮市	东山县

江西省

南昌县	新建县	安义县	进贤县	九江县
永修县	星子县	都昌县	湖口县	彭泽县
丰城市	樟树市	高安市	余干县	波阳县

山东省

济阳县	商河县	桓台县	高青县	垦利县
利津县	广饶县	寿光市	高密市	昌邑市
微山县	鱼台县	金乡县	嘉祥县	汶上县
梁山县	兖州市	郯城县	陵县	宁津县
庆云县	临邑县	齐河县	平原县	夏津县
武城县	乐陵市	禹城市	阳谷县	莘县
茌平县	东阿县	冠县	高唐县	临清市
惠民县	阳信县	无棣县	沾化县	博兴县
邹平县	曹县	单县	成武县	巨野县
郓城县	鄄城县	定陶县	东明县	

河南省

中牟县	新郑市	杞县	通许县	尉氏县
开封县	兰考县	叶县	汤阴县	滑县
内黄县	浚县	淇县	新乡县	获嘉县
原阳县	延津县	封丘县	长垣县	卫辉市
修武县	博爱县	武陟县	温县	沁阳市
孟州市	清丰县	南乐县	范县	台前县
濮阳县	许昌县	鄢陵县	襄城县	长葛市
舞阳县	临颍县	郾城县	社旗县	唐河县
新野县	邓州市	民权县	睢县	宁陵县
柘城县	虞城县	夏邑县	永城市	淮滨县
息县	扶沟县	西华县	商水县	沈丘县
郸城县	淮阳县	太康县	鹿邑县	项城市
西平县	上蔡县	平舆县	正阳县	汝南县
遂平县	新蔡县			

湖北省

枝江市	云梦县	汉川市	公安县	监利县
江陵县	石首市	洪湖市	黄梅县	嘉鱼县
仙桃市	潜江市	天门市		

湖南省

长沙县	望城县	宁乡县	岳阳县	华容县
湘阴县	汨罗市	临湘市	安乡县	汉寿县
澧县	临澧县	桃源县	津市市	南县
沅江市				

广东省

斗门县	潮阳市	澄海市	顺德市	南海市
三水市	新会市	开平市	遂溪县	徐闻县
廉江市	雷州市	吴川市	潮安县	揭东县
普宁市				

广西自治区

邕宁县	武鸣县	合蒲县	宾阳县

海南省

琼海市	儋州市	琼山市	文昌市	定安县
临高县				

四川省

双流县	温江县	郫县	新都县	大邑县
新津县	都江堰市	彭州市	邛崃市	崇州市
广汉市	什邡市	绵竹市	安县	江油市
夹江县	彭山县			

陕西省

长安县	蓝田县	周至县	户县	高陵县
耀县	宝鸡县	凤翔县	岐山县	扶风县
眉县	陇县	千阳县	麟游县	三原县
泾阳县	乾县	礼泉县	永寿县	彬县
长武县	旬邑县	淳化县	武功县	兴平市
华县	潼关县	大荔县	合阳县	澄城县
浦城县	白水县	富平县	韩城市	华阴市
南郑县	城固县	洋县	西乡县	勉县

甘肃省

皋兰县	永昌县	景泰县	玉门市	酒泉市
敦煌市	金塔县	安西县	张掖市	肃南自治县

民乐县	临泽县	高台县	武威市	民勤县

宁夏自治区

永宁县	贺兰县	平罗县	陶乐县	惠农县
中卫县	中宁县	青铜峡市	灵武市	

新疆自治区

乌鲁木齐县	吐鲁番市	鄯善县	托克逊县	哈密市
伊吾县	昌吉市	阜康市	米泉市	呼图壁县
玛纳斯县	奇台县	吉木萨尔县	博乐市	精河县
温泉县	库尔勒市	轮台县	尉犁县	若羌县
且末县	焉耆自治县	和静县	和硕县	博湖县
阿克苏市	库车县	沙雅县	新和县	拜城县
乌什县	阿瓦提县	柯坪县	阿图什市	乌恰县
喀什市	疏附县	疏勒县	英吉沙县	泽普县
莎车县	叶城县	麦盖提县	岳普湖县	伽师县
巴楚县	和田市	和田县	墨玉县	皮山县
洛浦县	策勒县	于田县	民丰县	奎屯市
伊宁市	伊宁县	察布查尔县	霍城县	巩留县
新源县	特克斯县	尼勒克县	塔城市	乌苏市
额敏县	沙湾县	托里县	裕民县	和布克赛尔县
阿勒泰市	布尔津县	福海县	哈巴河县	吉木乃县
石河子市				

老区县

河北省

蓟县

浙江省

平阳县	泰顺县	瑞安市	江山市	庆元县

安徽省

潜山县	太湖县	宿松县	岳西县	霍邱县
金寨县	霍山县			

福建省

清流县	宁化县	泰宁县	建宁县	漳浦县
诏安县	平和县	浦城县	松溪县	政和县
邵武市	武夷山市	长汀县	永定县	上杭县
武平县	连城县	漳平市	屏南县	福安市
福鼎市				

江西省

浮梁县	乐平市	莲花县	上栗县	芦溪县
武宁县	修水县	瑞昌市	贵溪市	赣县
信丰县	大余县	上犹县	崇义县	安远县
宁都县	于都县	兴国县	会昌县	寻乌县
石城县	瑞金市	南康市	吉安县	泰和县
遂川县	安福县	永新县	井冈山市	万载县
宜丰县	黎川县	广昌县	上饶县	玉山县
铅山县	横峰县	弋阳县	万年县	婺源县
德兴市	宁冈县			

河南省

罗山县	光山县	商城县	固始县	
潢川县	确山县			

湖北省

阳新县	大冶市	郧县	郧西县	房县
丹江口市	远安县	兴山县	秭归县	长阳自治县
五峰自治县	当阳市	襄阳县	南漳县	谷城县
枣阳市	宜城市	京山县	沙洋县	钟祥市
孝昌县	大悟县	云梦县	应城市	安陆市

汉川市	公安县	监利县	江陵县	石首市
洪湖市	松滋市	团风县	红安县	罗田县
英山县	浠水县	蕲春县	黄梅县	麻城市
武穴市	嘉鱼县	通城县	崇阳县	通山县
赤壁市	广水市	恩施市	利川市	建始县
巴东县	宣恩县	咸丰县	来凤县	鹤峰县
仙桃市	潜江市	天门市		

湖南省

浏阳市	攸县	茶陵县	炎陵县	醴陵市
湘潭县	湘乡市	岳阳县	华容县	平江县
汨罗市	临湘市	石门县	慈利县	桑植县
宜章县	永兴县	汝城县	安仁县	资兴市
保靖县	永顺县	龙山县		

广东省

南雄市	潮阳市	大埔县	海丰县	陆丰市
饶平县	揭东县	揭西县	惠来县	普宁市

广西自治区

隆安县	百色市	田阳县	田东县	凤山县
东兰县				

湖南省

琼山市	文昌市	万宁市	澄迈县	陵水黎族自治县

重庆市

城口县	酉阳自治县

四川省

梓潼县	北川县	平武县	江油市	旺苍县
青川县	剑阁县	苍溪县	南部县	营山县
蓬安县	仪陇县	阆中市	达县	宣汉县
渠县	万源市	通江县	南江县	平昌县

贵州省

务川自治县	印江自治县	沿河自治县

陕西省

耀县	淳化县	延长县	延川县	子长县

安塞县	志丹县	吴旗县	甘泉县	富县
洛川县	镇巴县	神木县	府谷县	横山县
靖边县	定边县	绥德县	米脂县	佳县
吴堡县	清涧县	子洲县		

甘肃省

西峰市	庆阳县	环县	华池县	合水县
正宁县	宁县	镇原县		

宁夏自治区 盐池县

民族县

河北省

青龙自治县	丰宁自治县	宽城自治县	围场自治县	
孟村自治县	大厂自治县			

内蒙古自治区

土默特左旗	托克托县	和林格尔县	清水河县	武川县
土默特右旗	固阳县	达茂联合旗	阿鲁科尔沁旗	巴林左旗
巴林右旗	林西县	克什克腾旗	翁牛特旗	喀喇沁旗
宁城县	敖汉旗	科尔沁左中旗	科尔沁左后旗	开鲁县
库伦旗	奈曼旗	扎鲁特旗	霍林郭勒市	海拉尔市
满州里市	扎兰屯市	牙克石市	根河市	额尔古纳市
阿荣旗	莫力达瓦旗	鄂伦春自治旗	鄂温克自治旗	新巴尔右旗
新巴尔左旗	陈巴尔旗	乌兰浩特市	阿尔山市	科尔沁右翼前旗
科尔沁右翼中旗	扎赉特旗	突泉县	二连浩特市	锡林浩特市
阿巴嘎旗	苏尼特左旗	苏尼特右旗	东乌珠穆沁旗	西乌珠穆沁旗
太仆寺旗	镶黄旗	正镶白旗	正蓝旗	多伦县
集宁市	丰镇市	卓资县	化德县	商都县
兴和县	凉城县	察哈尔右前旗	察哈尔右中旗	察哈尔右后旗
四子王旗	东胜市	达拉特旗	准格尔旗	鄂托克前旗
鄂托克旗	杭锦旗	乌审旗	伊金霍洛旗	临河市
五原县	磴口县	乌拉特前旗	乌拉特中旗	乌拉特后旗
杭锦后旗	阿拉善左旗	阿拉善右旗	额济纳旗	

辽宁省

岫岩自治县	新宾自治县	清原自治县	本溪自治县	桓仁自治县
宽甸自治县	阜新自治县	喀喇沁左翼县		

吉林省

伊通自治县	长白自治县	前郭尔罗斯县	延吉市	图们市
敦化市	珲春市	龙井市	和龙市	汪清县
安图县				

黑龙江省

杜尔伯特县

浙江省

景宁畲族自治县

湖北省

长阳自治县	五峰自治县	恩施市	利川市	建始县
巴东县	宣恩县	咸丰县	来凤县	鹤峰县

湖南省

城步自治县	江华自治县	麻阳苗族自治县	新晃侗族自治县	芷江侗族自治县
靖州自治县	通道侗族自治县	吉首市	泸溪县	凤凰县
花垣县	保靖县	古丈县	永顺县	龙山县

广东省

乳源自治县	连山自治县	连南自治县

广西自治区

邕宁县	武鸣县	柳江县	柳城县	阳朔县
临桂县	灵川县	全州县	兴安县	永福县
灌阳县	资源县	平乐县	荔蒲县	恭城瑶族自治县
苍梧县	藤县	蒙山县	岑溪市	合蒲县
上思县	东兴市	浦北县	灵山县	平南县
桂平市	容县	陆川县	博白县	兴业县
北流市	凭祥市	横县	宾阳县	上林县
隆安县	马山县	扶绥县	崇左县	大新县
天等县	宁明县	龙州县	合山市	鹿寨县
象州县	武宣县	来宾县	融安县	三江自治县
融水自治县	金秀自治县	忻城县	贺州市	昭平县
钟山县	富川自治县	百色市	田阳县	田东县
平果县	德保县	靖西县	那坡县	凌云县
乐业县	田林县	隆林自治县	西林县	河池市
宜州市	罗城自治县	环江自治县	南丹县	天峨县
凤山县	东兰县	巴马自治县	都安自治县	大化自治县

海南省

东方市	白沙黎族自治县	昌江黎族自治县	乐东黎族自治县	陵水黎族自治县
保亭自治县	琼中自治县			

重庆市

石柱自治县	秀山自治县	酉阳自治县	彭水自治县

四川省

峨边自治县	马边自治县	汶川县	理县	茂县
松潘县	九寨沟县	金川县	小金县	黑水县
马尔康县	壤塘县	阿坝县	若尔盖县	红原县
康定县	泸定县	丹巴县	九龙县	雅江县
道孚县	炉霍县	甘孜县	新龙县	德格县
白玉县	石渠县	色达县	理塘县	巴塘县
乡城县	稻城县	得荣县	西昌市	木里自治县
盐源县	德昌县	会理县	会东县	宁南县

普格县 布拖县 金阳县 昭觉县 喜德县
冕宁县 越西县 甘洛县 美姑县 雷波县

贵州省

道真自治县 务川自治县 镇宁自治县 关岭自治县 紫云自治县
玉屏自治县 印江自治县 沿河自治县 松桃自治县 兴义市
兴仁县 普安县 晴隆县 贞丰县 望谟县
册亨县 安龙县 威宁自治县 凯里市 黄平县
施秉县 三穗县 镇远县 岑巩县 天柱县
锦屏县 剑河县 台江县 黎平县 榕江县
从江县 雷山县 麻江县 丹寨县 都匀市
福泉市 荔波县 贵定县 瓮安县 独山县
平塘县 罗甸县 长顺县 龙里县 惠水县
三都自治县

云南省

路南自治县 禄劝自治县 寻甸自治县 峨山彝族自治县 新平自治县
元江自治县 楚雄市 双柏县 牟定县 南华县
姚安县 大姚县 永仁县 元谋县 武定县
禄丰县 个旧市 开远市 蒙自县 屏边自治县
建水县 石屏县 弥勒县 泸西县 元阳县
红河县 金平自治县 绿春县 河口自治县 文山县
砚山县 西畴县 麻栗坡县 马关县 丘北县
广南县 富宁县 普洱自治县 墨江自治县 景东自治县
景谷自治县 镇沅自治县 江城自治县 孟连自治县 澜沧自治县
西盟自治县 景洪市 勐海县 勐腊县 大理市
漾濞自治县 祥云县 宾川县 弥渡县 南涧自治县
巍山自治县 永平县 云龙县 洱源县 剑川县
鹤庆县 瑞丽市 潞西市 梁河县 盈江县
陇川县 丽江自治县 宁蒗自治县 泸水县 福贡县
贡山自治县 兰坪自治县 中甸县 德钦县 维西自治县
双江自治县 耿马自治县 沧源自治县

西藏自治区

林周县 当雄县 尼木县 曲水县 堆龙德庆县
达孜县 墨竹工卡县 昌都县 江达县 贡觉县
类乌齐县 丁青县 察雅县 八宿县 左贡县
芒康县 洛隆县 边坝县 盐井县 碧土县
妥坝县 生达县 乃东县 扎囊县 贡嘎县
桑日县 琼结县 曲松县 措美县 洛扎县
加查县 隆子县 错那县 浪卡子县 日喀则市
南木林县 江孜县 定日县 萨迦县 拉孜县
昂仁县 谢通门县 白朗县 仁布县 康马县

定结县	仲巴县	亚东县	吉隆县	聂拉木县
萨嘎县	岗巴县	那曲县	嘉黎县	比如县
聂荣县	安多县	申扎县	索县	班戈县
巴青县	尼玛县	普兰县	札达县	噶尔县
日土县	革吉县	改则县	措勤县	隆格尔县
林芝县	工布江达县	米林县	墨脱县	波密县
察隅县	朗县			

甘肃省

张家川自治县	肃北自治县	阿克塞自治县	肃南自治县	天祝自治县
临夏市	临夏县	康乐县	永靖县	广河县
和政县	东乡族自治县	积石山自治县	合作市	临潭县
卓尼县	舟曲县	迭部县	玛曲县	碌曲县
夏河县				

青海省

大通自治县	民和自治县	互助自治县	化隆自治县	循化自治县
门源自治县	祁连县	海晏县	刚察县	同仁县
尖扎县	泽库县	河南自治县	共和县	同德县
贵德县	兴海县	贵南县	玛沁县	班玛县
甘德县	达日县	久治县	玛多县	玉树县
杂多县	称多县	治多县	囊谦县	曲麻莱县
格尔木市	德令哈市	乌兰县	都兰县	天峻县

宁夏自治区

永宁县	贺兰县	平罗县	陶乐县	惠农县
中卫县	中宁县	盐池县	同心县	青铜峡市
灵武市	固原县	海原县	西吉县	隆德县
泾源县	彭阳县			

新疆自治区

乌鲁木齐县	吐鲁番市	鄯善县	托克逊县	哈密市
巴里坤自治县	伊吾县	昌吉市	阜康市	米泉市
呼图壁县	玛纳斯县	奇台县	吉木萨尔县	木垒自治县
博乐市	精河县	温泉县	库尔勒市	轮台县
尉犁县	若羌县	且末县	焉耆自治县	和静县
和硕县	博湖县	阿克苏市	温宿县	库车县
沙雅县	新和县	拜城县	乌什县	阿瓦提县
柯坪县	阿图什市	阿克陶县	阿合奇县	乌恰县
喀什市	疏附县	疏勒县	英吉沙县	泽普县
莎车县	叶城县	麦盖提县	岳普湖县	伽师县
巴楚县	塔什库尔干县	和田市	和田县	墨玉县
皮山县	洛浦县	策勒县	于田县	民丰县

奎屯市	伊宁市	伊宁县	察布查尔县	霍城县
巩留县	新源县	昭苏县	特克斯县	尼勒克县
塔城市	乌苏市	额敏县	沙湾县	托里县
裕民县	和布克赛尔县	阿勒泰市	布尔津县	富蕴县
福海县	哈巴河县	青河县	吉木乃县	石河子市

陆地边境县

内蒙古自治区

达茂联合旗	满洲里市	额尔古纳市	新巴尔右旗	新巴尔左旗
陈巴尔旗	科尔沁右翼前旗	二连浩特市	阿巴嘎旗	苏尼特左旗
苏尼特右旗	东乌珠穆沁旗	四子王旗	乌拉特中旗	乌拉特后旗
阿拉善左旗	阿拉善右旗	额济纳旗		

辽宁省

宽甸自治县	东港市

吉林省

集安市	抚松县	长白自治县	临江市	图们市
珲春市	龙井市	和龙市	汪清县	安图县

黑龙江省

鸡东县	虎林市	密山市	萝北县	绥滨县
饶河县	嘉荫县	抚远县	同江市	东宁县
绥芬河市	穆棱市	逊克县	孙吴县	呼玛县
塔河县	漠河县			

广西自治区

凭祥市	大新县	宁明县	龙州县	靖西县
那坡县				

云南省

腾冲县	龙陵县	金平自治县	绿春县	河口自治县
麻栗坡县	马关县	富宁县	江城自治县	孟连自治县
澜沧自治县	西盟自治县	景洪市	勐海县	勐腊县
瑞丽市	潞西市	盈江县	陇川县	泸水县
福贡县	贡山自治县	镇康县	耿马自治县	沧源自治县

西藏自治区

盐井县	措美县	洛扎县	隆子县	错那县
浪卡子县	定日县	康马县	定结县	仲巴县
亚东县	吉隆县	聂拉木县	萨嘎县	岗巴县
普兰县	札达县	噶尔县	日土县	米林县
墨脱县	察隅县	朗县		

甘肃省

肃北自治县

新疆自治区

哈密市	巴里坤自治县	伊吾县	奇台县	木垒自治县
博乐市	温泉县	温宿县	乌什县	阿图什市
阿克陶县	阿合奇县	乌恰县	叶城县	塔什库尔干县
和田县	皮山县	察布查尔县	霍城县	昭苏县
塔城市	额敏县	托里县	裕民县	和布克赛尔县
阿勒泰市	布尔津县	富蕴县	福海县	哈巴河县
青河县	吉木乃县			

牧区、半牧区县

河北省

张北县	康保县	沽源县	尚义县	丰宁自治县
围场自治县				

山西省

右玉县				

内蒙古自治区

达茂联合旗	阿鲁科尔沁旗	巴林左旗	巴林右旗	林西县
克什克腾旗	翁牛特旗	敖汉旗	科尔沁左中旗	科尔沁左后旗
开鲁县	库伦旗	奈曼旗	扎鲁特旗	扎兰屯市
阿荣旗	莫力达瓦旗	鄂温克自治旗	新巴尔右旗	新巴尔左旗
陈巴尔旗	科尔沁右翼前旗	科尔沁右翼中旗	扎赉特旗	突泉县
锡林浩特市	阿巴嘎旗	苏尼特左旗	苏尼特右旗	东乌珠穆沁旗
西乌珠穆沁旗	太仆寺旗	镶黄旗	正镶白旗	正蓝旗
察哈尔右中旗	察哈尔右后旗	四子王旗	东胜市	达拉特旗
准格尔旗	鄂托克前旗	鄂托克旗	杭锦旗	乌审旗
伊金霍洛旗	磴口县	乌拉特前旗	乌拉特中旗	乌拉特后旗
阿拉善左旗	阿拉善右旗	额济纳旗		

辽宁省

康平县	阜新自治县	彰武县	建平县	喀喇沁左翼县
北票市				

吉林省

双辽市	前郭尔罗斯县	长岭县	乾安县	镇赉县
通榆县	洮南市	大安市		

黑龙江省

龙江县	泰来县	甘南县	富裕县	虎林市
肇州县	肇源县	林甸县	杜尔伯特县	同江市
兰西县	青冈县	明水县	安达市	肇东市

四川省

汶川县	理县	茂县	松潘县	九寨沟县
金川县	小金县	黑水县	马尔康县	壤塘县
阿坝县	若尔盖县	红原县	康定县	泸定县
丹巴县	九龙县	雅江县	道孚县	炉霍县
甘孜县	新龙县	德格县	白玉县	石渠县

色达县	理塘县	巴塘县	乡城县	稻城县
得荣县	西昌市	木里自治县	盐源县	德昌县
会理县	会东县	宁南县	普格县	布拖县
金阳县	昭觉县	喜德县	冕宁县	越西县
甘洛县	美姑县	雷波县		

西藏自治区

林周县	当雄县	昌都县	江达县	贡觉县
类乌齐县	丁青县	察雅县	八宿县	曲松县
措美县	错那县	浪卡子县	昂仁县	谢通门县
康马县	仲巴县	亚东县	萨嘎县	岗巴县
那曲县	嘉黎县	比如县	聂荣县	安多县
申扎县	索县	班戈县	巴青县	普兰县
札达县	噶尔县	日土县	革吉县	改则县
措勤县	工布江达县			

甘肃省

永登县	永昌县	靖远县	肃北自治县	阿克塞自治县
安西县	肃南自治县	山丹县	民勤县	天祝自治县
漳县	岷县	环县	华池县	合作市
卓尼县	迭部县	玛曲县	碌曲县	夏河县

青海省

门源自治县	祁连县	海晏县	刚察县	同仁县
尖扎县	泽库县	河南自治县	共和县	同德县
贵德县	兴海县	贵南县	玛沁县	班玛县
甘德县	达日县	久治县	玛多县	玉树县
杂多县	称多县	治多县	囊谦县	曲麻莱县
格尔木市	德令哈市	乌兰县	都兰县	天峻县

宁夏自治区

盐池县	同心县	海原县

新疆自治区

乌鲁木齐县	哈密市	巴里坤自治县	伊吾县	奇台县
木垒自治县	博乐市	精河县	温泉县	尉犁县
且末县	和静县	和硕县	温宿县	沙雅县
阿克陶县	阿合奇县	乌恰县	塔什库尔干县	民丰县
巩留县	新源县	昭苏县	特克斯县	尼勒克县
塔城市	额敏县	托里县	裕民县	和布克赛尔县
阿勒泰市	布尔津县	富蕴县	福海县	哈巴河县
青河县	吉木乃县			

九大农区——东北区

内蒙古自治区

扎兰屯市	牙克石市	根河市	额尔古纳市	阿荣旗
莫力达瓦旗	鄂伦春自治旗	扎赉特旗		

辽宁省

辽中县	康平县	法库县	新民市	长海县
瓦房店市	普兰店市	庄河市	台安县	岫岩自治县
海城市	抚顺县	新宾自治县	清原自治县	本溪自治县
桓仁自治县	宽甸自治县	东港市	凤城市	黑山县
义县	凌海市	北宁市	盖州市	大石桥市
阜新自治县	彰武县	辽阳县	灯塔市	大洼县
盘山县	铁岭县	西丰县	昌图县	铁法市
开原市	绥中县	兴城市		

吉林省

农安县	九台市	榆树市	德惠市	永吉县
蛟河市	桦甸市	舒兰市	磐石市	梨树县
伊通自治县	公主岭市	双辽市	东丰县	东辽县
通化县	辉南县	柳河县	梅河口市	集安市
抚松县	靖宇县	长白自治县	江源县	临江市
前郭尔罗斯县	长岭县	乾安县	扶余县	镇赉县
通榆县	洮南市	大安市	延吉市	图们市
敦化市	珲春市	龙井市	和龙市	汪清县
安图县				

黑龙江省

呼兰县	依兰县	方正县	宾县	巴彦县
木兰县	通河县	延寿县	阿城市	双城市
尚志市	五常市	龙江县	依安县	泰来县
甘南县	富裕县	克山县	克东县	拜泉县
讷河市	鸡东县	虎林市	密山市	萝北县
绥滨县	集贤县	友谊县	宝清县	饶河县
肇州县	肇源县	林甸县	杜尔伯特县	嘉荫县
铁力市	桦南县	桦川县	汤原县	抚远县
同江市	富锦市	勃利县	东宁县	林口县
绥芬河市	海林市	宁安市	穆棱市	嫩江县
逊克县	孙吴县	北安市	五大连池市	望奎县
兰西县	青冈县	庆安县	明水县	绥棱县
安达市	肇东市	海伦市	呼玛县	塔河县
漠河县				

九大农区——内蒙古及长城沿线区

北京市

延庆县

河北省

青龙自治县	涞源县	宣化县	张北县	康保县
沽源县	尚义县	蔚县	阳原县	怀安县
万全县	怀来县	涿鹿县	赤城县	崇礼县
承德县	兴隆县	平泉县	滦平县	隆化县
丰宁自治县	宽城自治县	围场自治县		

山西省

娄烦县	古交市	阳高县	天镇县	广灵县
灵丘县	浑源县	左云县	大同县	山阴县
应县	右玉县	怀仁县	繁峙县	宁武县
静乐县	神池县	五寨县	岢岚县	偏关县
岚县	方山县			

内蒙古自治区

土默特左旗	托克托县	和林格尔县	清水河县	武川县
土默特右旗	固阳县	达茂联合旗	阿鲁科尔沁旗	巴林左旗
巴林右旗	林西县	克什克腾旗	翁牛特旗	喀喇沁旗
宁城县	敖汉旗	科尔沁左中旗	科尔沁左后旗	开鲁县
库伦旗	奈曼旗	扎鲁特旗	霍林郭勒市	海拉尔市
满州里市	鄂温克自治旗	新巴尔右旗	新巴尔左旗	陈巴尔旗
乌兰浩特市	阿尔山市	科尔沁右翼前旗	科尔沁右翼中旗	突泉县
二连浩特市	锡林浩特市	阿巴嘎旗	苏尼特左旗	苏尼特右旗
东乌珠穆沁旗	西乌珠穆沁旗	太仆寺旗	镶黄旗	正镶白旗
正蓝旗	多伦县	集宁市	丰镇市	卓资县
化德县	商都县	兴和县	凉城县	察哈尔右前旗
察哈尔右中旗	察哈尔右后旗	四子王旗	东胜市	达拉特旗
准格尔旗	伊金霍洛旗			

辽宁省

朝阳县	建平县	喀喇沁左翼县	北票市	凌源市
建昌县				

陕西省

神木县	府谷县	横山县	靖边县	定边县

九大农区——黄淮海区

北京市

大兴县	平谷县	怀柔县	密云县	

天津市

宁河县	静海县	宝坻县	蓟县	

河北省

正定县	栾城县	行唐县	灵寿县	高邑县
深泽县	赞皇县	无极县	元氏县	赵县
辛集市	藁城市	晋州市	新乐市	鹿泉市
丰润县	滦县	滦南县	乐亭县	迁西县
玉田县	唐海县	遵化市	丰南市	迁安市
昌黎县	抚宁县	卢龙县	邯郸县	临漳县
成安县	大名县	磁县	肥乡县	永年县
丘县	鸡泽县	广平县	馆陶县	魏县
曲周县	武安市	邢台县	临城县	内丘县
柏乡县	隆尧县	任县	南和县	宁晋县
巨鹿县	新河县	广宗县	平乡县	威县
清河县	临西县	南宫市	沙河市	满城县
清苑县	涞水县	徐水县	定兴县	唐县
高阳县	容城县	望都县	安新县	易县
曲阳县	蠡县	顺平县	博野县	雄县
涿州市	定州市	安国市	高碑店市	沧县
青县	东光县	海兴县	盐山县	肃宁县
南皮县	吴桥县	献县	孟村自治县	泊头市
任丘市	黄骅市	河间市	固安县	永清县
香河县	大城县	文安县	大厂自治县	霸州市
三河市	枣强县	武邑县	武强县	饶阳县
安平县	故城县	景县	阜城县	冀州市
深州市				

江苏省

丰县	沛县	铜山县	睢宁县	新沂市
邳州市	赣榆县	东海县	灌云县	灌南县
涟水县	响水县	滨海县	宿豫县	沭阳县
泗阳县	泗洪县			

安徽省

怀远县	五河县	固镇县	凤台县	濉溪县

临泉县	太和县	阜南县	颍上县	界首市
砀山县	萧县	灵璧县	泗县	涡阳县
蒙城县	利辛县			

山东省

长清县	平阴县	济阳县	商河县	章丘市
胶州市	即墨市	平度市	胶南市	莱西市
桓台县	高青县	沂源县	滕州市	垦利县
利津县	广饶县	长岛县	龙口市	莱阳市
莱州市	蓬莱市	招远市	栖霞市	海阳市
临朐县	昌乐县	青州市	诸城市	寿光市
安丘市	高密市	昌邑市	微山县	鱼台县
金乡县	嘉祥县	汶上县	泗水县	梁山县
曲阜市	兖州市	邹城市	宁阳县	东平县
新泰市	肥城市	文登市	荣成市	乳山市
五莲县	莒县	沂南县	郯城县	沂水县
苍山县	费县	平邑县	莒南县	蒙阴县
临沭县	陵县	宁津县	庆云县	临邑县
齐河县	平原县	夏津县	武城县	乐陵市
禹城市	阳谷县	莘县	茌平县	东阿县
冠县	高唐县	临清市	惠民县	阳信县
无棣县	沾化县	博兴县	邹平县	曹县
单县	成武县	巨野县	郓城县	鄄城县
定陶县	东明县			

河南省

中牟县	荥阳市	新郑市	杞县	通许县
尉氏县	开封县	兰考县	宝丰县	叶县
郏县	舞钢市	安阳县	汤阴县	滑县
内黄县	林州市	浚县	淇县	新乡县
获嘉县	原阳县	延津县	封丘县	长垣县
卫辉市	辉县市	修武县	博爱县	武陟县
温县	沁阳市	孟州市	清丰县	南乐县
范县	台前县	濮阳县	许昌县	鄢陵县
襄城县	禹州市	长葛市	舞阳县	临颍县
郾城县	民权县	睢县	宁陵县	柘城县
虞城县	夏邑县	永城市	淮滨县	息县
扶沟县	西华县	商水县	沈丘县	郸城县
淮阳县	太康县	鹿邑县	项城市	西平县
上蔡县	平舆县	正阳县	确山县	泌阳县
汝南县	遂平县	新蔡县		

九大农区——黄土高原区

河北省

井陉县	平山县	涉县	阜平县	

山西省

清徐县	阳曲县	平定县	盂县	长治县
襄垣县	屯留县	平顺县	黎城县	壶关县
长子县	武乡县	沁县	沁源县	潞城市
沁水县	阳城县	陵川县	泽州县	高平市
榆社县	左权县	和顺县	昔阳县	寿阳县
太谷县	祁县	平遥县	灵石县	介休市
临猗县	万荣县	闻喜县	稷山县	新绛县
绛县	垣曲县	夏县	平陆县	芮城县
永济市	河津市	定襄县	五台县	代县
河曲县	保德县	原平市	曲沃县	翼城县
襄汾县	洪洞县	古县	安泽县	浮山县
吉县	乡宁县	大宁县	隰县	永和县
蒲县	汾西县	侯马市	霍州市	孝义市
离石市	汾阳市	文水县	交城县	兴县
临县	柳林县	石楼县	中阳县	交口县

河南省

巩义市	新密市	登封市	孟津县	新安县
栾川县	嵩县	汝阳县	宜阳县	洛宁县
伊川县	偃师市	鲁山县	汝州市	济源市
渑池县	陕县	卢氏县	义马市	灵宝市

陕西省

长安县	蓝田县	周至县	户县	高陵县
耀县	宜君县	宝鸡县	凤翔县	岐山县
扶风县	眉县	陇县	千阳县	麟游县
三原县	泾阳县	乾县	礼泉县	永寿县
彬县	长武县	旬邑县	淳化县	武功县
兴平市	华县	潼关县	大荔县	合阳县
澄城县	浦城县	白水县	富平县	韩城市
华阴市	延长县	延川县	子长县	安塞县
志丹县	吴旗县	甘泉县	富县	洛川县
宜川县	黄龙县	黄陵县	绥德县	米脂县
佳县	吴堡县	清涧县	子洲县	

甘肃省

永登县	皋兰县	榆中县	靖远县	会宁县
清水县	秦安县	甘谷县	武山县	张家川自治县
定西县	通渭县	陇西县	渭源县	临洮县
漳县	平凉市	泾川县	灵台县	崇信县
华亭县	庄浪县	静宁县	西峰市	庆阳县
环县	华池县	合水县	正宁县	宁县
镇原县	临夏市	临夏县	康乐县	永靖县
广河县	和政县	东乡族自治县	积石山自治县	

青海省

大通自治县	湟中县	湟源县	平安县	民和自治县
乐都县	互助自治县	化隆自治县	循化自治县	同仁县
尖扎县	贵德县			

宁夏自治区

盐池县	同心县	固原县	海原县	西吉县
隆德县	泾源县	彭阳县		

九大农区——长江中下游区

上海市

南汇县	奉贤县	崇明县

江苏省

江浦县	六合县	溧水县	高淳县	江阴市
宜兴市	溧阳市	金坛市	武进市	常熟市
张家港市昆山市	吴江市	太仓市	海安县	如东县
启东市	如皋市	通州市	海门市	洪泽县
盱眙县	金湖县	淮安市	阜宁县	射阳县
建湖县	盐都县	东台市	大丰市	宝应县
仪征市	高邮市	江都市	丹徒县	丹阳市
扬中市	句容市	兴化市	靖江市	泰兴市
姜堰市				

浙江省

桐庐县	淳安县	萧山市	建德市	富阳市
余杭市	临安市	象山县	宁海县	鄞县
余姚市	慈溪市	奉化市	洞头县	永嘉县
平阳县	苍南县	文成县	泰顺县	瑞安市
乐清市	嘉善县	海盐县	海宁市	平湖市
桐乡市	德清县	长兴县	安吉县	绍兴县
新昌县	诸暨市	上虞市	嵊州市	武义县
浦江县	磐安县	兰溪市	义乌市	东阳市
永康市	衢县	常山县	开化县	龙游县
江山市	岱山县	嵊泗县	玉环县	三门县
天台县	仙居县	温岭市	临海市	青田县
缙云县	遂昌县	松阳县	云和县	庆元县
景宁畲族自治县	龙泉市			

安徽省

长丰县	肥东县	肥西县	芜湖县	繁昌县
南陵县	当涂县	铜陵县	怀宁县	枞阳县
潜山县	太湖县	宿松县	望江县	岳西县
桐城市	歙县	休宁县	黟县	祁门县
滁州市	来安县	全椒县	定远县	凤阳县
天长市	明光市	庐江县	无为县	含山县
和县	寿县	霍邱县	舒城县	金寨县

霍山县	东至县	石台县	青阳县	郎溪县
广德县	泾县	绩溪县	旌德县	宁国市

福建省

闽侯县	连江县	罗源县	闽清县	永泰县
明溪县	清流县	宁化县	大田县	尤溪县
沙县	将乐县	泰宁县	建宁县	永安市
永春县	德化县	顺昌县	浦城县	光泽县
松溪县	政和县	邵武市	武夷山市	建瓯市
建阳市	长汀县	永定县	上杭县	武平县
连城县	漳平市	霞浦县	古田县	屏南县
寿宁县	周宁县	柘荣县	福安市	福鼎市

江西省

南昌县	新建县	安义县	进贤县	浮梁县
乐平市	莲花县	上栗县	芦溪县	九江县
武宁县	修水县	永修县	德安县	星子县
都昌县	湖口县	彭泽县	瑞昌市	分宜县
余江县	贵溪市	赣县	信丰县	大余县
上犹县	崇义县	安远县	龙南县	定南县
全南县	宁都县	于都县	兴国县	会昌县
寻乌县	石城县	瑞金市	南康市	吉安县
吉水县	峡江县	新干县	永丰县	泰和县
遂川县	万安县	安福县	永新县	井冈山市
奉新县	万载县	上高县	宜丰县	靖安县
铜鼓县	丰城市	樟树市	高安市	南城县
黎川县	南丰县	崇仁县	乐安县	宜黄县
金溪县	资溪县	东乡县	广昌县	上饶县
广丰县	玉山县	铅山县	横峰县	弋阳县
余干县	波阳县	万年县	婺源县	德兴市
宁冈县				

河南省

南召县	方城县	西峡县	镇平县	内乡县
淅川县	社旗县	唐河县	新野县	桐柏县
邓州市	罗山县	光山县	新县	商城县
固始县	潢川县			

湖北省

阳新县	大冶市	宜都市	当阳市	枝江市

襄阳县	老河口市	枣阳市	宜城市	京山县
沙洋县	钟祥市	孝昌县	大悟县	云梦县
应城市	安陆市	汉川市	公安县	监利县
江陵县	石首市	洪湖市	松滋市	团风县
红安县	罗田县	英山县	浠水县	蕲春县
黄梅县	麻城市	武穴市	嘉鱼县	通城县
崇阳县	通山县	赤壁市	广水市	仙桃市
潜江市	天门市			

湖南省

长沙县	望城县	宁乡县	浏阳市	株洲县
攸县	茶陵县	炎陵县	醴陵市	湘潭县
湘乡市	韶山市	衡阳县	衡南县	衡山县
衡东县	祁东县	耒阳市	常宁市	邵东县
新邵县	邵阳县	隆回县	洞口县	新宁县
武冈市	岳阳县	华容县	湘阴县	平江县
汨罗市	临湘市	安乡县	汉寿县	澧县
临澧县	桃源县	津市市	南县	桃江县
安化县	沅江市	桂阳县	宜章县	永兴县
嘉禾县	临武县	汝城县	桂东县	安仁县
资兴市	祁阳县	东安县	双牌县	道县
江永县	宁远县	蓝山县	新田县	江华自治县
双峰县	新化县	冷水江市	涟源市	

广东省

曲江县	始兴县	仁化县	翁源县	乳源自治县
乐昌市	南雄市	广宁县	怀集县	封开县
梅县	大埔县	平远县	蕉岭县	兴宁市
龙川县	连平县	和平县	阳山县	连山自治县
连南自治县	连州市			

广西自治区

柳江县	柳城县	阳朔县	临桂县	灵川县
全州县	兴安县	永福县	灌阳县	资源县
平乐县	荔蒲县	恭城瑶族自治县	蒙山县	上林县
合山市	鹿寨县	象州县	武宣县	来宾县
融安县	三江自治县	融水自治县	金秀自治县	忻城县
贺州市	昭平县	钟山县	富川自治县	宜州市
罗城自治县				

九大农区——西南区

湖北省

郧县	郧西县	竹山县	竹溪县	房县
丹江口市	宜昌县	远安县	兴山县	秭归县
长阳自治县	五峰自治县	南漳县	谷城县	保康县
恩施市	利川市	建始县	巴东县	宣恩县
咸丰县	来凤县	鹤峰县	神农架林区	

湖南省

绥宁县	城步自治县	石门县	慈利县	桑植县
中方县	沅陵县	辰溪县	溆浦县	会同县
麻阳苗族自治县	新晃侗族自治县	芷江侗族自治县	靖州自治县	通道侗族自治县
洪江市	黔阳县	吉首市	泸溪县	凤凰县
花垣县	保靖县	古丈县	永顺县	龙山县

广西自治区

马山县	凌云县	乐业县	田林县	隆林自治县
西林县	河池市	环江自治县	南丹县	天峨县
凤山县	东兰县	巴马自治县	都安自治县	大化自治县

重庆市

长寿县	綦江县	潼南县	铜梁县	大足县
荣昌县	璧山县	梁平县	城口县	丰都县
垫江县	武隆县	忠县	开县	云阳县
奉节县	巫山县	巫溪县	石柱自治县	秀山自治县
酉阳自治县	彭水自治县	江津市	合川市	永川市
南川市				

四川省

金堂县	双流县	温江县	郫县	新都县
大邑县	蒲江县	新津县	都江堰市	彭州市
邛崃市	崇州市	荣县	富顺县	米易县
盐边县	泸县	合江县	叙永县	古蔺县
中江县	罗江县	广汉市	什邡市	绵竹市
三台县	盐亭县	安县	梓潼县	北川县
平武县	江油市	旺苍县	青川县	剑阁县
苍溪县	蓬溪县	射洪县	大英县	威远县
资中县	隆昌县	犍为县	井研县	夹江县

沐川县　峨边自治县　马边自治县　峨眉山市　南部县
营山县　蓬安县　仪陇县　西充县　阆中市
仁寿县　彭山县　洪雅县　丹棱县　青神县
宜宾县　南溪县　江安县　长宁县　高县
珙县　筠连县　兴文县　屏山县　岳池县
武胜县　邻水县　华莹市　达县　汉县
开江县　大竹县　渠县　万源市　名山县
荥经县　汉源县　石棉县　天全县　芦山县
宝兴县　通江县　南江县　平昌县　安岳县
乐至县　简阳市　泸定县　西昌市　木里自治县
盐源县　德昌县　会理县　会东县　宁南县
普格县　布拖县　金阳县　昭觉县　喜德县
冕宁县　越西县　甘洛县　美姑县　雷波县

贵州省

开阳县　息烽县　修文县　清镇市　六枝特区
水城县　盘县　遵义县　桐梓县　绥阳县
正安县　道真自治县　务川自治县　凤冈县　湄潭县
余庆县　习水县　赤水市　仁怀市　平坝县
普定县　镇宁自治县　关岭自治县　紫云自治县　铜仁市
江口县　玉屏自治县　石阡县　思南县　印江自治县
德江县　沿河自治县　松桃自治县　万山特区　兴义市
兴仁县　普安县　晴隆县　贞丰县　望谟县
册亨县　安龙县　毕节市　大方县　黔西县
金沙县　织金县　纳雍县　威宁自治县　赫章县
凯里市　黄平县　施秉县　三穗县　镇远县
岑巩县　天柱县　锦屏县　剑河县　台江县
黎平县　榕江县　从江县　雷山县　麻江县
丹寨县　都匀市　福泉市　荔波县　贵定县
瓮安县　独山县　平塘县　罗甸县　长顺县
龙里县　惠水县　三都自治县

云南省

呈贡县　晋宁县　富民县　宜良县　路南自治县
嵩明县　禄劝自治县　寻甸自治县　安宁市　马龙县
陆良县　师宗县　罗平县　富源县　会泽县
沾益县　宣威市　江川县　澄江县　通海县
华宁县　易门县　峨山彝族自治县　腾冲县　昭通市
鲁甸县　巧家县　盐津县　大关县　永善县
绥江县　镇雄县　彝良县　威信县　水富县

楚雄市	双柏县	牟定县	南华县	姚安县
大姚县	永仁县	元谋县	武定县	禄丰县
弥勒县	泸西县	文山县	砚山县	丘北县
景东自治县	大理市	漾濞自治县	祥云县	宾川县
弥渡县	南涧自治县	巍山自治县	永平县	云龙县
洱源县	剑川县	鹤庆县	丽江自治县	永胜县
华坪县	宁蒗自治县	泸水县	兰坪自治县	

陕西省

凤县	太白县	南郑县	城固县	洋县
西乡县	勉县	宁强县	略阳县	镇巴县
留坝县	佛坪县	汉阴县	石泉县	宁陕县
紫阳县	岚皋县	平利县	镇坪县	旬阳县
白河县	商州市	洛南县	丹凤县	商南县
山阳县	镇安县	柞水县		

甘肃省

岷县	武都县	宕昌县	成县	康县
文县	西和县	礼县	两当县	徽县
舟曲县				

九大农区——华南区

福建省

平潭县	福清市	长乐市	莆田县	仙游县
惠安县	安溪县	金门县	石狮市	晋江市
南安市	云霄县	漳浦县	诏安县	长泰县
东山县	南靖县	平和县	华安县	龙海市

广东省

增城市	从化市	新丰县	斗门县	南澳县
潮阳市	澄海市	顺德市	南海市	三水市
高明市	台山市	新会市	开平市	鹤山市
恩平市	遂溪县	徐闻县	廉江市	雷州市
吴川市	电白县	高州市	化州市	信宜市
德庆县	高要市	四会市	博罗县	惠东县
龙门县	惠阳市	丰顺县	五华县	海丰县
陆河县	陆丰市	紫金县	东源县	阳西县
阳东县	阳春市	佛冈县	清新县	英德市
潮安县	饶平县	揭东县	揭西县	惠来县
普宁市	新兴县	郁南县	云安县	罗定市

广西自治区

邕宁县	武鸣县	苍梧县	藤县	岑溪市
合蒲县	上思县	东兴市	浦北县	灵山县
平南县	桂平市	容县	陆川县	博白县
兴业县	北流市	凭祥市	横县	宾阳县
隆安县	扶绥县	崇左县	大新县	天等县
宁明县	龙州县	百色市	田阳县	田东县
平果县	德保县	靖西县	那坡县	

海南省

通什市	琼海市	儋州市	琼山市	文昌市
万宁市	东方市	定安县	屯昌县	澄迈县
临高县	白沙黎族自治县	昌江黎族自治县	乐东黎族自治县	陵水黎族自治县
保亭自治县	琼中自治县			

云南省

新平自治县	元江自治县	施甸县	龙陵县	昌宁县
个旧市	开远市	蒙自县	屏边自治县	建水县
石屏县	元阳县	红河县	金平自治县	绿春县
河口自治县	西畴县	麻栗坡县	马关县	广南县

富宁县	思茅市	普洱自治县	墨江自治县	景谷自治县
镇沅自治县	江城自治县	孟连自治县	澜沧自治县	西盟自治县
景洪市	勐海县	勐腊县	瑞丽市	潞西市
梁河县	盈江县	陇川县	临沧县	凤庆县
云县	永德县	镇康县	双江自治县	耿马自治县
沧源自治县				

九大农区——甘新区

内蒙古自治区

鄂托克前旗	鄂托克旗	杭锦旗	乌审旗	临河市
五原县	磴口县	乌拉特前旗	乌拉特中旗	乌拉特后旗
杭锦后旗	阿拉善左旗	阿拉善右旗	额济纳旗	

甘肃省

永昌县	景泰县	玉门市	酒泉市	敦煌市
金塔县	肃北自治县	阿克塞自治县	安西县	张掖市
民乐县	临泽县	高台县	山丹县	武威市
民勤县	古浪县			

宁夏自治区

永宁县	贺兰县	平罗县	陶乐县	惠农县
中卫县	中宁县	青铜峡市	灵武市	

新疆自治区

乌鲁木齐县	吐鲁番市	鄯善县	托克逊县	哈密市
巴里坤自治县	伊吾县	昌吉市	阜康市	米泉市
呼图壁县	玛纳斯县	奇台县	吉木萨尔县	木垒自治县
博乐市	精河县	温泉县	库尔勒市	轮台县
尉犁县	若羌县	且末县	焉耆自治县	和静县
和硕县	博湖县	阿克苏市	温宿县	库车县
沙雅县	新和县	拜城县	乌什县	阿瓦提县
柯坪县	阿图什市	阿克陶县	阿合奇县	乌恰县
喀什市	疏附县	疏勒县	英吉沙县	泽普县
莎车县	叶城县	麦盖提县	岳普湖县	伽师县
巴楚县	塔什库尔干县	和田市	和田县	墨玉县
皮山县	洛浦县	策勒县	于田县	民丰县
奎屯市	伊宁市	伊宁县	察布查尔县	霍城县
巩留县	新源县	昭苏县	特克斯县	尼勒克县
塔城市	乌苏市	额敏县	沙湾县	托里县
裕民县	和布克赛尔县	阿勒泰市	布尔津县	富蕴县
福海县	哈巴河县	青河县	吉木乃县	石河子市

九大农区——青藏高原区

四川省

汶川县	理县	茂县	松潘县	九寨沟县
金川县	小金县	黑水县	马尔康县	壤塘县
阿坝县	若尔盖县	红原县	康定县	丹巴县
九龙县	雅江县	道孚县	炉霍县	甘孜县
新龙县	德格县	白玉县	石渠县	色达县
理塘县	巴塘县	乡城县	稻城县	得荣县

云南省

福贡县	贡山自治县	中甸县	德钦县	维西自治县

西藏自治区

林周县	当雄县	尼木县	曲水县	堆龙德庆县
达孜县	墨竹工卡县	昌都县	江达县	贡觉县
类乌齐县	丁青县	察雅县	八宿县	左贡县
芒康县	洛隆县	边坝县	盐井县	碧土县
妥坝县	生达县	乃东县	扎囊县	贡嘎县
桑日县	琼结县	曲松县	措美县	洛扎县
加查县	隆子县	错那县	浪卡子县	日喀则市
南木林县	江孜县	定日县	萨迦县	拉孜县
昂仁县	谢通门县	白朗县	仁布县	康马县
定结县	仲巴县	亚东县	吉隆县	聂拉木县
萨嘎县	岗巴县	那曲县	嘉黎县	比如县
聂荣县	安多县	申扎县	索县	班戈县
巴青县	尼玛县	普兰县	札达县	噶尔县
日土县	革吉县	改则县	措勤县	隆格尔县
林芝县	工布江达县	米林县	墨脱县	波密县
察隅县	朗县			

甘肃省

肃南自治县	天祝自治县	合作市	临潭县	卓尼县
迭部县	玛曲县	碌曲县	夏河县	

青海省

门源自治县	祁连县	海晏县	刚察县	泽库县
河南自治县	共和县	同德县	兴海县	贵南县
玛沁县	班玛县	甘德县	达日县	久治县
玛多县	玉树县	杂多县	称多县	治多县
囊谦县	曲麻莱县	格尔木市	德令哈市	乌兰县
都兰县	天峻县			

沿海开放县(市)

天津市

宁河县	静海县	宝坻县	蓟县	

河北省

滦县	滦南县	乐亭县	唐海县	丰南市
昌黎县	抚宁县	卢龙县	沧县	青县
海兴县	黄骅市			

辽宁省

瓦房店市	普兰店市	庄河市	海城市	东港市
凤城市	凌海市	盖州市	大石桥市	辽阳县
灯塔市	大洼县	盘山县	绥中县	兴城市

上海市

南汇县	奉贤县	崇明县		

江苏省

江浦县	六合县	江阴市	宜兴市	溧阳市
金坛市	武进市	常熟市	张家港市	昆山市
吴江市	太仓市	海安县	如东县	启东市
如皋市	通州市	海门市	赣榆县	东海县
灌云县	响水县	滨海县	射阳县	东台市
大丰市	仪征市	江都市	丹徒县	丹阳市
扬中市	句容市	靖江市	泰兴市	姜堰市

浙江省

桐庐县	萧山市	富阳市	余杭市	临安市
象山县	宁海县	鄞县	余姚市	慈溪市
奉化市	永嘉县	平阳县	苍南县	瑞安市
乐清市	嘉善县	海盐县	海宁市	平湖市
桐乡市	德清县	长兴县	绍兴县	上虞市
嵊州市	临海市			

福建省

闽侯县	连江县	罗源县	闽清县	永泰县
平潭县	福清市	长乐市	莆田县	仙游县
惠安县	安溪县	永春县	德化县	晋江市
南安市	云霄县	漳浦县	诏安县	长泰县
东山县	南靖县	平和县	华安县	龙海市
霞浦县				

山东省

胶州市	即墨市	平度市	胶南市	莱西市
桓台县	龙口市	莱阳市	莱州市	蓬莱市
招远市	栖霞市	海阳市	昌乐县	青州市
诸城市	寿光市	安丘市	高密市	昌邑市
文登市	荣成市	乳山市	五莲县	

广东省

增城市	从化市	斗门县	南澳县	潮阳市
澄海市	顺德市	南海市	三水市	高明市
台山市	新会市	开平市	鹤山市	恩平市
遂溪县	徐闻县	廉江市	雷州市	吴川市
电白县	广宁县	高要市	四会市	博罗县
惠东县	惠阳市	海丰县	陆丰市	阳东县
清新县	饶平县	揭东县	惠来县	普宁市

广西自治区

苍梧县	合蒲县

海南省

通什市	琼海市	儋州市	琼山市	文昌市
万宁市	东方市	定安县	屯昌县	澄迈县
临高县	白沙黎族自治县	昌江黎族自治县	乐东黎族自治县	陵水黎族自治县
保亭自治县	琼中自治县			

粮食生产大县

北京市

大兴县	延庆县			

天津市

宁河县	宝坻县	蓟县		

河北省

正定县	栾城县	无极县	元氏县	赵县
藁城市	晋州市	新乐市	鹿泉市	丰润县
滦县	乐亭县	玉田县	遵化市	昌黎县
抚宁县	卢龙县	临漳县	永年县	邢台县
宁晋县	沙河市	清苑县	徐水县	涿州市
定州市	宣化县	涿鹿县	平泉县	泊头市
固安县	文安县	三河市	深州市	

山西省

应县	原平市	洪洞县		

内蒙古自治区

科尔沁左中旗	科尔沁左后旗	开鲁县	奈曼旗	扎鲁特旗
扎兰屯市	牙克石市	额尔古纳市	阿荣旗	莫力达瓦旗
扎赉特旗	临河市	五原县	乌拉特前旗	杭锦后旗

辽宁省

辽中县	康平县	法库县	新民市	普兰店市
台安县	海城市	东港市	黑山县	义县
凌海市	北宁市	盖州市	大石桥市	阜新自治县
彰武县	灯塔市	大洼县	盘山县	铁岭县
西丰县	昌图县	开原市	建平县	凌源市
绥中县	兴城市			

吉林省

农安县	九台市	榆树市	德惠市	永吉县
蛟河市	桦甸市	舒兰市	磐石市	梨树县
伊通自治县	公主岭市	双辽市	东丰县	东辽县
辉南县	柳河县	梅河口市	前郭尔罗斯县	长岭县
乾安县	镇赉县	通榆县	洮南市	大安市
敦化市				

黑龙江省

呼兰县	依兰县	宾县	巴彦县	阿城市
双城市	五常市	龙江县	依安县	甘南县
克山县	克东县	拜泉县	讷河市	密山市
绥滨县	集贤县	肇州县	肇源县	桦南县
汤原县	同江市	富锦市	宁安市	嫩江县
德都县	逊克县	望奎县	兰西县	青冈县
庆安县	绥棱县	安达市	肇东市	海伦市

江苏省

江浦县	六合县	溧水县	高淳县	江阴市
宜兴市	丰县	沛县	睢宁县	新沂市
溧阳市	金坛市	武进市	昆山市	吴江市
赣榆县	东海县	涟水县	洪泽县	盱眙县
金湖县	淮安市	阜宁县	建湖县	盐都县
宝应县	仪征市	江都市	丹徒县	丹阳市
句容市	靖江市	泰兴市	姜堰市	宿豫县
沭阳县	泗阳县	泗洪县		

浙江省

萧山市	建德市	余杭市	鄞县	余姚市
嘉善县	海盐县	海宁市	平湖市	桐乡市
德清县	长兴县	安吉县	绍兴县	诸暨市
上虞市	嵊州市	龙游县		

安徽省

长丰县	肥东县	肥西县	南陵县	怀远县
五河县	固镇县	凤台县	当涂县	怀宁县枞阳县
枞阳县	潜山县	太湖县	桐城市	来安县
全椒县	定远县	凤阳县	天长市	明光市
临泉县	太和县	阜南县	颍上县	砀山县
萧县	庐江县	含山县	和县	寿县
霍邱县	舒城县	涡阳县	利辛县	

福建省

龙海市	浦城县	邵武市	建瓯市	建阳市

江西省

南昌县	新建县	进贤县	乐平市	余江县
贵溪市	宁都县	瑞金市	吉安县	吉水县
新干县	泰和县	安福县	永新县	奉新县

万载县	上高县	宜丰县	丰城市	樟树市
南城县	黎川县	崇仁县	弋阳县	余干县
波阳县	万年县			

山东省

长清县	章丘市	胶州市	即墨市	平度市
胶南市	莱西市	桓台县	滕州市	广饶县
龙口市	莱阳市	莱州市	蓬莱市	青州市
诸城市	寿光市	曲阜市	宁阳县	新泰市
肥城市	莒县	郯城县	苍山县	平邑县
莒南县	平原县	乐陵市	禹城市	东阿县

河南省

开封县	偃师市	叶县	浚县	淇县
新乡县	原阳县	卫辉市	温县	清丰县
濮阳县	许昌县	禹州市	舞阳县	郾城县
方城县	镇平县	内乡县	虞城县	夏邑县
罗山县	光山县	固始县	潢川县	商水县
沈丘县	项城市	西平县	上蔡县	平舆县
正阳县	泌阳县	汝南县	遂平县	新蔡县

湖北省

大冶市	宜昌县	当阳市	南漳县	谷城县
孝昌县	云梦县	应城市	安陆市	监利县
江陵县	团风县	浠水县	蕲春县	麻城市
武穴市	广水市			

湖南省

长沙县	望城县	宁乡县	浏阳市	株洲县
攸县	醴陵市	湘潭县	湘乡市	衡阳县
衡南县	衡东县	耒阳市	邵阳县	洞口县
岳阳县	湘阴县	汨罗市	临湘市	桃源县
沅江市	祁阳县	双峰县		

广东省

南雄市	潮阳市	南海市	三水市	台山市
开平市	遂溪县	雷州市	高州市	惠东县
海丰县	陆丰市	英德市	连州市	罗定市

广西自治区

邕宁县	武鸣县	临桂县	灵山县	桂平市

博白县	北流市	横县	宾阳县	

海南省

琼海市

重庆市

长寿县	綦江县	潼南县	铜梁县	大足县
梁平县	垫江县	忠县	江津市	合川市
永川市				

四川省

双流县	郫县	新都县	彭州市	邛崃市
崇州市	荣县	富顺县	中江县	广汉市
江油市	剑阁县	苍溪县	蓬溪县	资中县
蓬安县	仪陇县	岳池县	武胜县	安岳县
乐至县				

贵州省

遵义县	松桃自治县			

陕西省

长安县	周至县	户县	宝鸡县	凤翔县
岐山县	扶风县	三原县	泾阳县	乾县
礼泉县	武功县	兴平市	蒲城县	富平县
南郑县	城固县			

甘肃省

酒泉市	张掖市	临泽县	高台县	武威市

青海省

大通自治县

宁夏自治区

永宁县

新疆自治区

奇台县	伊宁县			

棉花生产大县

河北省

辛集市	大名县	肥乡县	丘县	魏县
威县	南宫市	吴桥县		

山西省

临猗县	永济市

江苏省

铜山县	邳州市	常熟市	张家港市	太仓市
如东县	启东市	如皋市	通州市	海门市
灌云县	滨海县	射阳县	东台市	大丰市
高邮市	兴化市			

浙江省

慈溪市

安徽省

濉溪县	宿松县	望江县	灵璧县	泗县
无为县	蒙城县			

江西省

九江县	永修县	都昌县	彭泽县	高安市

山东省

济阳县	商河县	高青县	安丘市	高密市
昌邑市	鱼台县	金乡县	嘉祥县	汶上县
梁山县	宁津县	齐河县	夏津县	武城县
阳谷县	莘县	冠县	高唐县	临清市
无棣县	邹平县	曹县	单县	成武县
巨野县	郓城县	定陶县		

河南省

杞县	通许县	尉氏县	兰考县	滑县
内黄县	鄢陵县	社旗县	唐河县	邓州市
民权县	睢县	柘城县	永城市	扶沟县
西华县	郸城县	淮阳县	太康县	鹿邑县

湖北省

枝江市	襄阳县	枣阳市	宜城市	京山县
沙洋县	钟祥市	汉川市	公安县	石首市
洪湖市	松滋市	黄梅县	仙桃市	潜江市

天门市

湖南省

华容县	安乡县	汉寿县	澧县	南县

四川省

三台县	射洪县	南部县	仁寿县	简阳市

陕西省

大荔县

新疆自治区

阿克苏市	库车县	沙雅县	阿瓦提县	疏附县
疏勒县	泽普县	莎车县	叶城县	麦盖提县
岳普湖县	伽师县	巴楚县	乌苏市	沙湾县

长江三角洲经济区

上海市

南汇县	奉贤县	崇明县		

江苏省

江浦县	六合县	溧水县	高淳县	江阴市
宜兴市	溧阳市	金坛市	武进市	常熟市
张家港市	昆山市	吴江市	太仓市	海安县
如东县	启东市	如皋市	通州市	海门市
东台市	大丰市	宝应县	仪征市	高邮市
江都市	丹徒县	丹阳市	扬中市	句容市
兴化市	靖江市	泰兴市	姜堰市	

浙江省

萧山市	富阳市	余杭市	临安市	宁海县
鄞县	余姚市	慈溪市	奉化市	永嘉县
瑞安市	乐清市	嘉善县	海盐县	海宁市
平湖市	桐乡市	德清县	长兴县	绍兴县
新昌县	诸暨市	上虞市	嵊州市	武义县
浦江县	磐安县	兰溪市	义乌市	东阳市
永康市	岱山县	嵊泗县	玉环县	三门县
天台县	仙居县	温岭市	临海市	

环渤海经济区

北京市

大兴县	平谷县	怀柔县	密云县	延庆县

天津市

宁河县	静海县	宝坻县	蓟县

河北省

丰润县	滦县	迁西县	玉田县	唐海县
遵化市	迁安市	昌黎县	抚宁县	卢龙县
雄县	青县	任丘市	黄骅市	固安县
永清县	香河县	大城县	文安县	大厂自治县
霸州市	三河市			

辽宁省

辽中县	新民市	长海县	瓦房店市	普兰店市
庄河市	台安县	岫岩自治县	海城市	宽甸自治县
东港市	凤城市	黑山县	义县	凌海市
北宁市	盖州市	大石桥市	辽阳县	灯塔市
大洼县	盘山县	绥中县	兴城市	

山东省

胶州市	即墨市	平度市	胶南市	莱西市
桓台县	沂源县	长岛县	龙口市	莱阳市
莱州市	蓬莱市	招远市	栖霞市	海阳市
临朐县	昌乐县	青州市	诸城市	寿光市
安丘市	高密市	昌邑市	文登市	荣成市
乳山市	五莲县			

南部沿海经济区

福建省

闽侯县	连江县	罗源县	闽清县	永泰县
平潭县	福清市	长乐市	莆田县	仙游县
惠安县	安溪县	德化县	金门县	石狮市
晋江市	南安市	云霄县	漳浦县	诏安县
长泰县	东山县	南靖县	平和县	华安县
龙海市				

广东省

增城市	从化市	新丰县	斗门县	南澳县
潮阳市	澄海市	顺德市	南海市	三水市
高明市	台山市	新会市	开平市	鹤山市
恩平市	遂溪县	徐闻县	廉江市	雷州市
吴川市	电白县	高州市	化州市	信宜市
德庆县	高要市	四会市	博罗县	惠东县
龙门县	惠阳市	梅县	大埔县	丰顺县
五华县	平远县	蕉岭县	兴宁市	海丰县
陆河县	陆丰市	紫金县	东源县	阳西县
阳东县	阳春市	佛冈县	清新县	英德市
潮安县	饶平县	揭东县	揭西县	惠来县
普宁市	新兴县	郁南县	罗定市	

广西自治区

合蒲县

海南省

通什市	琼海市	儋州市	琼山市	文昌市
万宁市	东方市	定安县	屯昌县	澄迈县
临高县	白沙黎族自治县	昌江黎族自治县	乐东黎族自治县	陵水黎族自治县
保亭自治县	琼中自治县			

国家扶贫工作重点县

河北省

灵寿县	赞皇县	平山县	青龙自治县	大名县
涉县	广平县	魏县	临城县	巨鹿县
广宗县	阜平县	唐县	涞源县	顺平县
张北县	康保县	沽源县	尚义县	蔚县
阳原县	怀安县	万全县	赤城县	崇礼县
平泉县	滦平县	隆化县	丰宁自治县	宽城自治县
围场自治县	东光县	海兴县	盐山县	南皮县
献县	孟村自治县	武邑县	武强县	

山西省

娄烦县	阳高县	天镇县	广灵县	灵丘县
浑源县	平顺县	壶关县	武乡县	右玉县
左权县	和顺县	平陆县	五台县	代县
繁峙县	宁武县	静乐县	神池县	五寨县
岢岚县	河曲县	保德县	偏关县	吉县
大宁县	隰县	永和县	汾西县	兴县
临县	石楼县	岚县	方山县	中阳县

内蒙古自治区

托克托县	和林格尔县	清水河县	武川县	固阳县
达茂联合旗	巴林左旗	巴林右旗	林西县	克什克腾旗
翁牛特旗	喀喇沁旗	宁城县	敖汉旗	库伦旗
奈曼旗	科尔沁右翼中旗	扎赉特旗	太仆寺旗	多伦县
化德县	商都县	察哈尔右前旗	察哈尔右中旗	察哈尔右后旗
四子王旗	准格尔旗	鄂托克前旗	杭锦旗	乌审旗
伊金霍洛旗				

吉林省

靖宇县	镇赉县	通榆县	大安市	龙井市
和龙市	汪清县	安图县		

黑龙江省

延寿县	泰来县	甘南县	拜泉县	绥滨县
饶河县	林甸县	杜尔伯特县	桦南县	桦川县
汤原县	抚远县	同江市	兰西县	

安徽省

长丰县	枞阳县	潜山县	太湖县	宿松县
岳西县	临泉县	阜南县	颍上县	无为县
裕安区	寿县	霍邱县	舒城县	金寨县
霍山县	利辛县	石台县	泾县	

江西省

莲花县	修水县	赣县	上犹县	安远县
宁都县	于都县	兴国县	会昌县	寻乌县
吉安县	遂川县	万安县	永新县	井冈山市
乐安县	广昌县	上饶县	横峰县	余干县
波阳县				

河南省

兰考县	栾川县	嵩县	汝阳县	宜阳县
洛宁县	鲁山县	滑县	封丘县	范县
台前县	卢氏县	南召县	淅川县	社旗县
桐柏县	民权县	睢县	宁陵县	虞城县
光山县	新县	商城县	固始县	淮滨县
沈丘县	淮阳县	上蔡县	平舆县	确山县
新蔡县				

湖北省

阳新县	郧县	郧西县	竹山县	竹溪县
房县	丹江口市	秭归县	长阳自治县	孝昌县
大悟县	红安县	罗田县	英山县	蕲春县
麻城市	恩施市	利川市	建始县	巴东县
宣恩县	咸丰县	来凤县	鹤峰县	神农架林区

湖南省

邵阳县	隆回县	城步自治县	平江县	桑植县
安化县	汝城县	桂东县	新田县	江华自治县
沅陵县	通道侗族自治县	新化县	泸溪县	凤凰县
花垣县	保靖县	古丈县	永顺县	龙山县

广西自治区

龙胜自治县	隆安县	马山县	天等县	龙州县
三江自治县	融水自治县	金秀自治县	忻城县	田东县
平果县	德保县	靖西县	那坡县	凌云县
乐业县	田林县	隆林自治县	西林县	罗城自治县

环江自治县	南丹县	天峨县	凤山县	东兰县
巴马自治县	都安自治县	大化自治县		

海南省

通什市	白沙黎族自治县	陵水黎族自治县	保亭自治县	琼中自治县

重庆市

万州区	黔江区	城口县	丰都县	武隆县
开县	云阳县	奉节县	巫山县	巫溪县
石柱自治县	秀山自治县	酉阳自治县	彭水自治县	

四川省

叙永县	古蔺县	朝天区	旺苍县	苍溪县
马边自治县	嘉陵区	南部县	仪陇县	阆中市
屏山县	广安区	宣汉县	万源市	通江县
南江县	平昌县	小金县	黑水县	壤塘县
雅江县	新龙县	石渠县	色达县	理塘县
木里自治县	盐源县	普格县	布拖县	金阳县
昭觉县	喜德县	越西县	甘洛县	美姑县
雷波县				

贵州省

六枝特区	水城县	盘县	正安县	道真自治县
务川自治县	习水县	普定县	镇宁自治县	关岭自治县
紫云自治县	江口县	石阡县	思南县	印江自治县
德江县	沿河自治县	松桃自治县	兴仁县	普安县
晴隆县	贞丰县	望谟县	册亨县	安龙县
大方县	织金县	纳雍县	威宁自治县	赫章县
黄平县	施秉县	三穗县	岑巩县	天柱县
锦屏县	剑河县	台江县	黎平县	榕江县
从江县	雷山县	麻江县	丹寨县	荔波县
独山县	平塘县	罗甸县	长顺县	三都自治县

云南省

东川区	禄劝自治县	寻甸自治县	富源县	会泽县
施甸县	龙陵县	昌宁县	昭通市	鲁甸县
巧家县	盐津县	大关县	永善县	绥江县
镇雄县	彝良县	威信县	双柏县	南华县
姚安县	大姚县	永仁县	武定县	屏边自治县
泸西县	元阳县	红河县	金平自治县	绿春县

文山县	砚山县	西畴县	麻栗坡县	马关县
丘北县	广南县	富宁县	普洱自治县	墨江自治县
景东自治县	镇沅自治县	江城自治县	孟连自治县	澜沧自治县
西盟自治县	勐腊县	漾濞自治县	弥渡县	南涧自治县
巍山自治县	永平县	云龙县	洱源县	剑川县
鹤庆县	梁河县	永胜县	宁蒗自治县	泸水县
福贡县	贡山自治县	兰坪自治县	中甸县	德钦县
维西自治县	临沧县	凤庆县	云县	永德县
镇康县	双江自治县	沧源自治县		

陕西省

印台区	耀县	宜君县	陇县	麟游县
太白县	永寿县	彬县	长武县	旬邑县
淳化县	合阳县	浦城县	白水县	延长县
延川县	子长县	安塞县	吴旗县	宜川县
洋县	西乡县	宁强县	略阳县	镇巴县
府谷县	横山县	靖边县	定边县	绥德县
米脂县	佳县	吴堡县	清涧县	子洲县
汉滨区	汉阴县	宁陕县	紫阳县	岚皋县
镇坪县	旬阳县	白河县	商州市	洛南县
丹凤县	商南县	山阳县	镇安县	柞水县

甘肃省

榆中县	会宁县	北道区	清水县	秦安县
甘谷县	武山县	张家川自治县	古浪县	天祝自治县
定西县	通渭县	陇西县	渭源县	临洮县
漳县	岷县	武都县	宕昌县	康县
文县	西和县	礼县	两当县	庄浪县
静宁县	环县	华池县	合水县	宁县
镇原县	临夏县	康乐县	永靖县	广河县
和政县	东乡族自治县	积石山自治县	合作市	临潭县
卓尼县	舟曲县	夏河县		

青海省

大通自治县	湟中县	平安县	民和自治县	乐都县
化隆自治县	循化自治县	尖扎县	泽库县	甘德县
达日县	玉树县	杂多县	治多县	囊谦县
宁夏自治区	盐池县	同心县	固原县	海原县

西吉县	隆德县	泾源县	彭阳县	

新疆自治区

巴里坤自治县	乌什县	柯坪县	阿图什市	阿克陶县
阿合奇县	乌恰县	疏附县	疏勒县	英吉沙县
莎车县	叶城县	岳普湖县	伽师县	塔什库尔干县
和田县	墨玉县	皮山县	洛浦县	策勒县
于田县	民丰县	察布查尔县	尼勒克县	托里县
青河县	吉木乃县			

5

附录

使用说明和主要指标解释

一、几个技术性问题说明

1. 本书所列指标的计量单位均采用公制。

2. 本书空栏有如下情况：

(1)该项数据较小，不够规定单位。

(2)该项指标在当年没有统计任务，没有统计数据。

(3)该项指标未掌握确切数据。

3. 资料范围：除国家扶贫工作重点县外，本书中其他所有资料仅包括县及县级市，没有包括市辖区分区资料。

4. 由于行政区划的调整和部分单位数据的修正，本书中的数据如与农调总队其他公开发行资料中的有关分县数据有不同之处皆以本书为准。

二、指标解释

行政区域土地面积：是指辖区内的全部陆地面积和水域面积。包括耕地、荒山、荒地、山林、草原、滩涂、道路和建筑物占地等陆地面积，以及河流、湖泊、水库等水域面积。

乡镇个数：指农村中经省、自治区、直辖市人民政府批准成立的乡一级行政区划的数量。不包括城关镇、城市街道办事处、工矿区。

村委会个数：指农村中经上级政府批准，按居住地区设立的基层群众性自治组织的个数。含城关镇中的村。

年末总户数：指户口在当地的常住户数，包括地区内的国有经济的机关、团体、学校、企业、事业单位的集体户。在统计户数时按公安部门常住户进行统计，集体户口无论其人数多少，都以一户进行统计。

乡村户数：是指长期(一年以上)居住在乡镇(不包括城关镇)行政管理区域内的住户，还包括居住在城关镇所辖行政村范围内的农村住户。户口不在本地而在本地居住一年及以上的住户也包括在本地农村住户内；有本地户口，但举家外出谋生一年以上的住户，无论是否保留承包耕地都不包括在本地农村住户范围内。不包括乡村地区内的国有经济的机关、团体、学校、企业、事业单位的集体户。

年末总人口：在县(市)范围内，按年末时点统计的所有人口数量的总和。不包括虽居住在当地，但未取得我国国籍的外国公民。

乡村人口数：指乡村地区常住居民户数中的常住人口数，即经常在家或在家居住 6 个月以上，而且经济和生活与本户连成一体的人口。外出从业人员在外居住时间虽然在 6 个月以上，但收入主要带回家中，经济与本户连为一体，仍视为家庭常住人口；在家居住，生活和本户连成一体的国家职工、退休人员也为家庭常住人口。但是现役军人、中专及以上(走读生除外)的在校学生、以及常年在外(不包括探亲、看病等)且已有稳定的职业与居住场所的外出从业人员，不应当作家庭常住人口。

年末单位从业人员：是指在各级国家机关、政党机关、社会团体及企业、事业单位中工作，并取得劳动报酬的全部人员。包括在岗职工、再就业的离退休人员、民办教师以及在各单位中工作的外方工作人员和港、澳、台人员、兼职人员、借用的外单位人员和第二职业者。不包括离开本单位仍保留劳动关系的职工。

乡村从业人员：指乡村人口中 16 岁以上实际参加生产经营活动并取得实物或货币收入的人员，既包括劳动年龄内经常参加劳动的人员，也包括超过劳动年龄但经常参加劳动的人员。但不包括户口在家的在外学生、现役军人和丧失劳动能力的人，也不包括待业人员和家务劳动者。从业人员年龄为 16 岁以上。从业人员按从事主业时间最长(时间相同按收入)分为农业从业人员、工业从业人员、建筑业从业人员、交运仓储及邮电通讯业从业人员、批零贸易及餐饮业从业人员、其它从业人员。

农业机械总动力：是指主要用于农、林、牧、渔业的各种动力机械的动力总和，包括耕作机械、农用排灌机械、收获机械、植保机械、林业机械、畜牧机械、渔业机械、农产品加工机械、农用运输机械、其他农业机械。按能源又分为柴油、汽油、电力和其他动力。总动力按法定计算单位千瓦计算。(注：1 马力＝735.5 瓦特＝0.735 千瓦)

本地电话用户：以用户所在区域分为：城市电话用户数和乡村电话用户。

(1)城市电话用户：县级市的市区、市郊区及县城(包括县人民政府所在地的县城关区或行政建制相当于县人民政府所在地的镇)范围内接入局用交换机的电话用户数,包括分布在农村地区的独立工矿区、林区、驻军等接入局用交换机的电话用户数。

(2)农村电话用户:指县城关区以下的集镇和农村接入局用交换机的电话用户。

国内生产总值:是按市场价格计算的国内生产总值的简称。是指县、市范围内所有常住单位在一定时期内生产活动的最终成果。

第一产业:农业、林业、牧业和渔业。

第二产业:工业(包括采掘工业、制造业、自来水、电力、蒸气、热水、煤气)和建筑业。

地方财政收入:属于地方财政收入的包括营业税,地方企业所得税,个人所得税,城市土地使用税,固定资产投资方向调解税,城镇维护建设税,房产税,车船使用税,印花税,屠宰税,农牧业税,农业特产税,耕地占用税,契税增值税的25%部分和证券(印花)税50%部分,除海洋石油资源税以外的其他资源税。

财政总支出:包括地方行政管理和各项事业费、地方统筹的基本建设、技术改造支出、支援农业支出、城市维护和建设经费、价格补贴支出等。

年末城乡居民储蓄存款余额:年末城乡居民存入银行或其他信用机构保管并取得一定利息的货币总量。

年末各项贷款余额:年终时银行或其他信用机构根据必须归还的原则,按一定利率,为企业、个人等提供资金贷款的总额。

粮食总产量:指全社会的产量。包括国有经济经营的、集体统一经营的和农民家庭经营的粮食产量,还包括工矿企业家属办的农场和其他生产单位的产量。包括稻谷、小麦、玉米、高粱、谷子、其他杂粮、薯类、大豆。其计算方法,豆类按去豆荚后的干豆计算;薯类按5公斤鲜薯折1公斤粮食计算。城市郊区作为蔬菜的薯类不做为粮食统计,其他粮食一律按脱粒后的原粮计算。

油料产量:指全部油料作物的生产量。包括花生、油菜籽、芝麻、向日葵籽、胡麻籽(亚麻籽)和其他油料。不包括大豆、木本油料和野生油料。花生以带壳干花生计算。

棉花产量:按皮棉计算。3公斤籽棉折1公斤皮棉。不包括木棉。

肉类总产量:指当年出栏并已屠宰的畜禽肉产量。即屠宰后除去头蹄下水后带骨肉的重量,也叫胴体重。

规模以上工业企业:是指国有及年销售收入500万元以上的非国有企业。

工业企业数:指区域内按国民经济行业划分归属于工业的企业个数和生产单位个数(分项以企业登记注册类型划分)。

工业总产值:指以货币形式表现的工业企业在报告期内生产的工业产品总量。包括成品、工业性作业和自制半成品、在产品期初期末差额。

基本建设投资完成额:是指以货币形式表现的在一定时期内,利用国家预算内拨款、自筹资金、国内外基本建设贷款以及其他专项资金进行的,以扩大生产能力(或新增工程效益)为主要目的的新建、扩建工程及有关的工作(具体包括:1、为经济、科技和社会发展而平地起家的新建项目;2、为扩大生产能力(或新增效益)而增建新厂、主要生产车间、矿井、铁路干线、码头泊位等扩建项目;3、为改变生产力布局而进行的全厂性迁建的项目;4、遭受各种灾害、毁坏严重,需要重建整个企、事业单位的恢复性项目;5、没有折旧资金或固定收入的行政、事业单位增建业务用房和职工宿舍的项目。)需要建造和购置固定资产的工作量以及与此有关的费用的总称。它是反映固定资产投资规模、结构和发展速度的综合性指标,又是观察工程进度和考核投资效益的重要依据。

普通中学在校学生数:指学年开学后,在普通中学学习具有学籍的学生总数,包括留级生,不包括复读生和补习生。

普通小学在校学生数:指学年开学后,在普通小学学习具有学籍的学生总数,包括留级生,不包括复读生和补习生。

医院、卫生院床位数:指报告期末医院、卫生院的固定床位数。不包括产科的新生儿床、病人家属的陪侍床、病人的观察床、接产室的待产床。

社会福利院数:是指收养社会孤老、残、幼的机构,包括由民政部门管理的社会福利院、儿童福利院、精神病人福利院和城镇集体举办的福利院及农村集体举办的敬老院。

社会福利院床位数:指报告期末全部社会福利院床位数。